管理科学与工程学会

2017 年年会论文集

SOCIETY OF MANAGEMENT SCIENCE AND ENGINEERING OF CHINA

管理科学与工程学会 ◎ 编

2017
SMSE
中国·葫芦岛

经济管理出版社
ECONOMY & MANAGEMENT PUBLISHING HOUSE

图书在版编目（CIP）数据

管理科学与工程学会 2017 年年会论文集/管理科学与工程学会编. —北京：经济管理出版社，2017.9
ISBN 978-7-5096-5352-4

Ⅰ.①管…　Ⅱ.①管…　Ⅲ.①管理学—学术会议—文集 ②工程技术—学术会议—文集
Ⅳ.①C93-53 ②TB-53

中国版本图书馆 CIP 数据核字（2017）第 231200 号

组稿编辑：申桂萍
责任编辑：高　娅　梁植睿　侯春霞　赵亚荣
责任印制：黄章平
责任校对：张晓燕　陈　颖

出版发行：经济管理出版社
　　　　　（北京市海淀区北蜂窝 8 号中雅大厦 A 座 11 层　100038）
网　　址：www. E-mp. com. cn
电　　话：（010）51915602
印　　刷：三河市延风印装有限公司
经　　销：新华书店
开　　本：787mm×1092mm/16
印　　张：43
字　　数：917 千字
版　　次：2017 年 9 月第 1 版　2017 年 9 月第 1 次印刷
书　　号：ISBN 978-7-5096-5352-4
定　　价：168.00 元

前　言

　　管理科学与工程学科是 1997 年我国学位授权点调整之后设立的一级学科。2007 年初，由学科奠基人、中国工程院院士李京文、王众托、汪应洛、刘源张发起，近百所院校的学者签名，建议在原"中国管理科学与工程论坛"的基础上，成立管理科学与工程学会。2009 年初，这一建议得到民政部的正式批准，李京文院士担任理事长，学会秘书处依托于北京工业大学，学会业务上接受国家教育部的指导。学会的宗旨是：集高校管理科学与工程学科专家之智慧，建立中国管理科学与工程学科建设、人才培养、科学研究、管理创新之平台，凝练我国管理实践之精华，为提高学科发展水平服务，为我国经济、社会、科技发展和决策科学化贡献智慧。

　　学会第二届理事会推选李京文院士担任理事长，推选马庆国、黄海军、齐二石、李维安、李垣、陈国青、李一军、党延忠、谭跃进、徐玖平、高自友为副理事长。2016 年 5 月 22 日，常务理事会提名李京文院士担任名誉理事长，通过投票推举北京交通大学高自友教授为管理科学与工程学会代理事长。2016 年 10 月 22 日，管理科学与工程会员大会上，选举高自友教授为新任理事长。

　　管理科学与工程学会年会已经成为全国管理科学与工程领域的专家、学者以及企业界代表开展管理科学与工程领域学术交流和合作、探讨管理学科建设和人才培养、推动我国管理科学发展的重要平台。

　　自 2009 年始，管理科学与工程学会共召开七次学术年会，管理科学与工程学会2017 年年会暨第十五届中国管理科学与工程论坛于 2017 年 9 月 22~24 日在辽宁葫芦岛举行，此次大会邀请了管理科学与工程领域众多国内外专家、学者和商企人士，围绕共同关心的问题展开交流和研讨，以加快管理科学与工程理论和实践的融合，促进产学研各方互动与合作，推动我国管理科学与工程学科发展。

　　本届年会论文集面向全国专家学者征稿，汇集了 2017 年中国管理科学与工程学会年会参会作者的优秀论文。我们从参会论文中遴选出 68 篇符合学术规范、思路新颖、论证严谨、学术价值和应用价值较高的论文编辑成书，以展示我国管理科学与工程学界的学术前沿和最新研究观点。我们希望本论文集能给对此领域有兴趣的读者提供理论或方法上的启示，同时希望它能够进一步推进我国管理科学与工程学科的建设。

　　我们对长期关心支持管理科学与工程学会工作的领导和学界同仁，对辽宁工程技术大学以及承担本书编辑出版的经济管理出版社，一并表示衷心的感谢！同时，热忱欢迎读者对本论文集提出批评意见或改进性建议。

编　者

2017 年 9 月

目 录

经济体相对竞争优势和劣势的测度与仿真
——基于国家间投入产出网络

关 峻 吴 姗 邢李志

(北京工业大学经济与管理学院，北京 100124)

【摘 要】 社会经济系统内部结构大尺度、多维度、多层次的特性构成了其宏观层面的复杂性，通过对系统内部结构信息的挖掘可以反映整个系统的功能特征或运行机理。作为测度复杂系统结构的理论与方法，复杂网络理论可以通过测度社会经济系统的结构性指标，进而刻画研究对象内部的结构特征，揭示系统内在层次结构与外在经济功能之间的复杂关系。本文通过 2012 年的国家间投入产出数据表，运用耦合方法提取它们之间对于生产资源的竞争关系，引入三种网络特征指标来从三个不同的角度揭示产业部门的竞争状态。

【关键词】 全球价值链；二分图；资源分配过程；国家间投入产出表；竞争地位

0 引 言

自从 Krugman 等[1] 提出全球价值链（Global Value Chain，GVC）概念以来，从 GVC 的角度研究国际贸易问题已成为当前主流的统计分析方法。GVC 反映了全球经济系统的拓扑结构，同时在理论框架和实践分析方面显现出巨大的应用潜力。而且，随着国家间投入产出（Inter-Country Input-Output，ICIO）数据库的普及和推广，使得从系统科学的角度深入研究 GVC 上各经济体之间的复杂关系变得可行。

随着 ICIO 数据库的应用普及，越来越多的学者采用 ICIO 数据来刻画全球经济系统拓扑结构，构建全球投入产出网络以及部分国际贸易网络，从物理经济学的视角研究 GVC 和国际贸易问题。这方面较早的研究倾向于简化网络模型的复杂度或只针对少量国家或地区的个别年份数据进行实证分析[2,3]，之后开始有学者从 GVC 的全局视角来分析全球经济系统内部结构与宏观表现之间的关系，例如，Ando 在世界投入产出模型中测量了美国总产出冲击下的行业重要性[4]；Cerina 等基于社团检测技术定量分析了全球网络的子网络结构和动力学特征，然后采用 PageRank 中心度算法和社团核心测量算法识别关键产业和经济体[5]；Grazzini 和 Spelta 定义了消费影响指数和 GDP 影响指数，在此基础上研究了世界投入产出网络的鲁棒性与中间品相对投入量之间的关系[6]；Xing 等根据有偏随机游走过程定量分析了国家间投入产出模型中各个国家和地区在全球价值链上的产业影响力[7]。

国家间投入产出网络的构建和应用在国内外均处于研究的起步阶段，特别是大量的复杂网络模型以及分析技术还没有充分应用到社会经济系统的研究之中，同时许多相关算法还需要结合社会经济系统的现实意义对研究思路和方法加以改进，才能适用于挖掘这类稠密的加权、有向网络所蕴含的经济学含义。

1　理论基础

1.1　二分图的基本概念

二分图在复杂网络分析中有很多应用，其中就包括合作网和竞争网（主要用隶属网来研究），这是因为在以人或者由人组成的单位为基本单元的社会网络中，合作和竞争是一种广泛存在的基本属性[8]。例如科学家合作网络（作者和论文）、专利申报（专利和申报的企业）、商品网络（商品和购买者）、城市公交网络（线路和站点）等，反映隶属关系的网络都可以用二分图来进行描述，并称为双模式网络（Two-Mode Network）。这类网络中一类顶点是参与某种活动、事件或者组织的"参与者"（Participant），另一类顶点就是他们参与的活动、事件或者组织等"项目"（Object）。

在基于二分图理论构建的复杂网络研究中，由于研究同一类节点之间的相互作用（例如参与者在项目中的合作或竞争关系）更具应用价值，所以常常把双模式网络向一类节点（多是参与者节点）映射（Projection），得到一个单模式网络（One-Mode Network）。在向参与者节点投影得到的单模式网络中，节点之间的边表示的是它们彼此具有针对同一个项目的合作或竞争关系，这个单模式网络被称为一个项目完全子图。

传统意义上，映射得到的单模式网络（即耦合网络）中边上并没有权重。然而，近年来关于双模式网络的实证研究中，单模式网络的赋权方式是通过将权重定义为共现（Co-Occurrences）的次数，即两个个体共同参与事件的次数，或者两个作者合作论文的篇数。举例来说：Newman 在研究科学合作网络时将这个过程进行了扩展[9]；Padrón 等认为，这种网络建模方法可以对群体中潜在的竞争关系和互利的交互作用进行逼真的预测[10]。

1.2　平均资源分配法

为了尽量减少双模式网络在映射时的信息丢失，并且充分考虑节点资源的稀缺性，本文采用 Zhou 等提出的平均资源分配法[11]（Resource Allocation Process，RAP）作为映射算法。

假设二分图用 $G = (P, O, E)$ 来表示，其中 P 为参与者节点集合，O 为项目节点集合，E 表示边集。集合 P 和 O 中的节点分别用 p_1，p_2，…，p_n 和 o_1，o_2，…，o_n 表示。第 i 个参与者节点的初始资源 $f(p_i) \geq 0$。

首先，P 中所有资源都流向集合 O，集合 O 中的第 l 个节点的资源分配公式为：

$$f(o_l) = \sum_{i=1}^{n} \frac{a_{il} f(p_i)}{k(p_i)} \tag{1}$$

其中，$k(p_i)$ 表示 p_i 的度，a_{ij} 是一个 $n \times m$ 的邻接矩阵，公式为：

$$a_{ij} = \begin{cases} 1 & p_i o_l \in E \\ 0 & \text{otherwise} \end{cases} \tag{2}$$

然后，所有的资源流回集合 P，并且最终 p_i 的资源分配公式为：

$$f'(p_i) = \sum_{l=1}^{m} \frac{a_{il} f(o_l)}{k(o_l)} = \sum_{l=1}^{m} \frac{a_{il}}{k(o_l)} \sum_{j=1}^{n} \frac{a_{jl} f(p_j)}{k(p_j)} \tag{3}$$

这个公式可以被重写为：

$$f'(p_i) = \sum_{j=1}^{n} w_{ij} f(p_j) \tag{4}$$

在式（4）中，w_{ij}^P 可以表示为：

$$w_{ij}^P = \frac{1}{k(p_j)} \sum_{l=1}^{m} \frac{a_{il} a_{jl}}{k(o_l)} \tag{5}$$

其中，w_{ij}^P 为 p_i 和 p_j 之间两次资源平均分配过程产生的关系强度，则矩阵 $W^P = \{w_{ij}^P\}_{n \times n}$ 即为通过 RAP 方法得到的完全项目子图的邻接矩阵。

RAP 方法也可以扩展至二分图边上有边权的情况，此时资源不再是平均分配的，而是根据边权反映的参与者节点与项目节点之间的隶属度来进行分配。总而言之，RAP 方法既反映了项目节点资源的稀缺性，又反映了参与者节点占用项目节点资源的有限性，使得映射得到的完全项目子图能够更加准确地体现出参与者节点之间的相互竞争关系。

1.3 基于二分图的 IO 分析

IO 表擅长于从全局的角度展现错综复杂的产业部门相互依赖关系，清晰地体现了产业部门从其上游部门获得了多少生产资源。因此，关于 IO 网络的研究主要是通过中间产品投入产出关系来刻画经济系统的拓扑结构，从而对价值流动规律和产业结构特点进行分析。但是，从二分图理论的角度来看，观察 IO 表中行向量所反映的上游产业部门对下游产业部门的供给强度，或者列向量所反映的下游产业部门对上游产业部门的需求强度，不难发现，IO 表刻画出了产业部门之间相互竞争与合作的关系。但是，产业部门之间的竞合关系无法直接通过 IO 网络的结构性测度指标反映出来，需要通过适当的矩阵变换来体现出这种关系。

实际上，当产业部门拥有相同的供应者或消费者时，它们之间的竞争或合作就已经发生了，这是因为所有从上游部门输出给下游部门的产品和服务都是有限的，即**生产资源存在着稀缺性**。在 IO 理论中，这种稀缺性可以用直接消耗系数和完全消耗系数的形式呈现出来，产业部门与外部产业环境之间的关系也可以用影响力系数和感应度系数来度量。但是，此类经典的 IO 分析方法的目的是揭示各个产业部门之间、总产出与最终使用之间线性的技术经济联系，并没有将生产资源的稀缺性作为测度产业部门之间竞争与合作关系的约束条件。因此，本文根据二分图理论对 IO 数据进行建模分析，目的是从供给侧的角度还原下游产业部门之间的竞争关系。

2　网络建模

2.1　全球产业价值链网络模型

为了挖掘 GVC 上产业部门之间隐藏的竞争关系（包括直接的和间接的），区分产业部门在输出和消耗中间产品时所扮演的功能角色，本文首先需要构建一个基于 ICIO 数据的二分图，相关假设条件如下：

假设 1　上游产业部门构成项目节点集合 O，下游产业部门构成第一类参与者节点集合 P'，由自环转换得到影子节点构成第二类参与者节点集合 P"，则参与者节点集合为 P = P'∩P"，因为 IO 表中产业部门同时作为上游和下游产业部门，而且所有产业部门都具有自环，所以 |O|=|P'|=|P"|=N，|P|=2N。

假设 2　边从上游产业部门指向下游产业部门，反映了中间产品的流动方向，两类节点之间的连边构成边集 E'；节点自环反映了产业部门消耗了其自身的部分中间产品，因此本文假设具有自环的产业部门也是其自身的上游（或下游）产业部门 E"，即项目节点与其影子节点存在的连边构成边集，则原图的边集 E = E'∩E"。

假设 3　与边集的假设条件类似，权重集也分为上、下游产业部门之间的 W' 和自身消耗的 W"，与原图权重集的关系为 W = W'∩W"；下游产业部门 i 在 N-1 个竞争对象（不包括其自身）中获得上游产业部门 l 中间产品的数量为 w'_{li}，自身消耗的中间产品数量为 $w"_{li}$（此时 l=i，即上、下游产业部门为同一部门）。

基于以上假设条件，本文选取 WIOD 数据库 RIOT 数据的中间产品交易矩阵作为建模数据[12]，构建了二分图 G=（O，P'，P"，E'，E"，W'，W"），并称为**全球产业价值链网络模型**（Global Industrial Value Chain Network，简称 GIVCN 模型，本文采用的是 WIOD 数据库的 RIOT 数据，因此标记为 GIVCN-RIOT 模型）。GIVCN-RIOT-2011 模型的拓扑结构如图 1（a）所示。

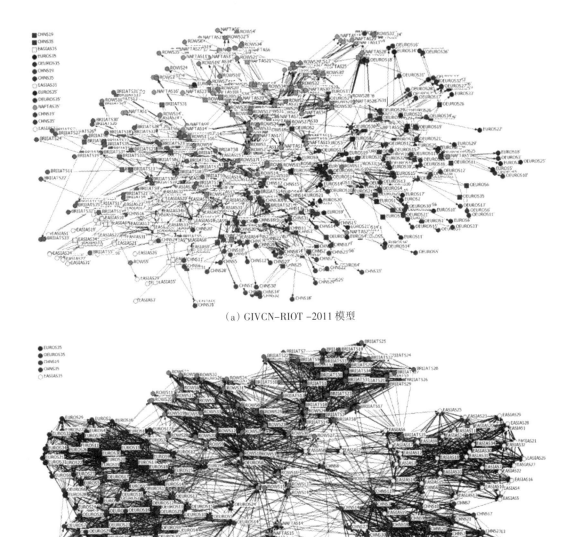

(a) GIVCN-RIOT-2011 模型

(b) GIRCN-RIOT-2011 模型

图 1　GIVCN-RIOT-2011 模型 和 GIRCN-RIOT-2011 模型

　　图 1 (a) 中所有方形节点代表了由上游产业部门构成的项目节点集合 O，所有圆形节点代表了由下游产业部门构成的项目参与者节点集合 P，其中又根据节点名称区分了第一类参与者节点和第二类参与者节点（影子节点），例如 NAFTAS35′代表的是 NAFTA "住户雇佣服务" 的自身消耗。GIVCN-RIOT 模型中只有不同的类节点之间存在连边。

2.2 全球生产资源竞争网络模型

在 GIVCN-RIOT 模型所描绘的全球经济系统中，下游产业部门消耗了上游产业部门有限的产出，使得生产资源呈现出稀缺性。当若干下游产业部门同时从共同的上游产业部门获取生产资源时，这种稀缺性就发生传递，使得下游产业部门之间产生了竞争关系。根据上文中 RAP 方法的映射思路，GIVCN-RIOT 模型中蕴含的产业部门竞争关系可以通过它的完全项目子图表现出来，映射公式如下：

$$w_{ij}^P = \begin{cases} \dfrac{1}{w_j} \displaystyle\sum_{l=1}^{N} \dfrac{w_{li} w_{lj}}{w_l} & i \neq j \\ 0 & i = j \end{cases} \tag{6}$$

其中，w_l 为上游产业部门 l 的总产出，在数值上等于 GIVCN-RIOT 模型中产业部门 l 的出权，即 $w_l = S^{OUT}(l) = \displaystyle\sum_{i=1}^{N} w_{li}$，$i$，$l \in \{1, 2, \cdots, N\}$；$w_{ij}^P$ 为在竞争共同上游产业部门中间产品投入时下游产业部门 i 对部门 j 的竞争强度，构成的边权集为 $W^P = \{w_{ij}^P\}$，i，$j \in \{1, 2, \cdots, N\}$。完全项目子图中每条边 e_{ij}^P 从节点 v_i 指向节点 v_j，表明产业部门 i 从上游部门获取中间产品投入时影响到了产业部门 j 的利益，影响程度由边上的边权 w_{ij}^P 来衡量。因为本文的研究对象是产业部门之间的竞争关系，所以矩阵 W^P 的对角线需要设置为 0。

至此，描述全球经济系统内部产业部门间直接和间接竞争关系的完全项目子图 $G^P = (V_2', E^P, W^P)$ 映射完成，本文称为**全球生产资源竞争网络模型**（Global Industrial Resource Competition Network，GIRCN）。GIRCN-RIOT 模型是一类加权有向的单模式网络，而且网络中不存在节点自环。GIRCN-RIOT-2011 模型的拓扑结构如图 1（b）所示。

不难发现，GIRCN-RIOT-2011 模型中存在着较为明显的集群现象，产业部门之间的竞争主要发生在经济体内部，而且欧元区国家和其他欧盟国家之间的一体化程度较高。

2.3 竞争优势和竞争劣势的界定

GIRCN-RIOT 模型的边权集为 W^P 反映了产业部门间直接和间接的竞争关系，而且这种竞争关系具有方向性，即 w_{ij}^P 为产业部门 i 对产业部门 j 的竞争强度，w_{ji}^P 则为产业部门 j 对产业部门 i 的竞争强度。如果只从产业部门 i 的角度来看，那么 w_{ji}^P 则相当于产业部门 i 对产业部门 j 的被竞争强度。因此，本文将产业部门在经济系统中的竞争强度之和定义为它的**竞争优势指数**（Competitive Advantage Index，CAI），将被竞争强度之和定义为它的**竞争劣势指数**（Competitive Weakness Index，CWI）。从复杂网络的角度来看，CAI 和 CWI 分别等于 GIRCN-RIOT 模型中节点的出权（Out-Strength，S^{OUT}）和入权（In-Strength，S^{IN}）。

在 CAI 和 CWI 的基础上，本文定义了**国家竞争优势指数**（National Competitive Advantage Index，NCAI）和**国家竞争劣势指数**（National Competitive Weakness Index，NCWI），公式为：

$$NCAI(t) = \sum_{i \in \tau(t)} CAI(i) \tag{7}$$

$$NCWI(t) = \sum_{i \in \tau(t)} CWI(i) \tag{8}$$

其中，t 是 WIOD 数据库中的经济体，t ∈ {EURO，OEURO，NAFTA，CHN，EASIA，BRIIAT，ROW}；τ 为 GIRCN-RIOT 模型中某个经济体内部所有产业部门序号的集合，以中国为例，τ(CHN) = {106，107，…，140}。

在全球经济一体化的今天，古典经济理论中的比较优势（Comparative Advantage）理论已经无法充分解释经济体的产业部门在国际环境如何获得成功和失败，学者们逐渐开始从价值链的角度来分析竞争优势（Competitive Advantage）的来源和形成[13]。本文提出的 CAI 和 CWI 反映的是物理经济学视角下产业部门在 GVC 上的竞争状态，体现了上游产业部门中间产品供给具有稀缺性的条件下下游产业部门之间的相互竞争强度，而且这种竞争强度的度量具有可比性。因此，在 CAI 和 CWI 基础上提出的 NCAI 和 NCWI 则反映了经济体在 GVC 上的竞争力。

3　实证分析

GIVCN-RIOT 模型刻画了 GVC 上主要经济体的产业部门之间的中间产品流动情况，GIRCN-RIOT 模型则是通过 RAP 方法挖掘出这些产业部门之间蕴含的竞争关系。如果经济体之间的中间产品流动情况发生了变化，势必会影响到相关主体在 GVC 上的竞争状态。因此，实证部分首先对国家竞争优势和劣势进行静态的时序分析，然后通过动态的仿真模拟手段来分析中国与北美自由贸易区（NAFTA）之间贸易往来变动所导致的竞争力变化。

3.1　国家竞争优势和劣势的时序分析

WIOD 数据库提供了 1995~2011 年的 RIOT 数据，因此本文在 17 个 GIRCN-RIOT 模型的基础上统计了每个经济体的和，时序变化趋势如图 2 所示。

从竞争优势的角度来看：NAFTA 和欧元区国家的 NCAI 一直领先于各经济体，而且经历了一个较为明显的先升后降过程，NAFTA 的转折点为 2002 年，欧元区国家的转折点为 2004 年；东亚地区和其他欧盟国家的 NCAI 处于下降趋势，而且前者的速度更快，在 2006 年和 2007 年先后被 BRIIAT 国家和中国超过；BRIIAT 国家和中国的 NCAI 则有较为明显的上升趋势；2007 年之前世界其他地区整体的 NCAI 在缓慢上升，之后则快速上升，即将超过 NAFTA，甚至有可能超过欧元区国家。

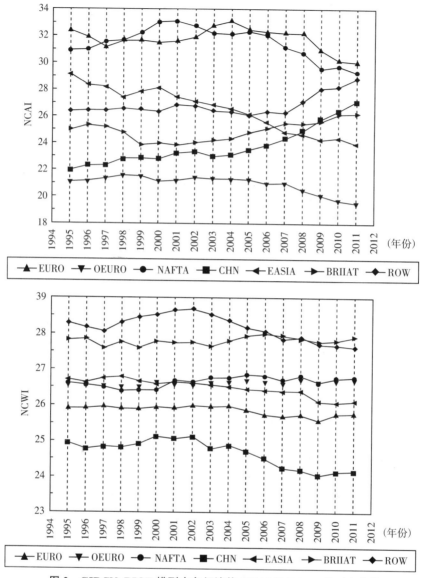

图 2　GIRCN–RIOT 模型中各经济体 NCAI 和 NCWI 的时序变化

从竞争劣势的角度来看，这些经济体大致分为了四个层次：世界其他地区和 BRIIAT 国家的 NCWI 最高，构成了第一个层次；NAFTA、欧盟其他国家和东亚国家的 NCWI 大致相当，属于第二个层次；欧元区国家属于第三个层次；中国则是远低于其他经济体，属于第四个层次。综合以上两个分析视角，不难发现中国在全球经济系统中的整体竞争优势在不断提升，同时竞争劣势在不断降低，体现出强劲的竞争实力和雄厚的发展潜力。

3.2　中国与 NAFTA 国际贸易波动影响的仿真分析

为了观察国际贸易波动（The International Trade Fluctuation）可能会对国家竞争优

势和竞争劣势带来的影响，本文在 GIVCN-RIOT 模型和 GIRCN-RIOT 模型的基础上设计了三组仿真模拟实验。具体来说，假设研究对象为经济体 X 和 Y，两个经济体之间可能存在多种贸易往来变化的情况，本文只考虑以下三种：X 增加或减少到 Y 的出口贸易、Y 增加或减少到 X 的出口贸易、X 和 Y 同时增加或减少到对方的出口贸易。在进行经济体 X 和 Y 的贸易往来与它们 NCAI 和 NCWI 关系的模拟仿真时，首先将 GIVCN-RIOT 模型中对应区域的元素值从原值的 0%（中断出口贸易）增加到 100%（ICIO 表中的出口贸易总量）后再增加到 200%（出口贸易总量增加一倍），每次模拟增加 5%，并在新形成的 GIRCN-RIOT 模型中计算一次两个经济体 NCAI 和 NCWI 的变化率，从而可以通过每一种情境下的四条仿真模拟曲线反映经济体 X 和 Y 的 NCAI 和 NCWI 变化趋势。本文选取中国和北美自由贸易区作为主要分析对象，三种情境下的仿真模拟结果如图 3 和图 4 所示。

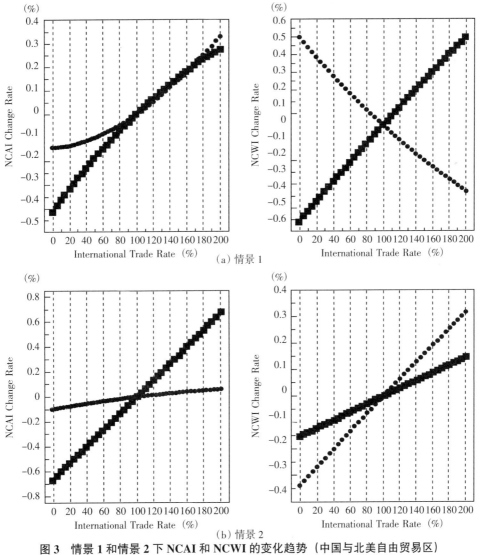

图 3　情景 1 和情景 2 下 NCAI 和 NCWI 的变化趋势（中国与北美自由贸易区）

情景 1 中国增加到北美自由贸易区的出口贸易量。随着中国出口到北美自由贸易区的中间产品数量从原来的 0% 增加到 200%，中国的 NCAI 和 NCWI 都在上升，而且 NCWI 的上升幅度要高于 NCAI，说明中国增加对北美自由贸易区的出口，虽然有利于融入到全球一体化的进程当中，但也会使其面临更多来自 GVC 的竞争压力。另外，北美自由贸易区的 NCAI 上升幅度与中国相当，甚至在接近 200% 时超过中国，而其在快速下降，反映出 NAFTA 的跨国企业依赖于中国上游产业部门的廉价中间产品投入，增加从中国的进口会降低其生产成本，从而缓解来自 GVC 上其他竞争对手的竞争压力。

情景 2 北美自由贸易区增加到中国的出口贸易量。当北美自由贸易区出口到中国的中间产品数量从原来的 0% 增加到 200%，两个经济体的和都在上升，但是北美自由贸易区的 NCAI 增幅小于中国而 NCWI 增幅大于中国，说明中国会通过加强与北美自由贸易区的贸易往来增强其在 GVC 上的竞争能力，与此同时，北美自由贸易区则会面临更多来自中国方面的竞争压力。另外，北美自由贸易区的 NCAI 的增幅低于其 NCWI，而中国的 NCAI 的增幅高于其 NCWI，表明情景 2 对于中国更为有利。

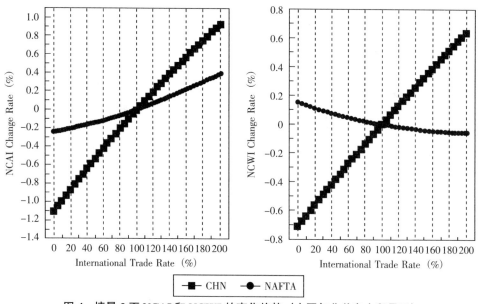

图 4 情景 3 下 NCAI 和 NCWI 的变化趋势（中国与北美自由贸易区）

情景 3 中国和北美自由贸易区同步增加到对方的出口贸易量。当中国和北美自由贸易区出口到对方的中间产品数量同时从原来的 0% 增加到 200%，基本趋势与情景 1 类似，但是中国的增幅更为明显，说明两个经济体之间逐渐增强的贸易往来会给中国的跨国企业带来更多的机遇和挑战，对北美自由贸易区来说既巩固了其经济地位又降低了相关风险。

4　结束语

长期以来，如何从系统科学的高度完整地再现全球经济系统的拓扑结构，进而挖掘其运作规律一直是困扰学界的重大难题。基于物理经济学的研究思路及复杂网络理论的研究框架，本文通过 WIOD 数据库 RIOT 数据勾勒出 1995~2011 年全球主要经济体之间的中间产品投入产出关系，进而运用 RAP 方法提取它们之间对于生产资源的竞争关系，然后定义了 CAI、CWI、NCAI、NCWI 四个指标来揭示产业部门和经济体在 GVC 上的竞争状态。

GIRCN-RIOT 模型刻画了经济体及其产业部门之间的竞争状态，并且边的方向性体现了竞争关系的差异性，可以根据复杂网络中出权和入权的概念界定它们在 GVC 上的相对竞争优势和劣势。进一步，在复杂网络模型和结构性测度指标的基础上，本文对不同贸易波动情景下经济体间的贸易往来进行仿真模拟，并观察相关经济体在 GVC 上相对竞争优势和劣势的变化趋势，进而从物理经济学的视角来解释世界经济格局的演变机理。

参考文献

［1］Krugman P., Srinivasan T. N.. Growing World Trade: Causes and Consequences ［J］. Brookings Papers on Economic Activity, 1995, 26（1）: 327–377.

［2］Carvalho V. M.. A Survey Paper on Recent Developments of Input–Output Analysis ［Z］. Complexity Research Initiative for Systemic Instabilities, 2013.

［3］Li W., Kenett D. Y., Yamasaki K., et al.. Ranking the Economic Importance of Countries and Industries ［J］. Quantitative Finance, 2014.

［4］Ando S.. Measuring US Sectoral Shocks in the World Input–Output Network ［J］. Economics Letters, 2014, 125（2）: 204–207.

［5］Cerina F., Zhu Z., Chessa A., Riccaboni M.. World Input–Output Network ［J］. Plos One, 2015, 10（7）: e0134025.

［6］Grazzini J., Spelta A.. An Empirical Analysis of the Global Input–Output Network and Its Evolution ［R］. DISCE–Working Papers del Dipartimento di Economia e Finanza, 2015.

［7］Lizhi Xing, Xianlei Dong, Jun Guan. Global Industrial Impact Coefficient Based on Random Walk Process and Inter–Country Input–Output Table ［J］. Physica A: Statistical Mechanics and its Applications, 2017, 471C: 576–591.

［8］何大韧，刘宗华，汪秉宏. 复杂系统与复杂网络 ［M］. 北京：高等教育出版社，2010.

［9］Newman M. E.. The Structure of Scientific Collaboration Networks ［J］. Proceedings of the National Academy of Sciences of the United States of America, 2001, 98（2）: 404–9.

［10］Padrón B., Nogales M., Traveset A.. Alternative Approaches of Transforming Bimodal Into Unimodal Mutualistic Networks. The Usefulness of Preserving Weighted Information ［J］. Basic & Applied Ecology，2011，12（8）：713-721.

　[11] Tao Zhou，Jie Ren，Matúš Medo，and Yi-Cheng Zhang. Bipartite Network Projection and Personal Recommendation [J]. Physical Review E，2007（76）：046115.

　[12] Timmer M. P.，Dietzenbacher E.，Los B.，Stehrer R.，De Vries G. J.. An Illustrated User Guide to the World Input-Output Database：The Case of Global Automotive Production [J]. Review of International Economics，2015，23（3）：575-605.

　[13] Porter M. E.. The Competitive Advantage of Nations [J]. Competitive Intelligence Review，1990，1（1）：427.

基于元胞自动机的路边停车策略选择和影响分析

谢志瞻　田　琼

（北京航空航天大学经济管理学院，北京　100083）

【摘　要】在出行者巡游寻找路内停车位的行为普遍存在的情况下，为研究如何引导巡游车辆快速找到路内停车位，将需要换道停车的出行者因邻道有车辆而无法完成换道动作时所采取的后续换道寻位策略分为两类——停车等待换道和继续行驶伺机换道，并在此基础上以元胞自动机为理论背景建立双车道路边停车寻位模型，设计仿真实验，通过参数的调整获得数值在一定范围的停车位占有率与道路车辆密度，用以反映道路交通状况，以此分析采用不同寻位方式的出行者在不同交通状况下寻位时间和寻位距离的差异，并给出在停车位占有率高于 0.4 且道路车辆密度低于 0.5 时采用第 2 类寻位方式，其他情形下采用第 1 类寻位方式的决策建议。

【关键词】元胞自动机；交通流；路内停车；寻位决策

0　引　言

随着经济的高速发展，城市机动车保有量日益增长，由此产生的停车需求与城市空间资源有限性之间存在着难以调和的矛盾，停车难已成现实。虽然路内停车位能在一定程度上缓解停车难的问题，但出行者为竞争空余停车位进行巡游行为，可能诱发额外的拥堵、噪声、环境污染等问题，造成资源的浪费。针对此问题，国内葛兴、姜波等利用排队理论和间隙理论建立路内停车交通流延误影响模型并探讨对所产生延误的计算方法[1]；国外 Jason 等利用计算机对路边停车给道路通行能力造成的影响以及对车辆行程造成的延误进行仿真模拟[2]。上述研究目标大多集中于探讨路内停车对交通延误的影响，在对路内停车条件下交通流基本特性的研究方面，陈峻等对路边停车带设置给混合车流速度造成的影响进行了分析[3]；刘小明、王力等针对路内停车条件下车辆的行为过程分别建立相对应的元胞自动机行为规则，并探讨和分析了路内停车条件下交通相变特性[4]。总体而言，有较少文章关注对路内停车条件下巡游车辆的疏导问题，实际上，如何引导巡游车辆快速找到停车位，为其寻位行为提供决策建议是缓解交通压力、减少资源浪费的一个有效切入点。基于此，本文以元胞自动机交通流模型为理论背景，借鉴随机慢化行为的 Nasch 模型[5] 以及 Nagatani 提出的换道模型[6][7]，对出行者的出行行为进行分类，设立相关规则，构建元胞自动机双车道路边停车寻位模型，并在此模型基础上设计仿真实验，通过参数的调整获得数值在一定范围的停车位占有率与道路车辆密度，用以反映道路交通状况，探讨出行者的巡游行为对道路交通流造成的影响，并分析采用不同寻位方式的出行者在不同交通状况下寻位时间和寻位距离的差异，最终给出寻位决策建议。

1 基于不同车辆状态的建模规则

图 1 是基于元胞自动机的双车道路边停车寻位模型示意图，模型采用周期性边界，为方便表述，将其以一条从左往右长度为 K 的单向直线双车道表示，每个车辆占据一个元胞格，车辆从左往右行驶，从右边界离开后由左边界重新进入系统，每个时间步出行者将采取横向的跟车行为和纵向的换道行为。假设停车位均匀分布于道路边，并一一对应于道路上相同位置的元胞格，每个停车位上允许停靠一定的时间，该时间服从爱尔朗分布。有数量为 N 的同质出行者离散分布在系统中，他们的出行需求都是相同的，均是从某一出发点开始行驶，在 d_f 距离的自由行驶后进入寻位状态，经过 t_s 的寻位时间（对应寻位距离 d_s）后成功找到车位完成停车动作，并在停满 t_p 时间（由于服从爱尔朗分布，有效消除了周期性的影响）后离开停车位回到道路中，作为一个新的出行者继续完成上述动作。如图 1 所示，用 O 点表示个体出行者的出发点，S 点代表开始进入寻位状态的点，P 点代表停车点。

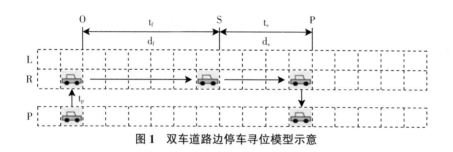

图 1 双车道路边停车寻位模型示意

无论是在正常行驶过程中还是寻位过程中，出行者都可能进行换道动作，包含自由换道和强制性换道两大类，自由换道发生在车辆处于正常行驶状态下，此时车辆是为了寻求更快的驾驶速度；强制换道产生于寻位状态下的左车道车辆，此时左车道车辆为了进行停车行为必须尽快换道至右车道，其面临着两种换道方式以供选择：①rule 1，左车道车辆在进入寻位状态后将速度降为 0 以伺机在右相邻元胞为空时换道至右车道；②rule 2，与方式 1 的行为不同，左车道车辆在进入寻位状态后如果发现右车道被占用，不能立刻换道，将不进行减速停车行为，而是在速度限制的范围内继续向前行驶，以寻求换至右车道的机会。方式 1 换道行为下，可能由于左车道寻位车辆为换道进行的减速停车行为，而使左车道车流走走停停现象加剧，不过也降低了同等条件下换道至右车道的难度；方式 2 换道行为下，左车道走走停停现象不如方式 1 明显，当右车道被占用时左车道寻位车辆加快行驶，使左车道实际流量增大，同时也可能使驾驶者需要行驶更远的距离，由于通常寻位者会在目的地附近开始寻位，这也就导致出行者停车后可能需要走行更远距离到达实际目的地。二者各有优劣，本文主要考察这两种换道方式在寻位时间和距离上可能带来的差异，以期对交通政策的制定提供借鉴和参考。

1.1 正常行驶车辆的跟车及换道规则

车辆处于正常行驶状态时最大速度为 $v_f^{max}=5$，车辆的速度更新规则参考了 Nasch 经典模型，令 p 表示随机慢化的概率，p_0 为每次判定是否进行随机慢化时生成的随机数，具体规则如下：

A. 速度更新规则。

（1）随机慢化：

$$p_0 \leq p \& g_{si} - 1 \geq v_i(t-1) \to v_i(t) = max[0, v_i(t-1) - 1] \tag{1}$$

（2）加速：

$$p_0 > p \& g_{si} - 1 > v_i(t-1) \to v_i(t) = min\{[v_i(t-1) + 1], v_f^{max}\} \tag{2}$$

（3）减速：

$$[p_0 > p \& g_{si} - 1 = v_i(t-1)] | g_{si} - 1 < v_i(t-1) \to v_i(t) = g_{si} - 1 \tag{3}$$

其中，v_f^{max} 为车辆正常行驶的最大速度，g_{si} 为 i 车与同车道前车的车头距。

B. 换道规则。

处于正常行驶状态的车辆进行自由换道行为，具体换道规则如下：

（1）若对于位于右车道正常行驶状态下的 i 车辆，$g_{si} < g_{si}^{l,f}$，则该车辆从右车道换道至左车道。其中 $g_{si}^{l,f}$ 为该车与左车道相邻前车的车头间距。

（2）若对于位于左车道正常行驶状态下的 i 车辆，$g_{si} < g_{si}^{r,f}$，则该车辆从左车道换道至右车道。其中 $g_{si}^{r,f}$ 为该车与右车道相邻前车的车头间距。

C. 位置更新规则。

$$x_i(t) = x_i(t-1) + v_i(t) \tag{4}$$

1.2 寻位车辆的跟车及换道规则

车辆位于寻位状态下时最大速度限制为 $v_s^{max}=3$，且不考虑随机慢化行为。由于左车道寻位车辆面临着两种换道方式，在不同方式下将面临着不同的换道规则限制，具体规则如下：

A. 速度更新规则。

（1）右车道寻位车辆：

$$g_{si} - 1 \leqslant v_i^r(t-1) \rightarrow v_i^r(t) = \min(g_{si}^{p,f}, \ g_{si}-1) \tag{5}$$

$$g_{si} - 1 > v_i^r(t-1) \rightarrow v_i^r(t) = \min\left[v_i^r(t-1)+1, \ v_s^{max}, \ g_{si}^{p,f}\right] \tag{6}$$

（2）rule 1 下的左车道寻位车辆：

$$v_i^l(t) = 0 \tag{7}$$

（3）rule 2 下的左车道寻位车辆：

$$g_{si} \leqslant v_i^l(t-1) \rightarrow v_i^l(t) = \min(g_{si}^{e,f}, \ g_{si}) \tag{8}$$

$$g_{si} > v_i^l(t-1) \rightarrow v_i^l(t) = \min\left[v_i^l(t-1)+1, \ v_s^{max}, \ g_{si}^{e,f}\right] \tag{9}$$

其中，$g_{si}^{p,f}$ 表示该寻位车辆与相距最近的空车位的距离，$g_{si}^{e,f}$ 表示该寻位车辆与邻道前方最近空元胞格的距离。

B. 换道规则。

（1）右车道寻位车辆在成功找到空车位时完成停车行为：

$$C_{x_i}^p = 0 \& C_{x_i}^r = 1 \rightarrow C_{x_i}^p = 1, \ C_{x_i}^r = 0 \tag{10}$$

（2）左车道寻位车辆在右车道相邻元胞格为空时换道至右车道：

$$C_{x_i}^r = 0 \& C_{x_i}^l = 1 \rightarrow C_{x_i}^r = 1, \ C_{x_i}^l = 0 \tag{11}$$

其中，$C_{x_i}^p$、$C_{x_i}^r$、$C_{x_i}^l$ 分别表示 x_i 处停车位、右车道以及左车道的使用情况。

C. 位置更新规则。

$$x_i(t) = x_i(t-1) + v_i(t) \tag{12}$$

2　模拟与分析

设定单车道长度为 1000 个元胞，即 K = 1000，则双车道总元胞格数为 2000 个元胞，停车位长度与单车道长度相同也为 1000 个元胞。每辆车占据 1 个元胞格，且均为同质小汽车，车辆最大正常行驶速度 $v_f^{max} = 5$，寻位状态下最大行驶速度 $v_s^{max} = 3$。取车辆随机慢化概率为 P = 0.3。

对系统整体进行测量，取测量期为 T_{mp}，定义停车位占有率 p_g、道路车辆密度 k_g、道路车流量 q_g 以及区间平均速度 $\bar{v}_s$ 的函数表达式如下：

$$p_g = \frac{1}{T_{mp}} \sum_{t=1}^{T_{mp}} \frac{N_p(t)}{K} \tag{13}$$

$$k_g = \frac{1}{T_{mp}} \sum_{t=1}^{T_{mp}} k_g(t) = \frac{1}{T_{mp} K_d} \sum_{t=1}^{T_{mp}} N_r(t) \tag{14}$$

$$q_g = \frac{1}{T_{mp}} \sum_{t=1}^{T_{mp}} q_g(t) = \frac{1}{T_{mp} K_d} \sum_{t=1}^{T_{mp}} \sum_{i=1}^{N_r(t)} v_i(t) \tag{15}$$

$$\bar{v}_{s_g} = \frac{q_g}{k_g} = \sum_{t=1}^{T_{mp}} N_r(t) \bar{v}_{s_g}(t) \bigg/ \sum_{t=1}^{T_{mp}} N_r(t) \tag{16}$$

其中，$N_p(t)$ 表示 t 时刻停车位中的停车数量，N_r 表示行驶于道路上的车辆数。

单次模拟的演化时步为 17000 步，为避免暂态的影响，只对 12000~17000 时间步中的数据进行收集统计，即测量期 $T_{mp} = 5000$。为获得不同交通流的基本特征值，对系统中车辆总数 N、正常行驶距离 d_f、停车时间所服从分布的均值 t_p 进行调整，以整理得不同取值的停车位占有率、车流量、密度等数据。为了消除随机性对结果的影响，每个条件下做 5 次仿真，并对这 5 个样本取平均。模拟过程中，根据车辆状态的变化，车辆将相应执行第 1 节中所描述的相关规则。

2.1 区间平均速度与车流量演化分析

首先来看区间平均速度的演化情况。根据模拟收集的数据，可以分别绘制如图 2 所示的总系统以及左右车道的区间平均速度演化曲线。由图 2（a）可以看出，当道路密度低于 0.05 时，速度呈现水平状态，并达到期望速度的最大值 4.15。若不考虑路内停车行为，则系统中期望速度最大值为：

$$\bar{v}_d = \alpha \bar{v}_f + \beta v_s^{max} = \alpha v_f^{max} - \alpha p + \beta v_s^{max} = \frac{t_f}{t_f + t_s} v_f^{max} - \frac{t_f}{t_f + t_s} p + \frac{t_f}{t_f + t_s} v_s^{max} \tag{17}$$

$$其中，\bar{v}_f = \sum w_i v_i / \sum w_i = \left[(1-p) v_f^{max} + p(v_f^{max} - 1) \right] / \left[(1-p) + p \right] = v_f^{max} - p \tag{18}$$

$\bar{v}_f$ 为正常行驶状态下的车辆期望速度，α 为正常行驶车辆占比，β 为寻位车辆占比，由于在所收集的数据中，β 数值在 0.02~0.05 区间波动，对应 α 数值在 0.95~0.98 区间波动，将数值代入式（17）可得系统中期望最大速度在 4.61~4.67 区间，但由于路内停车行为的存在，使系统中最大期望速度下降至 4.15 左右，同时也使区间平均速度仅能在较低的道路车辆密度（$k_g = 0.5$）时取到最大值。由图 2（b）的左右车道密度—速

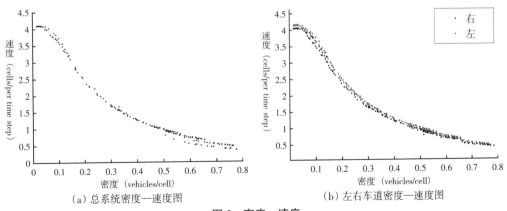

（a）总系统密度—速度图　　　　　（b）左右车道密度—速度图

图 2　密度—速度

度图可见，寻位车辆的存在导致道路系统中期望速度降低，因右车道存在更大比例的寻位车辆且频繁发生路内停车行为，使右车道曲线低于左车道。

再对车流量的演化进行分析，分别绘制总系统密度—流量图以及左右车道密度—流量图，如图 3 所示。为分析道路车流量所能取到的最大值，对图 2（a）总系统密度速度曲线进行拟合，得到密度—速度间的函数关系：

$$\bar{v}_{sg} = -11.1479k_g^3 + 22.5850k_g^2 - 16.8036k_g + 5.0697 \tag{19}$$

则车流量可表示为：

$$q_g = -11.1479k_g^4 + 22.5850k_g^3 - 16.8036k_g^2 + 5.0697k_g \tag{20}$$

结合函数的性质可知，车流量达到最大值时对应的道路车辆密度在 $k_g = 0.28$ 时取到，所能达到的最大车流量为 $q_g^{max} = 0.53$。由图 3（b）的左右车道流密度—流量图可见更高的寻位车辆比例以及路内停车行为导致道路系统中车流量的降低，使右车道的曲线低于左车道。

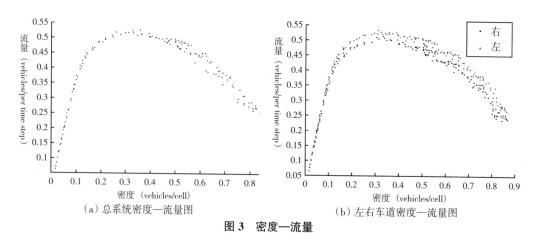

（a）总系统密度—流量图　　　　　（b）左右车道密度—流量图

图 3　密度—流量

由于区间平均速度与道路车辆密度存在着一一对应的关系，而车流量为道路车辆密度的函数，因此密度成为合适的中间变量，而同时停车位占有率是一个相对独立的参数，故将道路车辆密度与停车位占有率作为自变量参数，考察它们之间的不同组合对两种寻位方式下寻位时间和寻位距离所造成的影响。

2.2　两类寻位方式在寻位时间以及寻位距离上的差异

如图 4 所示，通过仿真数据拟合，分别绘制在寻位时间和寻位距离上的决策建议图。其中，深灰色代表在此停车位占有率—道路车辆密度组合下 rule1 是更优选择，黑色代表 rule 2 是更优选择。则结合两幅图可以看出，当停车位占有率高于 0.4 且道路车辆密度低于 0.5 时采用 rule 2 的寻位方式能够以更短的时间和更短的寻位距离找到停车位，而在此以外的停车位占有率—道路车辆密度组合下，rule1 是更优的选择。

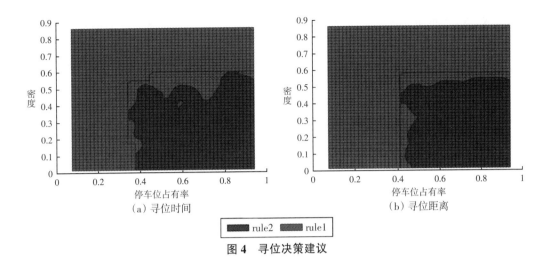

（a）寻位时间　　　　　　（b）寻位距离

rule2　　rule1

图4　寻位决策建议

3　结　论

为研究当左车道寻位车辆在进入寻位状态后不能立即换道至右车道时所采取的不同寻位策略可能造成的差异，本文建立了基于元胞自动机的双车道路边停车模型。在此模型基础上，利用matlab进行仿真，分析寻位行为给道路交通带来的影响，并通过参数的调整获得不同交通状况下两类寻位策略的寻位距离和寻位时间并分析其差异，最终得到以下结论：在停车位占有率大于0.4且道路车辆密度小于0.5的情况下，出行者采用rule 2的方式可以以更快的时间、行驶更短的距离找到空车位，而在此之外的交通状况中，出行者采用rule 1的方式则是更优的选择。从出行者的角度来看，获得不同交通状况下的寻位决策建议减少了巡游寻找车位的成本；从决策者的角度来看，决策者通过为出行者提供建议，帮助其更快完成停车行为，从而能够有效减少盲目寻找车位造成的交通拥堵、时间损耗，一定程度降低了尾气排放造成的环境污染和能源浪费，提高了经济、社会和环境效益。

参考文献

[1] 葛兴，姜波，王殿海等.路内停车对交通流的延误影响模型[J].城市交通，2009，7（2）：28-32.

[2] Yu J. C., Van Dyke H. C. Roadway Capacity Related to Curb-Parking Maneuver[J]. Journal of the Transportation Engineering Division，1973（99）：467-481.

[3] 陈峻，王炜，梅振宇.路边停车带设置对混合车流速度影响分析 [J].交通运输系统工程与信息，2005，5（10）：34-36.

[4] 刘小明，王力.考虑路内停车的元胞自动机交通流模型 [J].吉林大学学报（工），2012，42（2）：327-333.

［5］Kai N., Schreckenberg M. A Cellular Automaton Model for Freeway Traffic ［J］. Journal of Physics I France，1992，2 (12)：2221-2229.

［6］Nagatani T. Self-organization and Phase Transition in Traffic-flow Model of a Two-lane Roadway ［J］. Journal of Physics A：Mathematical & General，1993，26 (17)：L781-L787.

［7］Nagatani T. Dynamical Jamming Transition Induced by a Car Accident in Traffic-flow Model of a Two-lane Roadway ［J］. Physica A Statistical Mechanics & Its Applications，1994，202 (3-4)：449-458.

物理经济学视角下全球价值链的
复杂性研究

邢李志　关　峻　董现垒

（北京工业大学经济与管理学院，北京　100124）

【摘　要】社会经济系统内部结构大尺度、多维度、多层次的特性构成了其宏观层面的复杂性，通过对系统内部结构信息的挖掘可以反映整个系统的功能特征或运行机理。作为测度复杂系统结构的理论与方法，复杂网络理论可以通过测度社会经济系统的结构性指标，进而刻画研究对象内部的结构特征，揭示系统内在层次结构与外在经济功能之间的复杂关系。本文采用国家间投入产出数据，基于复杂网络理论提取了全球经济系统的拓扑结构，进而从物理经济学的角度对各国家或地区的经济发展指标与系统结构测度指标进行相关性分析、层次性分析以及鲁棒性分析，从全球经济系统的宏观层面揭示了各国家或地区及其产业部门在全球价值链中的功能和地位，并根据反映全球经济系统结构性特征的全球产业影响力系数对不同情景下的经济体之间相互影响进行仿真模拟，从而对相关政策制定提供建设性意见。

【关键词】全球经济系统；复杂网络理论；国家间投入产出表；马尔科夫过程；随机游走

0　引　言

随着贸易壁垒的降低和科技革命的推动，以全球价值链为载体的世界经济一体化格局逐渐形成，各个国家之间的分工合作及经济贸易往来日益增多并复杂化，已超越Heckscher-Ohlin模型能够解释国际分工及合作的范畴[1]，即产生了所谓的Leontief悖论[2]。各种经济理论随后尝试解释这种演化趋势，主要有劳动熟练说、人力资本说、技术差距说、产品周期说、需求偏好相似说、产业内贸易说等。这些理论从不同角度解释了当代国际分工、附加值贸易和产业结构升级等重要问题，但是由于每种理论视角的分散性、片面性和不完整性，无法完整地体现全球经济系统的结构性特征，进而在描述各经济体在全球价值链上的作用与角色方面力不从心。在过去十年间相继出现的国家间投入产出（Inter-Country Input-Output，ICIO）数据库为从整体化角度研究全球经济系统结构提供了坚实的数据基础。

1   文献综述

自从 Krugman 提出全球价值链 [3]（Global Value Chain，GVC）概念以来，从 GVC 的角度研究国际贸易问题已成为当前主流的统计分析方法。GVC 反映了全球经济系统的拓扑结构，同时在理论框架和实践分析方面显现出巨大的应用潜力 [4]。

随着 ICIO 数据库的应用普及，使 IO 网络也不再局限于刻画单个国家或地区的经济系统，而是延伸至区域间甚至全球经济系统。越来越多的学者采用 ICIO 数据来刻画全球经济系统拓扑结构，构建全球投入产出网络以及部分国际贸易网络（International Trade Network，ITN），从物理经济学的视角研究 GVC 和国际贸易问题。当然，现有研究倾向于简化网络模型的复杂度或只针对少量国家或地区的个别年份数据进行实证分析 [5-6]，之后的相关研究开始从 GVC 的全局视角来分析全球经济系统内部结构与宏观表现之间的关系，例如：Ando 在世界投入产出模型中测量了美国总产出冲击下的行业重要性 [7]；Cerina 等基于社团检测技术定量分析了全球网络的子网络结构和动力学特征，然后采用 PageRank 中心度算法和社团核心测量算法识别关键产业和经济体 [8]；Grazzini 和 Spelta 定义了消费影响指数和 GDP 影响指数，在此基础上研究了世界投入产出网络的鲁棒性与中间品相对投入量之间的关系 [9]。

综上所述，IO 和 ICIO 网络的构建和应用在国内外均处于研究的起步阶段，特别是大量的复杂网络模型以及分析技术还没有充分应用到社会经济系统的研究之中，同时许多相关算法还需要结合社会经济系统的现实意义对研究思路和方法加以改进，才能适用于挖掘这类稠密的加权、有向网络所蕴含的经济学含义。

2   分析框架与研究假设

2.1   构建分析产业经济系统的投入产出网络

作为全球一体化的生产网络，GVC 可以视作一个跨越国界的供应链系统。从产业关联的角度来看，产业部门在附加值贸易过程中，对位于其上、下游各环节都产生了影响。GVC 上的每个产业部门获取中间投入并创造出附加值，然后将其转化为产出并输出到下一个生产阶段。这意味着一个位于某个国家或地区内部的产业部门会对世界上其他所有的产业部门产生直接或者间接的影响。也就是说，经济冲击对于 GVC 上产业部门的扰动会产生"蝴蝶效应"，进而对全球经济系统产生深远影响。

为了刻画和分析 GVC 上国家或地区及其内部产业部门之间涌现的各种复杂经济现象，首先需要选择能够准确反映它们产业关联关系的建模数据。考虑到可用性和权威性，IO 表无疑是建立数学模型的最佳选择。IO 表可以量化一个国家、区域甚至世界范围内产业部门之间相互依赖的技术经济关系。IO 表的棋盘式结构使其能够从生产消耗和分配使用两个方面来反映价值在产业部门之间的流动过程，即同时反映产品的价值形成过程和价值使用过程。因为每个产业部门同时具有生产者和消费者的双重身份，即 Marx 指出的生产和消费的同一性，在建立 IO 网络模型的过程中，产业部门可以视为节点，经济活动产生的价值流则抽象为加权且有向的边，进而形成一类加权有向的产业复杂网络。

2.2 网络视角下经济系统价值流动的特点

经济冲击在经济系统中沿着中间投入的方向流动，当额外输出满足了某个产业部门的最终需求时，经济冲击的随机过程终止，该部门称为随机游走的目标部门（在网络中为吸收价值流的汇节点），因此可以从时间维度来考虑产业系统中价值流动给每个产业部门带来的经济影响。从 IO 表来看，它刻画的是某个年度整个国家或地区经济系统中产业部门之间的相互依存关系，这属于一个较长时间跨度内价值流传递的累积效应。但是在此期间经济系统的内生变量（包括产品流动以及相应支付过程）会受到外生变量（包括技术进步、利润分配和政府政策等）的影响，短时间内产业部门释放出的经济冲击沿着既定的产业结构快速影响到其他部门，直至被整个经济系统完全吸收。因此，本文接下来要通过基于 IO 数据的复杂网络模型和基于随机游走过程的中心性指标来揭示经济系统中产业波及效应的动力学机制。

3 网络模型与统计指标

3.1 构建全球产业价值链网络模型

如前所述，随着 ICIO 数据库的不断完善和更新，将 GVC 作为一个整体网络来进行研究已经变得非常可行。将 WIOD 数据库中各个国家或地区的产业部门视为节点，它们之间的投入产出关系视为边，反映了关系强弱的价值流则为边权，由此得到图 G = (V、E、W)，其中包含 N 个节点，节点集合为 V，边集合为 E，权重集合为 W。因为在加权网络中可以用权重集合 W 代替边集合 E，所以本文采用 WIOD 数据库 WIOT 数据中反映国家或地区之间中间投入与中间使用关系的 N×N 矩阵作为权重集，描述全球经济系统中各个产业部门在一定时期（通常为一年）内生产活动的投入来源和产出使用去向，进而揭示它们之间相互依存、相互制约的数量关系。

在此基础之上，本文建立了全球产业价值链网络模型（Global Industrial Value

Chain Network，简称 GIVCN 模型，本文采用的是 WIOD 数据库的 WIOT 数据，因此标记为 GIVCN-WIOT 模型），目的是刻画经济冲击如何在 GVC 上发生、转移并产生影响的过程，描绘各个国家或地区的产业部门在全球经济一体化背景下承担产业分工的情况，反映垂直专业化分工中各类中间产品在世界范围内的贸易过程。

GIVCN-WIOT 模型包括 1435 个节点，其中 1400 个节点代表了 40 个国家或地区的 35 个产业部门，剩余的 35 个节点代表了 RoW 地区的 35 个同类产业部门的总和。因为 WIOD 数据库的 WIOT 数据包括 1995 年至 2011 年 17 个年份的世界投入产出表，所以本文据此构建了 17 个 GIVCN-WIOT 模型。图 1 为根据 2011 年 WIOT 数据构建的 GIVCN-WIOT-2011 模型，该图根据修正的 Floyd 算法删除了较弱的产业关联[10]。

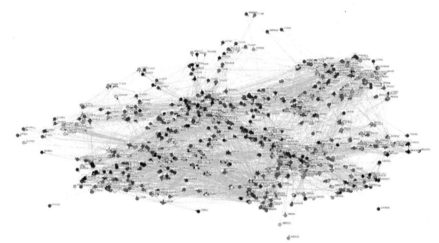

图 1　GIVCN-WIOT-2011 模型

图 1 中节点的名称由国家或地区的缩写与产业部门序号两部分构成，例如 KORS12 代表了韩国的"基础金属和金属制品"部门。另外，相同颜色的节点代表了同属于一个国家或地区的产业部门。GIVCN-WIOT 模型具有以下三个特点：

（1）GIVCN-WIOT 模型是一个加权有向网络，其内部由节点代表的产业部门同时在 GVC 上发挥着上游部门和下游部门的功能，由连边以及边权代表的 IO 关系反映了产业部门之间价值流的方向和大小。

（2）GIVCN-WIOT 模型中同属于一个子集的节点之间的网络密度要明显高于不同子集，也就是说，相同国家或地区的产业部门之间的 IO 关系明显比不同国家或地区的更加稠密，表明 GVC 上主要的贸易活动发生在经济体内部。

（3）GIVCN-WIOT 模型中存在着大量的节点自环，而且自环上的边权很大，表明产业部门对于自身中间产品的消耗不可忽略。

3.2　选取模型结构性测度指标

GIVCN-WIOT 模型真实地描述了世界范围内各个国家或地区之间以及产业部门之

间的经济联系，可以观察 GVC 上价值的流动方式以及不同产业部门间的比较竞争优势。这里需要注意的是，中间产品在产业部门之间的流动实际上是一个马尔科夫过程，而通过 GIVCN-WIOT 模型的邻接矩阵可以从复杂网络的角度还原价值流的随机游走特征。本文借用随机游走中心性（Random Walk Centrality，用 C_{RC} 表示）来描述在 GVC 上产业部门接受中间产品的量级所体现出来的对经济冲击的敏感程度，而这种敏感性恰恰体现出产业部门在 GVC 上的重要地位。

与此类似，对于一个基于 ICIO 关系的 GIVCN-WIOT 模型，任何扰动均倾向于快速到达 C_{RC} 值较高的产业部门。所以，可以参照紧密中心性的定义来界定随机游走中心性，即 C_{RC} 反比于所有节点到达指定节点的平均首达时间：

$$C_{RC}(i) = \frac{N}{\sum_{j=1}^{N} E(i,j)} \tag{1}$$

其中，到达节点 i 的平均首达时间越短，那么它的 C_{RC} 值越高。另外，从 C_{RC} 的推导和计算过程可知，这种中心性允许网络自环的存在，并且自环起到了缓冲供给冲击扩散的作用。

具有较高随机游走中心性的产业部门能够对它们所在的产业链产生更加强烈的产业波及效应，因为产业部门对于价值流的中转能力取决于它能够从其他部门获得多少产品或者服务，它们也被视为具有较大信息优势和更多中间利益的中介者[11]。考虑到 C_{RC} 只反映了网络拓扑结构的特点，如果将研究层次从"产业间"扩展到"国家间"，便能够用来衡量 GVC 上的国家相对竞争优势。因此，本文借用一个国家或地区内部所有产业部门的 C_{RC} 之和来表示全球产业影响力指数（Global Industrial Impact Coefficient，GIIC）：

$$GIIC(s) = 1000 \times \sum_{t} C_{RC}(s,t) = 1000 \times \sum_{i \in \tau} C_{RC}(i) \tag{2}$$

其中，s（$s \in [1, 41]$）是 WIOD 数据库中所有国家或地区的集合，t（$t \in [1, 35]$）是所有产业部门的集合。可以用 i（$i \in [1, 1435]$）替换 s 和 t，在数值上 i=s×t，此时 τ 为 GIVCN-WIOT 模型中某个国家或地区产业部门序号的集合。另外，由于 GIVCN-WIOT 模型的规模较大，所以 C_{RC} 的量纲较小，故而在计算 GIIC 时将 C_{RC} 的求和扩大了 1000 倍。

毫无疑问，一个国家或地区所有产业部门的宏观绩效在一定层面上能够体现该国家的相对竞争优势。但是根据系统学的观点，系统功能一般不能还原为其不同组分自身功能的简单相加，即广泛存在涌现的现象。因此，在后续的研究中还要考虑到产业部门层次与国家或地区层次结构性测度指标之间的非线性关系。

4 实证结果分析

4.1 GDP 与 GIIC 的相关性分析

为了观察全球经济系统的平衡性与其宏观绩效之间的相互联系和相互作用，即国家产业影响力是否与现实中国家或地区的经济地位相一致，本文选择 1995 年至 2011 年 GIVCN-WIOT 模型的 GIIC 和 39 个国家或地区的 GDP 来进行相关性分析（不包括中国台湾地区和 RoW 地区）。

根据表 1 中的 Hausman 检验，固定效应估计要优于随机效应估计。

表 1 Hausman 检验结果

Hausman Test	H0：difference in coefficients not systematic
chi2(2) = 189.88	P = 0.0000

然后，本文建立了固定效应模型，结果如表 2 所示。

表 2 GDP 与 GIIC 的回归结果

Variables	Coef.	Std. Err.	t	P > t
GIIC	10.359	3.687	2.810	0.005
cons	857.040	51.698	16.580	0.000
$R^2 = 0.838$			$\rho = 0.898$	
$F(38, 623) = 7.130$			P = 0.000	

模型的拟合优度 R^2 较高，表明模型的拟合效果较好，通过 F 检验可以发现固定效应模型的拟合效果要优于混合回归。P 值趋于 0 说明对于不同的国家来说，其拟合方程具有不同的截距项。ρ 值表明模型中的混合扰动项主要来自个体效应，也就是各自的截距项。最终的拟合模型如式(3)所示：

$$GDP_i = \alpha_i + 10.359 \times GIIC_i \tag{3}$$

其中，第一部分 α_i 代表了一个国家的国内经济，$\bar{\alpha} = \sum \alpha_i / 39 = 857.040$；第二部分 $10.359 \times GIIC_i$ 代表这个国家的全球产业影响力。因为 39 个国家的整体平均 GDP 为 998.337，也就是说一个国家的 GIIC 与它的 GDP 平均在 14.153%（1 – 857.040/998.337）的水平正相关（GDP 主要来源于国内市场，部分来源于 GVC 上的国际贸易）。实际上，评估国家或地区的竞争优势不能局限于它们是否具有较大的贸易顺差、更多的工作机会或者较低的劳动成本，国际产业影响力和国内市场状况对于形成 GVC 上的经济地位来说同等重要。

总而言之，GIIC 和 GDP 的正相关现象说明一个国家的全球产业影响力在一定程度上能够代表它的相对竞争优势，较高的 GIIC 往往意味着较高的 GDP 水平。

4.2 贸易纠纷对中美两国 GIIC 的影响

为了观察 GIVCN-WIOT 模型中两个国家间贸易往来与其全球产业影响力之间的关系，设计了一组仿真模拟实验。假设研究对象为 X 国和 Y 国，如果两国之间因产生了贸易纠纷而影响到了它们之间的进出口贸易总量，那么可能存在三种贸易纠纷的情景，分别为 X 国降低了到 Y 国的出口、Y 国降低了到 X 国的出口、两国之间相互降低了到对方的出口。将 GIVCN-WIOT 模型中对应区域的元素值从 100% 降低到 0%，每降低一个百分比重新计算一次它们的 GIIC，从而可以通过每一种情境下的两条仿真模拟曲线反映 X 国和 Y 国 GIIC 的变化趋势。图 2 中分别模拟了 1995 年和 2011 年中美两国发生贸易纠纷对于各自全球产业影响力造成的影响。

1995 年，中国的 GIIC 为 22.844，美国的 GIIC 为 131.865，美国的 GIIC 相当于中国的 6 倍左右，可见当时两国之间的经济地位差距悬殊。当时的中美贸易方式有两个显著的特点：一是以转口贸易为主，即无论中国对美国出口，还是美国对中国出口，大量货物都是经过以中国香港地区为主的第三方；二是以加工贸易为主，即中国对美国出口的产品绝大部分为加工产品，中国进口原材料和零部件、初加工件，加工后再出口。以转口和加工为主的贸易方式，促进了两国贸易数量的迅速增长，同时也形成了两国贸易统计与贸易实况之间的较大偏离，进而导致美国对中国采取歧视性出口管制政策，这是制约美国对中国出口，影响双边贸易平衡的主要障碍。

在图 2(1)(a) 中，当中国降低对美国的出口贸易时，美国的 GIIC 下降而中国的 GIIC 上升，说明当时中国作为美国排名第 5 位的贸易伙伴并且具有了一定规模的贸易顺差，已经能够间接地通过市场影响到了美国的产业结构。在图 2(1)(b) 中，当美国降低对中国的出口贸易时，美国的 GIIC 上升而中国的 GIIC 下降，说明中美贸易对于中国的产业发展具有积极作用，而美国缺乏加大对中国出口的动力。在图 2(1)(c) 中，两个国家同时降低对对方的出口贸易时，美国的 GIIC 下降而中国的 GIIC 基本维持不变，说明美国在国际贸易当中维持与中国的伙伴关系对其更为有利。

2011 年，中国的 GIIC 为 113.484，美国的 GIIC 为 91.802，中美之间的全球产业地位已经发生了反转。据美国商务部统计，2011 年美国与中国的双边贸易额为 5032.1 亿美元，同比增长 10.2%。其中，美国对中国出口 1038.8 亿美元（同比增长 13.1%），自中国进口 3993.4 亿美元（同比增长 9.4%），美方贸易逆差 2954.6 亿美元（同比增长 8.2%）。中国已经成为美国第二大贸易伙伴、第三大出口目的地和首要进口来源地。美国对中国出口的主要商品为机电产品、运输设备、植物产品、金属及制品和化工产品，分别占其对中国出口总额的 21.5%、12.8%、11.7%、10.5% 和 9.7%。另外，美国从中国的进口商品以机电产品、家具玩具和纺织品及原料为主，分别占美国自中国进口总额的 48.5%、11.3% 和 9.8%。

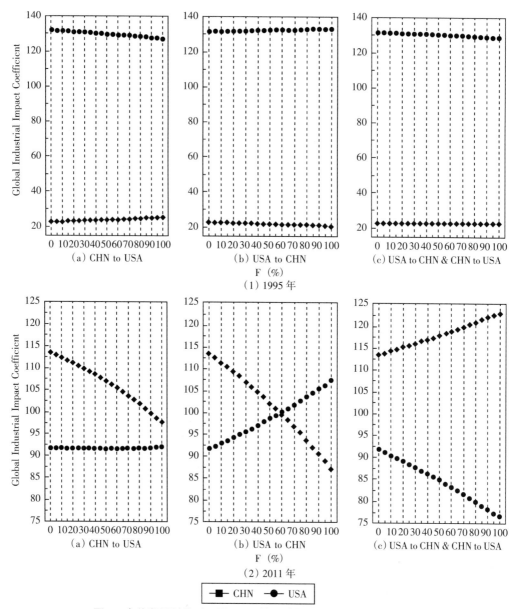

图 2　中美贸易纠纷对两国 GIIC 的影响模拟（1995 年和 2011 年）

在图 2(2)(a) 中，当中国降低对美国的出口贸易时，美国的 GIIC 基本维持不变而中国的 GIIC 则大幅下降，说明中国的出口贸易已经在很大程度上依赖于美国市场。在图 2(a)(b) 中，当美国降低对中国的出口贸易时，美国的 GIIC 大幅上升而中国的 GIIC 大幅下降，在出口比例降到 58% 左右时两国的产业地位发生了反转，说明中国产业发展还是依赖于美国较高技术含量的产品输出。在图 2(2)(c) 中，两个国家同时降低对对方的出口贸易时，美国的 GIIC 大幅下降而中国的 GIIC 大幅上升，说明中美两国之间如果中断贸易往来，会对美国的全球产业影响力产生巨大不利影响，而中国则可以通过调整国际贸易战略重新获得竞争优势。

5   小结和启示

长期以来，如何从系统科学的高度完整地再现全球经济系统的拓扑结构，进而挖掘其运作规律一直是困扰学界的重大难题。基于物理经济学的研究思路及复杂网络理论的研究框架，本文遵循价值的创造、分配、转移和增值的流动规律，完整地勾勒出1995~2011年的全球价值链，进而运用结构洞理论依据网络的结构特性解释了GVC上各个国家或地区的产业部门所承担的角色和发挥的作用，并提出全球产业影响力系数的概念，用于测度国家或地区在GVC上对中间产品的吸纳程度和传递效率，进而体现其相对竞争优势。

根据WIOD数据库的WIOT数据构建了描绘全球经济系统拓扑结构的GIVCN-WIOT模型。选取WIOT数据作为建模数据，不仅是因为它能够反映出跨国最终产品、中间产品和服务的流动，而且还可以在世界范围内的产业网络之间进行比较。然而，不同于以往的研究，根据物理经济学的基本框架建立起来的ICIO网络聚焦于GVC的拓扑结构而不局限于对单纯国际贸易问题的分析，因此通过对网络结构性特征的挖掘，进而发现国家或地区及其产业部门的功能性特征，能够提高针对GVC分析的精确度。

鉴于全球经济系统中价值流动为离散状态下的马尔科夫过程，本文引入随机游走中心性来描述价值流在GVC上的运行机理，并将其衡量尺度从产业层次扩展到国家层次，提出全球产业影响力系数来测度国家或地区在GVC上的相对竞争优势。在实证研究部分，本文借助了仿真模拟手段和计量经济学模型。通过计量经济学模型证实了全球产业影响力系数与国家或地区的GDP之间存在线性关系。然后，以中国和美国为例，在三种贸易纠纷情景下分析了两国在GVC上相对竞争优势的变化趋势。

参考文献

[1] Bajona C., Kehoe T. J.. Trade, Growth, and Convergence in a Dynamic Heckscher-Ohlin Model [J]. Review of Economic Dynamics, 2010, 13 (3): 487-513.

[2] Merrett S. R.. The Leontief Paradox [J]. Economic Journal, 1965, 75 (299): 641-641.

[3] Krugman P., Srinivasan T. N.. Growing World Trade: Causes and Consequences [J]. Brookings Papers on Economic Activity, 1995, 26 (1): 327-377.

[4] Gereffi G., Humphrey J., Sturgeon T.. The Governance of Global Value Chains [J]. Review of International Political Economy, 2005, 12 (1): 78-104.

[5] Carvalho V. M.. A Survey Paper on Recent Developments of Input-Output Analysis [Z]. Complexity Research Initiative for Systemic Instabilities, 2013.

[6] Lenzen M., Moran D., Kanemoto K., et al.. International Trade Drives Biodiversity Threats in Developing Nations [J]. Nature, 2012, 486 (7401): 109-112.

[7] Ando S.. Measuring US Sectoral Shocks in the World Input-Output Network [J]. Economics Letters,

2014，125（2）：204–207.

[8] Cerina F., Zhu Z., Chessa A., Riccaboni M.. World Input-Output Network [J]. Plos One，2015，10（7）：e0134025.

[9] Grazzini J., Spelta A.. An Empirical Analysis of the Global Input-Output Network and Its Evolution [R]. DISCE-Working Papers del Dipartimento di Economia e Finanza，2015.

[10] 邢李志. 基于复杂社会网络理论的产业结构研究 [M]. 北京：科学出版社，2013.

[11] Xing L. Z., Ye Q., Guan J.. Spreading Effect in Industrial Complex Network Based on Revised Structural Holes Theory [J]. Plos One，2016，11（5）：e156270.

不同时间维度下的产业复杂网络波及效应

关　峻　许小煜　邢李志

(北京工业大学经济与管理学院,北京　100124)

【摘　要】投入产出理论是产业关联研究中静态分析的重要工具,但是产业分析的基本方向是研究产业部门相互影响下经济发展的动态过程。因此,本文根据 WIOD 数据库的中国投入产出表数据建立产业信息传递网络模型,目的是分析产业部门在经济系统中不同时间维度的产业波及效应,以此在静态分析和动态分析之间架设一座桥梁。研究结果显示:①基于改进的结构洞理论,流介数和随机游走中心性可分别用于衡量产业部门长期和短期产业波及效应;②具有较大的流介数或随机游走中心性的产业部门具有更显著的产业波及效应;③在产业复杂网络中具有较大信息优势和控制能力的产业部门,决定它们地位的主要因素是既定的产业结构和来自其他部门经济信息的数量。

【关键词】结构洞;产业复杂网络;投入产出理论;产业波及效应;介数中心性

0　引　言

过去 20 年里,统计物理学被广泛应用于研究全球经济体系下的各类经济行为以及经济数据背后所蕴含的动态特性与统计特性[1],研究方法涉及随机动力学、自相似性、标度理论等理论,进而产生了一个新的交叉学科——经济物理学[2]。在此背景下,大量应用统计物理学方法的复杂网络理论,当其应用到与经济学相关的研究中时,也可以认为是经济物理学的一个分支。

1　文献综述

投入产出是研究社会经济系统中产业关联的重要基础工具,它源自瓦尔拉的一般均衡理论,受到马克思再生产理论的影响,由列昂惕夫在《美国的经济结构:1919~1929》一书中提出。从投入产出经济学开始到现在已有半个多世纪的时间,它的变化和发展主要体现在两个方面。一是经济理论及经济模型向深度方面发展，如外生变量的内生化，静态模型向动态模型的发展，投入产出模型与线性规划模型的结合，消耗系数变动的预测等。二是在广度方面即应用范围的扩展，如从产业结构分析扩展至核算环境污染、收益分配、国际贸易和世界模型、人口、教育模型等[3]。

近年来，随着复杂网络理论在各个学科领域的渗透，学者们发现投入产出数据的矩阵式结构可以直接或者稍加修改作为网络模型的邻接矩阵，通过这类投入产出网络的拓扑结构特征可以分析产业经济中观层面的产业关联关系。相关研究如下：Blöchl 等提出了随机游走中心性和累计首达介数的概念，利用 OECD 国家 2000 年的投入产出数据进行了测算和聚类分析[4]；邢李志和关峻采用投入产出直接消耗系数构建了产业结构网络模型，根据改进的 Floyd 算法识别产业部门间主要的产业关联，并分析了影响网络鲁棒性的因素[5]；Kagawa 等根据日本投入产出数据构建产业关联，提出寻找二氧化碳排放量最大的产业集群的最优组合方式，实证研究了日本汽车供应链下的环保产业集聚[6]；McNerney 等根据多个国家经济体的产业间资金流情况研究了它们的产业内关联结构[7]；Martha 等构建发展中国家的投入产出网络，研究经济冲击在关联产业间的传播方式和扩大效应[8]。

与此同时，随着投入产出数据库的发展，相关研究不再局限于单个国家的经济系统，而是延伸至区域间经济系统甚至全球经济系统，目前这类研究的数据来源主要为世界投入产出数据库（World Input–Output Database，WIOD）。相关研究如下：Ando 在世界投入产出模型中测量了美国总产出冲击下的行业重要性[9]；Cerina 等基于社团检测技术定量分析了全球网络的子网络结构和动力学特征，然后采用 PageRank 中心度算法和社团核心测量算法识别关键产业和经济体[10]；Grazzini 和 Spelta 定义了消费影响指数和 GDP 影响指数，在此基础上研究了世界投入产出网络的鲁棒性与中间品相对投入量之间的关系[11]。

综上所述，这方面的研究从多种角度挖掘投入产出数据作为一种网络形态所蕴含的经济物理学含义，但是基本上都是用静态方法分析模型中内生变量，忽略了导致均衡状态的各变量调整和再调整的实际过程，对确定产业结构的演化趋势和优化控制较少提出有效的解决方案。

2　模型方法

在 Burt 的结构洞理论中，群体之间在机会、社会资本、信息和关系方面的弱联系造成了社会结构中的洞。同时，这些结构洞为那些连接关系横跨其上的个体创造了竞争优势。如图 1（a）所示，在 A、B、C 三个节点直接构成的个体网络中，AC 之间没有连边（或者说联系很弱），则 AC 是网络中的一个结构洞。假如 A、B、C 处于资源竞争的状态，那么 AC 结构洞的存在为作为中介桥梁的 B 创造了信息优势和控制优势。

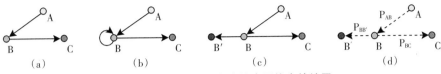

图1　结构洞及其在复杂社会网络中的扩展

但是，经典的结构洞理论存在着局限性，即难以应用在加权网络、有向网络或者动态网络，也没有考虑节点可能存在自环的情况。对于本文所要研究的产业复杂网络来说，该理论只能进行定性解释而不能挖掘由产业部门及其定量关系构成的经济系统所蕴含的重要信息。

如图1（b）所示，节点B存在一个自环，那么假设其存在一个影子节点B′，由此便可将自环视为一条虚拟边BB′，如图1（c）中所示。显然，影子节点只有入度而没有出度，从网络流的角度来看则只有信息流的流入而没有流出。

进一步来看，如果用结构洞理论来研究网络动力学中的信息传播问题，那么必须引入能够满足分析需要的介数中心性指标。如图1（d）所示，现实产业网络中经济信息的传递是一个时间离散状态下的马尔科夫过程：不仅要考虑到经济信息流动的方向性，即B作为信息中介的前提是同时满足有信息流的流入和流出；还要设定每次传递发生的概率，例如AB和BC上有信息流的通过的概率分别为P（A，B）和P（B，C）；更要考虑到产业部门自身对于信息流的损耗，例如产品和服务首先要满足部门自身的需要，对应概率为P（B，B′）。

3　建模过程

本文选择世界投入产出数据库（World Input-Output Database，WIOD）作为建模分析的数据基础。这是因为该数据库涵盖的时间跨度长且数据完备，提供了1995~2011年40个国家以及35个部门的投入产出数据，形成了一个完备的国民核算和国际贸易统计框架[12]。

3.1　产业信息传递网络模型

为了建立产业复杂网络，我们将产业部门视为节点，部门之间的投入产出关系视为边，关系的强弱则为边权，由此得到G=（V，E，W），它包含n个节点，节点集合为V，边集合为E。在加权网络中，可以用权重集合W代替E。本文选取投入产出表第一象限中的基本流量矩阵作为权重集。为了统一节点属性，暂时忽略总投入和总产出，如最终用途和价值增值，只关注反映资本流动的中间产品的投入和产出。考虑到模型所反映的研究对象和研究目标，将其命名为产业信息传递网络（Industrial Shock Transmission Networks，ISTN模型），以此为基础分析国家或地区产业系统中的价值流和经济冲击如何传播[13]。其中包括 1995~2011 年 17 个年份的中国投入产出表，所以据此构建了 17 个 ISTN-CHN 模型。图 2 为具有自环 ISTN-CHN-2011 模型。

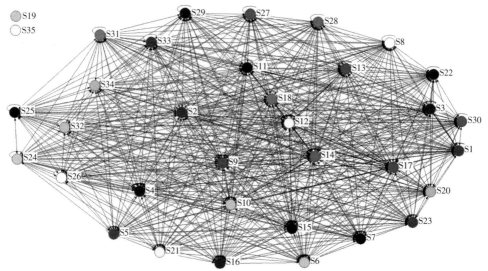

图 2　具有自环 ISTN-CHN-2011 网络模型

ISTN-CHN-2011 模型中除 S19 和 S35 之外的节点都具有自环，也就是说或是非零的。当外生变量发生变化后，产业部门发出的经济信息首先会传递给自己，下一步才会根据节点之间连接的强度开始扩散并影响其他部门。如果许多部门都消耗大量的自身产品，那么网络中会有存在大量具有很高边权的自环。为了简单起见，许多产业复杂网络的相关研究中删掉了自环。但是，ISTN-CHN 模型中产业部门对于自身的投入将近甚至超过它产出的一半。例如，2011 年中国的"电子产品与光学产品的制造"部门对其自身的投入超过 44.30% 可见，自环是重要且不可忽略的。为了便于理解，我们在计算某些网络特征值时可以用影子节点来表示产业部门的自环，以小写的来标记，如图 3 所示。

如果节点的入度 k_i^{in} 或者出度 k_i^{out} 是零，如图 3 中节点 S19 和 S35，表明这些节点脱离了网络整体，在网络特征值计算时需要移除。

另外，根据投入产出表建立的产业复杂网络不能采用一般的介数中心性方法，因为产业部门几乎都是全联通的，价值流遍布整个产业系统，并且自环代表的自身消耗也占据了总产出中很大一部分比例。因此，本文需要引入新的介数中心性算法才能分析 ISTN-CHN 模型中结构洞对于网络流和随机游走的影响。具体来说，采用 Freeman 提出的流介数评估产业部门的长期波及效应，采用 Blöchl 提出的随机游走中心性评估产业部门的短期波及效应。

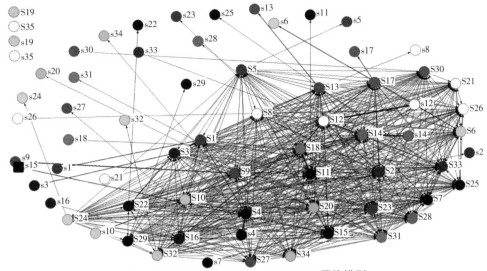

图3 具有影子节点 ISTN-CHN-2011 网络模型

3.2 流介数

Freeman 等根据最大流最小割定理提出流介数（Flow Betweenness，用 C_F 表示）来计算加权有向网络的中心性[14]。假设是源节点（Source Node）j 到汇节点（Sink Node）k 的最大流，$m_{jk}(i)$ 就是从 j 到 k 经过 i 的最大流。那么节点 i 的流介数为：

$$C_F(i) = \sum_{j<k} \sum m_{jk}(i) \tag{1}$$

Ford 和 Fulkerson 对网络流附加了两个条件，一个是源节点流出量与汇节点流入量相等，另一个是中间节点的流出等于流入[15]。但是，这两个条件对 ISTN-CHN 模型均失效，这是因为该模型不是封闭的网络，很多原料、半成品、成品和各种服务除了在国内经济系统中进行转移，还出口到其他国家。在世界经济一体化的趋势下，国内产业部门总产出会小于国家总产出。此外，产业部门也会内部消化部分产出，所以总投入与总产出不相等。本文将 ISTN-CHN 模型中的自环在计算过程中用影子节点代替，由于新增加的影子节点位于网络的末端，所以流介数均为 0。

3.3 随机游走中心性

作为基本的动力学过程之一，随机游走（Random Walk）与网络研究中许多其他动力学过程密切相关，并且对网络结构性质的研究起到了十分重要的作用。在基于投入产出关系的 ISTN-CHN 模型这样一个加权网络中，经济供给冲击倾向于更快达到 C_{RC} 值较高的敏感产业部门。所以，可以参照紧密中心性的定义来界定随机游走中心性，即 C_{RC} 反比于所有节点到达指定节点的平均首达时间，公式为：

$$C_{RC}(i) = \frac{N}{\sum_{j=1}^{N} E(i,j)} \tag{2}$$

在式（2）中，到达节点 i 的 MFPT 越短，那么它的 C_{RC} 值越高。另外，从推导和计算过程可知，这种中心性允许网络自环的存在，并且自环起到了缓冲供给冲击扩散的作用[16]。

4 实证研究

4.1 流介数排名

根据上文对流介数的相关假设，本文计算了 1995~2011 年 ISTN-CHN 模型中每一个产业部门的 C_F 值，图 4 为 17 年间 C_F 值的初始值、最终值、最大值和最小值构成的蜡烛图。

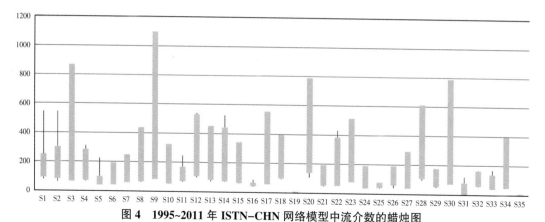

图 4　1995~2011 年 ISTN-CHN 网络模型中流介数的蜡烛图

注：制作蜡烛图采用四列数据，分别是每个节点介数中心性的 1995 年初始值、1995~2011 年最大值、1995~2011 年最小值、2011 年最终值。灰色的柱体说明最终值较初始值有所上升，即其下端面为初始值，上端面为最终值。黑色细线的上端为 1995~2011 年最大值，下端为 1995~2011 年最小值。

从图 4 中可以发现，中国各个产业部门的 C_F 值从 1995 年到 2011 年的 17 年间均得到了提高，这是因为 GDP 是逐年增长的，所以产业部门中转的经济流量也在不断增加。但是，不同产业部门 C_F 值的增长幅度和变化趋势是不同的，有的部门提高的幅度大，有的幅度小，有的先升后降，有的先降后升。为了从这些变化差别之中挖掘产业结构演变的规律和动因，下面从三次产业的角度来进行分析。

根据蛛网定理，受到上一期价格、气候变化和市场信息不对称等多方面因素的影响，农产品的价格与产量不断地循环变动，因此它的需求和供给之间也就会出现周期性的波动规律[17]。与此类似，矿产品作为大宗商品也会像基钦周期描述的那样出现有规律的库存与生产之间的波动[18]。所以，从 ISTN-CHN 模型的 C_F 结果来看，模型中 S1 和 S2 所代表的第一产业中的农业和采矿业，它们的长期产业波及效应随时间变化呈现出明显的波动规律。S3 代表的"食品、饲料和烟草"作为农业的下游产业，其 C_F 值却一直在升高，这是因为中国进口农产品的份额在逐年递增，现在已经成为全球最大的农产品进口国。虽然保障国内的粮食供给非常重要，但是政府也已经意识到这种现象背后潜在的产业风险，近年来不断发布旨在促进农业现代化、调节农产品价格和保护耕地资源的产业政策。

ISTN-CHN 模型中节点 S4 到 S18 属于第二产业的概念范畴。其中，部分相邻节点之间存在着明显的顺向联系和直接联系，即它们分别位于产业价值链的上游和下游。例如，S8"炼焦、石油和核燃料加工"为 S9"化学制造"和 S10"橡胶及塑料制造"提供化工原材料，S11"其他非金属制品加工"和 S12"基础金属及金属制品加工"为各类现代制造业提供中间产品。但是，从这些部门 C_F 值的变化趋势中发现了两个现象。一方面，S8 的 C_F 值增幅非常大，但是理应受其拉动 S9 的 S10 和的增幅却较小，说明下游产业并没有有效地从上游产业中获得发展的动力，技术和工艺有待提高。另一方面，S11 的 C_F 值增幅远没有达到 S13"机械和设备的制造"、S14"电子产品与光学产品的制造"和 S15"运输设备"的水平，说明下游产业急需的中间产品在国内没有充足的供给，需要从国外大量进口。另外，虽然 S12 的 C_F 值增幅与其下游产业相当，但是从产业实际的发展情况来看，中国还不能生产许多规格的特种钢材及其制品。总而言之，中国的工业结构还处在重工业化过程当中，煤炭、钢铁、石油等资本密集型工业还处在关键发展阶段，需要通过科学技术促进中国从制造业大国向制造业强国的转变。

第三产业是一个内涵十分复杂的产业划分，本文采用 Singlemann 的四类分类法，按照服务的功能将其分为流通服务、生产服务、社会服务和个人服务[19]。流通服务部门中的 S20"批发和贸易"、S23"内陆运输"的 C_F 值增幅较大，说明它们为促进经济社会发展做出了巨大的贡献。与此同时，S28"金融中介"和 S30"租赁及其他商业活动"是与经济发展水平相关程度最高的行业，C_F 值的不断提高表明它们为产业系统中的其他部门传递了越来越多的经济信息，为工业化提供了坚实的基础。

4.2 随机游走中心性排名

根据上文对随机游走中心性的相关假设，本文计算了 1995 年到 2011 年 ISTN-CHN 模型中每一个产业部门的 C_{RC} 值，图 5 为 17 年间 C_{RC} 值的初始值、最终值、最大值和最小值构成的蜡烛图。

C_{RC} 衡量的是短期的产业波及效应，主要受到产业结构的影响，所以指标的数值可以在不同年度之间进行比较，并且可以通过时序分析发现产业结构的演变趋势。我们发现，中国各个产业部门的 C_{RC} 值从 1995 年到 2011 年的 17 年间有的部门增长，有的部门下降，而且大部分伴随着不同程度的波动。下面同样从三次产业的角度来进行分析。

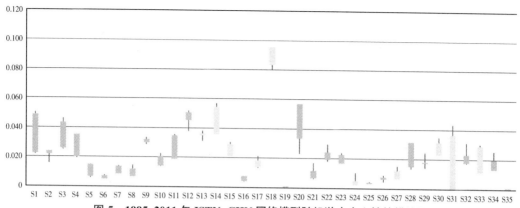

图 5　1995~2011 年 ISTN-CHN 网络模型随机游走中心性的蜡烛图

第一产业中农业及其下游产业"食品、饲料和烟草"的短期波及效应在 1997 年之后呈现出明显的下降趋势。根据恩格尔定律，随着收入水平的提高，恩格尔系数就会下降，人们对食品尤其是农产品的消费将相对减少，逐渐落后于对工业品的消费。所以，这种消费结构的变化导致国民收入的支出结构发生变化，第一产业在产业系统中传递经济冲击的作用也因此被削弱。

第二产业中有四个产业部门的 C_{RC} 值增幅较为明显，分别是 S14 "电子产品与光学产品的制造"、S15 "运输设备"、S17 "电力、天然气和水的生产"和 S18 "建筑"。前两个部门属于典型的现代制造业，它们在经济系统中地位和作用的提高，得益于参与国际专业化分工的程度较高。后两个部门与中国城市化进程息息相关，特别是建筑业产值占 GDP 总额比重越来越高，对于产业结构的影响也日益加剧，需要警惕可能产生的各类经济和社会问题，例如次贷危机和产能过剩。

随着生产方式和生活方式的改变，就长期趋势而言，传统服务业发挥的影响力是逐步下降的，它们在工业化过程中或者被现代服务业所替代，或者被工业产品代替其功能。从 CRC 值的变化趋势来看，大部分流通服务部门短期波及效应都在下降，而社会服务和个人服务等部门得到了提高，说明中国的第三产业正在逐步从劳动密集型向资本密集型和技术密集型经济转变。

5　总　结

相比过去的静态个体分析，关于产业经济的研究越来越侧重于动态群体分析。投入产出分析作为研究产业关联的重要工具，侧重于静态分析。但是，产业关联分析的目的之一是确定不同产业部门之间的相互作用如何对经济发展产生影响，这无疑是一个动态的过程。因此，本文根据复杂网络理论对投入产出数据进行建模分析，并且通过网络特征指标来衡量产业部门在经济系统中的地位和作用，目的是在准确的静态定量分析和可比较的动态分析之间搭建一座桥梁。

根据本文的研究结果，一个产业部门在长期和短期时间维度下传递经济信息的能力，取决于它能够从其他部门获得信息的多少。如果它获得的信息多，即在较长时期内的中间消耗大或者在较短时期内的需求感应程度高，那么根据结构洞理论的基本概念，这个部门作为中间人获取了更大的信息控制权，它的地位和作用对于与之相关的其他部门来说更为重要。这种重要性不仅体现为一定时期内固定产业结构中的相对重要性，也可以通过本文提出的两个网络特征指标的时序变化观察到重要性的变化趋势。

但是，本文的研究结果还不足以作为预测产业结构演化趋势的根据。本文所采用的是过去年份的投入产出数据，观察到了两个网络特征指标的变化趋势，解释了产业部门在不同时间维度下产业波及效应的动力学机制。然而，准确判断产业结构发展还需要综合考虑多种外生变量的影响，而且不同的外生变量对于不同的产业部门产生的影响也会存在很大的差异。因此，在进一步的研究中需要对主要的外生变量进行仿真模拟，通过情景分析预测产业环境变化可能导致的产业结构演化趋势，并针对具体产业部门提出促进其科学发展的产业政策。

参考文献

[1] Fan Y., Li M. H., Chen J. W., Gao L., Di Z. R., Wu J. S.. Network of Econophysicists: A Weighted Network to Investigate the Development of Econophysics [J]. International Journal of Modern Physics B, 2012, 18 (18): 2505-2511.

[2] Stanley Eugene H.. An Introduction to Econophysics [M]. Cambridge: Cambridge University Press, 2000.

[3] 蒋中一. 数理经济学的基本方法 [M]. 北京: 北京大学出版社, 2006.

[4] Blöchl F., Theis F. J., Vega-Redondo F., Fisher E. O.'N.. Vertex Centralities in Input-output Networks Reveal the Structure of Modern Economies [J]. Physical Review E Statistical Nonlinear & Soft Matter Physics, 2011, 83 (4): 1451-1463.

[5] 邢李志, 关峻. 区域产业结构网络的介数攻击抗毁性研究 [J]. 科技进步与对策, 2012 (23): 34-38.

[6] Kagawa S., Okamoto S., Suh S., Kondo Y., Nansai K.. Finding Environmentally Important Industry Clusters: Multiway Cut Approach Using Nonnegative Matrix Factorization [J]. Social Networks, 2013, 35 (3): 423-438.

[7] McNerney J., Fath B. D., Silverberg G.. Network Structure of Inter-industry Flows [J]. Physica A Statistical Mechanics & Its Applications, 2013, 392 (24): 6427-6441.

[8] Contreras M. G. A., Giorgio F.. Propagation of Economic Shocks in Input-output Networks: A Cross-country Analysis [J]. Lem Papers, 2014, 90 (6): 062812-062812.

[9] Ando S.. Measuring US Sectoral Shocks in the World Input-output Network [J]. Economics Letters, 2014, 125 (2): 204-207.

[10] Cerina F., Zhu Z., Chessa A., Riccaboni M.. World Input-output Network[J]. Plos One, 2015, 10 (7): e0134025.

［11］ Grazzini J., Spelta A.. An Empirical Analysis of the Global Input-output Network and Its Evolution ［R］. DISCE-Working Papers del Dipartimento di Economia e Finanza, 2015.

［12］ Timmer M. P., Dietzenbacher E., Los B., Stehrer R., De Vries G. J.. An Illustrated User Guide to the World Input-output Database: the Case of Global Automotive Production ［J］. Review of International Economics, 2015, 23 (3): 575-605.

［13］ 邢李志. 基于复杂社会网络理论的产业结构研究 ［M］. 北京: 科学出版社, 2013.

［14］ Freeman L. C., Borgatti S. P., White D. R.. Centrality in Valued Graphs: A Measure of Betweenness Based on Network Flow ［J］. Social Networks, 1991, 13 (2): 141-154.

［15］ Ford L. R., Fulkerson D. R.. Flows in Networks ［M］. Princeton: Princeton University Press, 1962.

［16］ Bi Q., Fang J. Q.. Network Science and Statistical Physics ［M］. Beijing: Peking University Press, 2011.

［17］ Ezekiel M.. The Cobweb Theorem ［J］. Quarterly Journal of Economics, 1938, 52 (1): 255-280.

［18］ Kitchin J.. Cycles and Trends in Economic Factors ［J］. Review of Economic Statistics V, 1923, 5 (1): 10-16.

［19］ Singelmann J.. From Agriculture to Services: The Transformation of Industrial Employment ［J］. Sage Library of Social Research, 1978 (17).

基于在线产品评论的产品需求挖掘

詹文鹏　徐　迪　张　薇

(厦门大学管理学院，福建厦门　361005)

【摘　要】电子商务平台的产品评论包含了用户对于产品最直观的感受，而对于每一个产品，往往伴随海量的评论，如何从冗繁的评论信息中挖掘有价值的信息是当前的热点问题。为了从评论中挖掘用户的需求信息，首先提出了一种基于词性分析和依存句法分析的标签抽取方法，从评论中抽取代表性的标签，并且实现特征的聚类，保证标签在语义空间内相互独立。接着基于词语情感倾向进行情感分析，获取用户对产品特征的情感得分。最后基于标签数量和情感得分提出了产品的需求分析方法，为企业的产品改良和产品创新指导方向。通过数据实验，验证了整个评论文本处理方法的可行性和有效性。

【关键词】观点挖掘；情感分析；标签抽取；产品需求

0　引　言

如今在微博、微信、论坛、第三方电商平台等随处可见用户对某款产品的优点点评、缺点吐槽、功能需求点评、质量好坏点评、外形美观度点评、款式样式点评等信息，这些都构成了产品需求大数据，其中蕴藏了巨大的行业需求开发价值，值得企业管理者重视。同时，消费者变得更加理性化，对企业服务及产品的表扬与批评演变得更加客观真实，消费者的评价内容也更趋于专业化，发布的渠道也更加广泛。而在所有的意见发表渠道中，第三方平台上的产品评论具有更强的针对性、客观性和可靠性，是用于研究用户对产品的喜好和需求的良好资源。随着产品的网络评论数量的增加，会使得对产品的整体评价趋于平稳和准确。通过网络评论来了解用户喜好和需求，避免了问卷调查、市场调研等方法的不客观和小样本的缺陷，能更加全面地了解用户对于产品的真实想法。然而，网络评论的冗繁性使得直接通过查看网络评论去全面地获取信息难以实现，研究如何从产品评论中快速挖掘有价值的信息意义重大。

基于此，文章研究了基于产品评论的产品需求挖掘模型，致力于提高评论文本精华信息提取的准确性和可靠性。主要贡献在于：第一，基于句法分析，提出了一种能更准确有效地提取评论标签的方法，并实现语意去重。第二，基于标签结构的语义分析，提出并实现了对标签情感倾向的准确判断。第三，基于标签数量和情感倾向，提出一种新的产品需求挖掘模型，为企业的产品改良和产品创新提供方向。

1　研究现状

对于产品评论的意见挖掘研究一直是近年来的热点问题，而在意见挖掘中最重要的两个研究领域为：产品特征的提取聚类和产品评论的情感倾向分析。

产品特征提取的方法主要有四类，分别是名词挖掘、评价词与对象的关联、监督学习、主题模型。在名词挖掘的相关方法上，Hu 和 Liu[1]。从特定领域的语料出发，先通过词性标记得到语料中的名词，再使用 Apriori 关联算法来挖掘评价对象。Popescu 和 Etzioni[2] 通过增加过滤名词短语的过程使算法的准确率提高。Blair-Goldensohn 等[3] 着重考虑了主观句中频繁出现的名词。Ku 等[4] 在段落和文档这两个层面上分别计算词汇的 TF-IDF，从而提取评价对象。在评价词与对象关联的方法上，Zhuang 等[5] 通过解析句子的依存关系以确定评价词修饰的对象。Qiu 等[6] 进一步将这种方法泛化双传播方法（double-propagation），同时提取评价对象和评价词。由于注意到评价对象可能是名词或动词短语，Wu 等[7] 通过短语的依存关系来寻找候选评价对象，再通过语言模型过滤评价对象。在监督学习的方法上，Jin 和 Ho 等[8] 使用词汇化的 HMM 模型来学习抽取评价对象和评价词的模式。Jakob 和 Gurevych[9] 则在不同领域上进行 CRF 训练，使用词性、依存句法、句距和意见句作为特征以获得在每个领域独立的模式。在主题模型方法上，Mei 等[10] 提出了一种基于 pLSA 的联合模型以进行情感分析，其特点在于综合使用了众多模型，包括主题模型和情感模型。Lin 和 He[11] 通过扩展 LDA，提出了一个主题和情感词的联合模型，但仍未显式地区别开评价对象和评价词。

评论的情感分析一般是一个褒贬情感分类问题。褒贬情感分类（Sentiment Classification）是通过分析在线商品评论的文本内容，自动将其判断为正面评价或负面评价，从而挖掘消费者情感倾向分布的过程[12]。Kim 和 Hovy[13] 认为情感（opinion）可以由主题、意见持有者、情感描述项和褒贬倾向性四个部分来描述，即意见持有者针对主题表达了具有某种褒贬倾向的情感描述。语句的情感分析是指在语句文本中自动确定这些元素以及它们之间关系的过程。Zhuang 等[5] 首先归纳出电影领域的相关属性和极性词语，然后从训练句子中得到属性和极性词语之间的最短依存路径，作为属性及其情感描述项的依存关系规则，用于挖掘二者之间的对应关系。姚天昉和娄德成[14] 针对汉语汽车评论提出了利用领域本体识别句子的属性、利用主谓结构和定中结构识别属性及其情感描述项的对应关系，以及计算褒贬程度的方法。Morinaga 等[15] 预先建立了一个褒贬词典，根据商品名称到褒贬词语的距离确定褒贬评价语句，然后利用字串的随机复杂度从褒贬评价语句中抽取描述各品牌的典型词语作为该品牌的口碑。

在这些研究中，在每个单独的领域都有显著的研究成果，但也都存在一定的问题，同时也缺少将整个评论文本处理流程串联起来的研究。基于此本文致力于在提高文本处理方法的效率和准确率的同时，也提出一套完整的处理流程，将各个单独领域的方法有机结合，形成一个完整的评论文本价值抽取流程。

2　方　法

2.1　产品评论的需求挖掘流程

本文提出的方法始于产品的评论数据，共包含四个子任务：产品评论的标签提取，基于标签的产品特征集成，产品特征的情感分析，产品特征的需求分析，最后形成一个需求文档（见图 1）。

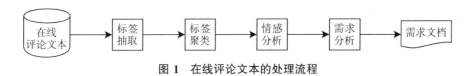

图 1　在线评论文本的处理流程

2.2　产品评论的标签提取

本文的评论标签提取方法主要基于词性分析和依存句法分析，词性分析是一种对句子中每个词语的词性进行自动判断的机器识别算法，而依存句法分析是对每个句子中的词与词之间依存关系进行识别判断的机器识别算法。一个简单的例子如图 2 所示。句子上方的 SBV、ADV 等代表词与词之间的关系，其中 SBV 为主谓关系，ADV 为副词与形容词的关系等，而句子下方的则是词语的词性，n 代表名词，d 代表副词，a 代表形容词等。这两种文本分析的基础算法现在已经有很高的准确率，而本文提出的方法是将这两个文本的机器识别算法有效结合，从而实现准确的评论标签提取。

图 2　词性分析和依存句法分析示例

通过大量的观察，可以发现评论文本具有一定的特殊性质，也就是用户在评价产品时最常使用的一个句式是"特征＋程度词＋描述词"，且这一句式占有效评论的绝大多数，如果能将这一句式的所有评论抽取出来，基本上就可以代表所有对于产品的有效评价。这一特殊性质的存在使得产品评论的准确标签抽取和聚类成为可能。在进行词性标注和句法识别之后，就可以根据一定的规则来将句子中的标签提取出来，并存放在<特征词、程度词、描述词>三元组标签中，实现评论文本的信息抽取与结构化保存。经过大量的观察实验，本文提出了一个准确率高、可靠性强、适用范围广的标签抽取规则：

（1）识别句子中的主谓关系；

（2）对于每个主谓关系，判断主语的词性是否为名词或动名词，判断谓语的词性是否为形容词，将符合条件的主谓关系分别保存在四元组的特征词和描述词中；

（3）对于每个符合条件的形容词谓语，寻找是否存在修饰关系的副词，如果存在，则将副词保存在程度词中，否则程度词留空；

（4）对于每个符合条件的主语，寻找是否存在修饰关系的前缀，如果存在，将前缀添加到特征词中。

基于此规则，就可以将每句评论的主要表达意见抽取出来，并以结构化的形式保存。对于每个产品来说，由于评论可能表达对多个产品特征的意见，因此每一条评论都是一个标签集合，每个标签集合包含数量不等的标签，因此产品的标签集可以表示如下：

$$O_s = \{ O_1, O_2, O_3, \cdots, O_n \} \tag{1}$$
$$O_i = \{ O_{i1}, O_{i2}, O_{i3}, \cdots, O_{im} \} \tag{2}$$

O_s 为产品的总标签集合，n 表示产品的标签集数量，O_i 表示第 i 个标签集，m 为标签集 i 的标签数量，O_{ij} 为第 i 个标签集的第 j 个标签，其中 n > 0，m ≥ 0。

文本的结构化存储是对产品评论进行分析的基础，本文采用的这一方法能有效且准确地抽取评论的主要观点并以标签的形式保存，这为进一步对产品的各个特征的分析提供了保障。

2.3 基于标签的特征集成

基于上一节中提出的方法，可以对每一个评论文本进行标签抽取与保存，基于标签三元组中的特征词，就可以得到产品的众多相关特征。然而这一抽取结果还存在一些问题，一是在一条评论中，评论者可能对产品的一个特征进行了多次表述，从而在标签集内部产生了重复的标签，这些重复的表述只能代表一个评论者的观点，不应该重复记录；二是由于表述的多样性，抽取出来的标签还存在语意冗余的问题，也就是对于同一个特征有着不同的表述方式，这一冗余既存在于标签集内部，也存在于标签集之间，如果不能很好地处理这些冗余，就会使产品的特征集过于宽泛且缺乏数量上的可靠性。因此本节主要提出了一种基于同义词表和词语距离的特征集成方法，有效地实现产品的特征集成。

相比一些机器聚类方法，通过同义词表来做特征集成是一种准确率最高的方法，通过人工建立同义词表，可以很好地将同义的特征归类，但是这种方法的缺陷在于需要大量的人力投入来实现，且跨领域的通用性低。然而在对评论文本进行分析时，准确率应该是第一追求，如果聚类的准确率低，那么之后的任何分析都不具有实际价值。因此本文还是认同采用同义词表的方法，追求聚类的准确性，同时，加入词语距离计算的机器识别方法，尽可能地减少人力的投入，取得一个良好的均衡。聚类结果可以用以下式子表示：

$$C_s = \{C_1,\ C_2,\ C_3,\ \cdots,\ C_k\} \tag{3}$$

$$C_x = \{O^{x1},\ O^{x2},\ O^{x3},\ \cdots,\ O^{xl}|O^x \in O_s\} \tag{4}$$

C_s 为最终聚类结果，C_i 代表每一个特征类，O^x 代表所有属于该特征类的标签，其中 $0 < k \leqslant n$，$l > 0$。

本文的聚类方法步骤如下：

（1）根据产品特点，由专家建立相对完备的基础同义词表；

（2）如果标签中的特征词存在同义词表中则直接归类；

（3）如果是新词，则计算该词与同义词表中每个分类下的核心词的距离，找到核心词距离最小的特征类；

（4）若最小平均距离小于可接受距离 d，则将该新词归入该类，若大于 d，则将该新词抛弃。

这一方法在准确率和效率之间做出取舍和改进，其准确率远远高于机器识别算法，而效率上又要优于传统的同义词表法，聚类的结果为之后的情感分析打下良好的基础。

2.4 标签的情感分析

将所有特征聚类之后，就可以对每一类特征进行进一步的情感分析。情感分析需要对用户的情感倾向做出判断，一般来说，用户的情感倾向可以简单分为三类：正向、中性、负向。将每一个评论者对于产品特征的情感倾向做出判断之后，通过汇总就可以获得用户对于产品特征的总体情感倾向。传统的情感分析方法主要是通过情感词表来判断情感词的情感倾向，并通过计算情感词的数量来判断总的情感倾向，之所以需要计算情感词的数量是因为一个句子中可能存在多个情感词而导致情感倾向判断困难，但是这一问题在本文的标签化文本中不存在，通过标签化之后，用户的情感词就由单一的程度词和单一的描述词共同构成，这不仅降低了情感判断的难度，也提升了情感判断的准确性。

本文所设计的标签的情感倾向由三部分词的情感倾向共同决定，一是特征词的情感倾向，大部分的特征词描述的都是中性的名词，但也存在少数动名词本身就具有负向情感，需要单独标记；二是描述词的情感倾向，描述词的情感倾向是最直接呈现的，通过一个形容词直接地表达了用户的使用体验；三是程度词的情感倾向，一般来说程度词起到的是情感程度加深的作用，但是需要特别注意的是否定形式的副词，否定形式的副词会使整个标签的情感倾向发生反转，需要特别注意。

本文使用的情感分析方法是基于以上三部分的综合判断，进而决定一个标签的情感倾向。本文的标签情感分析的方法如下：

（1）对描述词的情感做分类：正向、中性、负向；

（2）基于副词对情感倾向做三类调整：无变化、程度加深、反转；

（3）基于特征词对情感倾向做两类调整：无变化、反向。

通过这个方法，可以较为准确地对每个标签的情感倾向做一个判断，用分值 score (O^{xi}) 来表示。基于此，某个特征类的情感倾向就可以用该特征类下的所有标签的平均分 score (C_x) 表示：

$$score(C_x) = \frac{1}{1} \sum_{i=1}^{1} score(O^{xi}) \tag{5}$$

除此之外，判断的准确度还取决于情感词词典的丰富度和准确度，对于情感词词典中不存在的词当作中性词来处理。对所有的标签进行情感分析之后，就可以对归类好的标签的总体情感倾向做一个汇总判断，得到用户对于产品各个特征的情感倾向。

2.5 产品的需求分析法

通过以上的处理，就获得了两个可以用于评价产品特征的方面，一是与产品特征相关的标签数量 $n(C_x)$，即用户对于该特征的关注度；二是与产品特征相关的情感得分 score (C_x)，即用户对于产品特征的情感倾向。基于这两个方面，本文提出一个产品需求的分析模型。该模型分别以这两个量化指标作为坐标轴绘制产品需求图（见图 3），从而客观地呈现产品的总体情况，进而得到产品可能存在的需求。基于这两个维度，可以清晰地看出产品特征的分布情况。标签数多且情感得分低的特征是企业最应该关注的部分，因为这部分特征有大量的关注且情感倾向较为负向，是最需要优先满足的、用户需求最强烈的部分；标签数多而情感得分高的部分是企业最需要维护的部分，这些特征被多数人需求且当前产品能很好地满足用户；标签数少而情感得分高的部分是企业产品具有特色的部分，是小众但是表现出色的需求；标签数少而情感得分低的部分是企业可以加强的部分，可以满足小部分人的需求，可以作为产品的加分项。

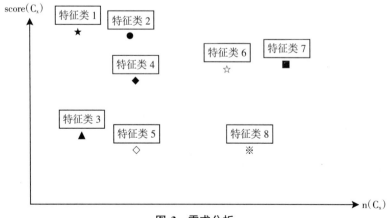

图 3 需求分析

3 数据实验

3.1 实验说明

为了验证方法的有效性,本文从京东商城(www.jingdong.com)抓取了6000条 iPhone 6s的商品评论。在具体的方法实现中,词性分析和依存句法分析本文使用的是 哈尔滨工业大学的开源语言技术平台(Language Technology Platform,LTP),其他部分 功能通过python实现。

3.2 标签抽取实验

在标签抽取实验中,需要对6000条评论进行分词、词性识别和句法分析,按照上 文所提出的标签抽取方法抽取每条评论所含的标签,部分抽取结果如表1所示。

表1 标签抽取结果示例

编号	评论	标签
1	照相不错,反应快,黑科技,指纹识别,金属机身	<照相,不错>,<反应,快>
2	真的是很棒,很欢,玫瑰金,真的不错	<玫瑰金,不错>
3	手机不错,第二次购买,反应速度快,物流也给力,前天下单昨天就送到了,相信京东,信赖京东	<手机,不错>,<反应速度,快>,<物流,也,给力>
4	手机是新机,正品国行,使用了2天,非常不错,照相功能也强大了,性价比超高	<照相功能,也,强大>,<性价比,超,高>
5	外观漂亮,铃声大	<外观,漂亮>,<铃声,大>
6	货到了,物流非常的给力,京东就是快	<物流,非常,给力>

为了检验该抽取方法的有效性,将其与人工抽取的方法做对比,使用准确率和召 回率作为评价指标。将评论分为6组,每组1000条,将人工抽取结果作为准确结果进 行评估,结果如表2所示。可以看到,算法抽取的平均准确率可以达到97.6%,召回率 也可达到75.4%。

表2 人工抽取与算法抽取实验结果

分组	人工抽取标签数	算法抽取标签数	正确的标签数	准确率(%)	召回率(%)
1	885	710	694	97.7	78.4
2	950	754	722	95.8	76.0
3	908	672	664	98.8	73.1
4	932	743	720	96.9	77.3

分组	人工抽取标签数	算法抽取标签数	正确的标签数	准确率（%）	召回率(%)
5	1052	802	788	98.3	74.9
6	798	588	578	98.3	72.4
平均	920.8	711.5	694.3	97.6	75.4

3.3 特征聚类实验

对第一步抽取的标签结果进行特征聚类。首先将标签中频率高于 5 的特征词进行抽取，让专家根据 iPhone 6s 的基本特征和已知的部分特征词建立同义词表，部分同义词表内容如表 3 所示。基于同义词表，可以对所有标签的已知特征做基本的分类，而对于生词，采用词语距离判断法来决定归类或抛弃。

表 3 同义词表示例

核心词	同义词
质量	品质
速度	速率
物流	送货、快递、配送、发货、送、快递员、到货、收货、收到
电池	电量、充电、耗电、耗电量、续航、掉电
价格	降价、价钱、价、掉价
屏幕	分辨率、触屏、画面、画质、接触性、屏、清晰度、显示
包装	外包装
外观	外形、外貌、看上去、造型、质感、背面
性能	性价比、运行、效率、跑分、流畅性、流畅度
颜色	玫瑰金、金色、哑光黑、黑色、色泽、色彩、粉色、白色、银色、深灰色、灰色

由于这一步主要由人工实现，所以必然能达到很好的聚类效果，人工方法虽然存在一定泛用性的缺陷，但是充分高的准确率为进一步的分析奠定了良好的基础。

3.4 特征聚类实验

在实际的实验中，情感分析采用机器打分的方式来实现，情感倾向的得分为 5 分制，分值从负向到正向分为-2、-1、0、1、2 五个分段。机器打分过程如下：

（1）基于描述词来基础情感判断，正向为 1 分，中性为 0 分，负向为-1 分。

（2）基于程度词来做情感调整，如果是情感强度增加的词，则得分的绝对值加 1；如果是反向的程度词，则得分乘以-1；如果是中性情感词则不变化。

（3）基于特征词做情感调整，如果是反向的特征词则得分乘以-1，否则不做变化。

所有词的情感判断都是基于情感词典，情感词典的构建可以使用现成的一些情感词典，同时还需要一定的人工投入来增加领域特有的词，遇到生词则作为中性词处理。

为了检验该方法的有效性，将机器打分得到的结果和人工打分的结果做对比。同样分为 6 组，每组 1000 个标签集合，分别对每个集合进行人工打分和机器打分，将打分结果做对比，结果如表 4 所示。可以看到该算法的打分和人工打分的结果的平均分差仅 0.12，且机器判断的准确率也能达到 79.6%。

表 4　人工打分与机器打分实验结果

分组	人工打分均值	机器打分均值	平均分差	标准差	准确率（%）
1	1.22	1.15	0.07	0.56	83.2
2	1.05	1.33	0.28	0.65	72.5
3	0.93	1.02	0.09	0.62	76.3
4	0.89	0.92	0.03	0.38	89.2
5	1.18	1.03	0.15	0.63	74.2
6	0.78	0.68	0.10	0.48	82.1
平均	—	—	0.12	0.55	79.6

在获得每一个标签的情感得分后，就可以计算每个特征类的情感得分，通过计算该类下的每一个标签的平均情感得分实现。每个特征类打分结果的示例如表 5 所示，得分范围为 -2~2。

表 5　特征类情感得分示例

特征类	情感得分
手机	1.24
质量	1.17
速度	0.38
物流	0.92
电池	0.11
系统	1.25
信号	-0.2

3.5　需求分析实验

基于上述的结果处理，可以得到两个用于评价产品特征的指标、相关标签数量和情感得分。基于这两个指标，根据本文提出的需求模型绘制需求分析图，如图 4 所示，可以看出 iPhone 6s 在绝大多数的特征类上都表现良好，情感倾向正向居多，但也存在表现较差的特征类，例如电池和信号，这些特征类是企业需要重视的部分。基于这样的需求分析图，就可以形成企业产品的需求文档，描述产品的各方面特征的优缺点等情况。企业就可以掌握其产品的缺陷和用户的需求，为产品的改良和创新指引方向。

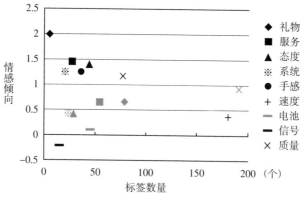

图 4　iPhone 6s 产品需求分析

4　结　论

本文将产品需求定义为用户对产品的不满之处，提出一套从产品评论中挖掘产品需求的方法，包含产品评论的标签抽取、基于标签的特征集成、标签的情感分析、产品需求分析四个模块。每个模块有严格的输入输出，是一套可以标准化处理的流程。标签抽取的方法采用词性分析和依存句法分析的结合，相比于其他方法有效地提高了标签抽取的准确性；特征集成的方法为追求准确度，采取以人工为主的同义词表聚类法，并加入机器学习算法提高效率；标签的情感分析方法由于结构化的文本存储，使情感分析的精度大大提高；最后的产品需求分析图从关注度和情感倾向两个方面全面地展示了用户对于产品特征的评价情况，为企业的产品改良和创新提供了方向。本文的主要贡献在于方法上的创新性和实用性，很少有研究提供一套完整的从文本到需求的算法模型，本文通过四个标准化流程将这一过程有机结合，为企业提供了一套确实可行的产品评论处理方法。

进一步的研究方法可以从以下几个方面展开：第一，标签提取不仅限于特定格式的文本。除了本文所提到的评论常见范式，还有一些其他的评论范式也同样表达了用户的观点，如果能突破当前范式的限制，就可以对评论文本有更全面的处理。第二，聚类方法的自动化。本文在对比自动化方法和人工方法的效率和准确度之后，出于对准确度的追求，选择了人工方法来实现特征聚类，但是自动化的聚类方法才是未来的发展方向。第三，更加自动化的情感分析。本文的情感分析主要还是基于情感词典，对于生词的处理还没有很好的方法，以后的研究要结合机器学习，来对生词的处理更加细致。第四，更多维的需求分析模型。本文仅从最主要的两个维度来分析产品的需求，如果要更全面地认识产品需求，还可以增加更多的维度来对产品需求有更全面的认知。

参考文献

［1］Hu M.，Liu B.. Mining and Summarizing Customer Reviews ［A］. Proceedings of the Tenth ACM SIGKDD International Conference on Knowledge Discovery and Data Mining ［C］. ACM，2004：168-177.

［2］Popescu A. M.，Etzioni O.. Extracting Product Features and Opinions from Reviews ［M］. Natural Language Processing and Text Mining. Springer London，2007：9-28.

［3］Blair-Goldensohn S.，Hannan K.，McDonald R.，et al.. Building a Sentiment Summarizer for Local Service Reviews ［R］. WWW Workshop on NLP in the Information Explosion Era. 2008.

［4］Ku L. W.，Liang Y. T.，Chen H. H.. Opinion Extraction，Summarization and Tracking in News and Blog Corpora ［R］. AAAI Spring Symposium：Computational Approaches to Analyzing Weblogs，2006：100-107.

［5］Zhuang L.，Jing F.，Zhu X. Y. Movie Review Mining and Summarization ［R］. Proceedings of the 15th ACM International Conference on Information and Knowledge Management. ACM，2006：43-50.

［6］Qiu G.，Liu B.，Bu J.，et al.. Opinion Word Expansion and Target Extraction Through Double Propagation ［J］. Computational linguistics，2011，37（1）：9-27.

［7］Wu Y.，Zhang Q.，Huang X.，et al.. Phrase Dependency Parsing for Opinion Mining ［R］. Proceedings of the 2009 Conference on Empirical Methods in Natural Language Processing：Volume 3-Volume 3. Association for Computational Linguistics，2009：1533-1541.

［8］Jin W.，Ho H. H.，Srihari R. K.. A Novel Lexicalized HMM-based Learning Framework for Web Opinion Mining ［R］. Proceedings of the 26th Annual International Conference on Machine Learning. 2009：465-472.

［9］Jakob N.，Gurevych I.. Extracting Opinion Targets in a Single-and Cross-domain Setting with Conditional Random Fields ［R］. Proceedings of the 2010 Conference on Empirical Methods in Natural Language Processing. Association for Computational Linguistics，2010：1035-1045.

［10］Mei Q.，Ling X.，Wondra M.，et al.. Topic Sentiment Mixture：Modeling Facets and Opinions in Weblogs ［R］. Proceedings of the 16th international conference on World Wide Web. ACM，2007：171-180.

［11］Lin C.，He Y.. Joint Sentiment/topic Model for Sentiment Analysis ［R］. Proceedings of the 18th ACM Conference on Information and Knowledge Management. ACM，2009：375-384.

［12］张紫琼，叶强，李一军. 互联网商品评论情感分析研究综述 ［J］. 管理科学学报，2010，13（6）：84-96.

［13］Kim S-M，Hovy E.. Determining the Sentiment of Opinions ［R］. Proceedings of the 20th International Conference on Computational Linguistics（COLING），Morristown，NJ，USA：Association for Computational Linguistics，2004：1367- 1373.

［14］姚天昉，娄德成. 汉语语句主题语义倾向分析方法的研究 ［J］. 中文信息学报，2007，21（5）：73-79.

［15］Morinaga S.，Yamanishi K.，Tateishi K.，et al.. Mining Product Reputations on the web ［R］. Proceedings of the 8th ACMSIGKDD International Conference on Know ledge Discovery and Data Mining（KDD），New York，NY，USA：ACM，2002：341- 349.

碳税及排放交易下企业被动碳减排最优策略研究*

程发新[1] 邵世玲[2]

(1. 江苏大学管理学院，江苏镇江 212013；

2. 广物汽贸股份有限公司，广东广州 510000)

【摘 要】 在日益严峻的碳减排形势下，为准确指导企业最优碳减排策略选择，本文以碳减排阶段划分为视角，针对被动碳减排阶段，引入碳税及碳排放交易，构建了企业、政府、碳交易市场下的碳减排最优策略模型。并以水泥企业为算例仿真验证模型适用性，对碳税税率和碳交易价格进行灵敏性分析。研究表明，适当提高碳交易价格和碳税税率，可有效提高企业计划碳减排量；企业碳减排投入随减排效果系数、碳交易价格和碳税率的增加而相应增大；企业产品最优产量随碳税税率正向变化，且当政府单位产品碳配额大于企业初始的单位产品碳排放量时，企业产量与碳交易价格正相关；反之，则负相关。

【关键词】 碳税；碳排放交易；被动碳减排；最优策略

0 引 言

"十三五"规划指出，中国环境污染逼近临界，环境风险易发高发态势明显。二氧化碳过度排放引发气候变暖作为全球性问题也已引起国内外的高度关注。为大幅度降低 CO_2 排放强度，我国在"十二五"规划中就表示政府一定要明确总量控制目标和分解落实机制。此时，企业作为碳排放主体，在降低碳排放、应对气候变暖过程中发挥其他成员无法替代的作用。然而，针对日益严峻的碳减排形势，企业 CO_2 减排还存在很多经济与技术上的难题，引致企业还没有真正形成全面应对气候变化的碳减排策略

---

*［基金项目］国家自然科学基金项目"基于产品全生命周期的低碳制造战略形成机制与驱动模式研究：以水泥行业为例"（71273118）；国家自然科学基金面上项目"碳减排政策下考虑对原产品挤兑的企业再制造决策及其网络优化研究——以水泥行业为例"（71673118）。

框架及决策机制。这主要体现在两个方面：①企业环境策略随减排阶段的不同而有所差异。Berry 和 Rondinelli[1] 主张把企业的环保策略划分为处理危机的应急模式、跟踪环境政策的成本模式和事前防治的前馈模式。朱清和余瑞祥[2] 则从企业最优污染控制水平、社会最优污染控制水平和污染完全治理水平三个目标层次出发，阐述企业对应三个层次的环境策略和政策取向。Murillo-Luna 等[3] 建议将企业环境策略划分为被动环境策略、关注政府环境法规策略、关注利益相关者策略和全面环境质量管理策略，并描述了它们的属性和特征。然而却少有文献详细分析不同阶段的碳减排最优策略实施。这可能导致企业进行碳减排策略选择时因忽视不同阶段的碳减排策略差异，从而引致碳减排效果不明显。②有学者认为企业碳减排策略分被动和主动减排策略[4-5]，程发新等[6] 在划分被动和主动减排的基础上对企业主动碳减排阶段最优策略进行了详细研究。关于被动减排阶段策略深入研究的成果却鲜有见到。事实上，目前中国仍有相当多企业碳减排还处于被动减排阶段，Liu[7] 通过对中国福建地区化石燃料密集型产业的实证研究，表明还有相当部分企业仍处于被动碳减排阶段。那么，在被动减排阶段企业如何有效实施碳减排策略，特别是碳减排政策下的有效优化策略，这将是本文要探讨的问题。

企业在不同阶段的碳减排策略因环境政策的影响存在差异[8]。本文从企业积极减排策略的环境政策研究出发，并认为由于碳排放的负外部性，企业在碳减排初期（被动碳减排阶段）需要政府惩罚机制规制。一方面，碳税规制是指为实现碳减排目标需投入成本最小的惩罚制度，则此时政府可倾向于选择碳税规则[9-10]。另一方面，针对碳排放交易的研究，国内外有学者详细分析了碳排放交易对碳排放的影响[11-13]。此外，有学者建议碳税规制及碳排放交易更符合中国国情[14-15]，王明喜等[16] 在研究企业碳减排最优策略研究中建议应综合实施税收、碳配额交易措施以矫正企业的非最优减排行为。基于此，本文认为在碳税及碳排放交易作用下，有望更加有效地实施企业被动减排阶段碳减排策略。其具体过程是：政府建立碳税机制，以政策约束企业进行碳减排。与此同时，建立碳交易市场，依靠碳排放权交易制度，引导企业不断提高碳减排效率，促使企业提高计划碳减排量，降低碳排放量，并实现企业利润最大化时的最优产量。那么，在碳税和排放交易环境政策下，企业最优碳减排量是多少？是企业自身减排还是从市场上购买？企业的减排策略会发生哪些变化？为解决这些问题，本文构建碳税及碳交易机制下企业利润最大化模型，同时建立碳减排成本最小化模型，用数学微分法求解企业最优计划碳减排量和最优产量，并通过计划碳减排量来规划企业碳减排投资策略。最后，采用灵敏度对碳税税率和碳交易价格的影响加以分析，以期为企业被动碳减排策略决策及环境政策的制定提供依据。

1 文献综述

本文研究碳税及排放交易下的碳减排策略问题，在梳理国内外学者关于碳税和排放交易下企业碳减排策略的研究成果后，进一步深入探究。

关于碳税作用下的企业碳减排策略研究，李媛等[17]构建政府和企业行为的三阶段博弈模型，研究了碳税作用下的企业碳减排机制。Almutairi 和 Elhebdhli[18]用社会福利数学规划模型评估碳税对企业碳减排的效率。计国君和胡李妹[19]考虑碳税作用，并以演化博弈方法对企业碳减排策略进行了相关分析。Liu 等[20]对 201 家企业进行离散选择数据集的建模分析，证实中国企业对碳税政策属性存在偏好。

关于碳排放交易下的企业碳减排研究，陈伯成等[21-22]对补贴及惩罚模式下排放许可交易生产优化进行了建模和探讨，并探讨了政府手段间的联系。Shen[23]通过对目前正在参与碳交易试点项目的政府官员和企业经理大量的采访，识别出中国企业在碳减排交易计划实施初期参与碳排放交易的激励和阻碍因素。

关于碳税和碳排放交易共同作用的研究。Lee Cheng 等[24]探索碳税和碳排放交易共同作用对工业 CO_2 减排的影响，并认为石油化工行业中碳征税将使 2011~2020 年的 GDP 损失 5.7%，若同时有碳交易作用，则 GDP 只降低 4.7%。He 等[25]考察排放交易和碳税作用下的企业生产批量计划和碳排放决策，发现排放交易和碳税总会导致相同的最优排放。Rausch 和 Reilly[26]进一步研究了碳税与配额制度的相互作用。孙亚男[14]则通过探讨碳交易市场中的碳税策略，提出碳税惩罚及排放交易的复合政策模式更加符合中国国情。魏庆坡[15]也详细分析了碳交易与碳税的兼容性。

综上，不同碳减排阶段的具体环境策略存在差别，程发新等[6]已对政府补贴下的企业主动碳减排策略进行了详细分析，而现有文献对碳税和碳交易下的碳减排具体策略实施的研究尚未考虑到被动碳减排阶段层面。此外，综合考虑碳税及碳交易的研究处于起步阶段，有学者认为考虑碳税和碳交易共同作用更符合中国企业碳减排实情[14]。基于此，本文针对企业被动碳减排阶段，探索碳税及碳排放交易下企业被动碳减排策略，主要贡献是：①综合考虑碳税和碳排放交易制度，以微观企业产量和计划碳减排量为变量，考虑企业与政府、碳交易市场机制的博弈，构建碳税及排放交易下的企业利润最大化模型，并进一步研究企业具体碳减排投资策略，使利润最大化决策机制落实到具体碳减排措施。②综合企业生产利润最大化和碳减排投资成本最小化模型，用数学微分法分析出企业最佳计划碳减排量、最优实施策略及最优生产产量。同时，通过对碳税税率及碳交易价格对计划减排量、最优生产产量的影响作用的灵敏度分析，指导企业碳减排最优策略及环境政策制定。

2 问题描述与模型参数设定

2.1 碳减排阶段划分及被动减排阶段投资策略分析

企业碳减排可分为两个阶段：被动减排阶段和主动减排阶段，具体如图 1 所示。图 1 中横轴代表碳排放控制量，纵轴表示碳减排的边际收益与边际成本。MC 表示碳减排的边际成本，MPB 代表碳减排的企业边际收益，MSB 为碳减排的社会边际收益。OC 段的 MC 小于 MPB，此阶段企业虽然可以通过碳减排获得收益，但由于技术水平的限制，企业碳减排初期往往不能积极实施碳减排行为，例如，一些规模较小、资金相对匮乏的企业，考虑到碳减排成本可能影响其市场竞争力，从而对碳减排采取漠不关心策略，则 OC 段定义为企业被动碳减排阶段。CD 段定义为企业主动碳减排阶段[6]。由于碳减排外部性和技术水平的限制，被动减排阶段企业初期碳减排需要政府惩罚机制（碳税）规制，随着碳减排的不断实施，此阶段达到的是企业碳减排私人最优策略，这个阶段企业碳减排强度将停留在企业碳减排边际成本和碳减排边际收益的相等处。那么，当碳税规制中引入碳排放交易时，企业如何在应对政府政策时，实现利润最大化下的计划碳减排量，如何实现投资成本最小化和生产产量最优化策略。本文针对 OC 段，探索碳税及排放交易机制下企业被动减排的最优策略。

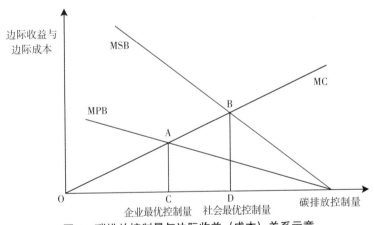

图 1　碳排放控制量与边际收益（成本）关系示意

2.2 碳税及排放交易下的企业被动碳减排实现过程

本文考虑碳税规制及政府配额下的被动碳减排阶段企业碳减排决策机制，其实现过程如图 2 所示。

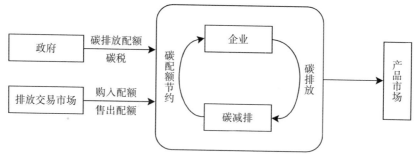

图 2　碳税及排放交易的企业被动碳减排

在政府碳税和碳交易作用下，企业被动阶段的碳减排策略对局部环节进行减排投入[8]。例如，水泥行业的炉窑工艺、粉磨工艺改进，熟料制备过程优化等都属于被动减排阶段典型的碳减排策略。

2.3　模型主要参数符号及定义

为方便后面的讨论，本文给出变量的相关符号。

q：产品生产的总量，为决策变量。

a：单位产品生产销售净收益函数中的系数。

b：单位产品生产销售净收益函数中的常数。

$p(q)$：产品价格，假设为单位产品生产销售后的净收益。其中不包括减排成本或排放成本，且 $p(q)=b-aq$。

e：企业碳减排的计划减排量，用碳排放强度来度量，为决策变量。

$f(e)$：当企业减排量为 e 时的企业碳减排成本函数。

c：市场碳交易价格。

mq：企业从政府政策中可获得的碳配额，其中 $m>0$ 为政府分配的单位产品碳配额。

sq：企业初始碳排放量，即企业不进行碳减排的碳排放量。其中 $s>0$ 为企业初始单位碳排放量，用来描述单位产品从生产、销售直至最终消亡过程中温室气体排放水平的相对程度[30]。

t：单位碳排放所需的碳税税率。

x：工艺改进 1 投入，决策变量。

y：工艺改进 2 投入，决策变量。

z：过程优化投入，本文采取间接的方法对过程优化的效果和成本进行假设规定。

α、β：工艺改进对企业的碳减排效率，则工艺改进所降低企业单位产品二氧化碳排放量分别为 $\alpha x^{1/2}$、$\beta y^{1/2}$。α、β 为正数。

δ：过程优化投入的成本系数。

3 模型构建

3.1 碳税及碳排放交易机制下企业利润最大化模型

被动碳减排阶段的企业产品在生产过程中，由于二氧化碳等温室气体的排放，会产生环境污染。政府为降低企业碳排放量，通过征收碳税对企业二氧化碳排放进行约束，同时通过建立碳排放权交易市场引导企业不断提高计划碳减排量，实现中国碳减排目标。在碳排放交易市场中，相关部门依据不同行业的排放水平，分配给行业内不同企业一定的碳排放配额，当碳排放配额不足时需要从排放交易市场以碳交易价格 c 购买，剩余时企业可以以碳交易价格 c 销售获利。

当产品生产量为 q 时，文中设定企业生产销售的净收益为 $qp(q)$；企业生产过程的全部碳排放量为 sq。由于企业碳减成本是其计划碳减排量的函数，则设企业进行碳减排的碳减排成本为 $f(e)$。同时，由于企业需从排放交易市场出售（购买）的碳排放量为 $mq-(sq-e)$，则企业需要购买（出售）的排放交易费用为 $c[mq-(sq-e)]$。另外，政府对企业碳减排征收的碳税为 $t\cdot(sq-e)$。那么，被动减排阶段企业碳减排的本质是在国家宏观政策引导和约束下，实现利润最大化。其利润函数为：

$$\max\pi = q(b-aq) - f(e) + c[mq-(sq-e)] - t\cdot(sq-e) \tag{1}$$

3.2 企业碳减排投资策略成本最小化模型

以往碳税及碳交易机制下策略研究并未深入到企业的具体碳减排措施，为使企业利润最大化模型落实到微观层面，文中对碳减排措施进行详细分析，构建企业碳减排投入成本最小化模型。设企业在工艺 1 阶段实施工艺改进的投入成本为 x，根据 Kennedyp[27]，则减排强度为 $\alpha x^{1/2}$，其中 α 为碳减排效果系数，且 $0\leq\alpha\leq1$。企业在工艺 2 阶段进行改进实施的投入成本设为 y，则减排强度为 $\beta y^{1/2}$，其中 $\beta y^{1/2}$ 为碳减排效果系数，且 $0\leq\beta\leq1$[27]。此外，过程优化主要是通过产品制备过程的相关参数变化来实施碳减排，由于过程优化减排贯穿整个环节，对其减排效果直接度量不精准，因此采用间接法进行度量。设过程优化的投入成本为 z，且企业计划碳减排量为 e，我们认为过程优化引起的碳排放降低量为 $e-\alpha x^{1/2}-\beta y^{1/2}$。文中基于 D'aspremont 和 Acquemin[28] 的假设，将过程优化的投入成本计算为 $z=\delta(e-\alpha x^{1/2}-\beta y^{1/2})^2$。

根据水泥企业碳减排措施的分析，构建企业碳减排投入成本最小化模型：

$$\min f(e) = x + y + \delta(e-\alpha x^{1/2}-\beta y^{1/2})^2 \tag{2}$$

4 最优策略选择与分析

通过碳税及碳排放交易机制下的企业利润最大化模型及企业碳减排投入成本最小化模型，分别对计划碳减排量、最优投资策略、最优生产产量进行分析。

4.1 最优碳减排量

在政府以碳税规制被动企业碳减排，并同时构建碳交易市场的情况下，企业谋求自身利润最大化的策略是通过采取碳减排措施，不断进行工艺技术改进等降低碳排放，应对政府碳减排规制的同时通过碳交易市场，实现生产产品利润最大化。与此同时，考虑企业微观层面的碳减排实施策略。将碳交易市场的利润最大化函数与企业微观层面投资成本最小化函数结合起来，决定是自己减排还是从市场上购买，从而得出最优的计划碳减排量。也就是说，同时考虑企业微观层面的碳减排投资成本最小化与碳税及碳交易市场下的生产产品利润最大化，其模型为：

$$\frac{\partial \pi}{\partial e} = -\frac{\partial f}{\partial e} + c + t = 0 \tag{3}$$

$$\frac{\partial f}{\partial e} = 2\delta(e - \alpha x^{\frac{1}{2}} - \beta y^{\frac{1}{2}}) \tag{4}$$

为求最优计划碳减排量，将式（4）带入式（3）可得：

$$e^* = \frac{c+t}{2\delta} + \alpha x^{1/2} + \beta y^{1/2} \tag{5}$$

4.2 最优碳减排投资策略

企业根据政府提供的碳交易市场，通过利润最大化函数，得出最优的计划碳减排量，并以此规划企业的投资决策。

$$\frac{\partial f}{\partial e} = 1 - \delta(e - \alpha x^{\frac{1}{2}} - \beta y^{\frac{1}{2}}) \cdot \frac{\alpha}{\sqrt{x}} = 0 \tag{6}$$

$$\frac{\partial f}{\partial e} = 1 - \delta(e - \alpha x^{\frac{1}{2}} - \beta y^{\frac{1}{2}}) \cdot \frac{\beta}{\sqrt{y}} = 0 \tag{7}$$

联立式（5）、式（6）和式（7），并由 $z = \delta(e - \alpha x^{1/2} - \beta y^{1/2})^2$ 可得企业碳减排最优投资策略为：

$$e^* = \frac{c+t}{2}\left(\frac{1}{\delta} + \alpha^2 + \beta^2\right) \tag{8}$$

$$x^* = \left[\frac{\alpha}{2}(c+t)\right]^2 \quad y^* = \left[\frac{\beta}{2}(c+t)\right]^2 \quad z^* = \frac{1}{\delta}\left[\frac{(c+t)}{2}\right]^2 \tag{9}$$

从式（8）中可以得出结论 1。

结论1 企业的计划碳减排量与碳交易价格和碳税税率呈正向关系，与企业碳减排工艺改进的减排效果系数呈正向关系，而与企业碳减排过程优化的成本系数呈反向关系。因此，不断改进碳减排工艺技术的减排效果，适当提高碳交易价格和碳税税率，能够有效提高企业计划碳减排量的方式。

分析式（9）可知结论2。

结论2 最优计划碳减排量引导下的同时满足企业利润最大化和碳减排成本最小化的投资策略 x^*、y^*、z^* 都应随着碳交易价格和单位碳排放所需碳税率的增加而相应增大，随着其碳减排措施对应的减排效果系数的增加而增大，减排成本系数的增大而减少。

4.3 最优产量决策

被动减排阶段企业以谋求自身利润最大化的生产决策进行产品生产，最优计划碳减排量下，为求最优产量。将式（1）的利润函数 π 对 q 求偏导，令其为0，另设定单位产量的碳减排量为 $\bar{e}$，有 $e = q\bar{e}$，则

$$\frac{\partial \pi}{\partial q} = b - 2aq - f'(e) \times \bar{e} + cm - cs + c\bar{e} - ts + t\bar{e} = 0 \tag{10}$$

联系式（4）、式（8）和式（10），得到最优计划碳减排量下的最优产量。

$$q^* = \frac{b + c(m-s) - ts}{2a} \tag{11}$$

由最优产量 q^* 可分析得出结论3和结论4。

结论3 企业生产的最优产量与生产净收益函数中的系数和常数、碳交易价格、单位产品碳配额、碳税税率以及企业初始单位碳排放量有关。其中，最优产量与净收益函数中的常数成正比；与净收益函数中的系数、碳税税率成反比。

结论4 当政府单位产品碳配额 m 大于企业初始的单位产品碳排放量 s 时，企业产量与碳交易价格正相关，而当政府单位产品碳配额 m 小于企业初始的单位产品碳排放量 s 时，与碳交易价格负相关。

5 算例和灵敏度分析

为了说明本文模型的应用，针对所研究的问题，本文借鉴战略管理中以具体行业为分析背景的研究方法，以水泥企业为例，对被动碳减排措施进行分析。

5.1 算例分析

顾阿伦等[29]认为，目前中国水泥行业还具有相当大的减排空间，主要潜力在于工艺技术和装备水平的改进。王明喜等[16]认为，在生产环节，为了降低单位产值二

氧化碳排放量，企业可通过改善生产工艺措施、加强过程优化管理以提高劳动生产效率来实现碳减排。据此，本文将研究焦点集中于工艺技术的改进和过程管理方面，水泥生产工艺技术的碳减排改进包括窑炉工艺 x，粉磨工艺 y 及过程优化 z，且贯穿于原料矿山开采、生料制备、熟料煅烧、水泥粉磨等生产工艺全过程。根据调研和相关文献分析，对模型中相关参数设定一个有效的参数值，如表 1 所示。并将参数代入式 (8) ~ 式 (11)，可得最优计划碳减排量 $e \approx 5.96$，最优产量 $q \approx 149.998$，企业碳减排投入分别为 $x = 5.06$，$y = 7.29$，$z = 14.46$。

表 1　参数赋值

参　数	赋　值
单位产品生产销售净收益函数中系数 a	0.5
单位产品生产销售净收益函数中常数 b	150
排放交易市场碳交易价格 c	4（元/t）
政府分配的单位产品碳配额 m	4.88×10^{-4}（t）
企业单位初始碳排放量 s	4.19×10^{-4}（t）
单位碳排放的碳税税率 t	5（元/t）
工艺技术 1 改进的碳减排效率 α	0.5
工艺技术 1 改进的碳减排效率 β	0.6
过程优化的成本系数 δ	1.4

注：参考中国能源统计年鉴（2012 年）、调研和杜少甫[30]中相关数据计算赋值。

5.2　灵敏度分析

在策略分析和选择的基础上，碳税税率和碳交易价格的变化将对企业计划碳减排量 e、企业碳减排投资策略 x、y、z、最优产量 q 以及企业利润 π 等方面产生明显影响，分析和判断这种变化带来的影响对于政府制定和完善碳税及碳交易制度、企业碳减排决策机制具有重要的价值。本文采用仿真软件分析，通过调整政府碳税税率 t 和碳交易价格 c 的数值探讨其变化对企业最优策略的影响，为政府政策制定和企业碳减排最优策略提供参考依据。为了清晰地看出各参数的影响程度，图 3 至图 6 给出了灵敏度分析图示。不同的 t 和 c 对企业被动碳减排最优策略的影响分别如下所示。

碳税税率灵敏度分析结果显示：随着碳税税率的不断增加，企业计划碳减排量 e 逐渐增加。为达到减排量的增加，企业被动碳减排投入 x、y、z 不断增加，与此同时，由于碳交易市场机制的作用，碳税的增加减少了产品最优产量，但却使得最大化的利润不断增加。此结果证实了结论 1、结论 2、结论 3 的同时进一步分析出结论 5。

结论 5　碳税和碳交易共同作用下，政府提高碳税税率指导企业增加减排量，加大对碳减排投入的成本，此时剩余的碳排放权通过碳交易市场为企业带来"碳利润"，并不会降低企业总利润，反而会增加企业利润。孙亚男[14]在对碳交易市场中碳税策略

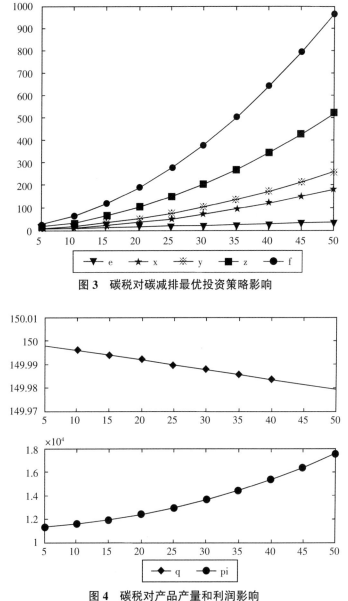

图3　碳税对碳减排最优投资策略影响

图4　碳税对产品产量和利润影响

的研究中也证实了，在碳税和碳交易共同作用下，随着碳税税率的增加，利润不减反增。

对于碳交易价格灵敏度分析的结果，本算例列举的是碳配额 m 大于企业初始碳排放量 s。此时，随着碳交易价格的不断增加，企业计划碳减排量 e 逐渐增加。为达到减排量的增加，企业被动碳减排投入 x、y、z 也会相应增加，而此时的产品产量和利润也会相应增加。此结果证实了结论 4 中政府单位产品碳配额 m 大于企业初始的单位产品碳排放量 s 时，企业产量与碳交易价格正相关。为进一步分析碳交易价格对所有企业被动碳减排最优策略的指导作用，即分析当碳配额 m 小于企业初始碳排放量 s 时，碳交

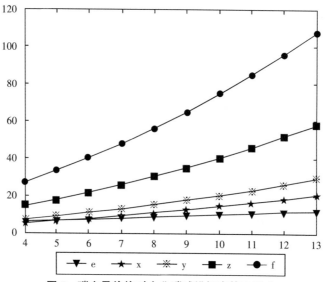

图 5 碳交易价格对企业碳减排投资策略影响

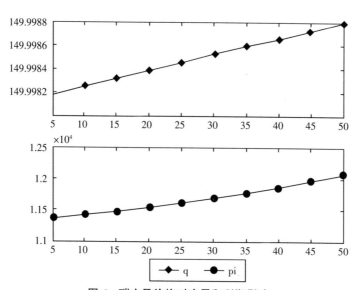

图 6 碳交易价格对产量和利润影响

易价格对最优产量和利润影响如何。本文取企业初始单位产品碳排放量 $s = 4.93 \times 10^{-4}$ (t)[14]。其他数据不变,当碳配额小于初始单位产品碳排放量时,**碳交易价格灵敏度分析结果如表 2 所示。**

表 2 碳交易价格的灵敏度分析

c	e	x	y	z	f(e)	q	π
4	5.60	5.06	7.29	14.46	26.82	149.997	11365
5	6.62	6.25	9.00	17.86	33.11	149.997	11414

c	e	x	y	z	f(e)	q	π
6	7.28	7.56	10.89	21.61	40.06	149.997	11470
7	7.95	9.00	12.96	25.71	47.67	149.997	11533
8	8.61	10.56	15.21	30.18	55.95	149.997	11604
9	9.27	12.25	17.64	35.00	64.89	149.997	11682
10	9.93	14.06	20.25	40.18	74.49	149.997	11768
11	10.59	16.00	23.04	45.71	84.75	149.997	11860
12	11.26	18.06	26.01	51.61	95.68	149.997	11960
13	11.92	20.25	29.16	57.86	107.27	149.997	12068

如表 2 所示的灵敏度分析结果证实了结论 4 中政府单位产品碳配额 m 小于企业初始的单位产品碳排放量 s 时，企业产量与碳交易价格负相关外，还可分析得出结论 6。

结论 6 碳税和排放交易下的企业被动碳减排过程中，随着碳交易价格的增加，企业利润不减反增，主要原因在于碳交易价格的增加，可促进企业加大对碳减排的投入，实现更高的碳减排量，而后通过较高交易价格下的碳排放权交易实现更高"碳利润"。从而使得企业利润不减反增。

结论 5 和结论 6 表明，为实现中国提出的碳减排目标，政府同时征收碳税和建立排放交易市场，对于企业利润具有促进作用，即在科学合理的政策配置下，可以实现低碳环保与经济发展的和谐统一发展。此结果为政府环境政策制定提供理论依据。

6 结 语

在当前全球低碳化迅速发展的背景下，为完善企业全面应对气候变化的碳减排策略框架及决策机制。本文研究了碳税及碳交易作用下的企业被动碳减排最优策略，所得结论可为企业被动碳减排提供参考依据，同时为政府政策的制定提供理性的思考框架。根据研究结论可提出如下建议：

对企业被动碳减排而言：首先，在碳税及排放交易作用下，为实现最优计划碳减排量，企业应不断通过淘汰陈旧效率低的设备等措施改进碳减排工艺技术的减排效果，不断加强企业管理，提高企业员工素质，从而提高整个低碳过程优化中劳动生产效率，降低低碳过程优化的成本系数，进而提高计划碳减排量。其次，实现最优计划碳减排量指导下的最优投资策略。企业可在满足其生产利润最大化的同时实现碳减排成本最小化的投资策略。即其具体碳减排措施局部投入成本应随着碳交易价格和单位碳排放所需碳税率的增加而相应增大，随其相应碳减排措施所对应的减排效果系数的增加而增大，随所对应的减排成本系数的增大而减少。最后，实现企业被动碳减排的最优产量。由结论可知，企业最优产量决策应随净收益函数中的常数、碳税税率的增大而适当增加；随净收益函数中系数的增大而适当减少；当政府单位产品碳配额大于企业初始的单位产品碳排放量时，企业产量应随碳交易价格增加而相应增加。当政府单位产品碳配额小于企业初始的单位产品碳排放量时，企业产量应随碳交易价格增加而减少。

对政府政策制定而言。为促使企业将具有外部性特征的碳减排策略提上日程，对企业被动局部投入碳减排，政府应采取碳税和碳排放交易共同机制监督和指导企业被动阶段的碳减排，通过适当提高碳交易价格和碳税税率与企业进行合力共同增加碳减排量，实现中国碳减排目标。

在本文研究的基础上，将要进一步对其深入研究：①针对具体的高能耗行业，如钢铁行业，详细分析企业被动碳减排措施，不断完善碳减排的成本收益模型，为企业经营决策和政府政策制定提供具体的参考依据；②从政府环境政策角度出发，探讨政府、企业及利益相关者（消费者低碳偏好）之间的博弈合作，进一步探讨碳减排政策制定及企业优化策略。

参考文献

[1] Berry M., Rondinelli D. A.. Proactive Corporate Environmental Management：A New Industrial Revolution [J]. Academy of Management Executive, 1998, 12 (2)：38-50.

[2] 朱清，余瑞祥.企业积极环境行为的层次及其政策设计 [J]. 中国人口·资源与环境, 2010, 20 (2)：157-161.

[3] Murillo-Luna J. L., Garces-Ayerbe C., Rivera-Torres P.. Barriers to the Adoption of Proactive Environmental Strategies [J]. Journal of Cleaner Production, 2011, 19 (13)：1417-1425.

[4] Aragon-Correa J A.. Strategic Proactivity and Firm Approach to the Natural Environment [J]. Academy of Management Journal, 1998, 41 (5)：556-567.

[5] 张海燕，邵云飞. 基于阶段门的企业主动环境技术创新战略选择实施分析——以四川宏达集团有限公司为例 [J]. 研究与发展管理, 2012, 24 (6)：106-115.

[6] 程发新，邵世玲，徐立峰等. 基于政府补贴的企业主动碳减排最优策略研究 [J]. 中国人口·资源与环境, 2015, 25 (7)：32-39.

[7] Liu Y.. An Empirical Research of Awareness, Behavior and Barriers to Enact Carbon Management of Industrial Firms in China [J]. Science of the Total Environment, 2012, 42 (5)：1-8.

[8] 王琳，肖序，许家林. "政府—企业"节能减排互动机制研究 [J]. 中国人口·资源与环境, 2011, 21 (6)：102-109.

[9] Mckibbin W. J., Morris A. C., Wilcoxen P. J., et al.. Carbon Taxes and US Fiscal Reform [J]. National Tax Journal, 2015, 68 (1)：139.

[10] Jorgenson D. W., Goettle R. J., Ho M. S., et al.. Carbon Taxes and Fiscal Reform in the United States [J]. National Tax Journal, 2015, 68 (1)：121.

[11] Narayan P. K., Sharma S. S.. Is Carbon Emissions Trading Profitable [J]. Economic Modeling, 2015, 47 (6)：84-92.

[12] Jiang J. J., Ye B., Ma X. M.. The Construction of Shenzhen's Carbon Emission Trading Scheme

［J］. Energy Policy，2014（75）：17-21.

　　［13］ Tang L.，Wu J.，Yu L.，et al.. Carbon Emissions Trading Scheme Exploration in China：A Mul-ti-agent-based Model［J］. Energy Policy，2015（81）：152-169.

　　［14］ 孙亚男. 碳交易市场中的碳税策略研究［J］. 中国人口·资源与环境，2014，24（3）：32-40.

　　［15］ 魏庆坡. 碳交易与碳税兼容性分析——兼论中国减排路径选择［J］. 中国人口·资源与环境，2015，25（5）：35-43.

　　［16］ 王明喜，王明荣，汪寿阳. 最优减排策略及其实施的理论分析［J］. 管理评论，2010，22（6）：42-47.

　　［17］ 李媛，赵道致，祝晓光. 基于碳税的政府与企业行为博弈模型研究［J］. 资源科学，2013，35（1）：125-131.

　　［18］ Almutairi H.，Elhebdhli S.. Modeling，Analysis，and Evaluation of a Carbon Tax Policy Based on the Emission Factor［J］. Computers & Industrial Engineering，2014，77（8）：88-102.

　　［19］ 计国君，胡李妹. 考虑碳税的企业碳减排演化博弈分析［J］. 统计与决策，2015（12）：58-61.

　　［20］ Liu X.，Wang C.，Niu D.，et al.. An Analysis of Company Choice Preference to Carbon Tax Poli-cy in China［J］. Journal of Cleaner Production，2015（103）：393-400.

　　［21］ 陈伯成，李英杰，闫学为. 补贴及惩罚模式下的排放许可交易生产优化［J］. 中国管理科学，2014（22）：774-781.

　　［22］ 陈伯成，李英杰. 考虑排放许可交易的生产优化的补充研究［J］. 中国管理科学，2014（9）：18.

　　［23］ Shen W.. Chinese Business at the Dawn of Its Domestic Emissions Trading Scheme：Incentives and Barriers to Participation in Carbon Trading［J］. Climate Policy，2015，15（3）：339-354.

　　［24］ Lee C. F.，Lin S. J.，Lewis C.. Analysis of the Impacts of Combining Carbon Taxation and Emis-sion Trading on Different Industry Sectors［J］. Energy Policy，2008，36（2）：722-729.

　　［25］ He P.，Zhang W.，Xu X.，et al.. Production Lot-sizing and Carbon Emissions under Cap-and-trade and Carbon Tax Regulations［J］. Journal of Cleaner Production，2015，103（15）：241-248.

　　［26］ Rausch S.，Reilly J.. Carbon Taxes，Deficits，and Energy Policy Interactions［J］. National Tax Journal，2015，68（1）：157-178.

　　［27］ Kennedyp W.. Optimal Early Action on Greenhouse Gas Emissions［J］. Canadian Journal of Eco-nomics，2002，35（1）：16-35.

　　［28］ D'aspremont C. J.，Acquemin A.. Cooperative and Non-cooperative R&D in Duopoly With Spillovers［J］. The American Economic Review，1988，18（5）：1133-1137.

　　［29］ 顾阿伦，史宵鸣，汪澜等. 中国水泥行业节能减排的潜力与成本分析［J］. 中国人口资源与环境，2012，22（8）：16-21.

　　［30］ 杜少甫，董骏峰，梁樑等. 考虑排放许可与交易的生产优化［J］. 中国管理科学，2009，17（3）：81-86.

Loss Given Default Modeling for Online Microloan

Jianrong Wang

(Shanghai University of Finance and Economics, Shanghai   200433)

【Abstract】 In this project, we study the LGD modeling for online microloan using a real online P2P lending dataset. We first analyze the characteristics of LGD for online microloans, then, we explore different statistical models for LGD modeling including both parametric model and semi-parametric model. For zero RRs and non-zeros, we build two discriminant models, while two continuous models for RRs fell in (0, 1). Finally, we assess the prediction performance of these models on a validation sample.

【Key words】 Peer to Peer Lending; Credit Risk Scoring; Loss Given Default; Quantile Regression

0   Introduction

Over the past decade, online microloan market has rapidly grown into a popular business modelacross the world. It leverages online platforms to connect individual borrowers with individual lenders (i.e., investors), and it has proven to be a very viable business model. For example, the two largest peer-to-peer (P2P) lending platforms, Prosper and Lending Club founded in 2005 and 2006 respectively, have originated over $6 Billion in loans to date. In the P2P platform, to start the loan process, a borrower posts a loan-request listing on an online P2P lending platform, and the prospective investors (i.e., lenders) who are interested in the listing start bidding on portions of the loan-the contracted interest rate of a funded listing is either determined by the auction or by the platform. For a funded listing, the borrower is obligated to pay off the principal and the accumulated interests when the loan matures. Ideally, P2P lending model produces a win-winsituation for both parties. For a paid-off loan, the investors are better off having gained more interests than simply parking her money in banks saving accounts. From the stand point of the borrower, he is also better off having obtained the credit that he would have difficulty obtaining from the traditional financial intermediaries, such as banks and credit cards. However, it is often tosee that some borrowers eventually default on their loans, leaving the lenders suffering substantial financial losses. According to Renton (2014), the default rate of the loans on the P2P lending platforms is usually relative high, and in some cases could reach as high as 30%. Therefore, the loss estimation is critical for both platform and investors. Platform need accurate loss estimation to provide credit rating and set the borrow rate. For investors, the improved estimation of loss can help them make better investment decisions. To estimate the loss, we need predict the default risk and the loss given default (LGD). In this project, we will focus on the statistical estimation of LGD. Specifically, we will first investigate the characteristics of loss given default for online microloans, then, we will explore different statistical tools to build better prediction models for LGD.

1 Literature Review

Online P2P lending has become more and more popular recently. Some researchers even think it has a chance to disintermediate the finance market. As a convenient way for personal borrowing and lending, it bears high risk. We tried some loss modeling methods as a benchmark to investigate the relationship between default and given private and environment variables so that we can use them to predict the potential loss of an online loan. After that we hire the quantile regression modeling method as a way to measure the heterogeneity in some variables. It turns out that the quantile method gives improved results.

The two largest peer-to-peer (P2P) lending platforms, Prosper and Lending Club founded in 2005 and 2006 respectively, have originated over $6 Billion in loans to date. There's two main parts has been given most attention to: whether the electronic credit marketplace will lead to disintermediation by replacing financial institutions as the traditional intermediary, and to what extent it relies on social networks. Hulme and Wright (2006) studied one of the top 10 sites of P2P lending–Zopa and point out that social lending schemes as a newly emerging type of financial relationship will contribute to the disintermediation of financial markets by rivaling traditional financial services and challenging the traditional banking model. Herzenstein et al. (2008) paid attention to compare the impact of demographic attributes, borrowers' financial strength and their effort indicator on the likelihood of funding success and found the first aspect less effective. Collier and Hampshire. (2010) focused on the community reputation systems while Duarte et al. (2012) studied the relationship between the appearance and trust worthiness of borrowers, and how it impacts the probability of funding in online P2P lending. Belloti and Crook (2012) tried classical parametric and nonparametric methods to investigate the credit cards data sets, and they found the inclusion of macroeconomic variables (MV) is important. Ghasemkhani et al. (2013) provided a research on the impact of reputation and friendship networks on electronic credit market outcomes and empirically show that using such non-credit-related information can help mitigate the concern that the disintermediation of the financial market driven by information technology might cause a loss of soft information and suffer from the adverse selection problem. Leow et al. (2014) also did some work about MVs in UK retail lending data sets. Belloti and Crook (2013a) included both the behavioral data about credit card holders and macroeconomic conditions across the credit card lifetime to the model and proved them statistically significant as well as gave a stress test to the model.

2 Statistical Model

Many authors studied the correlation between LGD (1-RR) and the given variables. Since LGD has a truncated distribution, with a large number of cases at the extreme values 0, we first build a binary model to fit zero and non-zero RRs. We chose logit model as a benchmark at this stage. Then we chose 4 transformations of RR to build general linear model as benchmarks at the second stage.

2.1 Benchmark Models

Usually, logit regression is hired to predict the $p = P(RR = 0 \mid x)$:

$$\log\left(\frac{p}{1-p}\right) = X\beta \tag{1}$$

For RR 2 (0, 1), most existing models are general linear models which consider distribution of RRbimodal and U-shaped so that model some fractional logit, beta distribution or probit transformations of RR.In this paper, we consider the beta distribution general linear model as a benchmark.

We consider several models as combinations of different variables, modeling frameworks and data transformations.

Fractional logit transformation:

$$T_{RR} = \log(RR) - \log(1 - RR) \tag{2}$$

Probit transformation:

$$T_{RR} = \Phi^{-1}\left(\frac{\mid i : R_i \leqslant RR \mid}{n}\right) \tag{3}$$

where Φ is the cumulative density function of the standard normal distribution and R_1, R_n are observed RRs taken from the training data.

Log-log transformation:

$$T_{RR} = \log(-\log(RR)) \tag{4}$$

Beta distribution transformation:

$$T_{RR} = \Phi^{-1}(\text{beta}(RR, \alpha, \beta, 0, 1)) \tag{5}$$

where Φ is the cumulative density function of the standard normal distribution and α, β are parameters estimated from training data using maximum likelihood estimation.

The Beta distribution is considerably appealing because it is able to model bimodal variables with a U-shaped distribution over the interval $(0, 1)$. It is therefore particularly useful for RR and tends to transform RR into an approximately normal distribution.

The general linear regression is:

$$T_{RR} = X\beta \tag{6}$$

The method we focused on is quantile regression. In following sections we'll make some explanation.

2.2 Quantile Regression Model

2.2.1 Traditional Quantile Regression Model

Quantiles are order statistics of data. Consider a dataset containing observations $\{Y_i, x_i\}$, $i = 1$, n, where Y_i is the dependent variable, and x_i is a vector of the covariates. We denote the τ-quantile, $0 \leqslant \tau \leqslant 1$, of $\{Y_i\}$, by Q_τ, $Q_\tau \in \{Y_i\}$, son τ elements of $\{Y_i\}$ are lower than or equal to Q_τ and the remainingn $(1-\tau)$ elements are greater than Q_τ. A linear quantile regression estimates the τ-th conditional quantile Q_τ for a givenx_i, i.e., Q_τ $(Y_i \mid x_i)$ with a linear predictor $x_i^T \beta(\tau)$ for agiven different x_i, where $\beta(\tau)$ is a regression coefficient vector for xi, and x_i^T is the transpose of x_i. Letting $z = Y_i - x_i^T \beta(\tau)$ denote the residuals of estimation, for the τ-th conditional quantile Q, $\beta(\tau)$ can be estimated by solving the minimization problem below:

$$\min_{\beta(\tau)} \sum_{i=1}^n \rho_\tau(Y_i - x_i^T \beta(\tau)) \tag{7}$$

where the loss function $\rho_\tau(z) = z(\tau - I(z < 0))$ measures the estimation errors of $\beta(\tau)$, and $I(\cdot)$ is an indicator function, which is 1 if $z < 0$, and 0 otherwise. Note that the loss function assigns the weight τ for a positive z and the weight $1 - \tau$ for negative residuals. We will use the quantile regression model to study heterogeneity in the effect of non-credit-related information on microloan metrics, such as the borrowing rate of funded listings. Specifically, for a vector of information x, we estimate the following model:

$$Q_\tau(Y \mid x) = \beta_0(\tau) + \beta_1(\tau) \cdot \text{Listing} + \beta_2(\tau) \cdot \text{Member} + \beta_3(\tau) \cdot \text{Friendship} + \beta_4(\tau) \cdot \text{Group} \tag{8}$$

where Y can be loan-related metrics, such as the borrowing rate and net loss of funded listings. By estimating $\beta(\tau)$ for different τ-quantiles, we can identify the heterogeneity in the effects of the Listing, Member, Friendship and Group variables in online P2P lending.

2.2.2 Binary Quantile Regression Model

The traditional quantile regression introduced in the previous section does not apply if the response variables, e.g., the probability of a listing being funded or a loan being in default, are binary. Manski (1975) first introduced quantile regression for the purpose of classification. For an observation i, the binary quantile regression model can be defined as follows:

$$\begin{cases} Y_i^* = x_i^T \beta(\tau) + \epsilon_i \\ Y_i = 1 \text{ if } Y_i^* \geq 0 \text{ and } Y_i = 0, \text{ otherwise} \end{cases} \tag{9}$$

where Y_i^* is a continuous latent variable used to determine the value of the dependent variable Y_i, $\beta(\tau)$ is the unknown parameters to be estimated for the different τ-quantiles, and ϵ_i is the rando merror with an independent, identical and unknown distribution. Thus, our quantile regression model is a semi-parametric model.

To make probabilistic predictions, we use an approach similar to Kordas (2006). By estimating aset of quantiles, we obtain the τ-th quantile estimation of Y_i^*. Based on the model, the probability that Y_i takes the value of 0 is the lowest quantile level for which the corresponding quantile of Y_i^* is greater than or equal to zero, and the remaining probability is the probability that Y_i takes the value of 1. For example, let $Q_{0.1}$ represent the estimate of Y_i^* at the quantile level $\tau = 0.1$. If it is the first quantile that is greater than zero, then the probability that Y_i takes the value of 0 is 0.1, and the probability that Y_i takes the value of 1 is 0.9. We will use the binary quantile regression model to estimate the probability of funding for a listing and the probability of default for a matured loan. Specifically, for a vector of information x, we estimate the following model:

$$Q_\tau(Y^* | x) = \beta_0(\tau) + \beta_1(\tau) \cdot \text{Listing} + \beta_2(\tau) \cdot \text{Member} + \beta_3(\tau) \cdot \text{Friendship} + \beta_4(\tau) \cdot \text{Group} \tag{10}$$

From (9) and (10), we have

$$\text{Probability}(Y = 1 | x) = 1 - \tau \tag{11}$$

where $\tau = \text{argmin}_\theta \, Q_\theta(Y^* | x) > 0$, Y can be the status of a listing, or a matured loan. As compared to the classical parametric binary models, e.g., Logit or Probit model, the binary quantile model can provide insight into the heterogeneous effects of the Listing, Member, Friendship and Groupon the metrics of the listings or the funded loans by modeling the quantiles of the distribution of the response variable.

Next, we discuss the estimation results obtained from the quantile regression model.

3 Empirical Study

In this section, we fit the models referred above to a real P2P record data set from one of top sites Prosper. We use the logistic regression (LR) and beta-transformation general linear model (BGLM) as benchmarks then compare the explanation and prediction accuracy to quantile regressions (QR) respectively and integrally. To make a fair comparison, we build these models under a same dataand same variables set.

We describe the application process for each models and summarize results from different modeling methods for LGD after comparative analysis. The same data set and independent variables across all models methods. The results for logistic regression model and binary quantile regression model is reported in Table 2 and Table 3, results from generalized linear model with four types of transformations and traditional quantile regression model in Table 6, 7, 8, 9 and Figure 5.

3.1 Dataset

Our work is based on the publicly available data on the P2P site Prosper.com. It consists of more than 14K small loan records from 2006 to 2014. For binary RR models first, we create an indication variable named p0 to stand for zero RRs and non-zeros. Then, we randomly split the data into training set and validation set so that the model could be evaluated by some targets like KS. Among that, training set includes 70% of records. The data set contains more than 70 variables. Some are loan based variables like closed date and monthly loan payment, but most of them are variables related to customer's behavior. To avoid the collinear impact, we ran a simple linear regression to test the VIF of all variables. Then we chose 36 significant variables. After stepwise regression, 22 variables were kept as shown in Table 1.

Table 1   The Covariates in the Dataset

Variable Name	Description
Prosper Rating	The Prosper Rating at the time the listing for the loan was created.
Listing Category	The Category of this Listing.
Total Credit Linespast 7 years	Number of total credit lines in the last 7 years at the time the listing was created.
Open Revolving Accounts	Number of open revolving accounts.
Open Revolving Monthly Payment	Number of open revolving monthly payment.
Inquiries Last 6 Months	Number of inquiries made in the last 6 months.

续表

Variable Name	Description
Total Inquiries	Total number of inquiries made.
Current Delinquencies	Number of current delinquencies at the time the listing was created.
Delinquencies Last 7 Years	Number of delinquencies in the last 7 years at the time the listing was created.
Revolving Credit Balance	The monetary amount of revolving credit balance at the time this listing was created.
Bankcard Utilization	The percentage of available revolving credit that is utilized at the time this listing was created.
Total Trades	Total number of trades.
Trades Never Delinquentpercent	Percent of trades never delinquent.
Debt To Income Ratio	The debt to income ratio of the borrower at the time the listing for this loan was created. This value is null if the debt to income ratio is not available. This value is capped at 10.01 (so any actual debt to income ratio larger than 1000% will be returned as 1001%).
Loan Original Amount	Number of loan original amount.
Monthly Loan Payment	The monthly payment made by the borrower.
Investors	Number of investors.
Credit History	History of credit. (Listing Creation Date–First Recorded Credit Line)
Employment Status	Employment status of the borrower at the time the listing was created.
Currently In Group	Specifies whether or not the member is in a group at the time the listing was created.
Income Range	The income range of the borrower at the time the lisitng was created.
Income Verifiable	Specifies whether or not the member's income is a verifiable at the time the listing was created.

For GLM and quantile model, we keep RRs between 0 and 1 and we also randomly split the dataset into training and validation set to get the RMSE of the validation set.

RR, the dependent variable, is calculated as follow:

$$EAD = Monthly\ Pay \cdot Term - Customer\ Payments \tag{12}$$

$$RR = ((Recovery\ Pay + (Gross\ Principal\ Loss - Net\ Principal\ Loss))/EAD \tag{13}$$

where the EAD is the exposure at default.

3.2 Descriptive Analysis

Figure 1 and Figure 2 shows the distribution of LGDs with different value range. The vertical axisis the frequency and the horizontal axis shows the intervals. The range of LGD is 0 to 1, LGD isdivided into 10 sections, the interval length is the same, number 1 means LGD between 0 and 0.1, and so on, and number 10 means LGD between 0.9 and 1. Figure 1 shows the distribution of LGD for thewhole sample. If the data including large proportion of zeros, in the range of 0.9 to 1 has a veryhigh peak after compared to other ranges. This has also confirms online microloans risk was higher than the traditional lending, which has been mention in the literature part. Given the above, online microloan's LGD has a different distribution to banks' LGD. The distribution shows that if an account default, the probability of losing everything is more than 80%. If temporarily ignore the range of 0.9 to 1 because about 70% of account RR is zero and observes the rest of interval, the range of 0 to 0.1 also shows a relatively higher peak. That is why in the quantile models part, both traditional and binary quantile model will be concerned. From Figure 2, LGDs are quite widely spreadout in online microloan sample, take up a heavy concentration at both ends in the intervals of [0, 0.1) and (0.9, 1], which has the similar distribution if compare to bank's LGD. Also compliance the point from Rosenberg and Schuermann (2004) LGD showed the obvious bimodal distribution.The bi-modal distribution shows that if an account default, the most likely case is losing almost everything, which is about 60%, followed by LGDs between 0.8 and 0.9 or losing almost nothing, which is about 8.2% and 7.3% respectively.

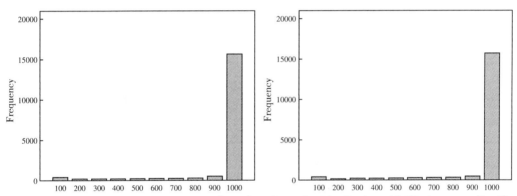

Figure 1   Distribution of LGDs between [0, 1]   Figure 2   Distribution of LGDs between (0, 1)

Through the preliminary analysis of the whole dataset, 35 variables and about 20000 account sremains after screening. Meanwhile, LGD for online microloan shows a bimodal distribution is confirmed. Because so many accounts cannot repay back anything when default happen, so it is necessary to make a distinction between these accounts, which will be carefully explains in the next parts.

3.3 Descriptive Analysis

This part shows the result of Logistic regression model and Binary quantile regression model. Through comparing the KS index for both models, it is can be concluded that binary quantile regression is at least as good as Logistic regression model for the binary RR dataset. The following part is a detailed exposition of two models.

3.3.1 Logistic Stepwise Regression Model

As mentioned before, we take logistic regression as our benchmark for binary quantile model, in which the KS is chosen as our statistical indicator to evaluate the 2 models and make comparison.We use the stepwise option to choose significant regression variables.

Table 2　The Results of Logistic Regression

Parameters	Degree of freedom	Estimate	Standard error	Wald	Pr>Chi−square
Intercept	1	−0.62	0.2	9.32	0.0023
Prosper Rating	1	0.08	0.03	8.74	0.0031
Listing Category	1	0.03	0.01	13.23	0.0003
Total Credit Lines past 7 years	1	−0.01	0	14.67	0.0001
Open Revolving Accounts	1	0.02	0.01	10.86	0.001
Current Delinquencies	1	0.05	0.01	40.37	<0.0001
Bankcard Utilization	1	−0.19	0.07	7.94	0.0048
Trades Never Delinquentpercent	1	1.07	0.15	52.73	<0.0001
clu_ES_1ind	1	−0.76	0.06	168.66	<0.0001
clu_ES_2ind	1	−0.27	0.06	21.24	<0.0001
Currently In Group_Find	1	0.47	0.05	74.27	<0.00001
IR_1ind	1	0.56	0.1	32.22	<0.0001
IR_2ind	1	0.61	0.1	37.84	<0.0001
Income Verifiable_Find	1	0.2	0.09	5.35	0.0208

Table 2 is the maximum likelihood estimation analysis result in LR model. In this model we use dataset to make judgments on the p_0, p_0 is an indicator. When p_0 is 1, RR is 0. In other words, when the prediction coefficient is negative, actually play a positive impact related to RR. There variables have a significant impact on RR. The last 6 variables stand for indicators of some class variables in 1 named Employment Status, Currently In Group, Income Range and Income Verifiable, the prefix 'clu' stands for clustered. We found these variables have a significant impact on RR after stepwise regression. In generally, there are 4 types of variables' estimate have stronger and significant impact on RR after stepwise regression. They are employment status (clu_ES_1ind and clu_ES_2ind), currently in group (Currently In Group_Find), income range (IR_1ind and IR_2ind) and incom everifiable (Income Verifiable_Find). So the personal income and the status of employment has a crucial impact for RR. From literature review part, a large number of studies have indicated that there was a relationship between PD and RR, current delinquencies (Current Delinquencies_num) is a kind of PD, result shows that current delinquencies take negative impact on RR. In another words, in the area of Prosper' online microloan system PD and RR exist negative correlation.When a person has higher credit lines and longer credit history, the RR will be higher. But different income ranger take different impacts for RR, the higher income shows lower RR. The suitable explanation is that perhaps the person belongs to lower income range need a more rigorous review than other person or they have a very good reason to borrow money and higher security. For the two group of employment status (clu_ES), the result is consistent with common sense, the person belongs to not employment and part-time (clu_ES_2ind) have less positive impact for RR. Conversely, the person belongs to self-employed, employed, retire and not available (clu_ES_1ind) have larger positive impact on RR. In general, the research on RR characteristics for online microloan and traditional bank exist in certain similarity, but related degree is not very high.

In general, the research on RR characteristics for online microloan and traditional bank exist incertain similarity, but related degree is not very high.

3.3.2 Binary Quantile Model

The variables coefficient in binary quantile regression is estimated by R software. Totally there are 18 variables be test which is the same as Logistic regression model. Figure 3 shows the coefficient for each variables in different quantile points. In the view of overall situation, most of the extreme values are generated in the head or tail, the middle part is relatively stable. It also indirectly shows the RR and LGD have a bimodal distribution characteristics. For some variables, although the size of the regression coefficient does not have a marginal impact, but the positive or negative sign canreflect the direction of the influence of the explanatory variables on the RR. Such as, employment status situation which indicates that the different employment status has different effects on R Rand there was a significant heterogeneity at the high quantile points.

The coefficients essentially unchanged in binary quantile regression if compare to logistic regression. In these parameters, only intercept cross the range from negative to positive, there are only five variables coefficients completely in the positive range, which are total credit lines in the past 7years (Total Credit Linespast 7 years_num), Bank utilization (Bankcard Utilization). Delinquencies in last 7 years (Delinquencies Last 7 Years) and two types of clustered employment state (clu_ES_1indand clu_ES_2ind). Which means in the whole of quantile, these variables take positive impact to RR. This results are accordance with the results of the logistic regression. The rest of the variables have a more or less negative effect on RR. In a word, in the case of the overall results are basically similar, after in-depth analysis for each quintile, binary quantile regression model analysis the variables on RR is provided with more particularity and concretely.

Table 3　The Results of Quantile Regression

Quantile	0.1	0.2	0.3	0.4	0.5	0.6	0.7	0.8	0.9
Intercept	−7.87	−3.73	−2.27	−1.4	−0.67	−0.1	0.53	1.25	3.06
Prosper Rating	0.11	0.1	0.11	0.11	0.12	0.15	0.17	0.3	0.79
Listing Category	0.03	0.03	0.03	0.04	0.05	0.06	0.09	0.14	0.27
Total Credit Lines past 7 years	−0.03	−0.01	−0.01	−0.01	−0.01	−0.01	−0.01	−0.02	−0.04
Open Revolving Accounts	0.08	0.04	0.03	0.02	0.02	0.03	0.03	0.04	0.09
Current Delinquencies	0.14	0.09	0.07	0.06	0.06	0.07	0.09	0.14	0.27
Delinquencies Last 7 Years	−0.02	−0.01	−0.01	−0.01	−0.01	−0.01	−0.01	−0.01	−0.02
Bankcard Utilization	−0.58	−0.33	−0.27	−0.22	−0.21	−0.28	−0.33	−0.58	−1.04
Trades Never Delinquentpercent	3.35	1.9	1.5	1.32	1.28	1.45	1.9	2.91	5.92
Monthly Loan Payment	0.01	0	0	0	0.01	0.01	0.01	0.02	0.03
clu_ES_1ind	−2.13	−1.15	−0.88	−0.88	−1.04	−1.36	−1.82	−2.63	−5.53
clu_ES_2ind	−0.7	−0.34	−0.27	−0.29	−0.39	−0.55	−0.75	−1.09	−2.3
Currently In Group_Find	2.15	1.1	0.74	0.57	0.52	0.6	0.76	1.12	2.16
IR_1ind	1.98	1.11	0.83	0.72	0.7	0.76	0.93	1.38	2.92
IR_2ind	2.1	1.2	0.88	0.78	0.75	0.83	1.02	1.51	3.15
Income Verifiable_Find	0.21	0.2	0.27	0.3	0.3	0.36	0.41	0.75	1.55

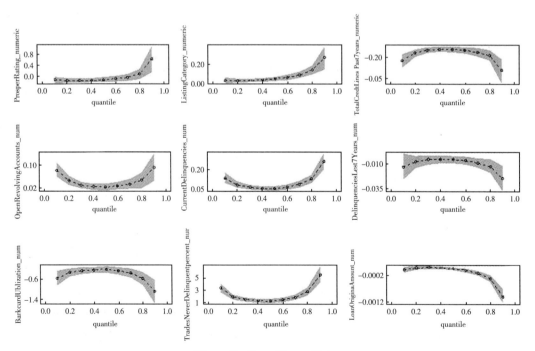

Figure 3　Quantile coefficient

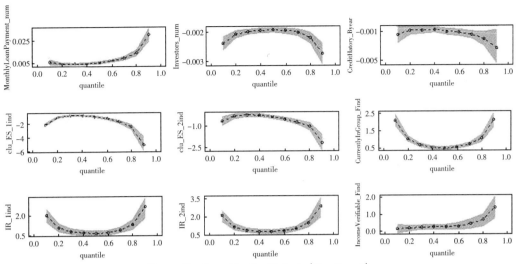

Figure 3   Quantile Coefficient (Continued)

The coefficients essentially unchanged in binary quantile regression if compare to logistic regression. In these parameters, only intercept cross the range from negative to positive, there are only five variables coefficients completely in the positive range, which are total credit lines in the past 7years (Total Credit Lines past 7 years_num), Bank utilization (Bankcard Utilization). Delinquencies in last 7 years (Delinquencies Last 7 Years) and two types of clustered employment state (clu_ES_1indand clu_ES_2ind). Which means in the whole of quantile, these variables take positive impact to RR. This results are accordance with the results of the logistic regression. The rest of the variables have a more or less negative effect on RR. In a word, in the case of the overall results are basically similar, after in-depth analysis for each quintile, binary quantile regression model analysis the variables on RR is provided with more particularity and concretely.

3.3.3 Comparison results

Above is the result of parameters from the process of training sample. In order to compare the accuracy and degree of fitting between two models, validation set variables will be brought into the models and obtain the prediction value of RR, then compare to the real RR. Table 4 and Table 5 shows two models Kolmogorov–Smirnov Two–sample test result respectively.

Table 4   Logistic regression KS test

Kolmogorov Smirnov two sample test			
KS	0.13	D	0.28
KSa	8.94	Pr > Ksa	< 0.0001
CM	0.01	CMa	40.98

Table 5　Quantile regression KS test

Kolmogorov Smirnov two sample test			
KS	0.13	D	0.27
KSa	8.71	Pr > Ksa	< 0.0001
CM	0.01	CMa	41.48

Comparing the KS value in the two tables, Binary quantile regression model hold similar KS value to Logistic regression model, this means relative ability to distinguish zeros and non-zeros values of RR. Meanwhile, the p-value of KS also proves the predicted probability distribution issignificantly different under 2 classes, which means the ability of distinguishing to be strong. Noted that the CMa is an indicator similar to KS and is useful when there's ties in samples which is exactly the occasion when predicting with quantile model. The CMais larger in binary quantile predictor gives us evidence that the quantile model performances better. With the above analysis, for the binary RR data set, Binary quantile regression model can make accurate predictions at least as well as logistic regression model. Especially to deserve to be mentioned, the binary quantile regression model is more promising because more quantiles can be added so that the result will beimproved then.

3.4　Linear and Quantile Regression Models

In this section, we'll test RR that falls in the range of 0 to 1, totally 3848 observations. For the missing data, the repair method is consistent with the previous. The split of the training set and the validation set is still in a random way. Four types of data transformation be used for the processing of RR, for the different transformation, SAS system through backward test automatically match the best variables then get the regressive equation. Root mean square error (RMSE) as the evaluation index, the best data transformation results be used for quantile regression.

3.4.1　General Linear Regression Model

Following are the RR distribution and four transformation results.

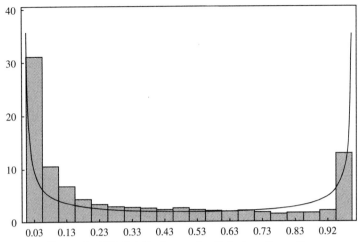

Figure 4 RR distribution under Beta transformation

Table 6 Fractional logit transformation result

Parameter	Estimate	Pr > |t|
Intercept	3.704	< 0.0001
IR_1	1.442	< 0.0001
IR_2	1.055	0.0009
Income Verifiable_FALSE	−0.687	0.1081
Prosper Rating	−0.435	0.0014
Listing Category	−0.077	0.0517
Open Revolving Monthly Payment	0.001	0.0004
Inquiries Last 6 Months	−0.065	0.0123
Current Delinquencies	−0.101	0.0036
Trades Never Delinquentpercent	−2.271	0.0004
Debt To Income Ratio	0.225	0.1441
Loan Original Amount	0.001	< 0.0001
Monthly Loan Payment	−0.039	< 0.0001
Investment From Friends Count	−0.969	0.0256

Table 7 Log-log transformation result

Parameter	Estimate	Pr > |t|
Intercept	0.409	0.0008
IR_1	0.279	< 0.0001
IR_2	0.212	< 0.0001
Prosper Rating	−0.066	0.003
Listing Category	−0.013	0.0503

Parameter	Estimate	Pr > |t|
Inquiries Last 6 Months	−0.012	0.0055
Current Delinquencies	−0.018	0.0018
Total Trades	0.002	0.1561
Trades Never Delinquentpercent	−0.36	0.0007
Monthly Loan Payment	−0.006	< 0.0001
Investment From Friends Count	−0.162	0.0235

Table 8   Beta transformation result

Parameter	Estimate	Pr > |t|
Intercept	0.409	0.0008
IR_1	0.279	< 0.0001
IR_2	0.212	< 0.0001
Prosper Rating	−0.066	0.003
Listing Category	−0.013	0.0503
Inquiries Last 6 Months	−0.012	0.0055
Current Delinquencies	−0.018	0.0018
Total Trades	0.002	0.1561
Trades Never Delinquentpercent	−0.36	0.0007
Monthly Loan Payment	−0.006	< 0.0001
Investment From Friends Count	−0.162	0.0235

Table 9   Probit transformation result

Parameter	Estimate	Pr > |t|
Intercept	0.213	0.0761
Currently In Group_FALSE	0.067	0.0951
IR_1	0.392	< 0.0001
IR_2	0.325	< 0.0001
Prosper Rating	−0.058	0.0089
Inquiries Last 6 Months	−0.012	0.0051
Current Delinquencies	−0.018	0.0012
Total Trades	0.002	0.1171
Trades Never Delinquentpercent	−0.273	0.0088
Monthly Loan Payment	−0.004	< 0.0001
Recommendations	−0.076	0.038

Table 10　Four types transformation RMSE result

Trans formations	RMSE
Fractional logit	0.7225
Log–log	0.7394
Beta	0.6126
Probit	0.422

Observing the results, although each transformation has a slightly different in variable selection, the core variables are nearly the same if compared with the logistic regression. Such as incomerange, revolving credit balance, loan original amount and monthly loan payment etc. In otherwords, the influence factors of RR or LGD have a certain relationship with the traditional banks. After regression simulation for the validation set, from RMSE results in Table 10, beta transformation and probit transformation has a better degree of fitting if compare with others. Since probit transformation has some difficulties in the quantile model applications, beta transformation will be chosen to apply to quantile model. Another reason to select beta transformation is RR presents a clear bimodal structure when beta be used, Figure 4 shows RR distribution under beta transformation and give us a very intuitive bimodal structure feeling. This obeyed the LGD structure which has been mentioned in the literature review part and indirectly indicate the reliability of beta transformation.

3.4.2　Beta-Trans Quantile Model

Using the beta transformation of RR, we analyze them in different quantiles to build the quantile regression model. Figure 5 shows coefficients and the confidences of different variables from quantile 0.1 to 0.9.

Comparing with binary RR quantile result, at this time the coefficients of each variables has a huge wave, it is clear observation of the change in each quantile. In general, most of the extreme values are generated in the tail, which is because RR presents a special extreme value distribution. For more details, in most instances, income range have positive relationship with RR, but when RR fall in the last 30% of the interval, the impact will be significantly decreased and close to 0. For the Prosper rating, listing category, inquiries last 6 months and trades never delinquent percent, in the first 80% intervals, their impact is very smooth, but there is a great change in the last 20% intervals. Monthly loan payment and investment from friends count has negative impact for RR and the impact will be stronger when RR increase. The methods of multiple analytical invarious range make quantile regression has stronger analytical skills and each interval has its own characteristics. Table 11 shows the result of RMSE for linear regression under beta transformation and probit transformation and quantile regression model, after the observation of the validationset, quantile regression shows the best degree of fitting in the three, which illustrates Somers and Whittaker (2007) viewpoint that quantile regression might be helpful to solve some problems when the distribution is highly non-normal.

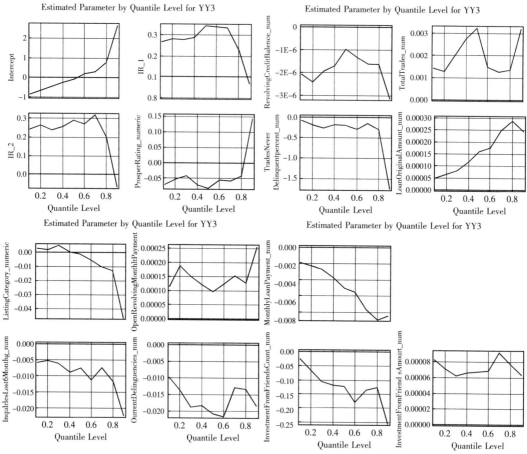

Figure 5　Estimated parameter by quantile level for Beta transformation

Table 11　Beta/Probit transformation and Quantile regression RMSE result

Models	RMSE
Beta transformation	0.6126
Probit transformation	0.422
Quantile transformation	0.3437

3.5　2-Stage Models

In this section, we ran the linear and quantile regression models on the valid set of the binary data to get a whole vision of the comparison of benchmark models and quantile models. We define this a quasi-2-stage model here.

The combinatorial predicted RR is defined as follow:

$$E_{2stage}[RR] = P_{binary}(RR=0) \times 0 + (1 - P_{binary}(RR=0)) \times E_{continue}[RR|RR \in (0, 1)] \quad (17)$$

In logit model, the P_{binary} $(RR=0)$ is marked as P_{logit} $(RR=0)$ while in binary quantile model, it's marked as $P_{quantile}$ $(RR=0)$. In general linear model, the $E_{continue}[.]$ is marked as $E_{linear}[.]$ while in quantile regression model, it's marked as $E_{quantile}[.]$.

Table 12 shows the comparison of RMSEs of 4 transformations and quantile regression applied in the valid set of the binary data.

Table 12　RMSE result applied in the valid set of the binary data

Models	RMSE
Fractional logit	0.914486
Log-log	0.932417
Beta	0.789118
Probit	0.532545
Quantile	0.356574

Table 13 shows the comparison of RMSEs.

Table 13　2-Stage Models' RMSE result

Models	RMSE
Benchmark	0.4712
Quantile	0.2263

From the tables above, we see that the result is similar to table 10 and table 11 and that quantile model combination outperformed the benchmark under the RMSE ruler to a great extent. When applied to RR fell in $(0, 1)$, quantile method reduced RMSE by 0.175971 from probit-trans method and 0.432544 from beta-trans method. When combined with binary models, quantile method reduced the combined model RMSE by 0.2449 compared to benchmark. This is a convincing evidence for us to say that quantile method fits better than usual methods in RR data and it's promising to make deeper study in quantile methods.

4 Summary and Prospected

4.1 Summary

In this paper, we deal with online micro-loans recovery rate (RR) using 2-stage models among which most referred general linear model and logistic model were hired as benchmarks, while the quantile methods played the leading role. These usual models always provide expectations of target while our quantile methods give a distribution of target, so we take this advantage and applied it to RR research. Based on the theoretical analysis of the effects of various factors on the heterogeneity of RR, we make analysis of the degree of fitting of RR. On one hand, through analyzing the sizeand sign of the quantile regression coefficient, the heterogeneity of impact was revealed. On the other hand, through comparing the evaluation indicators KS and RMSE, observation predictionresults and degree of fitting was shown clearly. The empirical results shows that quantile regressionmodel obviously outperformed benchmark models.

Firstly, in general speaking, the RR distribution on online microloan has a bimodal distributionso that we fit it with 2-stage models. Secondly, for the binary RR data set, logistic regression and binary quantile regression are compared. By observing the evaluation indicators KS, the accuracy of binary quantile regression is at least as good as logistic regression. From the coefficient estimation, the extreme value mostly appear in the header and trailer, the middle part is relatively stable. For the online microloan companies, monitor and tracking these accounts in that rangescan reduce the loss. Thirdly, for the RR falls in the interval 0 to 1, linear regression with four types of variables transformation and quantile regression was compared. By observing the evaluation indicators RMSE, we found that quantile regression model shows higher accuracy than linear regression model. Last but not least, we combined the 2-stage models and re-performed the RMSE which shows that quantile methods again provided more promising results.Can fore know, due to the heterogeneity of online microloan behavior, quantile regression model will play a more and more important role in the research of risk, it has confirmed Somers and Whittaker (2007).

4.2 Prospected

Compared with the classical least square regression, quantile regression can measure the direct relationship between the variables and the regression variables in different quantile, so it has a unique advantage in the application. Quantile regressionhas only a short history about twenty to thirty years, so a lot of theoretical problems and statistical methods are needed to be further studied. Such as quantile regression time series, number of goodness of fit test and Bayesian quantile regression, they not only well solves the existing quantile regression of some of the problems, but also got the greater attention to this model. The rapid development of the Internet platform create a good opportunity to online microloan. Inorder to take more benefits and efficiently on both side of company and customer. On the basis of reasonable operation, they must have a complete set of internal risk analysis system and risk management experience. In order to realize this goal, the combination of the model and the actualsituation is particularly important.

Acknowledgement

First of all, I would like to extend my sincere gratitude to my supervisor, Sirong Luo, for his instructive advice and useful suggestions on my thesis. I am deeply grateful of his help in the completion of this thesis. I am also deeply indebted to all the other tutors and teachers in Shanghai University of Finance and Economics for their direct and indirect help to me. Finally, I am indebted to my parents for their continuous support and encouragement.

References

[1] Arias O., W. Sosa-Escudero, K. F. Hallock. Individual Heterogeneity in the Returns to Schooling: Instrumental Variables Quantile Regression using Twins Data [J]. Empirical Economics, 2001, 26 (1): 7-40.

[2] Bastos J. A. Forecasting Bank Loans Loss-given-default [J]. Journal of Banking & Finance, 2010, 34: 2510-2517.

[3] Belloti T., J. Crook. Loss Given Default Models Incorporating Macroeconomic Variables for Credit Cards [J]. International Journal of Forecasting, 2012, 28: 171-182.

[4] Belloti T., J. Crook. Forecasting and Stress Testing Credit Card Default Using Dynamic Models [J]. International Journal of Forecasting, 2013, 29: 563-574.

[5] Benoit D. F., D. Van den Poel. Binary Quantile Regression: A Bayesian Approach Based on the Asymmetric Laplace Distribution [J]. Journal of Applied Econometrics, 2012, 27 (7): 1174-1188.

[6] Calabrese R., M. Zenga. Bank Loan Recovery Rates: Measuring and Nonparametric Density Estimation. Journal of Banking & Finance, 2010, 34: 903-911.

[7] Chava S., C. Stefanescu S. Tuenbull. Modeling the Loss Distribution [J]. Management Science, 2011, 57: 1267-1287.

[8] Collier B. C., R. Hampshire. Sending Mixed Signals: Multilevel Reputation Effects in Peer-to-peer Lendingmarkets [R]. Proceedings of the 2010 ACM Conference on Computer Supported Cooperative Work, 2010.

［9］Duarte J., S. Siegel, L. Young. Trust and Credit: The Role of Appearance in Peer-to-peer Lending［J］. Review of Financial Studies, 2012, 25 (8): 2455-2484.

［10］Engle R. F., S. Manganelli. Caviar: Conditional Autoregressive Value at Risk by Regression Quantiles［J］. Journal of Business and Economic Statistics, 2004, 22: 367-381.

［11］Ghasemkhani H., Y. Tan, A. K. Tripathi. The Invisible Value of Information Systems: Reputationbuilding in an Online P2P Lending System ［R］. Working Paper, 2013.

［12］Herzenstein M., R. L. Andrews, U.M. Dholakia, E. Lyandres. The Democratization of Personal Consumer Loans? Determinants of Success in Online Peer-to-peer Lending Communities ［R］. Working Paper, 2008.

［13］Hulme M. K., C. Wright. Internet Based Social Lending: Past, Present and Future ［R］. Social Futures Observatory, 2006.

［14］Koenker R., G. Bassett. Regression Quantiles［J］. Econometrica, 1978, 46 (1): 33-50.

［15］Kordas G. Binary Regression Quantiles ［J］. Journal of Applied Econometrics, 2006, 21 (3): 387-407.

［16］Leow M., J. Crook. Intensity Models and Transition Probabilities for Credit Card Loan Delinquencies［J］. European Journal of Operational Research, 2014, 236: 685-694.

［17］Leow M., J. Crook. The Stability of Survival Model Parameter Estimates for Predicting the Probability of Default: Empirical Evidence over the Credit Crisis ［J］. European Journal of Operational Research, 2014.

三峡工程后扶建设项目公众参与研究

汪 洋 张 爽 代 立

（武汉大学土木建筑工程学院，湖北武汉 430072）

【摘 要】 因工程项目开发建设导致的移民后期安置补偿问题成为影响社会稳定的重要风险因素。以重庆涪陵区三峡工程移民为研究对象，592 份调查数据为基础，从工程移民的需求层次、认知特征、他人影响和个人预期四个方面选取变量，利用结构方程模型对后期扶持工程移民参与的行为逻辑进行路径分析。研究结论是：①后三峡时期，后期扶持略显疲软的根本原因在于难以把握工程移民的关键需求，工程移民对后期扶持的参与程度较低。②工程移民基于后期扶持的参与行为受其"行为意向"影响显著。行为意向受工程移民需求层次（DL）、认知特征（CF）、他人影响（IOP）、个人预期（PE）的综合作用。③迎合工程移民的需求、构建有效参与平台和政策保障是促进工程移民有效参与的重要举措。

【关键词】 工程移民；后期扶持；公共参与；行为意向；结构方程模型

0 引 言

随着经济增长极的偏移，发展中国家将面临着重大工程项目建设的蓬勃兴起，重大工程项目的开发建设成为区域社会经济发展的重要切入点[1-3]。据统计，在过去的两个十年里，全世界有 2.5 亿~3 亿人因水利、交通等重大工程项目的开发建设需要而成为非自愿性工程移民[4]。这些工程移民的安置补偿大多采取现金、住房、土地补偿等一次性方式，缺乏补偿机制的延续性和时代性，因此后工程时期大多数工程移民均面临着安置后基本利益难以保障、基本生活难以维持的困境[5]。后期扶持是重大工程项目开发建设中以政府为主导，旨在解决工程移民安置后基本生产生活问题的重要补偿手段[6]。然而由于缺乏工程移民的有效参与，后期扶持往往达不到既定目标效果，扶持方向和力度滞后于社会经济的发展速度和工程移民的需求程度[7]。

非自愿工程移民相较安置区普通居民一般带有强烈的特殊公民意识，对政府的依赖性较强，主观能动性较差，具有典型的社会群体规模性[8-10]。公众参与理论的提出与兴起为解决工程移民基本生产生活问题、增强工程移民社会能动性提供了有效的理论和路径支持。限于一定的社会经济发展现状，我国有关公众参与的理论研究相对匮乏，实践经验不足，有关工程移民后期扶持公众参与的研究更是刚刚起步[11]。蔡萌生等以过程论的视角对工程移民安置补偿不同阶段的公众参与形式进行了描述分析，建立了工程移民安置补偿公众参与的系统分析框架[12]。苟敏运用计量经济学原理分析了参与式项目管理模式中工程移民的参与行为及影响因素，认为政府"包揽代建"的后期扶持管理机制导致工程移民参与不足，项目投资效益低下，并相应提出"参与式项目管理模式"[7]。因此，从工程社会学的角度研究工程移民对于后期扶持的参与机制，不仅丰富了工程移民研究领域的多样性，而且也解决了工程移民后继生产生活难以持续的困境。工程移民参与后期扶持的行为逻辑研究是基于需求的角度研究工程移民参与后期扶持的需求、认知及行为意向之间的逻辑关系，以为调动工程移民参与积极性、构建后期扶持公众参与机制提供理论依据。

1　研究设计

1.1　影响因素

工程移民需求因素、工程移民的有效参与取决于移民基于后期扶持的需求程度。因认知水平或家庭结构等因素工程移民基于后期扶持的需求存在一定程度的层次性和差异性[13]，并按其需求程度的大小可分为五个层级，依次为完全不需要、有部分需要、比较需要、需要、完全需要，分别记为 DLⅠ、DLⅡ、DLⅢ、DLⅣ、DLⅤ（DL 即 Demand Level）。基于不同的需求层次，工程移民对后期扶持参与行为意向的积极性可能存在一定的差异。例如，对后期扶持具有完全需求的工程移民，相较其他需求程度不大的工程移民，可能更倾向于参与到后期扶持中，去实现自己的需求满足。就这个角度而言，工程移民基于后期扶持的需求因素可能会影响到工程移民的参与行为意向。

工程移民认知特征，是工程移民基于后期扶持价值观的重要体现，不仅包含工程移民对于后期扶持的看法，还包含了工程移民对于自身参与或不参与行为的后果估计和评判。认知特征本质上是工程移民基于理性思考后的判断[14]，即后期扶持项目对于本身需求的满足程度、对于自己的经济重要性和社会重要性以及自己的参与行为对后期扶持有什么影响等。例如工程移民对于后期扶持的认知越趋于正向，其参与的行为意向可能更为积极。如当工程移民判断参与后期扶持能够促进其融入当地社会，他可能更趋向于参与后期扶持；反之，当工程移民对于后期扶持的判断呈现中立或负面评价时，如他认为参与后期扶持这一行为对自己毫无帮助、对实现后期扶持的作用毫无影响，其参与的积极性可能受挫，转而选择规避参与后期扶持项目。因此，基于不同的认知特征，工程移民对于后期扶持的参与行为意愿也可能存在着差异化的特征。

他人影响因素，主要反映社区层次的压力和舆论对于个人参与行为的影响，即他人、社会组织或政府的行为会影响个人采取或不采取某项行为[15]。就后期扶持而言，绝大多数的工程移民可能会对参与后期扶持持有一个观望的态度，而去等待他人，例如社会精英或邻居率先行动，再去决定自己参与或不参与。例如，当所有邻居均参与后期扶持，个体可能迫于社会群体一致性行为的压力参与到后期扶持之中，尽管他对于后期扶持需求不大或认为后期扶持对自己的帮助不大。因此，工程移民受他人的影响越大，工程移民的参与行为可能更易受他人行为左右。

工程移民个人预期，主要反映个体过去经验判断对其行为预期的影响，即当个体根据自己所掌握的信息、资源等认为参与行为受到阻碍过多，会影响其参与行为意愿的积极性。例如，当工程移民判断其文化程度不足以支撑自己的参与行为时，可能会采取更消极的行为去规避后期扶持。因此工程移民个人预期越趋于正向，其参与的行为意向积极性可能更高。相关专家分析认为，个人预期既包含了个体的内在因素，即自己的专业知识、参与能力等，还包含一定的外在因素，如信息的获取程度、参与的政策和平台支持等[16]。因此，后期扶持中，可能促进或阻碍行为取向的因素均可认为是个人预期因素。

1.2 数据来源

本文的数据主要来源于 2017 年对重庆市涪陵区三峡工程移民安置小区的实地调研。作为三峡工程移民的重要安置点之一，涪陵区安置搬迁移民样本量丰富，涵盖城镇移民、农村移民等多种工程移民类型，这些工程移民大多以村镇或小区的形式整体搬迁后靠，形成特色的工程移民小区和移民小镇。基于研究需要，作者主要从工程移民对后期扶持需求及行为态度角度设计调查问卷，并根据区位特征和工程移民类型差异选择不同移民小区展开调研，以使调研数据更具有代表性和科学性。本研究的调研问卷均基于李克特五点量表评分法进行设计，采取随机抽样的调查方式，随机选择工程移民进行调查，调查共发放问卷 620 份，回收有效问卷 592 份，有效回收率达到 95.48%。

1.3 模型构建

结构方程模型（Structural Equation Modeling，SEM）是一种针对潜变量（Latent Variables）观测的统计方法，它以回归模型为基础，提供了一种进行数据分析和理论研究的完整综合系统[17]。就后期扶持而言，其很多变量不能准确、直接地测量，比如工程移民参与行为动机与意向、移民社会经济地位等，这些变量被称为潜变量。在统计学中，潜变量往往只能通过一些外生变量衡量。结构方程的基本原理是针对样本数据中无法直接观测到的潜变量，假设可用一组显变量来线性表示，由此通过建立假设模型同时处理潜变量及其指标、分析因子间的关系。与传统的统计分析方法相比，结构方程模型能够妥善地同时处理潜变量及其指标，并可比较及评价不同的理论模型。

不同的工程移民基于其自身需求的不同或获得信息途径的差异等，其参与行为意向也存在一定的差异。例如，对后期扶持需求更大的工程移民相较其他移民，可能更倾向于参与后期扶持；认为后期扶持对自身作用不大的工程移民，可能采取更为消极的行为。结合前文提出的影响因素体系，本文提出以下假设：H1：工程移民需求层次（DL）对移民参与行为意向（BI）具有显著影响；H2：工程移民认知特征（CF）对移民参与行为意向（BI）具有显著影响；H3：工程移民他人影响（IOP）对移民参与行为意向（BI）具有显著影响；H4：工程移民个人预期（PE）对移民参与行为意向（BI）具有显著影响；H5：工程移民认知特征（CF）对工程移民需求层次（DL）具有显著影响；H6：工程移民他人影响（IOP）对工程移民需求层次（DL）具有显著影响；H7：工程移民个人预期（PE）对工程移民需求层次（DL）具有显著影响。

由此构建后期扶持公众参与行为逻辑的初始结构模型：工程移民需求层次（DL）、认知特征（CF）、他人影响（IOP）、个人预期（PE）和行为意向（BI）均为潜变量。其中工程移民需求层次、认知特征、他人影响和个人预期为外生潜变量，行为意向为内生潜变量。得到初始结构方程模型如图 1 所示。

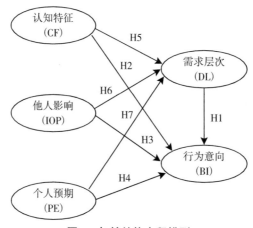

图 1　初始结构方程模型

2　模型分析

根据初始结构方程模型构建和数据分析，采用最大似然估计进行模型运算，由AMOS 22.0 运算得到结构方程模型路径分析结果。工程移民基于后期扶持的需求层次（DL）、认知特征（CF）及个人预期（PE）对其行为意向具有显著的影响，其标准化系数分别为 0.456、0.376 和 0.337；他人影响（IOP）对于其行为意向的影响并不显著，标准化系数仅为 0.010。

需求层次（DL）、认知特征（CF）、他人影响（IOP）与工程移民参与行为呈正相关关系，即移民的这些特征能够促进其参与积极性，例如工程移民对于后期扶持的需求层次越高，其参与行为意向表现得越明显。同理，工程移民对于后期扶持的认知态度、他人的参与行为均有效影响了工程移民的行为意向。个人预期（PE），也就是其基于外界因素的对自身参与行为结果的预期对其参与行为具有阻碍结果，表明在工程移民的参与行为中，其对于参与后期扶持的结果是悲观预期，认为后期扶持的参与途径和渠道、移民自身的素质并不利于其参与后期扶持。

根据检验假设 H1 到 H7，需求层次影响因素对其他影响因素假设检验结果显示。H1：需求层次（DL）与行为意向（BI）之间的路径关系在 0.001 水平上显著，验证合理。表明需求层次显著影响了移民的参与行为意向，较好解释了需求对于工程移民参与行为意向的显著性。H5：移民需求层次（DL）和认知特征（CF）之间的路径系数为 0.508，验证合理，即工程移民对于后期扶持的认知，如对后期扶持作用的认知、对自身参与行为影响后期扶持的认知会显著影响到工程移民的需求层次。这一定程度上解释了工程移民基于后期扶持需求层次的差异性。H6：工程移民需求层次（DL）和他人影响（IOP）的 C.R.值为 0.050，两者的直接路径关系不成立，验证不合理。这表明他人的行为影响不会对工程移民的需求层次产生显著的影响。实地调研中也验证了这一观点，工程移民基于后期扶持的需求一定程度上可认为是个体行为，而不受他人行为的影响。H7：工程移民需求层次（DL）和个人预期（PE）之间具有显著的相关性，验证合理。需求层次路径分析中，需求层次Ⅱ和需求层次Ⅴ的路径系数具有显著的相关性，说明存在部分需求和完全需求的工程移民影响到整个工程移民基于后期扶持的需求层次。造成这一结果的主要原因主要是有部分需求说明这一部分的工程移民对于后期扶持的需求目的较其他移民比较明显，而完全有需求说明这一部分工程移民对于后期扶持存在很大的期许，因此这两个变量对需求层次的影响较大。后期扶持项目的规划设计理应更为关注工程移民的具体需求。

其他影响因素对移民参与行为意向显著影响假设检验结果显示。H2：工程移民认知特征（CF）对移民参与行为意向（BI）具有显著影响，验证合理，接受原假设。与需求层次因素相比，移民的认知态度对参与行为意向的影响较小。但总体而言，工程移民的认知态度，如自身参与对后期扶持效益发挥的作用、自身参与行为对融入社会的态度等，均显著影响到移民的参与行为意向。这表明后期扶持工作中，政府应加大有关后期扶持效益的宣传，以使移民明确其参与的目的。H3：工程移民他人影响（IOP）对移民参与行为意向（BI）具有显著影响，验证不合理。他人影响与行为意向的 C.R.值为 0.087，两者的直接路径关系不成立。说明在影响工程移民参与后期扶持行为意向的因素中，他人行为对工程移民的参与行为意向影响程度较低，因此拒绝原假设。即他人影响对工程移民参与行为意向存在一定的相关性，但并不是显著相关。这也合理解释了工程移民基于后期扶持参与行为的差异性。H4：工程移民个人预期（PE）对移民参与行为意向（BI）具有显著影响，验证合理。相比较其他三个因素的正向相关关系，移民个人预期与其参与行为意向之间存在显著负相关关系，路径系数为-0.337。

其中，参与平台与参与政策是显著影响工程移民个人预期的关键因素，其影响系数分别为 0.884 和 0.833。表明在后期扶持参与行为中，工程移民对于安置区参与平台、途径、参与政策支持以及参与成本、知识储备等方面的预期是悲观的，认为参与后期扶持可能会遇到阻碍，导致移民的参与积极性不高。

表 1   结构方程模型路径系数统计

		假设路径		S.E.	标准化系数	C.R.	P
H1	BI	<---	DL	0.085	0.456	5.220	***
H2	BI	<---	CF	0.164	0.376	4.225	***
H3	BI	<---	IOP	0.000	0.010	0.087	0.931
H4	BI	<---	PE	−0.185	−0.337	−4.128	***
H5	DL	<---	CF	0.027	0.508	6.444	***
H6	DL	<---	IOP	0.053	0.000	0.050	0.564
H7	DL	<---	PE	1.359	0.483	5.364	***

注：*** P < 0.001。

3   结   论

本文在对后期扶持及公共参与等相关理论分析的基础上，以重庆涪陵区三峡工程移民为具体研究对象，从工程移民的主观态度和周遭因素两个角度分析和研究后期扶持工程移民需求层次特征及其他影响因素，在此基础上，利用结构方程模型对工程移民基于后期扶持的参与行为逻辑进行分析，探求调动移民参与积极性的关键路径。

工程移民基于后期扶持的参与行为受其"行为意向"影响显著。根据结构方程模型分析，行为意向受工程移民需求层次（DL）、认知特征（CF）、他人影响（IOP）、个人预期（PE）的综合作用。在影响工程移民参与行为的因素中，需求层次对工程移民的参与行为意向最为显著，标准化后的系数为 0.456，其次是个人预期、认知特征和他人影响，标准化系数分别为 0.376、−0.337 和 0.010。研究表明，需求层次、认知特征对工程移民"行为意向"具有显著正向影响效果，他人影响对于移民个人意向的影响并不显著；个人预期对工程移民的参与行为具有显著的负向影响效果。因此调动工程移民的参与积极性，关键在于把握工程移民基于后期扶持的需求特征，其次要考虑到参与平台与机制的建设。

迎合工程移民的需求、构建有效参与平台和政策保障是促进工程移民有效参与的重要举措。工程移民基于后期扶持的有效参与程度较低是导致后期扶持效率达不到既定目标的根本原因。研究表明，工程移民的浅层次参与的根本原因在于后期扶持脱离工程移民的基本需求，相应的基层组织能力薄弱、缺乏政策制度支持也影响了工程移民对于后期扶持参与的积极性。因此，构建后期扶持公众参与机制的着力点要落脚到提高工程移民积极性，政府亦应积极引导工程移民的有效参与并出台相应的政策保障。

参考文献

[1] 盛业旭，刘琼，欧名豪，偶伶俐. 城市土地扩张与经济发展的 Kuznets 曲线效应分析——以江苏省 13 个地级市为例 [J]. 资源科学，2014（2）：296-302.

[2] Okuku E. O., Bouillon S., Ochiewo J. O., Munyi F., Kiteresi Li, Tole M.. The Impacts of Hydropower Development on Rural Livelihood Sustenance ［J］. International Journal of Water Resources Development，2016，32（2）：267-285.

[3] Randell H.. The Short-term Impacts of Development-induced Displacement on Wealth and Subjective Well-being in the Brazilian Amazon [J]. World Development，2016（87）：385-400.

[4] Cernea M. M.. For a New Economics of Resettlement：a Sociological Critique of the Compensation Principle [J]. International Social Science Journal，2003，55（1）：37-45.

[5] 段跃芳，布鲁克·麦克唐纳德. 从补偿性移民到开发性移民——开发性移民政策在中国的应用与发展 ［R］. 水电 2006 国际研讨会，2006.

[6] 詹峰. 我国水库移民后期扶持研究述评 [J]. 湖北经济学院学报，2013（1）：100-104，11.

[7] 苟敏. 探索参与式移民后期扶持项目管理模式的理论与实践 ［D］. 北京：清华大学硕士学位论文，2013.

[8] Kirchherr J., Charles K. J.. The Social Impacts of Dams：A New Framework for Scholarly Analysis [J]. Environmental Impact Assessment Review，2016（60）：99-114.

[9] Choi N.. Impacts of Displacement on Urban Livelihoods：A Railway Project in Metro Manila [J]. Development in Practice，2015，25（5）：643-654.

[10] Kaida N., Miah T. M.. Rural-urban Perspectives on Impoverishment Risks in Development-induced Involuntary Resettlement in Bangladesh [J]. Habitat International，2015（50）：73-79.

[11] 郑卫. 我国邻避设施规划公众参与困境研究——以北京六里屯垃圾焚烧发电厂规划为例 [J]. 城市规划，2013（8）：66-71，8.

[12] 蔡萌生，蒋力，曹志杰. 水库移民安置不同阶段的公众参与研究——以 A 水库昌平县移民公众参与为例 [J]. 河海大学学报（哲学社会科学版），2013（1）：26-29，90.

[13] 尹珂，肖轶. 三峡库区消落带农户生态休耕经济补偿意愿及影响因素研究 [J]. 地理科学，2015（9）：1123-1129.

[14] 胡银根，张曼. 农民工宅基地退出的补偿意愿及影响因素研究——基于武汉市城市圈的问卷调查 [J]. 华中农业大学学报（社会科学版），2013（4）：90-95.

[15] 胡江霞，文传浩. 社区发展、政策环境与水电库区移民的社会融合 [J]. 统计与决策，2016（16）：82-85.

[16] 朱述斌，胡水秀，申云，康小兰. 林业生态补偿机制缺失背景下森林保险有效需求影响因素实证分析——基于江西 10 个林改监测县的农户调查 [J]. 林业经济，2013（7）：82-87.

[17] 贾新明，刘亮. 结构方程模型与联立方程模型的比较 [J]. 数理统计与管理，2008（3）：439-446.

企业管理标准供给质量评价机制研究

张 勇　赵剑男

（中国计量大学，浙江杭州　310018）

【摘　要】 高质量的有效标准供给是解决经济发展中制度短板的重要因素，而发挥企业标准引领作用是标准化改革中加强高质量标准供给的关键环节，是激发企业活力的制度创新。目前我国尚无对企业管理标准客观、科学、有效的评价手段，企业管理绩效尚无形成激发的有效方法，同时无法从企业效益角度界定管理标准的制度质量。因此，对企业管理标准产生作用按照效果进行划分，分类进行分析，并以层次分析法和效用理论为基础，构建企业管理标准的评价机制。

【关键词】 企业；管理标准；供给质量；评价

0　引　言

标准化对我国经济社会发展具有战略性作用，是国家治理能力提升的有效工具，也是促进企业发展、激发经济活力的重要手段，高质量的标准供给和发展企业标准是增加标准有效供给的关键环节，是激发企业活力的制度创新。然而我国缺乏对企业标准客观、直接、有效的评价手段，无法有效地从效益角度界定企业标准的制度质量，也就无法界定制度创新质量。

近年来，围绕标准的经济效益评价，许多国外学者对此进行了研究。比较典型的是，德国的 Andre Jungmittag、Knut Blind 和 H. Grupp 研究小组（1999），以及学者Moenius（2004，2006）研究发现，公共标准对经济增长、国际贸易有强大且不同的促进作用[1-3]；学者 Weizacker（1984）建立模型，分析了用户在选择标准系统时的转换成本的多少[4]，日本学者松浦四郎（1981）对标准化效果最早做了定量评价，在考虑标准部分经济效益指标和简化能力的情况下，进行了工业企业的效益评价[5]。但是此类研究较早，且对大部分企业实用性不强。我国学者孙敬水（2005）定性评价了国外标准制度和战略[6]，但缺乏定量评价。学者赵树宽等（2012）通过定量研究，发现技术标准与经济增长之间存在长期的动态均衡关系[7]。

我国也借鉴外国经验，以制度形式确定了一系列标准评价方法（GB3533.1-83 等），并在 2009 年进行了更新，但集中于技术经济领域，在实践和学术方面影响均有限。总体来说，围绕管理标准经济效益的研究有以下不足：一是不能准确分离出管理标准的评价，无法满足企业对高质量管理标准供给的要求[8]；二是缺乏对标准效果的直接指标研究，无法排除其他因素影响，造成评价结果偏大、评价与修正脱节[9]；三是评价各环节都依靠主观判断，主观性较强，评价客观性偏低[10]；四是评价方式过于复杂，对中小企业实用性不强[11]；五是研究比较分散，缺乏系统性，不利于行业应用的普及，且研究时间偏早，时效性不足。

1　研究设计

1.1　总体研究思路

管理标准本质上是一个系统，按照系统论，本研究从其功能和结构分析，先从管理标准内容入手，构建评价指标体系，对其作用的直接与否进行界定；再运用层次分析法根据其作用直接性的不同情况进行处理，根据分析结果，构建企业管理评价模型；最后利用效用理论建立整体评价机制。

1.2　管理标准指标体系的确定

管理标准是指对企业标准化领域中需要协调统一"管理事项"所制定的标准[12]。管理标准评价机制指标选取应与企业"管理事项"对应，借鉴学者 Mani.V.等 AHP 指标选取方法[13]，综合考虑企业管理实践案例、专家意见、企业管理模型、决策理论，构建了涵盖企业收益、人力、质量、流程、行业竞争、市场、标准等管理内容的指标体系，并综合专家意见判断其效果的直接性。具体指标如表 1 所示。

表 1　管理标准评价指标体系

目标层	要素层（A）	指标层（U）	作用性质	对应评价指标选取
管理标准的作用评价影响	企业收益（A1）	企业收益（U1）	间接	净资产收益率
		企业成本（U2）	间接	成本费用利润率
		产品/服务质量（U3）	间接	优品率/服务好评率
	人力资源（A2）	员工表现（U4）	直接	员工出勤率
		价值创造（U5）	直接	全员劳动生产率
		员工对标准认可（U6）	直接	员工对标准认可率（认可标准人数/总体职工人数）
	内部管理（A3）	管理规范化程度（U7）	间接	专家评分（1~5 分）
		管理协调化程度（U8）	间接	专家评分（1~5 分）

目标层	要素层（A）	指标层（U）	作用性质	对应评价指标选取
管理标准的作用评价影响	行业竞争（A4）	相对竞争对手标准的先进程度（U9）	直接	专家评分（1~5 分）
		申请成为行业标准的可能性（U10）	直接	专家评分（1~5 分）
	市场表现（A5）	市场占有率（U11）	间接	市场占有率
		消费者对标准认知（U12）	直接	消费者美誉度（消费者对标准高评价/整体人数）
	标准内容（A6）	标准来源（U13）	直接	专家评分（1~5 分）
		标准与行业公用标准严格程度对比（U14）	直接	分层评价（1~5 分）

2　模型构建

2.1　管理标准评价指标权重确定

2.1.1　整体指标权重确定

本研究旨在通过定性指标模糊量化方法，计算出表 1 中各项指标的权重。为避免人们在传统判断任务下对不确定问题上更高的极端性概率判断倾向[14]，本研究对传统层次分析法进行了两方面改进：一是按照 2：2：1 的比例邀请标准化学者、企业管理者、政府官员五人组成专家小组，保证专家的专业性；二是对指标进行评分时，请专家评出自己认为可能的最低分 a、可能的最高分 b 和比较合理的分数 c，然后按照 1：1：3 的比例，按照式（1）进行数据处理，确定该专家对该指标的评价：

$$a_{ij} = \frac{a + b + 3c}{5} \tag{1}$$

以要素层（A）六个要素相对于目标层（F）权重的确定为例。五位专家按照上文方法进行评分，并代入式(1)中进行处理，得到六个要素的平均值后，再请专家进行讨论，得出共识。最终结果如表 2 所示。

表 2　要素层的相对重要性判断矩阵

要素指标	A1	A2	A3	A4	A5	A6
A1	1	5	3	3	3	7
A2	1/5	1	1	1	1/2	6
A3	1/3	1	1	4	1/2	6
A4	1/3	1	1/4	1	1	5
A5	1/3	2	2	1	1	4
A6	1/7	1/6	1/6	1/5	1/4	1

经计算单排序结果和一致性检验结果为：w = [0.4048，0.1178，0.1628，0.1117，0.1708，0.0312] T，λ_{max} = 6.5079，CR = 0.08 < 0.1，因为 CR 计算满足小于 0.1 的要求，则该判断矩阵一致性可以接受，得要素层（A）的权重为：w = [0.4048，0.1178，0.1628，0.1117，0.1708，0.0312]^T。采用同方法将下一层指标层（U）相对于要素层（A）构造矩阵，计算各指标相对于各要素的权重，得出结果如表 3 所示。

表 3 指标层的相对重要性判断矩阵计算结果

要素层（A）	指标层（U）	相对 Ai 的权重	λmax	CR
A1	U1	0.6738	3.0858	0.08
	U2	0.1007		
	U3	0.2255		
A2	U4	0.1818	3.0000	0.00
	U5	0.7277		
	U6	0.0909		
A3	U7	0.5000	2.0000	0.00
	U8	0.5000		
A4	U9	0.8571	2.0000	0.00
	U10	0.1429		
A5	U11	0.9000	2.0000	0.00
	U12	0.1000		
A6	U13	0.7500	2.0000	0.00
	U14	0.2500		

因为 CR 列计算结果均满足小于 0.1 的要求，该指标层与要素层组成的判断矩阵一致性可以接受。最终进行层次总排序，即得出指标层相对于目标层的权重为 w_1 = [0.2728，0.0407，0.0913，0.0216，0.0863，0.0108，0.0814，0.0814，0.0957，0.016，0.1537，0.0171，0.0234，0.0078]^T。

2.1.2 对直接作用和间接作用处理

管理标准直接作用是直接影响到管理客体而产生的作用，因此可以直接进行衡量，而间接作用是通过影响其他因素进而影响到主体，无法直接衡量，因此可以借鉴学者樊为刚、邓飞其进行的创新性研究，引入管理创新作为中间变量，通过先研究标准对管理创新的贡献，再运用李子奈和鲁传一的计量模型研究管理创新对企业效益的贡献。学者樊为刚和邓飞其认为管理创新和标准对企业效益的贡献均可以从经济效益、技术进步、管理科学、企业文化这四个方面进行衡量[10]，因此可以先构建标准化在这四个指标上对管理创新的贡献。本研究借用这一研究成果构建了标准化对管理创新的贡献评价指标体系且与上文管理标准的评价指标相对应，如表 4 所示。

表 4　标准化对管理创新的贡献评价指标体系

目标层（B）	指标层（C）	要素层（M）
标准化对管理创新的贡献	经济效益（C1）	企业成本（M1）
		产品/服务质量（M2）
		企业效率（M3）
		市场占有率（M4）
		企业收益（M5）
	技术进步（C2）	科研开发能力（M6）
		专利转化能力（M7）
	管理科学（C3）	管理规范化程度（M8）
		管理协调化程度（M9）
	企业文化（C4）	企业价值观（M10）
		企业形象（M 11）

然后采用与上文相同的专家评分处理方法，计算出要素层 M 相对于目标层 B 的权重为：$w_2 = [0.0698, 0.2289, 0.0357, 0.0909, 0.0909, 0.2452, 0.0817, 0.0663, 0.0332, 0.083, 0.0501]^T$。

因中国企业的企业效益主要还是在于获得经济效益，所以这里假设企业效益已经全部转化为经济效益。最后根据学者李子奈提出的测度管理创新对经济增长的贡献模型公式（2），计算出企业管理创新对企业效益增长的贡献率：

$$\frac{\Delta A''}{A''} = \frac{\Delta Y}{Y} - \left[\lambda - \lambda\Delta\alpha + \frac{\Delta K}{K}\right] - \beta\left[\delta - \delta\Delta b + \frac{\Delta L}{L}\right] \tag{2}$$

为便于计算，采用学者李子奈和鲁传一的研究成果，我国管理创新对经济增长的贡献率为 70%[15]。将管理创新贡献率经济增长率和 w_2 指标相乘，即可得到标准化对企业效益的贡献率，筛选出表 1 中所含的指标即可获得管理标准间接作用指标对企业效益的贡献率 w_3。

2.2　管理标准评价模型构建

按照将 w_1 内直接作用指标权重直接采用，间接作用指标的权重与 w_3 对应元素相乘的原则，得出各部分指标的权重 w_4，如表 5 所示。

表 5　管理标准各指标最终权重

目标层	要素层	指标层	w_1	w_2	w_3 (0.7w_2)	作用性质	w_4
管理标准的作用评价影响	企业收益	企业收益（x_1）	0.2728	0.0909	0.0636	间接	0.0174
		企业成本（x_2）	0.0407	0.0698	0.0489	间接	0.0028
		产品/服务质量（x_3）	0.0913	0.02289	0.0160	间接	0.0015

目标层	要素层	指标层	w_1	w_2	w_3 $(0.7w_2)$	作用性质	w_4
管理标准的作用评价影响	人力资源	员工表现（x_4）	0.0216			直接	0.0216
		价值创造（x_5）	0.0863			直接	0.0863
		员工对标准认可（x_6）	0.0108			直接	0.0108
	内部管理	管理规范化程度（x_7）	0.0814	0.0663	0.0464	间接	0.0038
		管理协调化程度（x_8）	0.0814	0.0332	0.2324	间接	0.0189
	行业竞争	相对竞争对手标准的先进程度（x_9）	0.0957			直接	0.0957
		申请成为行业标准的可能性（x_{10}）	0.0160			直接	0.0160
	市场表现	市场占有率（x_{11}）	0.1537	0.0909	0.0636	间接	0.0098
		消费者对标准认知（x_{12}）	0.0171			直接	0.0171
	标准内容	标准来源（x_{13}）	0.0234			直接	0.0234
		标准与行业公用标准严格程度对比（x_{14}）	0.0078			直接	0.0078

根据 w_4 结果即可构建管理标准评价的公式，又因为权重为两两比较的结果，可以共同扩大相同的倍数，为了便于计算，将各指标权重保留三位小数后扩大 10 倍可得公式（3）：

$$Y = 0.17x_1 + 0.03x_2 + 0.02x_3 + 0.22x_4 + 0.86x_5 + 0.11x_6 + 0.04x_7 + 0.19x_8 + 0.96x_9 + 0.16x_{10} + 0.1x_{11} + 0.17x_{12} + 0.23x_{13} + 0.08x_{15} \tag{3}$$

其中，x_i 为表 4 中对应的指标，Y 为管理标准评价结果。

3 机制构建

管理标准评价机制的核心在于管理标准评价模型，但该机制还应包括评价数据的收集处理方式与评价方法，本部分将重点构建利用效用原理的数据处理方式和基于管理标准评价公式的评价机制。

3.1 数据处理方式

层次分析法研究数据的处理往往采用专家评分或将所有参与比较的对象进行归一化数据处理这两种方式进行评价，以保证评价客体量纲的一致性。但专家评分法主观性较强，归一化则对数据要求较高，需要反复处理，计算比较烦琐。为了简化数据处理方式，提高评价的客观性，本研究借用经济学中效用思想对专家评分法进行改进。

效用①是经济学中的一个常用名词，学者王首元、孔淑红[16] 研究了比较效用理论，构造了式（4）：

$$F = \frac{\Delta G}{G} \tag{4}$$

F 代表人们感知的比例效用量，也就是人们的行动意愿，ΔG 代表外界影响产生的资源变化量，G 代表决策者在外界影响之前的资源持有量[17]。

根据此原理，把评分专家视为一个针对企业数据的消费者，专家在进行评分时，其心理过程为从企业角度出发，将自己对数值目标的期望和企业数据现实之间进行对比，专家评分就是这种比例的心理投射。这就使得 F 可以被企业现实经营中一些比例数据进行替换。例如，专家采取 5 分制围绕产品质量评分，就可以被产品生产过程中的优品率乘以 5 分来代替，很显然这种替代更加客观。一些没有办法用客观数据表示的方法，即可以采用 5 分制专家评分，这就灵活地将定性与定量结合，保证了数据处理的一致性，也减小了主观误差，此种方法可以对管理标准评价机制所需数据如表 6 所示进行处理。

表 6　管理标准各指标数据处理

目标层	要素层	指标层	对应评价指标处理方式
管理标准的作用评价影响	企业收益	企业收益	净资产收益率×5
		企业成本	成本费用利润率×5
		产品/服务质量	优品率/服务好评率×5
	人力资源	员工表现	员工出勤率×5
		价值创造	全员劳动生产率×5
		员工对标准认可	员工对标准认可率（认可标准人数/总体职工人数）×5
	内部管理	管理规范化程度	专家评分（1~5 分）
		管理协调化程度	专家评分（1~5 分）
	行业竞争	相对竞争对手标准的先进程度	专家评分（1~5 分）
		申请成为行业标准的可能性	专家评分（1~5 分）
	市场表现	市场占有率	市场占有率×5
		消费者对标准认知	消费者美誉度（消费者对标准高评价/整体人数）×5
	标准内容	标准来源	专家评分（1~5 分）
		标准与行业公用标准严格程度对比	专家评分（1~5 分）

3.2　机制使用方式

数据处理完成后，企业便可以分四步使用基于管理标准评价模型的评价机制：第

---

① 效用，指消费者通过消费或者享受闲暇等使自己的需求、欲望等得到的满足的度量。

一步，收集表 6 中的各类数据，并进行效用化数据处理。第二步，将处理结果代入模型，计算结果。第三步，将计算出的结果可以与行业内企业进行横向比较，也可以和企业未使用标准前的结果值与使用标准后的结果值进行纵向比较。还可以利用帕累托的"二八原理"将计算结果分成 ABCD 四层，根据计算结果归入相应层级。第四步，根据权重和数据结果可以进行追溯，重新对标准和管理进行改进，一段时间后重新计算结果，形成追求卓越的 PDCA 管理循环。

4 主要研究结论与展望

本研究建立的管理标准供给质量评价机制较好地满足了企业对评价机制客观、直接、科学、有效的要求，并实现了研究、定性和定量、客观与主观的结合。便于分析企业管理标准的问题，形成 PDCA 循环，解决了动态评价的问题，同时层次分析法便于调整，适用范围广。而且该评价机制由于操作简单，适用于没有强大技术积累的中小企业使用。不仅可以推动高质量企业标准的供给，而且有助于企业改善管理。但评价标准对企业的效益采取的是将部分效益理解为经济效益，还有部分公式基于经济学假设，与现实情况存在一定不同。以后研究可以在以上方面进行改进。

参考文献

[1] Andre Jungmittag, Knut Blind, H. Grupp. The Influence of Innovation and Standardisation on Macroeconomics Development: The Case of Germany [A]. In Jakobs, K. and R. Williams. Proceedings of the last IEEE conference on Standardisation and Innovation Information Technology, Piscataway [C]. US: IEEE Service Center, 1999: 125-131.

[2] Moenius J.. Information versus Product Adaptation: The Role of Standards in Trade [R]. Northwestern University, Mimeo, 2004.

[3] Moenius J. The Good, the Bad and the Ambiguous: Standards and Trade in Agricultural Products [C]. IATRC Summer Symposium, May 28-30, Bonn, 2006.

[4] Weizacker C. V.. The Costs of Substitution [J]. Econometrics. 1984 (52): 1085-1116.

[5] [日] 松浦四郎. 工业标准化原理 [M]. 北京: 技术标准出版社, 1981.

[6] 孙敬水. 发达国家标准化战略及其对我国的启示 [J]. 科研管理, 2005 (1): 1-8.

[7] 赵树宽, 余海晴, 姜红. 技术标准、技术创新与经济增长关系研究——理论模型及实证分析 [J]. 科学学研究, 2012 (9): 1332-1341.

[8] 赵英. 中国制造业技术标准与国际竞争力研究 [M]. 北京: 经济管理出版社, 2008.

[9] 宋敏, 于欣丽, 卢丽丽. 基于 DEA 方法的企业标准化效益评价 [J]. 中国标准化, 2003 (10): 56-70.

[10] 樊为刚, 邓飞其. 以管理创新为中介的企业标准化贡献评价研究 [J]. 科技管理研究, 2008 (12): 119-122.

[11] 唐鑫炳, 张玫. 构建大型能源企业标准化评价体系 [J]. 中国电力企业管理, 2015 (5): 58-59.

[12] GB/T 15498-2003. 企业标准体系管理标准和工作标准体系 [s].

[13] Mani V. Agarwal, Vinay Sharma. Supplier Selection Using Social Sustainability: AHP Based Approach in India [J]. International strategic management review, 2014 (2): 98-112.

[14] 王君柏. 不确定性背景下的心理预期与行为选择——一项以彩票消费为例的经济心理学研究 [D]. 北京: 中国人民大学博士学位论文, 2004.

[15] 李子奈, 鲁传一. 管理创新在经济增长中贡献的定量分析 [J]. 清华大学学报 (哲学社会科学版), 2002 (2): 25-30.

[16] 王卫东. AHP 在我国上市公司信用评估中的应用 [J]. 重庆工商大学学报 (自然科学版), 2006 (1): 96-99.

[17] 王首元, 孔淑红. 新消费者效用理论及实证检验 [J]. 经济科学, 2012 (3): 29-37.

用户参与虚拟品牌社群对产品创新的影响：一个研究框架

沈　波　赵晓燕

(江西财经大学信息管理学院，江西南昌　330032)

【摘　要】文章论述了虚拟品牌社群的概念，并指出用户参与虚拟品牌社群的研究现状。虚拟品牌社群在帮助企业更好地获取用户需求、对产品进行反馈与改进和加快企业产品创新过程和产品创新绩效方面的作用，已得到了学术界和企业界的广泛认同，但用户参与虚拟品牌社群与产品创新之间的作用机理目前的研究并没有明确的结论。因此，考虑到虚拟品牌社群用户所拥有的知识与企业自身所拥有的知识之间的差异性，基于知识转移的视角对影响企业产品创新的影响因素进行分析是未来的研究方向。

【关键词】用户参与；虚拟品牌社群；产品创新；研究框架

0　引　言

随着社群互联网生态的形成，越来越多的企业通过虚拟品牌社群进行产品的创新、营销以及与用户进行互动。如小米创立伊始，就紧紧抓住一部分智能手机发烧友的创造热情，并且不断激发和强化其参与热度，从用户中获得先发式和持续性的产品创新动力和品牌传播优势。公司通过小米社群与用户互动，每周发布新的软件更新，同时收集用户的反馈意见，从而不断改进产品。在手机研发前，公司也通过论坛向用户提前透露一些想法，或者提供数个产品功能方案供用户票选。不仅如此，公司还鼓励社群中个别创新能力较高的用户自己改写软件、动手DIY硬件，以获得更高程度的用户参与。这些与用户深度互动所开发出的产品一经上市，便受到极大追捧。

移动互联网时代，社群无所不在[1]，人们可以更便捷地拓展弱关系，获得更具广度和深度的信息交流和资源交互，从而不断地拓展自己的社交网络，提升自己的社会资本。对于企业来说，通过快速发现与获取社群中用户对相关产品的需求并融入产品创新的流程之中，将有效地提升企业创新水平和创新能力。用户参与虚拟品牌社群对产品创新影响的研究逐渐成为热点。

1 国内外相关研究

1.1 虚拟品牌社群的概念与内涵

品牌社群是建立在使用某一产品的消费者间的一整套社会关系基础上的一种专门化的、非地理意义上的社区，它既可以是线上的，也可以是线下的[2]。社群拥有的并不是人群，社群是比特世界中"关系""连接"的集合，而不是原子世界中"人"的集合。

虚拟品牌社群是品牌社群与 Web 2.0 相结合的产物，是对传统社群的纵向延伸和拓展，已经成为品牌理论研究的新热点。虚拟品牌社群是社群成员在互联网上通过企业官方论坛、个人博客等途径将自身的品牌体验和品牌态度进行交流的场所，也是产品、品牌的爱好者以品牌为中心形成的关系群体。虚拟品牌社群可以由企业自身、品牌追随者或者第三方发起，社群成员可以借此互动交流品牌信息和消费体验，并形成稳定的社交关系和认同感[3]。

对虚拟品牌社群的研究目前主要从社群结构、分类与社群角色等方面进行探究。通过解构社群，更好地构建社群、应用社群规律。社群从早期的兴趣社群逐步过渡到粉丝社群。

虚拟品牌社群可以看作是一种典型的粉丝社群，加入社群的用户建立在对产品的认同感基础之上，包括对品牌的共同兴趣、情感，甚至是喜爱[4]。对于企业而言，了解、创建和促进虚拟品牌社群的发展可以为企业带来诸多价值。首先，作为一个重要的信息源，企业可以通过品牌社群获得许多积极的信息反馈，包括产品的优势和不足、消费者对新产品和竞争对手活动的评价等。而且，在品牌社群中信息传播的速度比较快。企业新产品的试用可以在品牌社群中进行，社群成员可以成为企业产品研发的一分子。品牌社群中的草根研发有助于企业新产品的研制[5]。其次，可以通过品牌社群来积累丰富的成员资料，如人口统计信息、消费风格和购买习惯等。这有助于企业更准确地把握顾客需求，提供个性化的产品服务，以建立长期关系[6]。最后，企业通过品牌社群可以深刻、持续和广泛地影响其社群成员的感知和行为，容易获得成员对品牌和社群的信任，因而能够尽可能地吸引和联系高度忠诚的顾客。

虚拟品牌社群用户一般遵循如下的行动轨迹：浏览产品信息→回帖与转发→评价产品→分享评论→成为产品宣传者或领先用户[7]。虚拟品牌社群中的新成员就是通过边缘性参与，逐步从外围走向核心，一步一步成长为一名称职的社群成员深入社群互动[8]。

1.2 用户参与虚拟品牌社群的研究现状

用户参与虚拟品牌社群的研究主要集中在用户参与虚拟品牌社群的动机上。如

Shang 等 [9] 通过分析苹果电脑品牌社群成员在网上论坛中的行为发现，论坛中的"潜水员"进入论坛的主要目的是获取产品功能、性能等方面的信息，这些信息更多的是由积极的消费者"灌水员"提供的。论坛中"灌水员"的行为动机和结果与"潜水员"不同，"灌水员"通过积极发言来获得心理满足，赢得成员的认同；"潜水员"若能从社群中获取丰富的产品功能、性能等方面的信息，往往会对品牌更加忠诚。消费者参与品牌社群的动机主要包括社交动机、休闲娱乐动机、信息动机、能力成就动机和经济利益动机等。

目前对用户参与虚拟品牌社群的研究主要关注点是提升品牌忠诚度。虚拟品牌社群用户所产生的知识主要包括用户对产品的描述、评价、意见和建议等，这些内容在社群中主要通过用户的文字、语音等形式进行表述。社群内部的知识另一方面还与用户的个人属性及社群演化过程相关联。

企业从虚拟品牌社群中获取用户对产品的意见、建议和创新的思想的过程，可以认为是一种用户到企业的知识转移过程。根据知识转移的发送与接收模型 [10]，我们可以将社群中的用户看作是知识的发送方，企业是知识的接收方，虚拟品牌社群为知识转移的渠道。

通过对以上研究领域的国内外相关文献的仔细阅读、思考和分析，我们总结发现：在用户参与虚拟品牌社群的研究方面，可以得到以下结论：①虚拟品牌社群为企业更好地获取用户需求，对产品进行反馈与改进，加快企业产品创新过程，提高了企业的产品创新绩效，已得到了学术界、企业界的认同，这为开展用户参与虚拟品牌和产品创新的相关研究奠定了良好的基础。②虽然目前对社群的研究较多，但这些研究多是集中在研究社群的结构、用户参与社群的动机、用户在社群中的成长路径等方面，并且这些研究大都局限于定性和静态的讨论，缺乏动态研究。同时我们发现针对用户参与虚拟品牌社群从而促进用户知识向企业转移的研究缺乏，而这对于产品创新来讲是非常重要的。

1.3 产品创新及其相关研究

根据科特勒博士对产品的定义，产品应包括核心、形式、附加三个层次，它们构成了产品整体。现代企业产品创新是建立在产品整体概念基础上的以市场为导向的系统工程 [11]。从单个项目看，它表现为产品某项技术经济参数质和量的突破与提高，包括新产品开发和老产品改进；从整体考察，其贯穿产品构思、设计、试制、营销全过程，是功能创新、形式创新、服务创新多维交织的组合创新。产品创新实施流程包括产品创意、产品概念、产品定义、产品开发、产品测试、上市推广等几个阶段 [12]。产品是多因素的综合过程，新产品是外部环境和内部条件交织作用的结果。

在对产品创新绩效的研究中，很多学者从不同角度进行了研究。汪涛和郭锐（2010）[13] 提出从新产品质量和新产品开发相对于主要竞争者成功的程度两个方面来衡量。衡量产品创新的绩效指标不仅包括产品本身的创新，还包括新产品的市场表现，包括创新效率和创新效果两个方面[16]。创新效果是指新产品开发的成功程度,包含新产品质量、用户的满意度等方面,强调的是新产品上市后的表现。创新效率是指产品创新付出的努力程度,包括引入新产品的及时性、研发速度、研发成本、创新性等方面。Atuahene-Gima 等[14] 认为新产品绩效可以通过新产品的销售收入、新产品的数量、新产品产值占销售总额的比重等指标来衡量。

2 概念框架与命题

2.1 用户参与虚拟品牌社群对产品创新的影响

随着虚拟品牌社群的发展,大量的学者研究了品牌社群对新产品开发的影响[18-20]。不断涌现的社群已经成为企业收集创意与推动创新发展的重要平台,如 2007 年戴尔通过在线社区 Dell IdeaStorm 邀请最终用户分享其有关开发或改善新产品的想法[15]。Leenders 和 Dotfsma[16] 总结了社会网络对产品创新(新产品开发)的影响。在新产品的开发过程中,用户、供应商、分销商,中间商,甚至是竞争对手形成的协作网络促使公司从内部为中心的创新走向以外部网络为中心的创新。社群用户有关产品或服务的体验、看法及建议对于企业获取创意、新产品开发与产品改良起到了至关重要的作用。

另外,一部分学者通过对基于社群用户的知识进行新产品开发进行了研究[17-18],并提出基于社群的创新方法。在产品创意生成与概念设计阶段,企业可以通过获取社群中用户的新思想和新奇的概念,然后由企业员工进行不断的迭代与整合,如宝马公司通过社群来聚合用户的想法。在产品设计与工程阶段,社群用户可以以企业合作创造者的身份参加产品的设计,如标致公司通过社群完成该项工作。在产品测试和推广阶段,社群用户将成为以产品终端用户或购买者的身份参加产品的开发,如沃尔沃公司利用社群让用户理解公司提供的不同类型的概念车。用户参与虚拟品牌社群对企业的影响主要表现在改进产品的设计、获取用户的创意等方面,同时,用户创新的产品更具有原创性、价值性,但缺乏柔性。

相关研究表明,用户参与虚拟品牌社群并将相关的产品需求知识转移给企业,对新产品开发的各个阶段(创意生成与概念设计、产品设计与工程和测试与推广)均有显著的影响,企业可以创造出更符合消费者需求的产品。

2.2 研究框架

考虑到用户参与虚拟品牌社群的过程对企业而言可以看作是用户一方的知识转移到企业一方的过程,因此,我们认为可以从知识转移的角度研究用户参与虚拟社群的演化过程和产品创新的动态发展,用如图 1 所示的研究框架来表示。

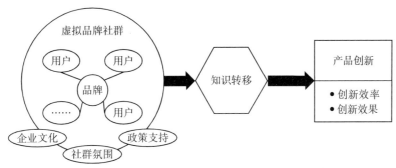

图1　用户参与虚拟品牌社群对产品创新影响的研究框架

　　虚拟品牌社群中的用户知识不仅仅是指用户的属性特征，还有对品牌以及企业，市场等方面的判断。Levine等[19]认为，知识的转移的价值性不仅取决于知识的获取，更多地在于新知识的产生。在产品创新这一过程中，用户通过在线社群交流与共享他们对产品的一些想法和相关的知识，实现了知识的转移，企业吸收内化用户的知识并产生新的知识，以最快的速度实现知识价值化。由于不同成员在观点、专长、技术或经验上存在着差异，这种差异可以引发更多的思考，通过广泛的讨论或对话，使企业产品开发团队或组织成员重新审视或改变他们的假设。卢俊义和王永贵[20]综合知识转移的文献，提出知识转移包括知识转移内容和知识转移效果。知识转移内容的关注点在于知识转移的完整性，张若勇等[21]认为，知识转移的效果指知识转移的效率、内容都能很好地使知识的另一方满意。用户参与社群讨论和交流，极大地丰富了知识转移的内容，加速企业获得相关知识，促使企业更快、更有效率地完成新产品的设计，提高了知识转移效果。

　　知识的转移绩效包括转移的知识数量和质量。知识转移数量也叫转移频率，即在一定时间内转移的知识数量。知识转移质量可以用六个指标来衡量：与产品知识的相关性、企业对用户知识的理解程度、转移的知识的准确度、知识的完整性、知识的可靠性、知识的合时性。本文主要从知识转移数量和知识转移质量两个维度来分析知识转移绩效。

　　郭斌等[22]总结了新产品开发各个流程阶段客户知识的获取、转移和扩散，这些都证明客户知识的转移及应用能促进企业提高其创新绩效。Woojung和Steren[23]研究得出用户参与产品创新的三个阶段对产品创新绩效有不同的影响。在产品创意生成与概念设计阶段、产品测试和推广阶段，用户参与能直接提高新产品的经济效益，间接地加快了上市的时间。但在产品设计与工程阶段延长了产品上市的时间。有学者指出这个产品测试和推广阶段的知识转移速度越快，新产品推出的时间就越早。

　　黄谷子[24]运用实证的方法证明，社群中用户的知识质量比数量对企业的创新绩效影响更大。在新产品创意生成与概念设计阶段，用户在社群中共享新产品的新想法和新创意。由于社群中的用户来自不同的背景，提供的新产品新想法也将更多，这些都丰富了知识转移的内容，用户的知识转移数量变大，促进了新产品概念快速的生成，加快了创新效率。

在产品设计与工程阶段，社群用户可以与企业合作，共同开发产品。社群用户通过社群提出建设性的意见，既可以使整个开发活动持续前进，又能降低重新设计的成本。在这个过程中，企业会对用户提供的知识进行筛选，选出高质量的符合产品设计要求的知识，所以知识转移的数量会相对减少，但是知识转移质量会相对提高。转移的知识质量的高低能决定企业的创新绩效。

在产品测试和推广阶段，这阶段是新商品的最后一个阶段，需要对新生产的产品进行构建和评估。这个时候社群用户的参与能够帮助企业正确获得市场信息，把握新产品在市场上的认可度并且通过社群中用户的特征和知识可以在市场中准确定位新产品的新用户。在推广阶段，社群用户主要在社群中分享他们对产品的反馈，企业从中了解新产品中存在的问题，从而促进企业未来新产品的开发。在这个过程中，需要用户更多地参与从而发现新产品更多的问题和更大的市场，有利于企业制造出更符合用户要求的产品和加大产品的经济效益，所以知识转移的数量能促进企业的创新绩效。

从以上分析得出如下命题：

P1：在产品创新的不同阶段，用户参与虚拟品牌社群对知识转移的绩效具有差异性。

P2：在产品创意生成与概念设计阶段、产品测试与推广阶段，知识转移的数量比质量更能促进企业的创新绩效。

P3：在产品设计与工程阶段，知识转移的质量比数量更能促进企业的创新绩效。

P4：在产品创新过程中，用户与企业的知识转移绩效与产品创新绩效呈正相关关系。

3 结语及未来研究方向

虚拟品牌社群为企业产品创新和知识转移提供了平台，尤其是为企业与用户之间的直接沟通、用户参与产品创新开辟了新的环境。而且产品创新的理论基础不少，为本文开展用户参与虚拟品牌社群对产品创新的影响研究提供了坚实的理论基础。本文总结相关文献，探讨了用户参与虚拟品牌社群对产品创新影响的过程。以知识转移为中介变量，在产品创新的不同阶段，分析用户参与虚拟品牌社群知识转移到企业的绩效，从而影响产品创新绩效。确定用户参与虚拟品牌社群与产品创新的关系，能帮助促进企业深入理解互联网思维，充分利用虚拟品牌社群，通过促进用户与企业的知识转移快速获取与响应用户需求，降低企业的创新成本。

本文只是研究了用户参与虚拟品牌社群与产品创新的关系，但是对于知识转移绩效的影响因素以及产品创新的影响因素的分析还不够系统全面；面对社群的演化和用户需求要求的变化，在实际中将有更多不确定因素出现，所以在后续研究中应该以系统的思维找出社群对产品创新的作用机理及其动态演化关系。

参考文献

［1］唐兴通. 引爆社群：移动互联网时代的新 4C 法则［M］. 北京：机械工业出版社，2015.

［2］Mei Ze Yong，Gao Shu. Study on Network Community Based on Microblogging［J］. Research on Library Science，2012（5）：2-4.

［3］Muniz Jr A. M.，O'guinn T. C.. Brand Community［J］. Journal of consumer research，2001，27（4）：412-432.

［4］Gruner R. L.，Homburg C.，Lukas B. A.. Firm-hosted Online Brand Communities and New Product Success［J］. Journal of the Academy of Marketing Science，2014，42（1）：29-48.

［5］Albert N.，Merunka D.，Valette-Florence P.. When Consumers Love Their Brands：Exploring the Concept and Its Dimensions［J］. Journal of Business research，2008，61（10）：1062-1075.

［6］Brown S.，Kozinets R. V.，Sherry Jr J. F.. Teaching Old Brands New Tricks：Retro Branding and the Revival of Brand Meaning［J］. Journal of Marketing，2003，67（3）：19-33.

［7］Dessart L.，Veloutsou C.，Morgan-Thomas A.. Consumer Engagement in online Brand Communities：A Social Media Perspective［J］. Journal of Product & Brand Management，2015，24（1）：28-42.

［8］Wenger E.. Communities of Practice：Learning，Meaning，and Identity［M］. Boston：Cambridge University Press，1998.

［9］Shang R. A.，Chen Y. C.，Liao H. J.. The Value of Participation in Virtual Consumer Communities on Brand Loyalty［J］. Internet Research，2006，16（4）：398-418.

［10］Lin L.，Geng X.，Whinston A. B.. A Sender-receiver Framework for Knowledge Transfer［J］. MIS Quarterly，2005，29（2）：197-219.

［11］胡树华. 国内外产品创新管理研究综述［J］. 中国管理科学，1999，7（1）：65-76.

［12］Rainey D. L.. Product Innovation：Leading Change Through Integrated Product Development［M］. Cambridge University Press，2008.

［13］汪涛，郭锐. 顾客参与对新产品开发作用机理研究［J］. 科学学研究，2010，28（9）：1383-1387.

［14］Atuahene-Gima K.，Slater S. F.，Olson E. M.. The Contingent Value of Responsive and Proactive Market Orientations for New Product Program Performance［J］. Journal of Product Innovation Management，2005，22（6）：464-482.

［15］Füller J.，Bartl M.，Ernst H.，et al.. Community Based Innovation：How to Integrate Members of Virtual Communities into New Product Development［J］. Electronic Commerce Research，2006，6（1）：57-73.

［16］Leenders R. T. A. J.，Dolfsma W. A.. Social Networks for Innovation and New Product Development［J］. Journal of Product Innovation Management，2016，33（2）：123-131.

［17］Chu K. M.，Chan H. C.. Community Based Innovation：Its Antecedents and Its Impact on Innovation Success［J］. Internet Research，2009，19（5）：496-516.

［18］Bullinger A. C.，Neyer A. K.，Rass M.，et al.. Community-based Innovation Contests：Where Competition Meets Cooperation［J］. Creativity and Innovation Management，2010，19（3）：290-303.

［19］ Levine J. M.，Higgins E.T，Choi H.S. Development of Strategic Norms in Groups ［J］. Organizational Behavior and Human Decision Processes，2000，82（1）：88-101.

［20］ 卢俊义，王永贵. 顾客参与服务创新与创新绩效的关系研究——基于顾客知识转移视角的理论综述与模型构建［J］. 管理学报，2011，8（10）：66-74.

［21］ 张若勇，刘新梅，张永胜. 顾客参与和服务创新关系研究：基于服务过程中知识转移的视角［J］. 科学学与科学技术管理，2007（10）：92-97.

［22］ 郭斌，刘鹏，汤佐群. 新产品开发过程中的知识管理［J］. 研究与发展管理，2004，16（5）：58-64.

［23］ Woojung Chang，Steven A. Taylor. The Effectiveness of Customer Participation in New Product Development：A Meta-Analysis ［J］. Journal of Marketing，2016，80（1）：47-64.

［24］ 黄谷子. 虚拟社区客户知识转移与企业创新绩效关系研究 ［D］. 杭州：浙江大学博士学位论文，2007.

基于泛证券投资组合理论与 K 搜索的 程序化交易策略构建*

张文明　　孙廉瓘

（西北大学经济管理学院，陕西西安　710127）

【摘　要】根据泛证券投资组合与 K 搜索理论设计出了程序化交易策略 EGK，并根据中国股市可能存在的动量效应将策略 EGK 改进为策略 IEGK，然后用深证综指、上证综指、创业板综指、中小板综指以及沪深 300 的成份股作为股票池，利用 2011 年至 2016 年共 6 年的历史数据对策略进行了实证检验。检验结果表明：①策略 IEGK 比策略 EGK 具有更高的收益率，从而表明了中国股市存在显著的周度频率上的动量效应；②策略 IEGK 的平均年化收益率为 29.27%，具有较强的现实指导价值。此外，进一步细致地讨论了策略 IEG 和 K 搜索对策略 IEGK 的收益率的影响，深化了对策略 IEGK 适用情景的认识。

【关键词】程序化交易；算法交易；泛证券投资组合；在线时间序列搜索；K 搜索

0　引　言

如何在控制风险的前提下，提高投资组合的收益率，是金融市场的热点问题。为了解决上述问题，专业投资者已经逐渐抛弃人工下单的交易方式，转而借助计算机自动化交易手段，利用统计分析与优化决策模型设计投资策略。这种结合计算机自动下单与投资策略的交易方式称作程序化交易。我国证监会在 2015 年公布的《证券期货市场程序化交易管理办法（征求意见稿）》中将程序化交易定义为"通过既定程序或特定软件，自动生成或执行交易指令的交易行为"。近年来，随着计算机技术和证券市场的发展，程序化交易在证券市场中的应用越来越广泛。根据 2016 年 1 月至 4 月纽交所程序化交易周报显示，纽交所平均 22.3% 的交易是通过程序化交易完成的。①

---

* ［基金项目］国家自然科学基金青年项目（71201123）："基于在线时间序列搜索的算法交易策略研究"。

① 数据来源：纽约证券交易所官网，https://www.nyse.com/markets/nyse/reports#Program_Trading_Reports.

但是，利用计算机下单只是程序化交易的执行手段，能否盈利的关键还是在于交易策略的设计。目前，学术界有关交易策略的设计已经获得许多成果，例如动量交易策略、启发式算法交易策略和在线交易策略。下面将分别给予简要介绍。

（1）动量交易策略。自 1993 年 Jegadeesh 和 Titman [1] 在美国股票市场中发现动量效应以后，在许多国家股票市场均验证了动量效应的存在 [2-4]。许多学者从这个角度设计了交易策略，并取得了可观收益 [5-7]。然而，动量效应存在性问题在中国股票市场的研究还没有获得一致的结论，有的学者认为中国股票市场不存在较明显的动量效应 [8-10]，而后来有的学者发现存在特定情况下的动量效应 [11-13]。

（2）启发式算法交易策略。这类策略是当前证券市场和学界最热门的策略类型。遗传算法 [14-16]、神经网络模型 [17-18]、支持向量机算法 [19-21] 等被引入到股票交易策略的设计中进行价格趋势预测、优质股票筛选等方面的建模。

（3）在线交易策略。证券价格变化规律的复杂性，使得难以对股票价格的变化做出概率意义上的假设，因而无须任何概率假设的在线理论成为设计交易策略非常合适的工具。关于这方面的研究进展，读者可以参考 Li 和 Hoi [22]。所以，考虑到中国股票市场变化规律极其复杂的特点，以及在线交易策略无须对股票价格做任何概率上假设的优势，本文将从在线交易策略的角度设计程序化交易策略。下面介绍与本文密切相关的两类在线交易策略：泛证券投资组合策略和在线时间序列搜索策略。

Cover [23] 首次提出了泛证券投资组合理论（Universal Portfolio，UP）。早期该领域的研究方向是拓展其适用范围并拟合现实情况：为了解决泛证券投资理论算法复杂度高的问题，Kalai 与 Vempala [24] 设计了基于非均匀随机漫步理论的 UP 算法；Jamshidian [25] 将 Cover 的模型推广到连续投资周期的框架中；考虑到交易者会受专家建议和基础数据等边侧信息的影响，Cover 和 Ordentlich [26] 设计了带边侧信息的在线投资组合选择模型，并构建了狄利克雷加权函数的泛证券投资组合策略；Blum 和 Kalai [27] 设计了考虑单侧交易费用的投资组合模型；为了更加拟合现实情况，刘善存等 [28] 进而设计了考虑双侧交易费用的投资策略。后来许多学者引入数学模型，以求设计出绩效更高的泛证券投资组合模型：利用乘性规则，Helmbold 等 [29] 提出的泛证券投资组合策略 EG（η）比原始的策略 [23] 能取得更高的收益；Gaivoronski 和 Stella [30] 从市场非静止的角度出发，利用随机优化模型来定义泛证券投资组合，设计了 SCRP 策略，既降低了 UP 算法的计算复杂度，又可以获得更高收益；Zhang 等 [31] 提出了基于线性学习函数的在线投资组合策略，用相对熵函数定义两个投资组合向量之间的距离，获得了较高的收益。考虑到 Helmbold 等 [29] 提出的策略 EG（η）的简洁性和高收益性，本文将在此基础上设计程序化交易策略。

El-Yaniv 等 [32] 首次提出了在线时间序列搜索模型，研究在时间序列的长度和价格变化区间未知的情况下，以尽量优的股票价格进行交易的在线算法。Damaschke 等 [33] 讨论了价格变化的上下限按一定规律变化的特殊情况；Lorenz 等 [34] 研究了从一个价格序列中搜索 K 个尽量高的价格的在线时间序列搜索，即 K 搜索（K-search）模型；

Mohr 和 Schmidt[35] 根据 Lorenz 等[34] 提出的在线时间序列搜索模型设计出了交易策略，初步验证了其有效性；Zhang 等[36] 放松了 Lorenz 等[34] 模型中每个时刻只能卖出一单位股票的假设，讨论了更具一般性的 K 搜索模型，由于其具有较高的实践价值，本文选取该模型进行策略设计。

注意到泛证券投资组合策略 EG（η）未考虑在交易日的哪个时刻抛售多少数量股票（而仅仅假定在收盘时以收盘价卖出全部股票），以及 K 搜索只考虑如何抛售而未考虑如何选股和分配资金的情况，本文研究将它们结合起来，设计出程序化交易策略 IEGK。

1　理论基础

本文利用泛证券投资组合策略 EG（η）进行选股和分配资金，并利用 K 搜索决策卖出的时刻和数量，设计出策略 IEGK，从而综合了这两种理论的优点，既能追踪最优定常再调整策略（Best Constant Rebalanced Portfolio，BCRP）的收益率，又能抓住高点抛售的机遇，降低投资风险。下面对这两种理论做简要介绍。

1.1　泛证券投资组合策略 EG（η）

泛证券投资组合策略是以追踪 BCRP 的收益率为目标而设计的一种在线策略。假设一个投资组合有 N 只股票，用向量 X 表示这 N 只股票第 t 期的相对价格为 $x = (x_1^t,$ $x_2^t, \cdots, x_N^t)^T$（其中 x_i^t 表示第 i 只股票第 t 期的相对价格，即该期收盘价与开盘价的比值，从而 $x_i^t - 1$ 即为第 i 只股票第 t 期的收益率）。所有可能的投资组合向量为 $B = \{b = (b_1, b_2, \cdots, b_N) | b_i \geqslant 0, \sum_{i=1}^{N} b_i = 1\}$，各期的相对价格向量序列为 $\{x^1, x^2, \cdots, x^T\}$，且各期投资组合向量为 $\{b_1, b_2, \cdots, b_T\}$，则在 T 期的总收益为 $W_T(\{b_t\}) = \prod_{t=1}^{T} b_t \cdot x^t$。当 $b_1 = b_2 = \cdots = b_T = b$ 时，总收益可以表示为 $W_T(b) = \prod_{t=1}^{T} b \cdot x^t$，若存在 $b^* \in B$，使得 $b^* \in \underset{b \in B}{\arg\max} W_T(b)$，则称 b^* 为最优定常再调整策略（BCRP）。

设策略 A 为一个在线投资组合策略，其投资组合向量为 $\{b_1, b_2, \cdots, b_T\}$，若对任意的相对价格序列 $\{x^1, x^2, \cdots, x^T\}$ 满足不等式：

$$\lim_{T \to \infty} \max_{\{x^t\}} [LS^*(\{x^t\}) - LS(\{b_t\}, \{x^t\})] \leqslant 0 \tag{1}$$

其中，$LS^*(\{x^t\}) = \frac{1}{T} \ln W_T(b^*)$，$LS(\{b_t\}, \{x^t\}) = \frac{1}{T} \sum_{t=1}^{T} \ln(b_t \cdot x^t)$，则策略 A 为一个泛证券投资组合策略。

自 1991 年 Cover 提出泛证券投资组合理论并给出经典的泛证券投资组合策略 UP 后，该理论不断发展扩充。其中，一个典型的泛证券投资组合策略为 Helmbold 等[29] 利用乘性规则提出的策略 EG（η）：

$$b_1 = (1/N, \ 1/N, \ \cdots, \ 1/N)' \quad b_{t+1} = (b_1^{t+1}, \ b_2^{t+1}, \ \cdots, \ b_N^{t+1})' \tag{2}$$

其中，

$$b_i^{t+1} = \frac{b_i^t \exp(\eta x_i^t / b_t \cdot x^t)}{\sum\limits_{j=1}^{N} b_j^t \exp(\eta x_j^t / b_t \cdot x^t)}, \ i = 1, \ 2, \ \cdots, \ N, \ \eta > 0 \text{。} \tag{3}$$

策略 EG（η）比策略 UP 具有更高的收益率、更低的时间复杂性，所以本文选择 EG（η）作为策略设计的基础理论之一。

1.2 K 搜索理论

Zhang 等[36] 中的 K-search 模型讨论的是在未来价格变化未知的条件下，如何卖出 K 单位的股票，使总收益尽量大。在给定股票价格一个变化区间 [m, M] 的条件下，Zhang 等[37] 给出了 K 个阈值 $p_i^*[(1 + \alpha^*/K)^{i-1}(\alpha^* - 1) + 1]m(i = 1, 2, \cdots, K$，其中 α^* 为方程 $(\alpha - 1)(1 + \alpha/K)^K - (M/m - 1) = 0$ 的解），进而给出了在 n 个时刻中卖出 K 份股票的策略：在第 j 时刻（j = 1, 2, …, n，且设前 j - 1 个时刻共卖出 s_j 份）决策者获知价格 p_j，若 j = n，则将剩余的 K − s_j 份股票全部卖出；否则，若 j < n，则先确定出 i，使 $p_j \in [p_i^*, p_{i+1}^*)$，当 $p_i^* > \max\{p_1, p_2, \cdots, p_{j-1}\}$ 时，卖出 i − s_j 份股票，而当 $p_i^* \leqslant \max\{p_1, p_2, \cdots, p_{j-1}\}$ 时，不卖出股票。所以，K 搜索的优点在于无论未来股票价格上涨或下跌，它总能获得较好的收益。

2 策略设计

在本节中，首先根据策略 EG（η）和 K 搜索设计出了程序化交易策略 EGK。然后，考虑到中国股票可能存在动量效应，将策略 EGK 进一步改进为策略 IEGK。不失一般性，假设用 1 单位资金投资于 N 只股票 T 个投资周期，其中，每个投资周期包括了 D 个交易日。注意，第（t）个投资周期为第（t − 1）D + 1 个交易日至第 tD 个交易日。

2.1 策略 EGK 的设计

策略 EGK 设计的基本思路为：在每一个投资周期内，通过策略 EG（η）进行选股同时分配资金，并买入股票；然后运用 K 搜索分 K 批次卖出股票。策略 EGK 规范地表述为：

策略 EGK：

输入：具有 N 只股票的股票池，投资周期数 T，周期长度 D；策略参数 η, m, M, K。

Step 1：令 t = 1，$b_1 = (1/N, 1/N, \cdots, 1/N)$。

Step 2：若 t = T，则停止。否则若 t≤T−1，则在第 t 个投资周期中，在第 (t−1)D+1 个交易日，以 b_t 为分配比例并以开盘价买入 N 只股票；然后在第 (t−1)D+2 至第 tD 个交易日按照 K 搜索分别将每只股票卖出。

Step 3：根据策略 EG(η) 确定出 b_{t+1}，令 t = t+1 并转入 Step 2。

2.2　策略 IEGK 的设计

考虑到中国股市可能存在动量效应，本小节将策略 EG(η) 改进为 IEG(η)，从而将策略 EGK 改进为策略 IEGK。

设 N 只股票第 t 期相对价格为 $x^t = (x_1^t, x_2^t, \cdots, x_N^t)$，令 x_t^* 为 $x_1^t, x_2^t, \cdots, x_N^t$ 的中位数。根据动量效应，收益率较高的股票在未来的收益期望也较高，所以，在第 t+1 期只选择收益率高于 x_t^* 的股票进行投资，即第 t+1 期投资股票池为 $\delta(t+1) = \{i \mid x_i^t \geqslant x_t^*, 1\leqslant i \leqslant N\}$。于是，得到了改进后的策略 IEG($\eta$)：

$$b_1 = (1/N, 1/N, \cdots, 1/N), \quad b_{t+1} = (b_1^{t+1}, b_2^{t+1}, \cdots, b_N^{t+1}) \tag{4}$$

$$其中，b_i^{t+1} = \begin{cases} \dfrac{b_i^t \exp(\eta x_i^t / b_t \cdot x^t)}{\displaystyle\sum_{j \in \delta(t+1)} b_j^t \exp(\eta x_j^t / b_t \cdot x^t)}, & i \in \delta(t+1) \\ 0, & i \notin \delta(t+1) \end{cases} \tag{5}$$

实际上，策略 IEG(η) 不是一个最坏情形意义上的泛证券投资组合策略，但它是一个期望意义上的泛证券投资组合策略，关于它的理论分析请查阅第 4.1.1 节。

将策略 EGK 中的子策略 EG(η) 改进为 IEG(η)，从而可以得到策略 IEGK。策略 IEGK 规范地表述为：

策略 IEGK：

输入：具有 N 只股票的股票池，投资周期数 T，周期长度 D；策略参数 η, m, M, K。

Step 1：令 t = 1，$b_1 = (1/N, 1/N, \cdots, 1/N)$。

Step 2：若 t = T，则停止。否则若 t≤T−1，则在第 t 个投资周期中，在第 (t−1)D+1 个交易日，以 b_t 为分配比例并以开盘价买入 N 只股票；然后在第 (t−1)D+2 至第 tD 个交易日按照 K 搜索分别将每只股票卖出。

Step 3：根据策略 EG(η) 确定出 b_{t+1}，令 t = t+1 并转入 Step 2。

3　实证检验

本节选取近六年中国股票市场有代表性的四个指数成份股的数据，对策略 EGK 与策略 IEGK 的收益率进行验证。

3.1 模型参数设置及数据来源

策略 EGK 和策略 IEGK 的参数设置如表 1 所示。

表 1 策略 EGK 和策略 IEGK 参数设置

参数	η	m	M	K	T	D	买入（卖出）手续费率
设置值	2	1.00	1.50	3	52	5	0.1%（0.2%）

实证检验的数据为 2011 年 1 月 1 日至 2016 年 12 月 31 日深证综指、上证综指、创业板综指、中小板综指以及沪深 300 指数成份股的真实历史数据。

3.2 检验结果

利用 2011 年至 2016 年中国股票市场的数据，分别在深证综指、上证综指、创业板综指、中小板综指成份股组成的四个股票池中，进行每一年度的实证检验，并将策略 EGK 与策略 IEGK 的年化收益率，以及股票池当年的基准年化收益率（对应指数的年涨跌幅）进行比较。其中，策略的年化收益率指该策略年终与年初的股票和现金的总净值的比值减去 1；股票池的基准年化收益率指该股票池年终与年初指数的比值减去 1。

策略 EGK 与 IEGK 年化收益率检验结果如图 1 至图 4 所示。

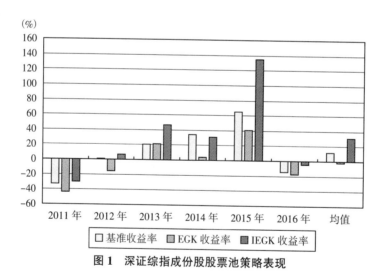

图 1 深证综指成份股股票池策略表现

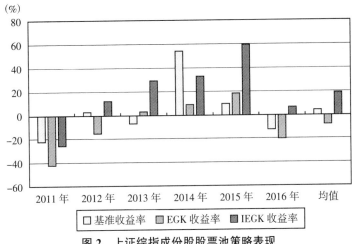

图 2 上证综指成份股股票池策略表现

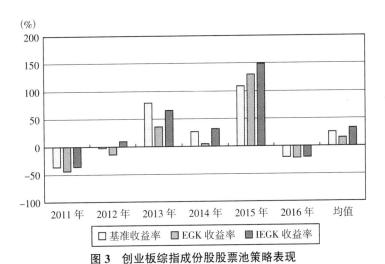

图 3 创业板综指成份股股票池策略表现

图 4 中小板综指成份股股票池策略表现

从图 1 至图 4 中可以看出：

（1）策略 IEGK 与策略 EGK 的比较。在 24 次比较中，策略 IEGK 有 23 次高于策略 EGK 的收益率，且策略 IEGK 在四个股票池中的平均收益率（29.27%）远高于策略 EGK 的平均收益率（4.82%），证实了我们根据动量效应将策略 EGK 改进为策略 IEGK 的合理性和必要性，从而也说明了中国股市存在显著的周度频率上的动量效应。

（2）策略 IEGK 与基准收益率的比较。在 24 次比较中，策略 IEGK 有 20 次高于基准收益率，且策略 IEGK 在四个股票池中的平均收益率（29.27%）明显高于平均基准收益率（13.39%），验证了策略 IEGK 较高的盈利能力。

4 进一步讨论

根据上一节的分析，策略 IEGK 比策略 EGK 具有更高的盈利能力，所以下面仅对策略 IEGK 做进一步研究，讨论策略 IEG(η) 和 K 搜索对它的影响，以加强对策略的适用情景的认识。为降低实证检验的工作量且不失一般性，仅选取沪深 300 指数一个股票池的成份股 2011 年 1 月 1 日至 2016 年 12 月 31 日的数据进行检验。并设定初始数据：$\eta=2$，$m=1$，$M=1.5$，$K=3$。

4.1 关于策略 IEG（η）的讨论

由于策略 IEG(η) 是对泛证券投资组合策略 EG(η) 的改进，下面首先从理论上讨论策略 IEG（η）是否为泛证券投资策略，然后讨论参数 η 对策略 IEGK 的收益率的影响。

4.1.1 策略 IEG（η）的理论分析

实际上可以证明策略 IEG(η) 并不是一个最坏情形意义上的泛证券投资组合策略，但在满足动量效应的前提下，就是一个期望意义上的泛证券投资组合策略。

定理 1 策略 IEG(η) 不是一个最坏情形意义上的泛证券投资组合策略。

证明：通过构造一个反例进行证明。假设有两只股票，且假定投资期 T 为偶数，它们的价格序列为：

$$\{x^t\}=\begin{Bmatrix} 1 & 1 & 1 & 1 & 1, & \cdots, & 1 \\ 2 & 1/4 & 2 & 1/4 & 2, & \cdots, & 1/4 \end{Bmatrix} \tag{6}$$

这时，最优定常再调整策略显然应为 $b^*=(1,0)$，即将资金全部投资于第一只股票。所以，$W_T(b^*)=\prod_{t=1}^{T} b^* \cdot x^t = \prod_{t=1}^{T}(1,0)\cdot x^t=1$。另外，由于策略 IEG($\eta$) 总是将资金投资在收益率达到收益率的中位数的股票上，所以，策略 IEG(η) 第 1 期将资金平均分配到两只股票，然后，第 2k 期将资金全部投资于第二只股票，第 2k+1 期将股票全部投资于第一只股票，k=1，2，…，T/2。于是，策略 IEG(η) 的收益率为：

$$\prod_{t=1}^{T} b_t \cdot x^t = \left(\frac{1}{2} \times 1 + \frac{1}{2} \times 1 \right) \times \frac{1}{4} \times 1 \cdots \times \frac{1}{4} = \frac{3}{2} \times \left(\frac{1}{4} \right)^{T/2} \tag{7}$$

所以，

$$LS^*(\{x^t\}) - LS(\{b_t\}, \{x^t\}) = \frac{1}{T} \ln W_T(b^*) - \frac{1}{T} \sum_{t=1}^{T} \ln(b_t \cdot x^t) = \frac{\ln 2}{2} - \frac{1}{T} \ln(3/2) \tag{8}$$

即 $\lim_{T \to \infty} \max_{\{x^t\}} [LS^*(\{x^t\}) - LS(\{b_t\}, \{x^t\})] \geqslant \frac{\ln 2}{2} > 0$。定理得证。

然而，考虑到中国股市的动量效应（即 $E(x^{t+1}) = x^t$），则可以证明策略 $IEG(\eta)$ 是一个泛证券投资组合策略。

定理 2　若 $E(x^{t+1}) = x^t$，则策略 $IEG(\eta)$ 是一个泛证券投资组合策略，即它是一个期望意义上的泛证券投资组合策略。

证明： 设策略 $IEG(\eta)$ 和策略 $EG(\eta)$ 第 $t+1$ 期的投资组合向量分别为 b_{t+1}^I 和 b_{t+1}^E，由于策略 $IEG(\eta)$ 仅投资于在第 t 期收益率达到中位数的股票（即 $b_{t+1}^I \cdot x^t \geqslant b_{t+1}^E \cdot x^t$），同时考虑到 $E(x^{t+1}) = x^t$，策略 $IEG(\eta)$ 在第 $t+1$ 期的收益率 $E(b_{t+1}^I \cdot x^{t+1}) = b_{t+1}^I \cdot x^t \geqslant b_{t+1}^E \cdot x^t = E(b_{t+1}^E \cdot x^{t+1})$。注意到策略 $EG(\eta)$ 是一个泛证券投资组合策略，定理得证。

4.1.2　参数 η 的讨论

根据分析，股票成交量对参数 η 的取值有显著影响。图 5 显示了沪深 300 成份股股票池从 2011 年至 2016 年的日成交量。日成交量的大小反映了市场的活跃程度，根据日成交量把检验期分成三个阶段：平稳期（2011 年 1 月 1 日至 2014 年 10 月 24 日）、剧烈活跃期（2014 年 10 月 27 日至 2016 年 1 月 29 日）、活跃期（2016 年 2 月 1 日至 2016 年 12 月 31 日）。

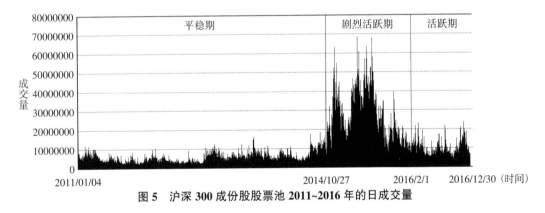

图 5　沪深 300 成份股股票池 2011~2016 年的日成交量

分别取 η = 0.1，0.5，0.8，1，2，3，4，检验策略 IEGK 在平稳期、剧烈活跃期和活跃期的收益率，结果如图 6 所示。

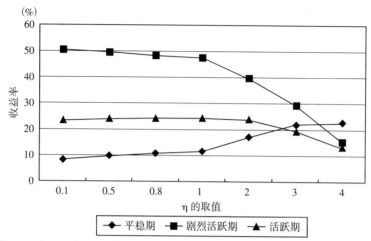

图 6 η 取不同数值时策略 IEGK 在平稳期、剧烈活跃期和活跃期的收益率

从图 6 中可以看出，在平稳期时，收益率随 η 单调递增；在剧烈活跃期和活跃期，收益率随 η 单调递减。根据策略 IEG(η) 的表达式，参数 η 越大，则第 i+1 期对资金的分配越依赖于各只股票在第 i 期的收益，从而也说明了平稳期的股票市场具有一定的"可预测性"，而活跃期股票市场的"可预测性"较弱。

4.2 关于 K 搜索的讨论

K 搜索包含两组参数 K 与（m，M），下面分别讨论这两组参数对策略 IEGK 的收益率的影响。

4.2.1 参数 K 的讨论

分别取 K=1，2，…，10，检验策略 IEGK 在整个投资期（共六年）的收益率，结果如图 7 所示。

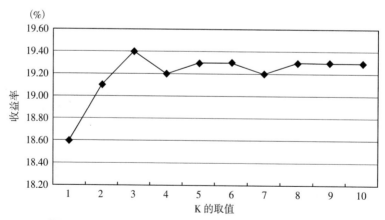

图 7 K 取不同数值时策略 IEGK 在整个投资期的收益率

从图 7 中可以看出，策略 IEGK 的收益率随 K 的增大先增大，然后趋于稳定。也就是说，当 K≥3 时，K 的大小对收益率的影响不显著。

4.2.2 参数 (m，M) 的讨论

根据分析，股票市场的整体趋势对参数 (m，M) 的选取具有显著的影响。图 8 为沪深 300 指数从 2011 年 1 月 1 日至 2016 年 12 月 31 日的走势图。根据走势，把检验期分为五个阶段：下降 I 期（2011 年 1 月 1 日至 2012 年 11 月 25 日），平稳 I 期（2012 年 11 月 28 日至 2014 年 10 月 24 日），上升 I 期（2014 年 10 月 27 日至 2015 年 6 月 5 日），下降 II 期（2015 年 6 月 8 日至 2016 年 1 月 29 日），平稳 II 期（2016 年 2 月 1 日至 2016 年 12 月 31 日）。

图 8　沪深 300 指数 2011~2016 年走势

令参数 (m，M) 的备选集为：

$\phi = \{(m, M) \mid m = 0.5, 0.6, \cdots, 1.4; M = 0.6, 0.7, \cdots, 1.5; m < M\}$。

分别检验五个不同时期中策略 IEGK 在参数 (m，M) 取备选集 φ 中各个点的收益率，并以 m、M 和收益率为坐标，分别画出五个不同时期的三维曲面，如图 9 所示。

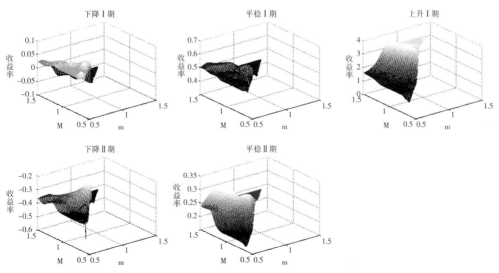

图 9　各个时期参数 (m，M) 取备选集 φ 中各个点时策略 IEGK 的收益率

通过观察图 9，发现各个时期收益率的最高点往往在（0.9，1），（0.9，1.1），（1，1.1）这三个点附近取到，具体如表 2 所示。需要注意的是，参数取值（0.9，1），（0.9，1.1），（1，1.1）对市场走势的预判分别为下跌 10%，震荡 10%，上涨 10%。

表 2　各个时期参数（m，M）特定取值下的收益率和实际最大收益率

单位：%

时期	参数（m，M）特殊取值下策略 IEGK 的收益率			参数（m，M）取备选集 φ 中各个点时策略 IEGK 的实际最大收益率
	(0.9，1)	(0.9，1.1)	(1，1.1)	
下降 I 期	4.3	1.8	−5.2	4.3
平稳 I 期	51.1	53.4	46.1	53.4
上升 I 期	137.6	182.8	269.9	327.5
下降 II 期	−24.3	−26.4	−35.1	−24.3
平稳 II 期	21.1	28.5	26.0	28.8

从表 2 中可以看出，在下降 I 期和下降 II 期，对走势预判为下跌 10%的参数取值（0.9，1）均获得了策略 IEGK 在参数备选集 φ 中的最高收益率。在平稳 I 期和平稳 II 期，预判为震荡 10%的参数取值（0.9，1.1）均（近似）获得了最高收益率。在涨幅巨大的上升 I 期，预判为上涨 10%的参数取值（1，1.1）虽然未获得在参数备选集 φ 中的最高收益率，但仍大幅度超过了参数取值（0.9，1）和（0.9，1.1）的收益率。这说明对走势预判的成功与否能够显著地影响策略 IEGK 的收益率，所以策略在实际应用当中根据股市情况及时调整策略参数。

5　总结与展望

本文根据泛证券投资组合与 K 搜索理论设计出了程序化交易策略 EGK 与策略 IEGK。然后用深证综指、上证综指、创业板综指、中小板综指以及沪深 300 的成份股作为股票池，用近 6 年的历史数据对策略进行了验证。研究结果一方面显示出改进后的策略 IEGK 比策略 EGK 具有更高的收益率，从而表明了股市存在显著的周度频率上的动量效应；另一方面显示出策略 IEGK 具有满意的收益率。最后进行了讨论，证明了策略 IEG(η) 不是最坏情形意义上的泛证券投资组合策略，但却是期望意义上的泛证券投资组合策略；并发现在市场的不同活跃程度和走势中，参数的取值会对策略 IEGK 的收益率造成显著影响。在未来的研究中，应该将策略推广到境外市场，观察策略在港股、美股、外汇等市场上的表现。

参考文献

［1］Jegadeesh N., Titman S.. Returns to Buying Winners and Selling Losers：Implications for Stock Market Efficiency ［J］. The Journal of Finance，1993，48（1）：65-91.

［2］Rouwenhorst K. G.. International Momentum Strategies ［J］. The Journal of Finance，1998，53（1）：267-284.

［3］Hameed A., Kusnadi Y.. Momentum Strategies：Evidence from Pacific Basin Stock Markets ［J］. Journal of Financial Research，2002，25（3）：383-397.

［4］Muga L., Santamaría R.. The Momentum Effect in Latin American Emerging Markets ［J］. Emerging Markets Finance & Trade，2007，43（4）：24-45.

［5］Narayan P. K., Ahmed H. A., Narayan S.. Do Momentum-Based Trading Strategies Work in the Commodity Futures Markets? ［J］. Journal of Futures Markets，2015，35（9）：868-891.

［6］Leivo T. H., Pätäri E. J.. Enhancement of Value Portfolio Performance Using Momentum and the Long-short Strategy：The Finnish evidence ［J］. Journal of Asset Management，2011，11（6）：401-416.

［7］Fama E. F., French K. R.. Size, Value, and Momentum in International Stock Returns ［J］. Journal of Financial Economics，2012，105（3）：457-472.

［8］杨炘，陈展辉. 中国股票市场惯性和反转投资策略实证研究 ［J］. 清华大学学报（自然科学版），2004，44（6）：758-761.

［9］鲁臻，邹恒甫. 中国股市的惯性与反转效应研究 ［J］. 经济研究，2007（9）：145-155.

［10］马超群，张浩. 中国股市价格惯性反转与风险补偿的实证研究 ［J］. 管理工程学报，2005，19（2）：64-69.

［11］周琳杰. 中国股票市场动量策略赢利性研究 ［J］. 世界经济，2002（8）：60-64.

［12］高秋明，胡聪慧，燕翔. 中国 A 股市场动量效应的特征和形成机理研究 ［J］. 财经研究，2014，40（2）：97-107.

［13］张琳. 有间隔期的动量策略收益分析——来自中国 A 股周收益率数据的证据 ［J］. 东北财经大学学报，2013（5）：82-89.

［14］Tymerski R., Ott E., Greenwood G.. Genetic Algorithm Based Trading System Design ［R］. Artificial Life and Computational Intelligence. Springer International Publishing，2016.

［15］Strabburg J., Gonzalez M.C., Alexandrov V.. Parallel Genetic Algorithms for Stock Market Trading Rules ［J］. Procedia Computer Science，2012（9）：1306-1313.

［16］Nicholls J. F., Malan K. M., Engelbrecht A.P.. Comparision of Trade Decision Strategies in an Equity Market GA Trader ［C］. Computational Intelligence for Financial Engineering and Economics，2011（11-15）：51-58.

［17］Liu Q., Guo Z., Wang J.. A One-layer Recurrent Neural Network for Constrained Pseudoconvex Optimization and Its Application for Dynamic Portfolio Optimization ［J］. Neural Networks，2012，26（26）：99-109.

［18］Ticknor J. L.. A Bayesian Regularized Artificial Neural Network for Stock Market Forecasting ［J］. Expert Systems with Applications，2013，40（14）：5501-5506.

［19］Kim S. W., Ahn H. C., Kim S. W., et al.. Development of an Intelligent Trading System Using Support Vector Machines and Genetic Algorithms ［J］. 2010，16（1）.

[20] Kercheval A. N., Zhang Y.. Modelling High-frequency Limit Order Book Dynamics with Support Vector Machines [J]. Quantitative Finance, 2015, 15 (8): 1-15.

[21] Dunis C. L., Rosillo R., Fuente D. D. L., et al.. Forecasting IBEX-35 Moves Using Support Vector Machines [J]. Neural Computing and Applications, 2013, 23 (1): 229-236.

[22] Li B., Hoi S. C. H.. Online Portfolio Selection: A Survey [J]. Acm Computing Surveys, 2012, 46 (3): 117-31.

[23] Cover T. M.. Universal Portfolios [J]. Mathematical Finance, 1991, 1 (1): 1-29.

[24] Kalai A., Vempala S.. Efficient Algorithms for Universal Portfolios [C]. Foundations of Computer Science, 2000. Proceedings. 41st Annual Symposium on IEEE, 2003: 486-491.

[25] Jamshidian F.. Asymptotically Optimal Portfolios [J]. Mathematical Finance, 1992 (2): 131-150.

[26] Cover T. M., Ordentlich E.. Universal Portfolios with Side Information [J]. IEEE Transactions on Information Theory, 1996, 42 (2): 348-363.

[27] Blum A., Kalai A.. Universal Portfolios With and Without Transaction Costs [J]. Machine Learning, 1999, 35 (3): 193-205.

[28] 刘善存, 邱菀华, 汪寿阳. 带交易费用的泛证券组合投资策略 [J]. 系统工程理论与实践, 2003, 23 (1): 22-25.

[29] Helmbold D. P., Schapire R.E., Singer Y., Warmuth M. K.. On-line Portfolio Selection using Multiplicative Updates. Mathematical Finance, 1998, 8 (4): 325-347.

[30] Gaivoronski A. A., Stella F.. Stochastic Nonstationary Optimization for Finding Universal Portfolios [J]. Annals of Operations Research, 2000, 100 (1): 165-188.

[31] Zhang W., Zhang Y., Yang X., et al.. A Class of On-line Portfolio Selection Algorithms Based on Linear Learning [J]. Applied Mathematics & Computation, 2012, 218 (218): 11832-11841.

[32] El-Yaniv R., Fiat A., Karp R.M., Turpin G.. Optimal Search and One-way Trading Online Algorithms [J]. Algorithmica, 2001 (30): 101-139.

[33] Damaschke P., Ha P. H., Tsigas P.. Online Search with Time-Varying Price Bounds [J]. Algorithmica, 2009, 55 (4): 619-642.

[34] Lorenz J., Panagiotou K., Steger A.. Optimal Algorithms for K-search with Application in Option Pricing [J]. Algorithmica, 2009 (55): 311-328.

[35] Mohr E., Schmidt G.. Empirical Analysis of an Online Algorithm for Multiple Trading Problems [C]. MCO 2008, CCIS 14: 293-302.

[36] Zhang W., Xu Y., Zheng F., et al.. Online Algorithms for the General K-search Problem [J]. Information Processing Letters, 2011, 111 (14): 678-682.

基于复杂网络的银行系统传染性风险研究

范　宏　刘晓颖

（东华大学旭日工商管理学院，上海　200051）

【摘　要】银行系统中银行间的拆借关系具有复杂网络的特性，银行系统的传染性风险也是目前国内外研究的重要问题。但是，目前缺乏关于包括规则网络、随机网络、小世界网络、无标度网络在内的四种复杂网络下银行系统的对比研究，且当前研究大多基于静态的网络结构与固定资产负债的风险传染。文章首先依次构建了规则网络、随机网络、小世界网络、无标度网络四种复杂网络结构，之后构建了动态演化的银行网络系统。结果表明，规则网络结构下的银行系统对外界冲击最为敏感，最易发生传染性风险；规则网络、随机网络、小世界网络结构下银行系统传染性风险强度与资本充足率呈单调递增关系，与拆借比成单调递减关系，但无标度网络结构下的银行系统不受银行资本充足率及拆借比影响。

【关键词】复杂网络；传染性风险；动态银行网络系统；银行间拆借网络

0　引　言

一国金融体系中，银行业是核心，各银行在银行间同业市场的资金借贷关系构成了复杂银行间的拆借网络。2013 年 6 月的"钱荒"事件，以及银行间市场的联动效应都显示出我国存在隐性的金融危机。深入研究银行同业市场风险传染规律及影响因素，对于监管当局建立风险传染防范机制，及时化解中国银行间市场的潜在风险具有重要的现实意义。

对于银行间市场的风险蔓延研究由来已久。起初局限于简单的网络，Allen 和 Gale [1] 构建了四种简单的静态银行网络结构：完全结构、不完全结构、不相联结构以及货币中心结构，分析不同结构应对冲击产生的效应。Eisenberg 和 Noe [2] 基于静态网络结构研究了银行间拆借市场债券债务的清算机制与计算方法，为后续的仿真模拟研究提供了基础和方向。Hasman 等 [3] 首次把信息传染引入模型，并把银行间市场结构分成完全市场、邻里、孤岛结构三类，研究发现完全市场结构可抵御冲击，不完全市场结构可抑制危机传染。Georg[4] 研究了三种复杂银行网络下银行同业传染风险和一般风险冲击对金融稳定性的影响，并考虑了中央银行的政策对金融稳定性的作用，研究表明不同的网络结构会对金融稳定产生显著影响。万阳松[5] 在这方面是国内最早的研究之一，创造性地提出了双幂律银行网络结构，以银行主体行为与网络结构模型为基础研究风险传染。张英奎等[6] 虽然也对几种网络上的风险传染进行了研究，但主要针对巴塞尔协议参数的变化对随机、小世界、无标度网络中风险传染的影响，缺少三种网络之间的差异分析。

针对目前的研究成果，国内外研究缺乏基于规则、随机、小世界、无标度网络四个复杂网络同纬度下的差异分析对比；大多研究基于静态网络研究传染效应，传染过程中的银行资产负债值、拆借数据及网络结构均保持不变。本文采用汪小帆等[7] 的复杂网络建模思想与范宏[8] 提出的多 Agent 动态银行网络系统模型，利用几何布朗运动实现在不同网络结构下的资产负债值、银行拆借值与网络结构的动态演化。

1　模型构建方法

文章首先构建复杂网络结构下动态演化的银行网络系统模型，如图 1 所示。图 1(a)是宏观下银行相互拆借的网络拓扑结构，依次为规则、小世界、随机、无标度网络结构；网络中节点表示银行，连线表示银行间的拆借关系。对图 1(a)中每个节点进行微观分析得图 1(b)，其中图 1(b)左侧连线表示 N 家银行基于复杂网络形成的拆借关系，右侧为每家银行由于外界冲击以及相互拆借造成的资产负债随时间步发生的演变情况，其中阴影部分为银行负债。在整个演化过程中，当有银行出现资不抵债时，将被清出银行系统，同时在下一时间步更新整个系统的网络拓扑结构。根据图 1，本文首先对宏观复杂网络结构模型进行构建，算法见 1.1 节；再针对银行间拆借的网络结构建模，算法见 1.2 节。

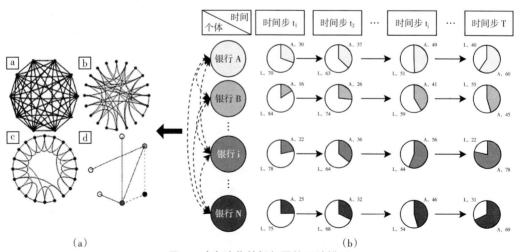

图 1　动态演化的银行网络系统模型

1.1 宏观复杂网络结构模型构建

1.1.1 网络的基本概念与统计性质

度分布、平均路径长度和聚集系数是刻画复杂网络的拓扑结构和动力学性质的三个基本的概念。网络中与节点 i 直接相连的其他节点的数目，称为节点 i 的度 k_i，分布函数 P(k)可用来描述节点 i 的度恰好为 k_i 的概率。网络中任意两个节点之间距离的平均值称为网路的平均路径长度，用 L 表示。在网络中，假设某一节点 i 有 k_i 个直接相连的近邻，那么这 k_i 个节点之间最多可能有 $k_i(k_i-1)/2$ 条边，而这 k_i 个节点之间实际存在的边数 E_i 和总的可能的边数 $k_i(k_i-1)/2$ 之比就称为节点 i 的聚集系数。

1.1.2 小世界网络与规则网络、随机网络模型构建算法

小世界网络是指网络结构中任一节点，仅需少量中间节点，便可以到达任意其他节点。规则网络模型有三类，这里将构建任意两节点都直接相连的全局耦合网络，其平均路径长度 L 与聚集系数 C 均为 1。当网络结构内任意两个顶点都尝试以某个概率 P（0<P<1）进行连接时，则形成随机网络，也称为 ER 模型。

对于小世界网络的度分布，当 k≥K/2 时，分布函数 P(k)符合公式（1）；当 k<K/2 时，P(k)=0。

$$P(k) = \sum_{n=0}^{\min(k-K/2, K/2)} \binom{K/2}{n} (1-p)^n p^{(K/2)-n} \frac{(pK/2)^{k-\left(\frac{K}{2}\right)-n}}{(k-(K/2)-n)!} e^{-pK/2} \tag{1}$$

小世界网络平均路径长度，可利用重正化群方法计算，如式（2），其中 f(u)为一普适标度函数。

$$L(p) = \frac{2N}{K} f(NKp/2) \tag{2}$$

小世界网络的聚类系数为：

$$G(p) = \frac{3(K-2)}{4(k-1)} (1-p)^3 \tag{3}$$

由于小世界网络是在规则网络的基础上加入随机性产生的，规则网络和随机网络分别是 WS 小世界网络在节点 P(k)为 0 和 1 时的特例，所以将小世界网络模型中的分布函数 P(k)值分别设定为 0、1，即可得到规则网络与随机网络模型。

1.1.3 无标度网络构建

无标度网络具有增长和优先连接的特性，增长是从一个具有 m_0 节点的网络开始，每次演化都会引入一个新节点连接到 m 个已存在的节点上，这里 m≤m_0；优先连接是指新节点同已存在的节点 i 相连接的概率 π_i 与节点 i 的度 k_i、节点 j 的度 k_j 之间满足 $\pi_i = k_i / \sum_j k_j$。

无标度网络的度分布为：

$$P(k) = \frac{2m(m+1)}{k(k+1)(k+2)} \propto 2m^2 k^{-3} \tag{4}$$

无标度网络平均路径长度为：

$$L \propto \frac{\log N}{\log\log N} \tag{5}$$

无标度网络聚集系数为：

$$C = \frac{m^2(m+1)^2}{4(m-1)}\left[\ln\left(\frac{m+1}{m}\right) - \frac{1}{m+1}\right]\frac{[\ln(t)]^2}{t} \tag{6}$$

1.2 微观动态银行拆借网络系统模型构建

1.2.1 银行间网络结构（债务矩阵 X）的估算

银行系统中各银行通过相互借贷的关系形成了关系复杂的银行间网络，该网络可

用 $N \times N$ 的债务矩阵 $X = \begin{bmatrix} x_{11} & \cdots & x_{1j} & \cdots & x_{1N} \\ \vdots & \ddots & \vdots & \ddots & \vdots \\ x_{i1} & \cdots & x_{ij} & \cdots & x_{iN} \\ \vdots & \ddots & \vdots & \ddots & \vdots \\ x_{N1} & \cdots & x_{Nj} & \cdots & x_{NN} \end{bmatrix}$ 表示，其中 x_{ij} 表示银行 i 贷款给银行 j

的金额。对矩阵行求和得 $a_i = \sum_j x_{ij}$，表示银行 i 的拆借总资产，对列求和 $l_j = \sum_i x_{ij}$，表示银行 j 拆借总负债，二者服从 $\sum_i a_i = \sum_j l_j = \sum X$，其中 $\sum X$ 是整个银行系统的总资金。

由于银行自身不存在拆借关系，需设定债务矩阵 X 正对角线的所有元素为 0，造成条件 $\sum_i a_i = \sum_j l_j = \sum X$ 条件不符。因此，需要对矩阵进行标准化估算，从 K = 1 开始对债务矩阵行、列进行约束计算，依次循环进行到 K 时间步，其中（7）为行约束，（8）为列约束：

$$x_{ij}^K = \frac{x_{ij}^{K-1} a_i}{\sum_{i=1}^N \sum_{j=1}^N (a_i \times l_j)} \text{for all } i \in 1, \cdots, N \tag{7}$$

$$x_{ij}^{K+1} = \frac{x_{ij}^K l_j}{\sum_{i=1}^N \sum_{j=1}^N (a_i \times l_j)} \text{for all } j \in 1, \cdots, N \tag{8}$$

利用欧氏距离，确定当 X^{K-1} 与 X^{K+1} 之间的差值小于预先设定 ε（$\varepsilon > 0$）时，循环停止，估算结束。

1.2.2 银行资产 V_i 的估计

根据上市银行当年资产负债值及每个交易日股价，利用几何布朗运动与 KMV 方法进行具体估算。

首先假设银行 i 的资产 V_i 服从几何布朗运动 $dV_i = \mu_i V_i dt + \sigma_i V_i dz$，其漂移率为 μ_i，波动率为 σ_i。假设所有银行的负债 $D_i(t)$ 一定，并按照无风险收益率 r 增长，则 $D_i(t) = D_i(0)e^{rt}$。根据 Black-Scholes 模型，通过式（9）得到银行权益值 $E_i(t)$：

$$E_i(t) = V_i(t)N(d_t) - D_i(t)N(d_t - \sigma_i\sqrt{T}) \tag{9}$$

从银行资产负债表中得到初始资产值 $V_i(0)$，设定初始漂移率 $\mu_i(0)$ 和波动率 $\sigma_i(0)$，每天的权益值表示为 $E_i(0)$，$E_i(1)$，$\cdots$，$E_i(T)$，负债为 $D_i(0)$，$D_i(1)$，$\cdots$，$D_i(T)$。

根据式（10）估计下一时间步资产值 $V_i(1)$，再用极大似然函数，估计出参数 μ_i、σ_i，再次代入式（10），循环计算得到 T 时间步的资产值 $\hat{V}_i(0)$，$\hat{V}_i(1)$，…，$\hat{V}_i(T)$。

$$V_i(t) = V_i(0)e^{\mu_i - \left(\frac{\sigma_i^2}{2}\right)th + \sigma_i\sqrt{th \times z_i(t)}} \tag{10}$$

1.2.3 银行倒闭

在 t 时间步，当银行 i 出现 $V_i(t) + a_i(t) - D_i(t) - l_i(t) < 0$ 时发生基础倒闭。

银行 i 传染倒闭的发生是由于其债务银行清算后没有能力偿还负债，导致之后的时间演变中银行 i 资不抵债产生违约倒闭。

$$p_i^*(t) = \begin{cases} l_i(t) & \text{if } \sum_{j=1}^{N} \Pi_{ji} p_j^*(t) + e_i(t) \geqslant l_i(t) \\ \sum_{j=1}^{N} \Pi_{ji} p_j^*(t) + e_i(t) & \text{if } 0 \leqslant \sum_{j=1}^{N} \Pi_{ji} p_j^*(t) + e_i(t) < l_i(t) \\ 0 & \text{if } \sum_{j=1}^{N} \Pi_{ji} p_j^*(t) + e_i(t) < 0 \end{cases} \tag{11}$$

利用清算向量 $p^*(t)$ 对各银行进行债务清算，通过 $\sum_{j=1}^{N} \Pi_{ji} p_j^*(t) + e_i(t) - l_i(t) < 0$ 确定传染倒闭。

1.2.4 债务矩阵、拆借资产及负债的演化

计算出时间步 t 的清算支付向量后，就可以更新债务矩阵，得到下一个时间步 t+1 时刻的新债务矩阵 X_{t+1}。矩阵 X_{t+1} 具体的演化机制如下：

步骤 1：i=1，在时间步 t 时，根据 1.2.3 节确定倒闭情况，若资不抵债发生基础倒闭，进行步骤 2；否则进行步骤 3，令银行的清算支付向量 $p_i^*(t) = l_i(t)$；

步骤 2：由于银行 i 已倒闭，只能支付部分债务给其债权银行 j，支付比例为 $\chi_i = \dfrac{\sum_{j=1}^{N} \Pi_{ji} p_j^*(t) + e_i(t)}{l_i(t)}$；

步骤 3：更新银行 j 的资产 V 与负债 D，即二者同时减去用于拆借的资金；

步骤 4：判断银行 i 是否发生传染倒闭，若发生则将银行清除出市场，并令 $x_{ij}(t) = x_{ji}(t) = 0$；

步骤 5：令 i=i+1，回到步骤 1；如果所有银行清算完毕，进行步骤 6；

步骤 6：更新 X_{t+1}，拆借资产更新为 $l_i(t+1) = \sum_{j=1}^{N} x_{ij}(t+1)$，负债为 $a_i(t+1) = \sum_{j=1}^{N} x_{ij}(t+1)$。

2 结果与分析

将模型进行计算机仿真，严格按照巴塞尔协议设置仿真环境。自行设定网络初始规模为 1000 家银行，仿真演化步长为 20 时间步。定义第 t 次仿真出现了 n 家银行倒闭时，传染倒闭概率为 $P_t = n/N$，统计 10000 次仿真中传染倒闭概率的均值 $P = P_t /10000$，用来表示银行系统发生传染性风险的概率或强度。

图 2 是包括资本充足率、拆借比、漂移率和波动率在内的四个因素变动对复杂网络结构下的银行系统的传染性风险影响。资本充足率代表了银行对负债的最后偿还能力；拆借比是指银行在银行间市场进行资金借贷总额与银行总资产的比值；资产漂移率和波动率表示系统中银行资产发展的情况，波动率越高，发展越不稳定。通过调整参数值，可以同时进行横纵向对比分析，具体分析如下。

图 2（a）是资本充足率变化造成的传染倒闭概率变化图，规则、小世界、随机网络结构下银行系统的传染倒闭概率随着资本充足率的增加单调递减，最终下降至 0。规则网络结构下银行系统传染倒闭概率变化幅度最大，其次是小世界网络，最小是随机网络。无标度网络下的传染倒闭概率始终保持在 0.1 无变化。

图 2（b）是拆借比变化造成的传染倒闭概率变化图，规则、小世界、随机网络结构下银行系统的传染倒闭概率随拆借比的增加分别单调上升至 0.8、0.6、0.2。同样地，规则网络结构下银行系统传染倒闭概率变化幅度最大，其次是小世界网络，最小是随机网络。无标度网络下的传染倒闭概率保持在 0.18 无变化。

图 2（c）是资产漂移率变化造成的传染倒闭概率变化图，规则、小世界、随机网络结构下银行系统传染倒闭概率呈现双驼峰形，而无标度网络下的传染倒闭概率为单驼峰形。四者均在漂移率为 0 左右时出现最大峰值，分别为 0.70、0.48、0.10、0.20。其传染倒闭概率变化幅度由大到小，依然为规则网络、小世界网络、无标度网络、随机网络。

图 2（d）是资产波动率变化造成的传染倒闭概率变化图，规则、小世界、无标度、随机网络结构下银行系统传染倒闭概率呈现双驼峰形，在波动率为 3.2 左右时出现最大峰值，分别为 0.68、0.48、0.48、0.10；其传染倒闭概率变化幅度最大的仍然为规则网络，小世界与无标度网络次之且同步变化，随机网络最稳定。

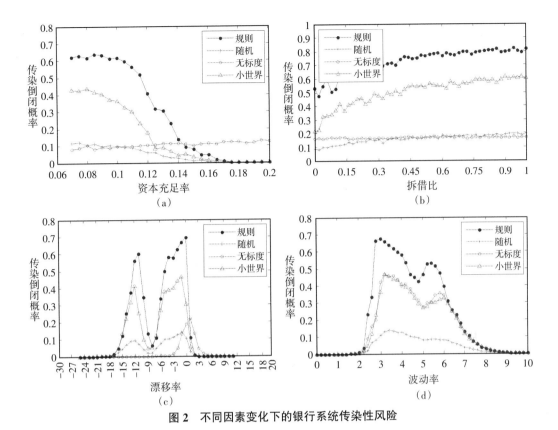

图2 不同因素变化下的银行系统传染性风险

3 结 论

相比于其他网络结构，规则网络结构下的银行系统对资本充足率、拆借比、漂移率与波动率四个因素变化最敏感，其传染倒闭概率最大，传染性风险强度大，表现也最不稳定；其次是小世界网络；随机网络结构下的银行系统是相对最稳定的。同时，规则、小世界、随机网络结构下银行系统传染性风险强度与资本充足率呈单调递增关系，与拆借比成单调递减关系，与漂移率和波动率无单调关系。相比于其他因素，波动率是影响无标度网络结构下的银行系统传染性风险的主要原因；无标度网络结构下的银行系统基本不受资本充足率和拆借比两因素的影响，相比其他网络结构表现最稳定。在后续研究中，可以深入分析各项结果产生的根本原因，并探索解决新的解决方案，为监管当局建立风险传染防范机制提供必要依据。

参考文献

[1] Allen F., D. Gale. Financial Contagion [J]. Journal of Political Economy, 2000, 108: 1-33.

[2] Eisenberg L., T. Noe. Systemic Risk in Financial System [J]. Management Science, 2001, 47:

236–249.

［3］Hasman A., Samartin M. Information Acquisition and Financial Contagion［J］. Journal of Banking & Finance，2008（2）：2136–2147.

［4］Georg C. P. The Effect of the Interbank Network Structure on Contagion and Common Shocks ［J］. Journal of Banking and Finance，2013，37（7）：2216–2228.

［5］万阳松. 银行间市场风险传染机制与免疫策略研究 ［D］. 上海：上海交通大学，2007.

［6］张英奎，马茜，姚水洪. 基于复杂网络的银行系统风险传染与防范 ［J］. 统计与决策，2013（10）：149–170.

［7］汪小帆，陈关荣，李翔. 复杂网络理论及其应用 ［M］. 北京：清华大学出版社，2006.

［8］范宏. 动态银行网络系统中系统性风险定量计算方法研究 ［J］. 物理报，2014（3）：473–480.

基于分类 DEA 的我国 31 个省（自治区、直辖市）创意产业投入产出效率分析*

石文光[1]　温薪祺[2]

(1. 中共葫芦岛市委宣传部，辽宁葫芦岛　12510；
2. 辽宁工程技术大学研究生学院，辽宁葫芦岛　125105)

【摘　要】文化创意产业对经济增长具有巨大带动作用，我国对此极为重视并有大量投入，如何提高文化产业投入产出效率是需要研究的重要问题。本文选择 2012~2014年我国 31 个省（自治区、直辖市）文化产业和文化相关产业从业人数、资金投入和营业收入等六项指标，采用分类 DEA 方法的 SBM 模型，将 31 个省（自治区、直辖市）按文化产业发展情况分为三类，分析各省（自治区、直辖市）技术效率差异和提高投入产出效率方法。本文认为，提高从业人员专业性、合理化使用资金、保护省份历史文化资源、营造文化产业氛围是提高产业技术效率的直接方式。本文为不同省份提高文化产业投入产出技术效率侧重点做出评价，具有重要意义。

【关键词】分类 DEA；SBM 模型；文化产业

0　引　言

近年来我国经济形势处于增长减速状态，而文化创意产业发展迅猛，吸引大量年轻劳动力和资产投资，并逐渐成为我国重视的支柱产业。2015 年的相关数据显示，全球文化创意产业平均每年产值达 22.5 亿美元。我国创意产业增加值已超过 2 万亿元。2013 年我国文化产业增加值为 21351 亿元，与 GDP 的比值为 3.63%。20 世纪 90 年代创意产业被发达国家提出，目前在英国、美国、日本、欧盟、中国香港和中国台湾等国家和地区已经有良好发展，在我国大陆各省处于发展初期。侯艳红（2008），张仁寿、黄小军和王朋（2011）使用 DEA 方法 CCR 模型对我国文化产业投入效果进行评

*　［基金项目］创意产业集群创新机制研究（辽宁省教育厅项目）；新型城镇化进程中辽宁省农业劳动力转移机制研究（辽宁省社科规划基金，基金号：L16BJL005）。

价，分析说明文化产业缺乏自主创新能力。王家庭、张容（2009），蒋萍、王勇（2011）使用 DEA 三阶段模型对我国 2004 年和 2008 年各省文化产业投入产出效率进行评估分析，发现人们对文化产业的需求、区域经济发展等环境因素对文化产业发展有积极影响。郭国峰、郑召锋（2009）运用因子分析、DEA 方法和结构方程模型从投入与产出两个角度考察中部六省文化产业的发展水平，发现对产出收益影响最大的是公共产出。马萱、郑世林（2010）使用 BCC 模型对我国文化产业省级面板数据进行了投入产出效率分析，证实不同区域之间文化产业投入产出效率存在巨大差异。黄永兴、徐鹏（2014）运用 Bootstrap-DEA 和空间计量模型对 2004 年和 2008 年我国文化产业效率及影响因素进行分析，文化消费、文化企业集聚、交通通信的提高有利于文化产业效率的提升；政府财政扶持改善了地区文化产业效率；文化产业效率具有较强的空间正溢出效应。

目前已有文献对我国各省文化产业投入产出绩效进行分析，但是仍不完善，本文根据已有文献和目前文化产业发展情况作出以下改进：

（1）根据最新文化产业的分类，文化产业包括文化服务业、文化制造业、批发零售业和其他社会娱乐文化相关产业，而部分文献直接使用《中国统计年鉴》的数据，只有服务业的文化产业数据，其他信息不完全。

（2）文化创意产业具有一次产出多次收益的特点，具有较高的知识溢出效应，而多数文献使用的 DEA 方法中的 CCR 模型是在规模报酬不变的假设下，不符合文化产业规模效应变化的特点。

（3）我国对文化创意产业已经有足够的重视，但是由于各个省份的文化基础、历史资源、城市建设和设施条件不同，不同省份的文化产出差别较大。因此将具有不同基础水平的省份使用同一个标准进行比较，会使数据结果失去公允性和现实的经济学意义。并没有文献将各省分类再进行比较。本文将 2012~2014 年 31 个省（自治区、直辖市）文化产业及相关产业产值按照统一比较，根据产值趋势线的位置将 31 个省份分为三类。再运用分类 DEA 方法的 SBM 模型，对文化创意产业投入产出效率进行分析，对各省份如何提高绩效有重要作用。

1　研究方法

我国文化产业具有多种投入和多种产出的特点，本文采用的分类 DEA 的 SBM 模型是在 CCR 和 BCC 模型基础上改进的模型，它的优势在于区别于原始模型的径向特点，可以在技术效率改进时不必追求各因素的投入和产出等比例减少或增加，最大化提高投入产出量改善程度，并且 SBM 模型可以采用非角度的改进方法，同时考虑投入和产出两方面的合理化优化。各省份文化产业发展情况差距较大，为了更公平合理地对各省份文化产业绩效评价，选择分类 DEA 方法，本文使用 CCR 模型（综合效率）和

BCC 模型（纯技术效率）计算各省份文化产业 SE（规模效率），用 CCR TE＝BCC PET ×SE 表示规模收益情况。RTS 表示规模报酬，可以直接判断 31 个省（自治区、直辖市）（决策单元）处于何种生产状态，DEA 有效的决策单元可以直接判定，但是 DEA 无效的决策单元要将投入产出值做成目标或有效值后再进行判断。Increasing（irs）、Constant（–）、Decreasing（drs）分别表示规模效率递增、不变和递减。

构造 SBM 模型如下：

$$\min_{\lambda, s^-, s^+} \rho = \frac{1 - \frac{1}{m} \sum_{i=1}^{m} s_i^- / x_{i0}}{1 + \frac{1}{s} \sum_{r=1}^{s} s_r^+ / y_{r0}}$$

$$x_0 = X\lambda + s^-$$

$$y_0 = Y\lambda - s^+$$

$$\lambda \geq 0, \ s^- \geq 0, \ s^+ \geq 0$$

其中，$0 \leq \rho \leq 1$ 表示技术效率，S^+、S^- 为松弛变量。X_{ij} 和 Y_{ij} 分别表示 DUM 的第 i 项输入和第 r 项输出。

2　指标选取及数据来源

本文选择 2013 年至 2015 年《文化产业和相关产业统计年鉴》我国 31 个省（自治区、直辖市）文化服务业、文化制造业、文化批发和零售业以及其他文化相关产业的从业人数、资产总额和营业收入作为评价指标。选择理由如下：①为了更好地分析我国文化创意产业发展情况，选择我国 31 个省（自治区、直辖市）作为决策单元（DUM）；②根据 2012 年我国文化产业分类，文化产业包括为社会公众提供文化产品和文化相关产品的文化产业，文化产业包括以文化服务业、文化制造业、文化批发零售业的主要文化产品和生产文化相关产品的相关产业；③根据文化产业的投入产出经济学意义，以文化产业从业人数、文化产业资产总计代表文化产业的投入；以营业收入来衡量文化产业的产出。

3　结果分析

本文运用 SPSS 软件，对我国 31 个省（自治区、直辖市）2012 年至 2014 年文化产业产值进行趋势分析，结果如图 1 所示，我国 31 个省（自治区、直辖市）文化产业产值差异较大，文化基础较好、历史资源丰富、经济发达的东部地区和中部沿海地区发展明显好于西部欠发达地区，并且发展好的省份政府对其文化产业有足够的重视和支持。因此，为了更合理地对我国 31 个省（自治区、直辖市）地区文化产业进行分析，根据其发展情况分为三类：第一类发展最优，包括江苏、广东、山东、浙江、北京；第二类发展次优，包括河南、湖南、四川、湖北、辽宁、上海、福建、河北、安徽、陕西、云南、重庆、江西、黑龙江、天津；第三类发展良好，包括广西、内蒙古、吉林、山西、新疆、贵州、甘肃、海南、宁夏、青海、西藏。运用 DEA-Solver 软件，分别采用 CCR、BCC、SBM 分类 DEA 模型对我国 31 个省（自治区、直辖市）连续三年文化产业及文化相关产业投入产出数据进行运算，得出我国文化产业综合技术效率（CCR）、纯技术效率（BCC）、规模效率（SE = CCR TE/BCC PET）、规模报酬情况（RTS）如表 1、图 2、图 3 和图 4 所示。

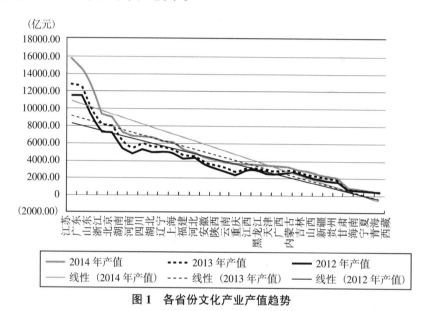

图 1　各省份文化产业产值趋势

表 1　技术效率

DUM	2014 年			2013 年			2012 年		
	SBM-V	RTE	SE	SBM-V	RTE	SE	SBM-V	RTE	SE
北京	1.000	—	1.000	1.000	—	1.000	1.000	—	1.000
浙江	0.549	irs	0.999	0.545	irs	0.998	0.461	—	0.985
辽宁	0.651	irs	0.996	0.689	irs	0.991	0.696	irs	0.998
湖南	1.000	—	1.000	1.000	—	1.000	1.000	—	1.000
福建	1.000	—	1.000	0.735	irs	0.994	1.000	—	1.000
海南	1.000	drs	0.963	1.000	—	1.000	1.000	—	1.000
西藏	1.000	irs	0.673	1.000	—	1.000	1.000	—	1.000
甘肃	1.000	—	1.000	0.663	irs	0.993	1.000	—	1.000
……	……	……	……	……	……	……	……	……	……

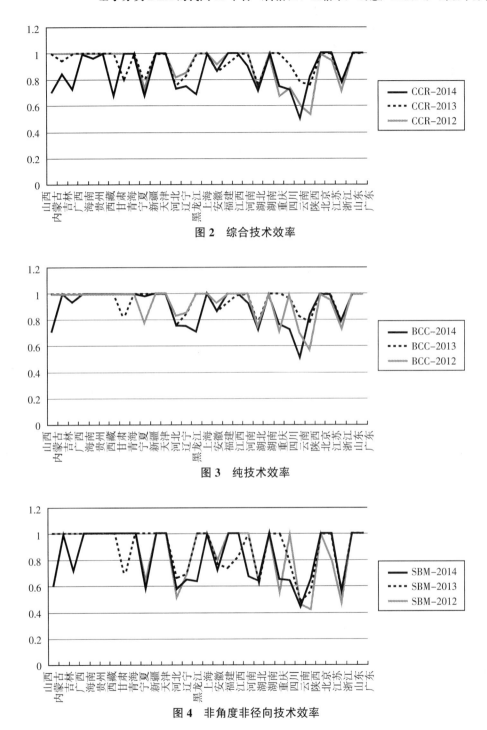

图 2　综合技术效率

图 3　纯技术效率

图 4　非角度非径向技术效率

2012~2014 年，我国文化产业产出明显提高，生产技术效率有增有减。2012 年和 2013 年各省份文化产业大多处于规模报酬递增状态。而 2014 年，部分省份规模报酬递减，说明其他条件不变，增加一单位的投入，产出增加量减少，这些省份的投入并没有得到良好的利用。根据 2012 年至 2014 年技术效率和纯技术效率得分情况可以看出

2014 年比 2012 年有明显降低的现象。

2014 年数据显示北京、天津、上海、江苏、福建等 13 个省（市）的综合技术效率、纯技术效率、非径向技术效率平均为 1，并且松弛变量 S+ 和 S- 均为 0，规模报酬不变，在 DEA 技术效率强有效。所以这些省份文化产业投入得到收益的结果非常好，需要在保持现有的基础资源和文化设施的条件下，继续发展。若需要更大限度地提高文化产业的技术效率，要重视文化产业集群建设、文化产业园区建设，发挥文化产业知识溢出优势和规模经济效应。

内蒙古、广西、海南、西藏 4 个省（区）的规模效率小于 1，是由于综合技术效率小于 1 而导致。该 4 个省（区）文化产业投入得到收益的结果较好，文化产业技术效率呈弱 DEA 有效状态，内蒙古、广西、海南规模报酬递减，西藏规模报酬递增。内蒙古、广西、海南文化产业技术效率明显高于西藏，但规模报酬情况并不乐观，这说明前三个省区的投入大部分有效产出，但是发展速度放慢，需要有策略地规划和重视。西藏文化产业有很好的发展空间和增长趋势，需要有效地配置资源，使得有限的投入效率最大化地转为产出。

这 17 个省份技术效率 DEA 有效的原因不同，按省份的文化产业发展重视和支持程度、历史资源丰富度、人文环境情况来看，北京、天津、上海、江苏、福建等省（市）是由于基本条件优越所导致技术效率排名靠前，而贵州、甘肃、青海、新疆等省份对文化产业投入较少、产出较少造成技术效率较高。因此，各省份不能盲目地追求文化产业产值，要注重基础文化建设，在营造良好产业氛围情况下，做有效的投入使文化产业持续稳定发展。

河南省值得注意，虽然技术效率小于 1 处于 DEA 无效状态，但是它的各种模型下技术效率值均大于 0.8，并且规模报酬处于不变状态。这种数据情况类似于技术效率呈 DEA 强有效状态的省份。进一步可以推测河南省文化产业具有较好的发展水平，可以参考或追随技术效率 DEA 有效省份的文化产业发展策略。霍金斯、厉无畏等创意经济专家均指出人才是创意产业发展的首要重要因素，河南省是我国人口众多的大省之一，这与创意产业的基本理论相吻合。由此可见，除了历史文化、基础设施、经济发展状况等因素以外，省份人口数量是决定文化产业发展情况的重要因素。

规模报酬呈递减状态的有山西、内蒙古、吉林、广西、海南 5 个省区，这 5 个省区均是第三类文化产业发展良好的省份。笔者在不采用分类模型的方法中测量过省份的规模报酬情况，这 5 个省份呈规模报酬递增状态。这说明将第三类省份降低评价标准和参考省份后，规模报酬测量有明显变化，更加体现了采用分类 DEA 模型的重要性。这五个省份文化产业发展状况处于劣势状态，混合技术效率、文化产业产值排序在 31 个省份中均处于劣势地位。因此，这 5 个省份在文化产业有较大的发展空间，需要从人才、技术、文化产业环境等多种角度提升文化产业产值和投入产出效率。

采用 SBM 非径向非角度模型来运算 2014 年 31 个省（自治区、直辖市）文化产业改进投入产出技术效率得出结论如表 2 所示。

表 2　投入产出改进

DUM	文化产业年末从业人员	文化相关产业从业人员	文化产业资产总计	文化相关产业资产总计	文化产业营业收入	文化相关产业营业收入
山　西	−0.2855	−0.1104	−0.4342	−0.0247	0	0.6079
吉　林	0	−0.0503	−0.0992	−0.4401	0	0.4113
河　北	−0.3784	−0.0407	−0.1981	0	0	0.9234
辽　宁	−0.4534	−0.1551	−0.0522	0	0.1305	0.4323
重　庆	−0.5558	−0.5568	−0.1751	0	0	0.068
四　川	−0.3189	−0.1382	0	−0.1451	0.3052	0.3275
云　南	−0.2028	−0.3664	0	−0.1911	0.973	0.7414
……	……	……	……	……	……	……

　　缩减投入和扩大产出是改进文化产业生产效率的两种方式。从表 2 中可以看出，非 DEA 有效的 14 个省份存在资源投入配置不合理的情况，部分省份需要缩减人员投入，部分省份需要缩减资金投入，所有省份都需要扩大产出。发展最优的第一类省份中，浙江省更多地需要缩短文化产业的人员投入，增加文化相关产业的产出，而且与其他省份相比需要改进的程度较小。文化产业发展次优的第二类省份是可以改进省份最多的分类，这并不说明该类省份创意产业发展不好，根据总体正态分布的特点，创意产业在各省份发展程度也是呈现中间多两端少的状态，发展程度中等的省份多，制定合理的发展规划和制度，可以快速地提升我国整体文化产业产值。河北、辽宁、黑龙江、安徽、河南、湖北、重庆、四川、云南、陕西 10 个省市主要改进措施是缩减人员投入，增加产业产出。这说明我国对中度发展水平的省份资金投入较少，没有足够的重视和具有针对性的省份规划。若想快速地提高我国文化产业发展水平，中度发展省份是值得关注的地区。文化产业发展良好的第三类省份中，山西和吉林需要缩减资金投入和增加文化相关产业产出，宁夏的重要任务是增加产出。这说明山西和吉林已经有足够的资金投入，但是没有发挥最大的效用，如何合理分配资金和将投入资金转化为产出是需要解决的问题。增加文化产业及相关的专业技术人员，或将目前产业内员工专业化培养，合理利用投入资金，整合资源，制定有针对性的产业规划是当务之急。

4　结　论

　　由于我国各省份历史资源、基础设施、经济发展状态、文化产业氛围不同，本文将我国 31 个省（自治区、直辖市）按照文化产业产值差别趋势分为三类，做同级比较的运算，并运用 DEA-solver 软件运行分类 DEA 的非角度非径向 SBM 模型对我国 31 个省（自治区、直辖市）2014 年文化产业投入产出效率进行分析。发现北京、天津、上海、江苏、福建、江西、山东、湖南、广东、贵州、甘肃、青海、新疆 13 个省份技术效率处于 DEA 强有效状态，内蒙古、广西、海南、西藏 4 个省区由于综合技术效率小于 1 导致混合技术效率和规模效率均小于 1，纯技术效率等于 1，处于 DEA 弱有效状态。其余省份均处于非 DEA 有效状态，但是河南省技术效率接近于 1，文化产业发展状态处于较好位置。山西、内蒙古、吉林、广西、海南 5 个省区文化产业规模报酬递减，河北、辽宁、黑龙江、浙江、安徽、湖北、重庆、四川、云南、西藏、陕西、宁夏 12 个省（市 、区）文化产业规模报酬递增，其余省份规模报酬不变。

我国 31 个省（自治区、直辖市）文化产业发展极好和极差的省份较少，中间程度省份较多。维护省份原有历史资源、基础设施是保障文化产业持续稳定发展的基本条件。若想更大规模地扩展文化产业，需要提高文化产业从业人员专业型和技术型，合理分配并使用投资资金，合理分配资源合理运用投入资源，最大化转为产出品。充分发挥文化产业发展最优省份的历史资源、人文环境优势。寻求文化产业发展较好省份的共同特点，制定大众化、易实施的经验性规划，并根据不同省份具体特点做出个性化、能体现省份特征的文化产业园区。充分发挥文化产业知识溢出特性，建造产业集群和文化产业园区，降低生产成本，为文化产品生产创造灵感，为文化产业挖掘生长土壤。

参考文献

［1］厉无畏. 中国和欧洲城市创意产业发展的比较研究［J］. 世界经济研究，2007（2）：51-56，89.

［2］侯艳红. 文化产业投入绩效评价研究［D］. 天津：天津工业大学硕士学位论文，2008.

［3］王家庭，张容. 基于三阶段 DEA 模型的中国 31 省市文化产业效率研究［J］. 中国软科学，2009（9）：75-82.

［4］郭国峰，郑召锋. 我国中部六省文化产业发展绩效评价与研究［J］. 中国工业经济，2009（12）：76-85.

［5］马萱，郑世林. 中国区域文化产业效率研究综述与展望［J］. 经济学动态，2010（3）：83-86.

［6］蒋萍，王勇. 全口径中国文化产业投入产出效率研究——基于三阶段 DEA 模型和超效率 DEA 模型的分析［J］. 数量经济技术经济研究，2011（12）：69-81.

［7］张仁寿，黄小军，王朋. 基于 DEA 的文化产业绩效评价实证研究以广东等 13 个省市 2007 年投入产出数据为例［J］. 中国软科学，2011（2）：183-192.

［8］黄永兴，徐鹏. 中国文化产业效率及其决定因素：基于 Bootstrap-DEA 的空间计量分析［J］. 数理统计与管理，2014（3）：457-466.

基于 FANP-TOPSIS 模型的 SBOT 轨道交通项目风险分担研究

邵良杉[1]　王仲万[1]　冯春龙[2]

(1. 辽宁工程技术大学系统工程研究所，辽宁葫芦岛　125000;

2. 中国建筑第五工程局有限公司，湖南长沙　410000)

【摘　要】为解决风险分担机制中风险评判的主观性过强、无法捕捉风险指标间的波动关联性问题，从 10 组指标集内部选取 28 项风险指标构建作业分解结构——风险分解结构矩阵（WBS-RBS），以此建立基于 SBOT 模式下的 FANP-TOPSIS 风险分担预测模型。通过模糊网络分析法（FANP）引入三角模糊数对模糊判断矩阵形式给出的风险指标判断信息进行更精准的刻画，应用逼近理想解排序法（TOPSIS）对各投资方的风险分担比值与理想化值的贴近程度进行排序。通过北京地铁四号线的案例验证该模型在实际应用中的可行性和有效性，旨在为项目达成前各投资方对自身风险合理管控提供借鉴。

【关键词】城市轨道交通；风险分担；WBS-RBS 法；FANP 法；TOPSIS 法；SBOT 项目

0　引　言

20 世纪末，我国轨道交通的项目建设进入爆炸式发展阶段，为减轻政府财政负担并有效地控制融资风险，国内基础设施建设多采用以私营部门为前期投资主体的 PPP 模式（BOT、BT、TOT 等）。由于轨道交通项目建设周期长、投资回收速度慢，在无形中增加了私营部门的投资回收风险，导致传统的 PPP 模式很难在实践中取得成功。

SBOT 模式即前补偿模式，是王灏[1]根据我国实际的轨道交通建设状况加以创新首次提出的 BOT 衍生模式，传统 BOT 模式中，主要由私营部门通过融资、贷款等渠道获得资金来源，SBOT 模式通过公营部门提供补偿性的投入弥补了这一缺陷。其发展研究也引起了国外学者的广泛关注，如 Phang[2]等采用 SBOT 模式对北京地铁四号线进行实际案例分析。然而，SBOT 模式的风险分担理论研究尚处于探索阶段，现有风险分担研究主要集中在以私营部门为主体的前期投资建设模式。如刘宏和孙浩[3]依据 ISM 模型，采用 ANP 法分析 BOT 项目中的融资风险；高华等[4]应用修正的 Shapely 值法构建 BT 项目共担风险分担分配模型；M.Askari 和 Shokrizade[5]结合 FTOPSIS 和 FSAW 方法对 BOT 项目风险进行风险识别研究。

上述研究对项目实施建设中的风险应对、风险分担等问题具有积极的指导意义，在一定程度上提高了风险决策的科学性。但由于实际项目建设中环境复杂，影响因素来自多个层面，目前的研究仍存在相应的不足之处，如在评判大量指标时，采用单一的权重计算方法会导致指标权重结果主观随意性较大，且无法反映出复杂项目中众多内部指标间的相互依赖性和实际代表的活动关系。基于此，本文引入 WBS-RBS 法对 SBOT 项目流程和风险源进行分解识别，建立基于 SBOT 模式下的风险评价指标体系；以 FANP 法中的三角模糊数形式对风险指标评判进行客观性优化，为 TOPSIS 法的多目标决策排序做预处理，以保证基于 SBOT 模式下建立的风险分担预测模型能够及时高效地给决策者提供风险管控的调节依据。

1 FANP-TOPSIS 风险分担预测模型

1.1 基于 FANP 法确定风险指标的极限排序权重

FANP 法（Fuzzy Analytic Network Process）通过引入三角模糊数和模糊概率确定专家的评判结果[6]，并在保留人类思维评判模糊性的同时对离散型数据进行定量分析。该方法主要通过以下步骤确定指标权重：

Step1：针对决策问题，构建控制层和网络层组成的网络分析结构，如图 1 所示。

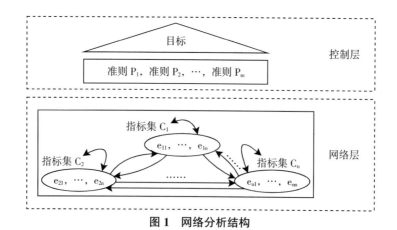

图 1　网络分析结构

Step2：构造模糊判断矩阵。以控制层 p_m 为准则，以网络层中指标集 C_j 的指标 e_{ju} 为次准则。根据指标集 C_i 中各指标对于次准则 e_{ju} 的影响程度，构造两两比较偏好的模糊判断矩阵，如表 1 所示。

表 1　模糊判断矩阵

e_{ju}	e_{i1}, e_{i2}, $\cdots$, e_{i3}	影响程度
e_{i1}	M_{11}, M_{12}, $\cdots$, M_{1n}	$d(e_{i1}^{ju})$
e_{i2}	M_{21}, M_{22}, $\cdots$, M_{2n}	$d(e_{i1}^{ju})$
$\vdots$	$\vdots$　$\vdots$　$\ddots$　$\vdots$	$\vdots$
e_{in}	M_{n1}, M_{n2}, $\cdots$, M_{nn}	$d(e_{i1}^{ju})$

本文采用三角模糊数 $M=(l, m, u)$ 评判影响程度，其中参数 m 表示评判最可能值；l 和 u 分别表示评判下限值和上限值。评判准则需遵循语意变量的模糊区间定值，以参数 l、m 和 u 形成的隶属度关系确定评判值。在传统的 ANP 法中，构造判断矩阵之后，多采用特征根法求得影响程度权重，而 FANP 法中影响程度权重的计算步骤如下：

① 计算模糊判断矩阵 M' 中各指标间的模糊综合程度值，并以三角模糊数表示：

$$M_{ij} = (l_i, m_i, u_i) = \sum_{j=1}^{n_j} M_{Ci}^j \times \left[\sum_{i=1}^{n_i} \sum_{j=1}^{n_j} M_{Ci}^j \right]^{-1} \tag{1}$$

式中，M_{Ci}^j 为矩阵 M' 中的模糊数，n_i 为行指标数目，n_j 为列指标数目。

② 以三角模糊数为评判依据，计算各指标大于其他指标的可能性程度：

$$V(M_{i1} > M_{i2}) = \begin{cases} 1 & m_{i1} \geqslant m_{i2} \\ \dfrac{l_{i2} - u_{i1}}{(m_{i1} - u_{i1}) - (m_{i2} - l_{i2})} & m_{i1} \leqslant m_{i2}, \ u_{i1} \geqslant l_{i2} \\ 0 & 其他 \end{cases} \tag{2}$$

式中，$V(M_{i1} > M_{i2})$ 为三角模糊数 M_{i1} 大于 M_{i2} 的可能性程度。

③ 计算指标权重。将计算所得可能性程度的最小值作为该三角模糊数对应指标相对于其他指标的影响程度，即该指标对应权重 $d(e_u)$：

$$d(e_u) = \min\{V(M_u > M_1), V(M_u > M_2), \cdots, V(M_u > M_{ni})\} \tag{3}$$

对指标集 C_i 中所有指标权重作归一化处理，即 $w'_{ei} = [d(e_{i1}), d(e_{i2}), \cdots, d(e_m)]^T$。以指标集 C_j 中所有指标 $(e_{j1}, e_{j2}, \cdots, e_{jn})$ 为次准则，计算得出指标集 C_i 中的所有指标权重，共有 n_j 组向量，构建向量矩阵 $w_{ij} = [d(e_{im}^{jn})]$。

Step3：求解超矩阵和加权超矩阵。矩阵 w_{ij} 的列向量为指标集 C_i 中指标 $(e_{i1}, e_{i2}, \cdots, e_{im})$ 对指标集 C_j 中指标 $(e_{i1}, e_{i2}, \cdots, e_{im})$ 的影响程度，进而计算可得超矩阵 $w = [w_{n \times n}]$。以控制层 P_m 为准则、指标集 C_j 为次准则，根据各指标集相对次准则 C_j 的影响程度构造模糊判断矩阵。在此基础上计算指标集权重 a_{ij}，并构建加权矩阵 $A = [a_{ij}]$，$i = 1, \cdots, n$；$j = 1, \cdots, n$。

Step4：FANP 法核心步骤为超矩阵运算。由于其极端复杂，所以需要借助决策软

件 SD 来完成[7]。将矩阵 A 中所有指标与超矩阵 w 中对应指标相乘，构建加权超矩阵

$$\overline{W} : \overline{W} = A \times w = \sum_{j=1}^{n} \sum_{i=1}^{n} a_{ij} w_{ij}。(\overline{W})^2, (\overline{W})^k$$ 分别表示矩阵 $\overline{W}$ 的 2 次和 k 次偏好度。当

$K \to \infty$ 时，$(\overline{W})^k$ 收敛或者震荡收敛，此时 $(\overline{W})^k$ 为极限超矩阵。$(\overline{W})^k_{(K \to \infty)}$ 矩阵中数值为偏好度，其任一列向量为各指标集中指标的极限排序权重向量 lW_j，并在此基础上计算各指标集权重向量 gW。

1.2 FANP 耦合 TOPSIS 法确定风险分担比值

利用上述 FANP 法所得向量 lW_j 对下文构建所得无量纲化决策矩阵 B 进行加权优化，综合考虑各指标集权重 gW 和贴近度 C_i^+，确定风险分担比值。具体耦合步骤如下：

Step1：建立初始评判矩阵 O。

Step2：无量纲化风险指标。在 SBOT 模式的风险指标体系中所有指标均属于消耗型指标，采用公式（4）对初始评判矩阵 O 进行处理，所得矩阵 B $\{(b_{ij})_{m \times n}\}$ 为无量纲化决策矩阵：

$$b_{ij} = \frac{t_{ij} - \min_j(t_{ij})}{\max_j(t_{ij}) - \min_j(t_{ij})} \tag{4}$$

将矩阵 B 中各列向量与极限排序权重向量 lW_j 相乘，得出加权无量纲化决策矩阵：$R = [w_n \times b_{mn}]$。

Step3：计算评价对象与理想解的距离和贴近度 C_i^+，公式为：

$$D_i^+ = \sqrt{\sum_{j+1}^{n} (v_{ij} - v_j^+)^2} \quad D_i^- = \sqrt{\sum_{j=1}^{n} (v_{ij} - v_j^-)^2} \tag{5}$$

$$C_i^+ = D_i^- / (D_i^+ + D_i^-) \tag{6}$$

当评价对象等于正理想解时，贴近度为最大值：$C_i^+ = 1$；当评价对象等于负理想解时，贴近度为最小值：$C_i^+ = 0$。

Step4：计算各评价对象的风险分担向量 Q，公式为：

$$Q = gW \times C_i^+ \tag{7}$$

2 SBOT 轨道交通项目风险指标体系的构建

2.1 风险成因分析

外生风险属于 SBOT 项目投资方不可控制的风险。参考 FIDIC 合同施工条款，社会风险、不利物质条件都应由私营部门来承担；通货膨胀风险、不可抗力风险、利率风险由双方共同承担。根据《北京地铁四号线特许经营协议》规定，市政府委托北京市基

础设施投资有限公司进行项目勘察和施工图设计,所以涉及的第三方侵权责任风险应由市政府来承担;京港地铁有限公司享有该项目的投融资权,施工中分包商、供应商都是与京港地铁有限公司签订的合同,所以分包商、供应商违约风险应由其承担。

内生风险涵盖从前期的投融资平台建设到项目实施、项目运营的各个阶段。《北京地铁四号线特许经营实施方案》是北京市发改委组织拟订,北京市政府批准确立的项目。项目的可行性和功能缺陷应由市政府承担;该项目是由北京市政府和京港地铁有限公司投资建设,融资风险应由双方共同承担;特许经营期内由京港地铁有限公司负责地铁四号线的运营维护,但是北京市政府有权给出运营安全、票价的标准,在发生涉及公共安全的紧急事件,市政府有权介入,保护公共利益,所以针对运营风险双方应共同承担[8]。

2.2 WBS–RBS 法风险指标识别

针对 SBOT 模式下的轨道交通项目,WBS-RBS 法的风险识别过程如下:①构建 WBS 树形,按照 SBOT 项目的融资、建设、运营模式分解工作结构,包括项目规划、投融资等阶段;项目工作范围包括土建、装修、常规设备安装、轨道、人防和主变电站等专业系统,以此对阶段细化分出二级单位工程。②构建 RBS 树形,包括外生风险和内生风险。其中外生风险包括政治风险、法律风险、自然风险、社会风险、经济风险、第三方责任风险;内生风险包括项目选择风险、融资风险、设计风险、施工风险、运营风险。

依照风险成因和北京地铁四号线项目验收阶段的要求,构造 SBOT 模式北京地铁四号线 WBS-RBS 矩阵如图 2 所示。

图 2 中"●"表示耦合后该单位工程阶段存在的对应风险,从 WBS-RBS 矩阵中能确定 RBS 树形中的风险在项目中是否存在,并可以追溯风险来源的具体单位工程。

2.3 北京地铁四号线 SBOT 轨道交通项目风险指标体系建立

SBOT 模式的投资形式是公私合作,由政府参与支持,其政治风险 c_{11} 可以不予考虑;项目不涉及外汇,所以没有汇率风险 e_{81}。因此根据 WBS-RBS 矩阵,以外生风险和内生风险为目标层,运营风险 C_1、移交风险 C_2 等 10 个风险指标集为准则层划分 28 个指标,建立 SBOT 轨道交通项目的风险指标体系如表 2 所示。

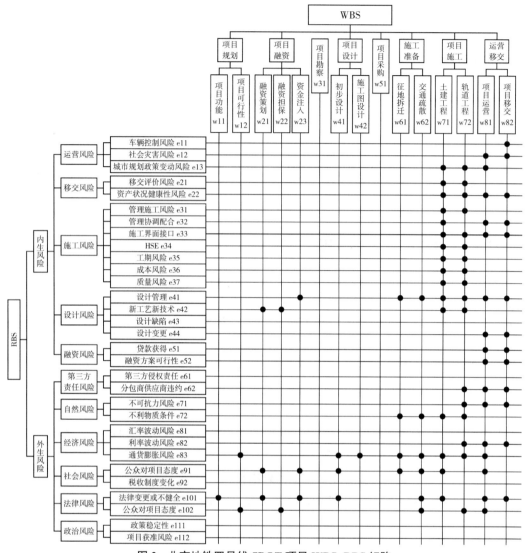

图 2　北京地铁四号线 SBOT 项目 WBS–RBS 矩阵

表 2　北京地铁四号线 SBOT 轨道交通项目风险指标体系

目标层	准则层	指标层	风险描述
内生风险	运营风险	e_{11}	控制人员操作不当、检修存在疏忽
		e_{12}	灾害的触发性条件不由运营公司控制
		e_{13}	由于政策性变动导致乘客的满意度降低
	移交风险	e_{21}	移交前对项目资产的可行性分析
		e_{22}	运营期资产的损耗给以定量分析

目标层	准则层	指标层	风险描述
内生风险	施工风险	e_{31}	施工中管理不恰当导致项目实施受阻
		e_{32}	施工负责人与其他部门沟通不当
		e_{33}	与非 SBOT 项目在施工中界限处理
		e_{34}	安全隐患、安全事故、环境风险
		e_{35}	工期返工、延误引起
		e_{36}	水文、地质引起、施工管理不当等导致的工程返工
		e_{37}	材料、设备不合格导致的质量事故、缺陷
	设计风险	e_{41}	勘察、设计管理不善，协调配合不足
		e_{42}	对于初次使用的技术设备未知性较高
		e_{43}	勘察设计文件或数据有遗漏、错误
		e_{44}	勘察、设计与实际情况不符设计需变更
	融资风险	e_{51}	项目实施中无法获得建设期贷款
		e_{52}	融资成本是否符合目标、融资渠道能否实现
外生风险	第三方风险	e_{61}	专利、技术等侵权行为责任赔偿
		e_{62}	施工分包商、材料设备供应商的违约责任
	自然风险	e_{71}	地震、海啸等不可预测和避免事件
		e_{72}	地下障碍物、溶洞等事件
	经济风险	e_{82}	利率变化对项目投资回报率的影响
		e_{83}	通货膨胀率波动引起人、材料等价格变动
	社会风险	e_{91}	征地拆迁及施工交通疏散造成损害
		e_{92}	税改变动对项目的融资、贷款压力的影响
	法律风险	e_{101}	SBOT 项目缺乏立法支持、政策性保护
		e_{102}	营业税改制问题

3 北京地铁四号线 SBOT 项目的风险分担

3.1 极限排序权重的确定

（1）为得出合理的评判权重，笔者邀请 20 位专家（10 位业内专家和 10 位校内专家）成立专家组对风险指标进行打分，并根据专家不同的专业背景和学术水平，对其给出的分值进行优势度处理[9]；依据公式 1 至公式 3 进行权重求解，以此建立模糊判断矩阵，进行量化处理。

（2）所构造的 FANP-TOPSIS 风险分担模型中，通过三角模糊数进行专家评分。

① 确定指标集层级：分别以指标集运营风险 C_1、法律风险 C_{10} 为次准则，根据各指标集之间对次准则 $C_i(i = 1，\cdots，10)$ 的影响程度，构建相应数量的模糊判断矩阵。限于篇幅，以运营风险 C_1 作为次准则为例，如表 3 所示。

表 3 C_1 为次准则的模糊判断矩阵

以运营风险 C_1 为次准则	C_3	C_4	C_7	C_8	C_9
施工风险 C_3	(1, 1, 1)	(1/2, 2/3, 1)	(2/3, 1, 2)	(2/5, 1/2, 2/3)	(1/2, 2/3, 1)
设计风险 C_4	(1, 3/2, 2)	(1, 1, 1)	(1/2, 2/3, 1)	(1/3, 2/5, 1/2)	(2/5, 1/2, 2/3)
自然风险 C_7	(1/2, 1, 3/2)	(1, 3/2, 2)	(1, 1, 1)	(1/2, 2/3, 1)	(1/2, 2/3, 1)
社会风险 C_8	(3/2, 2, 5/2)	(2, 5/2, 3)	(1, 3/2, 2)	(1, 1, 1)	(1/2, 1, 3/2)
法律风险 C_9	(1, 3/2, 2)	(3/2, 2, 5/2)	(1, 3/2, 2)	(2/3, 1, 2)	(1, 1, 1)

结合表 3 数据，由公式（1）运用 Matlab 2016 计算各指标集模糊综合程度值：

$M_{31} = (0.083，0.138，0.270)$　$M_{41} = (0.088，0.147，0.246)$

$M_{71} = (0.095，0.174，0.310)$　$M_{81} = (0.163，0.288，0.477)$

$M_{91} = (0.140，0.252，0.453)$

根据公式（2）和公式（3）计算指标集 C_1 的归一化权重向量 a_1：

$a_1(a_{31}，a_{41}，a_{71}，a_{81}，a_{91})^T = [0.129，0.114，0.174，0.309，0.274]^T$

同理，分别以其他 8 个指标集为次准则，计算权重向量 a_2，a_3，a_4，a_5，a_6，a_7，a_8，a_9，a_{10}，由此构造加权矩阵 A：

$$A = \begin{bmatrix} 0.000 & 0.000 & 0.000 & 0.000 & 0.000 & 0.137 & 0.000 & 0.000 & 0.000 \\ 0.000 & 0.000 & 0.000 & 0.000 & 0.000 & 0.000 & 0.000 & 0.000 & 0.000 \\ 0.129 & 0.103 & 1.000 & 0.000 & 0.000 & 0.132 & 0.000 & 0.000 & 0.000 \\ 0.114 & 0.152 & 0.171 & 0.000 & 0.000 & 0.116 & 0.000 & 0.000 & 0.000 \\ 0.000 & 0.000 & 0.081 & 1.000 & 0.000 & 0.000 & 0.000 & 0.000 & 0.000 \\ 0.000 & 0.121 & 0.145 & 0.152 & 0.000 & 0.000 & 0.000 & 0.000 & 0.000 \\ 0.174 & 0.164 & 0.142 & 0.133 & 0.172 & 0.000 & 1.000 & 0.139 & 0.182 \\ 0.309 & 0.116 & 0.121 & 0.173 & 0.221 & 0.121 & 0.000 & 1.000 & 0.153 \\ 0.274 & 0.213 & 0.152 & 0.166 & 0.173 & 0.183 & 0.000 & 0.191 & 1.000 \end{bmatrix}$$

② 确定指标层级：分别以指标 e_{11}，e_{12}，e_{13}，e_{21}，e_{22}，$\cdots$，e_{102}（共 28 个指标）为次准则，根据各指标之间对次准则的影响程度，构建模糊判断矩阵，共计 120 个。模糊判断矩阵表现形式为非整数，由于 SD 软件只能计算具有整数形式的判断矩阵，所以在分析过程中需借助 Matlab 2016 辅助计算，由此得出模糊判断矩阵的权重向量，该权重向量为超矩阵的子块，构成超矩阵 W 如表 4 所示。

表 4   超矩阵

		C_1				C_8		C_9	
		e_{11}	e_{12}	…	e_{81}	e_{82}	e_{83}	e_{91}	e_{92}
C_1	e_{11}	0.5000	0.3158	…	0.5000	0.5000	0.5000	0	0
	e_{12}	0.5000	0.6842	…	0.5000	0.5000	0.5000	0	0
⋮	⋮	⋮	⋮	…	⋮	⋮	⋮	⋮	⋮
C_9	e_{91}	0.1930	0.1792	…	0.1972	0.2004	0.2500	0.5000	0.5000
	e_{92}	0.2099	0.2100	…	0.1904	0.2097	0.0000	0.5000	0.5000
C_{10}	e_{101}	0.1892	0.2497	…	0.1926	0.1925	0.2500	0	0
	e_{102}	0.1889	0.2497	…	0.2208	0.1991	0.2500	0	0

（3）首先，将 SBOT 模式下的风险评价指标体系录入到 SD 软件中；其次，根据专家给出的评判结果，确定各风险指标集、子指标间的依存和反馈关系，以此确定风险分析结构。将 Maltab 2016 计算得出的超矩阵 W 和加权矩阵 A 录入 SD 软件中，生成加权超矩阵 $\overline{W}$；通过对矩阵 $\overline{W}$ 进行极限运算，得到风险指标的相对排序权重 $1W_j$ 如表 5 所示。

表 5   相对排序权重

指标集	权重	指标	单层权重	相对排序权重 1W
运营风险 C_1	0.1466	e_{11}	0.3772	0.0553
		e_{12}	0.3429	0.0503
		e_{13}	0.2799	0.0410
移交风险 C_2	0.1710	e_{21}	0.4395	0.0752
		e_{22}	0.5605	0.0958
…	…	…	…	…
社会风险 C_9	0.0732	e_{91}	0.5032	0.0368
		e_{92}	0.4968	0.0364
法律风险 C_{10}	0.1025	e_{101}	0.6393	0.0655
		e_{102}	0.3607	0.0370

3.2   TOPSIS 法计算风险分担比值

北京地铁四号线项目总投资 153 亿元，其中 70% 由北京市政府 F_1（公营部门）出资，另外 30% 由获得特许经营权的北京京港地铁有限公司 H_3（私营部门）投资。北京京港地铁有限公司是采用 PPP 模式组建的合资公司[10]，其中北京市基础设施投资有限公司 F_2 占该公司 2% 股份，北京首创集团公司 F_3 和香港地铁公司 F_4 各占 49% 股份。

设定阈值 H_1 和 H_5 为风险影响系数的评价界限，按出资模式将四个投资方所承担风险分为公营部门风险 H_2（F_1）、私营部门风险 H_3（F_2，F_3，F_4）。由于北京市地铁四号线项目投资结构和产权关系较为复杂，风险指标众多且各指标间相互影响，需设定公私双方共同承担的风险 H_4，将其作为独立的风险归责主体。本文以 H_1、H_2、H_3、H_4、H_5 为评价对象，应用 FANP–TOPSIS 模型对其进行风险分担预测。即依照专家不同专业背景和学术水平给出评判依据，采用 OWA 算子进行打分并对评判数据进行整合，降低偶然因素的影响。进而对项目全寿命周期中的风险影响系数进行评判，建立该准则如表 6 所示。

表 6 风险影响系数评价准则

风险归责主体	e_{11}	e_{12}	e_{13}	e_{21}	e_{22}	···	e_{71}	e_{72}	e_{81}	e_{82}	e_{91}	e_{92}	e_{101}	e_{102}
H_1	0	0	0	0	0	···	0	0	0	0	0	0	0	0
H_2	0.7	0.5	0.494	5.5	4.9	···	4.9	5.6	5.5	4.9	3.4	4.8	4.3	5.5
H_3	7.335	8.918	6.82	4.97	4.7	···	4.6	4.7	4.8	4.7	6.6	5.1	5.9	4.5
H_4	2.3	2.1	2.2	2.7	2.9	···	2.7	3.2	2.7	2.9	2.8	3.7	3.5	3.2
H_5	10	10	10	10	10	···	10	10	10	10	10	10	10	10

由公式（4）可得无量纲化决策矩阵 B；同时引入相对排序权重 lW_j 进行加权处理，计算可得加权无量纲化决策矩阵 R。

根据公式（5）和公式（6）计算得到各风险指标偏好下风险责任主体与正理想解的贴近度：

$$C = \begin{bmatrix} C_{11}^+ & C_{12}^+ & C_{13}^+ & C_{14}^+ & C_{15}^+ \\ C_{21}^+ & C_{22}^+ & C_{23}^+ & C_{24}^+ & C_{25}^+ \\ C_{31}^+ & C_{32}^+ & C_{33}^+ & C_{34}^+ & C_{35}^+ \\ C_{41}^+ & C_{42}^+ & C_{43}^+ & C_{44}^+ & C_{45}^+ \\ C_{51}^+ & C_{52}^+ & C_{53}^+ & C_{54}^+ & C_{55}^+ \\ C_{61}^+ & C_{62}^+ & C_{63}^+ & C_{64}^+ & C_{65}^+ \\ C_{71}^+ & C_{72}^+ & C_{73}^+ & C_{74}^+ & C_{75}^+ \\ C_{81}^+ & C_{82}^+ & C_{83}^+ & C_{84}^+ & C_{85}^+ \\ C_{91}^+ & C_{92}^+ & C_{93}^+ & C_{94}^+ & C_{95}^+ \\ C_{101}^+ & C_{102}^+ & C_{103}^+ & C_{104}^+ & C_{105}^+ \end{bmatrix} = \begin{bmatrix} 0.000 & 0.149 & 0.682 & 0.219 & 1.000 \\ 0.000 & 0.229 & 0.469 & 0.294 & 1.000 \\ 0.000 & 0.555 & 0.428 & 0.319 & 1.000 \\ 0.000 & 0.522 & 0.313 & 0.294 & 1.000 \\ 0.000 & 0.215 & 0.153 & 0.191 & 1.000 \\ 0.000 & 0.563 & 0.472 & 0.322 & 1.000 \\ 0.000 & 0.491 & 0.372 & 0.298 & 1.000 \\ 0.000 & 0.479 & 0.514 & 0.374 & 1.000 \\ 0.000 & 0.355 & 0.458 & 0.219 & 1.000 \\ 0.000 & 0.245 & 0.386 & 0.421 & 1.000 \end{bmatrix}$$

将 FANP 法的指标集权重 gW 与 C 代入公式（7）中可得：

$Q = gW \times C = \{0,\ 0.377,\ 0.465,\ 0.285,\ 1\}$

综上可得各风险归责主体风险分担的综合评价结果，并进行归一化处理得：

$H_2 = 33.4\%$，$H_3 = 41.3\%$，$H_4 = 25.3\%$

其中，北京京港地铁有限公司的风险 H_3 依照公司内部的股份比对三个投资方进行分担：

$F_2 = 0.8\%$，$F_3 = 20.2\%$，$F_4 = 20.2\%$

e_{11}、e_{12}、e_{13}、e_{21}、e_{22}、e_{61}、e_{62}、e_{71}、e_{72}、e_{82}、e_{83}、e_{101} 风险指标的综合权重不低于 0.045，故投资方应该重点对这些风险加强预警和管控；对综合权重不低于 0.02 的 e_{35}、e_{36}、e_{37}、e_{41}、e_{51}、e_{52}、e_{91}、e_{92}、e_{102} 风险指标，在资源有限的情况下，应加大重视其涉及的项目阶段和因素；上述措施有利于项目建设期对各项资源的合理使用，可以有效控制项目风险。

在项目建设期内由公营部门负责设计完成土建部分，并按时按质完工。公营部门对私营部门机电设备部分的建设具有监督责任。这与模型中公营部门在施工风险 C_3、设计风险 C_4 和自然风险 C_7 三个指标的贴近度值相对较高相符合；项目建成后，私营部门在特许经营期内负责整个项目的运营、管理和维护。公营部门具有监督权和特殊情况下的介入管理权。在特许期结束后，项目符合验收标准，私营部门将项目无偿移交给公营部门，相对应模型中运营风险 C_1、移交风险 C_2 以及社会风险 C_9 这些指标，私营部门的贴近度均远远大于公营部门。法律风险 C_{10} 的贴近度相对较高，因为我国目前对于 PPP 项目融资的法律体系相对不健全，私营部门在项目实施中存在的法律风险相对较高。由此可见，模型中得出的风险比值均符合《北京地铁四号线项目特许协议》规定。

4 结 论

采用 WBS-RBS 风险识别法，细化了项目阶段和风险的初始状态；通过 FANP 法构建北京地铁四号线项目的风险网络分析结构，使 SBOT 模式下风险评价指标体系转变成动态关系网状形式，能够充分考虑项目全寿命周期中面临的各项风险之间的影响关系和综合作用。其对风险指标的预处理避免了 TOPSIS 法由于指标过多而难以分配权重的弊端；同时，TOPSIS 法对于指标波动的捕捉相对更灵敏，可以进一步降低单一 FANP 法的主观性程度。

针对由多方投资建立的特许经营公司（私营部门）其内部风险的分配以及公私双方共同承担风险比值的配比，可以选取更加科学、符合各方意愿的分担机制来替代简单的股份配比制。此外，笔者在进一步研究中，可以通过引入曼哈顿距离、切比雪夫距离、相对熵值等概念改进模型决策效果，提高风险控制力度。

本文的研究表明，FANP-TOPSIS 模型运用在 SBOT 模式的项目风险分担预测上，能够有效预测各投资方的风险概况，可作为项目各投资方对自身风险管控的理论依据，同时为风险分担预测提供了一种新的系统工程决策方法。

参考文献

［1］王灏. PPP 的定义和分类研究 ［J］. 都市快轨交通，2004，17（5）：23-27.

［2］Phang S. Y.. Urban Rail Transit PPPs：Survey and Risk Assessment of Recentstrategies ［J］. Transport Policy，2007，14（3）：214-231.

［3］刘宏，孙浩. 基于 ISM 和 ANP 的 BOT 项目融资风险评估 ［J］. 财会月刊，2016（27）：88-92.

［4］高华，刘程程，王博，高喜珍. 基于 Shapley 值修正的 BT 项目共担风险分配研究 ［J］. 西安建筑科技大学学报（自然科学版），2015（2）：303-308.

［5］Askari M.，Shokrizade H. R.. An Integrated Method for Ranking of Risk in BOT Projects ［J］. Procedia-Social and Behavioral Sciences，2014（109）：1390-1394.

［6］陈相杰，杨乃定，刘效广. 研发项目复杂性指标权重确定的 FANP 法 ［J］. 计算机工程与应用，2014，50（13）：42-46，136.

［7］刘睿，余建星，孙宏才等. 基于 ANP 的超级决策软件介绍及其应用［J］. 系统工程理论与实践，2003（8）：141-143.

［8］李沫萱，张佳仪. 北京地铁四号线的产权关系及其经营模式分析 ［J］. 北京交通大学学报（社会科学版），2010，9（2）：58-61.

［9］林晓华，贾文华. 结合 OWA 算子和模糊 DEMATEL 的风险评估方法 ［J］. 计算机科学，2016（S2）：362-367.

［10］尹贻林，尹晓璐. 北京地铁 4 号线 PPP 建设模式风险分担研究 ［J］. 铁道运输与经济，2013，35（10）：6-11，36.

基于三阶段 DEA 模型的农民收入水平研究

路世昌　崔占红

(辽宁工程技术大学工商管理学院, 辽宁葫芦岛　125100)

【摘　要】通过利用三阶段 DEA 模型剔除环境因素、管理无效率以及统计噪声, 并且对剔除前后我国各省级农村居民收入水平进行研究, 结果表明: 影响农民收入效率的三个投入变量存在冗余, 剔除环境因素、管理无效率、统计噪声所产生的误差后, 各省级农民收入效率与剔除之前存在显著差异。从 SFA 模型回归结果表明地区经济发展水平越高以及支农惠农政策力度越大, 越能促进农民收入效率增加。从农民收入的纯技术效率层面看, 东部地区对三种投入的利用率要高于中、西部地区, 同时农民的生产活动中规模效率一直处于递减, 说明生产要素的投入存在冗余。从敏感度分析的角度看, 我国农村的人力资本积累量有待提高, 我国的土地资源是构成农民收入的重要来源之一。基于以上研究为提高农民收入效率提出行之有效的策略。

【关键词】农民收入效率; 人力资本积累; 生产性固定资产; 土地资源; 三阶段 DEA

0 引 言

近年来, 国家越来越关注农民收入低、增长缓慢的问题, 出台了各种政策支持农村的发展, 农民的收入也得到了显著提高, 但是城乡差距越来越大而且各地区农民收入差距也很大, 基于以上问题, 分析影响农民收入的主要因素以及环境因素, 建立三阶段 DEA 模型对调整前后的农民收入效率进行测算, 并且从不同年份各省级农民收入效率对比, 东部、中部、西部地区整体的比较以及不同投入对应的敏感度分析, 得出不同地区农民收入效率现状、各因素的影响程度以及从整体上看三种投入变量对农民收入效率的作用机理。

首先, 对我国农民收入现状进行了调查与分析 (数据来源于《中华人民共和国国家统计年鉴》、《中国农村统计年鉴》), 并通过计算历年农村消费的恩格尔系数、基尼系数对农村收入现状以及影响因素进行理论层面的分析。其次, 通过查阅相关研究文献,吸取前人研究的成果，提出本文的创新点构建测算农民收入效率的三阶段 DEA 模型。通过对测算数据的对比、分析得出影响农民收入的主要因素以及作用机理，并提出了提高农民收入效率的建议。

1　农民收入影响因素分析

关于农民收入以及城乡收入差距问题在我国已经有很多学者进行了研究。苏华山和王志伟（2012）指出，教育对于农民中从事非农业生产的人群影响较大，对于单纯从事农业生产者来说作用不明显[3]。吕耀和王兆阳（2001）认为农产品的价格、农村剩余劳动力的转移、城镇化的水平都不会对农村收入水平产生影响[4]。罗守贵、高汝熹（2005）根据 2003 年我国各省份的调查数据，发现越发达地区农村收入中工资性收入所占的比重越大[5]。唐斯斯（2012）指出，一个地区信息化水平可以通过提高农民的文化水平以及生产经营知识的普及显著促进农民收入的增加[6]。

总结前人的研究，农村收入的影响因素有农村劳动力教育水平（对农村从事非农业劳动者影响明显）、农产品价格、产量、劳动力的转移、用于家庭经营的投资额、农业生产经营中信息化程度等。而根据张平的研究（1998），农民收入受到家庭劳动力、家庭生产性固定资产、家庭生产性用地、各个区域亚变量等因素影响[7]，但是并没有深入到投入与产出效率的角度探讨各个影响因素的作用机理。本文在前人研究的基础上分析出影响农民收入水平的主要因素：农村家庭劳动力人力资本积累、家庭生产性固定资产的投入、家庭生产性用地量，并把国家以及各地区经济发展水平（GDP）、各地区信息化程度、国家每年支农惠农的政策作为环境因素，环境因素是指不受控制但又对系统技术效率产生影响的因素，显然国家以及各地区经济发展水平、各地区信息化程度、国家每年支农惠农的政策等外部因素我们无法控制，并且它们又能对农民收入产生影响，其中教育程度的影响可以通过考察农村劳动力人力资本积累来衡量，区域间亚变量是指除开其他影响因素之外不同区域对农村收入的影响，主要体现在不同区域间的经济发展水平、各地区信息化程度、惠农政策等，以上因素可以用各地区 GDP 以及惠农政策表示。

基于以上探讨我们借助 DEA 数据包络模型以及随机前沿生产函数模型，把农民收入水平作为产出，把农村家庭劳动力人力资本积累、家庭生产性固定资产的投入、家庭生产性用地量这三个指标作为投入变量，并且把各地区经济发展水平、国家每年支农惠农的政策作为环境变量，利用 2005~2013 年我国各省级面板数据进行三阶段 DEA 模型估计和分析，从而把剔除环境因素、管理无效率、统计噪声前的各决策单元效率与剔除环境因素、管理无效率、统计噪声的各决策单元效率进行对比，对结果进行分析与评价，找出影响农村收入的主要因素和提高收入水平的建议。

2 模型设计

2.1 理论分析

Fried（2002）认为，决策单元的效率受到管理无效率、环境因素和统计噪声的影响，认为投入或产出的冗余是由管理无效率、环境因素、随机因素三方面的共同作用所致，因此有必要分离这三种影响[1]。所谓的三阶段[2]：第一阶段，用传统的 DEA 模型方法分析投入单元初始效率。第二阶段，在第一阶段分析的基础上用 SFA 随机前沿函数模型剔除环境因素和随机噪声。第三阶段，运用调整后的投入产出变量再次运用 DEA 模型测算各决策单元的效率，此时的效率已经剔除环境因素和随机因素的影响，是相对真实准确的。具体分析如下：

第一阶段：使用所收集的原始投入产出数据进行初始效率评价。本文采用投入导向的 DEA 模型中的 BCC[10]（规模报酬可变）模型。对于任一决策单元，投入导向下对偶形式的 BCC 模型可表示为式（1）：

$$\min\theta - \varepsilon(\hat{e}^T S^- + e^T S^+) \quad s.t. \begin{cases} \sum_{j=1}^{n} X_j \lambda_j + S^- = \theta X_0 \\ \sum_{j=1}^{n} Y_j \lambda_j - S^+ = Y_0 \\ \lambda_j \geq 0, \ S^-, \ S^+ \geq 0 \end{cases} \tag{1}$$

其中，$j = 1, 2, 3, \cdots, n$ 表示决策单元，X 表示投入向量，Y 表示产出向量。若 $\theta = 1$，$S^- = 0$，$S^+ = 0$ 则决策单元 DEA 有效；若 $\theta = 1$，$S^- \neq 0$ 或 $S^+ \neq 0$，则决策单元弱 DEA 有效；若 $\theta < 1$，则决策单元非 DEA 有效。

BCC 模型计算出来的效率值有三列，分别为综合技术效率（TE）也叫规模报酬不变的效率，纯技术效率（PTE）也叫规模报酬可变的效率，以及规模效率（SE）。同时它们满足关系式：$TE = SE \times PTE$[10]。

第二阶段：基于第一阶段 DEA 模型分析数据的基础上，我们计算出各投入的松弛变量 $[x - X\lambda]$，这种松弛变量的大小反映出初始投入变量由环境因素、管理无效率和统计噪声构成的误差。用 SFA 模型做回归剔除环境因素、管理无效率和统计噪声，把第一阶段计算出来的投入松弛变量和环境因素进行 SFA 回归，这里采用投入导向函数[9]。见式（2）：

$$S_{ni} = f(z_i; \ \beta_n) + V_{ni} + \mu_{ni}; \ i = 1, 2, \cdots, N \tag{2}$$

其中，S_{ni} 是第 i 个决策单元第 n 项投入的松弛值；Z_i 是环境变量，β_n 是环境变量的弹性系数；$V_{ni} + \mu_{ni}$ 是混合误差项，V_{ni} 表示随机干扰，μ_{ni} 表示管理无效率，分别用来表示管理无效率和随机误差项对投入松弛变量的影响。我们假设其中 $V \sim N (0, \delta_V^2)$，

$\mu \sim N^{+}(0, \delta_{\mu}^{2})$。

首先进行单边的广义似然比检验，如果回归结果中单边的广义似然比检验值均大于临界值，则拒绝无效率项的原假设，说明模型采用随机前沿模型是合理的。在通过了单边的广义似然比检验之后，我们可以进行环境因素、管理无效率和统计噪声的分离，最后计算出投入变量的调整值。

（1）进行管理无效率项的分离。关于管理无效率的分离公式，我国有过相关的研究和应用，但是在混合误差项公式上有些分歧，混合误差项的形式为 $\varepsilon = V - \mu$ 还是 $\varepsilon = V + \mu$，本文基于前人研究的基础上进行了纠正，此问题的关键在于 SFA 分析过程中我们应该采用生产函数还是成本函数，由于我们第二阶段是对投入变量进行回归分析，研究环境因素、管理无效率以及统计噪声对其的影响，显然管理无效率越大会导致投入的增加，因此应该采用成本函数进行估计，即 $\varepsilon = V + \mu$。

管理无效率的分离公式（3）如下：

$$E(\mu \,|\, \varepsilon) = \delta_S \times \left[\frac{\varphi\left(\lambda \dfrac{\varepsilon}{\delta}\right)}{\emptyset\left(\lambda \dfrac{\varepsilon}{\delta}\right)} + \lambda \dfrac{\varepsilon}{\delta} \right] \tag{3}$$

其中 $\delta_S = (\delta_U \times \delta_V)/\delta$，$\lambda = \delta_U \times \delta_V$。

（2）计算随机误差项。计算公式（4）如下：

$$E\left[V_{ni} \,|\, V_{ni} + \mu_{ni}\right] = S_{ni} - f(z_i;\ \beta_n) - E\left[\mu_{ni} \,|\, V_{ni} + \mu_{ni}\right] \tag{4}$$

（3）计算投入变量的调整值。通过 SFA 回归得出相应的环境因素对投入松弛变量的影响系数，以及相应 δ^2 的和 γ 值进行投入变量的调整，使得每个决策单元处在相同的环境水平下[9]。见式（5）：

$$X_{ni}^A = X_{ni} + \left[\max(f(Z_i;\ \hat{\beta}_n)) - f(Z_i;\ \hat{\beta}_n)\right] + \left[\max(V_{ni}) - V_{ni}\right]$$
$$i = 1,\ 2,\ \cdots,\ I;\ n = 1,\ 2,\ \cdots,\ N \tag{5}$$

其中，X_{ni}^A 是调整后的投入变量；X_{ni} 是调整前的投入原始值；$f(Z_i;\ \hat{\beta}_n)$ 是环境变量；$\max\left[f(Z_i;\ \hat{\beta}_n)\right] - f(Z_i;\ \hat{\beta}_n)$ 是环境变量调整后的值；$\max(V_{ni}) - V_{ni}$ 是随机干扰项调整后的值。

第三阶段：在第二阶段调整后的投入产出变量再次进行 DEA 模型计算，得出调整后的各单元效率。

2.2 数据来源与变量选择

将 31 个省际农村收入水平视为决策单元，利用 2005~2013 年我国各省级面板数据把农民收入水平（SI_{it}）作为产出，把农村家庭劳动力人力资本积累（HR_{it}）、家庭生产性固定资产的投入（FA_{it}）、家庭生产性用地量（RL_{it}）这三个指标作为投入变量，并且把各地区经济发展水平（GDP_{it}）、国家每年支农惠农的政策（SP_{it}）作为环境变量。使用的数据来源于 2005~2013 年《中国农村统计年鉴》和《中国统计年鉴》。其中下角标

i, t 代表第 t 时期第 i 地区。

农民收入水平（SI$_{it}$）：用我国 31 个省 2005~2013 年每年各地区农村年人均纯收入值表示[12]。农村家庭劳动力人力资本积累（HR$_{it}$）：首先运用教育存量法[8]对各省际 2005~2013 年农村劳动力人口的知识存量水平进行收集，并且把知识水平分为六大部分：不识字或识字很少、小学程度、初中程度、高中程度、中专程度、大专及以上程度[11]，分别计算出相应人数比重。在此基础上利用 SPSS 软件对不同知识水平以及相对应的收入水平进行回归分析，确定各个知识水平对收入影响的权重，从而计算出各个省际农村家庭劳动力文化状况的综合水平。家庭生产性固定资产的投入（FA$_{it}$）：数据用《中国农村统计年鉴》中"各地区农民家庭年末拥有主要生产性固定资产原值"来表示。家庭生产性用地量（RL$_{it}$）：用《中国国家统计年鉴》中农业部分"各地区农民家庭土地经营情况"表示。

环境因素部分，各地区经济发展水平（GDP$_{it}$）：用我国各个省际每年国内生产总值来表示[12]。国家每年支农惠农的政策（SP$_{it}$）：用我国各个省际农村年转移性资产（指农村住户和住户成员无须付出任何对应物而获得的货物、服务、资金或资产所有权等，不包括无偿提供的用于固定资产形成的资金，一般情况下，是指农村住户在二次分配中所有收入）纯收入来表示[12]。

在把变量进行模型测算前，本文对农民收入水平、农村家庭人力资本积累、农村家庭生产性固定资产投入、农村家庭土地资源投入以及环境因素：各地区经济发展水平，各地区支农惠农政策等所有的变量进行了无量纲化处理，消除量纲对结果的影响。在以下的分析中用到了两个软件 DEAP 2.1 软件和 Frontier 4.1 软件。

3　剔除环境因素、管理无效率、统计噪声前后对比分析

下面运用 2005~2013 年我国各省级农民收入及其影响因素相关数据测算各决策单元农民收入相对效率。首先进行第一阶段 DEA 分析我们可以得出表 1（调整前）的数据。根据第一阶段的测算数据计算出三个投入变量的松弛变量，在第二阶段建立 SFA 模型研究管理无效率、环境因素与随机因素对三个松弛变量的影响，这里将投入松弛变量看作为成本投入，把各地区经济发展水平和支农惠农政策作为环境因素用来解释投入松弛变量。估计结果如表 1 所示。

表 1　SFA 模型的回归结果

	年份	家庭劳动力人力资本积累松弛变量	家庭生产性固定资产投入松弛变量	家庭生产性用地量松弛变量
常数项	2005	−6.14	−1.32	−0.32
	2006	−0.79	−0.85	0.32
	2007	0.02	0.04	0.19

续表

	年份	家庭劳动力人力资本积累松弛变量	家庭生产性固定资产投入松弛变量	家庭生产性用地量松弛变量
常数项	2008	−0.05	−0.20	−0.29
	2009	−0.02	−0.51	−0.40
	2010	−0.24	−0.13	0.12
	2011	−0.05	−0.15	−0.03
	2012	0.14	−0.01	1.72
	2013	0.10	−0.17	−2.42
经济发展水平	2005	−1.42	−0.73	−0.03
	2006	−0.53	−0.63	0.72
	2007	0.36	0.54	0.43
	2008	0.01	−0.11	−0.34
	2009	−0.26	−0.15	−0.16
	2010	0.64	0.21	−1.26
	2011	0.01	−0.01	−0.02
	2012	−0.26	−0.15	−2.46
	2013	−0.20	0.14	1.89
转移性支付	2005	−0.62	−0.16	1.06
	2006	−0.06	−0.05	−0.15
	2007	−0.14	−0.21	0.00
	2008	0.08	0.05	−0.13
	2009	−0.21	−0.25	0.02
	2010	0.25	−0.14	−0.09
	2011	−0.08	−0.03	−0.11
	2012	0.27	0.33	1.17
	2013	0.11	−0.04	−0.44
σ^2	2005	2.67	0.01	1.02
	2006	0.05	0.03	0.15
	2007	0.02	0.02	0.03
	2008	0.02	0.02	0.06
	2009	0.26	0.31	0.70
	2010	0.34	0.04	0.48
	2011	0.02	0.02	0.06
	2012	0.01	0.02	0.33
	2013	0.06	0.09	0.63

	年份	家庭劳动力人力资本积累松弛变量	家庭生产性固定资产投入松弛变量	家庭生产性用地量松弛变量
γ	2005	1.00	0.00	1.00
	2006	0.00	0.00	0.00
	2007	0.00	0.00	0.01
	2008	0.00	0.00	0.00
	2009	0.00	1.00	0.89
	2010	1.00	1.00	1.00
	2011	0.00	0.00	0.00
	2012	0.00	0.00	0.35
	2013	0.99	1.00	0.95
广义似然比检验值		7.5	7.65	8.09

从表 1 可以看出，基于第一阶段 DEA 模型估计算出三个投入松弛变量，在第二阶段我们分别把三个投入松弛变量看成是成本投入，把各地区经济发展水平以及各地区支农惠农政策作为两个环境变量进行 SFA 回归分析，首先进行单边的广义似然比检验，三个投入松弛所进行的 SFA 回归中单边的广义似然比检验值分别为：7.5、7.65、8.09，均大于临界值 7.045，则拒绝无效率项的原假设，说明模型采用随机前沿模型是合理的。各项投入松弛变量的分解过程中 SFA 模型估计得出的 27 个 δ^2（混合误差项）值大都是接近 0，说明所选取的环境影响因素比较准确，能够较好地解释投入变量的冗余。其中 27 个 γ 值中有大部分也都接近 0，说明混合误差项中大部分误差是由统计噪声造成的。各地区经济发展水平对应的农村家庭人力资本积累、农村生产性固定资产投入以及农村土地投入量的弹性系数大多数均是负数，说明农村经济发展水平对三个投入变量的冗余具有显著负影响，随着各地区经济越发展，越能减少农村人力资本投入、生产性固定资产投入以及土地投入中的冗余，从而间接地提高该地区农民的收入效率水平。再看支农惠农政策对应的农村家庭人力资本积累、农村生产性固定资产投入以及农村土地投入量的弹性系数大多数均是负数，说明农村支农惠农政策对三个投入变量的冗余具有显著负影响，即支农惠农政策力度越大，越能减少农村人力资本投入、生产性固定资产投入以及土地投入中的冗余，从而间接地提高该地区农民的收入效率水平。

在第三阶段利用第二阶段计算的 2005~2013 年三个投入松弛量以及通过管理无效率项和统计噪声的分离，计算出三个投入变量的调整值（剔除环境因素、管理无效率、统计噪声的影响），把 2003~2013 年各省级农村收入水平与调整后的三种投入变量进行再一次的结合运用 DEAP2.1 软件进行 DEA 模型分析，测算出各个地区农民收入水平效率。结合第一阶段 DEA 模型测算结果，对三个投入变量调整前后决策单元效率变化进行对比分析，结果见表 2。

表 2   2005~2013 年剔除环境因素与随机因素前后我国每年效率测算结果

年份	2005	2006	2007	2008	2009	2010	2011	2012	2013
TE	0.773	0.83	0.759	0.673	0	0.242	0.673	0.76	0.669
PTE	0.789	0.875	0.789	0.708	0.065	0.407	0.708	0.843	0.836
SE	0.977	0.931	0.965	0.954	0.065	0.679	0.954	0.912	0.797
TE	0.837	0.918	0.844	0.849	0.67	0.741	0.83	0.92	0.683
PTE	0.982	0.986	0.899	0.905	0.827	0.827	0.931	0.998	0.841
SE	0.854	0.933	0.929	0.939	0.794	0.595	0.892	0.922	0.809

从每年的农民收入效率均值看，在剔除环境因素和随机因素后，每年的农民收入综合技术效率和纯技术效率都有所上升，规模效率有所下降，综合技术效率、纯技术效率以及规模效率在调整前后发生明显变化，说明环境因素和随机因素对省级区域农民收入效率评价具有重要的影响，进行环境因素、管理无效率、统计噪声的剔除很有必要。从综合技术效率和纯技术效率的变化来看，调整后有所上升，说明整体上看我国的农民收入增长处于不利的外部环境，即总体来说，我国地区经济发展水平相对还是比较低，支农惠农政策还有待加强和完善。从 2005~2013 年规模效率在调整前后的变化来看，总体上变化不大，并且大部分处在 0.8~0.9 之间，接近于生产前沿，说明总体上我国农村经济从规模上还有上升的空间，不断加强农村经济，逐渐实现农业产业化发展才会不断提高规模效益。

4   剔除环境因素、管理无效率、统计噪声后我国农村收入效率评价

从我国经济发展区域间差异看，把我国分为三个大区：东部地区、中部地区、西部地区，其中东部地区是我国最为发达地区，中部地区比较发达，而西部地区较为落后。从支农惠农政策的层面，东部、中部、西部地区支农惠农力度依次降低。根据表 3 显示，从整体上看东部地区的纯技术效率高于中部、西部地区，中部地区居中，西部地区最低。说明东部地区农民收入水平相对中西部地区较高，并且对于人力资源和生产性固定资产投入以及土地投入的利用率相对较高，同时环境因素中东部地区经济发展水平以及政府的支农惠农政策相比于中西部地区更能促进农民收入的增长，但是从三种效率指标来看还有很大的提升空间。而中部地区水平居中，西部地区最低，说明中部地区和西部地区发展较为落后，对人力资本、生产性固定资产以及土地资源的利用效率远不及东部地区。从规模效率层面看，三个地区规模效率相差不大，只有 2005~2013 年规模效率逐渐递减，2010 年之后规模效率趋于 0，说明随着各地区经济不断增长，对农业的投入不断增加，同时农业的发展又没有达到产业化水平，使得农业的投

入中生产性固定资产以及人力的投入出现冗余，从而导致农业的规模效率递减。说明国家在不断促进各地区经济发展，加大对农业的扶持的同时，要注重加快农业产业化转型速度。

表 3　调整后东部、中部、西部三大区域农民收入效率均值

	年份	TE	PTE	SE
东部地区	2005	1	1	1
	2006	0.682	0.962	0.709
	2007	0.582	0.839	0.694
	2008	0.302	0.714	0.423
	2009	0.161	0.675	0.238
	2010	0	0.676	0
	2011	0	0.807	0
	2012	0	0.737	0
	2013	0	1	0
中部地区	2005	1	1	1
	2006	1	1	1
	2007	0.618	0.874	0.707
	2008	0.28	0.706	0.397
	2009	0.156	0.677	0.231
	2010	0	0.677	0
	2011	0	0.835	0
	2012	0	0.681	0
	2013	0	0.686	0
西部地区	2005	0.989	1	0.989
	2006	0.704	1	0.704
	2007	0.619	0.875	0.708
	2008	0.317	0.724	0.437
	2009	0.175	0.677	0.258
	2010	0	0.677	0
	2011	0	0.801	0
	2012	0	0.681	0
	2013	0	0.736	0

从敏感度分析的角度看，研究农村家庭人力资本积累、生产性固定资产的投入、土地资源的投入对农民收入效率的影响程度，分别控制这三种投入其中两种投入保持不变，另一种投入减少 0.1，分别计算出农民收入效率原始值以及减少一种投入后的农民收入效率，并进行对比，如图 1 所示。

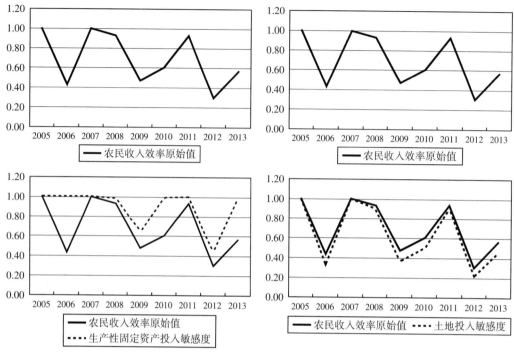

图 1　农民收入效率的敏感度分析

从第二个图我们可以看出，减少人力资本的投入对农民收入效率的影响基本没有，但是这并不能说明对于农村经济的增长，提高农民的文化水平就没有必要，相反说明我国农业的发展相对于工业和服务业比较落后，对于新兴技术、文化的应用很少，虽然我国一直倡导农业产业化发展，但是距离这个标准还相去甚远。同时随着城镇化的不断推进，农村大量劳动力不断涌进城市，但是农民工的大部分工作类型都是苦力，对于技术型、知识型的工作涉猎很少。这样的状态值得国家的担忧和思考，同时促进农业经济转型，加快农民的城镇化进程，不但要大力发展农村教育，同时要为农民提供更好的发展机会和环境。

从第三个图我们可以看出，减少农村家庭生产性固定资产的投入反而使得农民收入效率原始值上升，我们看到从 2008 年以后差距比较规律和明显，说明我国总体上农村生产性固定资产的投入出现冗余现象，过度投入导致农民收入效率下降，这也正是我国一直推行农业产业化改革的原因所在，农业在进行产业化改革，集中化生产之后，会实现规模化生产，同时能够节省大量的人力以及生产性固定资产的投入，这也说明我国农业进行产业化发展尤为重要。

从第四个图我们可以看出，减少农村土地资源的投入使得农民收入效率下降，这说明，我国的土地资源是构成农民收入的重要来源之一，虽然农村剩余劳动力不断涌入城市，但是从事农业的收入依然占总收入的大部分。说明国家在进行农业经济改革的同时要大力促进农村经营性产业的发展，以及为农民外出务工和落户城市提供更多的政策支持。

5 结论与对策建议

第一，通过运用三阶段 DEA 模型对我国 31 个省份农民收入的纯技术效率、规模效率以及综合技术效率进行综合分析，剔除不可控的环境因素与随机因素的影响后，得出以下结论：

（1）我国东部、中部、西部地区农民收入水平存在显著差距主要原因分为以下几个方面：①我国对中部和西部支农惠农政策的扶持力度远远不及东部地区。②东部地区的经济发展水平也比中、西部地区高。③东部地区要比中、西部地区在农业上具有更多的资源禀赋。东部地区相比中、西部地区，农民对资源的利用也较高，更有利于达到规模经济，因此农民的收入水平也较高。

（2）从总体上来说我国的农业发展水平普遍偏低，都没有达到规模经济水平。这与新中国成立初期的发展战略有关，新中国成立初期我国以农业养工业，对农业一直采取最高限价的策略压制农业的发展。长久以来相比于工业我国农业发展极其落后，农民的收入水平也远低于城市居民。

（3）从投入与产出的角度研究，我国农民文化水平偏低，生产性固定资产的投入存在冗余，土地的投入可以为农民带来大量的收益。由此可见我国农民受教育水平不高同时农民从事的劳动对知识水平以及技术的要求程度不高。农民的生产经营活动集中度不够导致生产性固定资产的投入存在冗余。农民对土地的依赖比较强烈，说明农业的生产活动依然是农民收入的主要来源之一。

第二，基于本文的实证结果，要缓解"农民增收难"困局，提升农户收入效率，需要从多方面入手，采取综合性、针对性的政策措施：

（1）提出反贫政策，为贫困地区提供更多的支农惠农政策。例如，对到落后地区进行投资的企业或个人给予一系列税收、土地使用等方面优惠。同时应该大力扶持低收入农户，减轻或减免低收入户的税费负担。加大贫困补助力度以及完善贫困地区基础设施建。

（2）采取农村居民城镇化的办法，加快城镇化进程，进一步改革户籍制度，将农村剩余劳动力更好地转移到城市，实现农村剩余劳动力转移，有助于加快城镇化进程并提高农村居民人均收入。

（3）随着城镇化进程不断推进，农民的收入中工资性收入和家庭经营性收入成为农民收入的重要部分。因此乡镇企业为农民收入的增长创造了条件。然而，乡镇企业的发展从地区布局来看并不平衡，东部地区发展较快，而中西部地区发展滞后。因此，对于落后地区来说，大力发展乡镇企业，才能不断缩小与发达地区的差距。所以应该进一步发展农村第二、第三产业，增加农村居民就业机会，提高农村居民的工资性收入。

（4）基于农村人力资本积累量较低，应该加快农民知识化进程，提高农村劳动力转移的速度，才能增加农民外出务工以及经商的收入。①加强基础教育，坚持普及九年义务教育，同时增加教育扶持力度鼓励农民不断普及高中教育。②加强职业教育、专业技术培训以及岗位定向培训，争取大部分农民都能掌握一技之长。③建立健全农村职业培训与劳务输出的衔接机制，使得职业技术培训适应市场的需求。④政府建立一个针对提高农村教育水平的公益基金，纳入国家的预算予以保证。

（5）基于我国农民生产性固定资产投入冗余问题，体现在我国农民务农存在分散性和地域差异性，同时农民的个体经营活动规模小并且分散，导致我国务农活动以及个体经营中资源利用率较低，达不到规模经济。我国要不断推进农业以及农民经营性活动产业化和集中化发展，实现资源的优化配置。

参考文献

［1］Fried. Incorporating the Operating Environment Into a Nonparametric Measure of Technical Efficiency，1998.

［2］Fried. Accounting for Environmental Effects and Statistical Noise in Data Envelopment Analysis，2002.

［3］苏华山，王志伟. 中国农村居民教育对个人收入的影响——基于 1989~2009 年微观面板数据的实证研究［J］. 广东商学院学报，2012（4）：68-73.

［4］吕耀，王兆阳. 农村居民收入水平及其分配差距的实证分析［J］. 中国农村经济，2001（6）：18-24.

［5］罗守贵，高汝熹. 改革开放以来中国经济发展及居民收入区域差异变动研究——三种区域基尼系数的实证及对比［J］. 管理世界，2005（11）：45-66.

［6］唐斯斯. 信息化对农村居民收入影响的实证分析［J］. 中国经贸导刊，2012（10）：38-40.

［7］张平. 中国农村居民区域间收入不平等与非农就业［J］. 经济研究，1998（8）：59-66.

［8］熊兴旺. 我国人力资本存量测算方法的研究综述［J］. 江西省科学技术情报研究所，2016（6）：168-169.

［9］Tim Coelli. A Guide to Frontier Version 4.1：A Computer Program for Stochastic Frontier Production and Cost Function Estimation.

［10］金春雨，程浩，宋广蕊. 基于三阶段 DEA 模型的我国区域旅游业效率评价［J］. 旅游学刊，2012（11）：56-60.

［11］2005~2013 年《中国农村统计年鉴》.

［12］2000~2013 年《中华人民共和国国家统计年鉴》.

Contracting under Two–sided Asymmetric Information

Yang Liu   Yang Zhang

(Department of Industrial Engineering, Tsinghua University, Beijing   100084)

【Abstract】 Contracting under two–sided asymmetric information is to be researched. Supply chain is composed with one supplier with the private information–marginal production cost, and one retailer with the private information –market demand. To make the transfer payment specific, several different contracts are provided from simplest wholesales price contract to most complicated sales rebate contract. And it is found out that, different contract can balance the information advantage of the supplier and the retailer, which is the key problem to set out the contract in supply chain under two–sided asymmetric information. At last, several numerical examples were presented to explain the main ideas.

【Key words】 two–sided asymmetric information; contracting; supply chain

0   Introduction

Contracting under two–sided asymmetric information is to be researched. The authors formulate a model to introduce two–sided incomplete information into the newsvendor framework. Addressing how to allocate the total profit between retailer and supplier according to their advantages of information, we establish the bridge, transfer payment scheme, connecting the centralized solution and the decentralized solution.It is found out that, different contract can balance the information advantage of the supplier and the retailer, which is the key problem to set out the contract in supply chain under two–sided asymmetric information.

1 Related Literature

Since we study how two-sided asymmetric information influences the supply chain contract designing, our research is built upon the asymmetric information literature. Broadly speaking, the impact of information asymmetry is studied in the principal-agent framework in which the agent possesses private information that the principal attempts to elicit. On one hand, demand information is a kind of asymmetric information in supply chains that has been extensively studied in the literature (Adida and Ratisoontorn [1]; Ha et al. [2]). For instance, Spiliotopoulou et al. [3] find that inventory competition and market uncertainty harm the efficacy of forecast sharing and channel efficiency. Heese and Kemahlioglu-Ziya [4] consider a single-supplier single-retailer supply chain that operates under a contract with a revenue sharing clause, providing the retailer incentive to underreport sales revenues. On the other hand, asymmetric cost information is another kind of important information asymmetry in supply chains and has also received substantial attention (Ehsan et.al [5]; Yang et. al [6]). Corbett et. al [7] present how a supplier designs contracts so that a retailer has the incentive to disclose his private cost information. They provide a general framework to study the problem of screening in supply chains. Kayy et.al [8] talk about either delegation or control can yield substantially higher expected profit for the manufacturer because of information asymmetry about suppliers' production costs and the use of simple quantity discount or price-only contracts. Our paper is distinguished from all the aforementioned papers because both sides of the supply chain with their exclusive information results in there existing no main principal, whereas all the above papers investigate a unilateral asymmetric information. There have been some recent papers on the two-sided asymmetric information (sequential screening) in very different contexts, see, for example, Zhang and Luo [9], and Esmaeili and Zeephongsekul [10]. However, our research cast new light on how to design different styles of contracts under two-sided asymmetric information; this point has no counterpart in all the sequential screening papers.

2 Model under Two-sided Asymmetric Information

Consider a two-echelon supply chain which is consisted of a risk-neutral supplier whose private information is production cost and a risk-neutral retailer possesses exclusive information with regard to market demand. Though market demand is retailer's private information, sale price is related with market demand.

First, we present the basic models for a centralized and a decentralized supply chain under asymmetric information. By using the optimal transfer payments associated with the centralized supply chain as benchmarks, we establish the existence of several single contracts.

2.1 Centralized Solution

Let $\pi_s(q(\tilde{c}, \tilde{D}), c)$ and $\pi_r(q(\tilde{c}, \tilde{D}), D)$ be supplier's and retailer's revenue function, respectively. Then

$$\pi_s[q(\tilde{c}, \tilde{D}), c] = V_s[q(\tilde{c}, \tilde{D}), c)] + t_s(\tilde{c}, \tilde{D}) = -cq(\tilde{c}, \tilde{D}) + t_s(\tilde{c}, \tilde{D})$$

$$\pi_r[q(\tilde{c}, \tilde{D}), D] = V_r[q(\tilde{c}, \tilde{D}), D)] + t_r(\tilde{c}, \tilde{D}) = M(D)S[q(\tilde{c}, \tilde{D})] + vI[q(\tilde{c}, \tilde{D})] + t_r(\tilde{c}, \tilde{D})$$

Where $S[q(\tilde{c}, \tilde{D})] = q(\tilde{c}, \tilde{D}) - \int_0^{q(\tilde{c}, \tilde{D})} G(y) dy$

The centralized supply chain's revenue can be expressed as

$$\therefore \pi[q(\tilde{c}, \tilde{D})] = \pi_s[q(\tilde{c}, \tilde{D})] + \pi_r[q(\tilde{c}, \tilde{D})] = (M(D) - v)S[q(\tilde{c}, \tilde{D})] - (c - v)q(\tilde{c}, \tilde{D})$$

Therefore, the following programming can depict above two-sided adverse selection about this centralized supply chain.

$$\max_{q(c,D)} E_{cD}(\pi[q(c, D)])$$

$$\text{s.t. } (IC_m) E_D \pi_s[q(c, D), c] \geq E_D \pi_s[q(\tilde{c}, D), c]$$

$$(IC_r) E_c \pi_r[q(c, D), D] \geq E_c \pi_r[q(\tilde{c}, \tilde{D}), D]$$

$$(BB) TS(\tilde{c}, \tilde{D}) + TR(\tilde{c}, \tilde{D}) = 0$$

$$(IR_m) E_D \pi_s[q(\bar{c}, D)] \geq 0$$

$$(IR_r) E_c \pi_r[q(c, \bar{D})] \geq 0$$

Among these, incentive compatible constraints (IC_s) and (IC_s) can motivate both parties to tell their true private information. (BB) condition also can be satisfied for the centralized supply chain. Individual rational constraints (IR_s) and (IR_r) can ensure non-negative revenue toward the lowest type of suppliers and retailers.

Lemma 1. (IC_s) and (IC_s) can be simplified as two differential equations and two monotonic conditions,

$$\frac{\partial \pi_s(c, D)}{\partial_c} = -q(c, D), \quad \frac{\partial \pi_r(c, D)}{\partial_D} = M'(D)S[q(c, D)], \quad E_D \frac{\partial q(c, D)}{\partial_c} \leq 0, \quad E_c \frac{\partial S(q(c, D))}{\partial_D} \leq 0$$

Lemma 2. The necessary condition of (IC_s), (IC_s) and (BB) is

$$E_{cD}\pi_s(\bar{c}, D) + E_D\pi_r(c, \bar{D}) = E_{cD}((\frac{G(D)}{g(D)} = M'(D) + M(D) - v) S[q(c, D)] + (v -$$

$$c - \frac{F(c)}{f(c)})q(c, D)) \geqslant 0 \tag{1}$$

2.1.1 Model Solution

Based on above analysis, it is convenient to deform the model furthermore. Thus, Lagrange technology can be taken on to solve the model.

$$\max_{q(c,D)} E_{cD}((M(D) - v) S[q(c, D)]) - (c - v) q(c, D))$$

s.t. $\tag{2}$

Let λ be the non-negative Lagrange multiplier of constraint (1), then Lagrange function can be expressed as $L(q, \lambda) = E_{cD}([M(D) - v]S[q(c, D)]) - (c - v)q(c, D) + \lambda$
$\{(\frac{G(D)}{g(D)}M'(D) + M(D) - v) S[q(c, D)] + (v - c - \frac{F(c)}{f(c)})q(c, D)\})$

Solving first order condition of q, we can get

$$G[q^*(c, D)] = 1 - \frac{(c - v) + \lambda(c + \frac{F(c)}{f(c)} - v)}{[M(D) - v] + \lambda(\frac{G(D)}{g(D)}M'(D) + M(D) - v)} \tag{3}$$

2.1.2 Information Rent

Supplier's information rent is $A_s = \pi_s(\tilde{c}, \tilde{D}) + \frac{F(c)}{f(c)}q(\tilde{c}, \tilde{D}) = \pi_s[\bar{c}, M(\tilde{D})] + (c - \underline{c})$
$q(\tilde{c}, \tilde{D})$

Meantime, retailer's information rent is

$$A_r = \pi_r(\tilde{c}, \bar{D}) - \frac{G(D)}{g(D)}M'(D) S[q(\tilde{c}, \tilde{D})] = \pi_r(\tilde{c}, \bar{D}) - (D - \underline{D}) M'(D) S[q(\tilde{c}, \tilde{D})]$$

Therefore, total expected rent is

$$A_s + A_r = \pi_s(\tilde{c}, \tilde{D}) + (c - \underline{c})q(\tilde{c}, \tilde{D}) + \pi_r(\tilde{c}, \bar{D}) - (D - \underline{D})M'(D)S[q(\tilde{c}, \tilde{D})] \tag{4}$$

$$\because E_D\pi_s(\bar{c}, \tilde{D}) + E_c\pi_r(\tilde{c}, \bar{D}) = 0 \quad \therefore \pi_s(\bar{c}, \tilde{D}) + \pi_r(\tilde{c}, \bar{D}) = 0$$

Total expected rent is $(c - \underline{c}) q(\tilde{c}, \tilde{D}) - (D - \underline{D}) M'(D) S[q(\tilde{c}, \tilde{D})]$

When incentive constraints take effects, i.e., $\tilde{c} = c$, $\tilde{D} = D$, the sum of both information rent is $(c - \underline{c}) q(\tilde{c}, \tilde{D}) - (D - \underline{D}) M'(D) S[q(\tilde{c}, \tilde{D})]$.

Definition. Based on above total expected rent and respective rent, the proportion of income distribution, H_r and H_s, are given below, where

$$H_s = \frac{A_s}{A_s + A_r}; \quad H_r = \frac{A_s}{A_s + A_r} = 1 - H_s \tag{5}$$

2.1.3 Transfer Payments

Based on profit function of both suppliers and retailers under two–sided asymmetric information, we can obtain

Proposition 2.

$$T(q^*(c, D)) = H_s[M(D) - \nu] S[q^*(c, D)] + (H_s\nu + H_rc) q^*(c, D) \qquad (6)$$

In accordance with the form of transfer payment, we learn about that even though retailers share parts of profits from suppliers due to asymmetric information, retailers also spend parts of cost of suppliers owing to opposite private information.

2.2 Decentralized Solution

We can get the decentralized supply chain

$$\pi_s[q^*(c, D)] = H_s\{(M(D) - \nu) S[q^*(c, D)] - (c - \nu) q^*(c, D)\}$$
$$\pi_r[q^*(c, D)] = H_r\{(M(D) - \nu) S[q^*(c, D)] - (c - \nu) q^*(c, D)\}$$

Based on above established transfer payment scheme, the firms can adjust their terms of trade via a contract in order to maximize their profits. First, we focus on the most simple and fundamental wholesales price contract. Based on this, we concentrate on other five contracts based on a single mechanism.

2.2.1 Wholesale Price Contract

With a wholesale price contract the supplier charges the retailer w per unit purchased: $\pi_r(q, w) = wq$. Then the retailer's profit function is $\pi_r(q, w) = (M(D) - \nu)S(q) - (w - \nu) q$

Substituting $q^*(c, D)$ and $T(q^*(c, D))$ into $T_w(w, q)$, we can get the value of w. Then the contract is $q = q^*(c, D)$, $w = c - H_s(c - \nu)$

Apparently, wholesale price contract could never coordinate the supply chain owing to the double marginalization even though under the two–sided asymmetric information.

2.2.2 Buy Back Contract

With a buy back contract, i.e. buyback agreement, return policies, the supplier charges the retailer w per unit purchased, but pays the retailer b per unit remaining at the end of the season:

$$T_b(w, q, b) = wq - bI(q) = bS(q) + (w - b)q \qquad (7)$$

Substituting $\pi_r(q, w, b)$, we can obtain the retailer's profit function

$$\pi_r(q, w, b) = (M(D) - \nu - b) S(q) - (w - b - \nu) q$$

Comparing (7) with (6), we can get $q = q^*(c, D)$, $b = H_s[M(D) - \nu]$, $w = H_sM(D) + H_rc$

Clearly, the contract would have a different wholesale price. Note that compared with the supplier simply determining wholesale price with general wholesale price contract, at the beginning of the selling season, the supplier ought to make extra decision on the return value b for each unsold unit returned by the retailer. In addition, both the wholesale price and the return value should be determined and changed simultaneously.

2.2.3 Revenue Sharing Contract

With a revenue sharing contract the supplier charges the retailer wr per unit purchased plus the retailer gives the supplier a percentage of his revenue. Assume all revenue is shared, i.e., salvage revenue is also shared between the firms. (It is also possible to design coordinating revenue sharing contracts in which only regular revenue is shared). Let Φ be the fraction of supply chain revenue the retailer keeps, so $(1-\Phi)$ is the fraction the supplier earns. Revenue sharing contracts have been applied recently in the video cassette rental industry with much success.

Transfer payment with revenue sharing is

$$T_r(w_r, q, \Phi) = (w_r + (1-\Phi)v)q + (1-\Phi)(M(D)-v)S(q) \qquad (8)$$

Substituting $T_r(w_r, q, \Phi)$, we can obtain the retailer's profit function

$$\pi_r(w_r, q, \Phi) = \Phi(M(D)-v)S(q) - (w_r - \Phi v)q$$

Comparing (8) with (6), we can get $q = q^*(c, D)$, $\Phi = 1 - H_s = H_r$, $w_r = H_r c$

Obviously, the fraction of supply chain revenue the retailer keeps, Φ, is equal to the proportion of income distribution, H_r. In fact, in this setting revenue sharing contract and buy back contract are also equivalent.

3   Numerical Examples

We now provide numerical examples which exhibit above several contracts under two-sided asymmetric information. We assume $D \in [0, 100]$, $M(D) = 8 - D/25$, $v = 0.5$, $c \in [2, 4]$, then $c \in [2, 4]$. Additionally, c and D have a uniform distribution over $[2, 4]$ and $[0, 100]$ so that their distribution functions and density functions are $F(c) = (c-2)/2$, $f(c) = 1/2$, $\frac{F(c)}{f(c)} = c - 2$, $G(D) = D/100$, $g(D) = 1/100$, $\frac{G(D)}{g(D)} = D$

we can get $q^* = 100 - 100 \times \dfrac{1.476c - 1.095}{9.285 - 0.05904D}$

Based on above analysis, we can get the figure of transfer payment shown as Fig.1.By Fig.1, we can know the largest payment is still at the initial point of (2, 0) while the initial part is not simply one initial point but initial line. The total trend falls down even to zero at the point (3, 100) with the increase of both c and D though payment may increase at first and then decrease from the perspective of c.

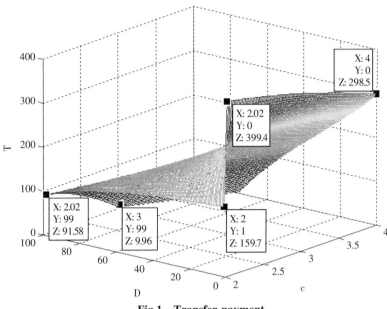

Fig.1 Transfer payment

Substituting $q^*(c, D)$ and $T(q^*(c, D))$ into $T_w(w, q)$ for the basic wholesale price contract, we can get the figure of wholesale price shown as Fig.2.

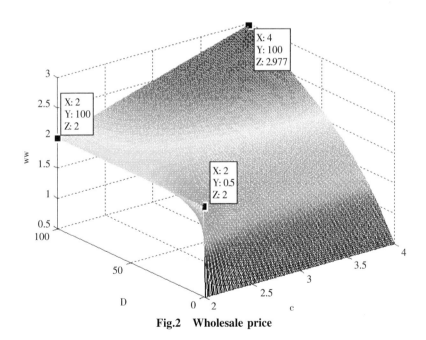

Fig.2 Wholesale price

By Fig.2, we can know the initial part is not simply one initial line but two lines which include $D = 0$ and $c = 2$. And initial price is 2 in line $c = 2$. The total trend rise up to highest at the point (4, 100, 3) with the increase of both c and D. That is to say, the highest price reaches 3 under two-sided asymmetric information.

By above analysis, we take buy back contract for example. Both buy-back price b and wholesale price wb have two initial lines while both lines for w_b are higher than b. In fact, both are rising with the increase of c while decreasing with the increasing of D. Comparing Fig.3(a) with Fig.3(b), it is found out that the final point is 4 which is higher than 1 for b. In other words, suppliers will charges the retailer 4 per unit purchased, but pays the retailer 1 per unit remaining at the end of the season when both possess the greatest information advantage.

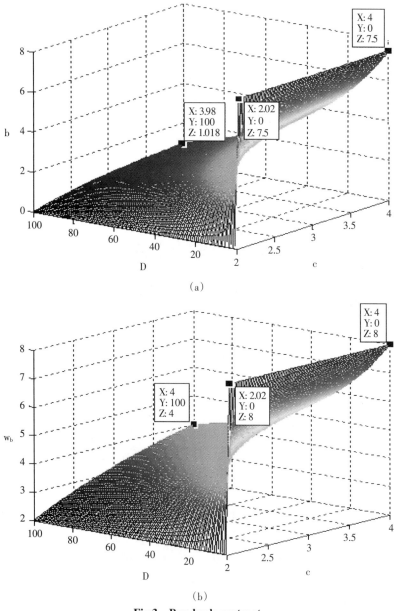

(a)

(b)

Fig.3   Buy back contract

4　Summary and Conclusions

This paper deals with contracting under two-sided asymmetric information which consist of retailer's market demand and supplier's production cost. According to solved transfer payment, we can continue to analyze different contracts. All complicated contracts plus extra one or two even three parameters are based on basic wholesale price contract. Adding more and more parameters into contracts, retailers can obtain more and more alternatives so as to cooperate with upstream suppliers further. Moreover, suppliers can also improve their competitiveness. Since contracts can be completed more and more, the loss of efficiency for whole supply chain can be offset. Numerical examples shows the variation of optimal quantity firstly, and then depicts profits of suppliers and retailers. Furthermore, transfer payment and basic price are also shown. Buy back contract is illustrated to show how both of parameters vary with the variation of supplier's cost and retailer's market demand.

It is also found out that the key to contract is trade-off between suppliers and retailers who possess their own information advantages. In fact, these advantages are the main sources of their profits. Moreover, both ought to consider opposite information advantage besides their own advantages under two-sided asymmetric information. Thus supplier's profit will rise as retailer's may fall with the variation of production cost and market demand. Based on basic wholesale price contract, buy back contract, revenue sharing contract and quantity flexibility contract add extra buy-back price, fraction of supply chain revenue and quantity flexibility coefficient, respectively. Since price is the function of quantity in quantity-discount contract, price is so complicated by solving differential equation though there exists not any extra parameters. Beyond all doubts, sales rebate contract consisting of four parameters is the most complicated due to extra added threshold t.

Although this paper analyze different contracts under two-sided asymmetric information all-sidedly, our results could still be extended to several directions. This paper doesn't take neither the effect of shortage cost on transfer payment nor supplier's and retailer's risk aversion into consideration. Adding above two factors, contracting under two-sided asymmetric information will be more completed.

Acknowledgments

This work was supported by the National Natural Science Foundation of China [grant number 71501108] and Beijing Natural Science Foundation [grant number 9164030].

References

[1] Adida E., Ratisoontorn N.. Consignment Contracts with Retail Competition [J]. Eur. J. Oper. Res., 2011, 215 (1): 136-148.

[2] Ha A.Y., Tong S., Zhang H.. Sharing Demand Information in Competing Supply Chains with Production diseconomies [J]. Manag. Sci. , 2011, 57 (3): 566-581.

[3] Spiliotopoulou E., Donohue K., Gurbuz M.C.. Information Reliability in Supply Chains: The Case of Multiple Retailers [J]. Prod. Oper. Manag., 2016, 25 (3): 548-567.

[4] Heese H.S., Kemahlioglu-Ziya E.. Don't Ask, Don't tell: Sharing Revenues with a Dishonest Retailer [J]. Eur. J. Oper. Res., 2016, 248 (2): 580-592.

[5] Ehsan B., Feng T., Zhang F.. Supply Contracting under Asymmetric Cost Information and Moral Hazard [J]. Working paper, 2013.

[6] Yang K., Zhao R. Q., Lan Y. F.. Impacts of Uncertain Project Duration and Asymmetric Risk Sensitivity Information in Project Management [J]. Int. T. Oper. Res., 2016, 23 (4): 749-774.

[7] Corbett C.J., Zhou D., Tang C.S.. Designing Supply Contracts: Contract Type and Information Asymmetry [J]. Manag. Sci. , 2004, 50 (4): 550-559.

[8] Kayy E., Erhun, F., Plambeck E.L.. Delegation vs. Control of Component Procurement under Asymmetric Cost Information and Simple Contracts [J]. M&Som-Manuf. Serv. Op., 2013, 15 (1): 45-56.

[9] Zhang Q.H., Luo J.W.. Coordination of Supply Chain with Trade Credit under Two-sided Information Asymmetry [J]. Syst. Eng. Theory Pract., 2009, 29 (9): 32-40.

[10] Esmaeili M., Zeephonusekui P. Seller-buyer Models of Supply Chain Management with an Asymmetric Information Structure [J]. Int. J. Prod. Econ., 2010, 123 (1): 146-154.

仓单质押模式下考虑物流监管努力的
银行决策和激励

王志宏　　王慧慧　　陈晓晴

（东华大学旭日工商管理学院，上海　200051）

【摘　要】仓单质押融资作为一种金融创新服务，有助于解决中小企业融资难问题。考虑质押物存在一定耗损（如农产品做质押物），且物流企业的监管努力会影响其耗损量的情形，首先构建仓单质押模式下银行的收益函数，得到其质押率决策，并分析物流企业监管努力、耗损率对银行决策的影响；然后在信息对称和信息非对称两种情况下，研究银行对物流企业监管努力的激励。研究表明，信息对称时，银行只需采用固定支付契约；信息不对称时，银行需提供固定支付加分成比例的契约，才能达到激励效果；引入监督机制，可以降低信息不对称的程度，进而提高银行收益。

【关键词】仓单质押；监管努力；耗损率；激励

0　引　言

中小企业已成为推动我国经济发展的重要力量，但因其可抵押固定资产少、信用低等固有不足，较难通过传统融资途径获得贷款，因此常常面临资金短缺、融资难等问题。在此背景下，物流金融作为一种金融创新服务，近年来得以迅速发展。其中，仓单质押作为一种物流金融的模式，主要是指借款企业以物流企业出具的仓单为质押物，向银行等金融机构申请贷款的业务，在实践中得到广泛应用。

针对物流金融，早期的研究主要集中在企业的融资运营决策。Buzacott 和 Zhang[1]首次将基于资产的融资和生产库存决策结合在一起，建立银行和零售商之间的主从博弈，分析了有无资金约束下的最优订货决策。Dada 和 Hu[2]分析了具有资金约束且给定融资利率条件下的融资库存管理策略。Xu 和 Birge[3]在需求不确定的情况下，研究了受资金约束的制造商如何进行生产量和融资的联合决策。陆续有文献研究银行和借款企业的综合决策。易雪辉和周宗放[4]研究在考虑核心企业回购率时，银行的存货质押决策。李毅学等[5]研究物流金融模式下的存货质押融资的质押率决策。张媛媛和李建斌[6] 讨论在仓单质押的背景下，企业应采取的总体库存决策和银行的质押率决策。于辉和甄学平[7] 结合文献 [6] 的模型，探讨零售商的再订货决策，并在此基础上，运用动态博弈理论和 VAR 风险计量方法，研究了银行追求利润最大化和权衡风险收益两种情形下质押率的决策。

在仓单质押等物流金融业务运作中，物流企业除了基本的仓储、运输等功能，还有监管和担保等责任，对控制银行风险有很大的作用，因此有学者研究了银行对物流企业的激励问题。于萍和徐渝[8] 运用激励理论分析存货质押三方契约背景下物流企业提供信息服务时的激励问题。徐庆等[9] 考虑贷款企业贷款数量、银行利率等因素，运用委托代理模型对第三方物流企业的激励进行定量研究。马中华和何娟[10] 给出了物流企业参与下的存货质押融资中银行与企业的收益，并确定物流企业参与质押融资业务的监管程度取值范围。徐鹏等[11] 考虑物流企业在质押物的评估、运输等方面的职能，并进一步提出银行对物流企业的激励。谢天帅等[12] 在信息不对称的基础上，运用了委托代理模型，提出将第三方物流行业的平均服务水准作为服务报酬支付标准，并附带了惩罚的支付方式。

仓单质押融资的实际运作中存在诸多风险，如质押物耗损的风险、质押物流动性风险等。所以银行多选择金属、煤炭等性质稳定的产品作为质押物，但经营有一定耗损风险产品的企业，如经营农产品的企业也有融资需求。针对农产品作质押物，Byerlee[13] 研究粮食的仓单质押融资风险。张维和刘骅[14] 基于 2013 年江苏省农业供应链金融数据，建立农产品存货质押融资风险预警模型。庞燕等[15-16] 研究了农产品物流仓单质押的风险及三种盈利模式。实践中也有以农产品做质押物的案例，2008 年，中国农业发展银行四平分行以玉米为质押物向企业发放贷款。从研究和实践中可以看到，存在一定耗损风险的产品可作为质押物获取融资。李富昌[17] 考虑质押物有耗损的情况下，研究零售商的订购策略和库存决策以及银行对应收益的变化规律。潘永明和倪峰[18] 在考虑质押物耗损对存货质押业务影响的基础上，研究银行的决策及激励。

综合上述分析，本文研究了仓单质押模式下考虑物流监管努力的银行决策和激励。其中与潘永明的研究相似之处为：考虑质押物有一定耗损率，且物流企业的监管努力会影响质押物的耗损情形下，研究银行的质押率决策和对称信息下银行对物流企业的激励。但本文假设借款企业违约概率外生，且物流企业是风险规避的情形，基于不同的契约在信息对称和信息不对称两种情况下研究银行对物流企业的激励。

1 仓单质押模式下银行决策模型

本文考虑由供应商、零售商、银行及物流企业组成的供应链。零售商资金短缺，通过仓单质押向银行贷款。物流企业进行评估，开具仓单质押给银行，银行依据仓单并作出贷款判断；在质押期间，物流企业负责监管质押物；零售商拿到贷款后进行再采购和销售，质押物中未被销售的部分由供应商回购。最终，质押物货款用来偿还贷款，若货款不足以偿还贷款，零售商有 $1-Q$ 的概率还款。

参数设置如下：q_0：质押存货量，即零售商用来作为质押物贷款；q：再订购存货量，零售商利用贷款再购入的存货量；p：存货销售价格，贷款期间保持不变；c：存货进货成本；c'：存货回购价格；ω：银行的质押率；ξ：零售商面临的市场需求，需求服从分布 $F(x) = P(\xi < x)$，密度函数为 $f(x) = F'(x)$；r：贷款利息；r'：银行的无风险利率；s_R：零售商支付给物流公司的再订购货物服务费；s_L：物流公司的运营成本；s：物流企业监管努力成本系数；α：银行支付给物流公司的仓储监管费；a：物流公司的监管努力水平；t：仓单质押中间的某个时刻；λ_0：初始耗损率，第三方物流企业不努力时存货耗损率；T：仓单质押的期限，零售商拿到订单，银行发放放货指令的时间点；Q：零售商的主体违约率，$0 < Q < 1$，封闭式账户资金不足时，零售商的主体还款概率为 $1-Q$；$S(t)$：t 时刻时质押物的库存水平；β：银行给予物流企业的激励参数。

本文假设如下：

假设 1：违约概率外生，即如质押物销售收入大于银行贷款，零售商肯定还款；反之，零售商以主体还款概率 $1-Q$ 偿还贷款。

假设 2：本文设定质押物具有耗损，耗损程度主要受到自身耗损率和物流企业监管努力的影响。

假设 3：零售商销售存货过程中，假设 T 时刻获得订单，此时仓库内质押物的库存量为 $S(T) = q_0 e^{-\lambda_0 T}$，物流企业监管努力水平 a 可以减少质押物的耗损量，如提供与质押物匹配的温度、湿度条件，以降低质押物在质押过程中产生的耗损；减少态度马虎、责任心不强等失职行为带来的损失。在其影响下 T 时刻质押物的库存量可表示为，$S(T) = q_0 e^{-\lambda_0 T} a$。

假设 4：由于物流企业监管努力不能凭空制造质押物，即 $q_0 e^{-\lambda_0 T} a < q_0$，得到监管努力的限制 $a < \dfrac{1}{e^{-\lambda_0 T}}$，显然 $\dfrac{1}{e^{-\lambda_0 T}} > 1$，因此 $1 < a < \dfrac{1}{e^{-\lambda_0 T}}$ 时，物流企业监管努力可以起到降低质押物耗损量的作用；$0 < a < 1$ 时，物流企业由于监管不力，造成质押物损失。

假设 5：物流公司提高监管水平的成本函数为 $C(a) = \dfrac{1}{2} s a^2$，$s > 0$，可以看到 $C'(a) > 0$，$C''(a) > 0$，即努力成本随努力的增加而增加，且边际成本递增。

由于贷款主要由零售商质押物销售货款偿还，因此建立银行期望利润函数需要考虑随机市场需求 ξ，当 $0 < \xi < S(T)$ 时，质押物一部分可以以销售价售出，剩余存货量比市场需求多的部分将由供应商回购，因此质押物的货款为 $p\xi + c'(S(T) - \xi)$，若此时质押物货款小于所需还款额，即 $p\xi + c'(S(T) - \xi) < \omega c q_0 (1 + rT)$，零售商将以 $1-Q$ 的主体还款概率还款。令 $p\xi + c'(S(T) - \xi) = \omega c q_0 (1 + rT)$，求得违约需求临界值 $\xi_x = \dfrac{\omega c q_0 (1 + rT) - c' q_0 e^{-\lambda_0 T} a}{p - c'}$。

结合上述违约需求临界值 ξ_x 及零售商主体违约风险，可以得到银行利润函数：

$$\prod_B(\xi) = \begin{cases} Q\big[p\xi + c'(q_0 e^{-\lambda_0 T}a - \xi) - cq_0(1 + r'T)\big] + (1 - Q)\big[\omega cq_0(1 + rT) - \omega cq_0(1 + r'T)\big] & 0 \leqslant \xi < \xi_x \\ \omega cq_0(1 + rT) - \omega cq_0(1 + r'T) & \xi \geqslant \xi_x \end{cases} \quad (1)$$

那么，银行的期望利润函数为：

$$E\prod_B(\xi) = \omega cq_0(rT - r'T) - Q(p - c')\int_0^{\xi_x} F(\xi)d\xi \quad (2)$$

银行的决策变量包含质押率、利率等，由于利率易受国家政策等因素的影响，不完全由银行控制，所以本文主要研究银行的质押率决策。

对公式（2）分别求关于质押率 ω 的一阶、二阶导数，得到：

$$\frac{\partial E\prod_B(\xi)}{\partial \omega} = cq_0(rT - r'T) - QF(\xi_x)\big[cq_0(1 + rT)\big], \quad \frac{\partial^2 E\prod_B(\xi)}{\partial \omega^2} = -Q\frac{c^2 q_0^2(1 + rT)^2}{p - c'}F(\xi_x)$$

由于 $p > c'$，易得 $\dfrac{\partial^2 E\prod_B(\xi)}{\partial \omega^2} < 0$，所以 $E\prod_B(\xi)$ 是关于 ω 的凹函数，$E\prod_B(\xi)$ 有唯一

最优解。令一阶导数为零，得到银行最优质押率：$\omega = \dfrac{c'e^{-\lambda_0 T}a}{c(1 + rT)} + (p - c')\dfrac{F^{-1}\Big(\dfrac{rT - r'T}{Q + rTQ}\Big)}{cq_0(rT + 1)}$

考虑极端的情况下，当需求 $\xi = 0$ 时，质押存货全部被供应商以回购价回购，回购的货款比贷款额多时，对于银行来说贷款无风险，即 $\omega cq_0(1 + rT) < c'S(T)$，得到

$\omega < \dfrac{c'e^{-\lambda_0 T}a}{c(1 + rT)}$。易知，$\dfrac{c'e^{-\lambda_0 T}a}{c(1 + rT)} + (p - c')\dfrac{F^{-1}\Big(\dfrac{rT - r'T}{Q + rTQ}\Big)}{cq_0(rT + 1)} > \dfrac{c'e^{-\lambda_0 T}a}{c(1 + rT)}$，因此，最优

质押率为：

$$\omega^* = \frac{c'e^{-\lambda_0 T}a}{c(1 + rT)} + (p - c')\frac{F^{-1}\Big(\dfrac{rT - r'T}{Q + rTQ}\Big)}{cq_0(rT + 1)} \quad (3)$$

定理 1 耗损率与银行最优质押率、银行利润均呈负相关关系。当耗损率 $\lambda_0 > -\dfrac{\ln\dfrac{(p - c')F^{-1}\Big(\dfrac{rT - r'T}{Q + rTQ}\Big)}{c'q_0 a}}{T}$ 时，银行不会接受该存货作为质押物。

证明： 最优质押率 ω^* 关于耗损率 λ_0 求一阶导数得：$\dfrac{d\omega^*}{d\lambda_0} = -\dfrac{c'e^{-\lambda_0 T}a}{c(1 + rT)}$。可以看

到，$\lambda_0 > -\dfrac{\ln\dfrac{(p - c')F^{-1}\Big(\dfrac{rT - r'T}{Q + rTQ}\Big)}{c'q_0 a}}{T}$ 时，$\dfrac{c'e^{-\lambda_0 T}a}{c(1 + rT)} + (p - c')\dfrac{F^{-1}\Big(\dfrac{rT - r'T}{Q + rTQ}\Big)}{cq_0(rT + 1)} < 0$；也就是

质押物耗损率超过一定限度时，银行无法给出最优质押率，银行贷款风险太大，所以

通常银行不会接受质押率超过 $-\dfrac{\ln\dfrac{(p - c')F^{-1}\Big(\dfrac{rT - r'T}{Q + rTQ}\Big)}{c'q_0 a}}{T}$ 的存货作为质押物。

对银行利润关于耗损率 λ_0 求导得，$\dfrac{d\prod_B(\xi)}{d\lambda_0} = -Q(p-c')F(\xi_x)c'q_0e^{-\lambda_0T}aT$，而

$\dfrac{dE\prod_B(\xi)}{d\lambda_0} < 0$，结论得证。

由 $\dfrac{d\omega^*}{d\lambda_0} < 0$ 可以看出，银行的最优质押率是耗损率 λ_0 的单调递减函数，质押物耗损率过高，会限制零售商采用仓单质押进行融资，如生鲜食品一般不用来作抵押，这种现状阻碍中小企业质押融资，也不利于银行拓展业务。

定理 2 银行最优质押率与物流企业监管努力水平 a 呈正相关关系；银行利润与物流企业监管努力水平呈正相关关系。

证明： ω^* 关于 a 的一阶导数为：$\dfrac{d\omega^*}{da} = \dfrac{c'e^{-\lambda_0T}}{c(1+rT)}$。由于 $\dfrac{d\omega^*}{d\lambda_0} > 0$，结论得证。求 $E\prod_B(\xi)$ 关于 a 的一阶导数为：$\dfrac{dE\prod_B(\xi)}{da} = QF(\xi_x)c'q_0e^{-\lambda_0T}$。由于 $\dfrac{dE\prod_B(\xi)}{da} > 0$，结论得证。

当物流企业提高监管努力水平，若对质押物的保管得当，银行可提高质押率决策，为零售商发放更多的贷款，其自身也从中获得更高收益，有利于仓单质押融资的实施。

2 信息对称下银行对风险规避的物流企业的激励模型

假设银行是风险中性的，物流企业是风险规避的，设 θ 表示物流企业面临的风险，其服从均值为 0，方差为 σ_0^2 的正态分布。那么同时考虑物流企业监管努力和风险规避情况下，T 时刻质押物的库存量可以表示为 $S(T) = q_0e^{-\lambda_0T}(a-\theta)$。在本文中，银行向物流企业提供线性激励合同，$\alpha$ 表示银行提供给物流企业的固定费用，β 是激励系数，代表物流企业分享的产出份额。

结合上文假设，银行的支付函数为：$Y = \alpha + \beta(q_0e^{-\lambda_0T}(a-\theta) - q_0e^{-\lambda_0T})$。银行的期望利润函数为：

$$\prod_B(\xi) = \omega cq_0(rT - r'T) - Q(p-c')\int_0^{\xi}F(\xi)d\xi - \alpha - \beta(q_0e^{-\lambda_0T}(a-\theta) - q_0e^{-\lambda_0T}) \tag{4}$$

其期望效用函数为：

$$U_B = E\prod_B(\xi) = \omega cq_0(rT - r'T) - Q(p-c')\int_0^{\xi}F(\xi)d\xi - \alpha - \beta(q_0e^{-\lambda_0T}a - q_0e^{-\lambda_0T}) \tag{5}$$

由于物流企业是风险规避的，设 ρ 为风险规避系数，表示物流企业的风险规避程度，$\rho = 0$ 说明物流企业风险中性，$\rho > 0$ 说明物流企业风险规避。其确定等价收入为期望利润减风险成本。

其期望利润如下：$\prod_L = (s_R - s_L) + \alpha + \beta(q_0e^{-\lambda_0T}a - q_0e^{-\lambda_0T}) - \dfrac{1}{2}sa^2$

风险成本表示如下：$\dfrac{1}{2}\rho\mathrm{var}\left[\alpha + \beta\left(q_0 e^{-\lambda_0 T}(a-\theta) - q_0 e^{-\lambda_0 T}\right)\right] - \dfrac{1}{2}\rho\beta^2 q_0^2 e^{-2\lambda_0 T}\sigma_\theta^2$

那么，物流企业的确定性收入为：

$$U_L = (s_R - s_L) + \alpha + \beta\left(q_0 e^{-\lambda_0 T}a - q_0 e^{-\lambda_0 T}\right) - \frac{1}{2}sa^2 - \frac{1}{2}\rho\beta^2 q_0^2 e^{-2\lambda_0 T}\sigma_\theta^2 \tag{6}$$

设物流企业的保留收入为 x_0。信息对称下，银行可以观察到物流企业的努力程度，因此，银行设计激励机制时，只需要考虑物流企业的参与约束，即物流企业确定性收入大于保留收入。构建银行收益最大化为目标的激励模型，如式（7）所示：

$$\max_{\alpha,\beta,a,\omega} U_B = \omega c q_0 (rT - r'T) - Q(p - c')\int_0^{\xi_x} F(\xi)\mathrm{d}\xi - \alpha - \beta\left(q_0 e^{-\lambda_0 T}a - q_0 e^{-\lambda_0 T}\right)$$

s.t.

$$(\mathrm{IR})\ (s_R - s_L) + \alpha + \beta\left(q_0 e^{-\lambda_0 T}a - q_0 e^{-\lambda_0 T}\right) - \frac{1}{2}sa^2 - \frac{1}{2}\rho\beta^2 q_0^2 e^{-2\lambda_0 T}\sigma_\theta^2 \geqslant x_0 \tag{7}$$

考虑参与约束的情况下，求银行效用的最大值，将参与约束代入目标函数计算得：

$$\max_{\alpha,\beta,a,\omega} (s_R - s_L) + \omega c q_0(rT - r'T) - x_0 - \frac{1}{2}sa^2 - Q(p - c')\int_0^{\xi_x} F(\xi)\mathrm{d}\xi - \frac{1}{2}\rho\beta^2 q_0^2 e^{-2\lambda_0 T}\sigma_\theta^2$$

$$\tag{8}$$

分别求公式（8）关于 a、ω、β 的一阶导数，并令一阶导数为零得：

$$Q(p - c')F(\xi)\frac{c' q_0 e^{-\lambda_0 T}}{p - c'} - sa = 0,\quad cq_0(rT - r'T) - QF(\xi_x)cq_0(1 - rT) = 0,\quad \beta = 0$$

联立公式得：

$$a = \frac{(rT - r'T)c' q_0 e^{-\lambda_0 T}}{(1 + rT)s},\quad \beta = 0,\quad \omega = \frac{c' q_0 e^{-2\lambda_0 T}(rT - r'T)}{sc(1 + rT)^2} + (p - c')\frac{F^{-1}\left(\dfrac{rT - r'T}{Q(1 + rT)}\right)}{cq_0(1 + rT)}$$

代入参与约束得：$\alpha = \dfrac{(rT - r'T)^2 c'^2 q_0^2 e^{-2\lambda_0 T}}{2(rT + 1)^2 s} + x_0 - (s_R - s_L)$。在信息对称的情况下，由于银行可以观察到物流企业的努力情况，银行只提供物流企业固定支付就可以使物流企业付出一定的努力水平，确保银行收益最大化。

3　信息不对称下银行对风险规避物流企业的激励模型

银行将质押物委托给物流企业监管后，两者形成了委托代理关系，银行可能无法观测到物流企业的监管努力水平。在这种情况下，物流企业可能会隐藏自己的监管努力而产生道德风险。银行需要设计信息不对称下的激励措施。

信息不对称时，银行不能观察到物流企业的努力水平，银行在设计激励机制时，不仅要考察物流企业的参与约束，还需要考虑其激励相容约束。信息不对称下，银行与物流企业的委托代理模型如下：

$$\max_{\alpha,\beta,a,\omega} U_B = \omega c q_0 (rT - r'T) - Q(p - c') \int_0^{\xi_x} F(\xi) d\xi - \alpha - \beta(q_0 e^{-\lambda_0 T} a - q_0 e^{-\lambda_0 T})$$

s.t.

$$(IR)(s_R - s_L) + \alpha + \beta(q_0 e^{-\lambda_0 T} a - q_0 e^{-\lambda_0 T}) - \frac{1}{2} s a^2 - \frac{1}{2} \rho \beta^2 q_0^2 e^{-2\lambda_0 T} \sigma_\theta^2 \geqslant x_0$$

$$(IC) \max_a U_L = (s_R - s_L) + \alpha + \beta(q_0 e^{-\lambda_0 T} a - q_0 e^{-\lambda_0 T}) - \frac{1}{2} s a^2 - \frac{1}{2} \rho \beta^2 q_0^2 e^{-2\lambda_0 T} \sigma_\theta^2 \qquad (9)$$

其中，约束（IC）为银行与物流企业的激励相容约束，即物流企业使自身收益最大化的努力水平对激励相容约束求关于 a 的一阶导数，并令一阶导数为零得：$a = \frac{\beta q_0 e^{-\lambda_0 T}}{s}$。参与约束与最优的努力水平 a 代入最优值计算，将最优函数转化为：

$$\max_{\alpha,\beta,\omega} \omega c q_0 (rT - r'T) - Q(p - c') \int_0^{\xi_x} F(\xi) d\xi - x_0 - \frac{1}{2} s a^2 - \frac{1}{2} \beta^2 \rho q_0^2 e^{-2\lambda_0 T} \sigma_\theta^2 + (s_R - s_L)$$

$$(10)$$

求公式（10）关于 β、ω 的一阶导数得：

$$Q F(\xi_x) \frac{c' q_0^2 e^{-2\lambda_0 T}}{s} - \frac{\beta q_0^2 e^{-2\lambda_0 T}}{s} - \beta \rho q_0^2 e^{-2\lambda_0 T} \sigma_\theta^2 = 0, \quad c q_0 (rT - r'T) - Q F(\xi_x) c q_0 (1 + rT) = 0$$

联立得：$\beta = \frac{(rT - r'T) c'}{(rT + 1)(1 + s \rho \sigma_\theta^2)}$，$a = \frac{\beta q_0 e^{-\lambda_0 T}}{s} = \frac{(rT - r'T) c' q_0 e^{-\lambda_0 T}}{(rT + 1)(1 + s \rho \sigma_\theta^2) s}$

代入参与约束可得固定支付 α 及最优质押率 ω：

$$\alpha = (rT - r'T)^2 c'^2 q_0^2 e^{-2\lambda_0 T} \left(\rho s \sigma_\theta^2 + \frac{2}{a} - 1 \right) + x_0 - (s_R - s_L), \quad \omega = \frac{c'^2 q_0 e^{-2\lambda_0 T}(rT - r'T)}{sc(1 + rT)^2(1 + \rho s \sigma_\theta^2)} +$$

$$(p - c') \frac{F^{-1}\left(\frac{rT - r'T}{(1 + rT)Q} \right)}{c q_0 (1 + rT)}$$

信息对称时，银行激励条件下，物流企业最优监管努力为 $a = \frac{(rT - r'T) c' q_0 e^{-\lambda_0 T}}{(rT + 1) s}$；

信息不对称时，物流企业最优监管努力为 $a = \frac{(rT - r'T) c' q_0 e^{-\lambda_0 T}}{(rT + 1)(1 + s \rho \sigma_\theta^2) s}$，容易看到，信息不对称时监管努力有所降低，这是由于信息不对称时，银行要付出一定的信息成本，因此银行可以通过其他举措降低信息不对称的程度。

4　信息不对称下银行对风险规避物流企业的激励监督模型

当信息不对称时，为了获取物流企业的真实情况，银行可采取监督措施。下面求解银行对物流企业激励监督相结合的模型。

设监督信号 m = a + ε。其中 ε 表示监督信号的准确度，ε 服从均值为 0，方差为 σ_ε^2

的正态分布，方差 σ_ε^2 越小，说明监督信号越准确，银行越容易通过监督获取物流企业监管努力信息。

在考虑监督信号情况下，银行支付给物流企业的报酬还包含与监督信号有关的部分。因此，设置银行的支付函数为：$Y = \alpha + \beta(q_0 e^{-\lambda_0 T}(a-\theta) - q_0 e^{-\lambda_0 T}) + \delta(a+\varepsilon)$。

结合上文银行线性激励合同的假设，银行的期望收益函数为：

$$\prod_B(\xi) = \omega c q_0(rT - r'T) - Q(p - c')\int_0^{\xi_s} F(\xi)d\xi - \alpha - \beta(q_0 e^{-\lambda_0 T}(a-\theta) - q_0 e^{-\lambda_0 T}) - \delta(a+\varepsilon)$$

$$(11)$$

其期望效用函数为：

$$U_B = \omega c q_0(rT - r'T) - Q(p - c')\int_0^{\xi_s} F(\xi)d\xi - \alpha - \beta(q_0 e^{-\lambda_0 T}a - q_0 e^{-\lambda_0 T}) - \delta a \quad (12)$$

物流企业的风险成本为：$\dfrac{1}{2}\rho var(Y) = \dfrac{1}{2}\rho\beta^2 q_0^2 e^{-2\lambda_0 T}\sigma_\theta^2 + \dfrac{1}{2}\rho\delta^2\sigma_\varepsilon^2$。

物流企业的期望收益和确定性收入分别为：$E(\prod_L) = (s_R - s_L) + \alpha + \beta(q_0 e^{-\lambda_0 T}a - q_0 e^{-\lambda_0 T})$
$\dfrac{1}{2}sa^2 + \delta a$

$$U_L = (s_R - s_L) + \alpha + \beta(q_0 e^{-\lambda_0 T}a - q_0 e^{-\lambda_0 T}) - \frac{1}{2}sa^2 + \delta a - \frac{1}{2}\rho\beta^2 q_0^2 e^{-2\lambda_0 T}\sigma_\theta^2 - \frac{1}{2}\rho\delta^2\sigma_\varepsilon^2 \quad (13)$$

由于信息不对称，银行在设计激励契约时，需要同时考虑物流企业的参与约束和激励相容约束，即物流企业监管努力水平满足银行收益最大化的同时，也要使物流企业收益最大化。

通过以上分析假设，建立下面新的模型：

$$\max_{\alpha,\beta,a,\omega} U_B = \omega c q_0(rT - r'T) - Q(p - c')\int_0^{\xi_s} F(\xi)d\xi - \alpha - \beta(q_0 e^{-\lambda_0 T}a - q_0 e^{-\lambda_0 T}) - \delta a$$

s.t.

$$(IR) = (s_R - s_L) + \alpha + \beta(q_0 e^{-\lambda_0 T}a - q_0 e^{-\lambda_0 T}) - \frac{1}{2}sa^2 + \delta a - \frac{1}{2}\rho\beta^2 q_0^2 e^{-2\lambda_0 T}\sigma_\theta^2 - \frac{1}{2}\rho\delta^2\sigma_\varepsilon^2 \geqslant x_0$$

$$(IC)\max_a (s_R - s_L) + \alpha + \beta(q_0 e^{-\lambda_0 T}a - q_0 e^{-\lambda_0 T}) - \frac{1}{2}sa^2 + \delta a - \frac{1}{2}\rho\beta^2 q_0^2 e^{-2\lambda_0 T}\sigma_\theta^2 - \frac{1}{2}\rho\delta^2\sigma_\varepsilon^2$$

$$(14)$$

类似地，对模型进行求解，求得：

$$\delta = \frac{(rT - r'T)c'q_0 e^{-\lambda_0 T}\sigma_\theta^2}{(rT + 1)(s\rho\sigma_\varepsilon^2\sigma_\theta^2 + \sigma_\varepsilon^2 + \sigma_\theta^2)}, \quad \beta = \frac{(rT - r'T)c'\sigma_\varepsilon^2}{(rT + 1)(s\rho\sigma_\varepsilon^2\sigma_\theta^2 + \sigma_\varepsilon^2 + \sigma_\theta^2)},$$

$$a = \frac{(rT - r'T)c'q_0 e^{-\lambda_0 T}\sigma_\varepsilon^2 + (rT - r'T)c'q_0 e^{-\lambda_0 T}\sigma_\theta^2}{(rT + 1)(s\rho\sigma_\varepsilon^2\sigma_\theta^2 + \sigma_\varepsilon^2 + \sigma_\theta^2)s}$$

代入参与约束可得固定支付 a 及最优质押率 ω：

$$a = \frac{(rT - r'T)c'^2 q_0^2 e^{-2\lambda_0 T}(s\rho\sigma_m^2 \sigma_\theta^2 - 1)(\sigma_m^2 + \sigma_\theta^2)^2}{(rT + 1)(s\rho\sigma_\varepsilon^2 \sigma_\theta^2 + \sigma_\varepsilon^2 + \sigma_\theta^2)s} + \frac{(rT - r'T)c'q_0 e^{-\lambda_0 T}\sigma_m^2}{(rT + 1)(s\rho\sigma_m^2 \sigma_\theta^2 + \sigma_m^2 + \sigma_\theta^2)}$$
$$+ x_0 - (s_R - s_L)$$

$$\omega = \frac{(rT - r'T)c'^2 q_0 e^{-2\lambda_0 T}\sigma_\varepsilon^2 + (rT - r'T)c'^2 q_0 e^{-2\lambda_0 T}\sigma_\theta^2}{c(rT + 1)^2(s\rho\sigma_\varepsilon^2 \sigma_\theta^2 + \sigma_\varepsilon^2 + \sigma_\theta^2)s} + (p - c')\frac{F^{-1}\left(\frac{rT - r'T}{(1 + rT)Q}\right)}{cq_0(1 + rT)}$$

与信息不对称银行仅提供激励的情况不同的是,银行激励与监督并举时,银行给物流企业的支付包含三个方面:一是固定支付;二是物流企业分享的产出份额;三是以监督信号为依据的份额。由于物流企业监管努力水平在结果上反映为质押物数量的变化,因此 β 可以理解为银行按物流公司完成的服务数量也就是努力的结果支付的报酬,δ 可以理解为银行按照其监督获取的物流企业努力水平支付的报酬。

定理 3 当监督信号的方差 $\sigma_\varepsilon^2 = 0$ 时,物流企业付出信息对称时的最优努力水平,银行获取信息对称时的最优收益。

证明: 由于 $\sigma_\varepsilon^2 = 0$,则 $\beta = \dfrac{(rT - r'T)c'\sigma_\varepsilon^2}{(rT + 1)(s\rho\sigma_\varepsilon^2 \sigma_\theta^2 + \sigma_\varepsilon^2 + \sigma_\theta^2)} = 0$,$\delta = \dfrac{(rT - r'T)c'q_0 e^{-\lambda_0 T}}{rT + 1}$。

物流企业付出的最优努力水平为: $a = \dfrac{\beta q_0 e^{-\lambda_0 T} + \delta}{s} = \dfrac{(rT - r'T)c'q_0 e^{-\lambda_0 T}}{(rT + 1)s}$。

银行的最优收益可以写成: $U_B = \omega c q_0(rT - r'T) - Q(p - c')\int_0^{\xi_i} F(\xi)d\xi + (s_R - s_L) - x_0 - \dfrac{1}{2}sa^2$。

可以发现,此时银行最优收益、物流企业采取的最优努力水平都与信息对称的情况相同,因此得到,当监督信号完全精确时,银行对物流企业的激励监督模型转化为信息对称的模型,监督起到消除信息不对称的作用。

定理 4 引入监督措施,银行的最优利润一定增大。

证明: 将激励契约下的最优决策代入银行的利润函数得:

$$U_{B1} = \frac{c'^2 q_0^2 e^{-2\lambda_0 T}(rT - r'T)^2}{2(1 + rT)^2(1 + s\rho\sigma_\theta^2)s} + (p - c')\frac{F^{-1}\left(\frac{rT - r'T}{Q(1 + rT)}\right)}{1 + rT}(rT - r'T)$$

将激励监督契约下的最优决策代入银行的利润函数得:

$$U_{B2} = \frac{c'^2 q_0^2 e^{-2\lambda_0 T}(rT - r'T)^2(s\rho\sigma_\varepsilon^4 \sigma_\theta^2 + s\rho\sigma_\varepsilon^2 \sigma_\theta^4 + \sigma_\theta^4 + \sigma_\varepsilon^4 + 4\sigma_\varepsilon^2 \sigma_\theta^2)}{2(1 + rT)^2(s\rho\sigma_\varepsilon^2 \sigma_\theta^2 + \sigma_\varepsilon^2 + \sigma_\theta^2)^2 s}$$
$$+ (p - c')\frac{F^{-1}\left(\frac{rT - r'T}{Q(1 + rT)}\right)}{1 + rT}(rT - r'T)$$

令 $U_{B2} > U_{B1}$ 得: $(s\rho\sigma_\varepsilon^4 \sigma_\theta^2 + s\rho\sigma_\varepsilon^2 \sigma_\theta^4 + \sigma_\theta^4 + \sigma_\varepsilon^4 + 4\sigma_\varepsilon^2 \sigma_\theta^2) \times (1 + s\rho\sigma_\theta^2) > (s\rho\sigma_\varepsilon^2 \sigma_\theta^2 + \sigma_\varepsilon^2 + \sigma_\theta^2)^2$

化简得: $3s\rho\sigma_\varepsilon^2 \sigma_\theta^4 + 2\sigma_\varepsilon^2 \sigma_\theta^2 + s^2\rho^2\sigma_\theta^6\sigma_\varepsilon^2 + s\rho\sigma_\theta^6 > 0$ 恒成立,因此当加入监督措施时,相较于只激励的情况,银行的最优利润一定增大。

通过对比信息对称与信息不对称的三种契约下，物流企业的最优监管努力可以看出，物流企业最优监管努力与存货的耗损率负相关，因此，物流企业会对耗损率较低的质押物付出更多的努力。

5 算例分析

假设零售商初始质押的存货量 $q_0 = 5000$，存货销售价为 $p = 60$，回购价 $c' = 20$，进价 $c = 35$，零售商主体违约概率为 $Q = 0.5$，存货质押的时间为 $T = 6$，贷款利率为 $r = 2\%$，银行的无风险利率为 $r' = 1\%$，存货的市场需求 ξ 服从正态分布，$\xi \sim N(4000, 1000)$，物流企业努力成本系数 $s = 200$，物流企业风险规避程度 $\rho = 1$，风险方差为 $\sigma_\theta^2 = 0.01$，物流企业保留收入 $x_0 = 8000$，零售商为物流企业提供的仓储费为 $s_R = 10000$，物流企业的服务成本为 $s_L = 7000$。首先验证银行利润与物流企业监管努力的关系，如图 1 所示。

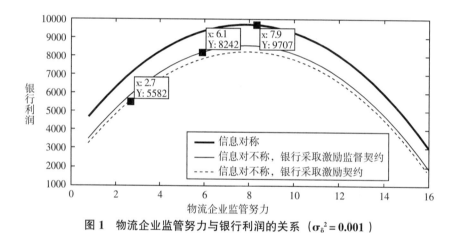

图 1 物流企业监管努力与银行利润的关系（$\sigma_\theta^2 = 0.001$）

从图 1 中可以看出，三条曲线的趋势基本相同，使银行达到收益最优的物流企业监管努力水平也基本相同。但仅在信息对称时，银行的决策可以实现自身收益最优，在信息不对称的两种情形下，银行分别在图上所标注的点进行决策。可以看到银行采用激励监督契约时，物流企业的最优监管努力水平 $a = 6.1$ 大于银行仅采用激励契约时物流企业的最优监管努力水平 $a = 2.7$，银行所获得的利润也是采用激励监督契约时较多。因此监督可以起到提高物流企业监管努力的作用，也有助于提高银行自身利润。而且在这种参数设置下，信息对称时，银行的收益曲线最高，信息不对称下的收益曲线不会高于信息对称的情况，可以看到信息不对称时存在一定的信息成本。

下面分析信息不对称，银行仅提供激励的情况下，物流企业最优监管努力水平和银行收益受风险规避程度及物流企业监管努力成本系数的影响。

从表 1 中可以看出，物流企业风险规避程度不变时，银行的收益随物流企业的监管努力成本系数的增大而减小，物流企业的最优监管努力水平随其成本系数的增大而减小。当物流企业的监管努力成本系数一定时，其风险规避程度越高，银行的收益越低，物流企业最优监管努力水平也越低。因此，银行倾向于与风险规避度小的、努力成本低的物流企业合作。

表1　风险规避程度及物流监管努力成本系数与银行收益的关系

ρ	s	a	β	UB
1	200	2.69	0.36	5582.51
2	200	1.61	0.21	4780.93
3	200	1.15	0.15	4418.60
1	150	3.30	0.43	6794.04
2	150	2.69	0.27	5545.71
3	150	1.96	0.19	5075.79

6　总　结

仓单质押作为物流金融的一种形式得到广泛运用，现有理论较少考虑质押物耗损的方面。因此本文将耗损率加入仓单质押模型，并考虑零售商具有一定主体违约率的情况下，首先，讨论银行的最优质押率；其次，在物流企业的监管努力能降低质押物耗损的情况下，研究在信息对称和信息不对称时银行所应采取的激励机制。本文只研究了在考虑质押物耗损率情况下银行的决策，特别是质押率的决策，而零售商的最优再订购量依赖于银行的质押率，因此可以进一步探讨零售商与银行的决策博弈。

参考文献

［1］Buzacott J. A., Zhang R. Q.. Inventory Management with Asset-based Financing ［J］. Management Science，2004，50（9）：1274-1292.

［2］Dada M., Hu Q.. Financing, Newsvendor Inventory ［J］. Operations Research Letters，2008，36（5）：569-573.

［3］Xiaodong Xu, Birge J. R.. Joint Production and Financing Decisions：Modeling and Analysis ［J］. Ssrn Electronic Journal，2004（10）.

［4］易雪辉，周宗放.核心企业回购担保下银行的存货质押融资定价决策 ［J］.系统工程，2011（1）：38-44.

［5］李毅学，汪寿阳，冯耕中.物流金融中季节性存货质押融资质押率决策 ［J］.管理科学学报，2011，14（11）：19-32.

［6］张媛媛，李建斌.库存商品融资下的库存优化管理 ［J］.系统工程理论与实践，2008（9）：29-45.

［7］于辉，甄学平.中小企业仓单质押业务的质押率模型 ［J］.中国管理科学，2010，18（6）：

104–112.

[8] 于萍，徐渝. 存货质押三方契约中银行对物流企业的激励 [J]. 运筹与管理，2010，19（3）：94–99.

[9] 徐庆，吕杰，冯文财. 金融物流模式下对第三方物流企业的激励 [J]. 复旦学报，2013，52（2）：139–143.

[10] 马中华，何娟. 物流参与下的库存质押融资中的委托代理问题研究 [J]. 中国管理科学，2008，16（1）：455–459.

[11] 徐鹏，王勇，杨金. 基于委托模式融通仓的银行对第三方物流激励和监督 [J]. 管理科学，2008，21（1）：108–114.

[12] 谢天帅，赵玉双，李军等. 第三方物流服务商道德风险的防范 [J]. 系统管理学报，2009，18（2）：137–141.

[13] Byerlee D., Jayne T. S., Myers R. J.. Managing Food Price Risks and Instability in a Liberalizing Market Environment：Overview and Policy Options [J]. Food Policy，2006，31（4）：275–287.

[14] 张维，刘骅. 农产品存货质押融资风险预警研究 [J]. 金融评论，2013（5）：115–121.

[15] 庞燕，李义华. 农产品物流仓单质押盈利模式及其利益分配模型 [J]. 系统工程，2015（12）：66–71.

[16] 庞燕，黄向宇. 农产品物流仓单质押风险形成机理系统动力学分析 [J]. 系统工程，2014（7）：101–107.

[17] 李富昌. 考虑质物损耗的存货质押融资决策模型 [J]. 工业技术经济，2012，5（5）：60–66.

[18] 潘永明，倪峰. 考虑质物耗损的银行存货质押融资决策研究 [J]. 运筹与管理，2015，24（6）：233–241.

非对称需求与价格敏感系数扰动下的
供应链应急协调策略

李美燕[1] 刘晓娜[2] 刘长江[3]

(1. 山东科技大学矿业与安全工程学院,"矿山灾害预防控制"
国家重点实验室,山东青岛 266590;
2. 山东科技大学经济管理学院,山东青岛 266590;
3. 山东科技大学矿业与安全工程学院,山东青岛 266590)

【摘　要】针对市场需求与价格敏感系数同时扰动且市场需求非对称扰动的供应链系统,假设供应商为委托方,零售商为代理方且供应商为零售商提供了一组线性的收益共享契约目录,研究如何协调供应链系统应对突发事件。此外,深入分析了需求扰动信息对供应链系统、供应商、零售商利润的影响。研究表明,供应链成员间扰动信息的非对称性将导致供应商的最优订购量及生产计划发生改变,这也将进一步导致供应链的利润损失。

【关键词】非对称信息;市场需求扰动;价格敏感系数扰动;委托代理模型

0　引　言

近年来,随着全球经济的迅猛发展以及全球各企业之间的合作关系越来越紧密,因此在面临突发事件时,企业间的信息沟通与信息共享也变得愈加重要。在理想状态中,供应链各成员之间的信息应该是对称的,在面临突发事件时,供应链上的各企业应向成员企业坦承自己所知晓的信息以共同应对突发事件对各企业所造成的影响,避免利润大幅下降。然而在现实生活中,供应链成员出于对自身利益的考虑,往往会隐瞒供应链中的信息,如市场需求、生产成本、零售商购买成本等,使得供应链中的信息变成非对称信息,使供应链系统的利润遭受损失,同时不了解准确信息的供应链成员也将遭受利润的损失。如 2011 年泰国发生严重的洪水,导致硬盘行业的整个产业链受到重创,全球硬盘供应短缺,硬盘市场有价无市;2013 年暴发的 H7N9 禽流感事件,使全国上下对家禽的需求急剧下降,家禽交易价格暴跌,大批家禽养殖户因此破产;

2015 年天津港发生爆炸，爆炸后恶劣的环境导致人们对口罩的需求量急剧增加，从而使口罩脱销。因此，考虑突发事件后供应链成员间扰动信息的非对称性，研究扰动信息不对称情况下供应链的最优应对策略，成为目前全球各企业和管理学家普遍关注的问题。

Lei D.、Li J.、Liu Z.（2012）[1] 运用委托代理模型分别研究了当市场需求扰动为零售商私有信息及生产成本扰动供应商私有信息时，信息的非对称性对供应链成员及供应链系统的绩效的影响及信息价值对供应链利润的影响；Babich V.、Li H.、Ritchken P.（2012）[2] 研究了包括批发价格承诺、转移支付、选择回购特权等条件在内的回购契约对供应链系统的协调作用，研究表明对供应商来说的最优回购契约允许任意分配零售商的利润；周建中、陈秀宏（2013）[9] 基于以生产商为主导的 Stackelbergb 博弈，针对需求函数为线性与非线性的情形，研究了非对称信息下市场需求扰动、生产成本扰动对于供应链的影响；史文强等（2015）[11] 考虑突发事件造成市场需求及生产成本同时波动研究了生产成本信息不对称时的单零售商单供应商组成的二级供应链应急数量弹性契约协调问题；崔玉泉、张宪（2016）[12] 研究了非对称信息下供应链在突发事件下的应急管理和信息价值问题，分析了非对称信息对应急管理的影响以及相应的管理对策，发现非对称信息下的最优生产量不超过对称信息下的最优生产量，导致供应链系统收益减少并产生了信息价值。

上述文献均未考虑价格敏感系数扰动及运用委托代理理论解决扰动信息的非对称性的情况。然而，在实际情况中，不仅市场需求会发生扰动，价格敏感系数也同样会发生波动，随着需求的剧烈波动，价格随需求变化的敏感程度也将发生改变，因此模型考虑了突发事件后市场需求与价格敏感系数同时扰动且市场需求扰动为供应链的非对称信息的情形，并以此构建委托代理模型，寻求非对称扰动信息下供应链系统应对突发事件的最优策略。本文着重解决以下三方面的问题：当市场需求和价格敏感系数同时发生扰动时如何修订生产计划？在市场需求扰动为非对称信息时最优生产量将发生怎样的变化？非对称市场需求扰动信息将如何影响供应链、供应商及零售商的利润？

1 模型的构建

考虑由一个供应商和一个零售商组成的二级供应链系统，在此供应链系统中，在销售季节开始之前，零售商根据往年的销售数据以及对市场的需求预测情况确定产品的订购量 Q，然后按此订购量向供应商订货，供应商接到订单之后进行生产，并在规定的日期内将产品生产完成并配送给零售商。在此过程中，供应商与零售商之间的信息是非对称的，在突发事件发生之前，供应链系统的信息是完全对称的，但突发事件发生后，市场需求和价格敏感系数发生扰动，其扰动信息对供应商和零售商来说是非对称的，零售商知道市场需求和价格敏感系数的确切扰动信息，而供应商并不能准确地了解（供应链中的其他信息仍为对称信息）。因此，假设供应商为委托方，零售商为代理方，供应商负责提供契约目录供零售商选择，零售商只能选择接受或者拒绝。设供应商与零售商之间缔结了收益共享契约。

假设商品的市场需求 D 与产品的价格 p 之间的关系是已知的，即 $d = D - kp$，其中 k 表示价格敏感系数，D 表示市场规模。设供应商的生产成本为 c，则供应链的总利润为 $\bar{f}^{sc} = (D - kp)(p - c)$，并在 $p^* = (D + kc)/2k$ 处取得最大值。零售商的最优订购量为 $Q^* = (D - kc)/2$，供应链系统的最大利润为 $\bar{f}^{sc}_{max} = (Q^*) = (D - kc)^2/4k$。突发事件后，供应链的最优生产量将由 Q^* 变为 $Q^{\cdot}$。当市场需求增大，即 $Q^* < Q^{\cdot}$ 时，偏差成本为 $\lambda_1(\lambda_1 > 0)$，当市场需求减小，即 $Q^* > Q^{\cdot}$ 时，偏差成本为 $\lambda_2(\lambda_2 > 0)$。

设市场需求扰动信息 $\Delta D \in \{\overline{\Delta D}, \underline{\Delta D}\}$，且 $\overline{\Delta D} > \underline{\Delta D}$，该信息只有零售商能够准确地了解。但供应商知道 ΔD 等于 $\overline{\Delta D}$ 的概率为 θ，等于 $\underline{\Delta D}$ 的概率为 $1 - \theta$。设价格敏感系数的扰动量 Δk 为固定值。θ 是一种优先概率，供应商可通过往年的销售数据或者是对市场需求进行预测来获得 θ 的值。

在需求扰动信息为 $\overline{\Delta D}(\underline{\Delta D})$ 的情况下，称为 $\overline{\Delta D}(\underline{\Delta D})$——零售商。供应商与零售商的决策程序如下：①突发事件后，零售商观察到需求扰动 ΔD；②供应商负责提供一组线性的收益共享契约目录 $\{w(\overline{\Delta D}), Q(\underline{\Delta D}), \overline{\varphi}; w(\underline{\Delta D}), Q(\underline{\Delta D}), \underline{\varphi}\}$ 给零售商，零售商只能选择接受或者拒绝；③如果零售商选择接受契约目录中的一种契约，则供应商就必须以较低的批发价格 $w(\overline{\Delta D})(w(\underline{\Delta D}))$，将 $Q(\overline{\Delta D})(Q(\underline{\Delta D}))$ 单位的产品销售给零售商，而在销售季节末销售商则须将所得收益的 $\overline{\varphi}(\underline{\varphi})$ 倍返还给制造商，自己保留其收益的 $1 - \overline{\varphi}(1 - \underline{\varphi})$。（$0 \leq \overline{\varphi} \leq 1$，$0 \leq \underline{\varphi} \leq 1$）因此，供应商必须合理地设置批发价格、订购量以及收益共享份额，以使得无论零售商选定哪种契约，均可使供应商的利润达到最大化。为符合一般情况，设供应商的保留效用为 0。为简化计算，令 $\bar{w}$，$\underline{w}$，$\bar{Q}$，$\underline{Q}$ 代替 $w(\overline{\Delta D})$，$w(\underline{\Delta D})$，$Q(\overline{\Delta D})$，$Q(\underline{\Delta D})$。

在非对称需求扰动信息与价格敏感系数情况下，供应商的决策问题可表述如下：

$$\max_{\{\bar{w}, \bar{Q}, \overline{\varphi}; \underline{w}, \underline{Q}, \underline{\varphi}\}} f^m = \theta\left[\bar{Q}(\overline{\varphi}p + (1 - \overline{\varphi})\bar{w} - c) - \lambda_1 \cdot (\bar{Q} - Q^*)^+ - \lambda_2(Q^* - \bar{Q})^+\right] +$$
$$(1 - \theta)\left[\underline{Q}(\underline{\varphi}p + (1 - \underline{\varphi})\underline{w} - c) - \lambda_1(\underline{Q} - Q^*)^+ - \lambda_2(Q^* - \underline{Q})^+\right] \tag{1}$$

$$\text{s.t. IR. } (1 - \overline{\varphi})\bar{Q}\left(\frac{D + \overline{\Delta D} - \bar{Q}}{k + \Delta k} - \bar{w}\right) \geq (1 - \underline{\varphi})\underline{Q}\left(\frac{D + \overline{\Delta D} - \underline{Q}}{k + \Delta k} - \underline{w}\right) \tag{2}$$

$$(1 - \underline{\varphi})\underline{Q}\left(\frac{D + \underline{\Delta D} - \underline{Q}}{k + \Delta k} - \underline{w}\right) \geq (1 - \overline{\varphi})\bar{Q}\left(\frac{D + \underline{\Delta D} - \bar{Q}}{k + \Delta k} - \bar{w}\right) \tag{3}$$

$$(1 - \overline{\varphi})\overline{Q}\left(\frac{D + \overline{\Delta D} - \overline{Q}}{k + \Delta k} - \overline{w}\right) \geqslant 0, \ IC. \tag{4}$$

$$(1 - \underline{\varphi})\underline{Q}\left(\frac{D + \underline{\Delta D} - \underline{Q}}{k + \Delta k} - \underline{w}\right) \geqslant 0 \tag{5}$$

其中，不等式（2）和不等式（3）为激励相容约束条件，它们保证了每种类型的零售商都不会梦想变成另一种类型的零售商，也不会模仿其他零售商的选择。不等式（4）和（5）为个体理性约束条件，它们保证了两种类型的零售商均不会因利润为负而退出供应链系统。

2　对称信息下供应链各成员的应急协调策略

在对称信息下，供应商与零售商之间所有的信息均是完全对称的，此时激励相容约束不等式（2）和不等式（3）在供应链中将不再发挥任何作用。因此可将制造商的决策问题简化为：

$$\max_Q f(Q) = Q[\varphi p + (1 - \varphi)w - c] - \lambda_1(Q - Q^*)^+ - \lambda_2(Q^* - Q)^+$$

$$s.t.(1 - \varphi)Q\left(\frac{D + \Delta D - Q}{k + \Delta k} - w\right) = 0$$

其中，$\Delta D \in \{\overline{\Delta D}, \underline{\Delta D}\}$。由于在对称信息情况下，批发价格 w 等于零售价格 p，因此上述问题可被进一步简化为：

$$\max_Q f(Q) = Q\left(\frac{D + \Delta D - Q}{k + \Delta k} - c\right) - \lambda_1(Q - Q^*)^+ - \lambda_2(Q^* - Q)^+ \tag{6}$$

设函数式（6）的最优解为 Q^{**}，且为最优订购量，p^{**} 为市场最优价格。

引理 1　若 $\Delta D > \Delta kc$，则 $Q^{**} \geqslant Q^*$；否则，$Q^{**} \leqslant Q^*$。

证明： 假设当 $\Delta D > \Delta kc$ 时，$Q^{**} < Q^*$，则有：

$$f(Q^{**}) = Q^{**}\left(\frac{D + \Delta D - Q^{**}}{k + \Delta k} - c\right) - \lambda_2(Q^{**} - Q^*) = Q^*\left(\frac{D + \Delta D - Q^*}{k} - c\right) - \lambda_2(Q^{**} - Q^*) + Q^{**}$$

$$= Q^*\left(\frac{D + \Delta D - Q^*}{k + \Delta k} - c\right) + (Q^{**} - Q^*)\left[\frac{D + \Delta D}{k + \Delta k} - c + \lambda_2 - \frac{Q^{**} + Q^*}{k + \Delta k}\right] < f(Q)^*$$

由于函数在 Q^{**} 处取得最大值，由此可知，所得结论与之相违背，原假设不成立。因此可得出结论，当 $\Delta D > \Delta kc$ 时，$Q^{**} \geqslant Q^*$ 成立。

证明完毕。

引理 1 揭示了生产计划的变化依赖于需求和价格敏感系数同时扰动时 ΔD 和 Δkc 之间的相对距离。由此，基于引理 1 可得出方程的最优解，如下所示：

定理 1　在对称信息下，可得出如下结论：

（1）若 $\Delta D \leqslant \Delta kc - \lambda_2(k + \Delta k)$，那么 $Q^{**} = Q^* + \dfrac{\Delta D - \Delta kc + \lambda_2(k + \Delta k)}{2}$，$p^{**} = p^* - \dfrac{\lambda_2}{2} +$

$\dfrac{k\Delta D - \Delta kD}{2k(k + \Delta k)}$；

（2）若 $\Delta kc - \lambda_2(k + \Delta k) \leqslant \Delta D \leqslant \Delta kc + \lambda_1(k + \Delta k)$，那么有 $Q^{**} = Q^*$，且 $p^{**} = p^* + \dfrac{\lambda_2}{2} +$

$\dfrac{2k\Delta D - \Delta k(D + kc)}{2k(k + \Delta k)}$；

（3）若 $\Delta D \geqslant \Delta kc + \lambda_1(k + \Delta k)$，那么有 $Q^{**} = Q^* + \dfrac{\Delta D - \Delta kc - \lambda_1(k + \Delta k)}{2}$，$p^{**} = p^* +$

$\dfrac{\lambda_2}{2} + \dfrac{k\Delta D - \Delta kD}{2k(k + \Delta k)}$。

由定理 1 可知，对称信息下，随着 ΔD 取值范围的变化，供应链最优生产量的变化如图 1 所示。

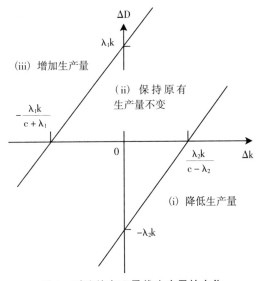

图 1　对称信息下最优生产量的变化

由图 1 的结果显示可知，在对称信息下，在定理 1 中，当 ΔD 的取值范围在区域（i）时，由于市场需求减小，供应商需降低生产量，避免遭受更大的利益损失；当 ΔD 的取值在区域（ii）时，由于市场需求 ΔD 的增加或减小的幅度很小，可忽略，因此供应商无须改变生产计划，维持原有生产计划即可保证自身利益不受损失；当 ΔD 取值范围在区域（iii）时，由于市场需求增大，因此供应商必须扩大生产，以满足市场需求。

3 非对称信息下供应链各成员的应急协调策略

结合不等式（2）和不等式（5），可得如下结论：

$$(1-\overline{\varphi})\overline{Q}\left(\frac{D+\overline{\Delta D}-\overline{Q}}{k+\Delta k}-\overline{w}\right)\geq(1-\underline{\varphi})\underline{Q}\left(\frac{D+\overline{\Delta D}-\underline{Q}}{k+\Delta k}-\underline{w}\right)>(1-\underline{\varphi})$$

$$\underline{Q}\cdot\left(\frac{D+\underline{\Delta D}-\underline{Q}}{k+\Delta k}-\underline{w}\right)\geq0$$

由此可知，不等式（4）总是能够严格满足，因此可从供应商问题的约束条件中排除约束条件（4）。

经分析得知，$\overline{\Delta D}$——供应商有动力声明，它所观察到的需求扰动为 $\overline{\Delta D}$，因此可运用约束条件（2）和约束条件（5）解决供应商问题，然后用约束条件（3）对解决方案进行验证。在寻求供应商问题的最优解时，必须将约束条件（2）和约束条件（5）结合起来，否则的话，供应商就会增加批发价格 $\overline{w}(\underline{w})$，并且约束条件也能够满足。与此同时，将供应商的收益增加 $\theta\overline{Q}\overline{w}$ 或 $(1-\theta)\underline{Q}\underline{w}$，这样就产生了矛盾。因此，可得出如下结论：

$$(1-\overline{\varphi})\overline{Q}\left(\frac{D+\overline{\Delta D}-\overline{Q}}{k+\Delta k}-\overline{w}\right)=(1-\underline{\varphi})\underline{Q}\left(\frac{D+\overline{\Delta D}-\underline{Q}}{k+\Delta k}-\underline{w}\right) \quad (7)$$

$$(1-\underline{\varphi})\underline{Q}\left(\frac{D+\overline{\Delta D}-\underline{Q}}{k+\Delta k}-\underline{w}\right)=0 \quad (8)$$

将等式（8）代入等式（7）中可得 $(1-\overline{\varphi})\overline{Q}\left(\frac{D+\overline{\Delta D}-\overline{Q}}{k+\Delta k}-\overline{w}\right)=(1-\underline{\varphi})\underline{Q}\frac{OD}{k+\Delta k}$

其中，$OD=\overline{\Delta D}-\underline{\Delta D}$。将等式（7）和（8）代入函数表达式（1）中，可将供应商问题简化为：

$$\max_{[\overline{Q},\overline{\varphi};\underline{Q},\underline{\varphi}]} f^m=\theta\left[\overline{Q}\left(\frac{D+\overline{\Delta D}-\overline{Q}}{k+\Delta k}-c\right)-(1-\underline{\varphi})\underline{Q}\cdot\frac{OD}{k+\Delta k}-\lambda_1(\overline{Q}-Q^*)^+-\lambda_2(Q^*-\overline{Q})^+\right]$$

$$+(1-\theta)\left[\underline{Q}\left(\frac{D+\underline{\Delta D}-\underline{Q}}{k+\Delta k}-c\right)-\lambda_1(\underline{Q}-Q^*)^+-\lambda_2(Q^*-\underline{Q})^+\right] \quad (9)$$

引理 2 令 $\left(\overline{Q}_d^{SB},\underline{Q}_d^{SB}\right)$ 为函数表达式（9）的最优解，则有：

（i）若 $\overline{\Delta D}>\Delta kc$，则 $\overline{Q}_d^{SB}\geq Q^*$；否则，$\overline{Q}_d^{SB}\leq Q^*$；

（ii）若 $\underline{\Delta D}>\Delta kc+(1-\underline{\varphi})\alpha$，则 $\underline{Q}_d^{SB}\geq Q^*$；否则的话，$\underline{Q}_d^{SB}\leq Q^*$。

其中，$\alpha = \dfrac{\theta}{1-\theta}OD$。

证明：（i）的证明过程与 Qi 等（2004）[13] 相似。

（ii）假设当 $\underline{\Delta D} > \Delta kc + (1-\varphi)\alpha$ 时，$\underline{Q}_d^{SB} < Q^*$，则有：

$$f_{sd}\left(\overline{Q}_d^{SB}, \ \underline{Q}_d^{SB}\right) =$$

$$\theta\left[\overline{Q}_d^{SB}\left(\frac{D+\overline{\Delta D}-\overline{Q}_d^{SB}}{k+\Delta k} - (1-\varphi)\underline{Q}\frac{OD}{k+\Delta k} - \lambda_1(\overline{Q}_d^{SB}-Q^*)^+ - \lambda_2(Q^*-\overline{Q}_d^{SB})^+\right)\right]$$

$$+ (1-\theta)\left[\underline{Q}_d^{SB}\left(\frac{D+\overline{\Delta D}-\overline{Q}_d^{SB}}{k+\Delta k} - c\right) - \lambda_2(Q^*-\underline{Q}_d^{SB})^+ \leqslant \theta\right.$$

$$\left[\overline{Q}_d^{SB}\left(\frac{D+\overline{\Delta D}-\overline{Q}_d^{SB}}{k+\Delta k} - c\right) - \lambda_1(\overline{Q}_d^{SB}-Q^*)^+ - \lambda_2(Q^*-\overline{Q}_d^{SB})^+\right] + (1-\theta)$$

$$\left[f_{max}^{sc}(Q^*) - \lambda_2 \cdot (Q^*-\overline{Q}_d^{SB})^+\right] - (1-\varphi)\theta\underline{Q} \cdot \frac{OD}{k+\Delta k} < f_{sd}\left(\overline{Q}_d^{SB}, \ Q^*\right)$$

最终可得结论：$f_{sd}\left(\overline{Q}_d^{SB}, \ \underline{Q}_d^{SB}\right) < f_{sd}\left(\overline{Q}_d^{SB}, \ Q^*\right)$，这与 f^m 在 $\left(\overline{Q}_d^{SB}, \ \underline{Q}_d^{SB}\right)$ 处取得最优解相冲突。因此，假设不成立，推翻原假设。

证明完毕。

定理 2 令 $\left\{\left(\overline{Q}_d^{SB}, \ \overline{w}_d^{SB}\right), \ \left(\underline{Q}_d^{SB}, \ \underline{w}_d^{SB}\right)\right\}$ 为非对称需求扰动信息下供应链各成员的最优契约，则有：

（i）当 $\underline{\Delta D} > \Delta kc + (1-\varphi)\alpha + \lambda_1(k+\Delta k)$ 时，有：

$$\left\{
\begin{aligned}
&\overline{Q}_d^{SB} = Q^* + \frac{\overline{\Delta D} - \Delta kc - \lambda_1(k+\Delta k)}{2}, \\
&\overline{w}_d^{SB} = p^* + \frac{k\overline{\Delta D} - \Delta kD}{2(k+\Delta k)} + \frac{\lambda_1}{2} - \frac{1-\varphi}{1-\varphi} \cdot \frac{OD}{k+\Delta k} \cdot \left(1 - \frac{OD+(1-\varphi)\alpha}{D+\overline{\Delta D}-(c+\lambda_1)(k+\Delta k)}\right), \\
&\underline{Q}_d^{SB} = Q^* + \frac{\underline{\Delta D} - \Delta kc - \lambda_1(k+\Delta k) - (1-\varphi)\alpha}{2}, \\
&\underline{w}_d^{SB} = p^* + \frac{k(\underline{\Delta D}+(1-\varphi)\alpha) - \Delta kD}{2k(k+\Delta k)} + \frac{\lambda_1}{2}
\end{aligned}
\right.$$

（ii）当 $\Delta kc - \lambda_2(k+\Delta k) + (1-\varphi)\alpha < \underline{\Delta D} \leqslant \Delta kc + (1-\varphi)\alpha + \lambda_1(k+\Delta k)$，$\overline{\Delta D} > \Delta kc + \lambda_1 \cdot (k+\Delta k)$，有：

$$\left\{
\begin{aligned}
&\overline{Q}_d^{SB} = Q^* + \frac{\overline{\Delta D} - \Delta kc - \lambda_1(k+\Delta k)}{2}, \\
&\overline{w}_d^{SB} = p^* + \frac{k\overline{\Delta D} - \Delta kD}{2k(k+\Delta k)} + \frac{\lambda_1}{2} - \frac{1-\varphi}{1-\varphi}\frac{OD}{k+\Delta k} \cdot \frac{D-kc}{D+\overline{\Delta D}-(c+\lambda_1)(k+\Delta k)},
\end{aligned}
\right.$$

$$\underline{Q}_d^{SB} = Q^*, \quad \underline{w}_d^{SB} = p^* + \frac{2\underline{\Delta D}k - \Delta k(D + kc)}{2k(k + \Delta k)}$$

（iii）当 $\underline{\Delta D} > \Delta kc - \lambda_2(k + \Delta k) + (1 - \underline{\varphi})\alpha$，$\Delta kc - \lambda_2(k + \Delta k) < \overline{\Delta D} \leqslant \Delta kc + \lambda_1(k + \Delta k)$ 时，有

$$\overline{Q}_d^{SB} = \underline{Q}_d^{SB} = Q^*, \quad \overline{w}_d^{SB} = \underline{w}_d^{SB} = p^* + \frac{2\underline{\Delta D}k - \Delta k(D + kc)}{2k(k + \Delta k)}$$

（iv）当 $\underline{\Delta D} \leqslant \Delta kc - \lambda_2(k + \Delta k) + (1 - \underline{\varphi})\alpha$，且 $\overline{\Delta D} > \Delta kc + \lambda_1(k + \Delta k)$ 时，有

$$\left\{\begin{array}{l} \overline{Q}_d^{SB} = Q^* + \dfrac{\overline{\Delta D} - \Delta kc - \lambda_1(k + \Delta k)}{2}, \\[3mm] \overline{w}_d^{SB} = p^* + \dfrac{k\overline{\Delta D} - \Delta kD}{2k(k + \Delta k)} + \dfrac{\lambda_2}{2} - \dfrac{1 - \varphi}{1 - \overline{\varphi}} \cdot \dfrac{OD}{k + \Delta k} \cdot \dfrac{D + \overline{\Delta D} - (c - \lambda_2)(k + \Delta k) - (1 - \varphi)\alpha}{D + \overline{\Delta D} - (c + \lambda_1)(k + \Delta k)}, \end{array}\right.$$

（v）当 $\underline{\Delta D} \leqslant \Delta kc - \lambda_2(k + \Delta k) + (1 - \underline{\varphi})\alpha$ 且 $\Delta kc - \lambda_2(k + \Delta k) < \overline{\Delta D} \leqslant \Delta kc + \lambda_1(k + \Delta k)$ 时，有

$$\left\{\begin{array}{l} \overline{Q}_d^{SB} = Q^*, \\[3mm] \overline{w}_d^{SB} = p^* + \dfrac{k(\overline{\Delta D} - \Delta kc) - \Delta kc}{2k(k + \Delta k)} - \dfrac{1 - \varphi}{1 - \overline{\varphi}} \cdot \dfrac{OD}{k + \Delta k} \cdot \left(1 + \dfrac{\underline{\Delta D} - \Delta kc + \lambda_2(k + \Delta k) - (1 - \varphi)\alpha}{D - kc}\right), \\[3mm] \underline{Q}_d^{SB} = Q^* + \dfrac{\underline{\Delta D} - \Delta kc + \lambda_2(k + \Delta k) - (1 - \underline{\varphi})\alpha}{2}, \\[3mm] \underline{w}_d^{SB} = p^* + \dfrac{k(\underline{\Delta D} + (1 - \underline{\varphi})\alpha) - \Delta kD}{2k(k + \Delta k)} - \dfrac{\lambda_2}{2} \end{array}\right.$$

（vi）当 $\overline{\Delta D} \leqslant \Delta kc - \lambda_2(k + \Delta k)$ 时，有

$$\left\{\begin{array}{l} \overline{Q}_d^{SB} = Q^* + \dfrac{\overline{\Delta D} - \Delta kc + \lambda_2(k + \Delta k)}{2}, \\[3mm] \overline{w}_d^{SB} = p^* + \dfrac{k\overline{\Delta D} - \Delta kc}{2k(k + \Delta k)} - \dfrac{\lambda_2}{2} - \dfrac{1 - \varphi}{1 - \overline{\varphi}} \cdot \dfrac{OD}{k + \Delta k} \cdot \dfrac{D + \underline{\Delta D} - (c - \lambda_2)(k + \Delta k) - (1 - \varphi)\alpha}{D + \overline{\Delta D} - (c + \lambda_2)(k + \Delta k)}, \\[3mm] \underline{Q}_d^{SB} = Q^* + \dfrac{\underline{\Delta D} - \Delta kc + \lambda_2(k + \Delta k) - (1 - \underline{\varphi})\alpha}{2}, \\[3mm] \underline{w}_d^{SB} = p^* + \dfrac{k(\underline{\Delta D} + (1 - \underline{\varphi})\alpha) - \Delta kD}{2k(k + \Delta k)} - \dfrac{\lambda_2}{2} \end{array}\right.$$

非对称需求扰动信息下，随着需求扰动量 $\overline{\Delta D}$ 及 $\underline{\Delta D}$ 的变化，供应链最优订购量的变化如图 2 所示。

由图 2 的结果分析可知，突发事件发生后，虽然市场需求信息在供应商和零售商

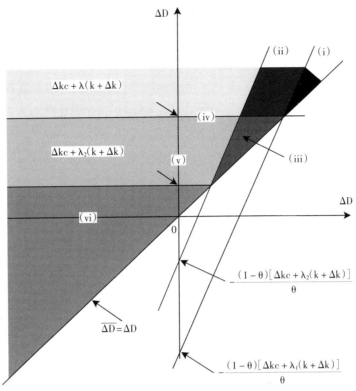

图 2 非对称信息下最优订购量的变化

之间是非对称的，与此同时，市场需求和价格敏感系数都发生了一定程度的扰动，但是供应商的初始订购量仍然具有一定的鲁棒性。由此可得出以下两个推论：

推论 1 由定理 2 的情形（iii）可知，非对称需求扰动信息下，供应商可以提供相同的契约给两种类型的零售商，即 $\overline{\Delta D}$ – 零售商和 $\underline{\Delta D}$ – 零售商。

对于 $\overline{\Delta D}$ – 零售商和 $\underline{\Delta D}$ – 零售商两种不同类型来说，如果需求扰动量不是特别大的话，也就是说当 $\underline{\Delta D} \geqslant \Delta kc + (1 - \varphi)\alpha - \lambda_2(k + \Delta k)$，$\Delta kc - \lambda_2(k + \Delta k) \leqslant \overline{\Delta D} \leqslant \Delta kc + \lambda_1(k + \Delta k)$ 时，虽然供应商不能了解市场需求扰动的确切值，但是它仍然不会改变初始订购量。在这种情况下，供应商会提供相同的契约 $\left(Q^*, \ p^* + \dfrac{2\Delta Dk - \Delta k(D + kc)}{2k(k + \Delta k)} \right)$ 给两种类型的零售商。比如说，由于通过改变生产计划和筛选过程所增加的利润不足以弥补过高的偏差成本和筛选成本，因此供应商不会运用契约筛选零售商的类型。

非对称信息下，如果需求扰动为 $\overline{\Delta D}$ 的话，在定理 1 中供应商将维持原有订购量不变。否则的话，供应商就会减少订购量以应对非对称信息带来的风险。解释如下：供应商不期望 $\overline{\Delta D}$ – 零售商模仿 $\underline{\Delta D}$ – 零售商的契约选择，因此它会付信息租金给 $\overline{\Delta D}$ – 零售商作为激励，以使它作出对供应商有利的选择。

推论 2   对于 $\underline{\Delta D}$ – 零售商来说，非对称信息下供应商的订购量不高于对称信息下供应商的订购量。

推论 2 表明，当需求扰动为 $\underline{\Delta D}$ 时，供应链将遭受利益损失。也就是说，在这种情况下，供应商在非对称信息下将承担更多的风险，因此供应商就会降低订购量以弥补损失。在非对称信息下，$\overline{\Delta D}$ – 零售商总是运用私人信息，从供应商处掠夺信息租金 $IR_d = \underline{Q}_d^{SB} OD / k$。

4　结　论

文中研究了市场需求扰动为零售商的私有信息时，当市场需求和价格敏感系数同时扰动时，供应链各成员面临突发事件时的协调策略及利润损失情况分析。根据以上分析，可得出以下结论：①当供应链需求扰动信息为对称信息时，供应链系统具有一定的鲁棒性，在某些情况下供应商可以维持原有的生产计划不变；②在非对称信息下，供应商与零售商之间扰动信息的非对称性将导致供应商的生产计划发生改变，最优订购量发生改变，也将进一步导致供应链的利润发生损失；③需求扰动信息的信息价值无论发生哪种变化，都反映了非对称扰动信息下供应链成员在生产计划等方面的战略性决策。

除此之外，其他几种契约在供应链中也同样得到了广泛的应用。在这些契约目录下所得结论是否仍然有效有待进一步研究。论文假设需求与价格的关系是线性的且边际成本为 0，下一步研究方向为需求与价格的关系拓展为其他类型的函数关系。

参考文献

[1] Qi X. T., Bard J., Yu G.. Supply Chain Coordination with Demand Disruptions [J]. Omega, 2004, 32 (4): 301–312.

[2] Babich V, Li H, Ritchken P, et al. Contracting with Asymmetric Demand Information in Supply chains [J]. European Journal of Operational Research, 2012, 217 (2): 333–341.

[3] Cachon G. P.. Suply Chain Coordination with Contracts [J]. Handbooks in Operations Research and Management Science, 2003 (11): 227–339.

[4] Lei D., Li J., Liu Z.. Supply Chain Contracts under Demand and Cost Disruptions with Asymmetric Information [J]. International Journal of Production Economics, 2012, 139 (1): 116–126.

[5] Qin–hong Zhang, Jian–wen Luo.Coordination of a Buyer–vendor Supply Chain for a Perishable Product under Symmetric and Asymmetric Information [J]. Asia–Pacific Journal of Operational Research, 2011, 28 (5): 673–688.

[6] 曹细玉，覃艳华. 突发事件且非对称信息下的供应链回购契约模型 [J]. 工业工程，2012，15 (5): 99–105.

[7] 吴忠和，陈宏，赵千. 非对称信息下闭环供应链回购契约应对突发事件策略研究 [J]. 中国管

理科学，2013，21（6）：97-106.

[8] 张宪. 非对称信息下供应链应急管理问题研究 [D]. 济南：山东大学硕士学位论文，2013.

[9] 周建中，陈秀宏. 非对称信息下市场需求与生产成本同时发生扰动时的供应链决策 [J]. 中国管理科学，2013，21（3）：61-70.

[10] 覃艳华，曹细玉，宋璐君. 突发事件下需求信息不对称时的供应链协调应对 [J]. 运筹与管理，2012，21（4）：59-64.

[11] 史文强，刘浪，李文川. 生产成本信息不对称下的应急数量弹性契约研究 [J]. 华中师范大学学报（自然科学版），2015，49（5）：707-714.

[12] 崔玉泉，张宪. 非对称信息下供应链应急管理和信息价值研究 [J]. 中国管理科学，2016，24（4）：83-93.

[13] 覃艳华，曹细玉，阮平，宋巧娜. 突发事件下生产成本信息不对称时的供应链协调应对 [J]. 华中师范大学学报（自然科学版），2013（2）：259-264.

[14] 张玉玺. 供应链信息共享动态激励模型研究 [D]. 北京：华北电力大学硕士学位论文，2013.

[15] 庄海香. 合作共赢的委托代理模型 [D]. 广州：暨南大学硕士学位论文，2007.

[16] 邹浩，程赐胜. 不对称信息下应对突发事件的供应链回购契约协调模型 [J]. 长沙理工大学学报（自然科学版），2013，10（1）：28-33.

[17] 吴忠和，陈宏，吴晓志，解东川. 突发事件下不对称信息供应链协调机制研究 [J]. 运筹与管理，2015，24（1）：48-57.

[18] 吴忠和，陈宏，赵千. 不对称信息供应链应对突发事件协调模型 [J]. 系统管理学报，2015，24（1）：91-98.

天气影响下考虑损失偏好的农业生产决策分析*

伏红勇

（西南政法大学管理学院，重庆 401120）

【摘　要】 农业是受天气变化影响最为显著的行业之一，不利天气影响下农产品生产商的损失感知情绪如何影响农业生产决策，是强化了还是弱化了最优农资投入决策，便成了应对不利天气风险需要解决的一个关键问题。对此，基于期望效用理论构建了损失中性生产商的基准决策模型；基于前景理论构建了损失厌恶生产商的拓展决策模型。决策模型的分析结果表明，不利天气影响下两类不同损失感知生产商在生产决策上存在明显的差异，损失厌恶程度较高的生产商往往更不愿意提高农资投入水平。研究结果意味着生产商在依靠农业补贴政策之外，还可通过弱化自身的损失厌恶情绪来改善农资投入决策偏差。

【关键词】 前景理论；期望效用理论；不利天气；损失厌恶；决策分析

0　引　言

农业是对天气、气候变化最为敏感、受天气影响最为显著的行业之一[1]。从宏观层面来看，2017 年"中央一号文件"再次聚焦"三农"问题并明确提出："发展智慧气象，提高气象灾害监测预报预警水平"[2]，这充分表明党和国家政府对天气、气候变化影响农业生产的高度重视；从微观层面来看，非灾难性不利天气（如暖冬、倒春寒、轻雹等）势必会影响到农产品生产商（如家庭农场、大户、涉农公司、农业合作组织等，文中简称生产商）的农业生产决策，这一在生产环节区别于工业品生产的显著特性，在农业生产决策中必须予以考虑[3]，由此，探究不利天气影响下农产品生产商如

*［基金项目］国家自然科学基金青年项目（71501162）；教育部人文社会科学基金资助项目（14YJC630034）；中国博士后科学基金资助项目（2015M580770）；重庆市博士后科研项目特别资助（Xm2015044）；西南政法大学资助项目（2014XZQN-17）。

何依据自身感知制定最优的农业生产决策，便成了一个亟待解决的关键问题。

不利天气、气候影响农业生产决策，其本质上是不确定性环境下如何制定最优的生产决策，也就是不确定性决策问题。诸多专家和学者对于此类问题开展了相关研究，早期的研究往往是基于完全理性的假设进行分析，随着越来越多的实证研究表明：不确定性环境下人们的决策总是会偏离完全理性的假设，决策者往往是基于有限理性进行决策[4]，更为重要的是，在现实的生产决策中，规模较小的决策主体往往对于风险或损失的感知是厌恶或者规避的[5]。当前，有些专家学者运用均值—方差（Mean-Variance）[6]、条件风险价值（Conditional Value-at-Risk，CvaR）准则[7-8]等决策目标函数来刻画决策主体的预期收益与风险损失，这些理论与方法在一定程度上解决了不确定性决策问题，然而上述方法依然不能解决所有问题，如"阿莱悖论"和"艾斯伯格"悖论[4]。由此，一些专家学者开始运用由2002年诺贝尔经济学奖获得者、心理学家Kahneman和Tversky于1979年提出的前景理论（Prospect Theory）[9]来刻画决策主体的决策行为，其中最具代表性的研究是在报童零售商模型框架下运用前景理论来研究不确定性决策问题，Schweitzer和Cachon是最早基于经典报童框架实证研究了不考虑缺货损失的损失厌恶决策者的决策行为，研究发现损失厌恶决策者的最优订购量会随着损失厌恶程度的增加而降低，且严格小于损失（风险）中性决策者的最优订购数量[10]；褚宏睿等则基于前景理论，通过引入回购与缺货惩罚因素研究了三种情形下报童的最优订货量决策问题，并给出了基于前景理论的最优订货量与回购价格及缺货惩罚价格的函数变化关系[11]；王利华在观察实际情形的基础上，在报童框架中引入了风险偏好与损失偏好，并在一个给定的置信水平下求解出了最优的订货决策[12]。上述研究多是从随机需求的维度来解决报童（零售商）的最优决策问题，然而这并不能直接应用于解决生产环节直接受不利天气影响的农业生产决策问题。

鉴于以上分析，本文考虑了农产品在生产环节不可避免地会受到不利天气这一不可控外在风险因素的影响，同时将决策者的损失感知情绪引入经典报童框架，来探究农产品生产商的最优农资投入决策问题，以期得到一些对农业生产决策有意义的结论和启示，并期望在农业生产实践上形成具有损失偏好特征生产商应对不利天气风险的有效策略。

1 问题描述与基本假设

农业生产主要受两方面因素的影响：其一是以非灾难性不利天气为典型代表的外生不可控因素，如倒春寒、轻雹、暖冬等人为不可控的不利天气；其二是人为可控的农资投入水平，主要是衡量农产品生产商（如家庭农场、大户、涉农企业、农业合作组织等）在农产品生产过程中投入种子、农药、化肥以及防范各种风险所付出的努力程度。本文在综合考虑这两个主要因素的基础上，研究不利天气影响下不同损失感知农产品生产商的最优农资投入决策问题。

为了便于量化分析，文中用 w 来表征天气指数（如温度、湿度、降雨量等），当 $w \in (\underline{w}, \overline{w}) \subset [\underline{\underline{w}}, \overline{\overline{w}}]$ 时，意味着天气情况良好，且适宜农业生产；当 $w \in [\underline{\underline{w}}, \underline{w}]$ 时，意味着农业生产中遭遇了天气指数过低的不利天气，如倒春寒；当 $w \in [\overline{w}, \overline{\overline{w}}]$ 时，意味着农业生产中遭遇了天气指数过高的不利天气，如暖冬等，其中 $\underline{w}$、$\overline{w}$ 为适合某地区某农作物生长的天气指数下界与上界，$\underline{\underline{w}}$、$\overline{\overline{w}}$ 为某地区可能出现的非灾难性不利天气的下界与上界，$\underline{w}$、$\overline{w}$、$\underline{\underline{w}}$、$\overline{\overline{w}}$ 均为外生的不可控变量。不失一般性，文中用 $D(\varepsilon)$ 来表征生产商所面临的随机市场需求，$f(\cdot)$、$F(\cdot)$ 分别为其相对应的概率密度函数以及概率分布函数。此外，需要说明的是，考虑到当前我国农业生产的特点，本研究只考虑农产品生产商未出售农产品的残值而不考虑因缺货而导致的损失。为了进一步量化分析生产商的最优农资投入决策，还需设定如下假设与相关参数：

假设 1 在单一农产品生产周期内，生产商所投入的农资水平为 $I \in [0, 1]$，由此生产商付出的农资投入总成本为 cI_2，即为 I 的二阶可微的单增凸函数，这意味着总投资成本会随着农资投入水平 I 的增大而提高，且呈现出边际递增趋势。

假设 2 生产季节结束后，生产商收获的农产品总量为 $Q = Q(I, w)$，其中 Q 关于不利天气 w 满足，当 $\underline{\underline{w}} \leq w \leq \underline{w}$ 时 Q 与 w 正相关且呈边际递减趋势，这表明天气指数过低的倒春寒等不利天气越严重（w 越小）产量越低，当 $\overline{w} \leq w \leq \overline{\overline{w}}$ 时 Q 与 w 负相关且呈边际递减趋势，这表明天气指数过高的暖冬等不利天气越严重（w 越大）产量越低；Q 为 I 的严格递增凹函数，这意味着总产出随着 I 的增大而提高且呈现出边际递减的趋势。

本文用上标"*"代表最优决策；下标"E"代表损失中性农产品生产商制定决策；下标"U"代表损失厌恶农产品生产商制定决策；p 为农产品销售市场所决定的零售价格；s 为未售出的单位农产品残值；C 为农业生产过程中投入的除农资投入成本之外的固定成本。

2 基准决策模型——基于期望效用理论

在损失中性的假定下，农产品生产商对由农资投入而带来的收益与损失的感知是无差异的。为此本小节将基于期望效用理论，来探究不利天气影响下损失中性农产品生产商的最优农资投入决策问题。首先，给出考虑残值的农产品生产商的随机收益函数：

$$\pi(I) = p\min[Q(I, w), D(\varepsilon)] - cI^2 - C + s[Q(I, w) - D(\varepsilon)]^+ \qquad (1)$$

其中 $(z)^+ = \max(z, 0)$，由于随机市场需求 $D(\varepsilon)$ 的概率分布函数与概率密度函数分别为 F(·)，f(·)，则整理式（1）可得农产品生产商的期望收益函数为：

$$E\pi(I) = pQ(I, w) - (p-s)\int_0^{Q(I,w)} F(x)dx - cI^2 - C \tag{2}$$

为了求解最优的农资投入水平 I_E^*，首先对 $E\pi(I)$ 求解关于 I 的二阶导数可得：

$$\frac{d^2E\pi(I)}{dI^2} = p\{1 - F[Q(I, w)] + sF[Q(I, w)]\}\frac{d^2Q(I, w)}{dI^2}$$
$$- (p-s)f(Q(I, w))\left(\frac{dQ(I, w)}{dI}\right)^2 - 2c \tag{3}$$

由于 Q 为 I 的严格递增凹函数，即 $dQ(I, w)/dI \geq 0$，$d^2Q(I, w)/dI^2 \leq 0$，又由于 $p > s$，则容易证明 $d^2E\pi(I)/dI^2 < 0$。因此，损失中性生产商存在最优的 I_E^* 满足一阶最优条件，整理可得 I_E^* 由下式唯一确定：

$$\frac{I}{dQ(I, w)/dI} = \frac{1}{2c}\{p - (p-s)F[Q(I, w)]\} \tag{4}$$

基于期望效用理论的决策分析，在最优决策的研究中曾一度扮演着重要的角色，然而期望效用理论也无法解释所有的现象，比如"阿莱悖论"[4]。由此，期望效用理论在解释不确定性决策能力方面还存在一定的局限性，于是对于受不利天气影响的不确定性产出下农产品生产商的最优决策问题，在研究方法的采用上还存在进一步创新拓展的需要。

3　拓展决策模型——基于前景理论

事实上，在不利天气影响下，对生产商而言损失所带来的负面效用要远远大于同等程度的收益所带来的正面效用，为此，本小节基于 Tversky 和 Kahneman 所提出的能够有效刻画决策者具有损失厌恶倾向的前景理论[9]（Prospect Theory），同时借鉴李绩才等[5] 的研究，将前景理论引入分段线性损失厌恶效用函数，对生产商的基准决策模型进行拓展。接下来先给出简单的分段线性效用函数：

$$U(\pi) = \begin{cases} \pi - \pi_0, & \pi \geq \pi_0 \\ \lambda(\pi - \pi_0), & \pi < \pi_0 \end{cases} \tag{5}$$

其中，$\lambda \geq 1$ 为决策者的损失厌恶系数，λ 越大表示决策者的损失厌恶行为越严重，当 $\lambda = 1$ 表示损失中性（也称风险中性，对应于基于期望效用理论的基准决策模型）。π 为决策者决策之后的收益，π_0 为决策者的初始财富，不失一般性假设 $\pi_0 = 0$，如此至少不会造成决策者收益的损失，$\pi - \pi_0$ 为决策者收益与损失的分界。下面利用上述方法刻画损失厌恶生产商的预期效用，重新整理（1）式可得：

$$\pi(I) = \begin{cases} pQ(I, w) - cI^2 - C, & Q < D \\ pD(\varepsilon) - cI^2 - C + s(Q(I, w) - D(\varepsilon)), & Q \geq D \end{cases} \tag{6}$$

下面为了处理方便设 $\pi_1(I) = pQ(I, w) - cI^2 - C$，$\pi_2(I) = pD(\varepsilon) - cI^2 - C + s(Q(I,$

w) – D(ε))，当 $\pi_2(I) = 0$ 时求得农产品的盈亏平衡需求量为 $\overline{D(\varepsilon)} = (cI^2 + C - sQ(I, w))/$ (p – s)。进一步分析可得，当 $\overline{D(\varepsilon)} \leqslant D(\varepsilon) \leqslant Q(I, w)$ 时，$\pi_2(I) \geqslant 0$；当时 $0 \leqslant D(\varepsilon) \leqslant \overline{D(\varepsilon)}$ 时，$\pi_2(I) < 0$。由此，基于前景理论可求得生产商的预期收益为：

$$EU(I) = (\lambda - 1)\int_0^{\overline{D(\varepsilon)}} \pi_2(I)f(x)dx + E\pi(I) \tag{7}$$

其中（7）式中等式右侧的 $E\pi(I)$ 为等式（2）中的表达式，为了求解损失厌恶下生产商的最优农资投入水平 I_U^*，首先对 EU(I) 求解关于农资投入水平 I 的二阶导数可得：

$$\frac{d^2EU(I)}{dI^2} = (\lambda - 1)\int_0^{\overline{D(\varepsilon)}}\left(-2c + s\frac{d^2Q(I, w)}{dI^2}\right)f(x)dx + \frac{d^2E\pi(I)}{dI^2} \tag{8}$$

由模型假设和分析可知，$-2c + s(d^2Q(I, w)/dI^2) \leqslant 0$，$\lambda - 1 \geqslant 0$，同时结合求解最优 I_E^* 的分析，易证 $d^2U\pi(I)/dI^2 < 0$。因此，损失厌恶生产商存在最优的 I_U^* 满足一阶最优条件，整理可得 I_U^* 由下式唯一确定：

$$\frac{I}{dQ(I, w)/dI} = \frac{1}{2c}\frac{p - (p - s)F(Q(I, w)) + (\lambda - 1)sF(\overline{D(\varepsilon)})}{1 + (\lambda - 1)F(\overline{D(\varepsilon)})} \tag{9}$$

4 模型分析与管理启示

4.1 模型分析

以上分别从两种损失感知情绪论证了最优农资投入水平的存在性与唯一性，下面将探究两个重要的模型参数不利天气 w 与生产商的损失厌恶度 λ 对模型的重要影响。

4.1.1 不利天气对生产商期望收益的影响

为了分析不利天气 w 对农产品生产商期望收益的影响，需要对 $E\pi(I)$ 求解关于 w 的一阶导数，结合表达式（2）求解可得，$dE\pi(I)/dw = (p(1 - F(Q(I, w))) + sF(Q(I, w)))dQ(I, w)/dw$。依据不利天气发生的类型，下面分两种情形进行讨论：当 $\underline{w} \leqslant w \leqslant \underline{w}$ 时，由于农产品的产出与不利天气 w 正相关，则容易证明 $dE\pi(I)/dw > 0$，这意味着不利天气越严重（天气指数越低，如倒春寒），生产商的期望收益越低；当 $\overline{w} \leqslant w \leqslant \overline{w}$ 时，由于农产品的产出与不利天气 w 负相关，则容易证明 $dE\pi(I)/dw < 0$，这意味着不利天气越严重（天气指数越高，如暖冬），农产品生产商的期望收益越低。

4.1.2 不利天气对生产商损失厌恶度的影响

为了分析 w 对生产商损失厌恶程度的影响，需要借助于超模（子模）理论，对 EU(I) 求解关于 w、λ 的混合偏导数，同时结合式（7）可得，$\partial^2EU(I)/\partial w\partial\lambda = s(dQ(I, w)/dw)(F(D(\varepsilon)) - F(0))$。下面分两种情形进行讨论：当 $\underline{w} \leqslant w \leqslant \underline{w}$ 时，由于 Q(I, w) 与

不利天气 w 正相关，则容易证明 $\partial^2 EU(I)/\partial w\partial\lambda > 0$，这意味着 $EU(I)$ 关于（w，λ）具有超模性，结合超模函数的性质可知，随着不利天气愈加严重（如倒春寒期间温度指数越低），农产品生产商的损失厌恶程度越低；当 $\underline{w}\leq w\leq\overline{w}$ 时，由于 $Q(I, w)$ 与不利天气 w 负相关，则易证 $\partial^2 EU(I)/\partial w\partial\lambda < 0$，这意味着 $EU(I)$ 关于（w，λ）具有子模性，结合子模函数的性质可知，随着不利天气愈加严重（如暖冬期间温度越高），生产商的损失厌恶程度越低。

4.1.3　损失厌恶度对生产商最优农资投入决策的影响

为了分析 λ 如何影响其最优农资投入决策，需要对 $EU(I)$ 求解关于 I、λ 的混合偏导数，结合式（7）可得，$\partial^2 EU(I)/\partial w\partial\lambda = (-2cI + s(dQ(I, w)/dI))(F(D(\varepsilon)) - F(0))$。为了判定 $\partial^2 EU(I)/\partial I\partial\lambda$ 的符号，令 $\Phi(I) = -2cI + s(dQ(I, w)/dI)$，下面对 $\Phi(I)$ 求解关于 I 的一阶导数可得 $\dfrac{d\Phi(I)}{dI} = -2c + s\dfrac{d^2 Q(I, w)}{dI^2} < 0$，这意味着 $\Phi(I)$ 为 I 的单调减函数，又由于 $\lim\limits_{I\to 0^+}\Phi(I) = 0$，则易知 $\partial^2 EU(I)/\partial I\partial\lambda < 0$，这意味着 $EU(I)$ 关于（I，λ）具有子模性，结合子模函数的性质可知，随着生产商的损失厌恶程度的加剧，生产商所投入的农资水平越低。

4.1.4　不利天气与损失厌恶度对生产商预期效用的影响

首先分析不利天气 w 对农产品生产商预期效用的影响，需要对 $EU(I)$ 求解关于 w 的一阶导数可得 $\dfrac{dEU(I)}{dw} = (s(\lambda - 1)F(\overline{D(\varepsilon)}) + p(1 - F(Q(I, w))) + sF(Q(I, w)))\dfrac{dQ(I, w)}{dw}$。下面分两种情形进行讨论：当 $\underline{w}\leq w\leq\overline{w}$ 时，由于 $Q(I, w)$ 与 w 正相关，则容易证明 $\partial EU(I)/\partial w > 0$，这表明，$EU(I)$ 随着 w 的减小而减小，也意味着不利天气越严重，生产商的预期效用越小；当 $\overline{w}\leq w\leq\overline{\overline{w}}$ 时，由于 $Q(I, w)$ 与 w 负相关，则易证 $\partial EU(I)/\partial w < 0$，这表明 $EU(I)$ 随 w 的增大而减小，这意味着不利天气越严重，生产商的预期效用越小。

下面分析生产商的损失厌恶度 λ 对其预期效用的影响，需要对 $EU(I)$ 求解关于 λ 的一阶导数可得 $\dfrac{dEU(I)}{d\lambda} = -(p - s)\int_0^{\overline{D(\varepsilon)}}F(x)dx$，容易证明 $dEU(I)/\partial\lambda < 0$，这表明随着损失厌恶度 λ 的增大，生产商的预期效用 $EU(I)$ 将会降低，这意味着生产商的损失厌恶特性将会降低其预期效用。

4.2　管理启示

通过以上两个模型的分析可知，不利天气与损失感知情绪均对农产品生产商的生产决策产生影响，如下将从三个方面梳理出具体的影响以及有效的应对策略。

4.2.1　不利天气对两类损失感知的生产商均会产生负面影响

对比分析生产商的基准决策模型与拓展决策模型可以发现，生产商损失中性时，不利天气会降低其期望收益，具体而言不利天气越严重（指的是天气指数过高，如暖冬；或天气指数过低，如倒春寒），生产商的期望收益越低；生产商损失厌恶时，不利天气对其预期效用也会产生与损失中性类似的负面影响。为更好地应对不利天气这一不可控的外生风险，生产商需要积极运用相关气象技术和响应相关政策，如 2015 年"中央一号文件"明确提出"创新气象为农服务机制"，2017 年的"中央一号文件"再次聚焦于发展"智慧气象"，生产商除了努力使其成为相关政策的受益者，还应从人为可控的农资投入决策方面入手以尽可能地降低不利天气带来的负面影响。

4.2.2　两类损失感知生产商的最优决策存在显著差异

损失中性生产商的最优农资投入决策变量与损失厌恶系数无关但与不利天气指数相关，这意味着此时生产商不关心自身的损失情绪感知，不利天气所带来的负面影响才是其制定最优决策的根本出发点；然而损失厌恶情形下，生产商的最优农资投入决策不仅与不利天气指数相关还是损失厌恶系数的函数，并且二者具有子模博弈关系，此时生产商会在最优决策与自身损失感知两方面做权衡。此外，相对于损失中性情形，生产商投入了更低的农资投入水平 $I_U^* \leqslant I_E^*$，并且会随着其损失厌恶情绪的加剧而降低，这意味着损失厌恶情形下越注重自身情绪感知的生产商越不愿投入更多的农资，进而又导致不利己的预期效用降低，由此，生产商需要从自身情绪感知维度来制定损失感知情绪与农资投入决策之间的"再平衡"策略。

4.2.3　生产商可通过弱化损失厌恶情绪来提高最优农资投入决策

分析基于前景理论的拓展决策模型可知，不利天气弱化了生产商的损失厌恶程度，指的是在合理的天气指数区间不利天气越严重（具体而言天气指数过高，如暖冬；或天气指数过低，如倒春寒），生产商的损失厌恶情绪不但不会增加反而会降低，这意味着在合理的天气指数区间内不利天气虽然不可避免地影响农业生产，但会在一定程度上弱化生产商的损失厌恶感知情绪，这主要得益于国家相关补贴政策（如 2016 年下半年出台了人工影响天气的补助政策），给生产商提供了收益保障，此外，智慧的生产商还可以通过弱化自身的损失厌恶情绪来克服不同损失感知情绪造成的决策偏差，由此生产商可以形成再平衡策略：通过弱化自身损失厌恶情绪以提高农资投入决策水平。

5　结束语

"中央一号文件"已连续 14 年聚焦于我国"三农"问题，其中多次提到创新气象为农服务机制以及发展智慧气象，这体现了党和国家政府从宏观层面对天气、气象影响农业生产的重视，而从微观层面来看应着重探究农业生产中如何应对不利天气风险。对此，本文研究了不利天气影响下具有不同损失感知情绪生产商的最优生产决策问题，通过分析基于期望效用理论构建的基准决策模型和基于前景理论构建的拓展决策模型，给出了不同损失感知生产商的最优农资投入决策并得到一些有益的管理启示。此外，需要指出的是本文仅探讨了单一决策主体单阶段的农业生产决策问题，对于不利天气影响下基于"互联网+"的创新农业模式的生产决策问题有待于进一步的探究。

参考文献

［1］Regnier E.. Doing Something about the Weather［J］. Omega-International Journal of Management Science，2008，36（1）：22-32.

［2］中国政府网. 2017 年中央一号文件（全文）［Z］. http：//www.gov.cn/zhengce/2017-02/05/content_5165626.htm，2017.

［3］伏红勇，但斌. 天气影响产出下"公司+农户"模式的风险补偿协调契约［J］. 管理工程学报，2015，29（2）：175-181.

［4］李贵萍. 基于前景理论的单周期定价与订购联合决策模型［J］. 中国管理科学，2013，27（S2）：502-507.

［5］李绩才，周永务，肖旦等. 考虑损失厌恶一对多型供应链的收益共享契约［J］. 管理科学学报，2013，16（2）：71-82.

［6］Choi T. M.，Li D.，Yan H. M.. Mean-variance Analysis of a Single Supplier and Retailer Supply Chain under a Returns Policy［J］. European Journal of Operational Research，2008，184（1）：356-376.

［7］Gao F.，Chen F. Y.，Chao X. L.. Joint Optimal Ordering and Weather Hedging Decisions：Mean-CVaR Model［J］. Flexible Services and Manufacturing Journal，2011，23（1）：1-25.

［8］伏红勇，但斌. 不利天气影响下"公司+农户"型订单契约设计［J］. 中国管理科学，2015，23（11）：128-137.

［9］Kahneman D.，Tversky A.. Prospect Theory：An Analysis of Decision under Risk［J］. Econometrica：Journal of the Econometric Society，1979，47（2）：263-291.

［10］Schweitzer M. E.，Cachon G. P.. Decision Bias in the Newsvendor Problem with a Known Demand Distribution：Experimental Evidence［J］. Management Science，2000，46（3）：404-420.

［11］褚宏睿，冉伦，张冉等. 基于前景理论的报童问题：考虑回购和缺货惩罚［J］. 管理科学学报，2015，16（12）：47-57.

［12］王利华. CVaR 准则下基于损失厌恶的零售商订货决策问题［J］. 统计与决策，2016（19）：45-48.

工业型城市智慧城市建设及评价体系研究
——以包头市为例

孙 斌 尚雅楠 严 波 毕治方 王路路

（内蒙古科技大学经济与管理学院，内蒙古包头 014010）

【摘 要】工业型城市的建设和发展为我国经济发展做出了突出贡献，如今却面临着严峻的挑战。智慧城市建设为工业型城市的转型与发展提供了良好的思路。本文阐述了智慧城市的概念、我国中西部工业型城市在智慧城市建设方面所做的努力，并以包头市为例，运用层次分析法构建智慧城市评价指标体系，对包头市智慧城市建设现状进行评价。研究显示包头市智慧城市建设水平处于较低水平，但发展速度较快，最后对我国智慧城市建设提出建议。

【关键词】智慧城市；工业型城市；评价体系

0 引 言

随着城市规模的不断扩张，各类"城市病"开始涌现，人们意识到将"人"作为城市的核心，实现城市发展途径的转变和创新。2013 年，我国将物联网产业纳入国家发展战略，我国"智慧城市"的建设也如火如荼发展起来。2014 年，《新型城镇化发展规划》首次将智慧城市与绿色城市和人文城市，列为我国城市发展的三大目标之一。2015 年，在政府工作报告中明确提出正在建设智慧城市的城市数量已达 500 多个。随着"一带一路"战略的推进，中西部地区将处于城镇化加速阶段，未来中西部地区城市蕴藏着巨大的机会。

1 智慧城市的概念

智慧城市的概念起源于 2010 年 IBM 提出的"智慧的城市"，智慧城市已成为各个领域的热点话题，不同的人对智慧城市有不同的看法。有的学者将智慧城市理解为

"城市+互联网+公众服务"，有的学者理解为未来科技与城镇化结合的产物，更多人理解的是：智慧城市是运用云计算、大数据等新一代信息技术，促进城市建设、管理和服务智慧化的新理念和新模式，是新一代信息技术应用创新和城市转型发展深度融合的产物，体现了城市走向绿色、低碳、可持续发展的本质需求[1]。形象地说，智慧城市即"智慧+互连+协同"，简言之，智慧城市是运用智慧工具、智慧方法构建美好的人居环境和城市可持续发展。智慧城市建设的主体是人，技术和管理只是手段，因此，以人为本为智慧城市建设的根本原则，以提升人的幸福感为主要目标。

2 工业型城市建设智慧城市的动力

工业型城市的兴起和发展，为我国工业化发展提供了能源、原材料、资本和人才，同时也提供了大量的就业机会，保障了当地经济发展。但由于对资源的高度依赖，产业机构的单一，使工业型城市的可持续发展遭遇了严重挑战[2]。智慧城市建设能够不断地推进产业创新和信息化，促进城市发展模式的转型[3]。

（1）工业型城市是依托资源优势而发展起来的，城市经济基础相对薄弱，往往以采掘业、化工业、钢铁业等初级工业为主[4]。这些城市在依托矿产资源发展中，随着资源渐渐枯竭，资源开采难度加大、成本提升，主导产业逐渐衰退，替代产业体系尚未形成，导致城市经济基础薄弱，地方财政拮据[5]。智慧城市的建设有助于城市建立经济新常态，由投资拉动型、出口导向型经济增长模式发展为消费拉动型。

（2）产业转型是工业型城市可持续发展的必然选择。工业型城市产业结构调整的目标是捋顺经济增长与资源环境可持续发展的关系，调整产业结构的过程也是工业型城市摒弃、修正粗放式经济发展模式，寻找可持续经济增长点的过程。智慧城市建设有助于促进低能耗、有发展潜力、综合效应好的产业进一步发展。同时，智慧城市将培育和孵化大批信息技术的研发，制造和应用等相关技术新兴产业，带动大规模产业链的形成。因此智慧城市对工业型城市的产业转型大有裨益。

（3）工业型城市的生态环境破坏严重。工业型城市发展模式单一，资源开发利用的强度超过了城市资源和环境的承载能力，加上不重视环境的综合治理与保护，以致工业型城市的生态环境遭到了严重的破坏[6]。智慧城市通过合理调配电力、石油等资源，实现资源节约型、环境友好型社会和可持续发展的目标，很大程度上改善环境，建设更加宜居、绿色的生态城市。

3 包头智慧城市建设概况

2013 年，包头市石拐区成为内蒙古首个县级国家智慧城市试点。作为包头市智慧城市发展的探路者，石拐区坚持以人为本、以科技为动力、以需求为导向，以 5 年为创建期（2013~2017）建设"智慧石拐"项目[7]。目前，石拐区已实施了"智慧旅游""智慧交通""智慧政务"、内蒙古大宗畜产品交易所、内蒙古大健康网等产业项目，并与企业合作建设内蒙古云制造工程技术中心，智慧城市整体框架已经初步搭建。

包头市正在积极打造智慧城市，积极开展产业转型及升级。如包头的"稀土互联网"探索取得了重大突破，稀土交易额大幅增长；包头获批了"国家级电子商务示范基地"，将大力发展电子商务。此外，包头的配套基础设施也在积极建设，建设内容涵盖城建、交通、公安等多方面，例如"平安包头"信息化服务平台、交通违章查询平台、无线上网惠民服务等[8]，一个全方位立体的信息网覆盖的"智慧包头"概貌已现。

4 包头市智慧城市评价体系研究

本文选择智慧基础设施、智慧产业经济、智慧管理、智慧民生和智慧"鹿城" 5 项一级指标，按照全面性和典型性、针对性和可比性、可行性和科学性、定性与定量结合原则[9]，选取了具有包头特色的城市指标。

4.1 包头市智慧城市评价体系三级指标

包头市智慧评价体系三级指标如表 1 所示。

表 1 包头市智慧城市评价体系三级指标

一级指标	二级指标	三级指标	单位
智慧基础设施	网络互联	有线电视接入率	%
		家庭宽带接入率	%
		广播人口覆盖率	%
	保障条件	移动互联网覆盖率	%
		信息传输、软件和信息技术服务业从业人数占比	%
		公共管理、社会保障和社会组织从业人数	万人
	数据环境	科学研究及技术服务业从业人数	万人
		年度信息化建设投资额占 GDP 总比重	%
		云计算中心个数	个
		物联网研发中心	个
智慧产业经济	智慧产业	工业战略性产业占规模以上工业产业比重	%
		高新技术企业个数	个
		R&D 经费支出占 GDP 比值	%
		PPP 产业投资额占固定资产投资额比例	%

一级指标	二级指标	三级指标	单位
	智慧经济	全员劳动生产率	元/每人
		万元 GDP 能耗	吨标煤/万元
		全体居民恩格尔系数	%
智慧管理	智慧政府	市民关心问题按期办结回复率	%
		政务中心服务对象满意率	%
		全网审批、反馈覆盖率	%
	民主法治	每万人拥有律师数	个
		基层民主参选率	%
		小康指数	%
智慧民生	智慧生态	能源加工转换效率	%
		建成区绿化覆盖率	%
		污水处理率	%
		生活垃圾处理率	%
	智慧交通	ETC 系统覆盖率	%
		主干道电子警察覆盖率	%
		公交分担率	%
		市民一卡通发放率	%
	智慧社区	集中供热普及率	%
		社区综合设施覆盖率	%
		家庭智能电表安置率	%
		城市燃气普及率	%
	智慧医疗	软件系统部署和信息化医疗人员培训完成率	%
		医院电子病历使用率	%
		VPN 网络互通率	%
	智慧教育	公共图书馆个数	个
		文化站机构数	个
		城市中小学在校生每百人拥有计算机数	台/百人
		专利授权数	件
	城市安全	社会安全指数	%
		数字化系统监控中心	件
		视频监控覆盖率	%
	规划建设	全体居民恩格尔系数	%
		城镇化率	%
		城乡居民收入比	倍

续表

一级指标	二级指标	三级指标	单位
智慧"鹿城"	支柱产业升级改造	"互联网+稀土"交易额占稀土产业生产总值比率	%
		特种钢、优质钢比重	%
	农牧业智慧转型	农牧产品加工转换率	%
		现代农牧业示范基地	个
		农牧业机械程度	%
	电子商务应用推广	电子商务企业个数	个
		全年网购消费支出占城镇居民人均消费性支出比	%

4.2 智慧城市指标权重

4.2.1 层次分析法

层次分析法（AHP）是将与决策总是有关的元素分解成目标、准则、方案等层次，在此基础之上进行定性和定量分析的决策方法[10]。其在一定程度上建立在专家的评判之上，通过分析复杂系统所含因素及关系，采用层次化评价对象的方法，依靠若干专家评判小组的经验为各项指标确定权重。具体步骤如下：

①构造判断矩阵。A 表示目标，（i，j = 1，2，3，…，n）表示因素，并有组成 A–U 的判断矩阵 P。

$$P = \begin{bmatrix} u_{11} & u_{12} & \cdots & u_{1n} \\ u_{21} & u_{22} & \cdots & u_{2n} \\ \vdots & \vdots & & \vdots \\ u_{1} & u_{2} & \cdots & u_{n\pi} \end{bmatrix} \quad (1)$$

②计算重要性排序。求最大特征根 λ_{max} 所对应的特征向量 W。

$$Pw = \lambda_{max}w \quad (2)$$

③一致性检验。

$$CR = CI/RI \quad (3)$$

$$CI = (\lambda_{max} - n)/(N - 1) \quad (4)$$

其中，RI 为判断矩阵的平均随机一致性指标，1~9 阶的判断矩阵的 RI 值如表 2 所示。

表 2　平均随机一致性指标 RI 的值

N	1	2	3	4	5	6	7	8	9
RI	0	0	0.58	0.90	1.12	1.24	1.32	1.41	1.45

当判断矩阵 P 的 CR < 0.1 时或 $\lambda_{max} = n$，CI = 0 时，认为 P 具有满意的一致性，否则需调整 P 中的元素以使其具有满意的一致性。

智慧城市层次结构如图 1 所示。

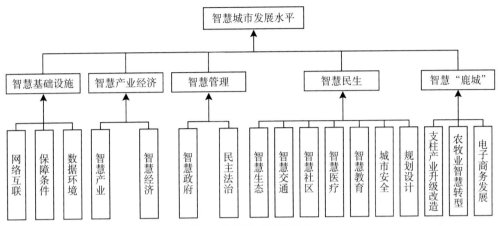

图 1　智慧城市层次结构

4.2.2　熵值法赋权

熵值法是对系统状态不确定性的一种度量。熵是系统无序程度的一种度量，两者绝对值相等，但符号相反。根据此性质，可以利用评价中各方案的固有信息，通过熵值法得到各个指标的信息熵，信息熵越小，信息的无序度越低，其信息的效用值越大，指标的权重越大。具体步骤如下：

若对 m 年的 n 项指标进行评价，则原始指标数据矩阵 $X = (x_{ij})_{m \times n}$ 为：

$$X = \begin{bmatrix} u_{11} & \cdots & u_{1n} \\ \vdots & & \vdots \\ u_{m1} & \cdots & u_{mn} \end{bmatrix} \tag{5}$$

正向指标接近度为：

$$d_{ij} = \frac{x_{ij}}{\max(x_{i1}, x_{i2}, \cdots, x_{in})} \tag{6}$$

负向指标接近度为：

$$d_{ij} = \frac{\min(x_{i1}, x_{i2}, \cdots, x_{in})}{x_{ij}} \tag{7}$$

计算标准化值：

$$y_{ij} = \frac{d_{ij}}{\sum_{i=1}^{m} d_{ij}} \tag{8}$$

计算数据的评价矩阵：

$$Y = \begin{bmatrix} y_{11} & \cdots & y_{1n} \\ \vdots & & \vdots \\ y_{m1} & \cdots & y_{mn} \end{bmatrix} (i = 1, 2, \cdots, m; \ j = 1, 2, \cdots, n) \tag{9}$$

计算矩阵中第 j 项指标的信息熵值:

$$E_j = -K \sum_{i=1}^{m} y_{ij} \ln y_{ij} \tag{10}$$

其中, $y_{ij} = \dfrac{d_{ij}}{\sum\limits_{1}^{m} d_{ij}}$, $E_j \geqslant o$, $k \geqslant o$, 常数 k 与样本数 m 有关, $k = \dfrac{1}{\ln m}$, $0 \leqslant E \leqslant 1$;

某项指标的信息效用价值取决于该指标的信息熵与 1 的差值 σ_j, 即:

$$\sigma_j = 1 - E_j \tag{11}$$

某项指标的效用价值越高, 综合评价中的重要性越大, 即:

$$\omega_j = \dfrac{\sigma_j}{\sum\limits_{j=1}^{n} \sigma_j} \tag{12}$$

利用第 j 项指标的权重 ω_j 与标准化矩阵中第 i 个样本的第 j 项评价指标的接近度 d_{ij} 的乘积作为 x_{ij} 的评价值 f_{ij}, 即:

$$f_{ij} = \omega_j \times d_{ij} \tag{13}$$

第 i 个样本的评价值为:

$$f_i = \sum_{j=1}^{n} f_{ij} \tag{14}$$

本文征集 50 多位智慧城市领域专家、学长的意见, 运用层次分析法和熵值法计算出三级指标权重, 计算结果如表 3 所示。

表 3 智慧城市建设发展水平指标权重—层次分析法与熵值法

一级指标	二级指标	三级指标	层次分析法权重	熵值法权重
智慧基础设施	网络互联	有线电视接入率	0.0245	0.017884
		家庭宽带接入率	0.0245	0.017555
		广播人口覆盖率	0.0245	0.017884
	保障条件	移动互联网覆盖率	0.0245	0.01768
		信息传输、软件和信息技术服务业从业人数占比	0.0163	0.017177
		公共管理、社会保障和社会组织从业人数	0.0163	0.017193
	数据环境	科学研究及技术服务业从业人数	0.0163	0.017179
		年度信息化建设投资额占 GDP 总比重	0.0327	0.017156
		云计算中心个数	0.0327	0.017166
		物联网研发中心	0.0327	0.017166

一级指标	二级指标	三级指标	层次分析法权重	熵值法权重
智慧产业经济	智慧产业	工业战略性产业占规模以上工业产业比重	0.0169	0.017322
		高新技术企业个数	0.0169	0.017709
		R&D 经费支出占 GDP 比值	0.0169	0.017167
		PPP 产业投资额占固定资产投资额比例	0.0169	0.017197
	智慧经济	全员劳动生产率	0.0225	0.032594
		万元 GDP 能耗	0.0225	0.017168
		全体居民恩格尔系数	0.0225	0.017429
智慧管理	智慧政府	市民关心问题按期办结回复率	0.0402	0.01734
		政务中心服务对象满意率	0.0402	0.017869
		全网审批、反馈覆盖率	0.0402	0.01741
	民主法治	每万人拥有律师数	0.0200	0.017173
		基层民主参选率	0.0200	0.01785
		小康指数	0.0200	0.017787
智慧民生	智慧生态	能源加工转换效率	0.002	0.0177
		建成区绿化覆盖率	0.002	0.017519
		污水处理率	0.002	0.0178
		生活垃圾处理率	0.002	0.017861
	智慧交通	ETC 系统覆盖率	0.006	0.017605
		主干道电子警察覆盖率	0.006	0.017531
		公交分担率	0.006	0.017244
		市民一卡通发放率	0.006	0.017593
	智慧社区	集中供热普及率	0.003	0.017848
		社区综合设施覆盖率	0.003	0.017766
		家庭智能电表安置率	0.003	0.017215
		城市燃气普及率	0.003	0.017865
	智慧医疗	软件系统部署和信息化医疗人员培训完成率	0.012	0.017735
		医院电子病历使用率	0.012	0.0172
		VPN 网络互通率	0.012	0.017861
	智慧教育	公共图书馆个数	0.014	0.017258
		文化站机构数	0.014	0.017746
		城市中小学在校生每百人拥有计算机数	0.014	0.017281
		专利授权数	0.014	0.022115
	城市安全	社会安全指数	0.035	0.017762
		数字化系统监控中心	0.035	0.034361
		视频监控覆盖率	0.035	0.017797

续表

一级指标	二级指标	三级指标	层次分析法权重	熵值法权重
智慧"鹿城"	规划建设	全体居民恩格尔系数	0.036	0.01743
		城镇化率	0.036	0.017778
		城乡居民收入比	0.036	0.017182
	支柱产业升级改造	"互联网+稀土"交易额占稀土产业生产总值比率	0.0216	0.017424
		特种钢、优质钢比重	0.0216	0.017762
	农牧业智慧转型	农牧产品加工转换率	0.004	0.017631
		现代农牧业示范基地	0.004	0.017346
		农牧业机械程度	0.004	0.017811
	电子商务应用推广	电子商务企业个数	0.0119	0.017511
		全年网购消费支出占城镇居民人均消费性支出比	0.0119	0.01741

4.3　确定评价标准

目前尚没有统一认可的智慧城市评价标准，本文按照以下方法确定评定标准：
（1）国内外该项指标发展良好的城市，如公交分担率等。
（2）参考类似评价体系相关指标目标值，如《智慧城市指标体系 2.0》中的信息服务业从业人员占社会从业人员比例等。
（3）参考国家有关城市发展规划标准，如《国家新型城镇化规划（2014~2020年)》等。
（4）参考包头市中长期的规划，如"十三五"规划等。

4.4　分级标准

分级指数参照国内外各种综合指数的分级方法，根据采用指数最优值、最劣值、平均值等分级评价基础，设计了五级分级标准：0.90~1.00，智慧城市发展水平很高；0.75~0.89，智慧城市发展水平较高；0.65~0.74，智慧城市发展水平一般；0.50~0.64，智慧城市发展水平较低；0.00~0.49，智慧城市发展水平很低。

5　包头市智慧城市现状评价

本文采用简单线性加权的组合方法，将层次分析法和熵值法得到的指标权重求其平均值，得出指标最终权重。对 2013 年、2014 年、2015 年包头市智慧城市发展水平进行评价。其数据以《中国统计年鉴》，《包头统计年鉴》的相关数据为基准，部分数据源自网络，部分数据经计算得出。计算结果如表 4 所示。

表 4　包头市智慧城市发展水平综合指数

一级指标	二级指标	三级指标	2013 年	2014 年	2015 年	标准值	权重
智慧基础设施 0.2455	网络互联 0.4	有线电视接入率	99.23	99.30	99.5	100	0.021192
		家庭宽带接入率	43.32	48.52	55.61	95	0.021027
		广播人口覆盖率	99.25	99.32	99.5	100	0.021192
	保障条件 0.2	移动互联网覆盖率	60.51	66.52	76.26	90	0.02109
		信息传输、软件和信息技术服务业从业人数占比	1.77	1.97	2.18	10	0.016738
		公共管理、社会保障和社会组织从业人数	2.91	3.36	4.30	10	0.016746
	数据环境 0.4	科学研究及技术服务业从业人数	1.26	2.28	3.26	10	0.01674
		年度信息化建设投资额占 GDP 总比重	0.19	0.24	0.31	2	0.024928
		云计算中心个数	1	1	1	1	0.024933
		物联网研发中心	1	1	1	1	0.024933
智慧产业经济 0.1352	智慧产业 0.5	工业战略性产业占规模以上工业产业比重	16.3	17.5	19.8	30	0.017111
		高新技术企业个数	47	83	90	100	0.017304
		R&D 经费支出占 GDP 比值	0.97	1.12	1.32	3.3	0.017034
		PPP 产业投资额占固定资产投资额比例	2.04	3.78	6.31	20	0.017048
	智慧经济 0.5	全员劳动生产率	18000	20000	25000	500000	0.027547
		万元 GDP 能耗	1.39	1.12	1.05	0.15	0.019834
		全体居民恩格尔系数	32.51	31	30.5	20	0.019965
智慧管理 0.1807	智慧政府 0.6667	市民关心问题按期办结回复率	18.54	20.37	21.20	80	0.02877
		政务中心服务对象满意率	95.4	97.7	97.9	100	0.029035
		全网审批、反馈覆盖率	23	30	35	70	0.028805
	民主法治 0.3333	每万人拥有律师数	1.4	1.62	2	10	0.018587
		基层民主参选率	91	95	96	99	0.018925
		小康指数	83.26	83.30	84.86	100	0.018894
智慧民生 0.3584	智慧生态 0.0404	能源加工转换效率	68.50	70.31	72.25	80	0.00985
		建成区绿化覆盖率	42.3	42.6	46.8	50	0.00976
		污水处理率	85.60	85.37	86.20	95	0.0099
		生活垃圾处理率	94.80	95.46	96.60	95	0.00993
	智慧交通 0.0708	ETC 系统覆盖率	45	60	65	80	0.011802
		主干道电子警察覆盖率	30	50	60	100	0.011766
		公交分担率	7	9.5	10	40	0.011622
		市民一卡通发放率	42	55	69	80	0.011796

续表

一级指标	二级指标	三级指标	2013 年	2014 年	2015 年	标准值	权重
	智慧社区 0.0363	集中供热普及率	91.8	94.3	94.3	100	0.010424
		社区综合设施覆盖率	70	75	100	100	0.010383
		家庭智能电表安置率	0	5	15	100	0.010107
		城市燃气普及率	95.9	96.1	96.5	100	0.010432
	智慧医疗 0.1035	软件系统部署和信息化医疗人员培训完成率	73.8	76	77.5	95	0.014868
		医院电子病历使用率	2.71	3.88	6.59	50	0.0146
		VPN 网络互通率	94	96	97	99	0.014931
	智慧教育 0.1568	公共图书馆个数	10	10	11	20	0.015629
		文化站机构数	77	77	78	100	0.015873
		城市中小学在校生每百人拥有计算机数	11	13.22	15.00	30	0.01564
		专利授权数	973	980	1577	3000	0.018058
	城市安全 0.2922	社会安全指数	79.11	80.00	80.32	90	0.026381
		数字化系统监控中心	12880	13350	14677	20000	0.034681
		视频监控覆盖率	80	87	90	100	0.026399
	规划建设 0.3001	全体居民恩格尔系数	32.51	31.00	30	95	0.026715
		城镇化率	82.0	82.4	82.7	95	0.026889
		城乡居民收入比	2.86	2.12	2.20	1.5	0.026591
智慧"鹿城" 0.0801	支柱产业升级改造 0.5390	"互联网+稀土"交易额占稀土产业生产总值比率	10	38.5	50	60	0.019512
		特种钢、优质钢比重	76	80	84	95	0.019681
	农牧业智慧转型 0.1638	农牧产品加工转换率	57	60	63	90	0.010815
		现代农牧业示范基地	17	17	30	50	0.010673
		农牧业机械程度	87	87.4	88.4	95	0.010906
	电子商务应用推广 0.2973	电子商务企业个数	30	50	50	100	0.014705
		全年网购消费支出占城镇居民人均消费性支出比	23	30	35	50	0.014655

经计算,2013 年、2014 年、2015 年包头市智慧城市建设水平综合得分分别为 0.3557 分、0.4296 分、0.4868 分,三年值均低于 0.5 分,显示包头市智慧城市建设还处于较低水平,但自从 2013 年包头智慧城市进入国家试点,2014 年、2015 年发展速度较快,进步较大,这与包头市大力提倡智慧城市建设密不可分。

6　结论与建议

目前，越来越多的城市表现出了对智慧城市的热情，把智慧城市作为发展的重点。总体而言，我国智慧城市的发展还处于初级阶段，存在诸多问题。如部分城市过分注重发展技术，没能将信息技术与城市功能充分融合，缺乏顶层设计，存在同质化严重等现象；有的城市盲目照搬模式，缺乏与周围环境、城市功能以及城市文化有机结合，造成千城一面的现象；更有甚者，把智慧城市建设当成一个"政绩工程""面子工程"，斥巨资建设信息基础，忽视市场需求。智慧城市是中国城市转型升级、提质增效的必由之路，它有利于提升城市资源配置效率，带动实体经济发展和城市管理水平提高。智慧城市建设要坚持城市问题导向、发展需求导向和国家目标导向，坚持以人为本原则，注重城市特色，不断提高居民幸福感。

参考文献

[1] 宋航，米亚岚，潘晗.智慧城市发展趋势研究 [J].城市住宅，2015（2）：14-18.

[2] 郭存芝，罗琳琳，叶明.资源型城市可持续发展影响因素的实证分析 [J].中国人口·资源与环境，2015（8）：81-89.

[3] 沈明欢."智慧城市"助力我国城市发展模式转型 [J].城市观察，2010（3）：140-146.

[4] 郭时君.资源枯竭型城市工业转型升级研究——以四川泸州市为例 [D].成都：四川省社会科学院士学位论文，2013.

[5] 谢嘉.资源型城市的转型之路 [J].装备制造，2013（7）：92-94.

[6] 李巍，侯锦湘，刘雯.资源型城市工业规划的环境基线空间评价方法——以鄂尔多斯市主导产业发展规划环评为例 [J].环境科学与技术，2010，33（6）：384-394.

[7] 米华.创建"智慧石拐" [J].中国建设信用化，2016（14）：62-65.

[8] 郭燕.包头城市交通驶上"智慧"快车道 [N].包头日报，2014-07-21.

[9] 孙斌，严波，尚雅楠.基于系统动力学的包头市智慧城市评价体系研究 [J].城市发展研究，2016，23（8）：6-11.

[10] 于佳生，宁小莉.层次分析法在生态城市评价中的应用——以包头市为例 [J].阴山学刊，2013，27（4）：18-22.

基于多视图的"影响农户种植决策行为"指标体系构建

蔡 琨 夏博远

(国防科技大学，湖南长沙 410073)

【摘 要】农户的种植决策行为直接影响国家的粮食种植面积，因此分析影响农户种植决策行为的指标十分重要。本文基于多视图的模型思想分析影响农户种植决策行为的因素以及它们之间的复杂关系，以此建立影响农户种植决策行为的指标体系，然后讨论、评价指标体系的合理性，研究它们之间的关系。

【关键词】多视图；农户种植决策行为；指标体系

0 引 言

粮食种植面积是一个国家战略储备能力的重要体现，是衡量一个国家粮食政策优劣的重要指标，而农户的种植决策行为直接影响粮食种植面积，因此，研究影响农户种植行为的指标，对于优化我国粮食策略、保证粮食种植面积具有重大的指导意义[1]。

然而，可能影响农户种植决策行为的因素有很多，它们之间的关系错综复杂而且可能存在着区域差异。因此，需要建立影响农户种植决策行为的指标体系，讨论、评价指标体系的合理性，研究它们之间的关系，并对得出的相应结果的合理性进行分析[2]。

传统的指标体系构建方法，多是根据主观因素、人为经验生成。指标体系之所以称之为体系，是由于指标的多样性以及指标之间错综复杂的关系，因此仅仅凭借主观经验构建指标体系很难保证其完备性以及逻辑一致性。所以，影响农户种植决策行为指标体系的生成需要一套符合逻辑的科学分析方法[3]。

由于影响粮食种植面积指标数量众多、组成结构多样、关系复杂，因此难以通过单张视图或表格进行表示。多视图是采用图形图表的形式，从多个不同的角度描述体系结构框架的不同方面，从而形成对体系结构整体的描述。因此，本文采用多视图的方式进行"影响农户种植决策行为"指标体系的描述，从而可以更加清晰地了解指标体系的元素及结果,更加直观地追溯指标体系的来源[4]。

文章按照如下结构展开:首先,建立"影响农户种植决策行为指标体系"的生成框架;进而,基于多视图构建"影响农户种植决策行为"指标体系等生成模型;据此,生成"影响农户种植决策行为"的指标体系。

1 建立"影响农户种植决策行为指标体系"生成框架

模型框架以农户的种植行为为研究基本对象,将农户种植行为看作是一种决策行为[5]。首先,正向分析影响农户种植行为决策的影响机理,以保证模型的逻辑合理性;其次,反向进行农户种植行为决策到影响农户种植行为决策的客观因素的映射;最后,进行影响农户种植行为决策的客观因素到具体的可量化指标的映射,具体如图1所示。

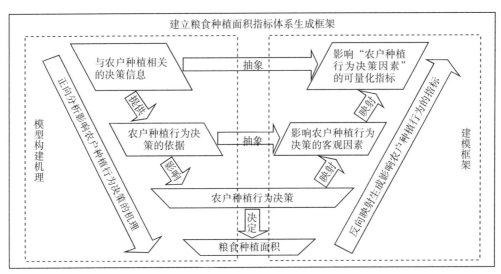

图1 粮食种植指标体系生成框架

1.1 农户种植行为决策——农户种植行为决策影响因素的映射规则

行为决策受主观和客观两方面因素的影响,由于本文是基于宏观的角度进行粮食种植面积等相关分析,所以不考虑决策主体的主观因素,从而假设所有决策者都是"真实人",即决策行为是有限理性的。

为了保证农户种植行为决策—决策影响因素的映射是完备的、可行的,指定映射规则如下:

【规则1-1】推理规则:推理规则是指借助形式化而非数学函数形式表述映射关系。推理规则并非精确的、定量化的表示手段,却可以将映射双方的重要规律加以体现,如因果逻辑、时序关系等,这些推理规则根据专家经验、实际规律提炼得到。由于农户种植行为决策影响因素主要是非量化的指标，而且主要依据经验和规律而得，因此由农户种植行为决策—农户种植行为决策影响因素的映射适合采用推理规则。

1.2 影响农户种植行为决策因素—影响指标映射规则

影响决策因素到影响指标的过程是定性到定量的过程，为了保证模型的可用性，要求影响决策指标必须具备可量化性、粒度合适性、可测性等特点。因此，指定影响农户种植行为决策因素—影响决策指标的映射规则：

【规则 2-1】等价规则：等价规则适用于影响决策因素与影响指标之间等价对应的情况，不需要进行推理，即影响决策因素本身就是影响指标，呈现"一一对应的特点"，例如对于影响决策因素——粮食种植成本，其本身是可测的和可量化的，可直接作为影响指标。

【规则 2-2】分解规则：分解规则适用于农户行为决策影响因素比较抽象的情况，需要对其进行分解，直到可以量化表示、分析。决策影响因素—影响指标的分解需要满足：①指标是可量化、可测的；②同一决策影响因素下分解的指标是独立的，相互之间不影响的；③指标粒度合适，即指标除了符合可测的要求，同时满足测量数据较容易获取的原则，否则将导致建模成本的大幅度增加。

【规则 2-3】替换规则：替换规则适用于当多个影响指标通过某种运算关系等价于另一个影响指标时，可用该单个指标替换多个指标。例如：对于农村总劳动人口、农村务农人口两个指标，由于农村劳动总人口=农村务农人口+农村外出务工人口，因此，可用农村外出务工人口指标替换。这种替换可以减少指标数量，从而可以简化模型。

1.3 基于多视图的"影响粮食种植面积"指标体系表现形式

视图和表格是表现模型的最佳形式，由于影响农户种植决策行为指标数量众多、组成结构多样、关系复杂，因此难以通过单张视图或表格进行表示。多视图是采用图形图表的形式，从多个不同的角度描述体系结构框架的不同方面，从而形成对体系结构整体的描述。因此，适用于采用多视图的方式进行"农户种植决策行为"指标体系的描述，从而可以更加清晰地了解指标体系的元素及结果，更加直观地追溯指标体系的来源。本文根据影响农户种植决策行为的机理，构建多个视图，如表1所示。

表 1　影响农户种植决策行为多视图表说

视图分类	描述	表现形式
农户种植决策行为视图	描述农户种植前可能采取的所有决策行为，是映射决策行为影响因素的基础	图形
农户种植决策行为—影响因素视图	描述影响农户种植决策行为的主要影响因素，是分析影响农户种植行为指标的基础	图形
农户种植决策行为—影响指标视图	描述影响农户种植决策行为的主要影响指标，是构建种植面积影响指标数学模型的基础和关键	图形

视图分类	描述	表现形式
农户种植决策行为—影响指标之间相互作用关系视图	描述影响农户种植决策行为的影响指标之间的相互作用关系，是分析指标体系结构、复杂性以及模型构建的关键	矩阵

2 基于多视图构建"影响粮农户种植决策行为指标体系"生成模型

依据"影响粮食种植面积指标体系"生成框架，结合实际经验、参考文献以及实际数据，构建"影响粮食种植面积指标体系"多视图模型，具体流程如图 2 所示。

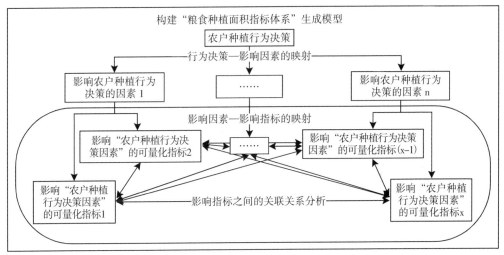

图 2　影响粮食种植面积指标体系多视图模型

2.1 构建农户种植行为视图

通过查阅资料，可知农户种植行为主要包含：种植粮食作物、种植其他农作物、外出务工，如图 3 所示[6]。

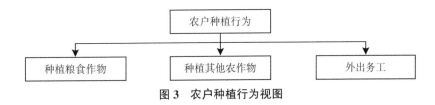

图 3　农户种植行为视图

2.2 构建"影响农户种植决策行为—影响因素"视图

农户在种植过程中面临的决策包括很多方面,如种植品种选择、种植规模的选择与调整、农户的风险决策、农户的市场行为等。本文重点关注农户生产规模的调整行为以及农户生产行为与市场之间的关系,并从这两个方面推理出农户种植行为决策的影响因素,如图 4 所示。

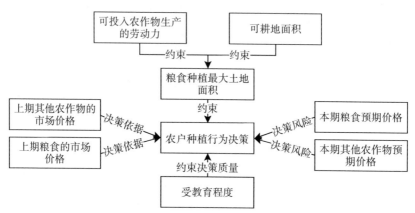

图 4 "影响农户种植决策行为—影响因素"视图

2.3 构建"影响农户种植决策行为—影响指标"视图

根据影响农户种植行为决策因素—影响指标映射规则中的等价规则,可耕地面积、受教育程度、上个种植期粮食市场价格以及上个种植期其他农作物的市场价格都是可量化、可测度的,因此,直接将其作为影响农户种植决策行为的指标。下面就其他三个影响因素进行分析。

2.3.1 构建影响"可投入农作物生产的劳动力"指标视图

由于可投入农作物生产的劳动力是动态变化的,而且很难通过统计数据进行量化,因此,通过分析影响"可投入农作物生产的劳动力"的指标,将抽象影响因素具体化为指标,如图 5 所示。

图 5 "可投入农作物生产的劳动力"指标视图

2.3.2 构建影响"本期粮食市场价格预期"指标视图

本期粮食市场价格预期属于决策风险,但也是影响农户种植行为决策的重要因素[7]。市场价格取决于成本,因市场供求关系而上下波动,同时受国家政策的影响

（最低收购价格），以此构建影响"本期粮食市场价格预期"指标视图，如图6所示。

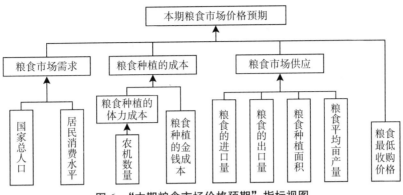

图6 "本期粮食市场价格预期"指标视图

2.3.3 构建影响"本期其他农作物预期市场价格"指标视图

本期其他农作物预期市场价格的影响机理和本期粮食市场预期价格类似，但是没有最低收购价格的影响，属于完全的市场行为，因此，决策风险更大[9]。以此构建影响"本期其他农作物预期市场价格"指标视图，如图7所示。

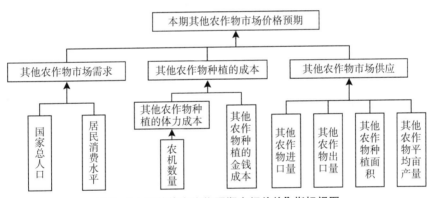

图7 "本期其他农作物预期市场价格"指标视图

3 影响农户种植行为决策指标体系分析

依据构建的"影响农户种植行为决策指标体系"多视图模型，可以进行可视化和模型元素追溯等分析，指标体系可视化可整体了解指标体系的结构和指标相互之间的关系，模型追溯可以对"指标—农户种植决策行为"的影响关系进行分析。

3.1 "农户种植行为决策影响指标体系"模型可视化

影响农户种植行为决策指标体系模型可视化效果如图8所示。可看出影响农户种植行为决策的指标体系数量较多，且相互之间的关系比较复杂。

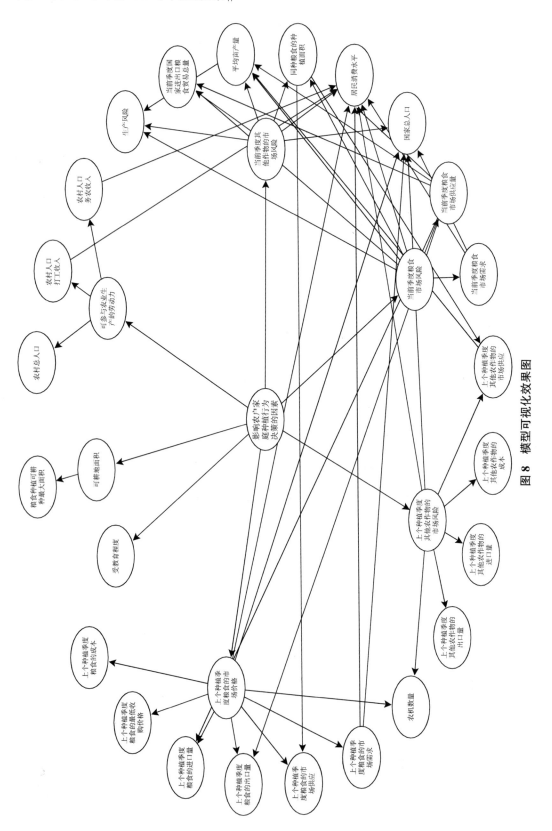

图 8 模型可视化效果图

3.2 获取"农户种植决策行为影响指标—农户种植决策行为"的影响关系

由于"农户种植行为决策影响指标体系"的复杂性，不可能直接获取"农户种植决策行为影响指标—农户种植决策行为"的影响关系，[10-11] 因此，采用模型追溯的方法进行分析，模型追溯适用于网络结构和其他复杂模型，其原理是：从最底层的指标节点开始，向上追溯，直到最顶层的节点。在本文中，原理即由"农户种植行为决策影响指标→农户种植行为决策影响因素→农户种植行为决策"的追溯过程。

首先，对农户种植决策行为影响指标体系进行处理，将模型中的每一条关系进行分类，如图9所示。

通过模型追溯，可获取"农户种植决策行为影响指标—农户种植决策行为"的影响关系，如表2所示。

4 影响粮食种植面积模型的合理性检验

对图中的部分影响关系进行分析：①居民消费水平在一定程度上增加了粮食需求，从而增加农户对粮食的种植面积的需求；②最低收购价作为农户种植粮食的心理安慰价，直接增加农户种植粮食的意愿，从而增加农户对粮食的种植面积；③小麦生产价格指数作为农户小麦的价格，和农户种植粮食的意愿是正相关的；④农业机械总动力的增加，降低了农业劳动的体力成本，从而在一定程度上正向影响农户种植粮食的意愿；⑤小麦单位面积产量与小麦生产价格指数一样，和农户种植粮食的意愿是正相关的；⑥农药使用量可以代表其他农作物的种植量（种植其他农作物使用农药量远大于种植粮食的农药使用量），所以和农户种植粮食的意愿是负相关的；⑦有效灌溉面积和今年的粮食供给正相关，因此，和下一年农户种植粮食的意愿呈负相关；⑧今年的受灾面积和粮食需求是正相关，因此，和下一年农户种植粮食的意愿呈正相关；⑨农村居民家庭劳动力文化状况越高，从事非农业劳动的可能性越高，因此，和农户种植粮食的意愿呈负相关；⑩净利润从理论上和农户种植粮食的意愿是正相关的，但是通过分析发现，种植粮食净利润的增长率远远比不上从事其他行业的收入增长率，所以，相对其他行业而言，粮食的增长率相对较低，因此，降低了农户从事农业劳动的意愿。通过以上分析，可以说明粮食种植面积的影响指标总体上是合理的。

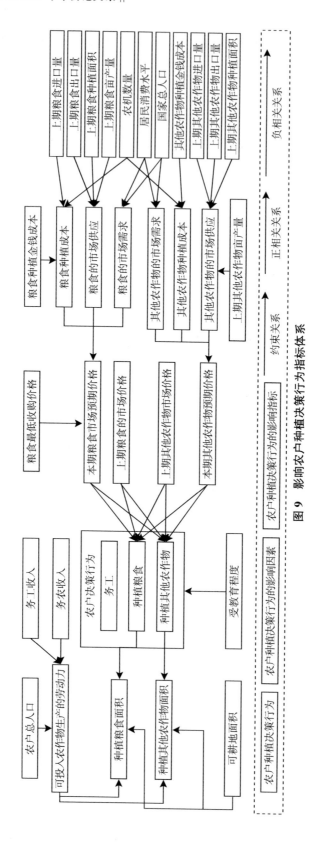

图 9　影响农户种植决策行为指标体系

表2 "农户种植决策行为影响指标—农户种植决策行为"影响关系

影响指标	对种植粮食面积的影响	对种植其他非粮食农作物面积的影响	影响指标	对种植粮食面积的影响	对种植其他非粮食农作物面积的影响
可耕地面积	约束	约束	其他农作物进口量	+	−
农村总人口	约束	约束	其他农作物出口量	−	+
农村人口务农平均收入	+	−	上期其他农作物种植面积	+	−
农村人口外出务工收入	−	+	上期其他农作物平均亩产量	+	−
受教育程度	约束决策质量	约束决策质量	粮食种植金钱成本	−	+
上个种植期粮食市场价格	+	−	上期粮食进口量	−	+
上个种植期其他农作物的市场价格	−	+	上期粮食出口量	+	−
国家总人口	+	+	上期粮食种植面积	−	+
居民消费水平	+	+	上期粮食平均亩产量	−	+
农机数量	+	+	粮食最低收购价格	+	−
其他农作物种植金钱成本	+	−	其他农作物进口量	+	−

参考文献

[1] 耿仲钟, 肖海峰. 我国粮食播种面积的动态演变: 1985-2013 [J]. 华南理工大学学报 (社会科学版), 2016, 18 (2): 9-16.

[2] 蔡立旺. 农户决策影响因素的实证研究 [D]. 北京: 中国农业大学硕士学位论文, 2004.

[3] 邵强, 李友俊, 田庆旺. 综合评价指标体系构建方法 [J]. 东北石油大学学报, 2004, 28 (3): 74-76.

[4] 赵相安, 陈洪辉. 基于多视图的武器装备体系需求分析方法 [J]. 计算技术与自动化, 2008, 27 (3): 67-72.

[5] 申云, 刘志坚. 农户水稻规模种植决策行为的影响因素分析——基于江西省3县306户的调查数据 [J]. 湖南农业大学学报 (社会科学版), 2012 (3): 8-13.

[6] 李晓萌. 洪湖市中稻农户种植行为分析 [D]. 武汉: 湖北大学士学位论文, 2014.

[7] 宋雨河, 武拉平. 价格对农户蔬菜种植决策的影响——基于山东省蔬菜种植户供给反应的实证分析 [J]. 中国农业大学学报 (社会科学版), 2014, 31 (2): 136-142.

[8] 刘克春. 粮食生产补贴政策对农户粮食种植决策行为的影响与作用机理分析——以江西省为例 [J]. 中国农村经济, 2010 (2): 12-21.

[9] 吴江, 武晓山, 赵铮. 农户种粮收入的影响因素分析与最优粮食种植面积测算 [J]. 经济理论与经济管理, 2010, V (11): 72-80.

[10] 王波. 影响粮食生产的因素分析及对策建议 [J]. 粮食科技与经济, 1999 (3): 10-11.

[11] 刘莹, 黄季焜. 农户多目标种植决策模型与目标权重的估计 [J]. 经济研究, 2010 (1): 148-157.

[12] 王春波. 农业生产的特点及其管理 [J]. 甘肃农业, 2004 (12): 27-27.

[13] 王家庆. 农业生产的特点及其经营管理 [J]. 中国农资, 2013 (36).

基于风险决策的高校图书馆建设绩效评价研究 *

姜玉梅[1] 田景梅[2] 李新运[1]

(1. 山东财经大学管理科学与工程学院，山东济南 250014；

2. 山东财经大学图书馆，山东济南 250014)

【摘 要】为了反映高校图书馆建设投入—产出的不确定性，刻画风险因素对图书馆建设对高校人才、科研服务绩效的影响，本文根据教育部直属高校的统计数据构建了风险决策矩阵，采用均值—方差风险评价准则对高校图书馆建设绩效进行了评价。分析结果表明：风险因素会影响决策者对最优方案的选择，且风险型决策的结果更为合理。在风险型决策下，图书馆建设经费和工作人员投入较高的高校，其产出绩效相对较低；投入较低的高校，其产出效率相对较高。另外，理工、财经和农业类高校的绩效普遍高于综合类高校。

【关键词】图书馆建设；风险型决策；绩效评价

0 引 言

高校图书馆是人才培养和科学研究的重要场所，承担着为大学提供信息资源保障、传承知识、启迪智慧的重要职能[1]。面对日益增多的内部和外部环境变化，高校图书馆风险因素日益增多，例如由于缺乏高水平的专业技术人员而无法开展深层次的参考咨询和信息服务、图书馆管理思想落后导致缺乏创新意识、由于政府经费投入减少而导致的文献资源保障能力下降等。然而，由于事业体制的庇护，特定的危机事件发生的概率看起来微乎其微，导致图书馆处于危机而不自知，大部分图书馆没有对危机管理引起充分的重视，更没有把危机管理作为一项重要的工作[2]。因此，在对高校图书馆建设服务绩效的评价中，有必要识别图书馆管理中的危机并对风险因素进行评估，

---

* 本文系国家社会科学基金项目"基于投入—状态—产出框架的高校图书馆建设促进学科发展绩效评价研究"（编号：15BTQ002）研究成果之一。

进行科学的风险决策分析来提高图书馆资源投入使用的效率、完善信息资源保障体系、减少图书馆管理决策的盲目性、提高图书馆管理水平[3]。

近年来，学术界对高校图书馆绩效评价研究主要包括两个方面：一是图书馆绩效理论层面的研究。胡绍军[4] 和刘晓英[5] 提出将 3E 理论引入图书馆绩效评价，分别从可持续发展角度和系统论的角度来有效整合现有图书馆绩效评价体系。田景梅[6] 认为高校图书馆建设对学科发展有一定的支撑作用，从学科发展角度构建了更为完善的指标体系。在评价方法方面，基于定性与定量评价方法的结合成为一大趋势，如邹香菊[7] 综合利用平衡卡计分法和层次分析法进行图书馆绩效评价。刘小花和詹庆东[8] 融合了平衡卡计分法和集值迭代法，建立模型进行评价。二是图书馆绩效评价操作层面的研究，这方面的研究多集中在图书馆数字资源评价、人力资源评价以及业务评价方面，评价方法有层次分析法、360 度绩效评价法和模糊综合评价法等，如向林芳[9]、侯振兴[10] 利用了层次分析法对高校图书馆电子资源的绩效进行了评价。近年来，DEA 绩效评价方法开始广泛应用于图书馆绩效评价中，白首晏[11]、李建霞[12]、储伊力和储节旺[13] 先后将 DEA 绩效评价方法用于图书馆绩效评价，并在传统 DEA 绩效评价方法上进行改进和创新，开始利用二阶段 DEA 法、超效率 DEA 法进行评价研究并进行了实证分析。

综上所述，图书馆绩效评价方面取得了初步的成效。但是，目前的研究仍存在以下不足之处：一是图书馆绩效评价中较少将风险因素考虑在内，对图书馆风险的研究大多基于定性分析，缺乏定量分析。二是大多数研究是基于广义图书馆或者是公共图书馆的移植性研究，缺乏高校层面的特异性研究，即较少考虑到高校图书馆与教学科研之间的协同性以及对高校图书馆核心价值的考虑[14]。为弥补上述不足，本文考虑到高校图书馆决策中的风险因素，采用风险型决策方法进行绩效评价研究，将图书馆资源投入作为投入指标，将人才培养能力和科研能力作为产出指标，利用风险决策中的均值—方差准则对 43 所教育部直属高校图书馆进行风险型评价。

1 图书馆建设绩效评价指标体系和评价方法

1.1 指标体系的构建

与公共图书馆不同，高校图书馆的服务对象主要是学校师生，其主要功能是为人才培养和科学研究提供支持，其次是社会服务。社会服务作为人才培养和社会研究功能的延伸，以科技成果服务于经济社会发展。所以，对于高校图书馆来说，其服务绩效不应仅表现为其拥有的资源总量，还应表现为能够将这些资源转化为教学科研成果的能力。相关研究表明[15-18]，高校图书馆建设与人才培养能力以及科研能力存在显著相关关系，且高校文献资源购置费越高、馆藏量越大、职工数量越多，对高校科研的竞争力和人才培养能力的贡献越大。本文总结图书馆建设促进学科发展的机制，结合风险型决策的特点，并运用系统性、准确性、客观性和全面性的原则，从图书馆建设投入—产出角度来构建高校图书馆建设绩效的指标体系。最终构建的指标体系如表 1 所示。

表 1　投入—产出框架下的高校图书馆建设绩效评价指标体系

一级指标	二级指标	三级指标
图书馆建设投入	资金投入	图书馆总经费、文献资源购置经费、设备经费、业务经费
	人员投入	馆员数量、馆员学历结构、职称结构、学科馆员比例
	文献资源建设	馆藏量（纸质文献、电子文献、特色文献等）、资源共享情况
	馆舍建设	馆舍面积、座位数
图书馆服务产出	人才培养	毕业研究生数、毕业生就业率、学位论文获奖数
	科学研究	科研项目数、核心期刊论文数、科研获奖数、发明专利数
	社会服务	技术合同转让金额、科技服务课题经费支出

1.2　评价方法

一般来说，任何项目都存在着风险因素，只要进行投资就要冒风险，图书馆管理决策也不例外，例如图书馆建设中经费、人员的投入就可能存在一定风险。一个项目冒的风险越大，其可能得到的收益也越高，即高收益代表着高风险。一个决策方案对应几个相互排斥的可能状态，每一种状态都以一定的概率存在，并对应特定的收益结果，此时就需要权衡各种结果，进而作出风险型决策[19]。风险型决策的一般步骤包括确定可行方案、确定自然状态及其概率、确定条件损益值、计算期望收益值和评价函数值，通过各个方案的优劣比较选出满意方案。

1.2.1　风险决策矩阵的构建

设图书馆建设投入决策的可行方案为 A_1，A_2，$\cdots$，A_m，影响产出的自然状态为 θ_1，θ_2，$\cdots$，θ_n，其出现的概率分别为 $P(\theta)_1$，$P(\theta)_2$，$\cdots$，$P(\theta)_n$，各个可行方案在不同自然状态下的条件结果值为 $o_{ij}(i = 1, 2, \cdots, m; j = 1, 2, \cdots, n)$，那么此决策问题可以表示为决策分析，如表 2 所示。

表 2　决策分析

条件收益值 ＼ 自然状态 ＼ 方案	θ_1 $P(\theta_1)$	θ_2 $P(\theta_2)$	$\vdots$	θ_n $P(\theta_n)$
A_1	O_{11}	O_{12}	$\vdots$	O_{1n}
A_2	O_{21}	O_{22}	$\vdots$	O_{2n}
$\vdots$	$\vdots$	$\vdots$	$\vdots$	$\vdots$
A_n	O_{m1}	O_{m2}	$\vdots$	O_{tn}

1.2.2　μ–σ 风险评价准则

常用的风险评价准则有期望效用值评价准则、期望结果值评价准则、概率优势准则等。以上决策准则只考虑方案的期望收益而没有考虑风险。因此，这里采用 μ–σ 风险评价准则，即在评价一个行动方案时，不仅考虑方案可能带来的期望收益值，同时也明确考虑代表风险的条件收益的方差[20-21]。μ–σ 准则的判据一般是期望和方差的二元函数，即：

$$\varphi(a_i) = \phi(\mu_i, \sigma_i^2)$$
$$i = 1, 2, \cdots, m \tag{1}$$

运用风险型决策的 μ–σ 准则时，通常采用的三种评价函数形式如下：

$$\varphi_1(\mu_i, \sigma_i) = \mu_i - a\sigma_i \tag{2}$$

$$\varphi_2(\mu_i, \sigma_i^2) = \mu_i - a\sigma_i^2 \tag{3}$$

$$\varphi_3(\mu_i, \sigma_i^2) = \mu_i - a(\mu_i^2 + \sigma_i^2) \tag{4}$$

$$i = 1, 2, \cdots, m$$

式中，μ_i 表示图书馆投入决策第 i 种方案的期望收益，σ_i^2 表示图书馆投入决策第 i 种方案的方差，a 代表决策者对待风险的态度，当 a > 0，评价函数是厌恶风险型的；当 a < 0 时，评价函数属于风险喜爱型的，当 a = 0 时，评价函数属于风险中立型的。相关学者在进行决策分析时，第一个公式的 a 为 0.01，第二、第三个公式的 a 为 0.0001，评价结果较合理[22]。因此，本文基于以上研究以及决策者对待风险的态度综合考虑确定了 a 的取值，来进行风险决策评价研究。

2　直属高校图书馆建设绩效评价

2.1　数据获取与处理

基于数据的可得性，本文选取了指标数据较全的 43 所教育部直属高校作为研究对象。图书馆建设投入方面选择了图书馆总经费投入和图书馆工作人员数量作为代表性指标，分别代表图书馆馆舍建设能力和馆员队伍建设水平；图书馆服务绩效产出方面选择了发表的论文数量和毕业研究生数量作为代表性指标，分别代表科研水平和人才培养能力。统计数据主要来自《教育部直属高校 2014 年基本情况统计资料汇编》、高校图书馆事实数据库系统以及全国高等图书情报委员会发布的统计资料。另外，有些高校在填报数据的过程中，过于草率，存在明显的偏离值，存在错报的可能性。因此，对于明显有误的数据，根据数据的稳定与否，用相邻年份的平均值或者是临近年份的数值来替代。

2.2 风险决策矩阵的建立

首先，确定可行方案。根据图书馆人员投入（图书馆工作人员数量）和经费投入（图书馆总经费）高低划分投入类型，划分标准为：图书馆经费投入大于等于 2000 万元为经费投入高，图书馆经费投入小于 2000 万元为经费投入低的类型；图书馆人员数量大于等于 150 人为人员投入高，图书馆人员数量小于 150 人为人员投入低的类型。最终将高校分为四种类型：A_1 类型为高经费投入，高人员投入；A_2 类型为高经费投入，低人员投入；A_3 类型为低经费投入，高人员投入；A_4 类型为低经费投入，低人员投入。每种类型作为一种可行方案，鉴于第四种类型的高校只有三所，因此本文只对前三种类型的高校进行分析。

其次，划分自然状态概率以及计算各个方案的期望值和方差。自然概率是根据三组高校的统计样本数据得来，即根据目标值 f_i 的统计分布特征，将其分为高中低三种状态：θ_1 为效率值（指标值 f_i）低时的状态，概率为 0.3；θ_2 为收益值一般时的状态，概率为 0.4；θ_3 为收益值高时的状态，概率为 0.3。表 3 中的条件收益值是某种方案下相应概率对应高校的平均值，例如对于方案 A_1，评价指标为 f_1，自然概率为 0.3 时，对应的高校有厦门大学、上海交通大学、同济大学和清华大学，计算这几所高校的平均值为 16.54，最终得到的决策分析表（决策矩阵）如表 3 所示。

表 3 决策分析

指标	f_1			f_2			f_3			f_4		
自然状态 条件收益 方案	θ_1 0.3	θ_2 0.4	θ_3 0.3	θ_1 0.3	θ_2 0.4	θ_3 0.3	θ_1 0.3	θ_2 0.4	θ_3 0.3	θ_1 0.3	θ_2 0.4	θ_3 0.3
A_1	16.54	23.07	33.91	38.48	38.78	54.30	1.21	1.48	1.94	1.80	2.69	3.72
A_2	26.60	36.20	74.60	49.64	85.31	49.09	1.04	1.37	1.64	0.86	1.81	2.52
A_3	18.33	33.27	109.94	22.77	30.14	105.49	1.20	1.73	2.98	0.90	1.94	3.54

注：f_1 为毕业研究生数与图书馆工作人员的比值，f_2 为发表的论文数量与图书馆工作人员的比值，f_3 为毕业研究生数与图书馆建设总经费的比值，f_4 为发表的论文数量与图书馆建设总经费的比值。

2.3 风险决策分析

计算在各个指标下的每个方案的期望收益值和方差，将结果代入评价函数的三个公式进行比选评价，如表 4 所示。

首先，从人员投入的角度来看：指标 f_1 为毕业研究生数与图书馆工作人员数的比值，在不考虑风险因素的情况下，最优方案是 A_3；在考虑风险因素的情况下效益值普遍降低，且综合比较三个函数值可看出最优方案为 A_2，这说明风险因素对图书馆建设投入的决策产生了一定的影响。指标 f_2 为发表的论文数量与图书馆工作人员数的比值，

表 4　风险决策计算结果

指标	f_1				f_2				f_3				f_4			
评价值 方案	φ_0	φ_1	φ_2	φ_3	φ_0	φ_1	φ_2	φ_3	φ_0	φ_1	φ_2	φ_3	φ_0	φ_1	φ_2	φ_3
A_1	24.36	23.00	23.90	17.96	43.35	41.91	42.83	24.04	1.54	1.48	1.53	1.51	2.73	2.58	2.73	2.65
A_2	44.84	40.87	40.89	20.78	63.74	60.22	60.64	20.01	1.35	1.31	1.35	1.34	1.74	1.61	1.73	1.70
A_3	51.79	44.07	36.91	10.09	50.54	43.31	37.50	11.96	1.95	1.81	1.94	1.91	2.11	1.90	2.10	2.05

注：φ_0 为不考虑风险时的期望收益值，φ_1 、φ_2、φ_3 含义见上文公式。

可以看出考虑风险因素前和考虑风险因素后最优方案依然是 A_2。两个指标都说明图书馆的总经费投入和图书馆工作人员数量处于中等水平时，图书馆建设绩效结果值要好。

其次，从经费投入的角度来看：指标 f_3 为毕业研究生数量与图书馆总经费投入的比值，在考虑风险因素前后最优方案都是 A_3。指标 f_4 为发表的论文数量与图书馆建设总经费的比值，与上述三种结果均不同，在这种情况下方案 A_1 为最优决策，其次是 A_3，最后是 A_2。分析其原因可能是选取的这些高校科研产出严重不足，此时高投入将会带来较明显的高产出，这种情况下提高图书馆的经费投入和增加图书馆工作人员数量将会提高图书馆建设对学科发展的效率值。同时，在这种情况下，考虑风险因素后其期望值普遍降低了，但是并没有改变其最优决策，此时图书馆建设绩效值对 a 的取值不太敏感。

综上，在考虑风险因素后，各方案的绩效值普遍降低，最优方案为 A_2。只有指标 f_1 下的最优决策改变了，分析其原因是因为 f_1 指标下的数据的差异系数较大，对 a 的取值变化比较敏感；其他三个指标下的数据的差异系数较小，所以对 a 的取值变化不太敏感。从决策者角度来看，效益值的改变与决策者的态度有关，决策者对风险越敏感，a 的取值越大，效益值变化越明显，因此在实际决策中，综合考虑风险因素实属必要。

最后，从高校角度来看：方案 A_1 即经费投入较高和人员投入较高的高校包括东北大学、厦门大学、清华大学、武汉大学、同济大学、复旦大学、中山大学、浙江大学、四川大学、北京大学这几所偏综合类的 10 所高校以及西南交通大学、华南理工大学、上海交通大学、华中科技大学这四所理工类的大学。说明目前实力强劲的综合类大学在高投入的情况下并不能带来同样的高产出。相反，方案 A_2 和 A_3 及经费投入较低和人员投入也较低，这些高校主要包括财经类高校如上海财经大学、西南财经大学，农业类高校如西北农林科技大学以及理工类高校如合肥工业大学、华南理工大学等。这些高校相比于北京大学、清华大学来说综合实力较弱，资源投入较低，但是效率值较高。这说明，目前各类高校存在的一个普遍问题是资源利用率不高，在资源利用数量大致相等的情况下，使投入量高的高校，其资源总量基数大，资源利用率较低，而投入量低的高校，其资源总量基数小，资源利用率较高。例如，第一种类型的高校图书馆经费投入大多在 3000 万~4000 万元，发表的论文数量大多在 6000~7000 篇；第二种类型的高校图书馆的经费投入大多在 2000 万~3000 万元，发表的论文数量大多在 7000~8000 篇。第一种类型的高校投入较高，产出较低，所以其绩效较低。由此，可以看出制约高校绩效水平高低的原因主要是管理水平和技术运用水平的高低，而资源的过量投入往往会造成大量的冗余，并不能使各项资源发挥最大的效用，致使一些实力较强的综合类高校的绩效水平低于实力较弱的理工类、师范类和农业类高校。

3 小 结

本文基于风险型决策的均值—方差准则，利用 43 所高校的统计数据，对高校图书馆建设绩效进行了评价。结果表明，风险因素会影响图书馆管理决策者最优决策的制定，同时在风险型决策下，资源投入高的高校其产出效率较低，特别是对于"211"、"985"等综合实力较强的高校，即资源并没有在此类高校中得到有效利用，其原因主要是管理不善和资源配置不合理。因此，在今后的高校图书馆建设中，应该通过优化资源配置和完善图书馆管理机制来提高绩效水平。本文也提供了一种评价图书馆绩效的新思路，工程项目管理投资决策分析中广泛应用的风险决策也同样适用于图书馆管理决策。利用风险型决策进行分析，首先对样本数据进行分组，其次拟定方案并进行比选，可以直观地帮助决策者对行动方案作出选择，减少决策者进行资源投入决策时的盲目性，符合现代图书馆科学管理的新要求。

本次评价还存在着不足之处：一是风险型决策中的自然概率是根据样本数据得来的，样本数量越多，概率值越趋于合理。本文只利用了统计数据较全的 43 所高校的样本，可能会对合理性产生影响。二是统计数据只利用了一年的数据，决策分析结果可能存在一定的滞后性。针对这些不足，今后我们将开展进一步的研究。

参考文献

[1] 何刚. 高校图书馆工作与重点学科建设 [J]. 现代情报，2004，7 (7)：127-129.

[2] 邓爱东. 多属性管理决策方法在图书馆危机管理中的应用 [J]. 现代情报，2009，6 (6)：102-104.

[3] 李俊，李媛. 近年来图书馆危机管理研究综述 [J]. 图书馆学研究，2007 (1)：35-38.

[4] 胡绍军. 基于 3E 可持续发展框架的绿色图书馆构建策略研究 [J]. 图书情报工作，2011 (3)：23-26.

[5] 刘晓英. 基于"3E"理论的图书馆绩效评价研究 [J]. 图书情报知识，2016 (4)：54-59，68.

[6] 田景梅，史纪慧，乔娟. 基于学科发展的高校图书馆建设指标体系研究 [J]. 新世纪图书馆，2012 (11)：36-37.

[7] 邹香菊. 高校图书馆学科馆员绩效评估量化研究——BSC-AHP 模型及其应用 [J]. 大学图书馆学刊，2011 (6)：19-22.

［8］刘小花，詹庆东. 基于整合 BSC 和集值迭代法的高校图书馆战略绩效评估［J］. 图书馆，2012（1）：92-95.

［9］向林芳. 高校图书馆电子资源投入产出绩效评价研究［J］. 情报理论与实践，2011（8）：90-94.

［10］侯振兴. 高校图书馆电子期刊数据库绩效评价研究［J］. 情报科学，2013（2）：46-49.

［11］白首晏. DEA 方法在高校图书馆绩效评价的应用［J］. 情报方法，2002（6）：16-17.

［12］李建霞. 高校图书馆二阶段绩效动态评价研究［J］. 图书情报工作，2015，4（7）：61-68.

［13］储伊力，储节旺. 高校图书馆绩效测评及影响因素分析［J］. 图书馆论坛，2016（8）：107-118.

［14］郭军华. 区域公共图书馆绩效测评及影响因素分析——基于 DEA-Tobit 两步法的实证研究［J］. 图书情报工作，2010，7（13）：87-90.

［15］张国臣. 高校图书馆数字资源量与教学科研相关性研究——以国内 37 所财经院校为例［J］. 图书情报工作，2011，4（4）：90-93.

［16］林可全，邝婉玲，高波. 高校图书馆核心竞争力与高校科研能力相关性研究［J］. 图书情报工作，2014，12（24）：5-10.

［17］赵迎红. 高校图书馆竞争力评价及对策——基于 52 所高校的实证研究［J］. 大学图书馆学报，2011（4）：39-44，72.

［18］梁秀霞. 高校图书馆资源配置与人才培养质量相关性实证研究［J］. 现代情报，2015，9（9）：150-155，159.

［19］赵春晖. 我国高校图书馆绩效评价研究进展及问题分析［J］. 图书馆工作与研究，2015（2）：16-20.

［20］蒋多，陈雪玲，李斌. 风险决策研究综述［J］. 华中师范大学研究生学报，2009，6（2）：114-119.

［21］王庆，陈果，刘敏. 基于价值—风险双准则的风险决策理论［J］. 中国管理科学，2014（3）：42-50.

［22］赵新泉，彭勇行. 管理决策分析（第三版）［M］. 北京：科学出版社，2014：94-99.

辽宁省产业结构与就业结构的协调发展研究

齐红明　段春亚

（辽宁工程技术大学工商管理学院，辽宁葫芦岛　125105）

【摘　要】文章使用 1978~2015 年相关数据对辽宁省产业结构与就业结构的演变趋势进行分析，并与国际标准模式对比，发现与标准模式不完全一致，这可能与辽宁省老工业基地的历史背景有关。文章在对辽宁省产业结构偏离度、就业弹性、比较劳动生产率和协调系数进行分析时发现，辽宁省产业结构偏离度整体上有所改善，而且随着产业结构的优化升级，三次产业就业弹性也发生变化，劳动力从劳动生产率低部门向高部门转移，整体上协调系数不断变动。文章结合 Moore 结构值对 1979~2015 年辽宁省产业结构与就业结构的滞后时间进行计算，结果表明辽宁省就业结构变动比产业结构变动滞后 5 年。

【关键词】产业结构；就业结构；协调发展

0　引　言

随着经济社会的发展，产业结构发生变动会带来劳动力的流动，从而引起三次产业就业比例的变动。早在 17 世纪，配第—克拉克定理就明确指出，伴随着经济发展，劳动力会发生转移，劳动力会先由第一产业流向第二产业，然后流向第三产业[1]。库兹涅茨在配第的基础上指出，三次产业结构变动与劳动力结构变动是一致的，但是在变化速度上存在差异[2]。钱纳里提出产业结构与就业结构变动的国际标准模式，并指出发展中国家就业结构普遍滞后于产业结构变动[3]。

我国学者专家也从不同的角度对产业结构与就业结构的变动关系进行研究。研究主要围绕演变趋势变化、协调性研究、与经济增长的关系以及研究方法等几部分。张文玺（2011）对产业结构与就业结构的非均衡性进行研究[4]。陈心颖（2012）对利用协同度和结构偏离度对福建省产业结构、就业结构与经济转型升级的关系进行分析[5]。王钰娜（2014）基于微笑曲线进行分析，产业结构升级会带动就业就够的优化，这对缓解就业压力非常重要[6]。王少国（2014）对北京市的产业结构与就业结构协调性进行研究[7]。于晗（2015）应用灰色预测模型对产业结构与就业结构演进趋势做出预测[8]。景建军（2016）对中国产业结构与就业结构与国际标准模式比较，得出我国当前演变趋势与标准模式基本一致[9]。胡玉琴（2017）基于成分数据理论对产业结构与就业结构协调系数测度方法进行改进[10]。

当前辽宁省产业结构与就业结构的现状是，辽宁省的第一产业占GDP的比重仍然比较大，劳动力比重仍然很高，辽宁省的劳动生产率水平整体不高；第二产业占比较高，但对就业的带动作用不强；第三产业发展较快，但整体上占比不高，且比较偏向于简单服务业。文章在已有研究的基础上，结合辽宁省1978~2015年数据，对辽宁省产业结构与就业结构演变趋势和协调性进行分析。在经济增长速度减慢、就业压力较大的情况下，对辽宁省在产业升级的同时保证充分就业具有很强的实践意义。

1 辽宁省产业结构与就业结构演变过程分析

1.1 辽宁省产业结构演变过程分析

（1）辽宁省产业结构演变过程。改革开放以来，辽宁省经济实现快速增长。从总量来看，2015年辽宁省GDP总量是1978年的125倍，年平均增长率为9.71%。从产业结构变化来看，1991年是产业结构变化节点。1978~1991年，辽宁省第二产业占比下降明显，第三产业增加迅速。1992~2015年，三次产业也在发生变动，但整体变化幅度不大。

1978~1991年，由于辽宁省的工业地位，辽宁省经济增长迅速。从三次产业的产值来看，1978~1991年辽宁省三次产业分别增加了148.8亿元、427.2亿元、395.3亿元，增加比重为458.02%、262.25%、1166%。从演变过程来说，1978年与1991年辽宁省产业结构占比都是第二产业最大，但是却有了本质的区别。1978年三次产业比重是第二产业最大，占辽宁省总GDP比重的71.1%，第一、第三产业占比都在20%以下。1991年辽宁省第二产业占比49.2%，比1978年增加了34.1%；第三产业占比35.7%，比1978年增加20.9%。

1992~2015年，国家社会主义市场经济体制确立，辽宁省作为老工业基地，受老工业基地振兴政策、国有企业改革政策等的影响，产业结构也发生变化。1992~2015年辽宁省三次产业分别增加2189.43亿元、12300.07亿元、12706.52亿元，分别增加为1992年的11.25倍、16.58倍、23.68倍。从演变过程来说，1992~2015年，辽宁省的三次产业占比从"二三一"变成"三二一"。2015年辽宁省第三产业占GDP比重首次超过第二产业比重，产业结构由1992年的13.2：50.4：36.4，变成8.3：45.5：46.2。

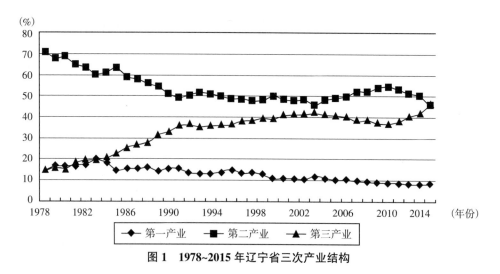

图 1 1978~2015 年辽宁省三次产业结构

（2）辽宁省产业结构演变与国际理论标准模式比较。标准模式人均 GDP 是以 1980 年作为基期。1980 年辽宁省人均 GDP 为 811 元，按照汇率换成美元为 533 美元，接近标准模式的 500 美元，1980 年辽宁省的产业结构为 16.4：68.4：15.2，此时 500 美元对应标准模式为 31.7：33.4：34.6，三次产业占比与标准模式不符，这与辽宁省改革开放初期的工业地位有关，辽宁省的工业基础比较扎实，1980 年时工业化程度比其他省份高。2015 年辽宁省人均 GDP 6.54 万元，折算成 1980 年美元约为 7000 美元，产业结构为 8.3：45.5：46.2，其对应的标准模式产业结构为 7.0：46.0：47.0，三次产业所占比重与标准模式相比均差别很小。辽宁省产业结构演变与国际标准模式并不完全相符。

1.2 辽宁省就业结构演变过程分析

（1）辽宁省就业结构演变过程。经济社会的发展，带来资源优化配置和城市化进程的提高，就业人口在三次产业就业比重也变化。从就业总人数变化看，1978 年辽宁省就业总人数 1254.1 万人，2015 年为 2409.9 万人，净增加值 1155.8 万人。从辽宁省三次产业就业结构角度来看，1978 年辽宁省三次产业就业结构 47.4：34.6：18，2015 年变成 28.61：26.36：45.03。从辽宁省就业总人数和就业结构来看，1978 年辽宁省第一产业就业人数 595.3 万人，占 1978 年总就业人数的 47.4%，第二产业就业人数 433.4 万人，占辽宁省总就业人数的 34.6%，第三产业就业人数 225.4 万人，占辽宁省总就业人数的 18%。2015 年，三次产业就业人数比 1978 年增加，占总就业人数的比重均发生变化。2015 年第一产业就业人数 689.42 万人，比 1978 年增加 94.12 万人，占总就业人数的比例为 28.61%，比 1978 年下降了 18.79%；第二产业就业人数为 635.18 万人，比 1978 年增加了 201.78 万人，占总就业人数的比例为 26.36%，比 1978 年下降了 8.24%；第三产业就业人数为 1085.29 万人，比 1978 年增加了 859.89 万人，占总就业人数的比例为 45.03%，比 1978 年增加了 27.03%。

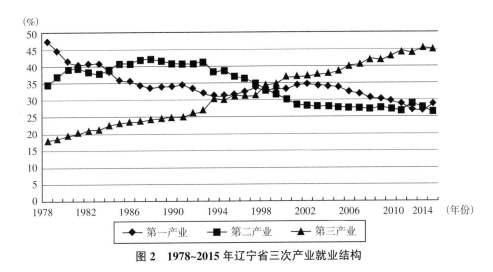

图 2　1978~2015 年辽宁省三次产业就业结构

（2）辽宁省就业结构演变与国际理论标准模式比较。1980 年辽宁省人均 GDP 折算成美元最接近 500 美元，1980 年辽宁省三次产业就业比例分别为 41.4∶39.2∶19.4，对应的标准模式下就业结构比重为 65.1∶13.2∶21.7，三次产业就业人口均与标准模式有很大出入。2015 年辽宁省人均 GDP6.54 万元，折算成标准美元约 7000 美元。标准模式 4000 美元对应的标准模式的就业结构比重为 24.2∶32.6∶43.2，2015 年辽宁省就业结构所占比重为 28.61∶26.36∶45.03，第一产业占比比 4000 美元时偏大，就业结构演变与标准模式也不完全相同，就业结构调整与经济增长不协调。

从就业结构演化过程角度，标准模式下，人均 GDP 从 500 美元变化到 4000 美元，三次产业分别变化幅度为 -40.9%、19.4%、21.5%。实际上辽宁省 1980 年到 2015 年三次产业就业比重变化为 -12.79%、-12.84%、25.63%。辽宁省三次产业就业比重与标准模式不一致，第一产业就业比重偏高，第二产业就业比重略低。辽宁省就业结构验证了钱纳里的就业结构与产业结构调整普遍不一致，就业结构变动滞后于产业结构变动。

2　辽宁省产业结构与就业结构的协调关系分析

把辽宁省产业结构与就业结构演变趋势与国际标准模式对比分析，得出辽宁省产业结构接近于标准模式，就业结构与标准模式存在出入。接下来将从结构偏离度、就业弹性、相对劳动生产率、协调系数等角度来分析辽宁省产业结构与就业结构的协调关系，并对产业结构与就业结构变化的滞后时间进行测算。

2.1　结构偏离度

产业结构偏离度等于各产业 GDP 比重与各产业就业比重与 1 的差值，辽宁省 1978~2015 年三次产业结构偏离度和总偏离度如表 1 所示。

（1）辽宁省第一产业结构偏离度始终为负值，这说明辽宁省第一产业存在大量的劳动力剩余。从第一产业偏离度的绝对数值来看，整体呈现先减小后变大的状况。由表1可知，1978~1996 年，辽宁省第一产业结构偏离度绝对值呈现减小趋势，1996 年以后又不断增加。这可能与工业化进程和城市化进程有关。

（2）辽宁省第二产业结构偏离度均为正值，辽宁省第二产业有人才流入的趋势。产业结构偏离度绝对值也呈现先减小后稳定的趋势。1978~1999 年，第二产业结构偏离度不断减小，在 1991 年达到 0.21，之后又开始增加，最后稳定在 0.7 左右。这与老工业基地振兴的相关政策和技术水平进步有关。

（3）辽宁省第三产业结构偏离度绝对值不高，但是出现先减小又增大的趋势，而且有变化为负值并且进一步加大的趋势。1978~1985 年，辽宁省第三产业结构偏离度为负值，当时社会比较落后，第三产业就业岗位不足；1986~2007 年为正值，主要是因为在这一阶段，第三产业发展加快，而第三产业对劳动力素质要求较低、进入门槛低，这就为第三产业吸收就业人口创造了条件；2007 年以后又变化为负值。

（4）辽宁省总产业结构呈现下降趋势，这说明辽宁省的产业结构和就业结构不协调的现象有所改善。总偏离度从 1978 年的 1.94 下降到 2015 年的 1.46，这期间也经历了先减小后增大，但整体表现为减小。这表明辽宁省当前的产业结构与就业结构虽然整体上表现为好转，但也存在一定的问题。

表 1　1978~2015 年辽宁省三次产业结构偏离度

年份	一	二	三	总	年份	一	二	三	总	年份	一	二	三	总
1978	-0.70	1.06	-0.18	1.94	1991	-0.56	0.21	0.43	1.20	2004	-0.65	0.64	0.12	1.41
1979	-0.63	0.85	-0.16	1.64	1992	-0.60	0.24	0.40	1.24	2005	-0.68	0.71	0.09	1.47
1980	-0.60	0.75	-0.22	1.57	1993	-0.59	0.25	0.32	1.16	2006	-0.70	0.77	0.06	1.53
1981	-0.58	0.65	-0.10	1.33	1994	-0.58	0.33	0.19	1.10	2007	-0.69	0.80	0.00	1.49
1982	-0.57	0.66	-0.09	1.32	1995	-0.55	0.28	0.21	1.04	2008	-0.70	0.91	-0.06	1.67
1983	-0.51	0.60	-0.07	1.18	1996	-0.53	0.32	0.16	1.00	2009	-0.70	0.91	-0.08	1.69
1984	-0.52	0.57	-0.09	1.18	1997	-0.59	0.34	0.23	1.16	2010	-0.71	0.95	-0.12	1.78
1985	-0.60	0.54	-0.04	1.18	1998	-0.59	0.37	0.23	1.18	2011	-0.71	1.00	-0.15	1.86
1986	-0.57	0.45	0.09	1.11	1999	-0.62	0.46	0.15	1.22	2012	-0.70	0.98	-0.14	1.82
1987	-0.56	0.38	0.14	1.08	2000	-0.68	0.58	0.12	1.38	2013	-0.70	0.78	-0.08	1.57
1988	-0.52	0.33	0.16	1.00	2001	-0.68	0.61	0.11	1.39	2014	-0.70	0.81	-0.08	1.59
1989	-0.59	0.31	0.29	1.18	2002	-0.69	0.67	0.12	1.47	2015	-0.71	0.73	0.03	1.46
1990	-0.53	0.24	0.33	1.10	2003	-0.70	0.71	0.12	1.53					

2.2 就业弹性

就业弹性代表经济增长带来就业增加能力的强弱，就业弹性等于就业增长率与GDP增长率的比值，辽宁省三次产业就业弹性和总弹性变化情况如表2所示。

（1）就业总弹性分析。1978~2015年辽宁省经济增长对就业的拉动不大，经济每增长1个百分比，对就业的拉动基本都维持在0.5个百分比以下，有几个年度就业弹性出现负值。从就业弹性的整体变化过程来看，就业弹性是逐渐变小的。

（2）三次产业就业弹性分析。第一产业就业弹性总体上由正值变为负值，1978~1982年就业弹性为正值，表明这一阶段辽宁省的经济增长带来了就业的增加，而从1983年以后（除少数年份外），就业弹性表现为负值，经济增长反而带来就业数量的减少，辽宁省第一产业发展对就业带来了"挤出效应"。2001~2014年经济平均每加1个百分点会导致就业数量减少0.474个百分点。第二、第三产业就业弹性总体上为正值（除第二产业个别年份为负值外），1978~2014年经济平均每增加1个百分点会带来就业人口数量增加0.208个和0.4824个百分点。这说明与第一产业相比，第二产业和第三产业对就业的促进效应比较大。

表2　1978~2014辽宁省三次产业就业弹性

年份	一	二	三	总	年份	一	二	三	总	年份	一	二	三	总
1978	0.28	0.79	2.58	0.50	1991	-0.49	0.28	0.49	0.17	2004	0.02	0.10	0.15	0.09
1979	0.17	4.90	1.26	1.86	1992	-0.45	0.28	0.44	0.20	2005	-0.10	-0.07	0.20	0.03
1980	0.60	0.51	0.75	0.48	1993	-0.18	-0.39	0.91	0.01	2006	-0.23	0.11	0.49	0.17
1981	-2.43	-0.19	0.54	-2.76	1994	0.38	0.13	-0.01	0.08	2007	-0.18	0.03	0.15	0.05
1982	0.73	1.25	0.38	0.80	1995	0.39	-0.64	0.58	0.03	2008	-0.07	0.15	0.66	0.27
1983	-0.13	0.69	0.54	0.19	1996	-0.06	-0.60	-0.46	-0.37	2009	0.28	0.23	0.10	0.14
1984	-0.35	0.54	0.41	0.31	1997	2.19	-0.43	-0.05	2010	-0.09	0.03	0.39	0.14
1985	-0.06	0.07	0.18	0.13	1998	-0.08	-0.51	1.41	0.22	2011	-0.12	0.07	0.52	0.20
1986	-0.13	1.38	0.12	0.24	1999	1.02	-0.16	0.53	0.35	2012	-0.31	1.15	0.30	0.41
1987	-0.15	0.15	0.14	0.09	2000	-0.12	-0.34	0.58	0.10	2013	0.13	-0.21	0.52	0.20
1988	0.30	-0.08	0.17	0.07	2001	0.24	-0.97	-0.11	-0.24	2014	0.10	-2.04	-0.94	-1.03
1989	-0.28	0.09	0.32	0.39	2002	0.06	-0.21	0.03	-0.03					
1990	0.22	-0.44	0.46	2.40	2003	0.40	0.26	0.46	0.34					

2.3 相对劳动生产率

相对劳动生产率表示某一产业GDP比重与该产业劳动力比重的比率，比率小于1表示劳动生产率较低，会发生劳动力的流出，比值大于1表示劳动生产率高，会发生劳动力的流入。

1979~2015 年辽宁省第一产业相对劳动生产率呈现总体先增大后减小的趋势，但都远小于 1，这表示辽宁省的第一产业相对劳动生产率较低，存在劳动力剩余。辽宁省第二产业相对劳动生产率均大于 1，这说明辽宁省第二产业对劳动力的吸收能力增加。第三产业相对劳动生产率均值大于 1，呈现先增大后减小的趋势，从 1978 年的 0.82 增加到 1991 年的 1.43，后下降到 2015 年的 1.03。且同一时段的值都要小于第二产业，说明第三产业发展协调性最好，尤其是 1994 年以后，比较劳动生产率基本保持小于 1.30，2015 年为 1.03，接近于均衡水平值 1，第三产业发展的协调性很好。

表 3　1978~2015 辽宁省三次产业相对劳动生产率

年份	一	二	三	年份	一	二	三	年份	一	二	三	年份	一	二	三
1978	0.30	2.06	0.82	1988	0.48	1.33	1.16	1998	0.41	1.37	1.23	2008	0.30	1.91	0.94
1979	0.37	1.85	0.84	1989	0.42	1.31	1.29	1999	0.38	1.46	1.15	2009	0.30	1.91	0.92
1980	0.40	1.75	0.78	1990	0.47	1.24	1.33	2000	0.32	1.58	1.12	2010	0.29	1.95	0.88
1981	0.42	1.65	0.90	1991	0.40	1.21	1.43	2001	0.33	1.61	1.11	2011	0.29	2.00	0.85
1982	0.43	1.66	0.91	1992	0.40	1.24	1.40	2002	0.31	1.67	1.12	2012	0.30	1.98	0.86
1983	0.49	1.60	0.93	1993	0.41	1.25	1.32	2003	0.30	1.71	1.12	2013	0.30	1.78	0.92
1984	0.48	1.57	0.91	1994	0.42	1.33	1.19	2004	0.35	1.64	1.12	2014	0.30	1.81	0.92
1985	0.40	1.54	0.97	1995	0.45	1.28	1.21	2005	0.32	1.71	1.09	2015	0.29	1.73	1.03
1986	0.43	1.45	1.09	1996	0.47	1.32	1.16	2006	0.30	1.77	1.06				
1987	0.44	1.38	1.14	1997	0.41	1.34	1.23	2007	0.32	1.80	1.00				

2.4　协调系数

用协调系数来描述区域产业结构与就业结构的协调程度，协调系数越接近 1 越好，$0 \leqslant C_{ie} \leqslant 1$，$I_j$ 为第 j 产业产业结构，E_j 为第 j 产业就业结构。具体公式如下：

$$C_{ie} = \frac{\sum_{j=1}^{n}(I_j E_j)}{\sqrt{\sum_{j=1}^{n} I_j^2 \sum_{j=1}^{n} E_j^2}} \tag{1}$$

（1）辽宁省结构协调系数整体上呈现出先增加后下降又有所回升的趋势。1978~1991 年，协调系数呈现上升趋势，1991~1996 年出现上下波动，1996~2011 年出现剧烈下降，2012 年滞后又有所回升。

（2）1978~1991 年，辽宁省协调系数快速增长。1978 年协调系数为 0.75，同时期全国协调系数为 0.6979，略高于 1978 年全国水平。新中国成立以来，辽宁省作为中国重要的老工业基地，工业基础雄厚，经济发展较快，国企和私营经济均得到发展，对劳动力的吸收能力增强，产业结构与就业结构的协调性得到改善。

（3）1991~1996 年，辽宁省产业结构与就业结构协调系数开始出现上下波动，这主要与改革开放以来劳动力向内地流出及辽宁省产业政策的转变有关。

（4）1996~2011 年出现剧烈下降，在 2012 年以后又有所回升。辽宁省国企较多，国企改革对其影响更加明显。技术进步带来劳动生产率提高，劳动力密集型向资本密集型转变都带来了劳动力需求的降低。1997 年和 2008 年两次金融危机，也对辽宁省产业结构与就业结构的协调性造成不良影响。

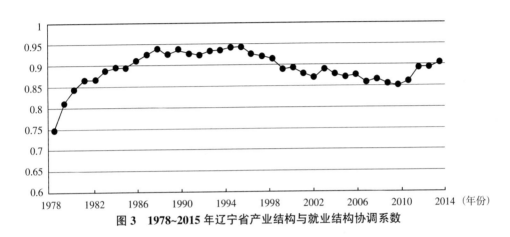

图 3　1978~2015 年辽宁省产业结构与就业结构协调系数

2.5　辽宁省就业结构滞后时间测算

（1）Morre 结构值。Moore 结构值不仅能代表产业结构和就业结构动态变化，还能体现出变化的方向，反映出产业结构与就业结构变化的过程和程度。其中，I_{it_1} 表示第 t_1 期第 i 产业就业结构，I_{it_2} 表示第 t_2 期第 i 产业就业结构，具体计算公式如下：

$$r = \frac{\sum_{i=1}^{n}(I_{it_1}I_{it_2})}{\sqrt{\sum_{i=1}^{n}I_{it_1}^2}\sqrt{\sum_{i=1}^{n}I_{it_1}^2}} \tag{2}$$

利用公式和辽宁省相关数据，以 1979 年作为起始年，得到辽宁省产业结构与就业结构的结构值。由图 4 可以看出辽宁省产业结构与就业结构的结构值都呈现出不断波动的特点，波动比较频繁，但整体上结构值均低于 0.1。由波峰和波谷的变化趋势可以看出就业结构的波动始终晚于产业结构波动。

（2）基于 Moore 结构值测算辽宁省就业结构滞后时间。采用灰色关联分析法，对辽宁省产业结构与就业结构的滞后时间进行计算。X_0 是基准特征序列，数据选用辽宁省 1979~1998 年的产业结构 Moore 结构值，X_0' 是系统行为序列，数据选用辽宁省 1979~1998 年就业结构 Moore 结构值，两者的序列长度均为 20。ξ_{00} 为 X_0 与 X_0' 的灰色关联

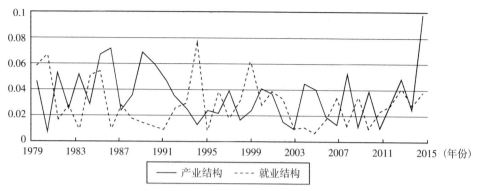

图 4　1979~2015 年辽宁省 Moore 结构值

度。保持 X_0 不变，序列长度不变，就业结构每向后移动一年，记为 T = 1。1989~1999
年就业结构 Moore 结构值序列为 X_1，ξ_{01} 为 X_0 与 X_1 的灰色关联度。同理，构建行为序
列 X_2，X_3，…，X_{17}，计算 T = 2~17 时的灰色关联度 ξ_{00}，ξ_{01}，ξ_{02}，…，ξ_{017}。最后，比较
ξ_{00}，ξ_{01}，ξ_{02}，…，ξ_{017}，灰色关联度最大的时间就是系统行为序列与基准特征序列相似
程度最大。

表 4　产业结构与就业结构 Moore 结构值的灰色关联度

滞后时期	灰色关联度	滞后时期	灰色关联度	滞后时期	灰色关联度	滞后时期	灰色关联度	滞后时期	灰色关联度
0	0.63948	4	0.789344	8	0.606883	12	0.704899	16	0.62508
1	0.633399	5	0.833938	9	0.705928	13	0.667642	17	0.611986
2	0.697662	6	0.742397	10	0.724094	14	0.698727		
3	0.768319	7	0.728407	11	0.717911	15	0.629646		

　　由表 4 可知，辽宁省 1979~1998 年同期产业结构与就业结构的关联度等于
0.63948。随着滞后时间的增加，灰色关联度不断增加，产业结构对就业结构的影响不
断加强，辽宁省就业结构与产业结构变动之间存在滞后性。当滞后时期等于 5 时，灰
色关联度达到最大值，最大值为 0.833938。滞后时期继续平移，灰色关联度又开始逐
渐变小，两者之间的关联关系减弱。因此，T = 5 时，1984~2003 年就业结构系统行为
序列与 X0 关系最优，辽宁省产业结构调整效应经过 5 年时间充分体现在就业结构上。
把结果与图 4 相比，也基本可以验证这一结果。因此，可以认为辽宁省就业结构的变
化滞后于产业结构调整，滞后时间为 5 年。

3　结论与建议

　　从辽宁省产业结构与就业结构演变过程可以看出：辽宁省产业结构演变和就业结

构演变与国际标准模式并不完全相符。从辽宁省产业结构与就业结构偏离度、就业弹性和相对劳动生产率的分析可以知道，辽宁省当前第一产业存在剩余劳动力，主要体现在产业结构偏离度较大且为负值，对就业的带动作用很弱，相对劳动生产率低；辽宁省第二产业发展相对较好，结构偏离度为正，产业结构对就业具有带动作用，劳动生产率大于1，还有吸收就业的空间；辽宁省第三产业结构偏离度整体不高，就业弹性和劳动生产率均大于第一、二产业，对劳动力转移和吸收能力较强，就业结构与产业结构趋于协调。从协调性来看，两者之间的协调关系逐渐增加，且就业结构变化滞后于产业结构变化，滞后时间为5年。根据结论，提出以下建议。

首先，要加快对农村剩余劳动力的吸收。当前，辽宁省第一产业存在大量的剩余劳动力，主要可以通过内部吸收和外部吸收两个方面解决。一方面，注重技术的投入和推广，提高第一产业的劳动生产率，可以发展农业相关产品深加工，提高农产品附加价值，在为第一产业创造就业的同时，促进剩余劳动力的转移。另一方面，对第二、三产业的调整也会影响到对第一产业劳动力的吸收。辽宁省在利用自身资源优势发展高技术产业的同时，要注意劳动力吸收能力较强的产业部门的发展，实现劳动力在三次产业之间的转移。

其次，要提高劳动力素质。辽宁省第三产业结构偏离度呈现出正值向负值转变的趋势，这主要是由于辽宁省服务业比较落后，服务业附加值不高。辽宁省要发展高附加值的服务业，就要提高劳动力的素质。一方面，辽宁省可以引进高素质人才；另一方面，辽宁省可以改善教育结构，建立完善的教育培训体系，根据三次产业的实际情况制订培训计划，提高劳动者素质与经济增长的适应性，满足辽宁省发展的需求。

最后，要支持小微企业的发展。辽宁省作为老工业基地，有众多国营企业和大中型企业，但是由于国有企业及大中型企业对人才的要求相对较高，因此对就业的带动作用还不够。小微企业与大企业比较，进入门槛比较低，对劳动力的要求也比较低，对就业的吸收能力比较强。辽宁省可以在发展高技术产业的同时，为小微企业的发展提供相关支持，给予相应的优惠和扶持，鼓励小微企业发展，促进产业结构与就业结构的协调发展。

参考文献

[1] 克拉克. 经济进步的条件 [M]. 北京：商务印书馆，1940.

[2] 库茨涅茨. 现代经济增长 [M]. 北京：北京经济学院出版社，1989.

[3] H.钱纳里，S.鲁滨逊，M.赛尔奎因. 工业化和经济增长的比较研究 [M]. 北京：三联书店出版社，1989.

[4] 张文玺. 山东产业结构与就业结构的非均衡发展研究 [J]. 山东大学学报（哲学社会科学版），2011（6）：26-31.

[5] 陈心颖. 产业结构、就业结构与经济转型升级——福建省的观察数据 [J]. 福建论坛（人文社会科学版），2012（5）：148-152.

[6] 王钰娜，赵丽芬. 产业结构调整与就业结构优化——基于微笑曲线的分析 [J]. 山东社会科学，

2014（3）：167-171.

［7］王少国，刘欢. 北京市产业结构与就业结构的协调性分析［J］. 经济与管理研究，2014（7）：85-90.

［8］于晗. 产业结构与就业结构演进趋势及预测［J］. 财经问题研究，2015（6）：26-31.

［9］景建军. 中国产业结构与就业结构的协调性研究［J］. 经济问题，2016（1）：60-65.

［10］胡玉琴，胡玉萍，薛留根. 产业结构与就业结构协调系数测度方法的改进［J］. 统计与决策，2017（9）：5-9.

基于拥堵费用的小汽车与公交车的
出行率模型与分析

刘艳锐　姚　笛　李金培

(上海交通大学安泰经济与管理学院，上海　200030)

【摘　要】交通拥堵费用是出行者出行成本的重要组成部分，通过对拥堵费用和居民出行成本的分析，得到了在均衡状态下的小汽车与公交车的社会平均出行成本和两种出行方式下的出行分担率模型。然后进一步分析了影响出行分担率和出行成本的因素和其相关参数之间的数量关系，从理论上证明了增加城市密度、降低公交票价、减少公交车发车时间间隔、提高小汽车出行成本等措施都可以提高公交车的出行分担率，而公交票价的降低和提高公交发车频率会降低社会平均出行成本，为治理城市交通拥堵和发展公共交通提供了一个理论思路。

【关键词】交通拥堵；出行分担率；出行成本

0　引　言

随着中国经济和社会的快速发展，人们日常出行次数逐步提高，城市化带来的大量人口涌入，使城市交通的供需矛盾日益突出，小汽车的普及和广泛使用，进一步加剧了城市交通拥堵和环境污染的程度，城市交通问题已经成为制约城市发展的关键问题之一。如何解决人们的出行难问题，是当前社会关注的焦点问题，也是政府需要大力发展公共交通的原因所在。虽然国务院将城市"公交优先发展"定为国家战略并积极实施[1-2]，各级政府也大力提倡和发展公共交通，但是从整体上看，居民使用小汽车的出行总量不断增加，中国城市公交出行率并不高，与新加坡等城市相比还有较大差距。在当前的社会经济条件下，如何限制小汽车的使用，提高城市公交出行率，既是解决当前城市拥堵问题的核心，也是考验城市交通管理水平的一个重要参照指标。

对于交通拥堵与出行问题的研究上，最著名的是 Vickrey 的交通瓶颈模型，该模型以确定性排队理论，将出行者早达或者晚到的时间价值作为共同的出行费用，建立一个内生的出发时间的选择模型，用来分析出行者的出行时间和出行方式选择等行为[3]。

以交通"瓶颈模型"为基础,很多学者进行了一系列的模型修订和拓展,推动了拥挤税收理论的不断发展和完善,但是国外学者的工作更多是着眼于交通路径选择及交通流分配,对于出行方式选择方面很少提及[4-9]。在国内,黄海军等以"瓶颈模型"为基础,通过交通拥堵费用引入,建立了公共与个体竞争交通系统的定价模型,系统研究了公交的边际成本定价、平均票价、系统最优票价,以及静态和动态下的公路收费策略,以使系统的总成本最低,从而提高居民整体的出行效率[10]。Yang 和 Huang 在路网边际收费问题时也将拥堵费用作为主要的成本决策影响因素之一,应用"瓶颈理论"进行了深入的分析[11]。林震和杨浩用交通"瓶颈模型",建立了不同条件下的出行方式平衡模型,分析了公交系统和小汽车在各种收费条件下的运行状态[12]。郝记秀等通过对拥挤风险费用的扩展,建立了基于弹性的高峰期不同轨道站点出行者的平衡模型[13]。

随着对交通"瓶颈理论"的研究和发展,拥堵费用模型和出行的均衡思想已经深入到交通管理的各个方面,为道路交通的管理和路径规划提供了理论指导。但是交通瓶颈理论及其拓展模型在分析中也会遇到各种问题。例如在分析公交出行时刻选择时假定公交出行方式具有足够大的能力,以至于可以提供任意的出行需求,也就是说公共交通不受到出行的"瓶颈效应"的影响。但是在事实上,常规公交通常和小汽车共用道路,小汽车出行产生的拥堵效应对于同一路段上的公交同样产生作用。同时随着工作柔性制度的发展,"瓶颈模型"中早到与迟到费用的衡量方式也开始变得不太合时宜,而且在非高峰期的道路出行选择机制也无法适用。有鉴于此,文章从道路交通出行时的拥堵问题入手,以出行者的出行成本作为衡量自己选择何种出行方式的标准,将出行者的出行选择与社会出行整体的均衡状态联系起来,建立居民的日常出行选择模型和交通出行平衡状态下的两种出行方式的分担率,并对其影响因素进行了深入分析。

1　对居民出行选择行为的假设

居民的日常出行行为和出行方式选择之间的关系异常复杂[14-16],由于交通拥堵主要原因在于小汽车出行者的广泛和大量使用,治理拥堵问题主要在于适度控制私人小汽车出行的总量,促使更多的人采用公交出行。因此掌握公交出行和小汽车出行的分担比率,找到影响居民选择公交和小汽车出行的因素和相互之间的数量关系,有助于公共交通政策的制定。由于小汽车和公交车是主要的两种影响交通拥堵与通畅的关键因素,文章将忽略其他出行方式的选择,只比较小汽车出行和公交出行在交通拥堵系数作用下的不同出行成本,并基于出行成本大小作为出行方式的选择依据。为了便于在下面的工作中进行模型的建立和分析,文章做出以下几个基本假设。

假设 1　从居住地 A 到工作地 B 出行者作为常用的通勤方式出行,有且仅有两种出行方式可供选择,分别为小汽车出行和公共交通出行,小汽车出行者在出行时单人单车,公交出行者多人合乘,不考虑其他出行方式的选择,如图 1 所示。

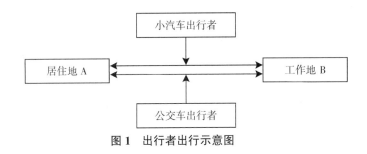

图 1 出行者出行示意图

假设 2 每个出行者都是理性的，清楚知道自身的单位时间价值，也会根据出行成本的大小选择最低的出行方式。

假设 3 公交车和小汽车混行，由于公交车数量稀少，不足以对交通造成影响，即城市道路的拥堵程度与选择小汽车的出行者的数量相关，公交车出行者对道路拥堵没有任何影响。

假设 4 每个出行者面临相同的出行环境和完全的出行信息，可以根据相关信息掌握交通真实状况，能够做出正确的决策和判断。

假设 5 小汽车出行时的实际油耗等费用只与距离相关，没有拥堵怠时或者行驶的速度的不同等原因而产生多余油耗费用等。

假设 6 小汽车在拥堵发生时产生相同的拥堵系数，即受到道路上其他出行车辆的干扰程度相同，公交车由于相对车速慢，受到的拥堵干扰系数较小。

2 基于交通拥堵的出行分担率模型的建立

从 A 地到 B 地，有许多居民在日常生活和工作中需要出行，设 d 为出行者从 A 地到 B 地的出行距离；n 为从 A 地到 B 地有出行需求的出行者的数量；x_1 表示选择小汽车出行的出行者的人数；x_2 表示出行者出行时选择公交车出行的出行者的人数；用 γ_i 表示第 i 个出行者的单位时间价值；k 设定为出行者驾驶小汽车出行每公里所需要花费的油耗费用以及其他与行驶里程相关的费用；p_v 表示出行者乘坐小汽车出行者需要缴纳的停车费的平均费用；p_b 表示出行者乘坐公交车所需要的票价。

对于任意一个出行者 i 来说，出行成本包括两部分，一部分是实际出行所消耗的费用，也就是驾驶小汽车的出行费用 $kd + p_v$，或者乘坐公交车的票价 p_b，通常情况下有 $k_d + p_v \geqslant p_b$。另一部分是出行途中的时间成本，假设用 t_v 表示出行者选择小汽车出行时途中所耗费的时间；t_b 表示出行者选择公交车出行时途中所耗费的时间，包括候车等待时间及公交在途行驶时间；则出行者驾驶小汽车出行的时间成本为 $\gamma_i t_v$，乘坐公共交通的出行时间费用为 $\gamma_i t_b$。用 c_{vi} 表示第 i 个出行者选择驾驶小汽车时的实际出行成本；c_{bi} 表示第 i 个出行者选择乘坐公交车时的实际出行成本，则有：

当出行者选择小汽车出行时，其实际的出行成本 c_{vi} 为：

$$c_{vi} = \gamma_i t_v + k_d + p_v \tag{1}$$

同样，当出行者选择公交车出行时，其实际的出行成本为：

$$c_{bi} = \gamma_i t_b + p_b \tag{2}$$

对于小汽车和常规公交来说，其正常行驶时间与道路的通行状况有关，由于受到其他交通出行者的干扰导致道路拥堵问题的存在，小汽车实际出行比完全自由无障碍情况下所花费的时间要多。定义一个道路拥堵程度的系数为 τ 来描述通行所受到的额外干扰状况[17]，即 τ 表示道路拥堵程度大小的系数，其公式表达如下：

$$\tau = \alpha\left(\frac{x_1}{Q_0}\right)^\beta \tag{3}$$

其中，Q_0 为道路的设计通行能力；α 为道路拥挤程度系数的数值参数；β 为道路拥挤程度系数的数值参数。α 和 β 为模型待确定系数，且 $\beta > 1$，在实际中可以根据已有的交通流量数据进行拟合，从而得出 α 和 β 的数值。

对于机动车行驶来说，交通拥堵对于机动车出行干扰，其行驶的速度越大则受到的干扰也越大。假设小汽车出行受到其他小汽车出行者的完全干扰，但是对于公交来说，其速度较低，其受到的干扰程度较小，故此可以将其设为 $\frac{\tau}{\lambda}$，其中 $\lambda > \frac{v_1}{v_2}$，如果用 t_{v0} 表示小汽车出行者在道路自由无障碍情况下出行花费的平均时间，t_{b0} 表示公交车出行者在道路自由无障碍情况下出行花费的平均时间，v_1 表示小汽车在道路自由无障碍情况下行驶时的平均速度，v_2 表示公交车在道路自由无障碍情况下行驶时的平均速度，T_2 表示公交车正常的发车间隔时间；则出行者在小汽车非自由行驶状态下的实际出行时间为：

$$t_v = (1 + \tau)t_{v0} = \frac{d}{v_1}\left[1 + \alpha\left(\frac{x_1}{Q_0}\right)^\beta\right] \tag{4}$$

出行者在公交车非自由行驶状态下的实际出行时间为：

$$t_b = \left(1 + \frac{\tau}{\lambda}\right)t_{b0} = \frac{d}{v_2}\left[1 + \frac{\alpha}{\lambda}\left(\frac{x_1}{Q_0}\right)^\beta\right] + \frac{T_2}{2} \tag{5}$$

将公式（4）、公式（5）代入公式（1）、公式（2）中可得到小汽车的出行成本为：

$$c_{vi} = \gamma_i \frac{d}{v_1}\left[1 + \alpha\left(\frac{x_1}{Q_0}\right)^\beta\right] + kd + p_v \tag{6}$$

公交车的出行成本为：

$$c_{bi} = \gamma_i \frac{d}{v_2}\left[1 + \frac{\alpha}{\lambda}\left(\frac{x_1}{Q_0}\right)^\beta\right] + \gamma_i \frac{T_2}{2} + p_b \tag{7}$$

对出行者 i 来说，当 $c_{vi} > c_{bi}$ 时，出行选择公共交通，当 $c_{vi} < c_{bi}$，出行选择小汽车。当 $c_{vi} = c_{bi}$，出行选择两者都可。对全体出行者来说，假设出行者的社会平均的单位时间价值为 γ_0，其中 $\gamma_0 > 0$。只有当且仅当某个出行者的出行成本在社会平均单位时间价值下达到均衡时，出行者选择小汽车出行和公共交通出行成本一致。

即当且仅当 $c_{vi} = c_{bi}$ 时，社会总体的出行者的出行选择达到了平衡状态。此时：

$$\gamma_0 \frac{d}{v_1}\left[1 + \alpha\left(\frac{x_1}{Q_0}\right)^\beta\right] + kd + p_v = \gamma_0 \frac{d}{v_2}\left[1 + \frac{\alpha}{\lambda}\left(\frac{x_1}{Q_0}\right)^\beta\right] + \gamma_0 \frac{T_2}{2} + p_b \tag{8}$$

要能够实现两种交通都有出行者选择的状态，在小汽车和公交车自由行驶条件下，必须满足：

$$\frac{kd + p_v - p_b}{\gamma_0} < \frac{T_2}{2}\left(\frac{d}{v_2} - \frac{d}{v_1}\right) \tag{9}$$

即：

$$2v_1v_2(kd + p_v - p_b) < \gamma_0\left[v_1v_2T_2 + 2(v_1 - v_2)d\right] \tag{10}$$

否则公交出行成本最低，由于选择公交车出行对道路不产生拥堵系数，所有人出行将互不干扰，系统无人选择小汽车出行。

当系统满足条件公式（10）时，对公式（8）求解可以得到均衡条件下的小汽车出行人数：

$$x_1 = Q_0^\beta \sqrt{\frac{\lambda\gamma_0 d(v_1 - v_2) - \lambda v_1 v_2(kd + p_v - p_b) - \dfrac{\gamma_0 T_2}{2}}{\alpha\gamma_0 d(\lambda v_2 - v_1)}} \tag{11}$$

设 $P(v)$ 为出行者选择小汽车的出行率，$P(b)$ 为出行者选择公交车的出行率，此时小汽车出行率为：

$$P(v) = \frac{x_1}{n} = \frac{Q_0^\beta}{n} \sqrt{\frac{\lambda\gamma_0 d(v_1 - v_2) - \lambda v_1 v_2(kd + p_v - p_b) - \dfrac{\gamma_0 T_2}{2}}{\alpha\gamma_0 d(\lambda v_2 - v_1)}} \tag{12}$$

公交车出行率为：

$$P(b) = \frac{x_2}{n} = 1 - \frac{Q_0^\beta}{n} \sqrt{\frac{\lambda\gamma_0 d(v_1 - v_2) - \lambda v_1 v_2(kd + p_v - p_b) - \dfrac{\gamma_0 T_2}{2}}{\alpha\gamma_0 d(\lambda v_2 - v_1)}} \tag{13}$$

达到均衡时的出行者的平均出行成本 c 为：

$$c = \frac{\gamma_0 d(\lambda - 1) - \lambda v_2\left(kd + p_v - \dfrac{\gamma_0 T_2}{2} - p_b\right)}{\lambda v_2 - v_1} \tag{14}$$

3 对城市交通拥堵的出行分担率模型的分析和讨论

命题 1 在其他社会出行技术条件不变的情况下，单纯增加区域内的出行人数，可以降低小汽车出行率，增大公共交通的出行比率，但不会改变出行者的出行成本。当出行人数无限增加时，最终所有人将放弃小汽车，改乘公共交通出行。

证明：从公式（12）中可显而易见，$P(v)$ 是关于 n 的一个减函数，当 n 增大时，$P(v)$ 将逐渐减少，最终无限趋近于 0。同理从公式（13）可见，$P(b)$ 是关于 n 的一个增函数，当 n 增大时，$P(b)$ 将逐渐增加，最终无限趋近于 1。

根据命题 1 结论可知，增加城市密度，可以提高居民的公共交通的出行率，降低小汽车出行比例。对于处于城市化进程中的中国城市来说，人口大量涌进城市，适当提高城市的人口区域密度，通过更高的公交出行分担率，能够降低公交车的人均运输成本，有助于公共交通的发展，但居民的平均出行成本不变，有利于低收入群体。出行人数对出行率和出行成本的影响如图 2 所示。

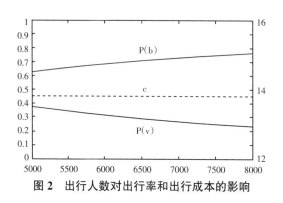

图 2　出行人数对出行率和出行成本的影响

命题 2　在其他社会出行技术条件不变情况下，单独提高社会平均的单位时间价值，小汽车的出行率将逐步上升，公交车的出行比率会逐步降低，社会平均出行成本也会逐步提高。

证明：
$$P(v) = \frac{Q_0^\beta}{n} \sqrt{\frac{\lambda\gamma_0 d(v_1 - v_2) - \lambda v_1 v_2(kd + p_v - p_b - \frac{\gamma_0 T_2}{2})}{\alpha\gamma_0 d(\lambda v_2 - v_1)}}$$

$$= \frac{Q_0^\beta}{n} \sqrt{\frac{\lambda d(v_1 - v_2) + \lambda v_1 v_2 \frac{T_2}{2}}{\alpha d(\lambda v_2 - v_1)} - \frac{\lambda v_1 v_2(kd + p_v - p_b)}{\alpha d(\lambda v_2 - v_1)} \frac{1}{\gamma_0}} \tag{15}$$

$$c = \frac{\gamma_0 d(\lambda - 1) - \lambda v_2(kd + p_v - \frac{\gamma_0 T_2}{2} - p_b)}{\lambda v_2 - v_1}$$

$$= \frac{\gamma_0 [d(\lambda - 1) + \lambda v_2 \frac{T_2}{2}] - \lambda v_2(kd + p_v - p_b)}{\lambda v_2 - v_1} \tag{16}$$

由公式（15）可见，$P(v)$ 是关于 γ_0 的一个增函数，当 γ_0 在取值范围逐渐增大时，$P(v)$ 逐渐增大，当 γ_0 趋近于无穷大时，最终 $P(v)$ 趋近于 $\frac{Q_0^\beta}{n} \sqrt{\frac{\lambda d(v_1 - v_2) + \lambda v_1 v_2 \frac{T_2}{2}}{\alpha d(\lambda v_2 - v_1)}}$，同理，$P(b)$ 是关于 γ_0 的一个减函数，当 γ_0 逐渐增大时，$P(b)$ 逐渐减小，当 r_0 逐渐趋近无穷大时，最终 $P(b)$ 趋近于 $1 - \frac{Q_0^\beta}{n} \sqrt{\frac{\lambda d(v_1 - v_2) + \lambda v_1 v_2 \frac{T_2}{2}}{\alpha d(\lambda v_2 - v_1)}}$；由公式（16）可见，$c$ 也是关于 γ_0 的一个增函数，当 γ_0 在取值范围逐渐增大时，c 也逐步增加。

根据命题2可知，随着中国经济和社会的快速发展，居民平均的单位时间价值逐渐提高，小汽车出行比率也将逐渐增加，公交车的出行比率会逐步降低，社会平均出行成本也会逐步提高，因此未来城市交通问题会越来越严重，发展公共交通势在必行，居民出行的平均成本也不断增长。居民单位时间价值对出行率和出行成本的影响如图3所示。

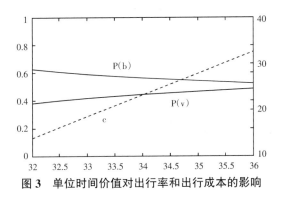

图3 单位时间价值对出行率和出行成本的影响

命题3 在其他社会出行技术条件不变情况下，提高小汽车的出行费用，可以降低小汽车的出行比率，同时提高公共交通出行率，居民的平均出行成本也会随之增加。

证明： 由公式（12）可见，$P(v)$ 是关于 k 和 p_v 的一个减函数，当 k 或 p_v 增大时，$P(v)$ 逐渐减小。同理从公式（13）可见，$P(b)$ 关于 k 和 p_v 的一个增函数，当 k 或 p_v 增大时，$P(b)$ 也逐渐增大。在公式（14）中，c 也是关于 k 或 p_v 的一个减函数，当 k 或 p_v 增大时，c 也逐渐减小。

根据命题3可知，在城市交通拥堵日益严重的情况下，政府有必要考虑采取更多的措施，增加小汽车的出行成本，从而间接提高公交的分担率，降低小汽车出行比率。部分拥堵严重的城市应该考虑征收拥堵费，还要大力发展公共交通，公共交通的出行不仅可以降低社会的整体平均出行成本，提高社会出行的效率，还有助于实现社会的出行公平性，但是增加小汽车出行成本会使得社会平均出行成本增加。小汽车的单公里出行费用对出行率和出行成本的影响如图4所示，停车费对出行率和出行成本的影响如图5所示。

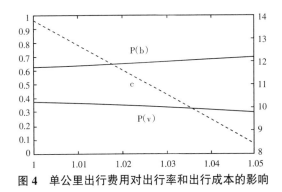

图4 单公里出行费用对出行率和出行成本的影响

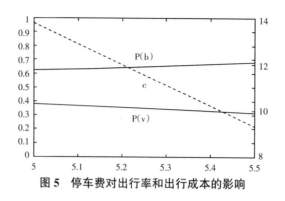

图 5 停车费对出行率和出行成本的影响

命题 4 在其他社会出行技术条件不变情况下，提高公交车的发车频率从而减少发车间隔时间，或者降低公交车的票价，会降低小汽车的出行比率，同时提高公共交通的出行率，居民的平均出行成本也会随之降低。

证明：由公式（12）可见，$P(v)$ 是关于 T_2 和 p_b 的一个增函数，当 T_2 或 p_b 减小时，$P(v)$ 也随之而逐渐减少。同理，从公式（13）可见，$P(b)$ 是关于 T_2 和 p_b 的一个减函数，当 T_2 或 p_b 减少时，$P(b)$ 也随之逐渐增大。在公式（14）中 c 也是关于 T_2 或 p_b 的一个增函数，当 k 或 p_v 减少时，c 也随之渐减小。

根据命题 4 可知，在城市交通拥堵治理中，低票价和提高公交发车的频次，是切实可行的措施，这些措施不仅有助于吸引更多的人采用公交出行方式，而且有助于降低社会的出行成本，提高城市的出行效率。公交票价对出行率和出行成本的影响如图 6 所示，发车时间间隔对出行率和出行成本的影响如图 7 所示。

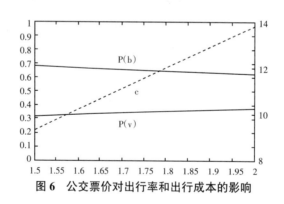

图 6 公交票价对出行率和出行成本的影响

命题 5 在其他社会出行技术条件不变情况下，仅对道路通行能力进行扩展，会提高小汽车的出行比率，降低公交车的出行比率，但居民的平均出行成本保持不变。

证明：由公式（12）可显而易见，$P(v)$ 是关于 Q_0 的一个增函数，当 n 增大时，$P(v)$ 将逐渐增大。同理由公式（12）可见，$P(b)$ 是关于 n 的一个减函数，当 n 增大时，$P(b)$ 将逐渐减少，但是 c 不受到任何影响。

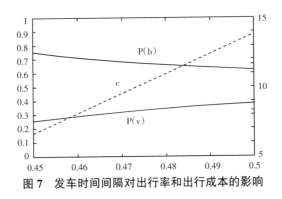

图7　发车时间间隔对出行率和出行成本的影响

　　根据命题 5 可知，城市交通拥堵的解决，不能仅靠修路来完成，发展公共交通是唯一可行的办法，仅靠拓展道路的方式，将会带来更多的小汽车出行，加剧交通的拥堵状况，居民的平均出行成本也不会改变，这也证实了当斯定律或当斯—托马斯悖论的现象[18-19]。

4　城市公交专用道的交通出行分担率分析

　　轨道交通和城市公交专用道的开辟，使公交出行不再受到城市小汽车出行产生的拥堵问题的影响。此时出行者乘坐公交车的出行成本为：

$$c_{bi} = \gamma_i \frac{d}{v_2} + \gamma_i \frac{T_2}{2} + p_b \tag{17}$$

达到均衡时有：

$$\gamma_0 \frac{d}{v_2} \left[1 + \alpha \left(\frac{x_1}{Q_0} \right)^\beta \right] + kd + p_v = \gamma_0 \frac{d}{v_2} + \gamma_0 \frac{T_2}{2} + p_b \tag{18}$$

对公式（16）求解可以得到均衡条件下的小汽车出行人数。

$$x_1 = Q_0^\beta \sqrt{ \frac{v_1 - v_2}{\alpha v_2} + \frac{\left(\gamma_0 \frac{T_2}{2} + p_b - kd - p_v \right) v_1}{\alpha \gamma_0 d} } \tag{19}$$

此时小汽车的出行率为：

$$P(v) = \frac{x_1}{n} = \frac{Q_0^\beta}{n} \sqrt{ \frac{v_1 - v_2}{\alpha v_2} + \frac{\left(\gamma_0 \frac{T_2}{2} + p_b - kd - p_v \right) v_1}{\alpha \gamma_0 d} } \tag{20}$$

公交车的出行率为：

$$P(b) = \frac{x_2}{n} = 1 - \frac{Q_0^\beta}{n} \sqrt{ \frac{v_1 - v_2}{\alpha v_2} + \frac{\left(\gamma_0 \frac{T_2}{2} + p_b - kd - p_v \right) v_1}{\alpha \gamma_0 d} } \tag{21}$$

达到均衡时的个人平均出行成本为 c：

$$c = c_v = c_b = \gamma_0 \frac{d}{v_2} + \gamma_0 \frac{T_2}{2} + p_b \tag{22}$$

也就是说,公交的出行成本决定了居民出行的平均成本。

5 算例分析

本节用一个算例来验证全文的分析结果,算例的输入参数为:$n = 5000$(人),$Q_0 = 1000$(辆),$d = 12$(km),$\gamma_0 = 32$(元/小时),$k = 1$(元/km),$p_v = 5$(元),$p_b = 2$(元),$\alpha = 0.15$,$\beta = 4$,$\lambda = 3$,$v_1 = 80$(km/小时),$v_2 = 30$(km/小时),$T_2 = \frac{1}{2}$(小时)。用 MATLAB 进行编程和计算,其计算结果可得 $P(v) = 37.61\%$,$P(b) = 62.39\%$,$c = 13.8$(元)。

(1)在其他参数和条件不变的情况下,当出行人数 n 从 5000 逐步增加到 8000 时,出行者选择小汽车的出行率 $P(v)$ 从 37.61% 逐步减少到 23.50%,而出行者选择公交的出行率 $P(b)$ 从 62.39% 逐步增加到 76.50%,出行者的平均出行成本则保持不变,依然为 13.8 元,上述的变化趋势如图 2 所示。

(2)在其他参数和条件不变的情况下,当社会平均单位时间价值 γ_0 从 32 元/小时逐步增加到 36/小时时,出行者选择小汽车的出行率 $P(v)$ 逐步从 37.61% 增加到 48.06%,而出行者选择公交车的出行率 $P(b)$ 从 62.39% 逐步减少到 51.94%,而出行者的平均出行成本 c 则从 13.8 元增加到 32.4 元,上述的变化趋势如图 3 所示。

(3)在其他参数和条件不变的情况下,当社会平均的单公里出行费用 k 从 1 元/公里逐步增加到 1.05 元/公里时,出行者选择小汽车的出行率 $P(v)$ 从 37.61% 逐步减少到 29.91%,而出行者选择公交的出行率 $P(b)$ 从 62.39% 逐步增加到 70.09%,出行者的平均出行成本则从 13.8 元逐步减少到 8.4 元,上述的变化趋势如图 4 所示。

(4)在其他参数和条件不变的情况下,当小汽车平均的停车费 $P(v)$ 从 5 元逐步增加到 5.5 元时,出行者选择小汽车的出行率 $P(b)$ 从 37.61% 逐步减少到 31.62%,而出行者选择公交车的出行率 $P(b)$ 则从 62.39% 逐步增加到 68.38%,出行者的平均出行成本 c 从 13.8 元逐步减少到 9.3 元,上述的变化趋势如图 5 所示。

(5)在其他参数和条件不变的情况下,当公交车的平均票价 p_b 从 2 元逐步减少到 1.5 元时,出行者选择小汽车的出行率 $P(v)$ 从 37.61% 逐步减少到 31.62%,而出行者选择公交的出行率 $P(b)$ 逐步从 62.39% 增加到 68.38%,出行者的平均出行成本 c 则从 13.8 元逐步减少到 9.3 元,上述变化的趋势如图 6 所示。

(6)在其他参数和条件不变的情况下,当公交发车的时间间隔 T_2 从 0.5 小时逐步减少到 0.45 小时时,出行者选择小汽车的出行率 $P(v)$ 从 37.61% 逐步减少到 25.14%,而出行者选择公交车的出行率 $P(b)$ 逐步从 62.39% 增加到 74.85%,出行者的平均出行成本 c 则从 13.8 元减少到 6.6 元，上述变化的趋势如图 7 所示。

（7）在其他参数和条件不变的情况下，当道路通行能力 Q_0 从 1000 辆逐步增加到 1200 辆时，出行者选择小汽车的出行率 $P(v)$ 从 37.61% 逐步增加到 45.13%，而出行者选择公交车的出行率 $P(b)$ 从 62.39% 下降到 54.87%，出行者的平均出行成本 c 则保持不变，依然为 13.8 元，上述变化的趋势如图 8 所示。

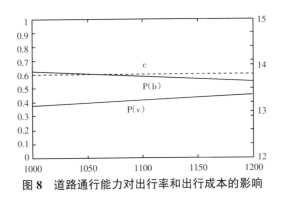

图 8　道路通行能力对出行率和出行成本的影响

6　结　论

　　本文通过交通拥堵费用对居民出行选择均衡的影响分析，将出行成本作为出行者出行选择的决策因素，构建了出行的成本量化公式，由于大量出行者的出行选择，必然会导致出行者到达出行成本的均衡状态，在此状态下，任何一个出行者也不能通过改变自己的出行方式降低自己的出行成本。通过比较小汽车出行和公交出行在交通拥堵作用下的不同出行成本和出行者的选择，建立了出行者的均衡出行状态模型，然后根据模型的选择结果得到了居民选择小汽车和公交车的不同出行分担率。接着进一步对影响出行分担率的因素进行了深入分析和讨论，在对公交车和小汽车出行分担率的影响上，增加城市密度、降低公交票价、减少公交车发车时间间隔、提高小汽车使用成本、提高停车费、实行拥堵收费等措施都可以提高公交车的出行分担率，降低小汽车的出行比例。居民的单位时间价值增长、拓展道路的通行能力等方案则会增加小汽车的出行人数，提高小汽车的出行分担率，降低公交车的出行率。在对出行成本的影响上，增加城市密度和拓展道路通行能力不会增加社会的平均出行成本，而居民的平均单位时间价值的增长和公交票价上涨，发车频率降低则会增加社会居民的平均出行成本，提高小汽车的使用成本和征收拥堵费、停车费等措施会降低居民的平均出行成本。公交专用道和轨道交通的开辟有助于保持城市出行成本的平稳状态。

参考文献

[1] 国务院办公厅转发建设部等部门关于优先发展城市公共交通意见的通知——关于优先发展城市公共交通的意见 [J]. 内蒙古政报，2005（11）：22-24.

[2] 国务院关于城市优先发展公共交通的指导意见 [J]. 人民公交，2013（1）：61-63.

[3] Vickrey W. S.. Congestion Theory and Transport Investment [J]. American Economic Review, 1969, 59（2）：251-260.

[4] Arnott R., De Palma A., Lindsey R.. Recent Developments in the Bottleneck Model [R]. Boston College Department of Economics, 1995.

[5] Arnott R., Palma A. D., Lindsey R.. Economics of a Bottleneck [J]. Journal of Urban Economics, 1985, 27（1）：111-130.

[6] Small K. A.. The Incidence of Congestion Tolls on Urban Highways [J]. Journal of Urban Economics, 1983, 13（1）：90-111.

[7] Verhoef E., Nijkamp P., Rietveld P.. Second-Best Regulation of Road Transport Externalities [J]. Journal of Transport Economics & Policy, 1995, 29（2）：147-167.

[8] Kuwahara M., Akamatsu T.. Dynamic User Optimal Assignment with Physical Queues for a Many-to-many OD Pattern [J]. Transportation Research Part B Methodological, 2001, 35（5）：461-479.

[9] Taylor N. B.. The Contram Dynamic Traffic Assignment Model [J]. Networks and Spatial Economics, 2003, 3（3）：297-322.

[10] 黄海军，Michael G.H. Bell，杨海. 公共与个体竞争交通系统的定价研究 [J]. 管理科学学报，1998（2）：17-23.

[11] Yang H., Huang H. J.. Principle of Marginal-cost Pricing: How Does it Work in a General Road Network? [J]. Transportation Research Part A Policy & Practice, 1998, 32（1）：45-54.

[12] 林震，杨浩. 直达轨道交通的拥挤瓶颈模型 [J]. 铁道学报，2003，25（4）：14-18.

[13] 郝记秀，周伟，彭唬等. 高峰期轨道交通客流的弹性"瓶颈"平衡模型 [J]. 交通运输系统工程与信息，2008，9（3）：93-97.

[14] 景鹏，隽志才. 人口统计特征对都市圈城际出行方式选择行为意向影响分析 [J]. 统计与决策，2013（20）：75-78.

[15] 鲜于建川，隽志才. 家庭成员活动——出行选择行为的相互影响 [J]. 系统管理学报，2012，21（2）：252-257.

[16] 付学梅，隽志才. 基于 ICLV 模型的通勤方式选择行为 [J]. 系统管理学报，2016（6）：1046-1050.

[17] 陈坚. 出行行为与公交定价理论及应用研究 [D]. 成都：西南交通大学博士学位论文，2012.

[18] Downs A.. Still Stuck in Traffic: Coping with Peak-Hour Traffic Congestion [J]. Future Survey, 1992, 42（12）：2329-2331.

[19] Afimeimounga H., Solomon W., Ziedins I.. The Downs-Thomson Paradox: Existence, Uniqueness and Stability of User Equilibria [J]. Queueing Systems, 2005, 49（3）：321-334.

集体经营性建设用地入市中村集体行为监督博弈模型研究

刘靖羽　孟卫东

（重庆大学经济与工商管理学院，重庆　400030）

【摘　要】随着农村集体经营性建设用地价值不断上涨，集体经济组织"寻租"行为不断彰显，严重阻碍着农村集体经营性建设用地入市进程。为了更有效地抑制农村集体经营性建设用地入市中集体经济组织"寻租"行为，本研究借鉴西方经济学的"寻租"理论，建立地方监督机构与集体经济组织之间的监督博弈模型，并通过对博弈均衡解、影响均衡解的各个参数变量进行探讨，分析当前我国农村集体经营性建设用地入市中"寻租"行为产生原因。研究发现，要更好地抑制集体经济组织的"寻租"活动，应当形成以国家和社会相结合的监督模式，畅通公共群众社会监督渠道，降低地方监督机构的监察成本，同时通过国家行政立法完善网络化监督，最后应当从政治和经济两个方面增强惩戒力度。

【关键词】农村集体经营性建设用地；集体经济组织；"寻租"行为；监督博弈

0　引　言

农村集体经营性建设用地入市作为我国新一轮土地制度改革的重点方向，带动了土地增值的显化，也导致了入市流转过程中"寻租"行为的猖獗。农村集体经营性建设用地改革作为改革推进过程中的一个重要环节，如何妥善处理中国农村集体经营性建设用地入市过程中的流转主体的"寻租"问题是尤为重要的。

目前，农村集体经营性建设用地流转中主体关系被概括为中央政府、地方政府、集体经济组织、农民和用地企业这五个方向的博弈，学者们从多个角度对农村集体经营性建设用地入市的流转主体进行分析，发现各级流转主体之间存在激烈的利益竞争[1-3]，但却忽略了在农村集体经营性建设用地流转中集体经济组织这一重要流转主体的另一个隐性行为——"寻租"行为。因此，本文借鉴监督博弈模型，对农村集体经营性建设用地入市流转中集体经济组织及地方监督机构的博弈过程进行考察，找出影响地方监督机构监察概率和集体经济组织"寻租"概率的因素，最后提出有助于减少农村集体经营性建设用地入市中集体经济组织"寻租"行为的建议。

1　农村集体经营性建设用地流转中"寻租"行为的理论探讨

1.1　中央政府：生产者角色的缺位

由于中央政府不能有效履行其应尽责任，在农村集体经营性建设用地流转中服务不周，导致了生产者缺位这种现象的出现[4]。生产者角色缺位主要表现为以下三点：其一，尚未完善的相关法律制度。国家《土地管理法》仍影响着集体建设用地使用权的特殊属性，同时阻碍集体和成员对该用益物权所生利益的获取[5]。其二，尚未健全的流转市场规则。目前，集体建设用地使用权流转市场缺乏较为合理的流转规则，隐性市场普遍存在。其三，尚未清晰的配套体制。在实际流转中，由于缺乏城乡统筹的户籍、就业、医疗、社会保障等相关配套制度约束，作为趋利性动物的人，他们之间常常会出现大量的纠纷[6]。

1.2　集体经济组织：裁判员角色的越位

中国相关法律规定，集体土地所有权主体就是农民集体，但却尚未明晰谁是集体土地所有权的执行者和管理者。同时，由于所有权主体的占有权、支配权和使用权被层层分解，政府部门作为超经济主体对土地享有广泛的自由裁量权，控制并处理农村集体经营性建设用地。因此，集体经济组织在现阶段农村集体经营性建设用地使用权的交易过程中既充当了裁判员也充当了运动员，这种状况也为拥有相对独立利益并且拥有资源配置权的集体经济组织提供了行为自主性的扩张空间[7]，致使入市流转中腐败行为的滋生。

1.3　用地企业：使用者角色的违规

集体经营性建设用地入市流转过程中，由于使用权流转的正规途径周期较长、成本较高，增加了用地企业（特别是一些中小企业）自身成本。中小企业主动诱导集体经济组织进行"暗箱操作"，以求降低运营成本、缩小建设周期，不断促使着集体建设用地使用权的隐性流转市场的形成。

2 农村集体经营性建设用地流转中集体经济组织 "寻租" 行为的监督博弈模型

2.1 条件假设

（1）本文在 "寻租" 行为的监督博弈模型中，假设存在两个博弈方：地方监督机构、集体经济组织。地方监督机构是指中央为监督地方政府机构，避免其发生 "寻租" 活动而专门设立的执法监督机构。博弈双方选择的策略集合分别为：地方监察机构（严格监察/不严格监察）、集体经济组织（"寻租"/不 "寻租"）。

（2）假设双方参与主体都是理性假设、风险偏好中性且参与双方存在时间上和信息上的一致性，双方不存在信息不对称的问题，对其他参与人的行动选择都可以准确了解。

2.2 变量表示

假定博弈双方的策略选择：地方监督机构以 P 的概率进行严格监察，以 1–P 的概率进行不严格监察。严格监察时，能以 H 的概率查出 "寻租"，以 1–H 的概率查不出 "寻租"；不严格监察时，能以 γ 的概率查不出 "寻租"，能以 1–γ 的概率查出 "寻租"。集体经济组织以 Q 的概率选择 "寻租"，以 1–Q 的概率选择不 "寻租"。

假定地方监督机构进行一次严格监察时，带来的成本费用为 C。若查出集体经济组织 "寻租"，没收全部经营性建设用地正常利润 X 和 "寻租" 利润 Y_1，并予以效用为 B 的惩罚；若查不出集体经济组织 "寻租"，假设 "寻租" 活动存在对农村集体经营性建设用地市场的扭曲效应，国家政府直接损失财政税收 L。

综上变量，地方监督机构与集体经济组织的战略博弈模型如表 1 所示。

表 1 地方监督机构与集体经济组织的博弈模型

监察类型	博弈主体	"寻租" 时的期望收益	不 "寻租" 时的期望收益
严格监察	地方监督机构	$H(Y_1 + B - C) + (1 - H)(-L - C)$	$-C$
	集体经济组织	$H(-B - X - Y_1) + (1 - H)(X + Y_1)$	X
不严格监察	地方监督机构	$\gamma(-L) + (1 - \gamma)(Y_1 + B)$	0
	集体经济组织	$\gamma(X + Y_1) + (1 - \gamma)(-B - X - Y_1)$	X

3 博弈分析

3.1 地方监督机构的支付函数

若 $\{H(Y_1 + B - C) + (1 - H)(-L - C)\}Q_0 + (1 - Q_0)(-C) = \{\gamma(-L) + (1 - \gamma)(Y_1 + B)\}Q_0 + (1 - P) \times Q$, 可以求得 $Q = \dfrac{C}{(H + \gamma - 1)(Y_1 + B + L)}$

若 $H + \gamma - 1 > 0$, 则当集体经济组织"寻租"概率为 $Q_0 < Q < 1$ 时, 地方监督机构选择严格监察; 当集体经济组织"寻租"概率为 $0 < Q < Q_0$ 时, 地方监督机构选择不严格监察; 当集体经济组织"寻租"概率为 $Q_0 = Q$ 时, 地方监督机构随机选择严格监察的概率 $P \in (0, 1)$。

若 $H + \gamma - 1 < 0$, 则地方监察机构选择不严格监察。

3.2 集体经济组织的支付函数

若 $P_0\{H(-B - X - Y_1) + (1 - H)(X + Y_1)\} + (1 - P_0)\{\gamma(X + Y_1) + (1 - \gamma)(-B - X - Y_1)\} = P_0 X + (1 - P_0)X$, 可以求得 $P_0 = \dfrac{Y_1 - (1 - \gamma)(B - 2X - 2Y_1)}{(H + \gamma - 1)(B + 2Y_1 + 2X)}$

若 $H + \gamma - 1 > 0$, $Y_1 - (1 - \gamma)(B - 2X - 2Y_1) > 0$, 则当地方监督机构严格监督概率为 $0 < P < P_0$ 时, 集体经济组织将会选择"寻租" $Q = 1$; 当地方监督机构严格监察概率为 $P_0 < P < 1$ 时, 集体经济组织将会选择不"寻租" $Q = 0$; 当地方监督机构严格监察概率为 $P = P_0$ 时, 集体经济组织将会随机选择"寻租"概率 $Q \in (0, 1)$。

若 $H + \gamma - 1 < 0$, $Y_1 - (1 - \gamma)(B - 2X - 2Y_1) < 0$, 则当地方监督机构严格监督概率为 $P_0 < P < 1$ 时, 集体经济组织将会选择"寻租" $Q = 1$; 当地方监督机构严格监督概率为 $0 < P < P_0$ 时, 集体经济组织将会选择不"寻租" $Q = 0$; 当地方监督机构严格监督概率为 $P = P_0$ 时, 集体经济组织将会随机选择"寻租"概率 $Q \in (0, 1)$。

若 $H + \gamma - 1 > 0$, $Y_1 - (1 - \gamma)(B - 2X - 2Y_1) < 0$, 集体经济组织将不会选择"寻租"。

若 $H + \gamma - 1 < 0$, $Y_1 - (1 - \gamma)(B - 2X - 2Y_1) > 0$, 则集体经济组织将会一直选择"寻租"。

因而若集体经济组织"寻租"概率为 $Q_0 < Q < 1$, 地方监督机构必然进行严格监察 $P = 1$; 若集体经济组织"寻租"概率为 $0 < Q < Q_0$, 地方监督机构则不进行严格监察 $P = 0$; 若集体经济组织"寻租"概率为 $Q = Q_0$, 则地方监督机构随机选择监察或者不监察 $P \in (0, 1)$。

若地方监督机构严格监察概率为 $P = P_0$, 集体经济组织将会随机选择"寻租"概率 $Q \in (0, 1)$; 若地方监督机构严格监察概率为 $0 < P < P_0$, 集体经济组织将会选择"寻

租"Q = 1；若地方监督机构监察概率为 1 > P > P$_0$，集体经济组织将会选择不"寻租"Q = 0（见图 1）。

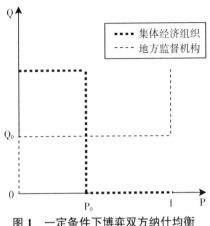

图 1　一定条件下博弈双方纳什均衡

3.3　集体经济组织和地方监督机构纳什均衡分析

综合上述，博弈双方在存在 H + γ − 1 > 0，Y$_1$ − (1 − γ)(B − 2X − 2Y$_1$) > 0 的情况下时，集体经济组织和地方监督机构博弈双方的纳什均衡解为（P$_0$，Q$_0$），其中：

$$Q_0 = \frac{C}{(H+\gamma-1)(Y_1+B+L)}, \quad P_0 = \frac{Y_1-(1-\gamma)(B+2X+2Y_1)}{(H+\gamma-1)(B+2Y_1+2X)}$$

（1）当 0 < Q < Q$_0$，0 < P < P$_0$ 时，集体经济组织和地方监督机构显示为"不严格监察，不寻租"的状态。但伴随着集体经营性建设用地价值空间的拓展，集体经济组织必然抢先在地方监督机构进行"严格监察"前进行土地"寻租"，即此时双方状态为集体经济组织选择"寻租"，地方监督机构选择不严格监察，表示为区域 2。

（2）当 Q$_0$ < Q < 1，0 < P < P$_0$ 时，集体经济组织和地方监督机构显示为"不严格监察，寻租"的状态。当前面临着集体经营性建设用地隐性市场的不断崛起，严重阻碍着集体经营性建设用地入市进程，因而地方监督机构必然从选择不严格监察转向严格监察，即此时双方状态为集体经济组织选择"寻租"，地方监督机构选择严格监察，表示为区域 3。

（3）当 Q$_0$ < Q < 1，P$_0$ < P < 1 时，集体经济组织和地方监督机构显示为"严格监察，寻租"的状态。由于国家逐步治理农村集体经营性建设用地隐性市场，地方监督机构督查力度及其惩罚力度不断加强，集体经济组织选择"寻租"必然不断减少，即此时双方状态为集体经济组织选择不"寻租"，地方监督机构选择严格监察，表示为区域 4。

（4）当 0 < Q < Q$_0$，P$_0$ < P < 1 时，集体经济组织和地方监督机构显示为"严格监察，不寻租"的状态。土地政策和监督制度不断完善，集体经济组织进行"寻租"概率不断减少，即此时双方状态为集体经济组织选择不"寻租"，地方监督机构选择不严格监

察，表示为区域 1。

从农村集体经营性建设用地历史发展情况来看，从最初限制流转到当前允许在一定条件下入市流转，其建设用地价值不断上涨，增值空间不断扩展。作为中国最基层政府组织的集体经济组织，它与中央政府存在着委托代理关系，但由于一直以来集体经济组织长期缺位或运行机制不健全，难以真正履行经营和管理集体土地的职能，集体经济组织作为产权代表的权利和义务也没有界定，农村土地产权代表地位不明确。

同时，尽管当前国家已经允许各地自行试点，但并未对入市流转中价格确定、收益分配、税费设计、市场监管等关键问题提出指导性原则，更没有出台规范统一的集体经营性建设用地流转管理办法，各试点地区的改革只能"摸着石头过河"，存在着入市政策风险。在较不完善的集体经营性建设用地入市政策的基础下，流转监管主体缺失，政府监管难度加大。部分用地企业更将经营行为隐性化，如开发低密度别墅式酒店后对外出售，增加了政府监管的操作难度。这些政策及流转行为也直接造成利益相关者之间的冲突，直接影响社会稳定。可见，只有完善当前农村集体经营性建设用地入市政策，提高监督效用，拓宽监督范围，才能更好地促进博弈双方再一次进入到"秩序区"（见图 2）。

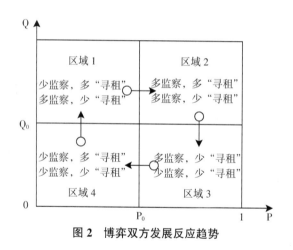

图 2　博弈双方发展反应趋势

3.4　博弈双方模型敏感度分析

由以上可知地方监督机构和集体经济组织混合策略纳什均衡解（P_0，Q_0），即：

$$Q_0 = \frac{C}{(H + \gamma - 1)(Y_1 + B + L)}, \quad P_0 = \frac{Y_1 - (1 - \gamma)(B + 2X + 2Y_1)}{(H + \gamma - 1)(B + 2Y_1 + 2X)}$$

（1）由于 $\partial Q_0 / \partial C > 0$，所以 Q_0 是 C 的增函数。即随着地方监督机构严格监督成本的不断增加，集体经济组织"寻租"概率必然增大。农村集体经营性建设用地流转监察过程中，地方监督机构严格监督成本的不断增大，是阻碍高效监督的原因之一。

（2）由于 $\partial Q_0 / \partial L < 0$，$\partial Q_0 / \partial B < 0$，所以 Q_0 是 L 和 B 的减函数。即随着集体经济组

织"寻租"所带来的扭曲效应（国家税收损失）和地方监督机构惩罚力度的加大，集体经济组织"寻租"概率必然减少。

（3）由于 $\partial Q_0/\partial H < 0$，$\partial Q_0/\partial\gamma < 0$，所以 Q_0 是 H 和 γ 的减函数。即当在严格监察的时候，高的查处率 H 会导致集体经济组织降低"寻租"的概率，集体经济组织选择"寻租"的风险较大；当在不严格监察的时候，较低的查处率 $1-\gamma$ 会导致地方监督机构逐步加强对集体经济组织"寻租"的查处，集体经济组织选择"寻租"的风险将会不断增大。

（4）由于 $\partial P_0/\partial B < 0$，所以 P_0 是 B 的减函数。即随着地方监督机构惩罚力度不断加强的同时，地方监督机构将会降低严格监察的概率。

（5）由于 $\partial P_0/\partial H < 0$，$\partial P_0/\partial\gamma > 0$，即当地方监督机构选择不严格监察，且 γ 概率较高时，地方监督机构将会加大严查力度。此时，由于监督机构查处率较低，为了避免进一步更大的损失，地方监察机构将会提高自身的严格监察概率。当地方监察机构选择严格监察，且 H 概率较高时，地方监督机构将会降低自身严格监察的概率。此时，由于对集体经济组织"寻租"查处率较高，地方监察机构将会采取不严格监察；反之，将采取严格监察。

4 结论与讨论

本文通过建立在完全信息下的地方监督机构和集体经济组织的静态博弈，讨论在 $H + \gamma - 1 > 0$，$Y_1 - (1 - \gamma)(B + 2X + 2Y_1) > 0$ 的情况下，双方博弈模型各个参数的变量变化，得出以下结论：

（1）国家和社会共同监督。充分发挥多元主体在社会治理监督中的作用，整合社会治理资源，形成多元治理监督结构。应加强社会公众监督，融入非政府组织力量，发挥基础群众力量的长效机制，其中包括新闻媒体和独立的市场监管机构等，通过改革畅通群众利益的诉求表达渠道，同时降低地方监督机构的监督成本。此外，国家通过行政立法改变国土部门及其分支机构单一的线性化授权与监督现状，形成较为完善的网络化监督（即行为能受到上级部门或者非上级部门监督）。

（2）增强农村集体经营性建设用地入市惩戒力度。为保持农村集体经营性建设用地流转中反"寻租"行为的高压态势，对待"寻租"行为猖獗的政府官员，必须同时施以政法和经济上的重处，以威慑政府官员，保持农村集体经营性建设用地流转中较为公平的状态。同时，要打压"小官巨腐"的现象，特别是容易忽略的村级官员：①一定范围内公开家庭财产，并定期组织专门机构抽检，预警并严惩那些不报、谎报、错报官员；②家庭收入、支出与实际不符合的官员，除没收个人所得，还要追究其相应的刑事和经济责任。

参考文献

［1］武振军，林倩如. 农村集体经营性建设用地的政策演进与学术争论［J］. 改革，2014（2）：113-119.

［2］温世扬. 集体经营性建设用地"同等入市"的法制革新［J］. 中国法学，2015（4）：66-83.

［3］袁枫朝，燕新程. 集体建设用地流转之三方博弈分析——基于地方政府、农村集体组织与用地企业的角度［J］. 中国土地科学，2009，23（2）：58-63.

［4］刘双良. 集体土地流转中的政府角色检讨与定位思考［J］. 甘肃社会科学，2010（4）：74-77.

［5］陆剑. 集体经营性建设用地入市的实证解析与立法回应［J］. 法商研究，2015（3）：16-25.

［6］崔令之，席虎啸. 论我国农村集体建设用地使用权流转制度的完善［J］. 法学杂志，2015（8）：77-84.

［7］施建刚，徐奇升等. 集体建设用地流转中的地方政府行为分析——兼论对集体经营性建设用地流转的启示［J］. 现代经济探讨，2015（7）：88-92.

面向政府危机管理的多智能体决策支持系统研究 *

姜　慧 1,2　段尧清 1

(1. 华中师范大学信息管理学院，湖北武汉　430000；

2. 山东工商学院管理科学与工程学院，山东烟台　264000)

【摘　要】多智能体决策支持系统可以为政府决策者提供有效的危机决策支持。政府危机决策的流程包括决策制定前的危机信息监测、决策执行中的态势模拟和决策执行后的评估分析，构成一个循环往复的环形结构。提出多智能体政府危机决策支持系统的体系结构应在传统四库结构的基础上增加案例库，借助数据仓库和人工智能技术，使多个智能体（界面 Agent、危机信息监测 Agent、危机响应 Agent、态势模拟 Agent、决策制定 Agent、决策评估 Agent、案例分析 Agent 和协作 Agent）协同工作。该多智能体决策支持系统将改善政府处理危机事件的决策水平，增强系统的自学习能力，克服危机决策的脆弱性。

【关键词】多智能体；政府；危机管理；危机决策；决策支持系统

0 引 言

世界范围内各类突发公共事件、威胁公共安全的灾难性事故频繁出现，危机管理已经成为各国政府迫切需要解决的问题。危机，也称"应急事件""突发事件"，是指危及国家安全、社会生活和人民利益的突发事件以及与此相关的特定状态。著名的政策科学家叶海尔·德罗尔在《逆境中的政策制定》一书中曾经说过："危机应对（危机决策）对许多国家具有极大的现实重要性，对所有国家则具有潜在的至关重要性。危机越是普遍或致命，有效的危机应对就越显得关键。危机中做出的决策非常重要而且大多不可逆转。"[1] 政府危机决策（Crisis Decision-making of Government）是指政府组织

* ［基金项目］国家社会科学基金重点项目（17ATQ006）：基于全生命周期的政府开放数据整合利用机制与模式研究；华中师范大学中央高校基本科研业务费项目（CCNU16Z02002）：大数据环境下的政府信息服务研究。

在有限的时间、信息和资源等约束条件下，以控制危机蔓延为目标，整合现有资源，快速认识和分析公共危机事件，迅速采取应对危机的具体措施[2]。与常规决策相比，政府危机决策是一种特殊类型的决策，难以预料决策的实际效果，即决策具有高风险性。危机决策支持系统在政府决策支持系统中无论是信息复杂程度，还是时间约束程度都是最苛刻的[3]。如何提高政府危机决策的质量已成为学术界研究的热点问题。

自从 2001 年美国"9·11"事件以来，政府危机管理的重要性已经得到了国内外学者的广泛关注。以美国为首的发达国家对政府危机管理的研究始终是理论与实践相结合。政府危机决策研究可以分为对危机信息与决策支持的研究、对危机传播与利用的研究、对危机信息系统建设的研究，以及对危机管理人员素质与教育的研究等[4]。国内学者对政府危机决策支持系统的研究主要有：①计算机领域的学者主要从技术角度研究决策支持系统的体系结构，进行系统构建；对新媒体影响下的政府决策进行了研究，主要从网络传播、网络监督、网络民主等方面研究了新媒体和政府决策之间的关系；分别从数据仓库、知识管理、舆情日志挖掘（陆和建和李祝启，2014）等角度进行了政府决策支持系统构建研究，构建了网络舆情政务工作平台（张芳源和陆和建，2014）。②信息管理领域的学者更多地从管理科学、信息技术的角度研究决策支持问题，研究了基于政府决策的政府信息资源管理问题（谭必勇、王新才和吕元智，2009），构建了面向决策的咨询机构知识管理系统（刘娅，2007）、政府公共决策支持信息系统（陈婧，2012）等。有学者运用信息论中的科南特模型，对政府危机决策信息流的特点进行了分析，提出政府危机信息流模型并进行量化，从而分析政府危机决策及其相关问题（朱晓峰，2006），并根据现代危机管理的思想构造了政府危机决策支持系统的理想模型（朱晓峰，2007）。③公共管理领域的学者对政府危机管理的相关研究进行了梳理和述评，对政府决策失败的原因、政府决策应采取的模式和机制等问题展开了广泛深入的研究，提出政府危机决策机制存在信息监测、预警和信息搜集能力较弱等问题，提出政府公共危机数据备援的理想状态是实现多方主体之间的协同（辛立艳和毕强，2012），并发现我国政府在初步探索阶段曾建立一种"以危机信息公开为中心"的模式，但尚未明确公共危机信息管理的根本目标——支持政府危机决策（黄微、辛立艳和曾明明，2012）。有学者进一步提出应将"应急管理案例库"嵌入中国政府应急决策体系，构建基于应急预案与案例库的"两案三制"突发事件应急决策模式（温志强，2016）。学者梁波（2016）提出应完善决策程序、发展智库机构、建立实施决策的责任机制，建立健全服务型政府决策机制确保决策权责结合[5]。通过对上述研究文献的梳理可以看出，大多数学者是从自身学科背景、单一研究角度出发研究政府危机决策支持问题，没有深切理解和把握政府危机决策特殊性，缺乏多学科交叉融合研究，并不能很好地解决政府危机决策过程中遇到的问题。

决策支持系统（Decision Support System，DSS）研究与应用一直很活跃，新概念新系统层出不穷。20 世纪 80 年代后期，人工神经网络及机器学习等人工智能（Artificial Intelligence，AI）技术的研究与应用为知识的学习与获取开辟了新的途径。例如，基于协同案例推理（Collaborative Case-Based Reasoning，CCBR）的多属性决策方法可以利用跨组织的案例库，有利于各个组织的知识和资源共享，提高知识获取和决策的质量[6]。分散的海量案例库资源中的案例属性庞杂、差异性大，CCBR 能够考虑多组织案例资源共享机制、多主体多系统协同机制的建立以及不同层面多协同体间协同性优化等一系列管理问题[7]。因此，本文将以决策理论为基础，突出信息科学、危机管理和决策支持系统的实践应用，围绕政府危机决策这一核心问题，融合多智能体技术，构建一个面向政府危机决策的多智能体决策支持系统，以提高政府危机决策的水平，为政府危机管理提供决策支持。

1 政府危机决策流程分析

危机事件的动态演进性以及救援目标的多元性迫使决策者必须及时做出能够控制危机升级和损失扩散的有效决策。另外，由于网络新媒体的出现，危机事件往往自下而上出现并扩散，但危机管理的责任重心却是在地方政府尤其是县级政府，成为危机管理决策的重要主体。大部分县域经济发展水平低，缺乏专家参与的平台和机制，专家在地域上分布分散，也较难有效充分地利用专家智慧。因此，政府部门需要分析危机决策的流程并进行优化，建立一种分布式、协同合作的政府危机决策机制。

在危机事件发生后，快速且准确地识别危机的演化规律，分析决策对危机演化轨迹的影响机制，对于政府制定危机决策具有重要理论和现实意义。学者朱晓峰提出政府危机决策经历四个阶段：感知阶段、分析阶段、确认阶段和启动阶段。西蒙把决策过程分为情报活动、设计活动、抉择活动和实施活动四个阶段。在此研究基础上，笔者认为政府危机管理的决策流程应结合知识管理和案例分析的相关理念，在危机决策的执行过程中不断提高决策水平。因此，政府危机管理决策流程应分为两大阶段：决策制定阶段和决策执行阶段。两个阶段组成一个闭环结构，即每次危机决策后应形成新的知识以防范新的类似危机的产生，避免地方政府在决策过程中出现短期行为削弱政府公信力，如图1所示。

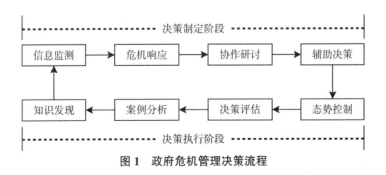

图1 政府危机管理决策流程

1.1 决策制定阶段

决策制定阶段可分为信息监测、危机响应、协作研讨和辅助决策四个步骤。我国公共危机应急处理机构（如国家防汛抗旱总指挥部、国家森林防火总指挥部等）的数量并不少，但是危机数据分散在各部门的信息系统中，没有专门部门负责信息的采集、分析和处理，因此信息监测工作需要引起重视。信息收集人员利用信息技术收集分散在各部门的与危机相关的多源异构数据，进行处理并组织入库，利用关联检索、数据挖掘等软件对数据进行监测，及时、迅速、准确地收集各种异常信息。监测到危机事件发生后迅速进入危机响应阶段，在该阶段政府危机决策者必须在有限的时间内收集到真实的危机信息。公共危机的破坏程度深，影响范围广，单一决策者的决策能力是有限理性的，所以公共危机应对决策应该是群体决策，危机响应后应尽快进入专家协作研讨阶段，从而增强决策的科学性、合理性。利用专家智能、机器学习等辅助决策工具进行决策方案的选择。

1.2 决策执行阶段

在大数据和人工智能技术的帮助下，找到最优决策方案后危机管理进入到决策执行阶段。在决策执行阶段，应随时进行严密的危机态势监控，决策实施过程中需要不断地收集危机实情信息，必要时需重新调动政府资源，或者变更危机决策，直至危机情势得到控制[22]。危机决策执行后还需要进行评估和分析工作，对决策效果进行评估，并对危机事件进行案例研究，从危机产生的背景、原因和发展过程中的影响因素出发来进行事件调查，还原危机实况，以形成一个完整的案例研究，以便今后同类危机事件发生时辅助政府进行科学决策。

上述两个阶段并非独立存在，而是构成一个闭环结构，即决策执行后的案例分析和知识发现的结果将进一步用于信息监测阶段，实现危机决策能力的阶段式增长。因此，有必要设计并开发一个智能型、交互式、集成化的政府危机决策支持系统，提高政府对突发危机事件的快速响应能力、科学决策能力以及决策追踪能力。

2 政府危机管理多智能体决策支持系统模型构建

政府危机决策支持系统需要满足政府危机决策前、危机决策执行中和危机决策执行后的各阶段目标，并且保证决策结果的及时性和准确性。首先，要保证政府危机决策的及时性，可以通过多智能体技术协同工作来实现。"Agent"一词通常译为"智能体"，通常具有自主性、交互性、反应性、主动性、社会性等特征，能够通过彼此之间的相互协调与协商完成复杂的决策任务。其次，要保证政府危机决策的准确性，决策前的信息监测和决策后的评估分析工作必不可少。最后，要提高政府决策能力必须构建一个有利于发现知识和挖掘知识的系统环境。与危机相关的知识往往都是从以往危机事件的处理中获得，由于危机事件的特殊性，传统决策支持系统中的知识库已不能满足危机决策的需要。因此，政府危机决策支持系统应构建一个案例库，通过案例分析和知识发现的过程，增加整个系统的自学习能力，增强系统的适应性和鲁棒性。根据政府危机决策流程各阶段的任务和特点，笔者构造了分布式的政府危机管理多智能体决策支持系统模型，系统中的各 Agent 部件互相协作，共同实现决策问题的协同求解，从而实现决策的智能化、集成化和综合化。系统模型如图 2 所示。

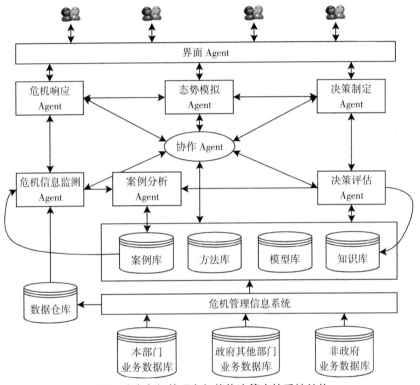

图 2 政府危机管理多智能体决策支持系统结构

在该结构中，各智能体分工协作，利用计算机智能技术辅助支持危机决策，解决了分布式、复杂系统的决策需求，实现了多主体多系统协同机制的建立。该系统可以有效降低政府危机决策的复杂性，并能够真实再现危机决策全过程，可以充分发挥多个智能体的智能性和协同交互的能力，对复杂的突发危机事件进行分析，对决策执行后的态势进行跟踪和判断，并对决策结果进行评估，将分散的海量案例存入案例库中，运用案例推理技术和案例检索算法为今后的危机监测提供支持。

3 模型功能分析

危机决策属于非常规状态下的非程序化决策，必须通过改善危机决策模式和制定机制来提高决策水平和质量。本文提出的多智能体政府危机决策支持系统包括三大层面：①数据层：将危机管理信息系统中的多源异构数据进行加工清理整合导入到数据仓库中，为决策支持系统提供数据支持。②多智能体协同工作层：通过协作 Agent 将危机信息监测 Agent、危机响应 Agent、态势模拟 Agent、决策制定 Agent、决策评估 Agent 和案例分析 Agent 联系起来，协同工作，实现危机决策流程两大阶段的目标。③人机交互层：通过界面 Agent 为决策者和专家们提供友好交互、自然对话的条件，与多 Agent 系统进行集成，协同合作以提高系统的综合智能水平。

通过多个智能体协同合作，该多智能体政府危机决策支持系统可以实现六大功能：

3.1 危机数据管理

通过构建危机数据仓库，将政府部门拥有的海量多源异构的危机数据进行管理。这些数据资源往往分散在不同部门、不同机构的数据库中并未开放，各机构、各级政府部门实行信息化建设的规模和程度各不相同，危机数据的检索利用效率低。本决策支持系统的构建基础是政府危机管理信息系统的数据支持，各政府部门应提高危机管理意识，将与危机相关的关键、敏感数据进行清洗、整理，导入危机管理数据仓库。系统应进行充分的需求分析，将危机决策过程中可能遇到的各种问题按主题分类，构建政府危机管理数据仓库。

3.2 危机信息监测

通过危机信息监测 Agent 触发危机响应 Agent，配合协作 Agent 来完成危机决策的前期监测。政府危机决策要解决的问题是如何在有限的时间、信息和资源等约束条件下，控制危机蔓延。多 Agent 分布式协作模式能够通过协作 Agent 解决各 Agent 之间的协作问题，危机信息监测 Agent 适用于从数据仓库的海量数据中分析危机数据的变化趋势，研究危机事件的出现规律并进行信息监测，对危机事件起到事前预防的作用。

3.3 危机决策制定

政府危机管理决策制定的理想状态是实现多方主体之间的协同合作。政府危机决策制定前虽然已经由危机信息监测 Agent 监测危机信息，但有些危机事件是无法预测和阻止的。一旦发生危机事件，通过危机响应 Agent 启动应急预案，由协作 Agent 来组织分散在不同地域的专家，针对突发的公共危机事件征集决策方案，有助于专家智能的实现。决策制定 Agent 则调度各地政府部门协同配合，通过与协作 Agent 协同工作找出最优决策方案。

3.4 危机态势模拟

危机决策制定前，态势模拟 Agent 可以模拟各决策方案的效果，追踪决策方案的执行情况，既保证了决策执行的可控性又提高了决策的准确性。决策执行过程中也可以通过态势模拟 Agent 追踪危机事件的发展趋势，及时获得态势信息，必要时再通过协作 Agent 协同各方专家变更危机决策以更好地控制危机。态势模拟 Agent 能够运用仿真技术根据环境要求产生反应方案，进一步调整决策，对决策执行情况进行跟踪并及时调整决策方案，提高政府危机决策的应变能力。

3.5 危机决策评估

决策评估 Agent 可以帮助决策者更好地分析决策，对危机决策的信息一致性、结果可靠性等指标进行分析和度量，降低决策的不确定性，确保政府决策者在动态、多变以及具有多种不确定性因素的危机环境下做出科学合理的决策。决策评估 Agent 还将运用机器学习中的各种算法进行决策知识的提炼和归纳，将高质量的决策知识存入危机决策支持系统的知识库中，为跨地区、跨部门、多 Agent 协同知识挖掘提供新的知识和思路。

3.6 危机案例分析和知识发现

通过引入案例库，利用案例分析 Agent 将基于人工智能领域的案例推理技术，采用权重获取和基于融合条件概率的改进相似度算法进行案例知识的获取，与危机信息监测 Agent 协同合作，可以及时发现危机信息。危机事件的案例研究可以从危机产生的背景、原因和发展过程中的影响因素出发来进行事件调查，还原危机实况，以形成一个完整的案例研究，弥补决策者的信息不足，辅助后续类似事件应急决策的科学性。基于案例推理的决策方法能够克服危机决策这类含有非连续性信息的决策难以获取知识的问题，提高危机决策的自主学习能力。决策执行后的评估和分析工作将帮助政府部门产生持续不断的学习和创新能力，提高决策的科学性和合理性，增强政府危机决策支持系统的适应性，降低政府危机决策系统的脆弱性。

4 结 论

政府危机决策需要多政府部门、多学科专家的共同参与，迫切需要先进的技术和方法支持。将多智能体决策支持系统应用到政府危机管理领域，将大大改善政府决策支持的决策环境和决策能力。本文从政府危机决策制定的流程分析入手，通过界面 A–

gent、危机信息监测 Agent、危机响应 Agent、态势模拟 Agent、决策制定 Agent、决策评估 Agent、案例分析 Agent 和协作 Agent 多个智能体的协同工作，构建了多智能体政府危机决策支持系统理论模型，改善了政府危机决策分布式、即时性、复杂性等特点带来的决策问题。通过多个智能体的协同合作，在传统决策支持系统的四库结构中增加案例库，运用人工智能领域中的案例推理方法增加政府危机决策支持系统的柔性，是本文的主要创新点。由于篇幅有限，本文只提出了该系统的概念模型，未来将继续研究适合政府危机决策支持系统的模型和算法，并进行系统的仿真研究。

参考文献

[1] [以] 叶海卡·德罗尔. 逆境中的政策制定 [M]. 北京：国家行政学院出版社，2009 (5).

[2] 辛立艳，毕强. 政府危机信息管理及决策机制研究述评 [J]. 图书情报工作，2012，17 (9).

[3] 朱晓峰，潘郁，张瑞荣. 危机管理的政府决策支持系统研究 [J]. 情报科学，2007，25 (2).

[4] 梁新华，张冬梅. 新媒体影响政府决策的机理、效应及优化路径 [J]. 情报杂志，2014，33 (7).

[5] 梁波. 我国服务型政府决策机制存在的问题及对策研究 [J]. 理论探讨，2016 (6).

[6] 陈浪涛，张成洪，张诚. 协同商务环境下基于案例推理机制研究 [J]. 复旦学报（自然科学版），2005，44 (6)：1009-1015.

[7] 梁昌勇，顾东晓，程文娟，杨昌辉，顾佐佐. 含非连续性信息多属性案例中的决策知识发现方法 [J]. 中国管理科学，2014，22 (4).

[8] 宋一兵，杨永田. 基于 Agent 的 CGF 决策行为建模研究 [J]. 系统仿真学报，2006，18 (5).

[9] 秦大国，陈浩光，尹江丽，李智. 一种基于多 Agent 的危机决策模拟方法 [J]. 系统仿真学报，2007，19 (11).

[10] 周昊，覃征，邢剑宽. 基于多 Agent 的多无人机协同决策算法仿真平台设计 [J]. 系统仿真学报，2012，24 (3).

[11] 赵剑冬，黄战. Agent 仿真技术在科技政策决策支持中的应用 [J]. 科技管理研究，2012 (2).

[12] 姜慧，于本海. 基于多智能体技术的智能决策支持系统研究 [J]. 科技管理研究，2010 (15).

[13] 曹效阳，武立斌，蓝兹贵. 基于数据仓库的政府决策支持模型 [J]. 中山大学学报（自然科学版），2004，43 (6).

[14] 张波. 基于知识中心的城市政府决策支持模型研究 [J]. 情报杂志，2008 (2).

[15] 陆和建，李祝启. 基于网络舆情日志挖掘的政府决策信息机制实证研究 [J]. 图书馆建设，2014 (10).

[16] 张芳源，陆和建. 基于政府决策信息行为的网络舆情政务工作平台功能设计 [J]. 图书馆学研究，2014 (21).

[17] 谭必勇，王新才，吕元智. 基于政府决策的政府信息资源管理研究 [J]. 理论与探索，2009，4 (6).

[18] 刘娅. 面向政府决策的咨询机构知识管理系统构 [J]. 情报杂志，2007 (7).

[19] 陈婧. 政府公共决策支持信息系统的构建 [J]. 情报资料工作，2012 (5).

[20] 黄微，辛立艳，曾明明. 面向政府危机决策的公共危机信息管理模式研究 [J]. 图书情报工作，2012，17 (9).

[21] 温志强. 政府职能转变视域下的突发事件应急决策模式创新研究 [J]. 管理世界，2016 (5).

［22］Zubcoff J. A UML 2.0 Profile to Design Association Rule Mining Models in the Multidimensional Conceptual Modeling of Data Ware-houses ［J］. Data & Knowledge Engineering，2007（1）：44-62.

［23］陈侠，陈岩. 关于序区间偏好信息的群决策方法研究 ［J］. 系统工程学报，2011，26（5）：614-619.

［24］Spague R H. A Framework for the Development of Decision Support Systems ［J］. MIS Quarterly（S0276-7783），1980（12）：1-26.

［25］杨雷，姜明月. 知识学习对动态群体决策观点收敛时间的影响研究 ［J］.管理学报，2011，8（8）.

［26］Sisco H F. Through the Looking Glass：A Decade of Red Cross Crisis Response and Situational Crisis Communication Theory ［J］. Public Relations Review，2010（1）：21-27.

［27］Peng Yuchang. Population-based Post-crisis Psychological Distress：An Example from the SARS Outbreak in Taiwan ［J］. Journal of the Formosan Medical Association，2010（7）：524-532.

［28］Vassilios Vescoukis, Nikolaos Doulamis, Sofia Karagiorgou. A Service Oriented Architecture for Decision Support Systems in Environmental Crisis Management ［J］. Future Generation Computer Systems，2012（28）：593-604.

［29］Sean P. O'Brien. Crisis Early Warning and Decision Support：Contemporary Approaches and Thoughts on Future Research ［J］. International Studies Review，2010（12）：87-104.

［30］Amir Hossein Jahanikia, Vahidreza Yousefi. Decision-Making for Crisis Management of Power Distribution Networks ［J］. *Informatica Economică*，2015，19（4）：5-11.

［31］Richard G. Little, Trevor Manzanares, William A. Wallace. Factors Influencing the Selection of Decision Support Systems for Emergency Management：An Empirical Analysis of Current Use and User Preferences ［J］. Journal of Contingencies and Crisis Management，2015，23（4）：266-274.

市场风险测度：标准 GARCH 模型能够被打败吗？

蒋 伟

（同济大学经济与管理学院，上海 200092）

【摘 要】本文综合比较了现有 VaR 测度模型的样本外表现，包括文献中常用的 9 个 VaR 估计模型和两个经典模型组合策略。基于这些模型，应用上证综指、深圳成指和沪深 300 指数作为中国股票市场样本数据，实证发现很难找到一个模型能够显著优于简单 GARCH 模型。这一结果打破了模型越复杂预测效果越好的传统观念，对各种复杂 VaR 测度模型在中国股票市场的实用性形成挑战。

【关键词】市场风险测度；已实现波动率；极值理论；VaR；模型组合

0 引 言

2007 年全球金融危机和 2015 年"股灾"的发生加深了人们对市场风险管理的认识，也凸显了市场风险的准确测度在风险管理中的关键作用。Markowitz[1] 的均值—方差测度框架提供了具有优良统计特性的风险测度指标，极大地方便了风险的定量刻画，是金融风险测度研究的重大突破。使用方差测度资产的市场风险有其性质优良的一面，但也存在一些局限性。实际中，投资者往往并不把高出资产初始价格的那部分视为风险，而只是把初始资产的损失视为真正的风险。因此，很多学者将风险定义为资产损失的不确定性，进而提出了风险测度的改进方法——VaR（Value at Risk）。

VaR 具有方差方法所不具有的直观性、简洁性和可操作性，而且 VaR 考察资产的最大损失情况，比均值—方差框架更容易理解，也更受实业界的欢迎。目前，VaR 已经成为金融分析师用于量化市场风险的标准工具，被用于风险管理、风险承担者的绩效评价以及监管资本要求等很多方面。以市场指数大幅下降为特征的世界范围的金融危机进一步引发了关于市场风险和金融机构保证金设置的讨论。特别是国际清算银行下属的巴塞尔委员会强制金融机构满足基于 VaR 的资本充足率。因此，准确估计 VaR 就显得非常重要，如果潜在风险存在错误估计，可能导致资本配置的次优以及风险管理策略的失效，影响机构的盈利能力和稳定性。

1 VaR 估计模型综述

过去几十年，研究者、实务界和监管者已经设计和发展了许多模型用于 VaR 的准确估计。现有模型主要可以分为非参数模型、参数模型与半参数模型。下面详细介绍这三类模型。

1.1 非参数模型

非参数模型是实践中常用的计算 VaR 的方法，该方法致力于不对资产的分布做很强的假定，让数据本身阐述尽可能多的信息，并且通过使用经验（或者模拟）的分布来估计 VaR。实际中，历史模拟法（Historical Simulation，HS）是被采用的最为广泛的非参数模型。HS 方法首先将历史收益率数据进行从小到大排列，假如选定置信水平为99%，意味着取出左尾 1% 位置的观测值，即为多头头寸的 VaR，取出右尾 1% 位置的观测值，则为空头头寸的 VaR。

早期文献证实采用 HS 方法计算 VaR 并没有比方程—协方差方法和蒙特卡洛模拟表现更差。传统的 HS、方程—协方差方法和蒙特卡洛模拟方法都有自己的优点和缺点，采用这三种方法将有多达 14 个影响因素会导致不同的 VaR 估计结果[2]。因此，并没有一致证据证明哪种方法更好。但随着 VaR 计算方法的改进和更接近现实以及复杂方法的引入，越来越多的文献证明了 HS 产生了不准确的 VaR 估计，例如，在历史模拟法基础上引入更现实的资产波动率模型的滤波历史模拟法（Filtered Historical Simulation，FHS）、条件极值理论（EVT）方法以及日内高频数据的引入而发展的一系列模型等。

1.2 参数模型

参数法一般先根据收益率数据推测出资产的概率分布，然后基于假定的概率密度函数对 VaR 进行估计。参数方法使用了预先假定的分布密度函数或分布函数中的附加信息，因此其比非参数方法更有效，但同时不容忽视的是参数估计容易出错，这依赖于估计方法是否适合假定的分布以及数据本身和假定分布的一致程度。

1.2.1 RiskMetrics

Morgan 在 1994 年最先引入计算 VaR 的参数模型，名为 RiskMetrics。模型假设金融收益率服从条件正态分布，并且独立同分布。简化形式的 RiskMetrics 模型是 IGARCH 模型的特殊形式。RiskMetrics 的主要缺点是收益率正态分布的假定，因为大部分金融时间序列并不服从正态分布，而是呈现出负偏和尖峰厚尾特征。因此，RiskMetrics 计算出的 VaR 通常会低估真实损失。此外，λ 为常数通常难以对市场状况做出及时反映，估计的波动率过于"平坦",且缺乏对波动率的非对称效应和杠杆效应的刻画,GARCH 类模型很好地弥补了这一缺陷。McMillan 和 Kambouroudis[3] 应用全球 31 个市场指数,并分别采用 RiskMetrics、GARCH 和 APARCH 模型估计 VaR,实证结果发现对于全部的发达经济体市场和大部分新兴市场 GARCH 类模型明显好于 RiskMetrics。

1.2.2 GARCH 类模型

现实中,大部分金融收益率并不服从正态分布,而且存在着明显的尖峰厚尾特征。此外,波动率本身还具有聚集性、时变性、非对称性、长记忆性等典型事实。因此,寻找更符合现实的收益率分布函数和更好地捕捉波动率动态特征的模型就成了参数类模型两个可能的改进方向。

以 ARCH 模型[4] 和 GARCH 模型[5] 为基础的 GARCH 家族类模型被广泛地用于刻画金融时间序列条件波动率的动态特征。本文采用文献中常用的标准 GARCH 模型和具有非对称效应的 gjrGARCH 模型[6]。

正态分布经常被用于模型参数的估计,但其可能无法很好地捕捉金融收益率有偏和尖峰厚尾的典型事实,从而导致 VaR 的低估。为此,大多数文献[7-8] 采用能有效捕捉时间序列有偏和尖峰厚尾特征的偏 t 分布(skew student-t,sstd)作为模型的条件分布假设。最后使用最大似然估计(MLE)方法结合偏 t 分布的概率密度函数,即可得到最大似然函数。

值得注意的是,另一类常用于刻画波动率的模型是随机波动率(Stochastic Volatility,SV)模型。但文献中并没有明显的证据表明 SV 模型的 VaR 预测表现优于 GARCH 类模型。因此,本文关于参数类模型的波动率建模主要采用 GARCH 类模型。

1.2.3 已实现波动率(Realized Volatility,RV)类模型

自从已实现波动率 RV 的概念被引入以后,已经有越来越多的学者关注 RV 的估计及其应用[9-10]。与 GARCH 类模型以及随机波动率模型相比,已实现波动率方法无须复杂的参数估计,很好地解决了 ARCH 模型和随机波动率模型中的维数灾难问题。

Andersen 等[11-12] 证实已实现波动率在一定条件下是真实波动率的无偏估计,并且受到过去的 RV 的影响,具有尖峰厚尾、不对称性和长记忆性等特征,对数形式的 RV 的无条件分布还近似于正态分布。文献中常引入 ARFIMA 模型,用于刻画时间序列的长记忆性过程,关于长记性过程及其应用的综述还可以参考 Baillie[13]。自然地,能够刻画长记性过程的 ARFIMA 模型经常被用于对 RV 和 lnRV 的建模[14-15]。

此外,Corsi[16] 指出,分整模型仅是一个便利的数学技巧,缺乏明确的经济解释,还因为构建分数差分算子,导致大量交易信息的损失。因此,Corsi[16] 基于异质市场假说和 HARCH 模型[17] 构建了一个已实现波动率近似长记忆模型——HAR-RV 模型。在自回归结构下,它能够同时捕捉已实现波动率持续性的日度、周度和月度成分。通过实证检验和 Monte Carlo 模拟证实,作者发现 HAR-RV 模型对于已实现波动率的样本外预测能力明显优于短记忆模型(如 ARMA),而与 ARFIMA-RV 模型非常接近,但 HAR-RV 模型估计方法更为简便。作为一个改进,本文应用考虑了杠杆效应与日内价

格跳跃现象的非对称 HAR–RV–CJ 模型。

1.3 半参数模型

半参数模型综合了参数模型和非参数模型各自优势，而且回避了关于收益率分布假设可能造成的模型误设，模型选择非常自由灵活。

1.3.1 滤波历史模拟法 (Filtered Historical Simulation，FHS)

FHS 模型将 HS 方法的优势和条件波动率模型的灵活性相结合，通过条件波动框架中的自举抽样回报来实现 VaR 的估计。其中，条件波动率模型可以参考之前介绍的参数模型中的 GARCH 类模型，然后标准化残差的自举抽样保证了 FHS 具有非参数性。所以，FHS 属于半参数模型类。文献中普遍认为半参数 FHS 方法提供了准确的 VaR 预测，也提供证据证实了条件波动率的滤波 (Filtering) 过程对于 VaR 估计的重要性[18]。

1.3.2 CAViaR 模型

Engle 和 Manganelli[18-19] 开创性地对 VaR 直接进行条件自回归建模，提出了 CAViaR (Condition Autoregressive Value–at–risk) 模型。与参数模型需要假定特定条件分布不同，CAViaR 模型不对收益率的条件分布做任何设定，而是直接关注条件分位数本身的动态特征，其一定程度上避免了由于条件分布的错误假定带来的模型误设。其中，模型暗含的一个经验事实是，股票市场收益率通常会随着时间而变化，从而导致收益率分布存在自相关，进而收益率的分位数也存在自相关性。VaR 的本质就是收益率序列在特定置信水平下的分位数，因此，一个自然的方式是用经典的自回归模型直接拟合分位数 VaR 的这种动态特征。原文给出了四种特殊形式的 CAViaR 模型，本文采用允许存在非对称效应的非对称 CAViaR 模型。

Bao 等[20] 证实如果市场处于平稳期，CAViaR 模型能够提供准确的 VaR 估计。总的来说，现有文献中关于 CAViaR 模型的扩展和应用相对较少，并且提供了不太准确的 VaR 估计[21]。

1.3.3 极值理论法：广义帕累托分布 (Generalized Pareto Distribution，GPD)

由于传统的 VaR 估计模型在处理金融市场极端风险时常常低估资产的真实风险，因此许多学者将极值理论 (Extreme Value Theory，EVT) 引入金融风险管理中，通过考察资产收益率分布的极端尾部情况，利用分布来逼近收益序列的尾部分布，从而提高对 VaR 估计的准确性。目前，已取得了许多有价值的研究成果[22-23]，为股市波动的极端风险测度方法奠定了坚实的理论和实证基础。

极值理论有多个模型可以用于分位数的估计，本文主要使用广义帕累托分布。GPD 考察的是分布函数中那些超过某个确定阈值的数 (超过值) 的分布情况，可以提供更为精确的超过值分布函数。当使用 GPD 方法时，阈值的选择十分重要，实际操作中，通常取比正态分布的分位数充分大的数。一旦阈值确定，GPD 分布函数的参数就可以通过最大似然法估计得到。

极值理论没有假设特定的模型，一定概率能够预见突发事件的发生，因此，一些学者证实基于 EVT 的 VaR 估计表现要好于其他 VaR 估计模型[22-24]。但也有学者证实 EVT 模型样本外表现并未显著好于其他 VaR 估计模型[25]。

2 实证结果

2.1 数据与描述性统计

本文选取 2005 年 1 月 4 日至 2016 年 12 月 30 日（共 2916 个交易日）的上证综指、深圳成指与沪深 300 指数作为中国股票市场的研究样本。已实现波动率采用能够较好平衡数据精确性和微观结构噪声的 5 min 取样频率[9]。中国股市每个交易日共有 4h（即 5×48min）连续竞价交易时间，因此，每个指数共有 2915×5×48 个高频观测值。将样本分成样本内（in-sample）和样本外（out-of-sample），分别用于模型估计和预测。样本外的时间跨度是 2012 年 11 月 21 日至 2016 年 12 月 31 日（共 1000 交易日），期间包含了 2015 年"股灾时期"（2015 年 6 月 15 日至 2016 年 1 月 31），这将对本文中的 VaR 模型形成很大的挑战。同时，样本外的剩余时期都相对比较平稳，因此，既包括市场稳定期又含有极端波动期的样本外选择可以保证实证结果的稳健性。

表 1 给出了每个指数的描述性统计量。从表 1 可以看到三个指数收益率均值大小相当，深圳成指的已实现波动率的均值相对较大，说明深圳市场的风险较大，这也可以从三个指数收益率的标准差看出。另外，从偏度和超额峰度值可以看到三个指数的收益率呈现明显的左偏和尖峰厚尾特征。Jarque-Bera 检验[29]在 1%显著性水平拒绝正态分布的原假设进一步证实了收益率具有尖峰厚尾的特征。因此，能有效捕捉有偏和尖峰厚尾特征的偏 t 分布被广泛应用于金融时间序列建模。收益率和收益率平方序列的 Ljung-Box 检验[30]表明三个指数序列存在明显的自相关和异方差性质。已实现波动率的 Ljung-Box 检验[30]也进一步表明市场波动率都具有自相关性。由此可以看到，由于 GARCH 类模型可以很好地捕捉收益率的异方差性质，因此被广泛地用于金融时间序列的建模。

表 1 中国股票市场代表性指数描述性统计

	均值	最小值	最大值	标准差	偏度	超额峰度	JB 检验	Q(10)	Q²(10)
上证综指：2005/01/01-2016/12/31（共 2915 个观测值）									
收益率（%）	0.031	-9.256	9.035	1.739	-0.551	3.884	0.000	0.000	0.000
RV	2.660	0.080	69.250	4.590	6.288	58.201	0.000	0.000	0.000
深证成指：2005/01/01-2016/12/31（共 2915 个观测值）									
收益率（%）	0.041	-9.750	9.161	1.964	-0.490	2.685	0.000	0.000	0.000
RV	3.289	0.016	63.022	4.936	5.485	43.449	0.000	0.000	0.000

	均值	最小值	最大值	标准差	偏度	超额峰度	JB 检验	Q(10)	Q²(10)
沪深 300：2005/01/01–2016/12/31（共 2915 个观测值）									
收益率（%）	0.043	−9.695	8.931	1.855	−0.522	3.321	0.000	0.000	0.000
RV	2.980	0.080	69.580	4.870	6.055	53.675	0.000	0.000	0.000

注：本表分别报告上证指数、深证成指和沪深 300 指数收益率及已实现波动率的描述性统计。表中还报告了 JB 检验和 LB 检验的 p 值。JB 检验是 Jarque-Bera 检验[29]，其原假设是序列服从正态分布。Q(10) 和 Q²(10) 分别表示序列和序列平方滞后 10 阶的 Ljung-Box 检验[30]，其原假设是序列不存在自相关。

2.2 MCS 检验结果

前面已经详细综述了文献中常用 VaR 估计模型及其应用，所有模型的 VaR 预测均采用一步向前（1-step-ahead）的滑动（Rolling）方法估计样本外 VaR 预测值，滑动窗口长度固定为 1000。通过滚动预测，最后得到 1000 个样本外 1%VaR 预测值（《巴塞尔协议Ⅱ》要求金融机构必须报告的风险水平）。

此外，自从 Bates 和 Granger[26] 的开创性工作以来，大量文献[27-28] 证实可替代模型集的模型通过一定方式的组合能够改进模型集里单个模型的预测能力。因此，本文在现有模型基础上，采用文献常用的组合均值和组合中位数两种模型组合策略，考察其是否带来更准确的 VaR 测度改进以及能否显著战胜标准 GARCH 模型。具体地，本文总共构造了 11 个 VaR 估计模型，包括 9 个文献中常用的 VaR 估计模型和两个模型组合策略，最后应用 MCS 检验对不同模型的样本外预测能力进行评价。

表 2 给出了基于 MCS 检验[31] 进行 10000 次自举实验得出的 p 值。由于 MCS 方法可以构造最优模型集，因此在某一给定的显著性水平（本文设为 10%）排除于最优模型集之外的模型一定不是最优，某一模型对应的 p 值决定该模型是否属于最优模型集。具体地，在表 2 中，ELI 表示在 10% 显著性水平被 MCS 过程消除，粗体表示对应检验最大 p 值。

表 2 基于 MCS 检验模型样本外 VaR 预测表现比较

	上证指数			深圳成指			沪深 300		
	ALF	RLF	FLF	ALF	RLF	FLF	ALF	RLF	FLF
GARCH	**1.000**	**1.000**	**1.000**	0.599	**1.000**	0.986	**1.000**	**1.000**	**1.000**
HS	ELI	ELI	ELI	ELI	ELI	ELI	ELI	ELI	ELI
RM	0.189	ELI	ELI	0.405	ELI	ELI	0.290	ELI	ELI
GJR	0.441	0.996	ELI	0.488	**1.000**	0.352	0.679	0.690	**1.000**
ARFIMARV	ELI	ELI	ELI	ELI	ELI	ELI	ELI	ELI	ELI
HARRV	ELI	ELI	ELI	ELI	0.111	ELI	ELI	ELI	ELI
FHS	0.142	ELI	ELI	0.303	ELI	ELI	0.231	ELI	ELI

续表

	上证指数			深圳成指			沪深 300		
	ALF	RLF	FLF	ALF	RLF	FLF	ALF	RLF	FLF
EVT	ELI	0.284	ELI	ELI	**1.000**	ELI	ELI	0.396	ELI
CAViaR	0.435	0.820	ELI	0.599	0.974	0.158	0.679	ELI	0.111
Med	0.361	0.942	ELI	**1.000**	**1.000**	**1.000**	0.290	ELI	0.986
Mean	0.441	**1.000**	0.404	0.599	**1.000**	**1.000**	0.679	0.571	**1.000**

注：本表报告了各模型在非对称损失函数（ALF）[32]、监管损失函数（RLF）[33] 和公司损失函数（FLF）[34] 下的平均损失和 MCS 对这些损失函数的检验结果的 p 值。ELI 表示模型被 MCS 检验消除，加粗表示最好表现的模型，即 MCS 检验的最大 p 值。

表 2 一个明显特征是对于三个不同市场指数，在三个损失函数下均留在最优模型集的模型只有 GARCH 模型和均值模型组合（Mean），因为这两个模型都在最优模型集里，因此不能判断哪个模型显著优于另一个模型。由此可以得出以下主要结论：①最优模型通常是多个模型的集合，而 GARCH 和均值模型组合在本文考虑的所有情境下都存在于最后的最优模型集合里，因此，GARCH 模型和均值模型组合大多数情况显著好于其他模型，但没有明显证据证明均值模型组合策略模型显著优于 GARCH 模型。②均值模型组合提升了基准模型集的预测效果，并且表现非常稳定，但仍然无法打败 GARCH 模型。③部分复杂模型在某些情景下表现更好，但考虑跨市场或者不同损失函数时，结果就不稳健（例如，深圳成指下 EVT 模型和 CAViaR 模型），因此更为复杂的 VaR 估计模型并不能一致显著地优于 GARCH 模型。

2.3 为什么简单 GARCH 模型难以被打败

前文的实证研究证明很难找到某一模型策略，在不同损失函数下，用其对三个市场指数进行 VaR 估计的效果可以一致地显著优于 GARCH 模型。而且基于不同估计窗口和预测窗口也不能完全解释这一实证结果。本文尝试从理论和实际应用的角度提出以下可能的解释：

首先，单个模型可能只在某一时间段内表现出较高风险测度精度，其测度表现具有很强的不稳定性[35]。例如，当极端事件发生引起金融市场剧烈波动时，考虑基于极值理论（EVT）的 VaR 估计模型可能优于其他模型。然而极端事件通常是小概率事件，在大多数情况下 EVT 模型可能造成实际风险的高估。另外，由于金融资产价格受到宏观因素的影响，最优 VaR 估计模型很可能随着宏观环境的变化而变化，即最优 VaR 模型是随时间变化的。也就是说，并不是模型越复杂越好，简单模型也可能有很好的预测表现。

其次，现有研究对风险测度结果的检验方法还不够严谨，大多数研究没有给出统计推断的结果，仅根据 VaR 序列的失败率数值来判断各类模型的风险测度精度，因此并不知道两个模型之间 VaR 的预测差异是否显著。一个模型预测表现优于另一个模型很可能只是由于统计误差导致的。进一步地，从监管层面要求 VaR 失败率尽可能接近覆盖率水平，而公司层面还要求那些未失败的情况下 VaR 的估计不能太过高估，以减少持有资本的机会成本。因此，基于监管损失函数（RLF）和公司损失函数（FLF）对 VaR 不同目的的考察，也会导致一些模型的表现失效。

再次，无论是风险预测还是波动率预测研究，研究者的目的都是为了找到相应的最优模型。已有的文献存在很大分歧的主要原因是研究者认为"最优模型只有一个"[36]。然而，Hansen 等[31]指出，由于人们不能获得所有的相关数据（例如，投资者的偏好或者效用函数）以及数据提供的信息量不足，在给定置信区间内的最优模型可能不止一个。最优的样本外预测模型更可能是多个模型的集合。在这种情况下，研究者只能找出包含最优模型的一个较小的集合，称作最优模型集（SSM）。本文实证结果表明，最后的最优模型集通常都不止一个模型，GARCH 模型也属于这个最优模型集合。

最后，中国股票市场的特殊性。本文主要以中国股票市场为研究对象，实证结果可能具有一定特殊性，然而 Kuester 等[18]和 Kruse[37]基于各种不同的 VaR 估计模型，分别采用纳斯达克指数和标普 500 期货指数也证实了 GARCH 模型的优越性。此外，Slim 等[38]基于包含有中国股票指数的 MSCI 新兴市场指数数据，综合比较了 21 个不同 GARCH 类模型，实证发现，标准 GARCH 模型最适合用于新兴市场的 VaR 预测。这和本章的发现共同支持了标准 GARCH 模型在 VaR 估计中的优越性可能在新兴市场的普适性。

3 结 论

市场风险的准确测度是现代金融风险管理的一个非常关键的议题，现有研究在最优 VaR 测度模型方面并没有一致的结论。本文运用现有的 9 个 VaR 估计模型结合两个常用的模型组合策略共 11 个模型重新研究了这一重要议题。基于中国股票市场三个代表性指数数据以及 VaR 有效性检验和统计推断 MCS 方法，实证结果表明，很难找到一个模型能够显著优于 GARCH 模型。这一发现打破了人们对于模型越复杂预测效果越好的传统认识，对复杂 VaR 测度模型在中国股票市场的实用性形成挑战。当估计窗口和样本外时间调整以后，简单 GARCH 模型依然很难被打败。

参考文献

[1] Markowitz H. Portfolio Selection [J]. The Journal of Finance, 1952, 7 (1): 77-91.

[2] Beder T S. VAR: Seductive But Dangerous [J]. Financial Analysts Journal, 1995, 51 (5): 12-24.

[3] McMillan D G, Kambouroudis D. Are RiskMetrics Forecasts Good Enough? Evidence from 31 Stock Markets [J]. International Review of Financial Analysis, 2009, 18 (3): 117-124.

［4］Engle R. F., Autoregressive Conditional Heteroscedasticity with Estimates of the Variance of United Kingdom Inflation［J］. Econometrica，1982，50（4）：987-1007.

［5］Bollerslev T. Generalized Autoregressive Conditional Heteroskedasticity ［J］. Journal of Econometrics，1986，31（3）：307-327.

［6］Glosten L R., Jagannathan R，Runkle D E. On the Relation between the Expected Value and the Volatility of the Nominal Excess Return on Stocks［J］. The Journal of Finance，1993，48（5）：1779-1801.

［7］Giot P., Laurent S. Value-at-risk for Long and Short Trading Positions［J］. Journal of Applied Econometrics，2003，18（6）：641-663.

［8］Braione M., Scholtes N K. Forecasting Value-at-risk under Different Distributional Assumptions ［J］. Econometrics，2016，4（1）：3-29.

［9］Andersen T. G., Bollerslev T. Answering the Skeptics：Yes，Standard Volatility Models do Provide Accurate Forecasts［J］. International Economic Review，1998，39（4）：885-905.

［10］Christoffersen P., Feunou B，Jacobs K，et al. The Economic Value of Realized Volatility：Using High-frequency Returns for Option Valuation［J］. Journal of Financial and Quantitative Analysis，2014，49（3）：663-697.

［11］Andersen T. G., Bollerslev T，Diebold F X，et al. The Distribution of Realized Stock Return Volatility［J］. Journal of Financial Economics，2001，61（1）：43-76.

［12］Andersen T. G., Bollerslev T，Diebold F X，et al. The Distribution of Realized Exchange Rate Volatility［J］. Journal of the American Statistical Association，2001，96（453）：42-55.

［13］Baillie R. T. Long Memory Processes and Fractional Integration in Econometrics ［J］. Journal of Econometrics，1996，73（1）：5-59.

［14］Andersen T. G. Bollerslev T., Diebold F X，et al. Modeling and Forecasting Realized Volatility［J］. Econometrica，2003，71（2）：579-625.

［15］魏宇. 沪深 300 股指期货的波动率预测模型研究［J］. 管理科学学报，2010，13（2）：66-76.

［16］Corsi F. A Simple Approximate Long-memory Model of Realized Volatility［J］. Journal of Financial Econometrics，2009，7（2）：174-196.

［17］Müller U. A., Dacorogna M M，Davé R D，et al. Volatilities of Different Time Resolutions-Analyzing the Dynamics of Market Components［J］. Journal of Empirical Finance，1997，4（2）：213-239.

［18］Kuester K., Mittnik S，Paolella M S. Value-at-Risk Prediction：A Comparison of Alternative Strategies［J］. Journal of Financial Econometrics，2006，4（1）：53-89.

［19］Engle R. F., Manganelli S. CaViaR：Conditional Autoregressive Value at Risk by Regression Quantiles［J］. Journal of Business & Economic Statistics，2004，22（4）：367-381.

［20］Bao Y., Lee T. H., Saltoglu B. Evaluating Predictive Performance of Value-at-risk Models in Emerging Markets：A Reality Check［J］. Journal of forecasting，2006，25（2）：101-128.

［21］Abad P., Benito S., López C. A Comprehensive Review of Value at Risk Methodologies［J］. The Spanish Review of Financial Economics，2014，12（1）：15-32.

［22］Poon S. H., Rockinger M., Tawn J. Extreme Value Dependence in Financial Markets：Diagnostics，Models，and Financial Implications［J］. Review of Financial Studies，2004，17（2），581-610.

［23］魏宇. 股票市场的极值风险测度及后验分析研究［J］. 管理科学学报，2008，11（1）：78-88.

［24］ Gençay R., Selçuk F., Ulugülyağci A. High Volatility, Thick Tails and Extreme Value Theory in Value-at-risk Estimation ［J］. Insurance: Mathematics and Economics, 2003, 33 (2), 337-356.

［25］ Şener E., Baronyan S, Mengütürk L A. Ranking the Predictive Performances of Value-at-risk Estimation Methods ［J］. International Journal of Forecasting, 2012, 28 (4): 849-873.

［26］ Bates J. M., Granger C W. The Combination of Forecasts ［J］. Operational Research Society, 1969, 20 (4): 451-468.

［27］ McAleer M., Jiménez-Martín J Á., Pérez-Amaral T. GFC-robust Risk Management Strategies under the Basel Accord ［J］. International Review of Economics & Finance, 2013 (27): 97-111.

［28］ McAleer M., Jiménez-Martín J Á, Pérez-Amaral T. International Evidence on GFC-Robust Forecasts for Risk Management under the Basel Accord ［J］. Journal of Forecasting, 2013, 32 (3): 267-288.

［29］ Jarque C. M., Bera A K. Efficient Test of Normality, Homoscedasticity and Serial Independence of Regression Residuals ［J］. Economics Letters, 1980, 6 (3): 255-259.

［30］ Ljung G. M, Box G E. On a Measure of Lack of Fit in Time Series Models ［J］. Biometrika, 1978 (65): 297-303.

［31］ Hansen P. R., Lunde A., Nason J. M. The Model Confidence Set ［J］. Econometrica, 2011, 79 (2): 453-497.

［32］ González-Rivera G., Lee T. H., Mishra S. Forecasting Volatility: A Reality Check Based on Option Pricing, Utility Function, Value-at-risk, and Predictive Likelihood［J］. International Journal of forecasting, 2004, 20 (4): 629-645.

［33］ Lopez J. A. Methods for Evaluating Value-at-risk Estimates［J］. Economic Review, 1999 (2): 3.

［34］ Sarma M., Thomas S., Shah A. Selection of Value-at-Risk Models ［J］. Journal of Forecasting, 2003, 22 (4): 337-358.

［35］ Stock J. H., Watson M. W. Forecasting Output and Inflation: The Role of Asset Prices ［J］. Journal of Economic Literature, 2003, 41 (3): 788-829.

［36］ Wang Y., Wu C., Yang L. Hedging with Futures: Does Anything Beat the Naïve Hedging Strategy? ［J］. Management Science, 2015, 61 (12): 2870-2889.

［37］ Kruse R. Can Realized Volatility Improve the Accuracy of Value-at-Risk Forecasts ［J］. In Leibniz University of Hannover Working Paper, 2006.

［38］ Slim S., Koubaa Y., BenSaïda A. Value-at-Risk under Lévy GARCH Models: Evidence from Global Stock Markets ［J］. Journal of International Financial Markets, Institutions and Money, 2017 (46): 30-53.

开放政府数据平台绩效评估指标体系研究：
基于公共价值视角 *

寿志勤　　王林川

（合肥工业大学管理学院，安徽合肥　230009）

【摘　要】在大数据和"开放政府"理念的推动下，开放政府数据（OGD）是近年来国内外电子政务和信息管理领域的热点研究领域，OGD服务绩效评估也逐渐成为国内外学者讨论的热点话题。OGD的实施离不开政府这个公共部门的组织基础，而创造公共价值、服务公众是公共部门提供服务的根本目标，因此，本文着重突出OGD平台绩效评估需要考虑的组织因素。本文首先梳理和借鉴了国内外学者OGD相关研究成果，进一步指出以"公共价值"为视角研究OGD绩效评估构成的必要性；运用"公共价值链"工具分析了OGD绩效生成过程，并立足马克·莫尔的公共价值"战略三角模型"，以"公共价值""授权环境""组织运作能力"三个维度构建OGD平台服务绩效评估指标体系。

【关键词】电子政务；开放政府数据；公共价值；绩效评估

1　引　言

据联合国最新电子政务调查报告（2016），和2014年相比，2016年建立开放政府数据（OGD）的国家数量翻了一番，193个国家中有106个都建立了开放政府数据目录，2014年建立目录的只有46个国家。这表明很多国家都开始在OGD方面进行发力。[1] 在这样一个OGD蓬勃发展的背景下，OGD平台绩效评估也正在成为学者和政府绩效管理实践者所关心的热门话题。

事实上，目前国内外已有了不少学者和组织针对如何评估开放数据集、开放数据门户或开放数据项目从不同方面展开了研究。已有研究表明，OGD平台绩效评估的关

* ［基金项目］2016年安徽省软科学计划重大研究项目（安徽省政府数据开放平台研究框架、现状与战略，编号：1607a002012）。

键因素概括起来主要包括数据开放范围、数据质量、数据平台性能、数据管理、开放生态环境等几个方面，大多是采用"以结果为中心的评估指标"（outcome-centric metrics）对 OGD 的实施结果进行评估的。然而，任何 OGD 平台的建设、运营与服务的过程实际上是投入公共资源、权利以创造公共价值的过程，在这个"投入—过程—产出"系统中，究竟能否实现产出的最大化，不仅在于结果的监控，还在于运营过程的管理。[2] 因此，对开放数据过程的评估是十分有必要的，即应该增加"以过程为中心的评估指标"（process-centric metrics），以增强对实施过程的评估与控制。然而，国内外学者的研究并未过多涉及此领域。此外，OGD 的开放主体是以政府为代表的公共部门，其最终目标是利用公共资源（数据）追求公共利益、创造公共价值，但鲜有学者从公共部门创造公共价值的角度对 OGD 运营过程进行分析研究。

基于上面的认识，本文将引入马克·莫尔提出的公共价值"战略三角模型"来构造 OGD 平台绩效评估指标体系。首先，在理解 OGD 定义的基础上从数据"开放方"和"利用方"两方面分析 OGD 的参与主体，即"发布者（公共部门）""合作者""公众"，以及三者之间的互动关系。其次，将公共价值的理念导入 OGD 平台的绩效评估之中，运用"公共价值链"分析工具对 OGD 的绩效生成过程加以分析。最后，立足马克·莫尔的公共价值"战略三角模型"的三个维度构造出 OGD 平台绩效评估指标体系。

2 相关概念

2.1 开放政府数据及其规则

根据《开放数据宪章》，开放数据是指（政府）免费、无差别地向公众开放原始数据，任何个人、企业和社会组织都可以无须授权地对数据进行自由查询和使用。[3] 通常，OGD 需要遵循如下八项规则：完整性（Complete）、原始性（Primary）、及时性（Timely）、可获得性（Accessible）、可机读性（Machine-processable）、非歧视性（Non-discriminatory）、公共性（Non-proprietary）和免授权性（License-free）。各项规则属性特征描述见表1，这也是开放数据服务质量的判定准则之一。

表 1 OGD 八项规则属性绩效特征要求

规则属性	OGD 规则属性绩效特征
完整性	元数据；可下载；机器可读；链接信息；API
原始性	数据是否以原始格式提供，支持进一步的分析利用；数据集应该是主源并包括原始信息；包括收集过程的详细信息
及时性	数据创建和更新时间；数据更新频率；数据是否及时更新
可获得性	数据集应该是可以访问的，并且任何人可以通过任何方式获得

续表

规则属性	OGD 规则属性绩效特征
可机读性	信息应以广泛使用的文件格式（PDF、XLS、DOC、GIF、CSV、XML、RDF、JSON）存储，并且能够进行机器处理；提供与格式相关的文档以及数据可视化工具
非歧视性	任何人都可以随时访问数据，而无须标识自己或提供任何理由（下载数据是否需要注册/登录）
公共性	数据格式是否有产权（是否是商业格式的数据）；没有访问和使用所需的软件许可证
免授权性	数据不受版权、专利、商标或贸易保密规则的约束（涉及隐私、安全和特别限制的除外）

2.2 OGD 参与主体分析

根据 OGD 的定义及其具体实践，我们把 OGD 的参与主体分为"发布者""合作者""公众"三个方面。"发布者"是指 OGD 主管部门，而非数据的直接生产者，其主要职能是收集并发布数据而非生产数据，具体来说一般指对 OGD 门户网站负责的政府部门，负责本部门 OGD 网站需要发布的数据的收集、发布及网站的运维等，下文所提到的"OGD 组织"就是此处所指的"发布者"。"合作者"是指数据的提供者或数据的生产者，"合作者"将本部门持有的数据提供给"发布者"，"发布者"将多方"合作者"提供的数据整合，通过 OGD 平台展现给用户。"公众"是指数据的利用者，这里的数据利用者既可以是普通民众，也可以是公有、私有企业，还可以是以政府为代表的公共部门。

其中，"合作者"和"发布者"共同构成 OGD 的"开放方"，"公众"作为 OGD 的"利用方"。"开放方"与"利用方"并非像传统政府网站那样单向开放的关系，而是双向互动的，二者的连接纽带就是 OGD 平台。"开放方"通过平台向"利用方"提供优质且有用的数据，反过来，"利用方"通过平台向"开放方"提出数据诉求、建议及用户体验等。最优质的数据并不一定是最有价值的数据，只有向公众开放其需要的数据才能使价值创造达到最大化。

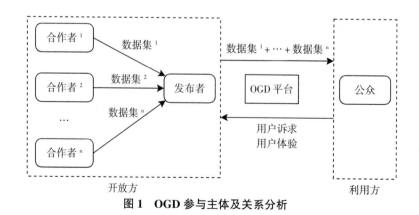

图 1 OGD 参与主体及关系分析

2.3 公共价值及"战略三角模型"

1995 年，莫尔（Moor）提出了一个有关公共价值管理的"战略三角模型"（见图 2）。[4] 该模型主要包括价值、合法性和支持以及运作能力三个维度。其中，"价值"维度是指向引导组织的价值目标，强调价值目标对公共领域的重要性以及对公民期望的表达；"合法性和支持"维度是指向公共价值实现的合法性来源，称为"授权环境"（Authorizing Environment），强调政治支持和其他利益相关者的认同；"运作能力"维度是指向达成价值目标的能力，强调资源可得性和管理运作能力对于价值目标实现的重要性。莫尔认为政府管理的终极目标是为社会创造公共价值，其"战略三角模型"的运行原理是三个维度两两互动产生公共价值。[5]

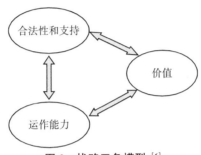

图 2　战略三角模型 [6]

尽管学界对公共价值的定义还未达成统一的认识，但对"公共价值是公众对政府期望的集合"这一定义认可还是比较普遍的，认为价值的概念不仅包括创造收益，也包括了公共部门在追求价值的过程中利用的资源，包括财政资源、立法权威和公民权利，如果公共部门以很小的公共支出或者公民权利的牺牲而达到了价值创造目标，那么就是有效率的。公共价值作为一种框架，将"政府认为重要和需要资源的公共服务供给"与"公众认为重要的需求"连接起来。公共价值的达成，取决于公众的意愿和判断，是公众所获得的一种效用。[2]

3　基于公共价值视角的 OGD 平台绩效分析

3.1　OGD 平台的价值创造过程

公民意愿的实现和公民权利的表达是公共价值概念的核心。一方面，政府将实现 OGD 的公共价值作为其主要的使命和目标，围绕此目标来配置公共资源和公共权利，制定相关政策和服务，以取得公民信任和合法性。另一方面，OGD 平台的公共价值的确定是一个双向沟通的过程（公共价值的创造也是一个多方协同合作的过程），OGD 平台主管部门可以在公共价值的确定过程中发挥其主观能动性，对公民的价值偏好进行积极的引导以及主动收集公众诉求并及时有效地回应。同时，公众在 OGD 平台的公共价值确定的过程中扮演重要角色，可以自由表达对 OGD 平台的诉求和评价，是公共价值的最终决定者。OGD 平台的价值的创造过程如图 3 所示。

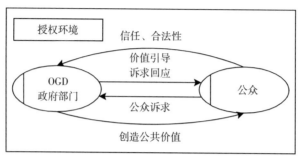

图 3　OGD 平台的价值的创造过程

3.2　OGD "公共价值" 分析框架

在 OGD 生产过程 "价值链" 流程图（见图 4）中，创造公共价值的路径有两条：一是 OGD 主管部门（发布者）收集、整合本部门和 "合作者" 提供的资源通过平台直接服务公众，创造公共价值；二是 "发布者" 利用自身掌握的公共资源（数据等资源）支持 "合作者" 的组织运作、公共服务，达成用户满意，间接地帮助其自身使命价值的完成。基于公共价值视角的 OGD 突出 "合作者" 的作用，将 "发布者" 与 "合作者" 的协作过程纳入到 OGD 平台 "开放方" 的内部流程之中，这里的内部流程不再只是最终指向单纯 "结果" 的一个中间维度，而是关系到更大范围的 "伙伴" 和 "合作生产者"。

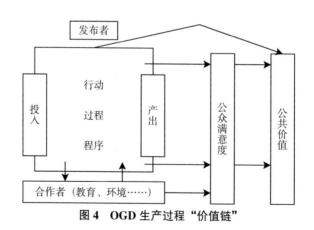

图 4　OGD 生产过程 "价值链"

由此看来，OGD 组织的 "运行能力" 的概念范畴远大于 "组织能力"，原本的 "内部流程" 不再拘囿于组织内部，而是更大范围的合作网络，因此，组织理应关注网络中为其使命提供资金和政治支持的"合作者"、接受服务的"公众"以及这二者所关心问题的满意度等问题。这意味着，仅把网络中为 OGD 组织提供支持的"合作者"当作其完成使命的手段是不够的，一切行动和过程都应该同时关注到"合作者"和"公众"的满意度（即"合作者"的支持是否达到实效，"公众"的诉求是否得到满足），最终产生公共价值（即价值链中的"公共价值"）。

可以发现，公共价值视野下的 OGD 绩效评估开始关注组织本身以外的合作网络绩效（即整体绩效），包括授权环境以及内部流程运作对合作网络整合的绩效影响。如同 BSC 的顾客、内部流程、学习与成长三个维度最终指向财务绩效一样，OGD 组织的授权环境及其运作能力成为组成"公共价值"达成的关键维度。为此，我们在莫尔"战略三角模型"原型的基础上分析得出 OGD 的"公共价值"分析框架（见图 5），它给我们展示了 OGD 可能包含的关键绩效评价指标的分析框架。

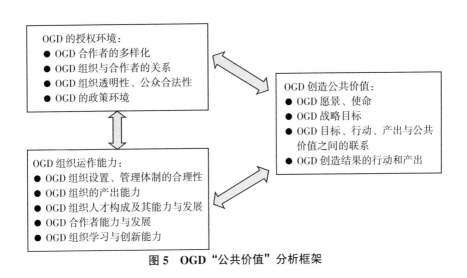

图 5　OGD "公共价值"分析框架

4　基于公共价值的 OGD 平台绩效评估指标体系设计

基于公共价值视角的 OGD 平台绩效评估指标体系如图 6 所示。

4.1　公共价值

OGD 平台创造的公共价值包括高质量的数据集、用户满意度和其他所有的社会结果（政治、经济、文化等）。此外，反映其价值目标的愿景与使命也是公共价值创造的基础与动力（凝聚力）。鉴于 OGD 初创期的社会价值具有延时性和难以量化的特点，本文仅以"愿景与使命""数据服务质量""用户满意度"等作为其二级指标。

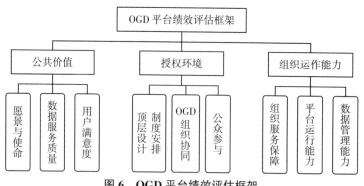

图 6 OGD 平台绩效评估框架

4.1.1 愿景与使命

OGD 管理者应具备战略眼光，在保持组织延续的同时，还要考虑组织未来发展和组织成员持续创造公共价值。"愿景"则是能够鼓舞和引领组织成员朝着同一个方向共同努力的愿望和远景。而从国内外 OGD 发展趋势来看，其愿景就是结合国际数据开放标准，遵循"善治"规则，开放政府数据集，建设"大众创业、万众创新"的公共价值创造平台。而"使命"则是要落实在具体的 OGD 战略行动中，并可以通过制订相关"规划计划"加以实现。有关"愿景与使命"的绩效指标设计如表 2 所示。

表 2 "愿景与使命"服务绩效评价指标

三级指标	四级指标	绩效维度	维度绩效特征描述（度量元）
战略愿景	—	引领性	绩效特征：①是否明确组织战略愿景；②是否包含"以用户为中心"的意义；③是否包含"善治"理念；④是否包含"大众创业、万众创新"目标；⑤战略愿景的解读说明
规划计划	规划	合理性	绩效特征：①发展规划（三年以上）；②规划的合理性；③可在线查阅
	计划	合理性	绩效特征：①OGD 年度全面性的工作要点或安排；②上一年度的全面性工作总结，专项工作总结；③实时更新

"战略愿景"对 OGD 战略发展起到引领的作用，该指标主要考察以下几个方面：是否明确组织战略愿景；是否包含"以用户为中心"的意义；是否包含"善治"理念；是否包含"大众创业、万众创新"目标；战略愿景是否有配套的解读说明。

"规划计划"细化分为"规划"和"计划"两个子指标："规划"主要是指三年以上的 OGD 发展规划，规划应具有合理性，符合当前的发展现状；"计划"是对长期规划的分解，要细化到年度计划或年度重点工作的安排，与计划相配套的应有年度工作的全面总结。此外，规划与计划及总结都应按时在 OGD 平台上公开，让公众实时了解政府的 OGD 项目的战略目标、近期计划及项目进展情况，以增加 OGD 组织的透明性。

4.1.2 数据服务质量

OGD 服务质量需要考虑其数据集主题范围及其对应的数据集内容、数据质量规格和数据透明度。其中，数据集主题范围的确定是根据 OGD 不同发展阶段而定。现阶段国内 OGD 处于初级发展阶段，数据集主题的选取有必要与联合国电子政务调查报告（2016）中关注的数据服务主题领域接轨，即财政资金、医疗健康、教育、社会保障、环境等主题领域。而每一主题领域涉及的数据集以国内政府信息公开分类目录对应的信息栏目为主。

此外，"数据质量规格"要体现数据的开放性，即数据集的呈现要符合表 1 所描述的 OGD 国际规则。同时，对用户来说，数据集服务质量还体现为更容易检索、获得并理解以及易于使用，即"数据透明度"，它包括数据的真实性（Authenticity）、可理解性（Understandability）和重用性（Reusability）。"真实性"主要考察数据来源是否清晰和可靠，为数据的真实性提供了可靠的保障。"可理解性"主要考察数据集是否分别利用文字、标签和类别进行描述，以揭示每个数据集的主要内容。"重用性"指为用户提供开放格式的数据，使用户即使没有掌握太多与数据结构有关的知识，仅使用普通工具就能够对数据进行检索、编目和下载，该项指标的值越高，说明数据集内容被获取和利用就越容易。"重用性"指标绩效特征描述采用 Tim Berners-Lee 提出的关联开放数据五星模型，[7] 以区别数据集可重用的等级程度（见表 3）。"数据服务质量"相关指标构成与设计见表 4。

表 3　数据集重用性等级评分标准

可重用等级	描述	示例格式
0 星级	不可获取或未被开放许可	API/Tool/System
1 星级	网络上获取，能公开使用的数据类型，但为非结构化数据	GIF/JEPG/PDF/DOC/TXT
2 星级	机器可读的结构化数据，即专用格式的结构化数据	XLS（Excel）
3 星级	结构化且开源的格式数据，即非专用格式的结构化数据	CSV/HTML/XML
4 星级	机器可读且含有语义的数据格式（包括 API 接口），使用统一资源标识符（URI）来识别数据集和可定位数据集	JSON/XML
5 星级	使用 W3C 开放标准的关联开放数据集，即数据集可关联上下文信息	RDF/SPARQL/OWL

表 4　"数据服务质量"服务绩效评价指标

三级指标	四级指标	绩效维度	维度绩效特征描述（度量元）
财政资金	数据集内容	丰富性	绩效特征：①财政预算；②财政决算；③三公经费；④审计数据
	数据质量规格	开放性	绩效特征：即八项规则（见表 1）
	数据透明度	真实性	绩效特征：①明确标注数据来源；②数据来源为公众熟知且具有权威性和可靠性
		可理解性	绩效特征：数据集含有文本、标签、类别等描述和解释
		重用性	绩效特征：略

续表

三级指标	四级指标	绩效维度	维度绩效特征描述（度量元）
教育	数据集内容	丰富性	绩效特征：①校园安全数据（校园犯罪数量、犯罪类型和消防安全等方面的数据）；②各学校年度招生计划数据；③教育财政数据；④教育资源配置数据；⑤录取程序和录取结果数据
	数据质量规格	开放性	绩效特征：略
	数据透明度	略	
医疗健康	数据集内容	丰富性	绩效特征：①医疗保险与补助；②疾病控制与公共卫生；③人口统计；④食品药品安全；⑤卫生管理与质量监测；⑥卫生费用；⑦妇幼保健；⑧卫生设施与人员；⑨其他
	数据质量规格	开放性	绩效特征：略
	数据透明度	略	
社会保障	数据集内容	丰富性	绩效特征：①城乡低保中的保障人数及资金使用；②医疗救助中的救助人数及资金使用；③临时救助中的救助人数及资金使用；④农村五保救助人数及资金使用；⑤救灾资金物资调拨使用数据
	数据质量规格	开放性	绩效特征：略
	数据透明度	略	
环境	数据集内容	丰富性	环境信息公开考察点：①空气质量数据；②水环境质量数据；③污染源环境监管数据（含总量控制及重点污染源信息、污染源监督性监测、污染防治）
	数据质量规格	开放性	绩效特征：略
	数据透明度	略	

4.1.3　用户满意度

从政府绩效评估的角度理解，用户满意度是指用户对政府绩效的感知与他们的期望值相比较后形成的一种失望或愉快的感觉程度的大小。[8] OGD 平台服务的用户满意度的产生源于公众在接受 OGD 平台服务的过程中对使用过的在线服务核心功能绩效的感知。"用户满意度"我们考虑从"评价渠道""评价结果"两方面测量。其中"评价渠道"要求数据集、数据应用、数据接口等服务要提供满意度即时评价功能，评价结果可准确提交，评价结果可现在显示；"评价结果"则是数据集、数据应用、数据接口三类用户评价结果的加权平均值。至于数据采集方法及结果的计算本文不做描述。具体的评价指标如表 5 所示。

表 5　"用户满意度"服务绩效评价指标

三级指标	绩效维度	维度绩效特征描述（度量元）
评价渠道	完备性	绩效特征：①提供数据集、数据应用、数据接口等绩效即时评价功能；②评价结果可准确提交；③评价结果可现在显示
评价结果	—	绩效特征：数据集、数据应用、数据接口三类用户评价结果的加权平均值

4.2 授权环境

"授权环境"源自"战略三角模型"的"合法性、支持"维度。在 OGD 语境下，就是以 OGD 生态化发展环境为目标，构建可以促进 OGD 公共价值创造所需要的制度环境、政策环境和资源环境。就地方政府而言，需要顶层设计和基层创新相结合，构建 OGD 生态化发展机制，一是落实顶层设计制度安排，如政府数据资源共享管理办法、大数据发展规划等，提出本地区政府数据服务供给与公众需求相吻合的大数据发展计划以及资金安排；二是出台相关政策支持 OGD 组织协调发展以及 OGD 组织、市场和社会公众形成良性互动，互信互惠；三是注重"互动交流"渠道建设和制度建设，特别要开辟"数据开放申请"，开展"OGD 需求征集及应用创新"，吸引社会公众参与 OGD，共同创造公共价值。有关"授权环境"绩效指标设计如表 6 所示。

表 6　"授权环境"服务绩效评价指标

二级指标	三级指标	绩效维度	维度绩效特征描述（度量元）
顶层设计制度安排	—	支持度	绩效特征：①资金支持：设有专项资金和配套资金支持；资金到位率；②政策支持：出台地方政府数据开放共享管理办法、大数据发展计划等
OGD 组织协同	—	协同度	绩效特征：①协同制度：明确与合作部门协同制度，部门数据开放责任清单制度；②协同效果：部门数据开放责任清单中合作部门占政府部门的比例
公众参与	渠道建设	完备性	绩效特征：①开放服务咨询；②数据需求征集（包括满意度调查）；③数据开放申请；④应用创新活动；⑤其他互动交流栏目
	制度保障	有效性	绩效体征：①渠道服务制度；②渠道应用使用说明；③渠道参与度设计说明（参与度用于评估各互动交流栏目的活跃程度）
	渠道应用成效	活跃度	绩效特征：①开放服务咨询栏目活跃度；②数据需求征集栏目活跃度；③数据开放申请栏目活跃度；④应用创新活动栏目活跃度

4.3 组织运作能力

OGD 组织运作能力建设应以确保促进 OGD 生态化发展及其平台持续创造公共价值为宗旨。根据 OGD "公共价值"分析框架中"组织运作能力"维度的描述，其绩效指标设计需要从"组织服务保障""平台运行能力""数据管理能力"等方面展开。

4.3.1 组织服务保障

组织服务保障是 OGD 项目实施与创新发展的基础，它包括"机构部署"和"人才保障"，具体指标绩效指标设计如表 7 所示。

第一，机构部署。OGD 组织管理体系建设要适应 OGD 生态化发展及其公共价值创造，通过政府机构改革和组织再造，部署面向政府部门、市场和社会公众的 OGD 管理机构、平台技术运营机构和咨询服务机构，并建立统一的 OGD 领导协调小组、联席会议制度和日常事务协调执行机构；同时公开 OGD 组织机构基本信息，以提高组织机构

表 7 "组织保障"服务绩效评价指标

三级指标	四级指标	绩效维度	维度绩效特征描述（度量元）
机构部署	组织机构架构	完备性	绩效特征：①OGD 政府管理部门，涵盖 OGD 资产清单管理、数据质量等级审定、数据开放请求处理、大数据产业发展等职能；②OGD 平台技术运营部门，包括市场化的平台维运机构和大数据加工处理机构；③OGD 咨询服务部门，包括由政府、专家学者和公众代表组成的智库以及第三方咨询机构
	机构管理体制	合理性	绩效特征：①OGD 领导协调小组；②联席会议制度；③日常事务协调执行机构
	机构信息公开	权威性	绩效特征：①机构领导简介；②人员编制（定职、定岗、定编）；③机构职能；④内设部门简介；⑤部门职责、负责人简介；⑥机构服务制度信息公开
人才保障	人才队伍建设	完备性	绩效特征：①信息化人才数量与比例；②人才队伍构成比例（管理运营、大数据专业技术、基本技能服务等岗位的人才比例）；③人才队伍学历结构比例
	组织培训情况	制度化	绩效特征：①信息化培训制度，包括大数据培训制度；②年度信息化人才引进与培训计划；③培训资料或业务辅导编制
		连续性	绩效特征：①年度举办信息化培训活动次数；②年度参加信息化培训人数；③年度引进信息化人才数量

公信力。

第二，人才保障。OGD 组织管理服务体系中的信息化人才数量、相关结构比例以及人才信息素养（特别是数据素养）培育能力是决定 OGD 生态化发展人才队伍保障的重要因素。可以从"人才队伍建设"和"组织培训情况"方面，构建其指标绩效指标。

4.3.2 平台运行能力

遵循信息架构原理，"平台运行能力"指标从"平台架构功能"和"平台架构展现"两个方面进行指标设计（见表8）。

表 8 "平台运行能力"服务绩效评价指标

三级指标	四级指标	绩效维度	维度绩效特征描述（度量元）
平台架构功能	业务服务功能部署	完备性	绩效特征：①数据服务目录体系；②数据集规范化呈现；③API 接口开放；④数据集应用绩效呈现与评价；⑤APP 应用采集；⑥互动交流渠道
	搜索系统功能部署	完备性	绩效特征：①网站内的信息搜索，按关键字搜索（对检索结果可以进行二次检索或通过数据格式、标签、类型等实现精确检索）；②数据集服务目录分类检索；③基于地图的检索
		准确性	绩效特征：搜索结果的准确程度，一般包括①检索条目准确；②检索内容准确；③条目和内容匹配准确等
	网站辅助功能部署	可用性	绩效特征：①网站使用帮助；②数据开放服务制度；③网站统计功能；④联系我们；⑤网站地图；⑥无障碍服务；⑦官方证明
平台架构展现	用户界面(UI)体验	完备性	绩效特征：①图文式分类图标；②新用户操作指南；③移动端界面适配

续表

三级指标	四级指标	绩效维度	维度绩效特征描述（度量元）
平台架构展现	页面效果展示	舒适性	绩效特征：考察页面布局的合理性，门户首页清晰、简洁。①首页长度适中，网站名称栏占首屏的20%~25%；②各个板块界限清晰，可直接聚焦网站主要核心服务功能；③网站主色调不超过3种；④各大版块设计风格比较统一；⑤栏目、版块及信息标识清晰
		便捷性	绩效特征：①页面内容层级的复杂度低（链接层级不超过3层）；②页面路径指示清晰；③可返回上级页面；④可返回主页面
	平台信息架构风格	协调性	绩效特征：二级页面信息架构风格协调一致（与门户信息架构风格协调一致）包括：①平台命名栏目设计的协调一致；②服务导航设计的协调一致；③平台栏目布局及标识设计的协调一致

第一，平台架构功能。有"业务服务功能部署""搜索系统功能部署""网站辅助功能部署"三个四级指标。"业务服务功能部署"，考察网站数据集服务功能的完备性，根据 OGD 平台功能特征，需要部署数据服务目录体系、标准化数据集提供、API 接口开放、数据集应用绩效呈现与在线评价、APP 应用采集、互动交流、网站使用效果分析等功能。"搜索系统功能部署"，旨在提高网站可用性，需要部署"网站内的信息搜索"（按关键字搜索，对检索结果可以进行二次检索或通过数据格式、标签、类型等实现精确检索）、数据集服务目录分类检索（依据目录体系分类进行精确定位搜索）、基于地图的检索。[9]"网站辅助功能部署"，旨在提升网站服务效率，需要提供网站使用帮助、服务制度与服务指南、无障碍服务、联系我们、网站地图等。

第二，平台架构展现。从增强用户交互式体验的视角，考察"用户界面（UI）体验""页面效果展示"和"平台信息架构风格"。"用户界面（UI）体验"，围绕数据集服务，提供图文式分类图标，提供新用户操作指南，提供移动端界面适配。图文式分类图标可以为用户提供更加清晰的导航服务；新用户操作指南可以减少用户浏览网站的时间成本，方便用户使用；而提供移动端界面适配更加符合当前移动互联网迅猛发展的趋势，符合用户使用习惯。"页面效果展示"，围绕数据集主题服务，对门户及其服务目录、服务导航等页面布局的合理性进行考察，相关服务栏目板块及信息标识清晰，便于浏览和查找；遵循"三次点击"原则，页面内容链接层级不超过3层，页面路径指示清晰，可顺利返回上级页面和主页面。"平台信息架构风格"的一致性将影响网站服务质量，需要考察各核心业务功能页面信息架构风格的协调一致（包括与门户信息架构风格的协调一致）；平台命名栏目设计的协调一致；服务导航设计的协调一致；平台栏目布局及标识设计的协调一致。

4.3.3 数据管理能力

"数据管理能力"根据开放政府数据集服务特点需考察"数据目录体系""元数据标准化""关联数据服务""数据辅助服务功能"等指标，具体指标设计见表9。

表9 "数据管理能力"服务绩效评价指标

三级指标	四级指标	绩效维度	维度绩效特征描述（度量元）
数据目录体系	数据分类方式（宏观）	完备性	提供数据资源分类目录：①原始数据目录；②工具目录；③地理数据目录
	数据分类标准（微观）	丰富度	绩效特征：①主题群分类；②地理空间数据目录；③标签分类；④媒体类型/格式分类；⑤组织/机构的类型分类；⑥组织/机构分类；⑦主题学科类别分类
元数据标准化	元数据标准	有效性	元数据必选元素：①标题；②摘要；③关键词（标签）；④更新日期；⑤机构名称；⑥联系人；⑦联系人邮件；⑧唯一标识符
	元数据应用	完备性	数据集采用：①规定的元数据标准；②提供元数据下载功能
关联数据服务	关联数据描述	有效性	绩效特征：①用 URI 命名数据实体；②用 HTTP URI 标识数据实体；③用 RDF 形式提供有用的数据；④提供链接指向其他 URL
	关联数据下载	可用性	①关联数据下载次数；②可关联的数据集数量
数据辅助服务功能	数据导引	有效性	绩效特征：①提供平台数据总量；②数据分类导航；③提供按序排序功能；④提供数据集订阅或收藏功能
	数据展现	完备性	绩效特征：①提供数据集可视化功能；②数据集浏览次数；③数据集预览功能；④提供地理空间工具；⑤数据集下载次数
	数据获取	易用性	绩效特征：①获取数据是否需要注册；②注册复杂程度；③单个数据集有唯一静态 URL

第一，数据目录体系。它是网站数据集服务信息分类组织和用户进行浏览检索的依据与桥梁。通常提供类似目录式的结构进行浏览，绩效特征考察主要从宏观层面和微观层面进行。宏观层面主要考察完整的元数据分类体系，如原始数据目录（Raw Data Catalog）、工具目录（Tools Catalog）和地理数据目录（Geodata Catalog）；微观层面主要考察数据分类标准，如主题群分类、地理空间数据目录、标签分类、媒体类型/格式分类、组织/机构的类型分类、组织/机构分类、主题学科类别分类等。[10]

第二，元数据标准化。它包含"元数据标准"和"元数据应用"。"元数据标准"，主要考察网站是否展示了数据集采用的元数据标准的定义与描述，如元素标题、摘要、关键词（标签）、更新日期、机构名称、联系人、联系人邮件、唯一标识符等。"元数据应用"，主要考察数据集是否采用了规定的元数据标准，并提供元数据下载功能。

第三，关联数据服务。关联数据是 Tim Berners-Lee 提出的一个概念，定义了一种 URI 规范，使人们可以通过 HTTP/URI 机制，直接获得数字资源，从而实现一种 Web 上的富链接机制，有四项关联规则：①使用 URI 作为任何事物的标识名称，不仅是标识文档；②使用 HTTP URI，使任何人都可以参引（dereference）这一全局唯一的名称；③当有人访问名称时，以 RDF 形式提供有用的信息；④尽可能提供链接，指向其他的 URI，以使人们发现更多的相关信息。[11]

第四，数据辅助服务功能。它包括"数据导引""数据展现""数据获取"等指标，考察网站为用户获取数据所提供的便利性和有效性。"数据导引"旨在帮助用户浏览、搜索和利用数据集，包括数据平台总量计算、数据分类导航、按需排序功能以及数据集订阅或收藏等功能。数据分类导航则可以提升用户交互式体验，快速定位所需要的数据集。"数据展现"包括数据集统计功能、数据集预览功能、数据集可视化功能以及提供地理空间工具。数据集统计和预览功能可以节省用户在使用网站查找有效数据时的时间成本。而提供数据集的可视化功能对于政府数据的分析和利用有着重要的作用。提供地理空间分析工具同样也可以使平台开放的地理空间数据得到更加有效的利用与整合。"数据获取"便捷性指标主要考察用户获取数据的难易程度，包括获取数据是否需要注册、注册的复杂程度以及单个数据有唯一静态 URL。用户在获取数据时，注册难易程度直接影响数据的获取便捷性，而单个数据有唯一静态 URL，不仅可以提高网站的访问速度、安全性和稳定性，还有利于搜索引擎检索与收录，提升用户获取有效数据的速度与准确性。

5 总 结

本文从公共价值的视角构建了 OGD 平台服务绩效评估指标体系。OGD 及其平台的运营服务离不开必要的组织管理服务体系，因此"组织运作能力"指标绩效评估指标的设置是必要的。在关注 OGD 平台绩效"结果"的同时，也要考虑"以过程为中心的评估指标"（process-centric metrics），以加强对 OGD 生态化发展过程的管理与控制，并强调"以公众诉求为导向"的服务理念，即公共价值构建实际上是政府、市场和社会公众等维度两两互动交流的过程。此外，从莫尔的"战略三角模型"得到启示，政府在 OGD 实践中应具备战略眼光和战略思维，要明确界定 OGD 的愿景与使命，合理规划生态化发展路径，以此来保证 OGD 平台能够持续创造公共价值。

参考文献

[1] 王益民. 全球电子政务发展现状、特点趋势及对中国的启示——《2016 年联合国电子政务调查报告》解读 [J]. 电子政务，2016（9）：62-69.

[2] 包国宪，DouglasMorgan. 政府绩效管理学——以公共价值为基础的政府绩效治理理论与方法 [M]. 北京：高等教育出版社，2015.

[3] 张涵，王忠. 国外政府开放数据的比较研究 [J]. 情报杂志，2015（8）：142-146+151.

[4] Moor M. Creating Public Value：Strategic Management in Government [M]. Cambridge，MA：Harvard University Press，1995.

[5] 王学军，张弘. 公共价值的研究路径与前沿问题 [J]. 公共管理学报，2013（2）：126-136.

[6] Moore M. H. The Public Value Scorecard：A Rejoinder and an Alternative to Strategic Performance Measurement and Management in Non-Profit Organizations' by Robert Kaplan [J]. Social Science Electronic Publishing，2003.

[7] Bizer C.，Heath T.，Idehen K.，et al. Linked Data on the Web（LDOW2008）[C] //International Conference on World Wide Web. ACM，2008：1265-1266.

［8］南剑飞，熊志坚，张鹏，赵丽丽. 试论顾客满意度的内涵、特征、功能及度量［J］. 世界标准化与质量管理，2003（9）：11–14.

［9］唐斯斯，刘叶婷. 全球政府数据开放"印象"——解读《全球数据开放晴雨表报告》［J］. 中国外资，2014（9）：28–31.

［10］司莉，李鑫. 英美政府数据门户网站科学数据组织与查询研究［J］. 图书馆论坛，2014（10）：110–114.

［11］迪莉娅. 大数据环境下政府数据开放研究［M］. 北京：知识产权出版社，2014.

基于协商机制的 IT 外包项目进度风险控制研究 *

卢福强　　王雷震　　毕华玲　　王　波

(东北大学信息科学与工程学院，辽宁沈阳　110819)

【摘　要】能否有效地控制 IT 外包项目的进度风险在一定程度上决定着 IT 外包项目的成败，IT 外包项目中有发包方和接包方两个独立的个体，双方需要在项目的工期和相应的费用上达成一致。而传统的进度风险控制方法没有考虑到 IT 外包的这一特点。针对这一问题，本文采用协商机制分析 IT 外包进度风险的特点，制定了协商中双方需要遵守的协商协议，设计了相应的建议生成模型和让步策略函数，最后对模型进行仿真并验证协商结果的有效性，分析双方让步策略对协商结果的影响。

【关键词】IT 外包；进度风险控制；协商；项目管理

0　引　言

近年来，信息技术在企业的业务处理、日常办公中发挥越来越重要的作用。在这一过程中，越来越多的企业选择将其信息技术工作外包给外部专业的信息技术服务提供商，ITO（Information Technology Outsourcing）逐渐成为企业在构建自身信息系统时的一个重要战略选择。但企业将信息技术进行外包也面临着很多潜在的风险，包括企业经营的不确定性、丧失创新能力、项目延期导致成本增加等。其中工期控制成功与否在一定程度上决定着 IT 外包项目的成败，近年来受到广泛的关注 [1-2]。

IT 外包项目中发包方和接包方对于工期和费用有不同的偏好，他们都希望工期和费用的方案最大限度地满足自己的要求。发包方希望项目的工期和费用值越低越好，接包方则希望工期和费用值越高越好。但这种偏好的差异往往是非对抗性的，即通常会存在对双方都有利的结果。双方可以采取相关措施来达成一致，解决这类非对抗性

* ［基金项目］国家杰出青年科学基金资助项目（71325002，61225012）；国家自然科学基金资助项目（71401027，71071028，70931001，71021061）；河北省高等学校科学研究重点项目（ZD2016202）。

争议与冲突公认的有效方法是协商、调解和仲裁[3]。协商是个体（Agents）之间进行交流和妥协以达成对彼此都有利的协定的一种方式[4]，现有文献大多是将协商理论应用到电子商务和多 Agent 系统（MAS）领域[5]，并且使用较多的是协商理论中的讨价还价模型。讨价还价理论（Bargaining Theory）主要研究双方开展合作但在合作细节上存在矛盾的情况，它是一种典型的动态博弈问题，并且给出各自的协商策略以最大化协商各方的利益[6]。

1 问题定义和假设

1.1 基本假设

IT 外包中由于发包方和接包方之间存在长期良好的合作关系，发包方往往会指定一个接包方来完成该 IT 项目，并且 IT 外包项目往往是由多个子项目组成，双方需要协商各个子项目的工期和费用。针对这种情况，文中采用 Rubinstein 的轮流出价模型对问题进行分析，建立了一个双边多议题协商模型。建模之前，需要做以下基本假设：

（1）协商成本为零，即不考虑协商成本。

（2）各方的建议评价函数是单调的。

（3）协商前除了保留效用和每轮的效用是私有信息，其他都是完全信息。

1.2 协商议题及其规范化

符号定义：

s：发包方

b：接包方

m：子项目数量

x_{max}^j：第 j 个子项目工期 d 或费用 c 的最大值，即 $x_{max}^j = (c_{max}^j, d_{max}^j)$

x_{min}^j：第 j 个子项目工期 d 或费用 c 的最小值，即 $x_{min}^j = (c_{min}^j, d_{min}^j)$

d_{min}^j、d_{max}^j：第 j 个子项目工期的最小、最大值

c_{min}^j、c_{max}^j：第 j 个子项目费用的最小、最大值

$x_s^{j,t}$：发包方在第 t 轮对于第 j 个子项目给出的建议值，即 $x_s^{j,t} = (c_s^{j,t}, d_s^{j,t})$

$x_b^{j,t}$：接包方在第 t 轮对于第 j 个子项目给出的建议值，即 $x_b^{j,t} = (c_b^{j,t}, d_b^{j,t})$

X_s^t：发包方在第 t 轮对于整个项目给出的建议值，即 $X_s^t = (x_s^{1,t}, x_s^{2,t}, \cdots, x_s^{m,t})$

X_b^t：接包方在第 t 轮对于整个项目给出的建议值，即 $X_b^t = (x_b^{1,t}, x_b^{2,t}, \cdots, x_b^{m,t})$

w_s^j、w_b^j：发包方、接包方对第 j 个子项目的权重

wd_s^j、wc_s^j：发包方对第 j 个子项目工期、费用的权重

wd_d^j、wc_d^j：接包方对第 j 个子项目工期、费用的权重

本文采用下面两个变换公式对议题值进行规范化，使议题的取值范围刚好在 [0，1] 区间。规范化公式如式（1）和式（2）所示。

$$V^s(x_s^{j,t}) = \frac{x_{max}^j - x_s^{j,t}}{x_{max}^j - x_{min}^j} \tag{1}$$

$$V^b(x_b^{j,t}) = \frac{x_b^{j,t} - x_{min}^j}{x_{max}^j - x_{min}^j} \tag{2}$$

1.3 协商框架

1.3.1 交互推理过程

整个协商框架包括协商议题集合、交互推理机制和效用评估决策机制 3 个部分[7-8]。交互推理机制描述协商中双方的轮流出价过程，本文采用 Rubinstein[9-10] 的轮流出价模型对该过程进行描述。

步骤 1：协商开始后协商轮次 t = t′ + 1，判断协商轮次 t 是否满足 t≤t′，如果满足则由发包方按照自己的让步策略提出自己的效用要求，转步骤 2。不满足则协商终止，协商失败。

步骤 2：接包方根据发包方提出的效用要求，按照建议生成模型生成自己的工期和费用，并判断这些工期和费用是否满足接包方自己在本轮的最低效用要求，即判断是否满足 $V^b(X_s^t) \geqslant V^b(t)$，如果满足则协商成功，协商终止。接包方将工期和费用通知发包方，本轮的效用即为最终的效用，本轮生成的工期和费用则为项目最终的工期和费用。如果不满足则转步骤 3。

步骤 3：接包方根据自己的让步策略给发包方提出自己本轮的效用。转步骤 4。

步骤 4：发包方收到接包方提出的效用要求后，需要进行让步。同样，发包方在满足接包方效用要求的前提下生成自己的工期和费用，并判断这些工期和费用是否满足发包方自己本轮的最低效用要求。如果满足则协商成功，协商终止。发包方将工期和费用通知接包方，本轮的效用即为最终的效用，本轮生成的工期和费用则为项目最终的工期和费用。如果不满足，则转步骤 1。

1.3.2 让步策略

让步策略用于在协商没有达成一致的情况下做出让步即提出新的效用值。模型中采用的是双边让步策略，让步策略函数如式（3）所示。

$$V^i(t) = V_i + (1 - V_i)\left(\frac{t_{max} - t}{t_{max}}\right)^\beta \tag{3}$$

其中，i 表示发包方 s 或接包方 b，β 表示让步幅度，V_i 表示个体的保留效用，$V^i(t)$ 表示个体 i 在第 t 轮的保留效用。

让步策略通常可以分为三种类型，即保守策略、线性策略和激进策略。

1.3.3 建议生成模型

建议生成策略用于给出新的建议，即确定各个子项目的工期和费用值。协商中的发包方和接包方都有自己的建议生成模型，所以本文采用层次化的思想对其进行描述。上层是发包方的建议生成模型，下层是接包方的建议生成模型。

上层发包方 s 的建议生成模型：

$$\max \sum_{j=1}^{m} \omega_j^s V^s(x_s^{j,t}) \tag{4}$$

$$s.t. \sum_{j=1}^{m} \omega_j^b V^b(x_s^{j,t}) \geqslant V^b(t) \tag{5}$$

$$d_{min}^j \leqslant d_s^{j,t} \leqslant d_{max}^j, \quad j=1,\cdots,m \tag{6}$$

$$c_{min}^j \leqslant c_s^{j,t} \leqslant c_{max}^j, \quad j=1,\cdots,m \tag{7}$$

下层接包方 b 的建议生成模型：

$$\max \sum_{j=1}^{m} \omega_j^b V^b(x_b^{j,t}) \tag{8}$$

$$s.t. \sum_{j=1}^{m} \omega_j^s V^s(X_b^{j,t}) \geqslant V^s(t) \tag{9}$$

$$d_{min}^j \leqslant d_b^{j,t} \leqslant d_{max}^j, \quad j=1,\cdots,m \tag{10}$$

$$c_{min}^j \leqslant c_b^{j,t} \leqslant c_{max}^j, \quad j=1,\cdots,m \tag{11}$$

2 案例设计

本文设计了一个案例来分析模型的有效性。假设一个 IT 外包项目可以分为 3 个子项目，表 1 给出了各个项目成本和工期的范围、权重等信息。

表 1　IT 外包项目双方初始化信息

子项目	成本范围	工期范围	w_s^j	w_b^j	(wc_s^j, wd_s^j)	(wc_b^j, wd_b^j)
1	[10, 20]	[6, 10]	0.3	0.1	(0.3, 0.7)	(0.3, 0.7)
2	[40, 60]	[20, 40]	0.5	0.4	(0.2, 0.8)	(0.3, 0.7)
3	[30, 50]	[15, 30]	0.2	0.5	(0.4, 0.6)	(0.5, 0.5)

2.1 协商过程及其分析

双方商定的最大协商轮次数 $t_{max}=10$，并且假定双方都采用线性让步策略，即 $\beta=1$。发包方和接包方最终的保留效用 $V_s=0.5$，$V_b=0.4$，由式（3）可以得出双方的让步策略函数为式（12）和式（13）。依据该让步策略函数可以得出双方每轮的最低保留效用。

$$V^s(t) = 1 - \frac{t}{10} \tag{12}$$

$$V^b(t) = 1 - \frac{3}{25}t \tag{13}$$

文中所建立的建议生成模型是一个线性规划问题，采用 Lingo 对问题进行求解，协商的过程和结果如表 2 所示。

表 2　协商过程及结果

协商轮次	$(V^s(t),\ V^s(X_b^t))$	$(V^b(t),\ V^b(X_s^t))$
1	(0.95, 0.18)	(0.94, 0.156)
2	(0.9, 0.329)	(0.88, 0.292)
3	(0.85, 0.414)	(0.82, 0.396)
4	(0.8, 0.5)	(0.76, 0.5)
5	(0.75, 0.586)	(0.7, 0.56)
6	(0.7, 0.67)	(0.64, 0.62)
7	(0.65,)	

由表 2 可以看出经过 7 轮协商后，在满足本轮接包方最低效用 $V_b(t) = 0.64$ 时，也同时满足发包方的最低效用，则协商达成一致。相应地，3 个子项目的费用和工期分别为（10，60，50）和（6，21，30）。由结果可以看出发包方的效用 $V_s = 0.67 > 0.5$，接包方的效用 $V_b = 0.64 > 0.4$。双方最终所获得的效用值都高于其保留效用，体现出协商结果的"双赢"性。此外，将协商所得结果与没有经过协商所获得的结果相比较也可以体现出协商结果的"双赢"性。即发包方直接出示最低效用所生成的费用和工期为（10，60，50）和（6，30，30），由结果可以看出，经过协商项目 2 的工期缩短了 9，而发包方是希望费用越少越好，所以协商结果对发包方有利。接包方直接出示最低效用所生成的费用和工期为（10，40，50）和（6，20，24），由结果同样可以看出，经过协商项目 2 的费用增加了 20，并且项目 2 的工期延长了 1，项目 3 的工期延长了 6，而接包方是希望工期和费用值越大越好，所以协商结果对接包方也有利。

2.2　让步策略分析

上面的结果分析中双方所采用的让步策略为线性策略，即 $\beta = 1$。下面来分析不同让步策略对协商结果公平性的影响。假设最大协商轮次数为 100，保守型让步策略取 $\beta = 0.3$，激进型让步策略取 $\beta = 3$，则协商结果如表 3 所示。

（1）由表中 R 值的变化可以看出，当双方采用相同的让步策略即 $\beta_s = \beta_b = 0.3$、$\beta_s = \beta_b = 1$ 和 $\beta_s = \beta_b = 3$ 时 R 值接近于 1，协商结果的公平性很高并且与 β 的取值无关。即公平性与双方是否采用相同的让步策略有关，而与双方采用何种让步策略无关。

表 3 让步策略对公平性的影响

t_{max}	让步策略		达成协商的轮次	V_s	V_b	R
	s	b				
100	0.3	0.3	97	0.688	0.628	0.876
		1	83	0.794	0.507	1.253
		3	72	0.841	0.413	1.623
	1	0.3	88	0.560	0.718	0.624
		1	63	0.689	0.628	0.878
		3	43	0.786	0.517	1.216
	3	0.3	83	0.503	0.758	0.530
		1	49	0.569	0.712	0.639
		3	28	0.687	0.629	0.872

（2）双方让步策略差别越大协商结果往往越不公平，并且保守一方所获得的利益要大于激进的一方。该结论同样符合预期，即双方在进行协商时，如果一方让步多而另一方让步少，让步较多的一方最终获得的利益肯定会小于让步少的一方。所以企业选择将 IT 项目外包时，可以根据企业自身情况选择合适的让步策略。即企业如果希望获得更多的利益，可以选择保守型让步策略。

（3）企业可以根据协商情况调整自己的让步策略以争取最大的利益。以发包方为例，在协商过程中发包方可以根据接包方提出的效用值的变化趋势来估计接包方的让步策略，并根据估计出的效用值的变化情况来调整自己的让步策略。以表中发包方的让步幅度为 β = 3、接包方的让步幅度为 β = 0.3 为例，协商中接包方让步幅度要小于发包方，根据协商结果可以看出，发包方获得的效益明显少于接包方。此时发包方就可以根据接包方效用变化的趋势 0.9982，0.9964，0.9945，…，0.4 计算出相邻两轮接包方的效用变化值 $\Delta V_b(t) = V_b(t+1) - V_b(t)$。如果效用变化值随着协商的进行而增大，则表明接包方采用了保守型让步策略；如果效用变化值随着协商的进行而减小，则表明接包方采用了激进型让步策略；如果效用值随着协商的进行而均匀变化，则表明接包方采用了线性让步策略。

3 总 结

本文采用协商机制对 IT 外包项目的进度风险进行了分析，设计了相应的建议生成模型和让步策略函数。通过案例分析可以看出，采用协商机制可以提高双方达成一致时的效用值，即验证了协商的"双赢"性，定量化地描述了协商结果的"公平性"。首先，随着协商轮次数的增加，协商结果对双方越来越公平。其次，当双方采用相同让步策略时，协商结果对双方也相对公平。当双方采用不同让步策略时，保守一方获得的利益要大于激进的一方。最后，为了使协商结果相对公平，双方可以在协商过程中针对对方每轮提出的效用值估算其让步策略，并相应调整自己的让步策略。

参考文献

[1] Chitrasen Samantra, Saurav Datta, Siba Shankar Mahapatra. Risk Assessment in IT Outsourcing Using Fuzzy Decision-making Approach: An Indian Perspective [J]. Expert Systems with Applications, 2014, 41: 4010-4022.

[2] 何剑虹, 白晓颖, 胡林平. 软件项目进度风险的定量分析方法 [J]. 计算机科学, 2011, 38 (4): 164-169.

[3] 曹萍, 陈福集, 张剑. 基于进度的软件外包项目风险优化控制决策 [J]. 武汉大学学报（工学版）, 2012, 45 (3): 385-388.

[4] 蒋国萍, 陈英武. 基于关键链的软件项目进度风险管理 [J]. 计算机应用, 2005, 25 (1): 56-58.

[5] 李勇, 李石君. 多 Agent 自动协商 [J]. 计算机工程, 2003, 29 (6): 59-63.

[6] Ariel Rubinstein. Perfect Equilibrium in a Bargaining Model [J]. Econometrica, 1982, 50 (1): 79-97.

[7] 黄敏, 孙宪丽, 卢福强等. 虚拟企业分布式风险管理决策模型与算法 [M]. 北京: 科学出版社, 2014: 172-226.

[8] 孟凡丽, 黄敏, 王兴伟. 基于双边多议题的 Pareto 最优协商研究 [J]. 计算机工程, 2011, 37 (1): 7-9.

[9] 张宏, 何华灿. 多 Agent 自动协商策略和算法 [J]. 计算机应用, 2006, 26 (8): 1935-1937.

[10] 蒋晓蕙, 王兆明, 凌永辉. 多 Agent 协商理论探讨 [J]. 中国管理科学, 2007: 475-481.

汽车供应链可靠性的关键技术研究

路正南　衣珊珊　朱新朗

（江苏大学管理学院，江苏镇江　212013）

【摘　要】随着汽车行业的全球化快速发展，汽车供应链成为当前学术领域的研究焦点之一。汽车供应链是一个比较复杂的系统，涉及的环节多、范围广，具有很多的不确定因素。而供应链可靠性是保证这个系统正常运行的关键，因此，汽车供应链可靠性的研究价值不言而喻。文章从汽车供应链结构可靠性和关键因素失效原因着手，对汽车供应链的关键技术进行深入研究，具体的研究内容包括以下两个方面：一是从可靠度、失效率、有效度、平均修复时间、交付可靠性等方面对汽车供应链的串联结构和并联结构进行分析；二是对导致汽车供应链失效的问题进行诊断，结合GO模型定量分析汽车供应链的可靠性，这是对汽车供应链进行优化的有益尝试。

【关键词】汽车供应链；可靠性；GO模型；失效诊断

0　引　言

供应链围绕着整个企业核心，通过资金流、物流等把生产商、供应商、销售商和客户连成整体网络，供应链可以提高核心竞争力和实现可持续发展 [1]。国外对于供应链的研究相对较早，在理论与实际中也取得了一定成果。国际非营利的供应链成员提出 SCOR（Supply Chain Operation Reference Model），在慢慢地发展与改进中，成为了一个较为完善的体系；得克萨斯的专家们在对该项目研究中，更多地倾向于研究供应链实时决策的支持系统 [2,3]。20世纪90年代，我国才渐渐开始对供应链进行相关的理论研究。与国外一些发达国家相比，我国的供应链管理研究起步较晚，但是其进程比较迅猛，如今相关研究成果十分丰富并在某些方面取得了很大突破。马仕华、林勇（2015）从现代化管理科学的角度探索供应链管理 [3]。同时，大批有关的供应链项目获批，并在实际中取得了良好的成效。

随着全球汽车工业快速发展，汽车公司的各个责任和角色发生了巨大的变化，这也影响着整个汽车供应链的构成。我国汽车制造业的管理模式和供应链的组成管理与全球化的供应链管理模式有很大差距。最初形成的"纵向一体化"发展模式已经慢慢地不符合现代企业发展的要求，所以中国的汽车企业需要转型升级。而供应链上的竞争已经成为汽车行业的主要竞争点之一。正如 Christopher 所言，"市场之中只有供应链没有企业"。汽车供应链本身就是一个大的复杂的供应链系统，它涉及的方面更广。而越复杂的系统，它的可靠性问题越突出，越需要合理的规划和改善。

1　模型的建立

1.1　指标选取

通过查阅相关的资料，文章提出了以下比较具有代表性的供应链可靠性指标：

（1）可靠度，即在一定的时间等条件下，系统完成任务的概率，如式（1）所示：

$$R(t) = P(T > t) \tag{1}$$

其中，$R(t)$ 表示系统的可靠度函数；t 表示规定的工作时间；T 表示产品发生故障前的时间。

（2）失效率，是指某产品在工作到 t 时没有失效，而再经过 t 时刻，在这段时间内的单位时间内发生失效的概率。其失效概率密度函数如式（2）所示：

$$\lambda(t) = \frac{f(t)}{R(t)} \tag{2}$$

（3）有效度，对于只有"故障""正常"两种状态的可修复系统，系统状态的转移过程可以用 0—1 函数表述，当任意时间 $t > 0$ 时，

$$X(t) = \begin{cases} 1 \\ 0 \end{cases} \tag{3}$$

式（3）中，1 表示 t 时刻系统正常工作；0 表示 t 时刻系统发生故障工作；在时刻 t，系统瞬时有效度为：

$$A(t) = P\{X(t) = 1\} \tag{4}$$

则系统的稳态有效度为：

$$A(\infty) = \lim_{t \to \infty} A(t) \tag{5}$$

1.2　汽车供应链的可靠性分析

汽车供应链系统见图 1。图中零件 l 的供应商有 m 个，用 g_{11}, g_{12}, …, g_{1m} 表示；零部件 e 的供应商有 S 个，用 ge_1, ge_2…, ge_s 表示；汽车制造商 Z 只有 1 个；市场区域 l 的分销商有 n 个，用 fl_1, fl_2, …, fl_n 表示；市场区域 P 的分销商有 n 个，用 fp_1, fp_2, …, fp_n 表示。

供应商　→　汽车制造商　→　分销商

↓　　　　　　　　　　↓

（零件 1……零件 e）　（区域 1……区域 p）

图 1　汽车供应链系统

我们一般从汽车供应链系统本身的组成可知，它一般是由供应商、制造商以及分销商组成的网状模式，可以把汽车供应链中每一个部分看作一个单元，以单元为单位，其供应链是由若干个串并联单元组成的网络结构。每一个单元又是由节点并联与串联构成，所以，我们以节点为单位，汽车供应链就是由不同的节点按照串并联的方式组成的混合网状模型，汽车供应链可靠性分析如图 2 所示。

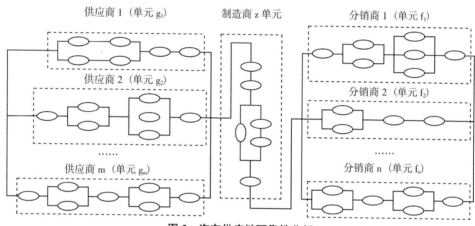

图 2　汽车供应链可靠性分析

图 2 只是表示了单元内部各节点构成的部分结构。可以通过系统可靠性分析的方法，得出内部节点的构成方式和影响各单元可靠性的要素。按内部的框图可以通过串联、并联或混联等描绘出，根据这个方式就能够计算出单元的可靠性。

如果供应商可靠性为 A_{g_1}，A_{g_2}，…，A_{g_n}，

则整个供应商的可靠性为：

$$A_g = 1 - \prod_{i=1}^{m}\left(1 - A_{gi}\right) \tag{6}$$

得出的制造商的可靠性为 A_g，

得出的分销商的可靠性为 A_{f_1}，A_{f_2}，…，A_{f_n}，

同理得出整个分销商的可靠性：

$$A_f = 1 - \prod_{i=1}^{n}\left(1 - A_{fi}\right) \tag{7}$$

则通过上述可以得出多级供应链可靠性。

1.3　GO 模型的建立

GO 法是一种以成功为导向的系统概率分析技术，它的基本思想是把系统图或工程图直接转变成 GO 图[4]。本章主要利用 GO 法来计算汽车供应链的可靠性。为了以下计算方便，文中汽车供应链基于两个零件供应商、两个分销商。假设某汽车公司的供应链系统如下：A 为该汽车企业，该汽车企业的供应商为 G1 和 G2，分别为该汽车公司提供生产必需的两种材料 a1 和 a2；该汽车公司为了保证重要的原材料 a1 的获得不出现问题，又选择供应商 G3 来提供 a1。供应商 G11 和 G12 分别向 G1 提供生产必需的两种重要材料。而 G2 的供应商 G21 和 G22 同时为其提供同一原材料。G31 向 G1 提供生产必需的材料。分销商 F1 和 F2 为汽车企业销售同一产品，假设不存在竞争[5]。将汽车供应链的网络图（见图 3）转化为 GO 图（见图 4）。

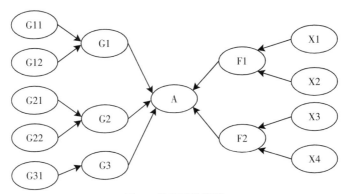

图 3　供应链的网络

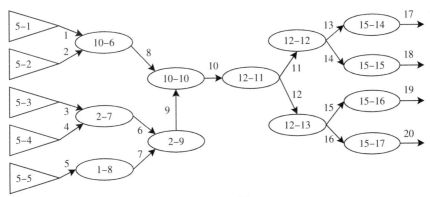

图 4　GO 图

1.4　供应链系统利用 GO 法计算

不同类型的操作符的计算：

（1）两状态单元。当状态处于操作符与输入信号互相独立时，公式如下：

$$P_R = P_S \times P_c \tag{8}$$

$$\lambda_R = \lambda_S + \lambda_C \tag{9}$$

式（8）、式（9）中，P_R 表示输出信号处于成功状态时的概率；λ_R 为输出信号等效故障率；P_C 为操作符成功状态概率；λ_C 为操作符的故障率；P_S 为输入信号成功状态概率；λ_S 为输入信号等效故障率。

（2）或门。当有 M 个输入信号发生故障时，则输出信号也会出现故障，同时考虑操作符成功状态概率。计算公式为：

$$P_R = P_C \times \left[1 - \prod_{i=1}^{M} \lambda_{si} \right] \tag{10}$$

式（10）中，λ_{si} 表示等效故障率（第 i 个输入信号）。

（3）单信号发生器。操作符的成功概率即为单信号发生器中输出信号的成功概率。计算公式为：

$$P_R = P_c \tag{11}$$

$$\lambda_R = \lambda_C \tag{12}$$

（4）与门。如果 M 个相互独立的输入信号中出现一个故障的输入信号，输出信号发生故障，计算公式为：

$$P_R = P_C \times \prod_{i=1}^{M} \lambda_{si} \tag{13}$$

$$\lambda_R = \lambda_C + \sum_{i=1}^{M} \lambda_{si} \tag{14}$$

（5）路径分流器。当存在一个输入信号，M 个相互独立的输出信号时，计算公式为：

$$P_{Ri} = P_C \times P_S \tag{15}$$

$$\lambda_{Ri} = \lambda_C + \lambda_S \tag{16}$$

其中，i = 1，2，3，…，M。

（6）限制概率门。本文中限制概率为 1。计算公式为：

$$P_R = P_S \tag{17}$$

$$\lambda_R = \lambda_S \tag{18}$$

2 模型求解

根据图 3 汽车厂的供应链 GO 图，有 17 个操作符，20 个信号流。表 1 列出了所有操作符的数据，通过式（8）到式（18）得出表 2 中信号流的故障率。

以 λ_G 来代表第 i 个操作符的等效故障率，其中 i = 1，2，…，17。

依据表 2 中信号流 17~20 的等效故障率，分别为 19.126、19.126、24.126、24.126，求出该供应链的等效故障率，进而得出可靠性为 0.80874、0.80874、0.75874、0.75874。

表 1　供应链操作符数据

编号	类型	单元名称	λ/10⁻²d⁻¹	MTTR/d
1	5	供应商 G11	4	3
2	5	供应商 G12	4.5	2
3	5	供应商 G21	4	2
4	5	供应商 G22	6	3
5	5	供应商 G31	6	6
6	10	供应商 G1	6	3
7	2	供应商 G2	6	2
8	1	供应商 G3	4	6
9	2	虚构供应商	0	—
10	10	核心企业 A	2	4
11	12	核心企业虚构	0	—
12	12	分销商 F1	4	3
13	12	分销商 F2	5	2.5
14	15	消费者 X1	0	—
15	15	消费者 X2	0	—
16	15	消费者 X3	0	—
17	15	消费者 X4	0	—

表 2　等效故障率数据（10⁻²d⁻¹）

信号流	故障率	信号流	故障率	信号流	故障率
1	4	8	14.5	15	24.126
2	4.5	9	0.626	16	24.126
3	4	10	15.126	17	19.126
4	6	11	15.126	18	19.126
5	6	12	15.126	19	24.126
6	6.26	13	19.126	20	24.126
7	10.5	14	19.126		

3　结　论

文章运用 GO 法建模研究了汽车供应链的可靠性，通过对汽车供应链的可靠性进行全面分析，提出了解决汽车供应链失效诊断问题可行性方法。首先，利用 GO 法对其关键技术的失效模式进行诊断分析；其次，建立 GO 模型并进行求解，得到精确的可靠性计算结果，从而得出汽车供应链可能存在的问题；最后，可以定位是哪一个环节出现的问题，从而针对该环节进行改善，并以此对汽车供应链进行优化。

参考文献

［1］Mentzer J. T., Dewitt W., Keebler J. S., et al. Defining Supply Chain Management ［J］. Journal of Business Logistics, 2001, 22 (2): 1-25.

［2］Hinkkanen A., Kalakota R., Saengcharoenrat P., et al. Distributed Decision Support Systems for Real-time Supply Chain Management Using Agent Technologies ［C］//Readings in Electronic Commerce. Addison-Wesley Longman Publishing Co. Inc., 1997.

［3］马士华，林勇. 供应链管理 ［M］. 北京：高等教育出版社，2015.

［4］Shen Zupei, Wang Yao, Huang Xiangrui. A Quantification Algorithm for a Repairable System in the GO Methodology ［J］. Reliability Eng and Safety, 2003, 80 (3): 293-298.

DEA 博弈交叉效率模型的应用进展及展望*

王亚虹　骆毓燕　陈　瑶

（成都理工大学管理科学学院，四川成都　610059）

【摘　要】博弈是指通过一定的方法策略得到相应的收益结果，而 DEA 作为一种数学模型则能够理性直观地反映数据现状，因此将这两大领域结合起来研究可以更好地进行事件分析，减小博弈过程中出现的风险。近年来随着博弈思想的不断完善、DEA 模型的不断优化，二者之间存在的问题也逐渐显露出来，但是其具有清晰准确的特点也受到了广大学者的关注和青睐，因此也有越来越多的研究领域将 DEA 博弈的思想融入其中。本次研究将从 DEA 博弈交叉效率模型在各领域中的应用入手，通过对一些学者的观点和研究成果进行梳理，探讨 DEA 博弈应用的分析，并基于 DEA 博弈交叉效率模型优点和缺点分析，提出此模型的适用性与局限性，最后对 DEA 博弈交叉效率模型在各领域应用中的深度和广度进行研究展望。

【关键词】博弈；DEA；DEA 博弈交叉效率模型；应用进展；研究展望

0　引　言

DEA 是一种评价多投入多产出之间相对效率的数学方法。而博弈论因其在运筹学中的重要作用，能够很好地分析竞争条件下的决策问题[1]。由于当今社会发展的复杂多变、数据分析多元化的影响，促使博弈论和 DEA 模型实现了有效的结合。李小胜和宋马林（2015）在基于碳排放效率测量的方法下提出了"零和博弈"数据包络模型[2]，任娟（2015）也针对现有的竞争战略问题进行过研究，并首次运用 DEA 博弈理论将外部研究拓展到内部研究，分析了投入与产出在资源配置和运营范围中的相对重要性以

* ［基金项目］国家自然科学基金项目（71501019）、四川省社会科学研究"十二五"规划 2015 年度课题（SC15C005）、四川省教育厅一般项目（16SB0071）、四川矿产资源中心项目（SCKCZY2014-YB04）、成都理工大学中青年骨干教师培养计划资助项目（KYGG201519）。

及因果关系[3]，这是 DEA 博弈模型在管理科学和资源配置领域具体应用的重要表现。DEA 博弈模型的客观性和完美的解释能力也是它受诸多学者青睐的原因。近年来随着 DEA 模型的完善以及各行业问题所展现出的复杂性以及主观性[1]，越来越多的行业需要能够全面分析问题的 DEA 博弈模型来对本领域的发展现状进行实时分析和评价，因此适宜时代发展的 DEA 博弈交叉效率模型便应运而生。本文将探讨 DEA 博弈交叉效率模型在不同领域中的应用进展，主要包括贸易、管理、供应链、能源、利益分配和绿色生态等，同时通过对 DEA 博弈交叉效率模型进行分析评价，对 DEA 博弈交叉效率模型的适用性和局限性进行论述，从而得出 DEA 博弈交叉效率模型应用的相关结论，即 DEA 博弈交叉效率模型能够广泛应用于各个领域之中，并为其带来不小的收益。

1　DEA 博弈模型的产生与发展

最早的 DEA 博弈模型是 Charnes（1953）提出的，此时模型的主要研究对象仅是约束博弈与线性规划之间的关系[4]，Banker 也提出了无约束的二人零和有限博弈，并给出了 CCR-DEA 的博弈论解释[5]。尽管此时的 DEA 博弈模型仍然停留在理论阶段，但是 Nakabayashi 和 Tone（2006）在衰退机制中提出的多人博弈 DEA 模型将其带入了应用阶段[6]。Rousseau 和 Semple（1995）在考虑 DEA 现实意义的基础上，提出了 TPREG 模型[7]，这不仅是对前述模型的完善与补充，更是在博弈论与 DEA 结合的方面提出了新的观点。

DEA 效率博弈是有关 DEA 博弈的新的发展阶段，基于 Wu 和 Liang（2009）提出的有关 Cross-efficiency 评价排名决策单元和 Shapley value 特征函数[8]，奠定了 DEA 博弈交叉效率研究的基础。作为一个新型模型，它结合了理论指导和应用实践，能够更加具体清晰地阐述问题发生的原因和运作机制，因此越来越受到国内外学者们的青睐。

2　DEA 博弈模型的基本思想与算法

2.1　DEA 模型的基本形式和参数

喻登科和邓群钊（2012）曾对 DEA 博弈模型进行过一个详细的叙述。文章的核心观点认为 DEA 模型其实是一类有着西方经济学基础的线性规划运筹学模型，它的两个基本模型是测量决策单元整体效率的 CCR 模型和测量技术效率的 BCC 模型[9]。因此，对 DEA 模型建立基本算法，并应用公式进行计算后可得到规模收益情况、效率、剩余变量值、投影值、松弛变量与权重等主要参数。

2.2　交叉效率模型基本形式和参数

吴华清等（2010）在前人研究的基础上，分析和改进了传统的博弈 DEA 交叉效率模型，并对现有模型进行了优化[1]，从而提出了一种更具客观性、更加有理论说服力的交叉效率模型。模型的基本思想为：数量为 n 的局中人在各自拥有 m 种标准且共同分配利益的情况下实现效益的最大化，对任意的解建立 n 次模型（d = 1, …, n），以得到相对于所有值的最优交叉效率值；循环增加变量值并重新写入前期最优效率值，以得到所有的最优交叉效率。由于对应的最优集，既保证自身取得最优效率，也使所有其他值达到最优，因此能够实现所有共同值达到交叉效率最大化。

3　DEA 博弈交叉效率模型的应用分析

DEA 博弈的应用体现在诸多方面，但是主要集中在贸易、生态、管理、能源和利润分配等方面，本文将从这些方面选取某个角度来进行研究。

3.1　资本交易

DEA 博弈交叉效率模型有着广泛的应用领域，其中一个就体现在资本交易上。石晓等（2015）就如何选择并购对象及预测并购可行性的问题进行过深入研究，在引入非合作博弈思想的基础上，提出了基于非合作博弈的 DEA 模型的并购交易效率思想[10]。朱卫未和王海琴（2015）则将资源优化配置方面的前沿课题——知识商品化研究，与主从博弈知识相结合，建立知识流动的交易机制，并使用非合作博弈的 DEA 方法，为知识资本定价提供理论依据[11]。张勇等（2007）三人结合热点时事，从我国烟叶生产的实际出发，将 DEA 方法、多元回归方法与完全信息动态博弈模型结合起来，提出了制定烟叶收购交易价格的新思路[12]。以上只是具有代表性的在资本贸易领域中运用 DEA 博弈交叉效率模型进行研究的实例，但是也说明了 DEA 博弈交叉效率模型应用的广度和深度，由此证明它是资本交易领域中问题研究和问题解决的一个不可或缺的重要方法。

3.2　节能减排

环保问题是时下的一个热点问题，生态产业链中遇到的相关问题也成为众多学者关注的对象。王婷婷和朱建平（2015）通过选取我国 2002~2012 年 30 个省份的电力行业数据，在传统效率测算模型不能充分排序的情况下，提出基于 DMU 之间博弈关系的生态—博弈交叉 DEA 模型，并应用该模型对中国省际电力行业能源消耗等情况展开实证分析与讨论[13]。苗壮等（2013）通过对欧盟碳排放的各种原则进行考察研究后，结合中国国情，以我国 2010 年 30 个省区的化石能源碳排放分配指标作为研究对象，运用"零和博弈",采用多阶段 DEA 迭代交叉求解模型,创建了兼顾公平、产值和效率原则的分配机制[14]。苗壮等(2013)还从中国 2015 年 30 个省份的大气污染物的排放权问题处着手,同样引用"零和博弈"的思想,提出多个非径向交叉分配模型,并研究出兼顾节能"减霾"的大气污染物碳排放权分配机制[15]。同样,这几位学者还从能源消费控制方面构建了环境 ZSG-DEA 模型,并将其实证分析结果应用到"十二五"节能指标分配研究中去[16]。李维乾等(2013)在公平分配生态建设的成本以及调动生态保护积极性的问题上引入了 DEA 博弈交叉效率模型,并给出了流域生态补偿额分摊的方案[17]。这些只是 DEA 博弈交叉效率模型在生态环保应用领域中的凤毛麟角,但是却具有客观性和研究性。在基于 DEA 博弈思想的基础上,能够做到具体情况具体分析,并对传统的模型进行改进,使之适应问题发展的需要,这都是 DEA 博弈交叉效率模型灵活性、实时性的体现。

3.3　组织管理

博弈本就是管理学中的一个名词,而 DEA 模型在管理科学中的应用也是数不胜数。因此 DEA 博弈交叉效率模型不仅适用于贸易、环保等领域,而且适用于管理领域。金太军(2007)在区域公共管理的制度变迁问题上提出了新的想法。他针对不同利益主体的博弈困境,提出树立合作的"重复博弈"思维,并辅以 DEA 交叉效率研究方法以实施政府治理形态嬗变的有效引导性对策[18]。张欣和张玉(2010)提出了一种利用 DEA 博弈交叉效率模型进行奖金分配的新方案,该模型无须人为规定各项指标的权重值,使求解结果更精确,是一种更加公平、合理的,适用于企业员工的薪酬管理与分配的新方案[19]。刘天宇和王美强(2014)运用 DEA 博弈交叉效率模型对 2011 年我国 22 家物流运输型企业进行绩效评价,最后根据评价结果,对我国与物流管理相关的企业提出一些可行性建议[20]。厉宏斌(2006)开展了对上市公司并购效益的考察和研究,他采用 DEA 方法,结合零和博弈的思想,对财务数据进行横向和纵向的比较,最后根据结果来判断企业并购行为对其总体绩效的影响[21]。吴华清等(2011)则将救灾管理中的资金配置问题作为研究的重点,在数据包络分析(DEA)与 Nash 博弈模型相结合的基础上,他们建立了一类新的资金配置方法[22]。王雅君等(2015)通过研究制造费用的资源优化配置问题,建立了基于过程—数据的模型,并将数据包络分析(DEA)和联盟博弈分析方法融入此模型之中,解决了研究产品生产过程中制造费用资源配置的若干问题,建立了基于核心解的制造费分配模型[23]。吴华清等(2009)则结合数据包络分析(DEA)与 Nash 讨价还价博弈模型,研究有限资源的合理配置问题,他们在传统 DEA 模型的资源配置方法将陷入困境的前提下,引入 Nash 讨价还价博弈模型,并证明出最优资源配置方案具有唯一性的结论[24]。DEA 博弈模型在管理科学领域被广泛地应用,也说明了其主要思想与管理科学结合的完备性,是管理科学领域问题解决的一个重要研究方法。

3.4 供应链管理

供应链中的 DEA 博弈交叉效率模型也是此领域研究分析中的一个主要方法,正是基于 DEA 博弈交叉效率模型中的算法,使供应链中的优化问题得到了很好的解决。贾颖峰(2005)认为,供应链是一个由相互依赖的组织和过程构建的复杂系统,因此摆脱供应链管理中的诸多麻烦并构建合理的供应链系统,对于企业和市场的发展有着极其重要的作用[25]。王心悦(2008)认为,将 DEA 理论与博弈方法相结合,并考虑供应链的内部成员之间的效能,能够定量地研究整个供应链效能问题[26]。杨黎波(2008)从理论研究的角度考虑分析了上下游企业之间的关联度,并对其进行定量分析,最后利用 DEA 交叉效率算法与动态博弈模型得到均衡解[27]。刘名武等(2015)在"碳交易"政策下,分析了由单个供应商和多个零售商组成的供应链横向合作减排问题,通过计算得到了以 DEA 交叉效率模型为基础的最优成本和实现合作减排的帕累托改进的充分条件,并提出了基于 DEA 交叉效率的兼顾效率和公平的合作减排分摊方法[28]。王美强和李勇军(2015)在供应商输入输出值的模糊数出现比例不大的情况下,认为应首先将个别模糊数进行去模糊化处理,然后基于 DEA 博弈交叉效率模型对供应商进行评价[29]。何忠伟和毛波(2003)讨论了供应链绩效评价基准的选择问题,并提出了一种基于 DEA 交叉效率算法和博弈论聚类分析的方法,来对供应链流程进行绩效评价[30]。钟祖昌和陈功玉(2006)首先在传统 DEA 模型的基础上构建一个基于网络的交叉效率 DEA 综合性供应链绩效评价模型,并通过一系列实例展示了网络 DEA 的优越性[31]。洪伟民和刘晋(2006)认为,作为一个典型的多目标决策问题,供应链的合作伙伴综合评价无疑会成为一个很好的切入点,因此他们着眼于研究并建立一个合作伙伴博弈的层次评价模型,在此基础上,结合 DEA 优点,提出基于 DEA/AHP 的综合评价法并设计一个算例来验证评价方法的可行性[32]。Ahn 和 Lee(2004)提出,供应链管理的一个主要目的在于提高供应链的全球效率,因此他们认为应设计一种基于博弈论的实际供应链管理协作设计方法,在这个方法中,代理商通过使用 DEA 模型来寻找最合适的供应方法[33]。可见,在供应链的构架和实施方面,使用 DEA 博弈模型可以解决很多问题,并且提高研究的效率。

3.5 利益分配

博弈 DEA 模型作为一种统计分析的新方法,在处理数据、分析相关联系等方面都有着十分重要的作用。邱大芳(2013)通过对扩大对风电模式的博弈分析进行研究,剖析了各个参与方相互之间复杂的利益关系,并在博弈模型的运用下分析出在不同的情况下各自的行为选择趋向,解决了风电打捆外送模式下超额利益的分配问题[34]。李小胜和宋马林(2015)应用 DEA 博弈交叉效率模型在对我国碳排放额度分配的效率进行研究后,为我国进一步推进节能减排、实施宏观调控提出了意见和建议[2]。孙玉华和曾庆铎(2013)基于 DEA 博弈交叉效率的二阶段网络系统的研究,给出了一种二阶段网络系统的固定成本分摊方法，并且为决策者更好地进行分配提出了良好的建议[35]。赵树宽等（2013）在应用 DEA 博弈交叉效率方法对吉林省高技术企业创新收益分配进行研究后，得出了要充分发挥政府职能作用、强化政策支持、创新战略联盟的结论[36]。盖璐璐和施琴芬（2012）认为，团队成员应在知识共享的协同效应下采取积极的合作策略来实现最优化的利益分配，因此他们建立了 DEA 博弈模型，并使用改进排序方法来得到贴近度最高的利益分配类型[37]。由此可以看出，在实现利益的最大化和利润分配的最优化问题上，DEA 博弈交叉效率模型同样能够得出有效的结论，并为最优效能的实现提供理论支持。

4　DEA 博弈交叉效率模型的适用性与局限性

4.1　适用性分析

DEA 博弈模型作为新近出现的新式分析模式，有着不可替代的重要作用，并且此模型受到众多学者的重视与研究，更是具有突出的优点和特色。吴杰（2008）认为，该方法在很多领域被认为是一种有效的评估工具，因为其具有处理多输入多输出问题的特点[38]。同样有学者认为，在进行 DEA 博弈效率排序时，该模型能够结合自身特点减少或消除传统 DEA 方法带来的弊端，在判断出全局最优的决策单元的同时达到对所有决策单元进行充分排序的目的[39]。梁樑（2012）认为，该模型能够给出 Nash 均衡解，效率评价更具统一性和合理性；该方法与同类战略识别方法相比，更具客观性和解释能力，分类效果更好[1]。这是关于 DEA 博弈交叉效率模型的优点概述，主要集中在其具有简洁性、全局性、客观性等方面，并对此模型所具有的思想进行了高度评价。

4.2　局限性分析

DEA 博弈交叉效率模型具有客观、清晰、全面、具体等诸多优点，但是由于发展年限短等现实因素，现有 DEA 博弈模型也存在一些问题，其中最常见的便是权重比多重解的问题[40]。喻登科和邓群钊（2012）在对 DEA 方法的应用进行若干思考后对 DEA 博弈交叉效率模型的缺点进行了系统的概述[9]，主要包括以下几点：①无法准确估计 DMU 值；②相对评价和自主评价有一定的冲突；③分辨率低；④指标设计要求较严格；⑤指标数量限制；⑥难以判断指标重要性；⑦无法融入专家偏好；⑧投入产出无滞后期和持续期[41]。这是对博弈 DEA 模型所具有的缺点的一个较为系统完整的评价。Cook 等（2009）认为，效率评价等管理问题仍然是 DEA 博弈研究中的一个重要挑战。吴华清等（2010）则通过对 DEA 博弈模型的分析与发展进行研究，较为详细地阐述了此模型在应用过程中遇到的问题[1]。他们认为，首先，现有文献很少令以竞争关系为主的 DEA 博弈与以合作关系为主的 DEA 博弈方法结合出现。其次，随着竞争激烈程度日益加剧，传统 DEA 的静态分析已经很难再提供高标准的决策参考。最后，无论是早期的 DEA 博弈解释还是最近的 DEA 交叉效率博弈解释，其各自背后的经济与管理含义仍不清晰，如何将行为运筹理论引入 DEA 博弈分析之中，也是值得考虑的问题。同时，这几位学者还认为此模型还存在一些其他的问题，如 DEA 博弈交叉效率模型会存在多重最优解，从而导致交叉效率的值并不是唯一的；此模型使平均权重与平均交叉效率值之间失去关联，不能帮助决策者提出改进决策单元效率的方案；决策单元之间可能存在竞争、合作甚至竞争合作同时存在的情形，现有的交叉效率方法很少考虑到这些情况[42]。姚丽等（2016）在对供应商评价与选择方法进行研究后提出，现今的 DEA 博弈交叉效率模型只能区分决策单元是否有效，而不能直接区分最优解，这不符合企业的真实情况[43]。因此 DEA 博弈交叉效率模型也并不是适用于所有问题的解决。吴德胜（2006）也提出了一些见解，他认为，在实际应用中，DEA 的诸多假设使得此模型的实现受到很多桎梏，如有效评估单元存在过多，不同外在特性的单元无法进行评估等[44]。Phillips 和 Rousseau（1992）在考虑 DMU 投入与产出的同时，建立了新的二人零和有限博弈模型，并发现了这其中存在最优解无法确定的问题[45]。Sengupta（1992）也发现了类似问题[46]。同时 DMU 内存在的博弈合作模型也会导致此交叉效率方法存在黑箱问题[47]。这些都是现有文献中发现的有关 DEA 博弈交叉效率模型的相关不足和劣势。

4.3 DEA 博弈交叉效率模型的研究展望

根据上述对 DEA 博弈模型的总体分析，我们可以看出 DEA 博弈交叉效率模型的未来发展也是困难重重。作为管理科学的名词，博弈充分发挥了它的管理学职能，能够有效具体地对管理方面的问题进行分析与解决，而 DEA 作为一种统计方法，是对数据的高效处理，因此当二者相遇，确实能够发挥无穷的潜力。吴华清等（2010）认为，尽管 DEA 的博弈研究存在诸多不足，但是作为具有广阔应用前景的模型分析方法，DEA 博弈交叉效率模型却有无限的发展空间[1]，因此我们更要取其精华，去其糟粕，强化 DEA 博弈交叉效率模型的优点，并对其存在缺点进行改正。

DEA 博弈模型经历了这几年的发展，正在由不完善逐步走向完善，也由过去狭窄的研究面一步一步向更深更广的研究领域扩展。尽管在现实中它仍存在许多问题，但不可否认的是它所具有的优点也正是许多研究领域所需要的。如何取长补短，如何有效地将 DEA 博弈交叉效率模型与其他方法结合在一起，更加充分地发挥它的作用，也是日后我们需要考虑的问题和研究的方面。

参考文献

[1] 吴华清，梁樑，吴杰，杨锋. DEA 博弈模型的分析与发展 [J]. 中国管理科学，2010，18（5）.

[2] 李小胜，宋马林. "十二五" 时期我国碳排放额度分配评估及效率研究 [J]. 经济科学，2015（5）.

[3] 任娟. 基于博弈 DEA 的竞争战略识别研究 [J]. 管理工程学报，2015，29（4）.

［4］Charnes A. Constrained Games and Linear Programming［J］. Proceedings of the National Academy of Sciences of the United States of America，1953，39（7）：639-641.

［5］Banker R.D. A Game Theoretic Approach to Measuring Efficiency［J］. European Journal of Operational Research，1980（5）：262-266.

［6］Nakabayashi K，Tone K. Egoist's Dilemma：ADEA Game［J］. Omega，2006（34）：135-148.

［7］Rousseau J. J.，Semple J. H. Two-person Ratio Efficiency Games［J］. Management Science，1995，41（3）：435-441.

［8］Liang L.，Wu J.，Cook W D，et al. The DEA Game Cross-Efficiency Model and Its Nash Equilibrium［J］. Operations Research，2009，56（5）：1278-1288.

［9］喻登科，邓群钊. DEA 方法应用的若干思考［J］. 现代管理科学，2012（10）.

［10］石晓，谢建辉，李勇军，梁樑，谢启伟. 非合作博弈两阶段生产系统 DEA 并购效率评价［J］. 中国管理科学，2015，23（7）.

［11］朱卫未，王海琴. 基于两阶段 DEA 的知识资本交易价值度量方法研究［J］. 科学学与科学技术管理，2015（12）.

［12］张勇，池宏，王建军. 我国烟叶收购价格问题研究［J］. 中国管理科学，2007，15（5）.

［13］王婷婷，朱建平. 环境约束下电力行业能源效率研究［J］. 中国人口·资源与环境，2015，25（3）.

［14］苗壮，周鹏，李向民. 借鉴欧盟分配原则的我国碳排放额度分配研究——基于 ZSG 环境生产技术［J］. 经济学动态，2013（4）.

［15］苗壮，周鹏，王宇，孙作人. 节能、"减霾"与大气污染物排放权分配［J］. 中国工业经济，2013（6）.

［16］孙作人，周德群，周鹏，苗壮. 基于环境 ZSG-DEA 的我国省区节能指标分配［J］. 系统工程，2012（1）.

［17］李维乾，解建仓，李建勋，申海. 基于改进 Shapley 值解的流域生态补偿额分摊方法［J］. 系统工程理论与实践，2013，33（1）.

［18］金太军. 从行政区行政到区域公共管理——政府治理形态嬗变的博弈分析［J］. 中国社会科学，2007（6）.

［19］张欣，张玉. 基于 DEA 博弈的企业员工奖金分配模型研究［J］. 中国集体经济，2010（3）.

［20］刘天宇，王美强. 基于 DEA 博弈交叉效率模型的运输型物流上市企业绩效评价［J］. 物流技术，2014（15）.

［21］厉宏斌. 基于 DEA 的上市公司并购绩效研究［J］. 特区经济，2006（11）.

［22］吴华清，梁樑，李勇军，杨锋. 救灾管理中的资金配置——基于 DEA 的分析［J］. 系统管理学报，2011，20（3）.

［23］王雅君，时君丽，樊双蛟. 基于过程—数据模型的制造费用资源优化配置［J］. 工业工程，2015，18（6）.

［24］吴华清，梁樑，杨锋，李勇军. 一类基于投入约束的资源配置 DEA 博弈模型［J］. 系统工程，2009（10）.

［25］贾颖峰. 基于 DEA 的供应链系统剖析及博弈机制设计［D］. 西安建筑科技大学硕士学位论文，2005.

［26］王心悦. 基于 DEA 模型及博弈方法的供应链效能研究［D］. 东南大学硕士学位论文，2008.

［27］杨黎波. 基于博弈分析的供应链绩效评价指标体系研究［D］. 重庆大学硕士学位论文，2008.

［28］刘名武，万谧宇，吴开兰. 碳交易政策下供应链横向减排合作研究［J］. 工业工程与管理，2015，20（3）.

［29］王美强，李勇军. 输入输出具有模糊数的供应商评价——基于 DEA 博弈交叉效率方法［J］. 工业工程与管理，2015（1）.

［30］何忠伟，毛波. 基于 DEA 和聚类分析的供应链绩效评价基准选择［J］. 科学学与科学技术管理，2003，24（6）.

［31］钟祖昌，陈功玉. 基于网络 DEA 的供应链绩效评价方法与应用［J］. 物流技术，2006（4）.

［32］洪伟民，刘晋. 基于 DEA/AHP 法的供应链合作伙伴综合评价［J］. 商业研究，2006（21）.

［33］Ahn H. J., Lee H. An Agent-Based Dynamic Information Network for Supply Chain Management［J］. BT Technology Journal，2004，22（2）：18-27.

［34］邱大芳. 扩大风电消纳能力模式的博弈分析与机制研究［D］. 华北电力大学硕士学位论文，2013.

［35］孙玉华，曾庆铎. 基于 DEA 的二阶段网络系统的固定成本分摊方法［J］. 经济数学，2013，30（1）.

［36］赵树宽，余海晴，巩顺龙. 基于 DEA 方法的吉林省高技术企业创新效率研究［J］. 科研管理，2013，34（2）.

［37］盖璐璐，施琴芬. 基于数据包络分析博弈的团队知识共享利益分配研究［J］. 情报理论与实践，2012，35（5）.

［38］吴杰. 数据包络分析（DEA）的交叉效率研究［D］. 中国科学技术大学博士学位论文，2008.

［39］梁樑，吴杰. 数据包络分析（DEA）的交叉效率研究进展与展望［C］. 中国科学技术大学 2012 学术交流会，2012.

［40］Cook W. D.，Seiford L. M. Data Envelopment Analysis（DEA）-Thirty Years On［J］. European Journal of Operational Research，2009，192（1）：1-17.

［41］喻登科，邓群钊. DEA 方法应用的若干思考［J］. 现代管理科学，2012（10）.

［42］孙加森. 数据包络分析（DEA）的交叉效率理论方法与应用研究［D］. 中国科学技术大学博士学位论文，2014.

［43］姚丽，程幼明，梅帅帅. 基于 DEA 绩效博弈的供应商评价与选择方法研究［J］. 阜阳师范学院学报（自然科学版），2016（3）.

［44］吴德胜. 数据包络分析若干理论和方法研究［D］. 中国科学技术大学博士学位论文，2006.

［45］Phillips F. Y.，Rousseau J. J. Systems and Management Science by Extremal Methods［J］. European Journal of Operational Research，1992，65（1）.

［46］Sengupta J. K. A Fuzzy Systems Approach in Data Envelopment Analysis［J］. Computers and Mathematics with Applications，1992（24）：259-266.

［47］刘作仪. 我国供应链管理研究进展与分析——基于自然科学基金项目［J］. 中国管理科学，2009，17（2）.

基于跑道容量评估的浦东机场向南运行空域需求分析 *

夏庆军　卢婷婷　王金龙

（中国民航大学空管学院，天津　300300）

【摘　要】 本文分析了上海终端区空域及一道门运行的特点，考虑航空器类型、最小间隔规定、最后进近速度、跑道占用时间、跑道的使用策略等因素，建立了跑道到达容量计算模型，利用到达容量计算模型计算出了一道门运行时的机场到达容量，发现浦东机场向南运行时到达容量不能满足高峰时段的流量需求。为满足高峰时段的流量需求，利用到达容量计算模型分析出了最后进近航段所需要的长度，并根据程序运行所需要的保护区限制条件，提出了浦东机场向南运行时空域的需求。

【关键词】 流量；跑道到达容量；独立平行进近

0　引　言

由公布的 AIP 资料可知，上海终端区 N31°27′线以北空域严禁民航飞机飞越。浦东机场与 N31°27′最短相距仅 35km。因此，浦东机场向南落地时五边最多 26km，三边不能延长太远，繁忙时段增加了地面流控和空中等待，航班延误严重。

为了充分利用浦东机场现有空域，浦东机场提出了一道门的运行模式，该模式程序如图 1 所示。平行进近时，以高边（900m）为设置一道门的依据，一道门距落地跑道端 24km（航空器切航向道之前以不大于 30°的夹角切入航向道，即航空器要飞行约 2km，然后平飞 4km 后建立下滑道，即建立下滑道需要 6km；然后航空器以下降梯度 5.2%下降 900m，需要水平距离为 18km，所以一道门距落地跑道端距离为 18km+4km+2km=24km）。此模式的机场到达容量仍然不能满足高峰时段的流量需求。

---

* ［基金项目］自然科学基金面上项目（41501430）、中央高校项目（3122016A002）。

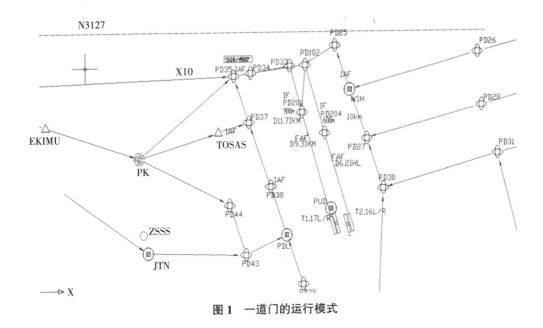

图1 一道门的运行模式

　　为了满足浦东机场高峰时段的流量需求，需要释放更多的空域。论文首先建立独立平行进近跑道的到达容量评估模型，据此评估一道门运行模式的到达容量及满足高峰流量所需要的五边长度，从而提出满足高峰流量所需要的合理空域范围。

1　到达容量评估模型

　　跑道到达容量受最小间隔规定、机场的空域结构、航空器的类型、最后进近速度、跑道占用时间、跑道的使用策略、进近方式、气象条件和管制员的水平和状态等因素的影响[1-3]。跑道达到容量评估模型如下：

　　设 T_{ij} 为 j 类飞机跟随 i 类飞机时的最小时间间隔，则：

$$T_{ij} = T_j - T_i \tag{1}$$

其中，T_i 为前机 i 经过跑道入口的时刻；T_j 为后机 j 经过跑道入口的时刻。

　　平均时间间隔为：

$$E(T_{ij}) = \sum P_{ij}T_{ij} \tag{2}$$

其中，P_{ij} 为前机为 i 后机为 j 的概率。

　　到达容量 C 为：

$$C = 1/E(T_{ij})\delta_{ij} \tag{3}$$

　　式中，P_{ij} 可以从统计结果得出，求得 T_{ij} 需要的参数有尾流间隔 δ_{ij}、最后进近航段的长度 γ、前机进近速度 V_i、后机进近速度 V_j 和前机跑道占用时间 R_i。根据前机与后机的速度大小，T_{ij} 的计算有两种情形：追赶情形和渐远情形。

（1）追赶情形（$V_i \leqslant V_j$）。此种情形要求前机 i 到达跑道入口时，与后机 j 之间的距离满足尾流间隔，则最小时间间隔 T_{ij} 为：

$$T_{ij} = \delta_{ij}/V_j \tag{4}$$

（2）渐远情形（$V_i > V_j$）。对于渐远情形，最小距离间隔 δ_{ij} 在后机到达 FAF 时就开始实施，而不是跑道入口，最小时间间隔 T_{ij} 为：

$$T_{ij} = \delta_{ij}/V_j + \gamma(1/V_i - 1/V_j) \tag{5}$$

对于式（1）和式（2），如果着陆飞机的跑道占用时间比最小距离间隔和后机速度的比值还大，就应该用跑道占用时间作为跑道入口的最小时间间隔，即：

$$T_{ij} = \max\{T_{ij}, R_i\} \tag{6}$$

独立运行跑道主要是指无论是单跑道还是多跑道机场，每条跑道独立运行，相互间不存在影响[4]。所以独立平行进近跑道的到达容量是每条跑道到达容量之和。

2 一道门运行模式的到达容量计算及空域需求分析

2.1 一道门运行模式的到达容量

在浦东机场的起降飞机中，中型机与重型机占比约为 99%，因此只考虑中型机与重型机，两类飞机的占比分别为 $P_中 = 0.582$，$P_重 = 0.418$；中型机的进近速度为 230km/h，重型机的进近速度为 270km/h。前重后中尾流间隔标准为 10km，前中后重尾流间隔标准为 6km；重型机的平均跑道占用时间为 55s，中型机的平均跑道占用时间为 48s；17L/R 最后进近航段长度为 18km，16L/R 最后进近航段长度为 12km。

（1）17L/R 跑道的到达容量。

前重后中时，此种情况属于渐远情形，由式（5）可知：

$T_{ij} = 10/230 + 18 \times (1/270 - 1/230) = 0.03188$

前中后重时，此种情况属于追赶情形，由式（4）可知：

$T_{ij} = 6/230 = 0.02609$

由式（3）可计算出 17L/R 跑道到达容量：

$C = 1/(0.418 \times 0.03188 + 0.582 \times 0.02609) = 35$

（2）16L/R 跑道的到达容量。

前重后中时，此种情况属于渐远情形，由式（5）可知：

$T_{ij} = 10/230 + 12 \times (1/270 - 1/230) = 0.03575$

前中后重时，此种情况属于追赶情形，由式（4）可知：

$T_{ij} = 6/230 = 0.02609$

由式（3）可计算出 16L/R 跑道到达容量：

$C = 1/(0.418 \times 0.03575 + 0.582 \times 0.02609) = 33$

16L 与 17R 为独立平行进近运行模式，所以浦东机场的到达容量为 68。而在 11：00~12：00 高峰时段浦东机场的进场流量达 76 架次，到达容量显然不能满足进场流量的需求。

2.2　满足高峰流量的最后进近航段长度计算

因为 17L/R 的进场高度比 16L/R 高 300m，所以 17L/R 的最后进近航段长度比 16L/R 长 6km。因此，17L/R 的达到容量比 16L/R 多 2 架次/小时。为满足浦东机场高峰时段进场流量的需求，浦东机场的到达容量应达到 76 架次/小时，因此 17L/R 的到达容量应达到 39，16L/R 到达容量应达到 37。根据 17L/R 与 16L/R 的到达容量需求，分别计算 17L/R 与 16L/R 的最后进近航段长度，计算过程如下：

（1）计算前重后中时的最小时间间隔：

$$T_{ij} = 10/230 + \gamma \times (1/270 - 1/230)$$

（2）计算前中后重时的最小时间间隔：

$$T_{ij} = 6/230 = 0.02609$$

（3）根据跑道到达容量计算公式（3），计算跑道最后进近航段长度：

$$C = 1/\{0.418 \times [10/230 + \gamma \times (1/270 - 1/230)] + 0.582 \times 0.02609\}$$

根据上式计算出 16L/R 与 17L/R 跑道的最后进近航段长度分别为 24km 与 30km，称此种运行情况为二道门运行模式。

2.3　二道门运行模式的空域需求分析

17L/R 最后进近航段距离为 30km 时才能满足高峰流量的需求；IAF 高为 2100m，IF 高为 1800m，起始进近最佳下降梯度为 4%，所以 IAF-IF 的最佳距离为 600/4% = 15km；17L/R 的进近程序为 Y 型，可推导出 PD33 至 IF 的距离为 9.4km。16L/R 的进近程序为 T 型，从而可确定 PD25 的位置。浦东进场的进场、起始进近使用 RNAV1 导航规范，保护区的半宽为 4.6km。利用 AutoCAD 绘制浦东机场向南运行的进近程序及保护区，如图 2 所示。

由图 2 可以看出，对于 16L/R 和 17L/R，使用二道门运行时，为保证飞机运行安全，保护区要选择最大范围，因此需要从 N31°27′ 再向北释放 14km 的空域。

3　结　论

文章使用到达容量计算模型分析了一道门运行模式的到达容量，为满足上海浦东机场高峰时段的流量需求，提出了二道门运行模式；根据二道门运行模式的进程程序和保护区，提出了二道门运行模式所需要的空域范围。与一道门运行时到达容量相比二道门运行模式的容量能够满足高峰流量的需求，另外，平行进近高边的高为 1200m，

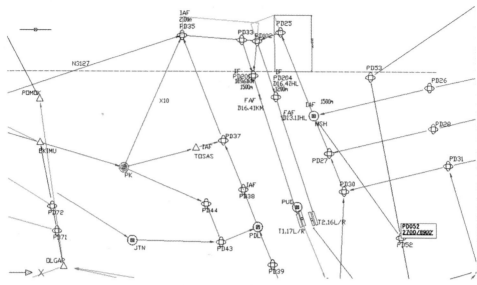

图 2　二道门运行模式的进近程序及保护区

低边的高为 900m，与一道门相比切入下滑道的高分别提高了 300m，增加了安全性。

参考文献

［1］杨尚文，胡明华等.终端区动态容量预测模型［J］.南京航空航天大学学报，2012，44（1）：113-117.

［2］陈勇，曹义华.终端区容量评估的基本概念和方法［J］.中国民航飞行学院学报，2005，16（1）：8-11.

［3］李印凤等.基于阻塞流的机场终端区极限容量评估研究［J］.航空计算技术，2014，44（6）：4-8.

［4］陈勇等.北京首都国际机场容量评估研究［J］.飞行力学，2005，23（4）：86-89.

陕西省城市工业生态效率测度与评价

李 冰 张昌蓉

(西北大学经济管理学院，陕西西安 710127)

【摘 要】工业生产是经济的关键领域，也是环境污染的主要来源，测度城市工业生态效率可以评价一个城市的经济发展与环境保护是否协调。应用 DEA 和 SFA 两种方法分别测度陕西省各城市的工业生态效率，结果表明：两种方法的测度结果具有较强的排序一致性，且基于 DEA 的效率值总体上高于基于 SFA 的效率值。通过对两种方法的测度原理与结果的分析，笔者认为 DEA 方法更适合本文的测度目标，于是结合陕西省各城市的实际发展背景，评价了基于 DEA 模型的陕西省城市工业生态效率测度结果，并就提高陕西省城市工业生态效率提出建议。

【关键词】陕西；工业；生态效率；DEA（数据包络分析）；SFA（随机边界分析）

0 引 言

工业生产是陕西省经济增长的重要推动力量，"十二五"期间，陕西省工业增加值年均增长 12.6%，高出 GDP 增长率 1.6 个百分点。然而，陕西省近年来工业经济的快速增长，也带来了较为严峻的环境问题：陕北能源重化工的发展、关中城市群的建设以及陕南矿产资源的开采，都给陕西省的生态环境造成了巨大的压力。相关研究表明，陕西省已进入生态超载状态，且有逐步加剧的趋势[1]。近几年陕西省的重度雾霾天气，更是影响到普通人的日常生活。目前陕西省在高污染天气会采取关停工厂、限行车辆等措施，然而这些措施只能暂时缓解市区污染状况，且会对经济发展造成一定的损害。现阶段中国经济正经历自改革开放以来最持久深入的增长放缓，经济增长进入新常态。新常态意味着经济增长方式需要革新，要求陕西省转变"高投入、高消耗、低效率、高污染"的传统工业经济模式，工业发展要从规模扩张转向创新驱动，即要提高工业生产的效率。在经济学中，效率表示投入与产出之比，因此工业生态效率可定义为某一区域在一定时期内的工业产品或服务的经济价值与其造成的环境影响之比，提高工业生态效率意味着工业生产可以以同样的资源消耗和环境污染为代价产出更高的经济效益。测度陕西省的城市工业生态效率，对新常态下陕西省转变发展方式、实现经济发展与环境保护相协调的可持续发展有重要意义。

1 生态效率测度方法的文献梳理

生态效率（Eco-efficiency）这一概念最早由德国学者 Schaltegger 和 Sturm 在 1990 年提出，认为生态效率是指生态资源满足人类需求的效率[2]。1992 年，世界可持续发展工商理事会（WBCSD）给出了生态效率的测度方法，即生态效率 = 产品和服务的价值/生态环境负荷[3]。生态效率的核心思想是提供最大化价值的同时最小化消耗和污染[4]。

现有文献多借鉴技术效率的测度方法，使用前沿分析法来测度生态效率。前沿分析法将具有投入产出结构的单元看作生产单元，通过在坐标系上构造有效率的生产前沿，利用原点距生产点的距离和原点距前沿的距离的比值来测度生产效率。前沿分析法主要有随机边界分析（SFA）和数据包络分析（DEA）两种，SFA 利用样本数据拟合前沿函数，而 DEA 则通过线性规划构造有效前沿。吴鸣然和马骏（2016）运用中国省际面板数据，使用 DEA 方法测算了 2009~2013 年中国 31 个省（自治区、直辖市）的生态效率，并利用 Tobit 模型分析了影响生态效率的因素[5]。彭妍等（2016）基于 DEA-Tobit 两阶段分析框架，利用超效率 DEA 模型评价了江苏省 13 个地级市及苏南、苏中、苏北 3 个区域 2009~2013 年的工业生态效率，并利用 Tobit 模型测量了城镇化率、产业结构、环境规制对效率值的影响[6]。潘兴侠和何宜庆（2015）使用 SFA 方法，评价了 2002~2011 年中国中部六省生态效率的时空差异[7]。三阶段 DEA 模型是联合使用 DEA 和 SFA 方法的一种效率测度模型，可以测算剥离环境影响和随机因素的效率值。邓波等（2011）运用三阶段 DEA 模型对我国 2008 年区域生态效率进行了实证研究，发现环境因素和随机因素对区域生态效率有显著影响[8]。

现有文献对生态效率的测度，无论是单独使用 DEA 或 SFA 方法，还是使用结合两种方法的三阶段 DEA 模型，都只能得到单一的效率值，鲜有文献使用不同方法测度同一对象的生态效率。不同测度方法得到的生态效率是否具有可比性？这将是本文要探索的问题。

2 陕西省城市工业生态效率测度

2.1 测度指标选取与数据来源

评价一个城市的工业生态效率，需考虑该城市是否能以更少的资源消耗和环境污染为代价创造更高的工业产值。故本文设置 4 类投入指标，分别是能源消耗投入指标、大气污染投入指标、水污染投入指标和固废污染投入指标；1 类产出指标，即经济产出指标。考虑到数据的可得性，本文最终选取 8 个投入指标和 1 个产出指标。其中投入指标为规模以上工业企业能源消费量、废气中二氧化硫、废气中氮氧化物、废气中烟（粉）尘、废水中化学需氧量、废水中氨氮以及工业固废，产出指标为规模以上工业企业工业总产值。各指标数据来源于 2012~2016 年《陕西省统计年鉴》。

2.2 基于 DEA 方法的工业生态效率测度

2.2.1 DEA 方法说明

DEA（Data Envelopment Analysis）是一种评价具有多投入、多产出的决策单元（Decision Making Unit，DMU）的相对效率的方法，其基本思路是把 DMU 看作生产单元，运用线性规划法构造出生产前沿面，位于生产前沿面上的 DMU 是 DEA 有效的，其效率值为 1；位于其他位置的 DMU 可通过相对前沿面的距离计算其相对效率，其效率值介于 0 与 1 之间。DEA 模型有多种类型，本文采用 Banker、Charnes 和 Cooper（1984）提出的基于投入导向，且假设规模报酬可变的 DEA 模型[9]，其对偶形式可表示如下：

$$\text{Min}_{\theta,\lambda} \left[\theta_0 - \varepsilon (e^t s_0^- + e^t s_0^+) \right]$$

$$\text{s.t.} \begin{cases} \sum_{i=1}^{n} \lambda_i y_i - s_0^+ = y_0 \\ \sum_{i=1}^{n} \lambda_i x_i + s_0^- = \theta_0 x_0 \\ \sum_{i=1}^{n} \lambda_i = 1 \\ \lambda_i \geqslant 0; \ s_0^+ \geqslant 0; \ s_0^- \geqslant 0 \end{cases}$$

其中，i=1，2，…，n，n 为 DMU 的个数，x_i 和 y_i 分别表示第 i 个 DMU 的投入向量和产出向量。对于 DMU_0，θ_0 为其效率值，向量 s_0^+ 和 s_0^- 分别表示其投入和产出的松弛变量。松弛变量产生的原因是有限的样本点无法构造出光滑的生产前沿面，因此位于前沿面的 DUM 虽然无法在维持产出不变的前提下等比例减少所有投入指标，或在维持投入不变的前提下等比例增加所有产出指标，但部分投入或产出指标仍然有积极调整的可能。

利用投入变量的松弛变量，可以计算出 DMU 的各投入指标的投入冗余率，对于投入指标 r，投入冗余率为 $1-\theta+s_r^-$。其中，$1-\theta$ 表示将 DMU 调整到 DEA 有效，投入变量需等比例缩减的比例；s_r^- 表示 DMU 已经调整到 DEA 有效时，在不降低产出的前提下，投入指标 r 可以减少的比例。

2.2.2　DEA 方法的工业生态效率测度结果

借助 DEAP 2.1 软件，将 2011~2015 年陕西省 11 个城市工业的各项投入产出指标数据代入计算，得到基于 DEA 的 2011~2015 年陕西省 11 个城市的工业生态效率（见表 1）。

表 1　基于 DEA 方法的 2011~2015 年陕西省城市工业生态效率

城市	2011 年	2012 年	2013 年	2014 年	2015 年	平均值
西安市	0.84	0.96	1.00	1.00	1.00	0.96
铜川市	1.00	1.00	1.00	1.00	0.97	0.99
宝鸡市	0.50	0.61	0.72	0.74	0.74	0.66
咸阳市	0.49	0.60	0.70	0.81	0.74	0.67
渭南市	0.22	0.26	0.27	0.34	0.30	0.28
延安市	1.00	1.00	1.00	1.00	0.91	0.98
汉中市	0.33	0.43	0.49	0.47	0.53	0.45
榆林市	1.00	1.00	1.00	1.00	1.00	1.00
安康市	0.34	0.54	0.72	0.89	1.00	0.70
商洛市	0.34	0.46	0.64	0.75	0.94	0.63
杨凌示范区	1.00	1.00	1.00	1.00	1.00	1.00
平均值	0.64	0.71	0.78	0.82	0.83	0.76

2.3　基于 SFA 方法的工业生态效率测度

2.3.1　SFA 模型构建

SFA（Stochastic Frontier Analysis）用参数法拟合生产前沿，其前沿函数具有一个包含两个部分的误差项，其中一个部分表示随机因素的影响，另一个部分表示技术无效率。本文采用 Battese 和 Coelli（1992）[10] 构造的基于面板数据的 SFA 模型，该模型表示如下：

$$\ln Y_{it} = \beta_0 + \beta \ln x_{it} + (V_{it} - U_{it}),\ i = 1,\ \cdots,\ N,\ t = 1,\ \cdots,\ T,$$

其中，Y_{it} 表示第 i 个研究对象第 t 时期的产出，x_{it} 表示第 i 个研究对象第 t 时期的投入，$V_{it} \sim N(0,\ \sigma_V^2)$，表示随机影响，$U_{it}$ 为非负随机变量，表示技术无效率，$U_{it} = (U_i e^{-\eta(t-T)})$，$U_i$ 服从在 0 处截断的 $N(\mu,\ \sigma_U^2)$，η 为待估参数。我们使用 $\lambda = \sigma_U^2 / (\sigma_V^2 + \sigma_U^2)$ 来表示技术无效率占全部误差的比例。

将第 i 个研究对象第 t 时期的产出效率记为 TE_{it}，TE_{it} 用观测产出与相应的随机前沿面产出的比值表示，即：

$$TE_{it} = \frac{Y_{it}}{\exp(\beta_0 + \beta \ln x_{it} + V_{it})} = \exp(-U_{it})$$

2.3.2 SFA 方法的工业生态效率测度结果

借助 Frontier4.1 软件，将同样的投入产出指标数据代入计算，得到基于 SFA 的陕西省城市工业生态效率测度结果。由表 2 可知，$\gamma = 0.89$ 且其显著性水平高于 1%，表明随机误差项中的 89%由技术非效率引起。考察投入指标系数的显著性，发现 7 个投入指标中，通过 10%显著性检验的有 4 个，模型的拟合结果并不是十分理想，但仍具有参考价值。表 3 给出了基于 SFA 的 2011~2015 年陕西省城市工业生态效率。

表 2　SFA 模型的参数估计结果

变量	系数名	系数值	标准误差
常数项	β_0	2.31***	0.8373
能源消费量	β_1	0.23***	0.0852
二氧化硫	β_2	0.06	0.1189
氮氧化物	β_3	0.08	0.0731
烟（粉）尘	β_4	−0.08*	0.0481
化学需氧量	β_5	0.38***	0.0842
氨氮	β_6	0.15**	0.0706
工业固废	β_7	−0.11	0.0807
	γ	0.89***	0.0535
	μ	0.59***	0.1697
	η	0.14***	0.0236

注：*、**、***分别表示在 10%、5%、1%显著性水平下显著。

表 3　基于 SFA 方法的陕西省 2011~2015 年城市工业生态效率

城市	2011 年	2012 年	2013 年	2014 年	2015 年	平均值
西安市	0.53	0.58	0.62	0.66	0.70	0.62
铜川市	0.42	0.47	0.52	0.57	0.61	0.52
宝鸡市	0.34	0.39	0.44	0.50	0.54	0.44
咸阳市	0.35	0.40	0.45	0.50	0.55	0.45
渭南市	0.19	0.23	0.28	0.34	0.39	0.29
延安市	0.58	0.63	0.67	0.70	0.74	0.66
汉中市	0.19	0.24	0.29	0.34	0.40	0.29
榆林市	0.92	0.93	0.94	0.95	0.95	0.94
安康市	0.29	0.34	0.39	0.44	0.49	0.39
商洛市	0.20	0.24	0.29	0.35	0.40	0.30
杨凌示范区	0.28	0.33	0.38	0.43	0.48	0.38
平均值	0.39	0.44	0.48	0.53	0.57	0.48

2.4 基于 DEA 和 SFA 方法的陕西省城市工业生态效率比较

对比表 1 和表 3 可以发现，基于 DEA 和 SFA 方法的测算结果都显示陕西省 2011~2015 年的城市工业生态效率总体上呈上升趋势。进一步观察发现，两种方法的测度结果具有相似的排序，且基于 DEA 的效率值总体上高于基于 SFA 的效率值。用 Spearman 相关性检验和配对样本 t 检验来验证上述结论，经过计算，Spearman 相关系数为 0.7415，且通过 $\alpha = 0.01$ 的显著性检验，表明使用两种方法测算的陕西省城市工业生态效率具有较强的排序一致性；在配对样本 t 检验中，原假设是基于 DEA 的效率值不大于基于 SFA 的效率值，因此使用单侧检验，结果显示自由度为 54，t 统计量为 -10.77，在 $\alpha = 0.01$ 的显著性水平下拒绝原假设，证明了基于 DEA 的效率值总体上大于基于 SFA 的效率值。

为什么同一对象的 DEA 效率常常大于 SFA 效率？许多文献提到这一现象但尚未有人给出解释。本文认为，DEA 和 SFA 方法都通过构造前沿面来反映具有投入产出结构的生产单元的最佳技术水平，然而 DEA 方法的前沿面是由实现最优技术的生产单元线性组合而成，而 SFA 方法的前沿面是由样本点按照假定的生产函数拟合出的平均效率加上无效率项构成，在样本量较小的情况下，由于缺乏足够的已实现最优技术的生产单元，使用 DEA 方法构造的前沿面将位于使用 SFA 方法构造的前沿面的内部，因此基于 DEA 的效率值总体上会大于基于 SFA 的效率值。上述分析表明，在样本量有限的前提下，基于 SFA 的效率测算比基于 DEA 的效率测算更准确，然而构造 SFA 模型需要对前沿的形式做很强的假设，这在很多情形中是难以完成的任务。

考虑本文的情况，SFA 模型中有 3 个投入指标的系数不显著（$\alpha = 10\%$），因此这 3 个投入指标对效率的影响将不能准确体现。考虑一个特例，杨凌示范区，其 DEA 和 SFA 平均效率值分别为 1 和 0.38。为了判断哪一种方法对杨凌示范区的工业生态效率测度更准确，笔者利用原始数据分析了各城市单位工业总产值的各种环境要素投入量，发现杨凌示范区除单位工业总产值的化学需氧量与各城市的平均值相仿，其他环境要素的单位工业总产值使用量都远低于平均值，效率值 1 比效率值 0.38 更为合理。因此本文的研究，即陕西省城市工业生态效率的测度，使用 DEA 方法更为可靠。

3 基于 DEA 方法的陕西省城市工业生态效率评价与对策建议

3.1 工业生态效率评价

按 DEA 效率值小于 0.6、0.6~0.8、大于 0.8 将城市工业生态效率分为 3 个层次，分别称为低效率、中等效率和高效率，考虑各城市历年的效率平均值，可将陕西省 11 个城市分为 3 个梯度。其中工业生态效率高的城市有西安市、铜川市、延安市、榆林市和杨凌示范区，工业生态效率中等的城市有宝鸡市、咸阳市、安康市和商洛市，工业生态效率低的城市有渭南市和汉中市。

工业生态效率高的 5 个城市中，榆林和延安位于陕北地区，陕北是国家级能源重化工基地，虽然能化工业传统上是重污染产业，但通过生态工业园的建设，陕北的工业生产实现了产业聚集和资源循环利用。剩余的 3 个城市是铜川、西安和杨凌示范区，都位于陕西省中部，即关中地区。铜川因煤而兴，但因空气污染严重曾被称为"卫星上看不到的城市"，如今铜川的工业已实现绿色转型，发展起了循环经济，如"煤—电—铝—水泥"产业链，以煤发电，用电炼铝，电厂煤渣生产水泥，实现了资源的循环利用。西安是陕西省的省会，具有明显的科技和人才资源优势，拥有较为完善的制造业体系，西安较高的工业生态效率与其重点发展具有低排放、高附加值特征的高新技术产业有关。杨凌示范区是中国唯一的农业高新技术产业示范区，工业以农用机械制造、农产品深加工、生物医药为主，工业总产值虽然不高，但具有科技含量高、低碳环保的特点。工业生态效率低的城市有 2 个，分别是渭南和汉中。渭南工业以化工、冶金等高耗能、高污染产业为主，2015 年规模以上工业企业的工业总产值在陕西省排名第五，却贡献了全省最多的工业固废产量和二氧化硫排放量。渭南工业资源的循环利用也不到位，2015 年固废综合利用率只有 55.9%，相比榆林 93.3% 的固废综合利用率，差距还很大。汉中是陕西省重要的矿产资源富集区，还是"三线建设"的老工业基地，虽然具备一定的工业基础，但工业发展自改革开放后逐渐落后于关中地区，存在生产设备老旧和技术落后等问题。

3.2 投入冗余分析

通过计算各投入指标的投入冗余率，可以分析工业生产对各种环境要素的利用效率，找出提高工业生态效率的关键环节。表 4 给出了各投入要素的投入冗余率，可以看出，就全省而言投入冗余率最高的是工业固废，在工业总产值不减少的前提下，工业固废排放量平均可以减少 44%。

表 4 各城市投入要素的平均冗余率

城市	能源消费量	二氧化硫	氮氧化物	烟（粉）尘	化学需氧量	氨氮	工业固废
西安市	4%	25%	22%	5%	9%	13%	8%
铜川市	1%	2%	4%	4%	2%	1%	1%
宝鸡市	39%	34%	80%	52%	34%	50%	75%
咸阳市	41%	43%	75%	43%	33%	48%	68%
渭南市	72%	92%	93%	77%	73%	72%	96%
延安市	2%	5%	6%	2%	2%	2%	4%
汉中市	55%	71%	88%	64%	55%	90%	92%
榆林市	0%	0%	0%	0%	0%	0%	0%

续表

城市	能源消费量	二氧化硫	氮氧化物	烟（粉）尘	化学需氧量	氨氮	工业固废
安康市	30%	30%	35%	46%	30%	38%	45%
商洛市	37%	75%	38%	45%	51%	91%	96%
杨凌示范区	0%	0%	0%	0%	0%	0%	0%
平均值	26%	34%	40%	31%	26%	37%	44%

3.3 对策建议

在提高陕西省城市工业生态效率方面，本文提出以下政策建议：

（1）发展循环经济，提高工业系统资源耦合度。前文的投入冗余分析表明，工业固废的再利用是提高陕西省工业生态效率的关键。具体而言，一是通过建设生态工业园，实现区域内的循环经济；二是加强区域协调，合理产业布局，根据各个城市的资源条件和工业基础，明确各城市的主导产业，使城市间工业生产的互补性更强，形成配套生产和垂直分工。

（2）转变工业结构，淘汰落后产能。通过供给侧改革，将要素从高污染产业引导至环保产业。陕西省工业生态效率低的城市有两个：渭南和汉中。渭南以高能耗、高排放的冶金、化工为主导产业，今后要转变发展方式，提高工业污染治理水平。汉中地处秦岭、大巴山脉的崇山峻岭之中，生态环境较好，应依据自身特点，发展绿色产业，如现代中药、绿色食品、生态旅游等产业。

（3）根据实际情况制定有针对性的环保标准。每个城市制约工业生态效率的短板不同，从短板入手，可以起到事半功倍的作用。具体而言，西安市要提高二氧化硫的排放标准，宝鸡、咸阳要提高氮氧化物的排放标准，汉中、商洛要提高工业固废的排放标准。

4 结 论

对陕西省城市工业生态效率的测度，DEA 和 SFA 两种方法的测度结果显示了较强的排序一致性，且 DEA 效率整体上高于 SFA 效率。由于 SFA 方法需要对前沿形式做很强的假定，而本文构造的前沿函数与样本点存在较大的偏离，因此就本文的研究目标而言，使用 DEA 方法更合适。按照基于 DEA 的测度结果，将陕西省各城市的工业生态效率分为 3 个梯度，其中西安市、铜川市、延安市、榆林市和杨凌示范区的工业生态效率高，宝鸡市、咸阳市、安康市和商洛市的工业生态效率中等，渭南市和汉中市的工业生态效率低。

参考文献

［1］杨屹，加涛. 21 世纪以来陕西生态足迹和承载力变化［J］. 生态学报，2015（24）：7987-7997.

［2］Schaltegger S，Sturm A. Ökologische Rationalität：Ansatzpunkte ZurAusgestaltung Vou Ökolo-gieorienttierten Managementinstrumenten［J］. Die Unternehmung，1990，44（4）：273-290.

［3］WBCSD. Eco-efficient Leadership for Improved Economic and Environmental Performance［M］. Geneva：WBCSD，1996：3-16.

［4］Wu Zhenhua，Tang Qin，Wang Yabei. Eco-efficiency Evaluation of Urban Construction Land in Jiangsu，Zhejiang and Shanghai—Based on Three-stage DEA and Bootstrap-DEA Method［J］. Ecological e-conomy，2016，32（4）：105-110.

［5］吴鸣然，马骏. 中国区域生态效率测度及其影响因素分析——基于 DEA-Tobit 两步法［J］. 技术经济，2016，35（3）：75-80，122.

［6］彭妍，岳金桂，李景理. 基于 DEA-Tobit 的城市生态效率评价及影响因素研究——以江苏省为例［J］. 环境保护科学，2016，42（4）：71-78.

［7］潘兴侠，何宜庆. 中部六省生态效率评价及其与产业结构的时空关联分析［J］. 统计与决策，2015（3）：127-130.

［8］邓波，张学军，郭军华. 基于三阶段 DEA 模型的区域生态效率研究［J］. 中国软科学，2011（1）：92-99.

［9］Banker R. D.，Cooper W. W.，et al. Some Models for Estimating Technical and Scale Inefficiencies in Data Envelopment Analysis［J］. Management Science，1984，30（9）：1078-1092.

［10］Battese G. E.，Coelli T. J. Prediction of Firm-level Technical Efficiencies with a Generalized Frontier Production Function and Panel Data［J］. Journal of Econometrics，1992，38（3）：387-399.

大数据环境下制造商与零售商的客户知识共享激励契约研究*

沈娜利[1] 吴育华[2] 肖 剑[2]

（1. 西南政法大学管理学院，重庆 401120；

2. 重庆大学数学与统计学院，重庆 401331）

【摘 要】 在越来越多的企业应用大数据技术和进行管理创新的背景下，本文从供应链知识管理视角，针对传统小数据情景与大数据情景并存这一新情形下制造商如何激励零售商共享客户知识的激励制度安排问题，探索性研究大数据环境下制造商与零售商客户知识共享的激励过程及其过程中双方付出的努力水平、成本和收益分配的契约设计。研究发现，制造商通过调整大数据与小数据知识共享的综合收益分配比例对零售商进行激励和风险控制，且存在是否对零售商进行奖励或惩罚的固定收益边界阈值。在不同边界条件下，临界折现系数随着零售商关于客户大数据知识的收益分配比例的变化而呈现正负两个不同方向的变化。制造商的激励契约设计具有"先入为主"的特征大。最后，本文通过数值分析进一步剖析了激励契约及其变量之间的关系。

【关键词】 大数据；客户知识共享；委托—代理；多阶段博弈；激励

0 引 言

随着信息化与互联网的迅猛发展，大数据时代来临。从大数据中可以发现模式、趋势、规律规则等知识，将其应用到商业、管理领域能够创造巨大的价值[1,2]。然而，大数据及其知识更多处于企业边界之外[3]，因此，企业间有效共享大数据知识成为利用这些知识的关键。

从供应链角度来看，制造商与零售商的客户知识共享是制造商及其供应链知识管

* ［基金项目］教育部人文社科青年基金（15YJC630108）"大数据环境下供应链企业间客户知识获取激励机制研究"；教育部人文社科青年基金资助项目（项目编号：16YJC630181）；西南政法大学校级课题资助项目（项目编号：2014XZQN-16）。

理中的一个重要组成部分。大数据环境下，客户数据作为大数据中一种重要的大数据资源，其中蕴藏着巨大的潜在价值，它被比喻成一个神奇的金矿，而从其中挖掘出来的客户知识就是"金子"[1,4]。客户大数据是客户知识的来源。然而，一方面，与客户相关大数据呈几何式、爆炸式增长，与客户更多地直接交互的零售商拥有海量的（线下和线上）客户数据资源，并对这些数据资源及其内含的客户知识具有处置、决策权[1,5]；另一方面，目前实际商业领域中，传统小数据情景与大数据情景并存，但现有文献主要研究了小数据情景下的客户知识共享机制[1,3,6]，几乎未涉及大数据情景下供应链企业间的客户知识共享问题。面对这一新情形，制造商如何激励零售商共享客户知识、其内在客户知识共享制度安排与激励机制如何尚不清楚。基于此，本文拟在区分传统情景与大数据情景下客户知识来源、性质和获取渠道差异的基础上，从制造商角度出发，探索性研究大数据环境下制造商与零售商客户知识共享的激励契约，包括激励过程中双方付出的努力水平、成本和收益分配的契约设计。

目前，有关制造商和零售商之间的知识共享的文献主要研究了制造商与销售商对客户信息、知识的协同获取、共享和利用，以及客户知识共享对提高供应链效率和企业利润的重要作用[7-9]。一些学者针对具体行业中的制造商与销售商的客户知识共享决策进行了研究，指出通过与客户共享知识可以构建产品知识地图，提升客户对产品、品牌的认识，从而达到促进销售、提高利润并进行产品、营销方式等创新的目的[10-12]。显然，客户知识共享对供应链及其节点企业带来了巨大价值，但是制造商、零售商作为理性经济人追求自身利益最大化，这往往导致客户知识共享难以达到预期效果，因此，为解决这一问题，一些学者研究了制造商与销售商之间客户知识共享激励问题。安立仁等通过对激励的正假定，折现效用最大化、贴现因子可变性及边际效用递减的假设，建立了客户知识共享的博弈模型，得出了客户知识共享激励强度和方向是由激励方向、内激励因素转化因子、激励贴现因子决定的结果[13]。宋寒等研究了风险规避下研发外包中隐性知识共享的激励契约，得出临界折现系数是客户知识吸收能力的增函数[14]。张旭梅、沈娜利等研究了双边道德风险的客户知识协同获取激励机制，发现在客户知识共享的激励机制设计中不仅要考虑对销售商的单边激励，还要遏制制造商的败德行为，双方建立关系契约进行客户知识共享取得的效果优于正式契约[15]。上述文献主要考虑传统非大数据环境下的客户知识共享激励，未考虑大数据环境下客户知识的来源、性质、共享渠道和方式的变革对共享机制的影响。基于此，本文拟在区分传统情景与大数据情景下客户知识差异的基础上，研究制造商与零售商之间的客户知识共享激励机制。

1 大数据环境下客户知识共享收益函数

传统小数据情景与大数据情景下客户知识的来源、性质和获取渠道存在显著差异[3]，这导致不同情景下制造商与零售商之间的客户知识共享的内在机制存在差异。传统情境下，挖掘客户知识的数据主要来源于企业内部以及企业间对接的信息系统如 ERP、CRM 等产生的交易数据、报表数据，部分会议交流数据，这些数据被称为小数据（相对大数据而言），主要是结构化的业务数据，利用传统的挖掘方法即可从中获取相关客户知识，其价值已经得到验证[3]；而在大数据情境下，客户知识来源的数据 80% 以上来源于企业外部不同行业、领域或交叉区间[16]，在获取、存储、管理、分析方面大大超出传统数据库软件工具能力范围，其内容形式、获取渠道多样，多为半结构化、非结构化数据，是消费者驱动的数据，具有巨大价值，其价值被肯定，但还有待被理论与实践验证[1,3]。大数据客户知识的这些特性对制造商与零售商的客户知识共享博弈与激励行为具有重要影响。当制造商与零售商在进行多阶段博弈时，由于有关客户大数据知识的价值有待验证，制造商就需要考虑零售商的关于客户的大数据知识在未来多次博弈中所产生的收益折现是否高于制造商与零售商进行第一次且只有一次的博弈所产生的利益，来决定是否与零售商进行未来的协同合作获取及共享关于客户的大数据知识。而对于客户小数据知识，因为其价值可以验证，制造商不需要考虑与零售商合作的未来收益折现。因此，制造商在设置激励契约时，会对零售商关于客户这两方面知识采用不同的收益分配比例。

同时，在供应链中制造商与零售商客户知识共享过程中，制造商与零售商作为两个独立的主体，他们之间很难观测到相互间的知识共享努力水平，这就导致他们之间的信息不对称。此外，为简化模型，本文假设：制造商与零售商都是风险中性的；制造商与零售商均为理性经济人，都会为自己争取更多的利益；零售商为处于优势地位的代理人，制造商为处于劣势地位的委托人；客户大数据知识和客户小数据知识的获取及共享受外在不确定性因素的影响[15,17]。

大数据环境下，制造商与零售商协同获取共享客户大数据知识和小数据知识，这是一个新知识接受或创新的过程，他们需投入资源或付出努力。由此，可设制造商的知识获取共享努力水平为 e_1（$e_1 > 0$），零售商关于客户大数据知识获取共享努力水平为 e_2（$e_2 > 0$），零售商关于客户小数据知识获取共享努力水平为 e_3（$e_3 > 0$）。根据柯布—道格拉斯合作生产函数模型[18]，假设产出收益函数为 $\pi(e_1, e_2, e_3, \theta) = k e_1^{\gamma} e_2^{\lambda} e_3^{\eta} + \theta$，$\gamma$、$\lambda$、$\eta$（$0 \leq \gamma, \lambda, \eta \leq 1$）分别为制造商努力水平弹性系数、零售商大数据知识共享努力水平弹性系数、零售商小数据知识共享努力水平弹性系数，表示制造商与零售商的知识转化能力的强弱，也表示当制造商或零售商增加努力时，整个知识获取及共享过程中知识产出变化的比率，γ、λ、η 越大，它们之间的合作产出越高；k 为客户知识最终转化为企业收益的边际效益；θ 表示影响合作生产知识的外生随机变量，其服从均值为 0、方差为 σ^2 的正态分布，即 $\theta \sim N(0, \sigma^2)$。

制造商与零售商在客户知识获取及共享过程中需付出成本，为了讨论的方便，本文不考虑随机因素对成本的影响，可假设制造商的努力成本为 $c(e_1) = \dfrac{b_1}{2} e_1^2$，零售商关于客户大数据知识共享努力成本为 $c(e_2) = \dfrac{b_2}{2}e_2^2$，零售商小数据知识努力成本为 $c(e_3) = \dfrac{b_3}{2}e_3^2$，其中 b_i $(i=1, 2, 3)$ 为他们各自的努力成本系数，且 $b_i > 0$。

在大数据环境下的客户知识获取及共享，供应链中的制造商与零售商具有委托—代理关系，制造商为委托人，零售商为代理人，制造商为了激励零售商努力获取及共享客户知识，需要给他一定的激励报酬契约，这里采用线性契约形式 $s(\pi) = \alpha + \beta\pi$，其中 $\alpha = \alpha_1 + \alpha_2$，$\beta = \beta_1 + \beta_2$ $(0 < \beta < 1)$；α_1 和 α_2 分别表示制造商对于零售商大数据知识共享和小数据知识共享的固定支付；β_1 和 β_2 分别表示零售商大数据知识共享和小数据知识共享所享受的收益分配比例；因此，在这个知识获取及共享中，可得零售商的期望收益函数：

$$Ew = \alpha + \beta E\pi - \frac{b_2}{2}e_2^2 - \frac{b_3}{2}e_3^2 \tag{1}$$

制造商的期望收益函数：

$$Ev = (1-\beta)E\pi - \alpha - \frac{b_1}{2}e_1^2 \tag{2}$$

其中，零售商的保留效用为 w_0，即零售商在同等时间和精力条件下不与制造商合作产生的最大收益为 w_0，有 $Ew \geq w_0 \geq 0$；同样，制造商也要保证其收益非负，否则，制造商将不参与知识共享，因此有 $Ev \geq 0$；如此可得到契约 $s(\pi) = \alpha + \beta\pi$ 满足：

$$\frac{b_2}{2}e_2^2 + \frac{b_3}{2}e_3^2 \leq \alpha + \beta E\pi \leq E\pi - \frac{b_1}{2}e_1^2 \tag{3}$$

式（3）表明制造商给零售商的激励契约不低于零售商关于客户大数据知识共享努力和小数据知识共享努力产生的成本，否则，零售商将考虑不参与合作共享客户知识；同样，式（3）还表明制造商作为委托人需要考虑合作收益和自身努力成本的差值不低于激励契约，否则，制造商在这次合作中亏本，会考虑不参与合作。由式（3）进一步可以得到：

$$\frac{b_2}{2}e_2^2 + \frac{b_3}{2}e_3^2 - \beta E\pi \leq \alpha \leq (1-\beta)E\pi - \frac{b_1}{2}e_1^2 \tag{4}$$

这表明 α 与 β 相互关联，α 随着 β 在区间 $[0, 1]$ 上的变化而变化。

接下来我们讨论制造商承诺的激励契约的可信性，制造商是风险中性的。因为关于客户的大数据知识价值有待评估，制造商可能拒绝支付这方面的报酬 $\beta_1\pi$，只支付这方面的固定支付 α_1，故制造商通过违约获得的期望收益增量为 $\beta_1 E\pi$；制造商一旦违约，考虑到制造商与零售商合作的多阶段性，假设零售商从第二阶段开始不再与该制造商协同合作共享客户知识。

上面式（2）为制造商履行承诺的期望收益，故制造商违约给其未来每次合作都带来的期望损失为 $(1-\beta)E\pi - \alpha - \dfrac{b_1}{2}e_1^2$，假设制造商未来收益折现系数为 δ，则从第二阶段开始，制造商的未来收益折现为：

$$\lim_{n \to \infty} \sum_{i=1}^{n} \delta^i \left[(1-\beta) E\pi - \alpha - \frac{b_1}{2} e_1^2 \right] = \frac{\delta}{1-\delta} \left[(1-\beta) E\pi - \alpha - \frac{b_1}{2} e_1^2 \right] \tag{5}$$

当制造商违约得到的期望收益增量 $\beta_1 \pi$ 小于违约带来的未来期望收益折现时，制造商就不会违约，即制造商不违约的条件为：

$$\beta_1 \pi \leqslant \frac{\delta}{1-\delta} \left[(1-\beta) E\pi - \alpha - \frac{b_1}{2} e_1^2 \right] \tag{6}$$

2 客户知识共享激励模型

本节将建立大数据环境下的制造商与零售商协同合作获取及共享客户知识的激励模型，并制定相应的激励机制，使供应链双方都有最大化的利益。同时，这份合约满足除式(6)外的其他约束条件：制造商与零售商都需要满足自身的客户知识获取及共享的激励相容约束，当然，零售商在关于客户大数据知识获取及共享和关于客户小数据知识获取及共享两方面都需要满足激励相容约束，这是为了降低或者防止双方的道德风险；保证代理人（零售商）从接受契约参与协同合作中获得的收益不低于代理人（零售商）在同等时间和精力条件下不接受契约时获取的最大期望收益[11,12]。

基于上述约束条件，建立大数据下客户知识激励模型：

$$\max_{\beta_1, \beta_2, \alpha} Ev = (1-\beta) E\pi - \alpha - \frac{b_1}{2} e_1^2 \tag{7}$$

$$\text{s.t.} \quad e_i^* \in \arg\max Ew = \alpha + \beta E\pi - \frac{b_2}{2} e_2^2 - \frac{b_3}{2} e_3^2, \quad i=2, 3 \tag{8}$$

$$e_1^* \in \arg\max Ev = (1-\beta) E\pi - \alpha - \frac{b_1}{2} e_1^2 \tag{9}$$

$$\alpha + \beta E\pi - \frac{b_2}{2} e_2^2 - \frac{b_3}{2} e_3^2 \geqslant w_0 \tag{10}$$

$$\frac{\delta}{1-\delta} \left[(1-\beta) E\pi - \alpha - \frac{b_1}{2} e_1^2 \right] \geqslant \beta_1 E\pi \tag{11}$$

其中，式(8)和式(9)分别是零售商与制造商的激励相容约束，式(10)为零售商的参与约束条件，式(11)为制造商遵守合约的条件。对上述模型求最优解可得：

$$\beta^* = \frac{(\gamma-2)(\lambda+\eta) + \sqrt{(\gamma^2 - 2\gamma)[(\lambda+\eta)^2 - 2(\lambda+\eta)]}}{2\gamma - 2(\lambda+\eta)} \tag{12}$$

$$e_1^* = e^{\frac{1}{4(\gamma+\eta+\lambda-2)} \left[(\lambda-2)(\eta+\lambda)\ln\left(\frac{\beta^* k \eta}{b_3}\right) - \lambda(\eta+\lambda-2)\ln\left(\frac{b_2 \eta}{b_3}\right) - \lambda(\eta+\lambda)\ln\left(\frac{\beta^* k}{b_2}\right) + 2(\lambda+\eta-2)\ln\left(\frac{k\gamma(\beta^*-1)}{b_1}\right) \right]} \tag{13}$$

$$e_2^* = e^{-\frac{1}{4(\gamma+\eta+\lambda-2)} \left[(\lambda-2)(\gamma-2)\ln\left(\frac{\beta^* k \eta}{b_3}\right) - ((\lambda-2)(\gamma-2)-2\eta)\ln\left(\frac{b_2 \eta}{b_3}\right) - \lambda(\gamma-2)\ln\left(\frac{\beta^* k}{b_2}\right) + 2\ln\left(-\frac{k\gamma(\beta^*-1)}{b_1}\right) \right]} \tag{14}$$

$$e_3^* = e^{\frac{(\lambda-2)(\gamma-2)\ln\left(\frac{\beta^* k \eta}{b_3}\right) - \lambda\gamma\ln\left(\frac{b_2 \eta}{b_3}\right) - \lambda(\gamma-2)\ln\left(\frac{\beta^* k}{b_2}\right) + 2\gamma\ln\left(-\frac{k\gamma(\beta^*-1)}{b_1}\right)}{-4(\gamma+\eta+\lambda-2)}} \tag{15}$$

$$\alpha^* = w_0 + \frac{\lambda + \eta - 2}{2} \beta^* k e_1^{*\gamma} e_2^{*\lambda} e_3^{*\eta} \tag{16}$$

$$\delta \geq \frac{\beta_1 k e_1^{*\gamma} e_2^{*\lambda} e_3^{*\eta}}{\beta^* k e_1^{*\gamma} e_2^{*\lambda} e_3^{*\eta} - \beta_2 k e_1^{*\gamma} e_2^{*\lambda} e_3^{*\eta} - \alpha^* - \frac{\gamma}{2}(1-\beta^*) k e_1^{*\gamma} e_2^{*\lambda} e_3^{*\eta}} \tag{17}$$

首先考虑最优收益分配比例 β^*，根据式（12）可知 $\frac{\partial \beta^*}{\partial \gamma} < 0$，$\frac{\partial \beta^*}{\partial \lambda} > 0$，$\frac{\partial \beta^*}{\partial \eta} > 0$，即得：

结论 1： 最优收益分配比例与制造商的知识共享努力弹性系数 γ 成反比、与零售商关于客户大数据知识共享努力弹性系数 λ 成正比、与零售商小数据知识共享努力弹性系数 η 成正比。这表明：在客户知识获取及共享过程中，如果制造商自身的知识转化能力强，他会选择给零售商较低的收益分配，以此来降低自己的道德风险；而零售商大数据知识共享努力弹性系数或小数据知识努力弹性系数提高时，制造商需要加大对零售商的激励，提高他的收益分配比例，减少零售商一方的道德风险。

其次考虑固定支付 α^*，根据式（16），可得：

结论 2： 固定支付 α^* 与最优收益分配比例 β^* 和客户知识最终转化为企业收益的边际收益 k 负相关；保留效用 w_0 是制造商支付给零售商的最大固定工资，并且存在当 $w_0 < \frac{2-\lambda-\eta}{2} \beta^* k e_1^{*\gamma} e_2^{*\lambda} e_3^{*\eta}$ 边界阈值时，固定支付 α^* 为负值。这表示当零售商在客户知识获取与共享过程中，未达到制造商拟定的合约要求时，将被制造商收取一定的违约金。

最后讨论折现系数 δ，根据式（17）存在临界折现系数：

$$\delta^* = \frac{\beta_1 k e_1^{*\gamma} e_2^{*\lambda} e_3^{*\eta}}{\beta^* k e_1^{*\gamma} e_2^{*\lambda} e_3^{*\eta} - \beta_2 k e_1^{*\gamma} e_2^{*\lambda} e_3^{*\eta} - \alpha^* - \frac{\gamma}{2}(1-\beta^*) k e_1^{*\gamma} e_2^{*\lambda} e_3^{*\eta}} \tag{18}$$

即得：

结论 3： 当折现系数 $\delta \geq \delta^*$ 时，制造商承诺的激励契约能被零售商信任，此时最优收益分配比例为 β^*，固定支付为 α^*。这表明，由于折现系数表征了制造商对未来收益的关注度，其越大说明制造商对未来收益越重视，也即制造商越重视双方的协同合作关系，此时制造商承诺的收益共享激励契约越具有可信性。

进一步，因为 $\beta^* = \beta_1 + \beta_2$，由此可将式（18）化简并对零售商关于客户大数据知识的收益分配比例 β_1 求偏导，得：

$$\frac{\partial \delta^*}{\partial \beta_1} = \frac{k e_1^{*\gamma} e_2^{*\lambda} e_3^{*\eta} \left[-\alpha^* - \frac{\gamma}{2}(1-\beta^*) k e_1^{*\gamma} e_2^{*\lambda} e_3^{*\eta} \right]}{\left[\beta_1 k e_1^{*\gamma} e_2^{*\lambda} e_3^{*\eta} - \alpha^* - \frac{\gamma}{2}(1-\beta^*) k e_1^{*\gamma} e_2^{*\lambda} e_3^{*\eta} \right]^2} \tag{19}$$

推论 1： 当固定支付 $\alpha^* > -\frac{\gamma}{2}(1-\beta^*) k e_1^{*\gamma} e_2^{*\lambda} e_3^{*\eta}$ 时，有 $\frac{\partial \delta^*}{\partial \beta_1} < 0$ 恒成立，此时，临界折现系数 δ^* 随着零售商关于客户大数据知识的收益分配比例 β_1 的增加而减小；当

$\alpha^* \leqslant -\dfrac{\gamma}{2}(1-\beta^*)ke_1^{*\gamma}e_2^{*\lambda}e_3^{*\eta}$ 时，有 $\dfrac{\partial \delta^*}{\partial \beta_1} \geqslant 0$，临界折现系数 δ^* 与零售商关于客户大数据知识的收益分配比例 β_1 成正比。

这表明：在零售商支付的违约金较低时，当零售商一方的客户大数据知识收益分配比例 β_1 越大时，制造商对关于未来收益的关注度越低，越来越不重视未来收益，很可能就与零售商进行一次短期的协同合作获取客户知识，即因为零售商关于客户大数据知识的价值不确定性，制造商第一次合作时就不承诺给零售商关于客户大数据知识的收益分配，零售商这一方将会产生一定的道德风险。反之，制造商对零售商收取的违约金越高，随着零售商关于客户大数据知识收益分配比例的增加，制造商对未来收益的关注度越高，因为他需要促进双边的协同合作关系，得到更多的利益，同时降低双边道德风险；此时，制造商的激励契约具有较高的可信性。

综上，并结合固定支付 α^* 的表达式（16），化简式（18），可得：

$$\delta^* = \cfrac{\beta_1}{\beta_1 + \cfrac{2+\gamma-\lambda-\eta}{2}\beta^* - \cfrac{\gamma}{2} - \cfrac{w_0}{ke_1^{*\gamma}e_2^{*\lambda}e_3^{*\eta}}} \tag{20}$$

推论 2：临界折现系数 δ^* 的增减很大程度上取决于零售商的保留效用 w_0；临界折现系数 δ^* 与最优收益分配比例 β^* 为负相关关系；即当制造商给零售商大数据知识和小数据知识总体的收益分配较高时，制造商对未来收益的期望程度减少，其与零售商很可能只进行一次短期的合作，因为制造商通过合作获取的收益分配低，且未来每次获得的收益都低，他会选择违约，即不承诺对零售商大数据知识的收益分配，这样零售商一方将会增加一定的风险。

3　数值分析

本节基于前文的模型，通过数值分析对合约（α^*，β^*）进行设计并分析该合约与其他变量间的关系，令边际效益 $k=0.6$。先讨论最优分配比例 β^* 与制造商知识共享产出弹性系数 γ、零售商关于客户大数据知识共享努力产出弹性系数 λ、零售商的客户小数据知识共享努力产出弹性系数 η 的关系。令 $\lambda=0.5$，$\eta=0.1$、0.5、0.9，做最优分配比例 β^* 关于制造商知识共享产出弹性系数 γ 的曲线图 1。

从图 1 可以看出，最优分配比例 β^* 随着制造商知识共享产出弹性系数 γ 的增加而减小，一开始急剧减小，之后趋于平稳，且随着 $\lambda+\eta$ 的增大，最优分配比例 β^* 的减小速度变得越来越慢，减小的区间长度也变窄，即对零售商的激励变大。这验证了结论 1、结论 2，并进一步阐明了制造商对零售商的客户知识激励契约安排：一旦制造商有了知识转化能力，他就会选择快速地增加自身的收益分配比例，降低自身的道德风险，但是，制造商的收益分配比例增加的幅度不大，基本不影响零售商的收益分配比例，即不影响他们之间的合作关系。制造商可能选择图 1 中实线的零售商进行合作，因为

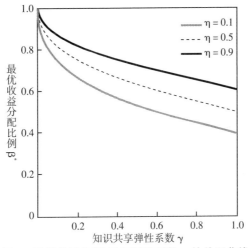

图 1 最优分配比例 β^* 与弹性系数 γ 的关系曲线

此时制造商的知识转化能力还不足，对零售商有较高的依赖，他会选择有较强客户知识获取及共享能力的零售商来进行合作，并设计一份给零售商较高收益分配的激励契约。而当制造商的客户知识转化能力较强后，最优分配比例 β^* 的递减速度降低，他对零售商的依赖程度减小，制造商可能选择图 1 中横短线曲线的零售商进行合作，且给予零售商较低的收益分配比例。

令 $\gamma=0.5$，得到最优分配比例 β^* 随零售商关于客户大数据知识获取共享产出弹性系数 λ、零售商关于客户小数据知识获取共享产出弹性系数 η 的关系，如图 2 所示。进一步地，η 为区间 $[0，1)$ 上任意值，可令 $\eta=0.1$、0.5、0.9，得到最优分配比例 β^* 与零售商关于客户大数据知识获取共享产出弹性系数 λ 的关系曲线图 3。图 3 中 $\lambda=0$ 时，可得到零售商关于客户小数据知识的收益分配比例 β_2 的取值，又因为 $\beta^*=\beta_1+\beta_2$，由此，能够做出零售商关于客户大数据知识的收益分配比例 β_1 关于其弹性系数 λ 的曲线图 4。

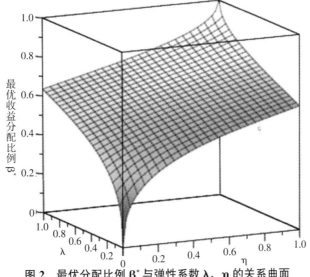

图 2 最优分配比例 β^* 与弹性系数 λ、η 的关系曲面

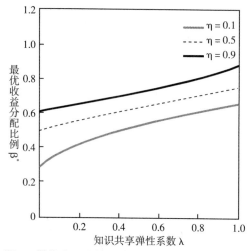

图 3　最优分配比例 β* 与弹性系数 λ 的关系曲线

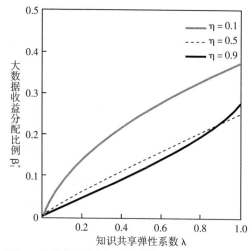

图 4　最优分配比例 β₁* 与弹性系数 λ 的关系曲线

　　根据上述分析，结合图 2、图 3、图 4，可得：

　　结论 4：制造商具有"先入为主"的特征：当制造商先观察到零售商关于客户小数据知识的转化能力 η 时，不管 η 与其自身的客户知识转化能力 γ 谁大谁小，其对零售商的激励始终是先考虑零售商的客户小数据知识转化能力，而降低对零售商的有关客户大数据知识转化能力 λ 的关注或依赖，从而导致当 λ = η 时，零售商的客户大数据知识收益分配比例 β₁ 比零售商的客户小数据知识收益分配比例 β₂ 低；当零售商的客户小数据知识产出弹性系数 η（即小数据知识转化能力）较低时，即制造商对零售商的客户小数据知识依赖程度较小时，其对零售商的客户大数据知识依赖程度更小；当零售商的客户小数据知识产出弹性系数 η（即小数据知识转化能力）较高时，即制造商对零售商的客户小数据知识依赖程度较大时，其对零售商的客户大数据知识依赖程度更大。

4 结 论

针对当前实际商业领域中大数据客户知识与小数据客户知识并存，制造商与零售商共享这些客户知识的内在机制尚不清楚的问题，本文建立了制造商与零售商共享客户大数据知识和客户小数据知识的激励契约模型，并通过数值分析方法对模型及其结果进行了进一步深入剖析。得出下面结论：

（1）在客户知识共享过程中，制造商通过调整大数据与小数据知识共享的综合收益分配比例对零售商进行激励和风险控制，且存在是否对零售商进行奖励或惩罚的边界阈值。

（2）折现系数表征了制造商对未来收益的期望，在不同边界条件下，临界折现系数随着零售商关于客户大数据知识的收益分配比例的变化而呈现正负两个不同方向的变化。这意味着制造商根据不同边界条件设计激励契约以确定是进行短期合作还是长期合作。

（3）制造商具有"先入为主"的特征，当制造商先观察到零售商关于客户小数据知识的转化能力时，其对零售商的激励（即收益分配比例）始终是先考虑零售商的客户小数据知识转化能力，而忽视对零售商的客户大数据知识转化能力；当客户大数据知识的转化能力与客户小数据知识转化能力相同时，零售商的客户大数据知识收益分配比例比零售商的客户小数据知识收益分配比例低；当观察到零售商的客户小数据知识转化能力较低时，制造商对零售商的客户大数据知识依赖程度更小；当观察到零售商的客户小数据知识转化能力较强时，制造商对零售商的客户大数据知识依赖程度更大。

参考文献

[1] 维克托·迈尔-神恩伯格，肯尼思·库克耶. 大数据时代——生活、工作与思维的大变革 [M]. 杭州：浙江人民出版社，2013.

[2] 段云峰. 大数据和大分析 [M]. 北京：人民邮电出版社，2015（10）：1-45.

[3] Simon P. Too Big to Ignore-the Business Case for Big Data [M]. Wiley, 2013.

[4] Gibbert M., Leibold M., Probst G. Five Styles of Customer Knowledge Management, and How Smart Companies Use Them to Create Value [J]. European Management Journal, 2002, 20 (5): 459-469.

[5] Dabenport T. H., Barth P., Bean R. How "Big Data" is Different[J]. MIT Sloan Management Review, 2012, 53 (5): 22-24.

[6] 冯芷艳，郭迅华，曾大军，陈煜波，陈国青. 大数据背景下商务管理研究若干前沿课题 [J]. 管理科学学报，2013，16（1）：1-9.

[7] Vries E. J., Brijder H. G. Knowledge Management in Hybrid Supply Channels: A Case Study [J]. International Journal of Technology Management, 2000, 20 (5-8): 569 -587.

[8] Kulp S. C., Lee H. L., Elie Ofek. Manufacture Benefits from Information Integration with Retail

Customers［J］. Management Science，2004，50（4）：431–444.

　　［9］陈永平，蒋宁. 大数据时代供应链信息聚合价值及其价值创造能力形成机理 ［J］. 情报理论与实践，2015（7）：80–85.

　　［10］Liao S. H., Hsieh C. L., Huang S. P. Mining Product Maps for New Product Development［J］. Expert Systems with Applications，2008（34）：50–62.

　　［11］Moreau P., Krishna A., Harlam B. The Manufacturer–Retailer–Consumer Triad：Differing Perceptions Regarding Price Promotions ［J］. Journal of Retailing，2001，77（4）：547–569.

　　［12］姜亚磊. 区域性专业化批零商场客户知识管理——基于 HB 商场的案例研究 ［D］. 兰州大学硕士学位论文，2016：40–51.

　　［13］安立仁，陈磊. 客户知识管理激励机制研究 ［J］. 西北大学学报（哲学社会科学版），2008，38（4）：131–135.

　　［14］宋寒，代应，祝静. 风险规避下研发外包中隐性知识共享的关系契约激励 ［J］. 系统管理学报，2016（3）：415–421 + 438.

　　［15］沈娜利. 供应链环境下客户知识协同获取激励机制研究 ［D］. 重庆大学博士学位论文，2011：50–55.

　　［16］Grimes S. "Unstructured Data and the 80 Percent Rule" ［EB/OL］. 2012 –12 –11, http：// clarabridge.com/default.aspx？tabid=137&ModuleID=635&ArticleID=551.

　　［17］魏红梅，鞠晓峰. 基于委托代理理论的企业型客户知识共享激励机制研究 ［J］. 中国管理科学，2009（17）：478–482.

　　［18］Griliches Zvi, R&D and Productivity ［M］. University of Chicago Press，1998.

盈利、投资优化了三因子模型吗
——基于中国 A 股市场的实证研究

乔　虹　白　明

（北京航空航天大学经济管理学院，北京　100089）

【摘　要】2015 年 Fama-French 在原有三因子模型的基础上增加了代表公司盈利能力和投资水平的因子，形成了五因子模型，发现五因子模型比三因子模型能更好地解释股票的超额收益。这与 2016 年学者通过对我国 A 股市场实证分析发现的三因子模型更胜一筹的研究结论相悖。盈利和投资是否优化了三因子模型？五因子模型与三因子模型的解释能力孰优孰劣？本文通过对我国 A 股市场交易数据和财务数据的进一步实证分析，来探讨这些存有矛盾且尚无定论的问题，同时为寻求适用于我国股市的资产定价模型提供经验。研究发现，我国股市存在一些因子效应，五因子模型比三因子模型能更好地拟合股票组合收益率，证实了 Fama-French 的研究结论，但是与 Fama-French 的结论不同的是价值因子并不是"冗余变量"。

【关键词】资产定价；Fama-French 五因子模型；盈利；投资

0　引　言

关于资产定价理论和实证的研究数不胜数，从简单的单因子模型发展到多因子模型，从单纯考虑市场风险因素发展到综合考虑公司的规模、成长性、盈利能力、动量效应、股票流动性等因素，目前该领域仍在不断推陈出新，五因子模型的提出再次引起大家的普遍关注，可谓既旧又新。

20 世纪 60 年代 Sharpe 等[1] 在投资组合的理论基础上提出了 CAPM 模型，成为现代金融市场理性定价的理论基石，但是假设条件过于严苛，许多学者对于用单一的市场风险解释股票收益率提出了质疑。之后，Roll[2] 的 APT 模型成为了堪与 CAPM 相媲美的另一派资本资产定价理论，APT 虽然能在理论和实证检验上对 CAPM 提出挑战，但其自身必须回答的根本性问题是：资本资产定价究竟需要几个因子？后来大量的实证研究发现了一些 CAPM 模型无法解释的异常现象，其中最突出的是 Banz[3] 规模效应、Rosenberg 等[4] 权益账面市值比效应和 Bhandari[5] 债务杠杆效应。Fama 和 French[6] 试图从市场异象中寻找其他因子，在 CAPM 模型中增加了解释规模效应的因子和解释价值效应的因子，提出了著名的三因子模型。三因子模型可以说是对 CAPM 和 APT 两大理论进行完美调和的产物，合理地解释了一些市场异象；同时根据指标划分的资产组合构建因子来代表风险的方式，为资本资产定价理论提供了一个有效的方法和工具。后期的学者从不同角度对三因子模型进行改进和发展，如 Fama 和 French[7] 将三因子模型引用到国际市场中，Carhart[8] 将动能因素加入到三因子模型中提出了四因子模型等。尽管三因子模型已经得到学术界的普遍认可，但仍面临着来自实证和理论两方面的挑战。2013 年，Novy-Marx[9] 发现利润因子的代理变量与股票平均收益率存在很强的相关性。Aharoni 等[10] 证明投资因子与股票平均收益率存在弱于利润因子但显著的相关关系。最重要的是盈利异象和投资异象不仅是从实证经验证据里发现，而且具有一定的理论基础。Fama 和 French[11] 用股利贴现模型说明了预期收益、预期投资和账面市值比对股票未来收益具有解释和预测能力。Hou 等[12] 使用美国股市的周收益率数据构建了包含盈利因素和投资因素的 q 因子模型。Fama 和 French[13] 也将这两个因素加入到他们以前提出的三因子模型中提出了五因子资产定价模型，发现其表现要优于三因子模型。

综观国外对资本资产定价理论的研究，大体发展是由 CAPM 模型到 APT 模型再到 Fama 和 French 的三因子模型，以及最新的 Fama 和 French 的五因子资产定价模型。从单一因子到五因子模型，学者们孜孜不倦地试图寻找资本市场的变动规律、影响资本资产定价变动的共同因子，从而建立合理确定资本资产价格的模型。五因子模型的提出再次引起各界广泛关注，使研究焦点集中到盈利和投资对资产定价模型的影响，这也是本文研究的出发点，从盈利和投资对三因子模型的优化作用角度探讨资产定价模型，为模型的解释能力提供进一步证据。

国内学者自从 CAPM 模型问世以来对资产定价的研究也未中断过，大部分研究的重点在于检验模型的适用性，小部分学者也致力于改良资产定价模型。从早期的研究来看，大多数资本资产定价模型都不适用于中国资本市场，如陈小悦和孙爱军[14]、陈浪南和屈文洲[15] 等，他们将不适用的原因归结于中国股票市场刚刚建立还不成熟，不满足资本资产定价理论的市场是完全有效的假设。但是随着中国股票市场的不断发展成熟，国内学者发现三因子模型对中国股票市场的解释力很显著，如朱保宪和何治国[16]、吴世农和许年行[17] 等，并且发现三因子模型优于资本资产定价模型。在三因子模型下，国内一些学者也致力于寻找更加适合于中国股票市场的影响因子，对三因子模型进行拓展，如范龙振和余世典[18]、潘莉和徐建国[19] 等。

但是从盈利和投资的视角进行的研究还相当缺乏，目前国内对五因子模型的研究少之甚少，其中赵胜民等[20] 发现三因子模型比五因子模型更适合我国，这与国外大多数研究结论相反，其解释是因子定价模型的有效程度因市场发展水平和投资理念而异。其中的市场有效性与 CAPM 不适用我国股市的理由相同，市场差异导致了模型预测能力的差异，但是之前的研究表明三因子模型的显著解释能力是基于我国股市不断成熟，那么五因子模型的解释能力是不是应该更好？如果是基于投资理念的差异，那么我国的投资理念与国外的区别在哪里？

针对已有研究中存在的矛盾和由此产生的疑问，本文结合我国股票市场交易数据和财务数据对这一领域进行补充研究，主要解决三个问题：第一，对于我国 A 股市场而言，是否存在挑战模型的"异象"，特别是基于价值策略的超额收益是否显著；第二，盈利和投资因子是否优化了三因子模型，之后的五因子模型是否比三因子模型的解释能力更强；第三，五因子模型的解释力度是否存在市场差异，盈利因子和投资因子是否包含了账面市值比因子的大部分信息而使其成为冗余变量。文章主要贡献在于将股票资产定价理论前沿与我国股票定价的实际情况相结合，对盈利能力和投资规模对资产定价模型的影响进行研究，为尚无定论的领域提供证据，同时为发现适用于我国的资产定价模型提供经验。

1 研究设计

1.1 模型描述

Fama-French 五因子模型是分析股票或投资组合平均收益率与其规模（市场价值总量，股价乘以股数表示）、账面市值比、利润和投资的关系，如式（1）所示：

$$R_{it} - R_{ft} = \alpha_i + b_i (R_{mt} - R_{ft}) + s_i SMB_t + h_i HML_t + r_i RMW_t + c_i CMA_t + e_{it} \quad (1)$$

式（1）中，R_{it} 表示 t 时期 i 股票或投资组合的收益率；R_{ft} 表示 t 时刻的无风险利率；R_{mt} 表示以市值为权重的市场组合的收益率；SMB_t 表示 t 时期市值低的公司组合与市值高的公司组合的收益率之差；HML_t 表示 t 时期账面市值比高的公司组合和账面市值比低的公司组合的收益率之差；RMW_t 表示 t 时期盈利能力强的公司组合与盈利能力差的公司组合的收益率之差，其中盈利能力以上一期的营业收入减去营业成本、销售费用、财务费用和管理费用后的营业利润与上一期的所有者权益账面价值之比衡量；CMA_t 表示 t 时期投资水平低的公司组合与投资水平高的公司组合的收益率之差，其中投资水平等于 t-1 期总资产的增长除以 t-2 期总资产；e_{it} 表示残差项。

1.2 数据选取和研究设计

本文财务数据和股票月度收益数据来自国泰安数据库。考虑到我国股市 1996 年 12 月 16 日实施了涨跌停板制度，以及股市创建初期市场效率和信息反映程度较差，本文选取沪深全部 A 股股票 2001 年 7 月至 2016 年 12 月的共 186 个月的月度收益数据作为实证研究样本，在研究区间内股市同时经历过 2007 年前后和 2015 年前后股市的两次大幅波动，研究得出的结果具有一定的可靠性；以三个月定期利率转换的月利率作为无风险利率；选取样本股流通市值加权的股票月度收益率作为市场组合收益率。筛选样本标准是以上一年末所有 A 股上市公司为初始样本，依次剔除金融行业的股票、实施 ST 的股票、账面价值为负的股票、累计停牌天数超过 200 天的股票、其他数据缺失或错误的股票。

2　实证研究

2.1　因子的实证分析

2.1.1　股票收益率的组合效应分析

本文参照 Fama 和 French 划分组合和构建定价因子的方式进行研究。每个会计年度末，股票按照两个维度进行划分，第一个维度是按照流通市值（Size）从小到大平均分为五组，第二个维度是按照账面市值比（B/M），或者营业利润（OP）、投资（Inv）按照从小到大的顺序平均分为五组，构成 25 个资产组合，再按照流通市值加权平均计算每个年度组合的收益率，计算各年收益率的几何平均数。表 1 报告了按照两个维度划分的资产组合的月度平均超额收益，直观地反映了股票收益率随各指标的变动规律。其中，Size 表示上一年度财务报表披露的流通股股本总额乘以上年最后一个交易日的收盘价计算得到的流通市值，B/M 表示上一年度财务报表披露的所有者权益账面价值除以上年度最后一个交易日的流通市值得到的账面市值比，OP 表示上一年度财务报告中营业利润与所有者权益合计之比，Inv 表示上一年度财务报告中总资产的变动与两年前的总资产规模之比。

表 1　两个维度下投资组合的月度平均超额收益（%）

	低	2	3	4	高	均值
面板 A：Size–B/M 组合						
均值	0.65	0.80	0.97	1.21	1.31	
小	1.16	1.38	1.56	1.91	1.82	1.57
2	0.78	0.91	1.23	1.34	1.63	1.18
3	0.58	0.66	0.87	1.19	1.33	0.93
4	0.43	0.59	0.66	0.83	1.07	0.72
大	0.29	0.47	0.52	0.79	0.68	0.55
面板 B：Size–OP 组合						
均值	1.05	1.11	1.22	1.39	1.50	
小	1.57	1.59	1.63	1.67	1.85	1.66
2	1.23	1.32	1.51	1.67	1.71	1.49

续表

	低	2	3	4	高	均值
面板 B：Size-OP 组合						
3	1.04	1.22	1.32	1.53	1.61	1.34
4	0.86	0.93	1.02	1.28	1.36	1.09
大	0.55	0.48	0.61	0.82	0.98	0.69
面板 C：Size-Inv 组合						
均值	1.15	1.17	1.15	0.98	0.83	
小	1.83	1.71	1.59	1.38	1.31	1.56
2	1.43	1.28	1.47	1.63	1.02	1.37
3	1.04	1.37	0.93	0.63	0.81	0.96
4	0.86	1.01	1.34	0.89	0.64	0.95
大	0.57	0.49	0.43	0.38	0.36	0.45

从表 1 可以看出，除个别列之外，规模较小的分组的平均收益率依次高于规模相对较大的分组的平均收益率，而且三个面板各行平均收益率随着市值的增大，有明显的下降趋势，表明我国股市存在着明显的规模效应特征。从面板 A 可以看出，除小规模和大规模行外，在其他三行中，平均收益率随账面市值比上升而上升，而且各列的均值从左往右依次变大，也就是说 B/M 值越高，月度收益率的平均值越大，表明我国股市存在账面市值比效应特征，并且表现出了翘尾现象[21]。同时，可以看到在我国 A 股市场中并未观察到价值效应在小规模投资组合中比在大规模投资组合中更为显著的现象，二者从低账面市值比到高账面市值比的平均超额收益率之差相差不大，且大规模组合较小规模组合的价值效应更为显著。从面板 B 可以观察到 25 个 Size-OP 组合的平均收益率展现出的模式与在 25 个 Size-B/M 组合中相似。选定某一利润列，以保证利润大致相同，平均收益率显著地随规模的上升而单调下降。而在规模行中，中间三个规模行平均收益率随利润的上升而单调上升。小规模行中除高利润平均收益率显著偏高外，其他 4 列平均收益率相差不大。大规模行中，如果除去第 2 列的平均收益率，也会得到平均收益率随利润的上升而单调上升的结论。由于第 2 列的平均收益率与相邻 2 列的平均收益率相差不大，可认为大规模行整体上符合平均收益率随利润的上升而单调上升的趋势，这与美国股市特征相近。从面板 C 各行可以看出，规模最小行和规模最大行呈现出渐变特征，表明投资越激进的组合的月度平均收益率越小，这也与美国股市特征类似。但是其他行并没有表现出特定的规律性，每一规模行中最高的平均收益率都落在中间三个投资列中。

总体来看，我国股市中的平均收益也存在规模、账面市值比、盈利和投资相关的特征。其中，规模效应、价值效应非常明显，流通市值小的公司组合的回报高于流通市值大的公司组合的回报，价值股的收益高于成长股的收益。除了规模最小的公司组合以外，股票组合收益随着公司盈利能力的提高而提高，说明对于市值小的公司而言，投资者可能不关注营利性，投机性更强。股票组合的收益随公司投资规模的提高有下降的趋势但不明显，且只在规模最大和最小的组合中表现突出。由于篇幅原因，三个维度下投资组合的月度平均超额收益表省略，作为稳健性分析，基本上验证了表 1 的规律，即市值效应、价值效应和盈利效应在各种分组方式下均明显，公司组合收益随公司投资规模增加而降低，但不稳定。

2.1.2　因子的构建和描述性统计

为了使因子的构建更加稳健，对因子采取三种不同的分类方法，其中 2×3 方式是按照 Size 和其他三个维度之一进行划分，Size 按照中位数分成两组，另一维度分别取 30%分位数和 70%分位数，共得到 6 个资产组合。2×2 方式与 2×3 方式类似，差别在于第二个维度是按照中位数分为两组，共得到 4 个资产组合。2×2×2×2 方式是按照四个维度分组，每个维度都取中位数分成两组共得到 8 个资产组合。

就计算因子和构建模型的分组方式而言，2×2×2×2 方式的分组方法最为复杂，分组越多，考虑的维度越多，交集越小，即每组的股票数量越少。损失了较多上市公司而代表性较差，采用这种分组方式虽然不损害模型的自由度，但降低了模型的有效性，所以四个维度的分组并不能很好地反映我国股票市场实际情况。然而作为稳健性分析的一种途径，本文在后续的研究中仍考虑这种分组方法并与另外两种分组方法进行对比，表 2 报告了基于前述方法构建的因子的统计描述情况以及 2×3 模型方式下因子间的相关系数。

表 2　因子的描述性统计

		R_M-R_F	SMB	HML	RMW	CMA
面板一因子的均值、标准差和 t 值						
2×3 模型	均值	0.84	0.73	0.74	0.18	0.09
	标准差	4.22	3.73	2.76	3.41	2.34
	t 值	1.21	2.16	2.91	2.01	0.27
2×2 模型	均值	0.84	0.71	0.69	0.17	0.12
	标准差	4.22	3.68	3.82	4.12	2.78
	t 值	1.21	2.17	2.75	1.96	0.67
2×2×2×2 模型	均值	0.84	0.75	0.76	0.13	0.14
	标准差	4.22	3.74	3.57	3.68	3.19
	t 值	1.21	2.13	1.74	1.39	0.59
面板二因子的简单相关系数						
		R_M-R_F	SMB	HML	RMW	CMA
2×3 模型	R_M-R_F	1.00	0.08	−0.09	−0.03	0.02
	SMB	0.08	1.00	−0.62	−0.37	0.31
	HML	−0.09	−0.62	1.00	0.23	0.49
	RMW	−0.03	−0.37	0.23	1.00	−0.50
	CMA	0.02	0.31	0.49	−0.50	1.00

由表 2 可见，不同分组方式得到的因子比较接近，均值和标准差相差不多，从描述统计可见规模因子 SMB 和价值因子 HML 显著不为零，而市场风险溢价 RM-RF 和投资因子 CMA 均不显著异于零，利润因子 RMW 在前两种分组中显著不为零；而且前两种方式得到的 RMW 要大于 CMA，最后一种方式相反。相关性分析中，市场因子与其他四个因子的简单相关系数都很小，绝对值未超过 0.1；规模因子 SMB 与价值因子 HML 和利润因子 RMW 都负相关，而与投资因子 CMA 正相关，这与我国股市中大市值公司在市场中市净值相对低、利润率相对高而投资率相对低的现实状况相符；价值因子 HML 与利润因子 RMW 正相关，利润因子 RMW 与投资因子 CMA 负相关，价值因子 HML、利润因子 RMW、投资因子 CMA 之间的相关关系符合股利贴现模型变形式推导的结论，但是相关系数相对偏小。

2.1.3 其他因子的回归

为了进一步验证盈利能力和投资规模与公司回报之间的关系，以及盈利能力和投资规模是否包含了账面市值比所含有的信息，用其他因子来解释第五个因子，因子是在 2×3 的方式下构建的，回归结果如表 3 所示。可以看出，回归后的四个截距项都在 5% 的显著性水平下显著异于零，而第一个截距项则在 10% 的显著性水平下显著异于零，表明我国股市里五个因子都不是冗余因子。

表 3　利用其他四个因子回归解释第五个因子

	截距项	$R_M - R_F$	SMB	HML	RMW	CMA	R^2
$R_M - R_F$							
系数	0.15		0.03	−0.05	−0.07	0.10	0.03
t 值	1.83		0.29	−0.53	−0.78	0.98	
SMB							
系数	2.41	0.02		−0.87	−0.07	0.31	0.58
t 值	6.02	0.29		−9.29	−0.23	2.47	
HML							
系数	1.65	0.03	−0.56		−0.03	0.06	0.63
t 值	3.52	0.61	−11.32		−0.24	1.13	
RMW							
系数	0.57	−0.06	−0.05	0.04		−0.64	0.31
t 值	3.68	−0.86	−0.26	0.37		−6.53	
CMA							
系数	0.01	0.04	0.14	−0.16	−0.12		0.34
t 值	2.45	0.98	2.34	−1.10	−6.71		

2.2 五因子模型对 A 股截面收益变化的实证研究

2.2.1 三因子模型和五因子模型解释股票组合收益率

为具体分析盈利因子和投资因子对三因子模型的影响和五因子模型在我国 A 股市场的表现，本文将三因子模型与五因子模型进行对比，来解释不同分组方式下组合的股票收益率。表 4 列示了两个模型对 25 个 Size-B/M 组合回归截距项和五因子模型下各个因子的相关系数及 t 值。

表 4　Size–B/M 组合平均收益的因子模型检验结果

B/M	低	2	3	4	高	低	2	3	4	高
面板 A：三因子模型截距项										
	a					t (a)				
小	0.57	0.34	0.38	0.32	0.46	0.76	0.93	0.72	0.88	0.57
2	0.56	−0.51	0.56	0.41	0.47	2.12	−1.95	0.90	1.26	0.29
3	−0.49	−0.43	−0.44	0.37	−0.50	−2.46	−2.21	−1.83	1.56	−1.52
4	−0.31	−0.56	0.41	0.54	−0.52	−2.87	−2.49	1.77	1.61	−1.59
大	−0.21	0.17	0.15	0.24	0.31	−0.48	1.21	0.51	0.68	0.79
面板 B：五因子模型截距项和回归系数										
	a					t (a)				
小	0.49	0.39	0.17	0.20	0.26	2.21	2.06	1.97	0.31	0.43
2	0.20	−0.25	0.19	−0.21	−0.29	2.01	−1.78	1.12	−0.99	−0.47
3	−0.57	0.43	−0.46	−0.36	−0.26	−1.49	1.49	−1.13	−0.89	−0.57
4	−0.48	−0.51	−0.52	−0.47	−0.40	−1.57	−1.32	−1.29	−1.03	−0.36
大	−0.16	−0.17	0.09	0.10	0.13	−0.42	−0.51	0.39	0.31	0.12
	s					t (s)				
小	1.17	1.16	1.23	1.43	1.26	12.13	13.47	15.14	16.53	9.64
2	1.21	1.17	1.02	0.99	0.87	11.35	12.59	14.62	15.21	16.12
3	1.22	1.12	1.00	0.93	0.69	10.69	8.60	10.12	11.23	9.78
4	1.13	1.02	0.99	0.87	0.65	5.56	7.26	6.87	5.06	8.76
大	0.45	−0.41	−0.36	−0.23	−0.07	4.49	−5.61	−8.36	−6.42	−5.17
	h					t (h)				
小	−0.41	−0.35	−0.26	0.12	0.21	−2.41	−2.36	−2.19	2.27	2.25
2	−0.23	−0.15	−0.09	0.14	0.37	−2.12	−3.35	−2.13	3.06	2.31
3	−0.24	−0.16	−0.11	0.12	0.29	−2.39	−1.98	−1.72	1.99	2.14
4	−0.31	−0.11	0.16	0.28	0.38	−1.43	−2.04	0.83	1.24	2.37
大	−0.21	−0.16	0.27	0.42	0.63	−2.28	−0.67	2.01	2.14	3.21

续表

B/M	低	2	3	4	高	低	2	3	4	高
			r					t（r）		
小	−0.91	−0.68	−0.32	−0.11	0.22	−5.26	−4.39	−3.87	−3.19	2.84
2	−0.73	−0.59	−0.31	−0.04	0.19	−4.58	−3.75	−3.01	−2.38	2.15
3	−0.58	−0.46	−0.25	0.04	0.18	−3.98	−2.79	−2.17	2.04	0.84
4	−0.47	−0.13	−0.02	0.13	0.25	−2.79	−2.01	−1.79	1.85	0.99
大	−0.32	−0.09	0.14	0.05	0.31	−1.61	−2.19	1.23	0.78	3.13
			c					t（c）		
小	−0.49	−0.67	−0.52	−0.39	−0.45	−3.31	−2.48	−2.01	−1.79	−1.83
2	−0.28	−0.31	−0.16	−0.07	0.06	−1.27	−1.11	−0.89	−0.07	0.17
3	−0.33	−0.24	−0.17	0.09	0.11	−1.21	−1.09	−0.63	0.12	0.21
4	−0.15	−0.08	0.03	0.12	0.34	−0.98	−0.06	0.11	0.06	1.21
大	−0.31	−0.22	0.14	0.47	−0.24	−0.69	−1.02	0.59	2.24	−1.53

从表4可以看出，在Size–B/M分组组合回归得到的截距项中，三因子模型和五因子模型在5%显著性水平下分别有5个和3个显著异于零，在10%显著性水平下分别有8个和5个显著异于零，说明在解释按照规模和账面市值比分组的平均收益上，五因子模型比三因子模型更有优势。其中，三因子模型显著不为零的截距项集中在各规模行账面市值相对低的一侧，整体上看三因子模型大体能解释中国A股市场横截面收益的变化，但主要局限于最小规模投资组合和最大规模投资组合。五因子模型显著不为零的截距项集中在规模较小的组合，此时五因子模型的效果反而不如三因子模型，说明五因子模型对三因子模型的改进并非是全面的，三因子模型还有一定的存在价值。

规模因子SMB的系数s全部显著异于零。系数s差异较大且大体上与规模和账面市值比存在线性关系，规模最小的组合的因子系数都大于1，随着规模和账面市值比增大，因子系数逐渐变小，至规模最大和高账面市值组因子系数变为负值，说明规模因子在回归中解释能力在不断下降。但总体来看，规模因子对模型有显著贡献，其显著性是四个因素中最高的，可以说模型的大部分解释能力都是源于规模因子。

账面市值比因子HML的系数h在5%显著性水平下只有5个不显著异于零，在10%显著性水平下只有4个不显著异于零。在大规模投资组合中，系数h均显著且随着账面市值比的变大，其值也逐渐变大，说明账面市值因子对大规模投资组合解释能力较强，价值效应在大规模投资组合中显著，这也符合我国A股股市的特点，大规模公司往往是价值型公司。

盈利因子RMW的系数r在5%显著性水平下只有7个不显著异于零，在10%显著性水平下只有5个不显著异于零。表明利润因子在总体上是显著的，并且主要集中在大规模行和高账面市值比列，其在模型中的解释能力稍微弱于规模因子和账面市值比因子。

投资因子系数在 5%显著性水平下有 4 个显著异于零，在 10%显著性水平下有 6 个显著异于零，表明投资因子在总体上是不显著的。但是其中小规模行的五个系数全部显著不为零，表明投资因子对小规模组合具有一定解释能力，而在模型中对组合的贡献很少。

25 个 Size–OP 分组组合和 25 个 Size–Inv 分组组合回归得到的截距项由于篇幅原因省略。在 25 个 Size–OP 分组组合回归中得到的截距项中，在解释按规模和盈利分组的平均收益上，五因子模型比三因子模型更有优势。规模因子在总体上是显著的；盈利越高组合的盈利因子系数越大，不能拒绝原假设的系数主要集中在大规模高利润特征的投资组合中，整体上盈利因子的引入有助于解释按规模和盈利分组的平均收益；而账面市值比因子系数和投资因子系数不显著。在 25 个 Size–Inv 分组组合回归得到的截距项中，在解释按规模和投资分组的平均收益上，五因子模型比三因子模型略有优势，但是不明显。规模因子显著异于零；账面市值比因子和盈利因子系数整体上是显著的；而投资因子比三因子模型有一定程度的改善，总体上投资越激进组合的投资因子系数越小，投资因子的引入有助于解释按规模和投资分组的平均收益。

2.2.2 模型的总体评价

为了对两个因子模型在拟合按规模—账面市值比、规模—盈利和规模—投资分组的 5×5 投资基准组合的月度平均收益的表现进行总体评价，本文参照 Fama–French 的方法，分别使用 Gibbons 等提出的 GRS 检验对各模型拟合不同投资组合平均收益效果进行检验，得到的统计量列于表 5。

表 5　不同模型的 GRS 和 R^2 统计量比较

	Size–B/M	Size–OP	Size–Inv
面板 A：GRS			
三因子	1.52	1.62	1.55
五因子	1.35	1.51	1.52
面板 B：R^2			
三因子	0.94	0.95	0.96
五因子	0.96	0.96	0.96

从表 5 可以看出，五因子模型 GRS 统计量比三因子模型要小，尽管差异不是很大，在拟合我国股市表现出来的特征上五因子模型优于三因子模型；五因子模型的 R^2 与三因子模型 R^2 几乎没有差别，可以说两个模型都能够有效地拟合我国股市的平均收益特征。

3 结 论

我国股市的平均收益不仅呈现规模效应和价值效应，而且存在利润效应。其中，规模效应和利润效应最为显著，价值效应相对较弱，而投资效应不明显。价值效应存在于大市值或者高利润组合中，投资效应集中在最小规模的组合中。

在解释我国股市月度平均收益存在的与规模、B/M、盈利和投资相关的效应特征上，五因子资产定价和三因子资产定价模型都可以较好地对这些特征进行解释。除小规模组合外，五因子模型的表现要优于三因子模型，盈利因子和投资因子对三因子模型具有一定程度的优化作用，但不是完全的。

与美国股市不同，在三因子模型的基础上加入盈利因子和投资因子之后，市账比因子不是"冗余变量"，并且五因子模型的解释力最主要来源于规模因子，其次是盈利因子和价值因子，因此在我国 A 股市场投资组合的构建可以主要依据这几个维度来进行。

五因子模型不能完全解释我国股市，需要进一步完善；我国投资者更关注上市公司的估值和盈利情况，对长远收益或发展前景并没有足够的重视程度，同时我国投资者对资本市场投资的信息传递机制和投资理念与成熟资本市场还存在一定差异，导致代表风险的因子解释力度产生差异。因此，因子模型的解释和预测能力因市场而异，模型的构建还需考虑市场的实际情况。

参考文献

[1] Sharpe W. F. Capital Asset Prices: A Theory of Market Equilibrium under Conditions of Risk [J]. Journal of Finance, 1964, 19 (3): 425-442.

[2] Roll R. A Critique of the Asset Pricing Theory's Tests Part I: On Past and Potential Testability of the Theory [J]. Journal of Financial Economics, 1977, 4 (2): 129-176.

[3] Banz R. W. The Relationship between Return and Market Value of Common Stocks [J]. Journal of Financial Economics, 1981, 9 (1): 3-18.

[4] Rosenberg B., Reid K., Lanstein R. Persuasive Evidence of Market Inefficiency [J]. Journal of Portfolio Management, 1985, 11 (3): 9-16.

[5] Bhandari L. C. Debt/Equity Ratio and Expected Common Stock Returns: Empirical Evidence [J]. Journal of Finance, 1988, 43 (2): 507-528.

[6] Fama E. F., French K. R. The Cross-Section of Expected Stock Returns [J]. Journal of Finance, 1992, 47 (2): 427-465.

[7] Fama E. F., French K. R. Taxes, Financing Decisions, and Firm Value [J]. Journal of Finance, 1998, 53 (3): 819-843.

[8] Carhart M. M. On Persistence in Mutual Fund Performance [J]. Journal of Finance, 1997, 52 (1): 57-82.

［9］Novy-Marx R. The Other Side of Value：The Gross Profitability Premium ［J］. Journal of Financial Economics，2013，108（1）：1-28.

［10］ Aharoni G.，Grundy B.，Zeng Q. Stock Returns and the Miller Modigliani Valuation Formula：Revisiting the Fama French Analysis ［J］. Journal of Financial Economics，2013，110（2）：347-357.

［11］Fama E. F.，French K. R. Profitability，Investment，and Average Returns ［J］. Journal of Financial Economics，2006，82（1）：491-518.

［12］Hou K.，Xue C.，Zhang L. Digesting Anomalies：An Investment Approach ［J］. Ssrn Electronic Journal，2012，28（3）.

［13］Fama E. F.，French K. R. A Five-factor Asset Pricing Model［J］. Journal of Financial Economics，2015，116（1）：1-22.

［14］陈小悦，孙爱军. CAPM 在中国股市的有效性检验［J］. 北京大学学报，2000，37（4）：28-37.

［15］陈浪南，屈文洲. 资本资产定价模型的实证研究［J］. 经济研究，2000（4）：26-34.

［16］朱宝宪，何治国. β 值和账面/市值比与股票收益关系的实证研究［J］. 金融研究，2002（4）：71-79.

［17］吴世农，许年行. 资产的理性定价模型和非理性定价模型的比较研究——基于中国股市的实证分析［J］. 经济研究，2004（6）：105-116.

［18］范龙振，余世典. 中国股票市场的三因子模型［J］. 系统工程学报，2002，17（6）：537-546.

［19］潘莉，徐建国. A 股市场的风险与特征因子［J］. 金融研究，2011（10）：140-154.

［20］赵胜民，闫红蕾，张凯. Fama-French 五因子模型比三因子模型更胜一筹吗［J］. 南开经济研究，2016（2）：41-59.

［21］田利辉，王冠英. 我国股票定价五因素模型：交易量如何影响股票收益率？［J］. 南开经济研究，2014（2）.

基于过程路径差异的城乡接合部突发事件演化机理研究

黄 敏 崔 迪

(辽宁工程技术大学工商管理学院，辽宁葫芦岛 125105)

【摘 要】近年来，我国经济不断发展，城市化和工业化的进程加快，很多城乡接合部地区的情况也变得日益复杂。制度的不完善、土地滥用、人口密集混杂等诸多因素让此地区突发事件的发生频率远高于其他地区。本文基于突发事件发展过程的路径差异，对突发事件的演化机理进行了分析，为辽宁省城乡接合部突发事件应急处理能力的建设完善理论基础，帮助有关部门对城乡接合部突发事件更好地做出应对。

【关键词】城乡接合部；突发事件；演化机理

0 引 言

辽宁作为东北老工业基地，一直是东北的经济中心，特别是近几年来，辽宁经济不断地快速发展，城市化进程的大幅度加快，更使经济中心的角色得以凸显。但随着经济活动的增加，辽宁省与省内外的交往日益频繁，大量的外来流动人口周转于城乡周边地区，使城乡接合部地区的情况越来越复杂，灾害和突发事件的发生数量逐渐呈现出增长的趋势。辽宁正处于经济转型阶段，工业建设等各种活动中力求减少突发事件的发生，尤其是在城乡接合部这样突发事件高发却疏于管理的地区。对城乡接合部突发事件的准确预警和及时处理，能够加快辽宁经济和社会文明建设的进程，提升城市化和现代化水平，有利于实现社会经济与资源环境的协调可持续发展。由于城乡接合部地区人口差异性比较大，情况更加复杂，一旦发生突发事件，就会给人民生命财产安全造成更大的损失，也更容易造成难以估量的社会影响。所以城乡接合部地区突发事件的问题是不容忽视的。而且近年来，国内外的各类突发事件也多次成为社会和媒体讨论的热点问题，引起了社会各界的广泛关注，如何掌握突发事件的发展动向，先一步做出有效的应对措施，防治突发事件带来更多的损失和社会影响，通过分析突发事件的演变机理就能得到答案。

1 城乡接合部突发事件产生与发展过程

突发事件顾名思义，它们在发生之前都是难以预测的，突发性和不确定性是突发事件的一般特征，但是当事件发生之后，它的发展和演化过程也是有一些规律可以被捕捉到的[1]。经过对国内外近些年突发事件观察和研究，笔者发现突发事件的发展过程可以借用牛顿第一定律的结论来解释，突发事件就是牛顿第一定律中的物体，在不受到其他外界作用力的时候，突发事件依靠自身力量按照自身轨迹发展，在受到外界作用力影响的时候，突发事件会改变原有的发展路径而按照力的方向产生演变。

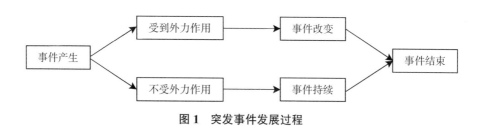

图 1　突发事件发展过程

如图 1 所示，这是突发事件发展过程中路径差异的一般规律。在辽宁省的城乡接合部地区，除了本地居民外还往往会聚集着大量的流动务工人员，农民和外地打工者构成了城乡接合部的主要居民结构。由于城乡接合部的地处城乡交界处，环境基础设施建设较差，这些身处社会底层的劳动人民在社会不同阶层利益冲突且受群体心理因素影响的情况之下难免会产生不满情绪，使城乡接合部更容易爆发群体性的突发事件[2-3]。对于城乡接合部地区的突发事件由于影响因素很多，在内部作用力和外部作用力的共同影响下可以让其性质、破坏力和影响范围等产生更多变化，偏离原有的发展路径。其发展路径产生差异的过程用原生事件到次生事件的多级演化来表述即原生事件在内力或外力的作用下发展到一级次生事件发生，这个过程中原生事件可能仍在继续也可能随着一级次生事件的发生而结束。接下来一级次生事件在内力或外力的作用下发展到二级次生事件，同样一级次生事件可能仍在继续也可能随着二级次生事件的发生而结束，依此类推到更高级次生事件发生或本条发展路径的结束[4-5]。在这个原生事件到次生事件的多级演化过程中，低级事件发生于高级事件之前，高级事件是它的低级事件演化的结果，但需要说明的是一个高级事件并不一定是由一个低级事件演化而来，也可能是多个低级事件共同演化而形成的，这就使不同级之间的线性关系变为了网状关系。多级事件演化过程的路径如图 2 所示。

在图 2 中把城乡接合部突发事件的多级演化方向分成了只受内力作用的演化和在外力作用之下的演化两类。受内力作用而产生的演化是指在突发事件产生后，仅仅只受到突发事件内在属性的作用，这类突发事件在城乡接合部地区大多表现为事故灾难

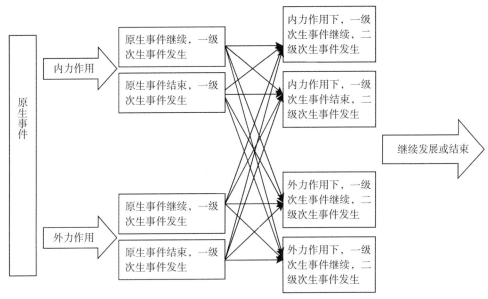

图 2 多级突发事件演化过程路径

和自然灾害事件。例如，2013 年 8 月 16 日辽宁省抚顺市发生的特大洪涝灾害，由于持续大范围的降雨引发的洪灾的导致全市水利设施，公路桥涵等的损坏就是内力演化的典型案例。在外力作用下产生演化的突发事件不仅仅受到突发事件内在属性的影响，还受到外界舆论、自然和社会环境，以及应对措施等多方面因素的影响，在这些外部作用力的影响下，突发事件本身的性质可能发生改变，事件本身和它的次生事件所造成的影响与损失都难以预计。这类突发事件在城乡接合部主要表现为公共卫生或社会安全等群体性事件，比如 2010 年 4 月 13 日，大连庄河市城关街道海洋社区村民因土地补偿费问题上访，相关部门处置不力，在见不到该市市长的情况下，数千名村民在市政府门前集体下跪，产生了很大社会影响，国内外舆论一片哗然。

2 基于过程的路径差异分析突发事件的演化机理

分析上文多级事件演化过程的路径可以发现，突发事件产生以后，原生事件的阶段和发展到多级事件的阶段二者是可能共存的也可能是单一存在的，城乡接合部的突发事件受到内外两种作用力的影响，无论是原生事件本身的持续，还是原生事件的性质发生改变以及产生下一级事件，都是其发展过程的一部分[6-9]。在这个基础上，可以考察突发事件的演化机理。

在受内力作用的这条路径下，突发事件受自身内部作用力演化有变异和持续两个演化的方向，可以归纳为变异机理和持续机理。在变异机理的引导下，事件受本身内力作用，初始的事件结束随即产生另一个事件，此机理在自然灾害结束所产生次生灾害时尤为明显。持续机理同样是在事件受到内力作用的条件下，初始的事件会引导产生另一些事件，而且初始的突发事件会持续一段时间。原生和次生事件的持续存在令灾害的破坏力和影响范围比持续机理下的突发事件更大。比如城乡接合部常见的水污染会引起人畜中毒和农作物受损，在水的内力作用之下，污水流动到其他地区，毒害更多生物并破坏生态甚至会产生有毒的农产品使食用者受到间接伤害。在持续机理下污染源和次生事件持续存在，而且在破坏程度和作用范围上更进了一步[10]。

在外力作用的这条路径下，事件不单一受自身内力的影响。但在多重因素制约下的突发事件同样有两条发展路径，适用于上文的变异机理和持续机理，区别是此时的变异机理和持续机理的作用力中都加入了外力，也就是受到多重因素的影响，威胁性和破坏性也更加强大。城乡接合部环境复杂，遵循持续机理的突发事件是城乡接合部地区突发事件发展的典型，尤其是近几年来常发生的工业或建筑用地带来的土地占用问题，如果处理不当就会造成群体性的冲突。例如，2012 年 9 月 21 日在辽宁盘锦百人强行征地引发冲突警察开枪打死村民的事件，就是有关部门对突发事件的持续机理认识不够，在征地初期没有相应举措，才导致在外力因素的作用下造成如此大的损失。

综上，城乡接合部地区的突发事件皆遵循着变异机理和持续机理，并在内部和外部两种作用力的影响下分两条路径进行演化，如图 3 所示。

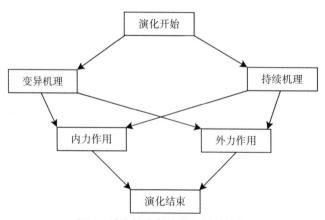

图 3　城乡接合部突发事件的演化

3　结　论

突发事件具有发生的突然性和发展的不确定性，其在城乡接合部地区环境下所造成的影响更为复杂。变异和持续机理揭示的是突发事件发展过程中遵循的演变规律，按照变异和持续机理进行突发事件的预警和制定预案，能够增加突发事件的预测精度，帮助理解和控制外力作用对事件本体和次生事件的影响，提升突发事件发生前后的处理速度和处理效率，减小由于突发事件的突然性和不确定性带来的损失。突发事件变异和持续机理的提出为城乡接合部突发事件的研究提供了一定的理论基础，能够提高相关部门对突发事件的应急处理能力，具有很大的现实意义。

参考文献

[1] 中国灾害防御协会. 市民公共安全应急指南 [M]. 北京：北京大学出版社，2006.

[2] 陈安，赵燕. 我国应急管理的进展与趋势 [J]. 安全，2007（3）：1-4.

[3] 杨华京. 美国政府应急管理"三级跳"——美国公共管理协会主席蒙佐教授访谈 [EB/OL]. http：//www.jinhua.gov.cn/art/2006/12/14/art_52_33813.html，2013-12-14.

[4] 吕浩，王超. 重大突发事件的扩散机理研究 [J]. 武汉理工大学学报（信息与管理工程版），2006（9）：7-10.

[5] 吴国斌，钱刚毅，雷丽萍. 突发公共事件扩散影响因素及其关系探析 [J]. 武汉理工大学学报（社会科学版），2008，21（4）：465-469.

[6] 薛澜，钟开斌. 突发公共事件分类、分级与分期：应急体制的管理基础 [J]. 中国行政管理，2005（2）：102-107.

[7] 佘廉，吴国斌. 突发事件演化与应急决策研究 [J]. 交通企业管理，2005（12）：4-5.

[8] 张岩. 非常规突发事件态势演化和调控机制研究 [D]. 中国科学技术大学，2011.

[9] 邓少军，赵付春. 产业关键事件的群体认知演化特征研究 [J]. 情报杂志，2015（9）：139-144.

[10] 祝江斌，王超，冯斌. 城市重大突发事件扩散的微观机理研究 [J]. 武汉理工大学学报（社会科学版），2006，19（5）：710-713.

灾后不确定环境下应急资源动员
——运输调度鲁棒优化方法研究*

吴志永　刘亚杰

（国防科技大学系统工程学院，湖南长沙　410073）

【摘　要】 应急资源动员—运输调度是灾后应急响应中的一类重要行动。在制订应急资源动员—运输调度计划时往往需要考虑供应、需求等参数的不确定性，给决策者带来挑战。针对灾区灾后物资供应与医疗处置能力动员、物资前送与伤员后撤等需求，本文建立了一个多周期、多供应点、多需求点、多物资、多模式、可中转、容量有限的应急资源动员—运输调度模型，在此基础上，采用两种不同的鲁棒优化方法处理供应、需求等的不确定性，以汶川地震为背景，通过数值试验对比分析了两种鲁棒优化方法的性能，并对鲁棒参数的不同设置进行了灵敏度分析。

【关键词】 应急资源动员；运输调度；不确定性；鲁棒优化；灵敏度分析

0　引　言

21 世纪以来，我国先后经历了 2008 年汶川地震、2010 年玉树地震、2013 年雅安地震……地震灾害严重威胁人民的生命财产安全。强地震发生后，因通信设施毁损，导致决策者对受灾地点物资需求和伤员数量、供应地点物资供应和医疗地点医疗处置能力的预测具有较高的不确定性，但为了尽可能减少生命财产损失，抢救灾区群众，要求决策者基于不确定的信息做出应急资源动员—运输调度决策。基于以上现实需求，同时考虑物资投送与伤员后撤，综合需求、供应等不确定性和道路容量、节点容量等限制因素，本文首先建立了一个基于多周期、多供应点、多需求点、多物资、多模式、可中转的动员—运输调度模型。

目前，处理灾后环境不确定性的方法有随机规划、鲁棒优化等。随机规划是运用

---

* ［基金项目］国家自然科学基金（基金编号：71371181）。

最广泛的方法之一，但由于震后通信设施毁损，信息交互困难，且缺乏历史数据，无法准确获得不确定参数的概率分布情况，并且随机规划要求构造多个场景，给计算带来巨大挑战，与应急资源调度的紧迫性相悖。相反，鲁棒优化方法中以特定区间表示不确定参数，并且通过最小化最大值法来保证方案的可行性；此外，随机模型的鲁棒对应形式为确定性模型，便于理解与计算。因此，本文拟采用两种鲁棒优化方法处理参数的不确定性。

1　文献综述

由于全球范围内地震频发，以应急资源运输为代表的应急物流得到了学术界的广泛研究。本节回顾了运输规划与配送调度方面的研究成果。Haghani 等[1] 考虑了道路容量约束，基于时间—空间网络建立了一个多商品和多模式运输优化模型，其目标为最小化综合费用。Özdamar 等[2] 的问题背景与 Haghani 等[1] 相似，但 Özdamar 等[2] 只考虑了运输时间，而未考虑路径容量约束，且其目标是基于最小化累计的未满足需求，未考虑任何成本因素。Yi 等[3] 的研究未考虑不同运输模式的差别以及陆地交通的运输容量限制，其目标是最小化未被满足的多时段总体需求，未考虑相关费用。Najafi 等[4] 同时考虑了多种运输模式及其限制、物品前送和伤员后送、不同目标的优先级差别等因素，建立了一个多周期运输调度模型，其目标是最小化物资需求未满足数量、伤员未救治数量、利用的车辆数量。Afshar 等[5] 建立了一个多模式、多商品、多周期，考虑供应、需求、资源条件等动态变化以及救援公平性的集灾后临时设施选址与运输调度为一体的应急物流模型，其目标是最小化节点在所有周期内未满足的需求。Barbarosoglu 等[6] 综合考虑供应、运输条件、需求的不确定性，建立了一个基于随机规划的多模式运输优化模型，优化目标为最小化运输、转载和非满足惩罚等的成本。Yan 等[7] 建立了以最小化最后一项道路维修工作完成的时刻和最小化最后一批物品抵达灾区需求点的时刻为目标的多目标优化模型。Shen 等[8] 研究了从单供应点到多需求点的基于单类商品的 VRP 优化问题，建立了一个最小化未满足商品总量以及运输抵达时间的优化模型。该研究假设单台车会覆盖多个用户需求点，且系统中只存在一个供应点。Liu 等[9] 的研究与 Shen 等[8] 类似，其目标是最小化未被满足的需求及时间延迟。Balcik 等[10] 的研究只考虑了一个供应点，并隐含强制在每天所有车辆必须回到供应点，且让单个车辆在行程中同时覆盖多个需求点，对于大规模灾难而言，与实际情况不太匹配。Rawls 等[11] 考虑灾后随人流涌入避难场所的变化而导致的对资源需求的动态变化以及供应—需求点之间容量的动态随机变化，建立了一个基于随机规划方法的两阶段选址—分配优化模型，其目标是综合费用。朱建明等[12,13] 建立了单供应点向多个医院进行医疗用品应急配送的 VRP 模型，其目标是最小化总的未满足需求量和总的物资延误时间。宋元涛等[14] 研究了大规模突发事件发生后将伤员从多个受灾点同时运往外地的决策优化问题，其目标是最小化总的运输时间。但作者假设每个受灾点只有单台车，且未考虑受灾点间车辆的相互调用。李周清等[15] 以区域救灾物资送达受灾城市总时间最短和总成本最小为目标，建立了一个区际救援物资中转调度优化模型，但该研究基于单类运输模式，且未考虑需求和运输条件等方面的动态随机因素。徐琴等[16]、代颖等[17] 的研究为 LRP 问题，但仅考虑了单物品、单运输模式和静态确定性的用户需求。王绍仁等[18] 建立了一个多品种、多运输方式的随机动态 LRP 多目标优化模型，以使物资到达救援点的总时间最少和应急系统总成本最小。

与上述现有的研究相比，本文的主要贡献有：①同时考虑动员与运输问题。在动员量有限的情况下，将动员量作为变量而非参数进行建模。②同时考虑节点处与运输路线上的运输工具容量限制。若未考虑道路容量，很容易形成局部拥堵。目前，仅有少数研究考虑了道路容量约束，还没有研究考虑节点处容量的限制。③同时考虑了未满足量与动员、运输成本，且未满足量以累加的形式表示，隐含了时间因素对目标函数的影响。④本文着眼于两种不同鲁棒优化方法的性能比较，分析其在不同鲁棒参数设置下的优劣，目前还没有类似研究。

因此，本文综合了多周期、多供应点、多需求点、多物资、多模式、可中转、容量有限等多种因素，将动员、运输结合考虑，所提出的模型具有较强的综合性，更能反映灾后救灾工作的真实环境，将有助于决策者制订科学、合理的动员—调度计划。

2 多周期动员—运输调度模型

2.1 模型假设

在构建模型前，做出如下假设：①灾害发生后，选取部分基础设施较好的节点作为临时供应或医疗节点，临时供应节点的供应能力和临时医疗节点的处置能力是不确定的；②选取部分节点作为临时中转节点，中转节点作为连接供应（或医疗）节点与需求节点的纽带，实现物资、伤员的中转运输，中转节点本身并不作为物资供应或伤员处置节点；③允许一个供应节点向多个需求节点供应物资，一个需求节点接收来自多个供应节点的供应，同时也允许一个医疗节点收治多个需求节点的伤员，一个需求节点的伤员可由多个医疗节点共同处置；④模型中考虑的需要运至医疗节点的伤员对医疗救治服务的时间要求比较高，因此本模型中要求伤员由需求节点直接运至医疗节点或经一次中转节点转运至医疗节点；⑤模型中不同运输工具的载重、体积、时速等存在差异，运输工具可在各节点间中转，并不要求回到初始节点。

2.2 符号说明

模型中涉及的集合说明如下：T 为总的调度周期长度；CS 为物资类型集合；WS 为

伤员类型集合；DN 为需求节点集合；SN 为物资供应节点集合；HN 为医疗处置节点集合；RN 为中转节点集合；N 为所有节点集合，$N = DN \cup SN \cup HN \cup RN$；V 为运输工具集合；A 为节点之间允许通行的路线集合。

模型定义的参数有：t_{opv} 表示运输工具 v 从节点 o 到节点 p 所需的时间；$\tilde{d}^R_{cpt}$、$\tilde{d}^W_{hpt}$ 分别表示 t 时刻节点 p 新增的 c 类型物资的需求数量（单位）和 h 类型伤员的数量；$\tilde{s}^R_{cot}$、$\tilde{s}^W_{hot}$ 分别表示 t 时刻节点 o 新增的可动员的 c 类型物资的最大供应数量（单位）和 h 类型伤员的最大处置能力；θ_c、ρ_c 分别表示 c 类型物资的单位质量（kg/单位）和单位体积；$cap^{R\theta}_v$、$cap^{R\rho}_v$、cap^W_v 分别表示 v 类型运输工具的最大载货重量（kg）、最大载货体积、最大可载伤员数量（人）；l_{ov} 表示节点 o 处可停留的 v 类型运输工具的最大数量；π_{opv} 表示节点 o 与节点 p 之间一次允许通行的 v 类型运输工具的最大数量；η_{vt} 表示 t 时刻新增的可供动员 v 类型运输工具的数量；p^R_c、p^W_h 分别表示未满足 c 类型物资需求未处置 h 类型伤员的惩罚成本；c^R_{co}、c^W_{ho} 分别表示节点 o 处供应 c 类型物资和处置 h 类型伤员的单位动员成本；c^F_v、c^o_v 分别表示 v 类型运输工具的固定成本（元）和单位运行成本（元/小时）；$\delta^v_{\tau opt}$ 表示 0~1 参数，若任一直升机在 τ 时刻离开节点 o，在 t 时刻之前到达节点 p，则 $\delta^v_{\tau opt} = 1$，否则 $\delta^v_{\tau opt} = 0$。

决策变量包括：M^R_{cot}、M^W_{hot} 分别表示 t 时刻节点 o 新增的供应 c 类型物资和处置 h 类型伤员的动员量；M_{vot} 表示 t 时刻新增的 v 运输工具动员到节点 o 的数量；X^{Rv}_{copt} 表示 t 时刻从节点 o 使用 v 类型运输工具运往节点 p 的 c 类型物资的数量；X^{Wlv}_{hopt} 表示 t 时刻从节点 o 使用 v 类型运输工具运往节点 p 的属于 l 节点的 h 类型伤员的数量；$SURP_{cot}$ 表示 t 时刻中转节点 o 处待转运的 c 类型物资的数量；DEV^R_{cpt}、DEV^W_{hpt} 分别表示 t 时刻节点 p 未满足的 c 类型物资和未救治的 h 类型伤员的数量；Y^R_{opvt}、Y^W_{opvt} 分别表示 t 时刻从节点 o 前往节点 p 的用于转运物资或伤员的 v 类型运输工具的数量。

2.3 周期模型

基于以上描述，应急资源多周期动员—调度模型可描述如下：

目标函数：

$$\min f = \sum_{t \in T} \sum_{p \in DN} \sum_{c \in CS} p^R_c DEV^R_{cpt} + \sum_{t \in T} \sum_{p \in DN} \sum_{h \in WS} p^W_h DEV^W_{hpt} + \sum_{t \in T} \sum_{o \in SN} \sum_{c \in CS} c^R_{co} M^R_{cot} +$$

$$\sum_{t \in T} \sum_{o \in HN} \sum_{h \in WS} c^W_{ho} M^W_{hot} + \sum_{t \in T} \sum_{o \in N} \sum_{v \in V} c^F_v M_{vot} + \sum_{t \in T} \sum_{v \in V} \sum_{p \in N} \sum_{o \in N} c^o_v t_{opv} (Y^R_{opvt} + Y^W_{opvt}) \quad (1)$$

约束条件：

$$\sum_{\tau=1}^{t} M^R_{co\tau} \leq \sum_{\tau=1}^{t} \tilde{s}^R_{co\tau}, \quad \forall c \in CS, \ o \in SN, \ t \in T \quad (2)$$

$$\sum_{\tau=1}^{t} M^W_{ho\tau} \leq \sum_{\tau=1}^{t} \tilde{s}^W_{ho\tau}, \quad \forall h \in WS, \ o \in HN, \ t \in T \quad (3)$$

$$\sum_{\tau=1}^{t}\sum_{o\in N}M_{vo\tau}\leqslant\sum_{\tau=1}^{t}\eta_{v\tau},\quad\forall v\in V,\ t\in T \tag{4}$$

$$\sum_{\tau=1}^{t}\sum_{v\in V}\sum_{p\in DN\cup RN\cup SN}X_{cop\tau}^{Rv}\leqslant\sum_{\tau=1}^{t}M_{co\tau}^{R}+\sum_{\tau=1}^{t}\sum_{v\in V}\sum_{o'\in SN}\delta_{\tau o'ot}^{v}X_{co'o\tau}^{Rv},\quad\forall c\in CS,\ o\in SN,\ t\in T \tag{5}$$

$$SURP_{cpt}+\sum_{\tau=1}^{t}\sum_{v\in V}\sum_{p'\in DN\cup RN}X_{cpp'\tau}^{Rv}=\sum_{\tau=1}^{t}\sum_{v\in V}\sum_{o\in SN\cup DN\cup RN}\delta_{\tau opt}^{v}X_{cop\tau}^{Rv},\quad\forall c\in CS,\ p\in RN,\ t\in T \tag{6}$$

$$\sum_{\tau=1}^{t}\sum_{v\in V}\sum_{p'\in DN\cup RN}X_{cpp'\tau}^{Rv}\leqslant\sum_{\tau=1}^{t}\sum_{v\in V}\sum_{o\in SN\cup RN\cup DN}\delta_{\tau opt}^{v}X_{cop\tau}^{Rv},\quad\forall c\in CS,\ p\in DN,\ t\in T \tag{7}$$

$$\sum_{\tau=1}^{t}\sum_{v\in V}\left(\sum_{o\in SN\cup RN\cup DN}\delta_{\tau opt}^{v}X_{cop\tau}^{Rv}-\sum_{p'\in DN\cup RN}X_{cpp'\tau}^{Rv}\right)\geqslant\sum_{\tau=1}^{t}\tilde{d}_{cp\tau}^{R}-DEV_{cpt}^{R},\quad\forall c\in CS,\ p\in DN,\ t\in T \tag{8}$$

$$\sum_{\tau=1}^{t}\sum_{v\in V}\sum_{p\in RN\cup HN}X_{hlp\tau}^{Wlv}\leqslant\sum_{\tau=1}^{t}\tilde{d}_{hl\tau}^{W},\quad\forall h\in WS,\ l\in DN,\ t\in T \tag{9}$$

$$\sum_{\tau=1}^{t}\sum_{v\in V}\sum_{p'\in HN}X_{hpp'\tau}^{Wlv}=\sum_{\tau=1}^{t}\sum_{v\in V}\delta_{\tau lpt}^{v}X_{hlp\tau}^{Wlv},\quad\forall h\in WS,\ l\in DN,\ p\in RN,\ t\in T \tag{10}$$

$$\sum_{\tau=1}^{t}\sum_{v\in V}\sum_{l\in DN}\left(\sum_{p\in DN\cup RN\cup HN}\delta_{\tau pot}^{v}X_{hpo\tau}^{Wlv}-\sum_{o'\in HN}X_{hoo'\tau}^{Wlv}\right)\leqslant\sum_{\tau=1}^{t}M_{ho\tau}^{W},\quad\forall h\in WS,\ o\in HN,\ t\in T \tag{11}$$

$$\sum_{\tau=1}^{t}\sum_{v\in V}\sum_{p'\in HN}X_{hpp'\tau}^{Wlv}\leqslant\sum_{\tau=1}^{t}\sum_{v\in V}\sum_{o\in DN\cup RN\cup HN}\delta_{\tau opt}^{v}X_{hopt}^{Wlv},\quad\forall h\in WS,\ p\in HN,\ l\in DN,\ t\in T \tag{12}$$

$$\sum_{\tau=1}^{t}\sum_{v\in V}\sum_{p\in HN}\left(\sum_{o\in|1|\cup RN\cup HN}\delta_{\tau opt}^{v}X_{hopt}^{Wlv}-\sum_{p'\in HN}X_{hpp'\tau}^{Wlv}\right)\geqslant\sum_{\tau=1}^{t}\tilde{d}_{hlt}^{W}-DEV_{hlt}^{W},\quad\forall h\in WS,\ l\in DN,\ t\in T \tag{13}$$

$$\sum_{\tau=1}^{t}\sum_{p\in N}\delta_{\tau pot}^{v}Y_{povt}^{R}+\sum_{\tau=1}^{t}\sum_{p\in N}\delta_{\tau pot}^{v}Y_{povt}^{W}+\sum_{\tau=1}^{t}M_{vo\tau}\geqslant\sum_{\tau=1}^{t}\sum_{p'\in N}Y_{op'v\tau}^{R}+\sum_{\tau=1}^{t}\sum_{p'\in N}Y_{op'v\tau}^{W},\quad\forall o\in N,\ v\in V,\ t\in T \tag{14}$$

$$\sum_{\tau=1}^{t}M_{vo\tau}+\sum_{\tau=1}^{t}\sum_{p\in N}\delta_{\tau pot}^{v}Y_{povt}^{R}+\sum_{\tau=1}^{t}\sum_{p\in N}\delta_{\tau pot}^{v}Y_{povt}^{W}-\sum_{\tau=1}^{t}\sum_{p'\in N}Y_{op'v\tau}^{R}-\sum_{\tau=1}^{t}\sum_{p'\in N}Y_{op'v\tau}^{W}\leqslant\ell_{ov},\quad\forall o\in N,\ v\in V,\ t\in T \tag{15}$$

$$Y_{opvt}^{R}+Y_{opvt}^{W}\leqslant\pi_{opv},\quad\forall(o,\ p)\in A,\ v\in V,\ t\in T \tag{16}$$

$$\sum_{c\in CS}\theta_{c}X_{copt}^{Rv}\leqslant cap_{v}^{R\theta}Y_{opvt}^{R},\quad\forall(o,\ p)\in A,\ v\in V,\ t\in T \tag{17}$$

$$\sum_{c\in CS}\rho_{c}X_{copt}^{Rv}\leqslant cap_{v}^{R\rho}Y_{opvt}^{R},\quad\forall(o,\ p)\in A,\ v\in V,\ t\in T \tag{18}$$

$$\sum_{l \in DN} \sum_{h \in WS} X_{hopt}^{Wlv} \leqslant cap_v^W Y_{opvt}^W, \quad \forall (o, p) \in A, \ v \in V, \ t \in T \tag{19}$$

$$M_{hot}^W, \ M_{vot}, \ X_{hopt}^{Wlv}, \ DEV_{hpt}^W, \ Y_{opvt}^R, \ Y_{opvt}^W \geqslant 0 \ \text{且为整数}; \ M_{cot}^R, \ X_{copt}^{Rv}, \ DEV_{cpt}^R \geqslant 0 \tag{20}$$

模型中，目标函数（1）实现最小化总成本，包括：未满足物资需求和未处置伤员的惩罚成本，新增物资供应和伤员处置能力的动员成本，新增运输工具的固定成本，以及运输成本。本模型可分为动员过程和运输过程。式（2）~式（4）表示动员过程的约束，分别表示物资供应、伤员处置能力、运输工具的动员水平在其最大可动员水平范围内。式（5）~式（19）为运输过程的约束，式（5）~式（8）表示对物资运输的约束：式（5）保证物资供应节点的流量平衡，同时包含了物资供应节点之间的转运只能在供应节点之间直接运输，式（6）保证中转节点物资流量平衡，同时给出了中转节点待转运物资数量的表达式，式（7）~式（8）保证需求节点的物资流量平衡，同时确定了每个周期内物资未满足量的计算方式。式（9）~式（13）是对伤员运输的约束：式（9）保证伤员转出数量在自身产生的伤员数量范围内，同时保证伤员只能直接或经中转节点间接运往医疗节点，式（10）保证中转节点的伤员转出数量与转入数量相同，并保证伤员最多只能经过一次中转，式（11）确保任一医疗节点处置的伤员数量在医院的处置能力范围内，式（12）保证了医疗节点间伤员转运的流量平衡，式（13）定义了在任一调度周期内需求节点未救治的伤员数量，即只有伤员到达最终医疗节点时才终止确认；式（14）~式（19）是对运输工具的约束，式（14）保证任一周期内任一节点处运输工具的流量平衡，式（15）表示某一节点处停留的运输工具在该节点可停留该类型运输工具的最大范围内，式（16）表示节点间的运输工具数量应在其道路容量范围内，式（17）~式（19）保证节点间物资与伤员的转运数量在运输工具的能力范围内；式（20）定义了所有决策变量的类型。

3 多周期动员—调度运输模型的鲁棒对应式

3.1 基于 Bertsimas 等[19]的鲁棒对应式推导

本文中，我们考虑以下线性优化模型：

$$\text{Min} \quad z = \sum_j c_j x_j$$

$$\text{s.t.} \quad \sum_j a_{ij} x_j \leqslant \sum_{s=1}^{\lambda_i} \tilde{b}_{is}, \quad \forall i$$

$$x_j \geqslant 0, \quad \forall j \tag{21}$$

上述模型中，c_{ij} 和 a_{ij} 是确定参数，$\tilde{b}_{is}$ 是不确定参数，其取值范围是 $[b_{is} - \tilde{b}_{is}, \ b_{is} + \tilde{b}_{is}]$，均值为 b_{is}，λ_i 表示约束 i 中不确定参数的个数。为了调整模型的保

守水平，我们为每一个约束条件定义参数 Γ_i，其取值范围是 $[0, |\lambda_i|]$。根据 Bertsi-mas 等[19] 的研究，式（21）的鲁棒对应如下：

$$\text{Min} \quad z = \sum_j c_j x_j$$

$$\text{s.t.} \quad \sum_j a_{ij} x_j + z_i \Gamma_i + \sum_{s \in \lambda_i} p_{is} \leq \sum_{s=1}^{\lambda_i} b_{is}, \quad \forall i$$

$$z_i + p_{is} \geq \tilde{b}_{is}, \quad \forall_{i,s} \in \lambda_i$$

$$x_j \geq 0, \quad \forall j$$

$$p_{is} \geq 0, \quad \forall_{i,s} \in \lambda_i$$

$$z_i \geq 0, \quad \forall i \tag{22}$$

其中，z_i、p_{is} 为推导鲁棒对应形式过程中定义的对偶变量。

由于上述扩展的鲁棒方法针对的是所有约束条件均为"$\leq$"且不确定参数均在不等号右侧的随机模型，因此，为了应用这个方法获取原模型的鲁棒对应，原模型中含有不确定参数的"$\geq$"约束条件需要进行相应的转换，并进行相应调整，使其具有相同的形式。原模型中约束条件（8）改写为以下"$\leq$"约束：

$$\sum_{\tau=1}^{t} \sum_{v \in V} \left(\sum_{p' \in DN \cup RN} X_{cpp'\tau}^{Rv} - \sum_{o \in SN \cup RN \cup DN} \delta_{\tau opt}^{v} X_{cop\tau}^{Rv} \right) - DEV_{cpt}^{R} \leq - \sum_{\tau=1}^{t} \tilde{d}_{cp\tau}^{R}, \quad \forall c \in CS, \ p \in DN, \ t \in T \tag{23}$$

为了获取原模型的鲁棒对应，针对约束式（23），我们定义以下变量：Γ_{cp}^{lt}、z_{cp}^{lt} 和 p_{cps}^{lt}。其中，Γ_{cp}^{lt} 表示截至时刻 t 约束式（23）中不确定参数的个数；z_{cp}^{lt} 和 p_{cps}^{lt} 是约束式（19）保护函数的对偶变量。则约束式（23）的鲁棒对应如下：

$$\sum_{\tau=1}^{t} \sum_{v \in V} \left(\sum_{p' \in DN \cup RN} X_{cpp'\tau}^{Rv} - \sum_{o \in SN \cup RN \cup DN} \delta_{\tau opt}^{v} X_{copr}^{Rv} \right) - DEV_{cpt}^{R} + z_{cp}^{lt} \Gamma_{cp}^{lt} + \sum_{s=1}^{t} p_{cps}^{l} \leq - \sum_{\tau=1}^{t} d_{cp\tau}^{R}, \quad \forall c \in CS, \ p \in DN, \ t \in T \tag{24}$$

$$z_{cp}^{lt} + p_{cps}^{lt} \geq \tilde{d}_{cps}^{R}, \quad \forall c \in CS, \ p \in DN, \ t \in T, \ 1 \leq s \leq t \tag{25}$$

$$p_{cps}^{lt} \geq 0; \ z_{cp}^{lt} \geq 0, \quad \forall c \in CS, \ p \in DN, \ t \in T, \ 1 \leq s \leq t \tag{26}$$

类似地，定义变量 Γ_{hl}^{2t}、z_{hl}^{2t} 和 p_{hls}^{2t}，可推导原模型中约束条件（13）的鲁棒对应形式。

由于原模型中约束条件（2）、约束条件（3）、约束条件（9）为"$\leq$"约束，所以可以直接写出其鲁棒对应形式。

3.2 基于 Ben-Tal 等[20] 的鲁棒对应式的推导

对于约束（2），我们假定 $\tilde{s}_{cot}^{R} \in U_s^{R} \equiv \left\{ \tilde{s}_{cot}^{R} : (1-\alpha) s_{cot}^{R} \leq \tilde{s}_{cot}^{R} \leq (1+\alpha) s_{cot}^{R}, \ \sum_{t=1}^{T} \tilde{s}_{cot}^{R} \leq D_{co}^{RS} \right\}$，则该约束可以表示为：

$$\sum_{\tau=1}^{t} M_{co\tau}^{R} \leqslant \sum_{\tau=1}^{t} \tilde{s}_{co\tau}^{R}, \quad \forall c \in CS, \; o \in SN, \; t \in T, \; \tilde{s}_{cot}^{R} \in U_{s}^{R} \tag{27}$$

即：

$$\max -\sum_{\tau=1}^{t} \tilde{s}_{co\tau}^{R} \leqslant -\sum_{\tau=1}^{t} M_{co\tau}^{R}, \quad \forall c \in CS, \; o \in SN, \; t \in T \tag{28}$$

$$\text{s.t.} \quad \tilde{s}_{co\tau}^{R} \leqslant (1+\alpha) s_{co\tau}^{R}, \quad \forall c \in CS, \; o \in SN, \; \tau \in T \tag{29}$$

$$-\tilde{s}_{co\tau}^{R} \leqslant -(1-\alpha) s_{co\tau}^{R}, \quad \forall c \in CS, \; o \in SN, \; \tau \in T \tag{30}$$

$$\sum_{\tau=1}^{T} \tilde{s}_{co\tau}^{R} \leqslant D_{co}^{RS}, \quad \forall c \in CS, \; o \in SN \tag{31}$$

定义约束（27）~约束（31）的对偶变量 $\gamma_{co\tau}^{RS1}$、$\gamma_{co\tau}^{RS2}$、γ_{co}^{RS3}，根据强对偶理论，上述问题等价的对偶问题可以表示为：

$$\min \sum_{\tau=1}^{T} \left[(1+\alpha) s_{co\tau}^{R} \gamma_{cot\tau}^{RS1} - (1-\alpha) s_{co\tau}^{R} \gamma_{cot\tau}^{RS2} \right] + D_{co}^{RS} \gamma_{cot}^{RS3} \leqslant -\sum_{\tau=1}^{T} M_{co\tau}^{R}, \quad \forall c \in CS, \; o \in SN, \; \tau \in T \tag{32}$$

s.t.

$$\gamma_{cot\tau}^{RS1} - \gamma_{cot\tau}^{RS2} + \gamma_{cot}^{RS3} = -1, \quad \forall c \in CS, \; o \in SN, \; t \in T, \; \tau \in \{1, 2, \cdots, t\} \tag{33}$$

$$\gamma_{cot\tau}^{RS1} - \gamma_{cot\tau}^{RS2} + \gamma_{cot}^{RS3} = 0, \quad \forall c \in CS, \; o \in SN, \; t \in T, \; \tau \in \{t+1, \cdots, T\} \tag{34}$$

$$\gamma_{cot\tau}^{RS1}, \; \gamma_{cot\tau}^{RS2}, \; \gamma_{cot}^{RS3} \geqslant 0, \quad \forall c \in CS, \; o \in SN, \; t \in T, \; \tau \in T \tag{35}$$

类似地，针对约束（3）、约束（9），分别定义 $\gamma_{co\tau}^{WS1}$、$\gamma_{co\tau}^{WS2}$、γ_{co}^{WS3} 和 $\gamma_{hl\tau}^{WL1}$、$\gamma_{hl\tau}^{WL2}$、γ_{hl}^{WL3}，可推导出相应的对偶问题。

对于约束（8），假定 $\tilde{d}_{cp\tau}^{R} \in U_{d}^{R} \equiv \left\{ (1-\alpha) d_{cp\tau}^{R} \leqslant \tilde{d}_{cp\tau}^{R} \leqslant (1+\alpha) d_{cp\tau}^{R}, \; \sum_{t=1}^{T} \tilde{d}_{cp\tau}^{R} \leqslant D_{cp}^{RD} \right\}$，则该约束可以表示为：

$$\sum_{\tau=1}^{t} \tilde{d}_{cp\tau}^{R} \leqslant \sum_{\tau=1}^{t} \sum_{v \in V} \left(\sum_{o \in SN \cup RN \cup DN} \delta_{\tau opt}^{v} X_{cop\tau}^{Rv} - \sum_{p' \in DN \cup RN} X_{cpp'\tau}^{Rv} \right) + DEV_{cpt}^{R}, \quad \forall c \in CS, \; p \in DN, \; t \in T, \; \tilde{d}_{cp\tau}^{R} \in U_{d}^{R} \tag{36}$$

即：

$$\max \sum_{\tau=1}^{t} \tilde{d}_{cp\tau}^{R} \leqslant \sum_{\tau=1}^{t} \sum_{v \in V} \left(\sum_{o \in SN \cup RN \cup DN} \delta_{\tau opt}^{v} X_{cop\tau}^{Rv} - \sum_{p' \in DN \cup RN} X_{cpp'\tau}^{Rv} \right) + DEV_{cpt}^{R}, \quad \forall c \in CS, \; p \in DN, \; t \in T \tag{37}$$

$$\tilde{d}_{cp\tau}^{R} \leqslant (1+\alpha) d_{cp\tau}^{R}, \forall c \in CS, \; p \in DN, \; \tau \in T \tag{38}$$

$$-\tilde{d}_{cp\tau}^{R} \leqslant -(1-\alpha) d_{cp\tau}^{R}, \forall c \in CS, \; p \in DN, \; \tau \in T \tag{39}$$

$$\sum_{\tau=1}^{T} \tilde{d}_{cp\tau}^{R} \leqslant D_{cp}^{RD}, \quad \forall c \in CS, \; p \in DN \tag{40}$$

定义对偶变量 $\gamma_{cpt\tau}^{RD1}$、$\gamma_{cpt\tau}^{RD2}$、γ_{cp}^{RD3}，上述问题的对偶问题表示如下：

$$\min \sum_{\tau=1}^{T} \left[(1+\alpha)\, d_{cpt\tau}^{R}\, \gamma_{cpt\tau}^{RD1} - (1-\alpha)\, d_{cpt\tau}^{R}\, \gamma_{cpt\tau}^{RD2} \right] + D_{cp}^{RD}\, \gamma_{cpt}^{RD3} \leqslant \sum_{\tau=1}^{t} \sum_{v \in V}$$

$$\left(\sum_{o \in SN \cup RN \cup DN} \delta_{\tau opt}^{v}\, X_{copt\tau}^{Rv} - \sum_{p' \in DN \cup RN} X_{cpp'\tau}^{Rv} \right) + DEV_{cpt}^{R}, \quad \forall c \in CS,\ p \in DN,\ t \in T \tag{41}$$

$$\gamma_{cpt\tau}^{RD1} - \gamma_{cpt\tau}^{RD2} + \gamma_{cp}^{RD3} = 1, \quad \forall c \in CS,\ p \in DN,\ t \in T,\ \tau \in \{1, 2, \cdots, t\} \tag{42}$$

$$\gamma_{cpt\tau}^{RD1} - \gamma_{cpt\tau}^{RD2} + \gamma_{cp}^{RD3} = 0, \quad \forall c \in CS,\ p \in DN,\ t \in T,\ \tau \in \{t+1, \cdots, T\} \tag{43}$$

$$\gamma_{cpt\tau}^{RD1},\ \gamma_{cpt\tau}^{RD2},\ \gamma_{cp}^{RD3} \geqslant 0, \quad \forall c \in CS,\ p \in DN,\ t \in T,\ \tau \in T \tag{44}$$

类似地，定义对偶变量 $\gamma_{hlt\tau}^{WD1}$、$\gamma_{hlt\tau}^{WD2}$、γ_{hl}^{WD3}，可推导出约束（13）的鲁棒对应形式。

4 案例探究

我们以汶川大地震为背景组织部分数据对上述模型的性能进行了分析。图 1 给出了各类节点位置分布图，其中 A~H 为需求节点；F1~F3 为物资供应节点；F1、F2、F4 为医疗处置节点；R1~R2 表示中转节点。选择实际情况下最急需的两种救援物资食品、药品，分别用 C1、C2 表示；选择一种类型的伤员 H1。表 1 和表 2 分别给出了不同时刻各需求节点新增物资需求与伤员数量的名义值 $\bar{d}_{cpt}$、$\bar{d}_{hpt}$。试验中有 2 种不同类型的直升机（Z1、Z2）和 3 种不同的车辆（V1、V2、V3）。其中，V3 表示救护车，仅用于伤员的转运。表 3 给出了不同时刻各类型运输工具新增的可动员数量。模型使用 IBM ILOG CPLEX 12.5 进行编译。

图 1 供应节点、中转节点及需求节点位置分布

表1 需求节点各周期物资需求名义值

CS	DN	1	2	3	4	5	6	7	8	9	10	11	12	13	14
C1	A	1585	—	906	—	996	—	—	679	—	362	—	—	226	—
	B	1008	—	576	—	634	—	—	432	—	230	—	—	144	—
	C	5939	—	3394	—	3733	—	—	2545	—	1357	—	—	848	—
	D	1106	—	632	—	—	695	—	474	253	—	—	—	158	—
	E	4763	—	—	2722	—	2994	—	—	2041	1089	—	—	—	680
	F	1142	—	653	—	718	—	—	490	—	261	—	—	—	163
	G	4570	—	—	2611	—	2872	—	1958	—	—	1044	—	—	653
	H	2285	—	—	1306	1436	—	—	979	—	—	522	—	—	—
C2	A	792	—	453	—	498	—	—	340	—	181	—	—	113	—
	B	504	—	288	—	317	—	—	216	—	115	—	—	72	—
	C	2969	—	1697	—	1866	—	—	1273	—	679	—	—	424	—
	D	553	—	316	—	—	348	—	237	126	—	—	—	79	—
	E	2381	—	—	1361	—	1497	—	—	1021	544	—	—	—	340
	F	571	—	326	—	359	—	—	245	—	131	—	—	—	82
	G	2285	—	—	1306	—	1436	—	979	—	—	522	—	—	326
	H	1142	—	—	653	718	—	—	490	—	—	261	—	163	—

表2 需求节点各周期伤员数量名义值（人）

WS	DN	1	3	5	6	8	9	10	11	13	DN	1	4	5	6	8	9	10	11	13	14
H1	A	112	64	70	—	48	—	26	—	16	E	263	150	—	165	—	113	60	—	—	38
	B	56	32	35	—	24	—	13	—	8	F	63	36	—	40	27	—	14	—	—	9
	C	328	187	206	—	140	—	75	47	—	G	252	144	—	158	108	—	—	58	36	—
	D	61	35	—	38	—	26	14	—	9	H	126	72	79	—	54	—	—	29	18	—

表3 灾区各周期运输工具新增可动员数量

V	1	2	3	4	5	6	V	1	2	3	4	5	6
Z1	13	0	19	5	0	3	V1	8	16	5	7	8	0
Z2	10	0	15	3	9	0	V2	9	14	12	10	6	7
							V3	8	5	15	8	8	5

表4~表6展示了确定性模型基于名义数据生成的解决方案。表4中，第1~2列表示发生动员的时期与节点。第3~4列、第5列、第6~10列分别表示各节点动员的物资供应水平、医疗处置能力及运输工具的数量。表5和表6分别表示救援物资（1~4周期）与伤员的运输计划方案。表5中，第1列表示物资运输计划的开始时刻，第2列

和第 11 列分别表示运输计划的起始和目的节点，第 3~10 列分别表示通过不同运输工具运输 C1、C2 物资的数量。表 6 中，第 1 列表示伤员的产生节点，第 2 列表示伤员运输计划的开始时刻，第 3 列与第 9 列表示伤员运输计划的起始和目的节点，第 4~8 列表示由不同型号运输工具运输的伤员数量。

表 4　各类型救援资源动员方案

T	N	CS		WS	V					T	N	CS		WS	V				
		C1	C2	H1	Z1	Z2	V1	V2	V3			C1	C2	H1	Z1	Z2	V1	V2	V3
1	F1	4900	1400		10	9	3	1		7	F1	3392.9		448					
	F2	2689.4	553		1	1	2	5			F3	6522.9	1980					1	
	F3	2100	630		2		3	3	1		F4			20					
	R1							3		8	F1	2281.6	4959.3	63					
	R2							4			F2			40					
2	F1							3			F4			55					
	F2	110.6	197	117			1	1		9	F1	376.4		67					
	F3						1				F2	1535.7	2750	143					
	F4						1				F3	1677.4	2250						
	R1						4	4			F4			86					
	R2						7	6	5	10	F1	2024.6	4240.8	310					
3	F1	9100	2600		15	15	2	8			F2			117					
	F2	5200			4		2	2			F4			91					
	F4			30						11	F1			165					
	R1							8			F2		2228.8	46					
	R2						3	1	5		F3		284.3						
4	F2		1450				2	3			F4			56					
	F3	3900	1170		5	3	4	4		12	F1	571.4		253					
	R1						3	5			F2			152					
	R2						1	5			F4			112					
5	F1			230				6		13	F1			180					
	F2			63							F2		82	58					
	F4			113						14	F1			23					
	R1							5			F2			28					
	R2							3			F4			18					
6	F1	12007.1	4400	162	3	9	5	4		15	F1			14					
	F2	8800	2420	284		3		2		16	F1			85					
	F4			117							F2			36					
	R1							5											

表5 各类型救援物资运输计划表

T	起始节点	Z1		Z2		V1		V2		目的节点
		C1	C2	C1	C2	C1	C2	C1	C2	
1	F1						562.5		375	B
		1428.6		1116.6	116.8					C
		1428.6		926.3	64.5					E
							281.3			R2
	F2					10.9	553	1285.7		D
		285.7		250						F
								857.1		G
		571.4				244.3		1284.3		H
	F3						630			H
2	D					190.6				G
	F2					110.6	184.5			D
3	B						547.3			A
	F					535.7				G
	F1					281.3				A
		1428.6		1250					718.8	B
		1428.6		1250					750	C
		1428.6		1250		281.3			375	E
								1064.3	193.8	R2
	F2					964.3		1285.7		D
		1428.6		250				414.3	12.5	F
								857.1		G
4	B							1285.7		A
				74.91						D
	D			250						C
				750						E
		728.6	112.5							G
	F							428.6		G
	F2					325			1125	D
	F3	571.4		750						F
						904.9		245.1	160.5	G
		1428.6							1009.5	H
	R2					281.3				C

表6 各节点伤员运输计划表

DN	T	起始节点	Z1	Z2	V1	V2	V3	目的节点
A	2	A					5	R2
	3	A			48	60	10	F1
		R2				5		F1
	4	A			32		15	F1
	5	A				60	10	F1
	8	A			16	38		F1
	10	A				26		F1
	13	A	14					F1
		A		2				F2
B	3	B				20		F1
	4	B	60					F1
	5	B	15	9				F1
	7	B		19				F1
	8	B			24			F1
	10	B			13			F1
	13	B		8				F1
C	2	C					15	R2
	3	C	30	36			15	F1
		C			48	60		F2
		R2					15	F1
	4	C			48			F1
		C					15	R2
	5	C	75	36				F1
		C			16	20	15	R2
		R2					15	F1
	6	C					15	F2
		R2			16	20	15	R2
	7	C			40			F1
		C				60		F2
	8	C	75	45				F1
	9	C	75					F1
		C			2			F2
	10	C	75	45				F1
E	9	E	45			32		F1
		E			7	20		F2
		R1				18		F2
	10	E	75	45				F1
	11	E	45					F1
	12	E	15					F1
	14	E	29	9				F1
F	2	F	15	9				F2
	3	F				60		F2
	5	F	27	27				F2
	7	F	1					F1
	8	F	27					F2
	10	F	5	9				F2
	13	F	9					F2
G	3	G					10	F4
	4	G			48	20		F2
		G				20		F4
	5	G				15		F2
		G				20	15	F4
		G	45					R1
	6	G				40	10	F2
		G			16	40	10	F4
		G				20	5	R1
		R1					15	F1
		R1					15	F2
		R1					15	F4
	7	G			16		5	F2
		G			31	20		F4
	8	G				40		F4
		R1		25				F2
	9	G			48	60		F2
		G			28	60		F4
		G				20		R1

续表

DN	T	起始节点	Z1	Z2	V1	V2	V3	目的节点	DN	T	起始节点	Z1	Z2	V1	V2	V3	目的节点
C	11	C	45	27				F1		11	G		9				F2
	12	C	3					F2			G	40	9				R1
	14	C	29	18				F1			R1		5				F1
D	2	D			1	60		F2			R1	15					F2
	3	D			32			F2		12	R1	40	9				F2
	4	D			3			F2		14	G	27	9				R1
	5	D				38		F2		15	R1	27	9				F2
	8	D			26			F2	H	2	H	30					F4
	10	D				14		F2		3	H			48	60	5	F4
	13	D				9		F2		4	H			32			F4
E	3	E	75	9			5	F1		5	H	75					F4
	4	E			16			F1		6	H				20		F4
		E			16			F2		7	H					5	F4
	5	E	45				15	F1		8	H				30	10	F4
		E					10	F2		9	H				16		F4
	6	E	75	45				F1		11	H				5		F2
	7	E			16	20		F2			H	15	9				F2
	8	E	75	27				F1		13	H	9	9				F4
		E		18				R1									

　　由表4可知，中转节点处虽然没有物资供应与伤员处置能力，但仍然动员了部分运输工具。这是由于供应（或医疗）节点处的运输工具存在容量限制，为了更高效地进行物资与伤员运输，因此动员部分运输工具至中转节点。由表5可知，需求节点的物资均有多个供应节点直接或通过中转节点、需求节点的转运间接供给，但不同的需求节点物资的主要来源可能存在区别。由表6可知，B的伤员仅由F1接收，D的伤员仅由F2接收，F的伤员绝大部分由F2接收，H的伤员绝大部分由F4接收，且上述四个节点的伤员直接由伤员产生节点运至医疗节点，不存在转运。观察图1可发现，上述四个节点均分布在距离医疗节点较近的一条线上，且由距离较近的医疗节点接收其伤员。此外，由表1可知，需求节点C、E、G伤员数量较多，属于重灾区，且距离医疗节点较远，因此，这三个节点的伤员直接或通过中转节点间接运至医疗节点。由表5与表6可看出，中转节点R1、R2承担了部分物资和伤员的中转运输任务，而需求节点中B、D、F也承担了物资的部分中转任务。由于我们限制了伤员通过其他需求节点的运输，因此，需求节点不承担伤员的中转运输。

为了能更深入地了解不同的参数设置对模型的影响，我们在 4 种不同的数据不确定性（α=0.05，0.10，0.15，0.20）下，记录了上述两个鲁棒模型在不同的不确定代价下的结果（基于 Bertsimas 等[19]的鲁棒模型记为 RC1，基于 Ben-Tal 等[20]的鲁棒模型记为 RC2）。为了便于比较，不确定代价的取值范围为：0，0.1，0.2，…，1。RC1 中，Γ = 不确定代价 $\times$ t；RC2 中，D = 不确定参数 $\times$ (1 + 数据不确定性不确定代价)。图 2~图 3 分别展示了同时考虑需求与供应不确定性情况下两个模型目标函数、动员—运输成本的变化情况。

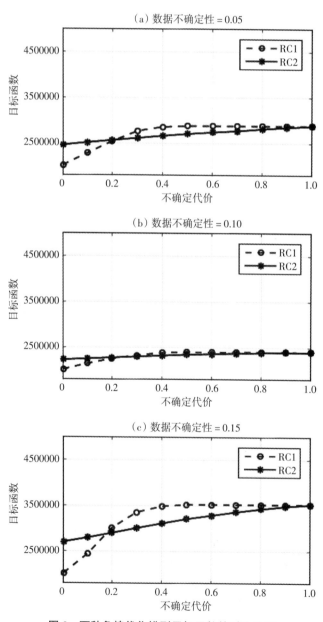

图 2　两种鲁棒优化模型目标函数的对比分析

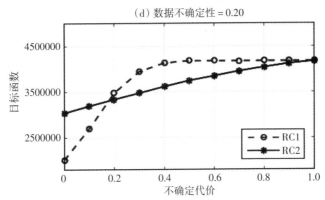

图 2 两种鲁棒优化模型目标函数的对比分析（续图）

由图 2 可知，对于 RC1 而言，随着不确定代价的增加，其目标函数与物资和伤员的加权不满足量均先增加，当不确定代价≥0.5 时，其目标函数与物资和伤员的加权不满足量保持在恒定的水平，这符合基于 Bertsimas 等[19] 的鲁棒优化方法应用的认知。而对于 RC2 而言，其目标函数和加权不满足量以一个比较稳定的速率增加。结合 RC1 与 RC2 可知，当不确定代价>0.2 时，RC1 的目标函数小于 RC2 的目标函数；当不确定代价>0.2 时，RC1 的目标函数大于 RC2 的目标函数，并且随着不确定代价的增加，两种鲁棒模型的目标函数越来越接近，当不确定代价=1 时，两者的目标函数大致相当。对比不同的数据不确定性下两种鲁棒模型，其目标函数值均随数据不确定性的增加而增加。通过实验可知，两个鲁棒模型的目标函数与物资和伤员的加权不满足量具有类似的变化规律。

观察图 3 可以发现，RC1 的动员—运输成本的变化与其目标函数、物资和伤员加权不满足量的变化有所不同，其成本在不确定代价≤0.4 时，其动员—运输成本增长迅速；当不确定代价>0.4 时，其成本降低，最终保持在一个稳定的水平。而 RC2 的动员运输成本则随不确定代价的增加而增加，且当不确定代价=1 时，其成本与 RC1 的动员—运输成本大致相当。此外，对比图 3 中 4 个子图，我们还可发现，随着数据不确

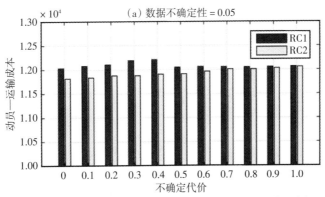

图 3 两种鲁棒优化模型动员—运输成本的对比分析

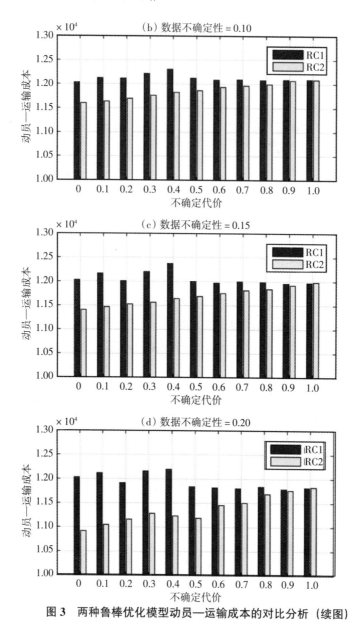

图 3   两种鲁棒优化模型动员—运输成本的对比分析（续图）

定性的增加，两种鲁棒模型的动员运输成本均降低。这与目标函数、加权未满足量随数据不确定性的增加而增加的趋势恰好相反。这是由于在鲁棒模型中，随着物资供应（或医疗处置能力）不确定性的增加，鲁棒模型为了保证方案的鲁棒性，其动员的物资供应与医疗处置能力反而降低，并最终导致其动员—运输成本降低。

此外，本文对两种鲁棒模型生成的解决方案的性能进行了对比。首先，我们将灾后应急动员—运输调度分为两个层次：战略层次和战术层次。战略层次着眼于救援物资、医疗处置能力、运输工具的动员；战术层次则关注既定的动员情形下不同类型的节点间如何进行物资与伤员的转运以实现总成本最低的目标。因此，在对比试验中，本文将不同模型生成的解决方案中物资、医疗处置能力、运输工具等战略层次的动员结果固定，在实际的需求与供应揭晓后，重新计算模型的目标函数、加权不满足量及动员—运输成本等指标。表7是两种方法的鲁棒模型在目标函数、加权不满足量、动员与运输成本、最差结果等方面的对比。

表7 两种鲁棒优化模型的实例对比分析

数据不确定性	不确定代价	RC1				RC2			
		目标函数均值	加权未满足量均值	动员—运输成本	最差结果	目标函数均值	加权未满足量均值	动员—运输成本	最差结果
0.05	0	2144412.7	2132460.5	11952.2	2281629.6	2187824.0	2176018.0	11805.9	2244677.6
	0.1	2097448.4	2085405.6	12042.7	2123679.1	2171235.1	2159411.4	11823.6	2217878.7
	0.2	2129093.3	2117029.2	12064.1	2154053.0	2162542.4	2150687.2	11855.2	2196955.6
	0.3	2144356.1	2132215.0	12141.1	2169039.7	2161477.6	2149607.7	11869.8	2187770.5
	0.4	2158930.7	2146764.0	12166.6	2183583.9	2160922.3	2149035.9	11886.4	2187782.8
	0.5	2159916.2	2147899.7	12016.5	2185980.4	2162161.6	2150262.2	11899.3	2187613.0
	0.6	2159470.4	2147439.2	12031.2	2185518.6	2161652.0	2149704.9	11947.0	2187441.7
	0.7	2159367.7	2147339.8	12027.8	2185698.3	2161635.7	2149657.2	11978.5	2186304.9
	0.8	2161081.6	2149057.0	12024.5	2186980.8	2161579.7	2149600.1	11979.6	2186515.7
	0.9	2160895.5	2148864.3	12031.1	2186262.0	2161293.7	2149289.6	12004.0	2186185.0
	1	2160729.5	2148701.3	12028.1	2185380.3	2159891.8	2147863.9	12027.8	2185577.7
0.10	0	2261940.2	2250072.9	11867.2	2547091.5	2363623.8	2352046.0	11577.7	2482377.5
	0.1	2167804.8	2155759.7	12045.1	2224237.9	2332687.8	2321076.1	11611.6	2430514.1
	0.2	2236482.0	2224421.5	12060.5	2289197.7	2314495.4	2302820.3	11675.1	2384445.0
	0.3	2289650.6	2277501.0	12149.6	2344385.7	2308861.4	2297128.8	11732.6	2363890.4
	0.4	2307144.7	2294925.1	12219.6	2361718.2	2309762.7	2297980.2	11782.4	2364875.9
	0.5	2310355.0	2298324.7	12030.3	2365537.0	2312304.1	2300485.5	11818.5	2367709.9
	0.6	2311605.3	2299595.0	12010.2	2367525.5	2312516.5	2300648.4	11868.0	2368688.6
	0.7	2311407.4	2299386.9	12020.5	2365907.5	2311693.6	2299779.5	11914.0	2366191.9
	0.8	2310896.8	2298884.7	12012.0	2366669.9	2311215.3	2299266.2	11949.1	2367386.7
	0.9	2312289.0	2300271.0	12017.9	2366344.3	2312293.8	2300295.8	11997.9	2368836.9
	1	2310423.9	2298406.6	12017.3	2366659.4	2312526.2	2300525.6	12000.6	2366782.7
0.15	0	2381685.5	2369906.8	11778.6	2813215.5	2554049.7	2542689.0	11360.6	2735036.7
	0.1	2242596.6	2230566.5	12030.0	2331133.9	2505270.1	2493830.9	11439.2	2651092.6
	0.2	2353969.4	2342040.2	11929.1	2433937.1	2477989.3	2466489.8	11499.4	2581411.0
	0.3	2444247.1	2432139.6	12107.5	2520819.9	2474945.7	2463443.4	11502.3	2555086.0
	0.4	2469515.4	2457271.5	12244.1	2550507.2	2473706.9	2462118.0	11588.9	2553390.9
	0.5	2470542.8	2458621.5	11921.3	2549249.2	2474017.8	2462375.9	11641.9	2554853.9

数据不确定性	不确定代价	RC1				RC2			
		目标函数均值	加权未满足量均值	动员—运输成本	最差结果	目标函数均值	加权未满足量均值	动员—运输成本	最差结果
0.15	0.6	2474495.4	2462613.3	11882.1	2556275.3	<u>2474248.2</u>	<u>2462556.5</u>	11691.7	<u>2554067.6</u>
	0.7	2470698.7	2458791.4	11907.2	2551046.7	2474048.6	2462306.7	11741.8	2553441.8
	0.8	2474318.3	2462417.5	11900.7	2553724.9	2474618.0	2462843.9	11774.0	2555430.4
	0.9	2474083.9	2462210.1	11873.8	2554877.1	<u>2473516.9</u>	<u>2461686.3</u>	11830.5	<u>2554106.8</u>
	1	2474029.4	2462147.3	<u>11882.0</u>	2553661.8	2474501.2	2462605.4	11895.7	2555710.5
0.20	0	2501530.6	2489839.6	11691.0	3079587.8	2825863.2	2814991.7	10871.4	3091876.3
	0.1	2320955.9	2308985.5	11970.4	2438146.9	2770718.7	2759729.4	10989.3	2987449.1
	0.2	2538311.6	2526530.0	11781.6	2662209.1	2740677.8	2729597.2	11080.6	2898958.0
	0.3	2688312.4	2676330.7	11981.7	2812973.3	2730099.4	2718908.6	11190.8	2858904.2
	0.4	2724500.3	2712446.1	12054.1	2853282.3	2732304.7	2721148.6	11156.1	2861240.4
	0.5	2733773.1	2722096.3	11676.7	2861707.7	<u>2730270.7</u>	<u>2719161.2</u>	11109.4	<u>2858254.3</u>
	0.6	2733721.6	2722048.6	11672.9	2862883.4	<u>2731571.9</u>	<u>2720204.5</u>	11367.3	<u>2858375.6</u>
	0.7	2729821.9	2718170.3	11651.5	2858162.7	2733838.5	2722445.6	11392.9	2863361.7
	0.8	2731951.8	2720281.6	11670.2	2859461.4	<u>2729557.4</u>	<u>2718014.2</u>	11543.1	<u>2857276.8</u>
	0.9	2729863.3	2718197.0	11666.2	2858943.6	2733325.5	2721708.7	11616.7	2862801.0
	1	2735553.0	2723893.7	<u>11659.3</u>	2864747.3	<u>2733843.0</u>	<u>2722165.9</u>	11677.1	<u>2861855.7</u>

通过观察表 7 可知，除少数情况外（上表中以下划线标示），生成实例利用 RC1 生成的动员—运输方案的目标函数与加权未满足量更小。但是我们也可发现，随着数据不确定性的增加，RC2 生成的动员—运输方案较优的数量增加。加权未满足量具有类似的特征。相反，RC2 生成的运输方案在绝大部分情况下的动员—运输成本低于 RC1 生成的运输方案的动员—运输成本。对比两种鲁棒模型的最差结果，RC1 在大多数情况下的最差结果优于 RC2 的最差结果。这启示我们：若决策者倾向于加权未满足量最低，则 RC1 的解的性能在绝大部分情况下优于 RC2 的解的性能；相反，若决策者追求动员—运输成本最小，则 RC2 的解更具优势。

5　结　论

本文针对强地震后信息高度不确定的现实环境，建立了一个基于多周期规划的随机模型，并利用两种鲁棒优化方法处理供需不确定性。通过试验对两种鲁棒优化方法进行了灵敏度分析，并通过随机实例验证了两种鲁棒优化方法解的性能。试验表明：

基于 Bertsimas 等[19] 的鲁棒模型的计算结果虽然在大部分情况下较差，但在生成实例验证模型解的性能时，其解在绝大多数情况下效果更优。基于 Ben-Tal 等[20] 的鲁棒模型在动员—运输成本方面有较大的优势，但在震后初期首要的目标是抢救伤病员，减少人员伤亡，因此，基于 Bertsimas 等[19] 的鲁棒模型更适用于震后初期灾区的实际情况。由于本文运输时间表示的特殊性，模型未考虑运输时间不确定性，后续研究将考虑如何恰当表示运输时间的不确定性，使模型更能反映实际救灾环境。

参考文献

[1] Haghani A., S.-C. Oh. Formulation and Solution of a Multi-commodity, Multi-modal Network Flow Model for Disaster Relief Operations [J]. Transportation Research Part A: Policy and Practice, 1996, 30 (3): 231-250.

[2] Özdamar L., E. Ekinci, B. Küçükyazici. Emergency Logistics Planning in Natural Disasters [J]. Annals of Operations Research, 2004, 129 (1-4): 217-245.

[3] Yi W., L. Ozdamar. A Dynamic Logistics Coordination Model for Evacuation and Support in Disaster Response Activities [J]. European Journal of Operational Research, 2007, 179 (3): 1177-1193.

[4] Najafi M., K. Eshghi, W. Dullaert. A Multi-objective Robust Optimization Model for Logistics Planning in the Earthquake Response Phase [J]. Transportation Research Part E: Logistics and Transportation Review, 2013, 49 (1): 217-249.

[5] Afshar A., A. Haghani. Modeling Integrated Supply Chain Logistics in Real-time Large-scale Disaster Relief Operations [J]. Socio-Economic Planning Sciences, 2012 (4): 1-12.

[6] Barbarosoglu G., Y. Arda. A Two-stage Stochastic Programming Framework for Transportation Planning in Disaster Response [J]. Journal of the Operational Research Society, 2004, 55 (1): 43-53.

[7] Yan S., Y.-L. Shih. Optimal Scheduling of Emergency Roadway Repair and Subsequent Relief Distribution [J]. Computers & Operations Research, 2009, 36 (6): 2049-2065.

[8] Shen Z., F. Ordóñez, M.M. Dessouky. The Stochastic Vehicle Routing Problem for Large-scale Emergencies, 2007.

[9] Liu D., J. Han, J. Zhu. Vehicle Routing for Medical Supplies in Large-Scale Emergencies [C]. in The First International Symposium on Optimization and Systems Biology (OSB'07), 2007, Beijing, China.

[10] Burcu Balcik, Benita M. Beamon, Karen Smilowitz. Last Mile Distribution in Humanitarian Relief [J]. Journal of Intelligent Transportation Systems, 2008, 12 (2): 51-63.

[11] Rawls C.G., M.A. Turnquist. Pre-positioning and Dynamic Delivery Planning for Short-term Response Following a Natural Disaster [J]. Socio-Economic Planning Sciences, 2012, 46 (1): 46-54.

[12] 朱建明，韩继业，刘德刚. 突发事件应急医疗物资调度中的车辆路径问题 [J]. 中国管理科学, 2007 (15): 711-715.

[13] 朱建明，黄钧，刘德刚，韩继业. 突发事件应急医疗物资调度的随机算法 [J]. 运筹与管理, 2010, 19 (1): 9-14.

[14] 宋元涛，黄钧，刘铁. 大规模突发事件救援中的伤员转运问题 [J]. 华中科技大学学报, 2008 (22): 66-69.

[15] 李周清，马祖军. 区域救援物资中转调度的多目标优化问题研究 [J]. 计算机工程与应用,

2010，46（12）：28–32.

[16] 徐琴，马祖军，李华俊. 城市突发公共事件在应急物流中的定位—路径问题研究［J］. 华中科技大学学报，2008，22（6）：36–40.

[17] 代颖，马祖军，郑斌. 突发公共事件应急系统中的模糊多目标定位—路径问题研究［J］. 管理评论，2010，22（1）：121–128.

[18] 王绍仁，马祖军. 震后随机动态 LRP 多目标优化模型与算法［J］. 计算机应用研究，2010，27（9）：3283–3293.

[19] Bertsimas D., M. Sim. The Price of Robustness［J］. Operations Research，2004，52（1）：35–53.

[20] Ben-Tal A., L. El-Ghaoui, A. Nemirovsky. Robust Optimization［M］. Princeton，NJ：Princeton University Press，2009.

基于演化博弈的制造企业物流外包激励机理研究*

杨 波 金雯雯

(江西财经大学信息管理学院，江西南昌 330013)

【摘 要】 面对我国制造业的发展现状，本文基于演化博弈基础理论，在分析制造企业与 3LP 之间博弈关系的基础上，构建制造企业与 3LP 在物流外包过程中的博弈模型，分析演化博弈过程得出博弈双方可采取的最优策略，使博弈双方实现利益最大化。最后根据模型结果，对制造企业与第三方企业提出激励策略，提高博弈双方外包合作的积极性，促进制造企业与 3LP 共同发展，使制造企业快速响应市场，以高质量服务满足消费者的个性化需求。

【关键词】 制造企业；外包；演化博弈

0 引 言

改革开放以来，我国已逐渐成为世界制造大国，但我国制造业"大而不强"并且在科技创新能力与发达国家存在很大的差距。面对我国制造业的现状，企业以往建立的竞争优势已经很难为其带来丰厚的利润，企业急需从"第一利润源"及"第二利润源"，转向"第三利润源"。物流外包作为"第三利润源"的驱动力能为企业应对不断变化的市场需求找到新的出路。目前，对于制造企业物流外包问题的研究，已得到了国内外学者的关注，段一群（2014）在信息不对称的情况下对制造企业与第三方物流（the Third Party Logistics，3LP）合作博弈进行分析，提出规范博弈双方行为的具体策略。涂粤强（2015）运用博弈理论方法，从静态和动态两方面对制造企业与 3LP 之间的合作激励关系进行探讨，为制造企业如何更好地与 3LP 进行合作做出最优策略。在上述文献中，作者运用博弈论的方法对物流外包进行研究，但对物流外包的博弈分析

---

* ［基金资助］国家自然科学基金项目（No.71640022、71361011）；江西省教育厅科技研究项目（No.14322）；江西省高校人文社会科学研究项目（No.GL1423）。

都在博弈方具有完全理性的前提条件下，而现实生活中很难满足。因此从现实的情况分析，需从有限的理性角度对制造企业物流外包进行博弈分析。另外，有关研究探讨制造企业物流外包激励机理的文献较少，面对我国制造企业现在所处的情形，对制造企业物流外包激励机理的研究成为目前制造企业物流外包的热点。因此，本文围绕制造企业与 3LP 外包活动中有关的激励机理进行探讨研究，运用演化博弈理论，建立制造企业物流外包激励行为的演化博弈模型，分析博弈双方在不同条件下的均衡结果，并得出相应的结论，从而提高制造企业外包的积极性，进而提高整个制造业的格局，促进制造业的发展。

1 制造企业与 3LP 演化博弈模型构建

演化博弈论基本思想为：在一定群体中，博弈方具有有限理性且在不完全信息的条件下，在重复博弈活动中不可能每次都得到最优策略，博弈方需要在多次的重复博弈过程中，通过不断学习与探讨来改进自己的策略，最终趋向于某个稳定的策略，即演化稳定策略。相比于在完全理性且完全信息条件下的经典博弈理论，演化博弈理论弥补了该理论的缺陷，因此在各个领域广泛运用，特别是在企业合作竞争的过程中。

1.1 模型的假设

假设 1：制造企业物流外包组织主要包括制造企业和 3LP，双方是物流外包的参与人，并分别从这两个企业群体中随机选个人配对来进行博弈。

假设 2：由于博弈双方的认知能力有限，参与人是有限理性的。每个参与人都有两种选择策略："外包""不外包"；"合作""不合作"。

1.2 模型参数的设定

在物流外包演化博弈模型中，参与方为制造企业（参与人为 c）与 3LP（参与人为 v）。θ_i（i=c，v）表示双方没有进行外包时获得的正常利益；α_i 表示在外包过程中可共享的信息量。企业可共享的信息量越多，对方企业可能获得的收益越高。β_i 表示企业在外包活动过程中的业务匹配度；双方在业务上匹配度高，3LP 能完全满足制造企业的要求，且能以最低的成本满足制造企业。γ_i 表示企业的信任水平。信任水平决定信息共享意愿，信任水平越高，企业越愿意共享信息，实际共享的知识量就越大。ϑ_i 表示企业的信息收益系数，即企业获取信息直接的收益。双方选择外包和合作时，企业吸收对方企业提供的信息，并把它运用于自身的决策中，转化为自身资源所带来的收益。μ_i 表示企业 i 的协同收益系数。协同收益来自企业间核心竞争力的差异，双方进行知识共享时，由于信息的互补、融合而获取的那部分信息价值，产生"1+1>2"的效果。π_i 表示企业 i 的额外收益系数，即企业采取信息不共享策略而对方企业采取信息共享策略时，本身所获取的额外收益的系数。ρ_i 表示企业 i 的风险系数。由于企业可采取不同的策略和双方在合作过程中的不可预测性，导致在外包合作过程中随时存在风险的可能。c_i 表示企业 i 在合作过程中的成本。企业在采取合作过程中产生的一系列成本以及合作过程的时间成本。φ 表示激励合作系数。企业采取信息共享策略时，根据条约企业会获取相应的奖励，同时企业采取信息共享行为有助于提高企业的形象与声誉，这些构成了信息共享行为的物质激励和隐性激励。ω_i 表示企业 i 不合作的惩罚。企业不合作就会受到惩罚，主要是企业形象和声誉的毁坏、失去下次合作的机会以及按照合作前签订的合约需赔偿的违约金等惩罚。

1.3 模型复制动态方程和稳定策略分析

外包活动博弈双方的收益矩阵可以分为四种情况：

（1）制造企业采取外包策略以及 3LP 采取合作策略。制造企业的支付函数包括没有进行合作时的正常收益 θ_c、信息共享时的直接收益 $\vartheta_c\gamma_v\beta_v\alpha_v$、信息共享的协同收益 $\mu_c\gamma_v\beta_v\alpha_v$、激励合作时获得的收益 $\varphi\gamma_c\beta_c\alpha_c$、企业合作风险 $\rho_c\gamma_c\beta_c\alpha_c$ 和合作过程中的成本 C_c。即制造企业在外包活动中的支付函数为：$\theta_c+(\vartheta_c+\mu_c)\gamma_v\beta_v\alpha_v+(\varphi-\rho_c)\gamma_c\beta_c\alpha_c-C_c$。

同上：3LP 在外包活动中的支付函数为：$\theta_v+(\vartheta_v+\mu_v)\gamma_c\beta_c\alpha_c+(\varphi-\rho_v)\gamma_v\beta_v\alpha_v-C_v$。

（2）制造企业采取外包策略，3LP 采取不合作策略。制造企业的支付函数包括没有进行合作时的正常收益 θ_c、激励合作时获得的收益 $\varphi\gamma_c\beta_c\alpha_c$、企业合作风险 $\rho_c\gamma_c\beta_c\alpha_c$ 和合作过程中的成本 C_c。即制造企业在外包活动中的支付函数为：$\theta_c+(\varphi-\rho_c)\gamma_c\beta_c\alpha_c-C_c$。

3LP 的支付函数包括没有进行合作时的正常收益 θ_v、额外的收益 $\pi_v\gamma_c\beta_c\alpha_c$ 和不合作时受到的惩罚 ω_v。即 3LP 的支付函数为：$\theta_v+\pi_v\gamma_c\beta_c\alpha_c-\omega_v$。

（3）制造企业采取不外包策略，3LP 采取合作策略。制造企业的支付函数包括没有进行合作时的正常收益 θ_c、额外的收益 $\pi_c\gamma_v\beta_v\alpha_v$ 和不合作时受到的惩罚 ω_c。即制造企业的支付函数为：$\theta_c+\pi_c\gamma_v\beta_v\alpha_v-\omega_c$。

3LP 的支付函数包括没有进行合作时的正常收益 θ_v，激励合作时获得的收益 $\varphi\gamma_v\beta_v\alpha_v$、企业合作风险 $\rho_v\gamma_v\beta_v\alpha_v$ 和合作过程中的成本 C_v。即 3LP 的支付函数为：$\theta_v+(\varphi-\rho_v)\gamma_v\beta_v\alpha_v-C_v$。

（4）制造企业采取不外包策略，3LP 采取不合作决策。制造企业的支付函数包括没有进行合作时的正常收益 θ_c 和不合作时受到的惩罚 ω_c。即制造企业的支付函数为：$\theta_c-\omega_c$。

同上，3LP 的支付函数为：$\theta_v-\omega_v$。

基于以上支付函数的分析，博弈双方的收益矩阵如表 1 所示。

假设制造企业选择外包的概率为 x，选择不外包的概率为 1－x；3LP 选择合作的概率为 y，选择不合作的概率为 1－y，其中 $o\leqslant x\leqslant 1$，$0\leqslant y\leqslant 1$。同时假设时间变量 t，随着时间 t 的推移，制造企业选择外包概率 x 与 3LP 选择合作概率 y 将最终保持稳定。

制造企业的平均收益为：

表 1　博弈双方的收益矩阵

3LP

		合作	不合作
制造企业	外包	$\theta_c + (\vartheta_c + \mu_c)\gamma_v\beta_v\alpha_v + (\varphi - \rho_c)\gamma_c\beta_c\alpha_c - C_c$	$\theta_c + (\varphi - \rho_c)\gamma_c\beta_c\alpha_c - C_c$
		$\theta_v + (\vartheta_v + \mu_v)\gamma_c\beta_c\alpha_c + (\varphi - \rho_v)\gamma_v\beta_v\alpha_v - C_v$	$\theta_v + \pi_v\gamma_c\beta_c\alpha_c - \omega_v$
	不外包	$\theta_c + \pi_c\gamma_v\beta_v\alpha_v - \omega_c$	$\theta_c - \omega_c$
		$\theta_v + (\varphi - \rho_v)\gamma_v\beta_v\alpha_v - C_v$	$\theta_v - \omega_v$

$\overline{u_c} = xu_{c_1} + (1 - x)u_{c_2}$ （u_{c_1} 为选择外包策略时的期望收益；u_{c_2} 为选择不外包策略时的期望收益）

$$= \theta_c + y(x\vartheta_c + x\mu_c + \pi_c - x\pi_c)\gamma_v\beta_v\alpha_v + x(\varphi - \rho_c)\gamma_c\beta_c\alpha_c + (x - 1)\omega_c - xC_c \qquad (1)$$

3LP 的平均收益为：

$\overline{u_v} = yu_{v_1} + (1 - y)u_{v_2}$ （u_{v_1} 为选择合作策略时的期望收益；u_{v_2} 为选择不合作策略时的期望收益）

$$= \theta_v + x(y\vartheta_v + y\mu_v + \pi_v - y\pi_v)\gamma_c\beta_c\alpha_c + y(\varphi - \rho_v)\gamma_v\beta_v\alpha_v + (y - 1)\omega_v - yC_v \qquad (2)$$

制造企业复制动态方程为：

$$F(x) = dx/dt = x(u_{c_1} - \overline{u_c})$$
$$= x(1 - x)(y(\theta_c + \mu_c - \pi_c)\gamma_v\beta_v\alpha_v + (\varphi - \rho_c)\gamma_c\beta_c\alpha_c + \omega_c - C_c) \qquad (3)$$

令 $dx/dt = 0$，可得 $x^* = 0$，$x^* = 1$ 或 $y^* = \dfrac{(\varphi - \rho_c)\gamma_c\beta_c\alpha_c + \omega_c - C_c}{(\theta_c + \mu_c - \pi_c)\gamma_v\beta_v\alpha_v}$。

同理，3LP 复制动态方程为：

$$F(y) = dy/dt = y(u_{v_1} - \overline{u_v})$$
$$= y(1 - y)(x(\theta_v + \mu_v - \pi_v)\gamma_c\beta_c\alpha_c + (\varphi - \rho_v)\gamma_v\beta_v\alpha_v + \omega_v - C_v) \qquad (4)$$

令 $dy/dt = 0$，可得 $y^* = 0$，$y^* = 1$ 或 $x^* = \dfrac{(\varphi - \rho_v)\gamma_v\beta_v\alpha_v + \omega_v - C_v}{(\theta_v + \mu_v - \pi_v)\gamma_c\beta_c\alpha_c}$。

2　制造企业与 3LP 演化博弈模型求解

在物流外包博弈中，制造企业和 3LP 支付函数的主体应是外包合作的收益和成本，激励和惩罚策略起辅导作用，即激励和惩罚策略对支付函数的影响不宜过强，否则企业将对外包活动的动机和目的产生怀疑，降低外包合作的积极性，即 $\varphi\gamma_c\beta_c\alpha_c + \omega_c < \rho_c\gamma_c\beta_c\alpha_c + C_c$；$\varphi\gamma_v\beta_v\alpha_v + \omega_v < \rho_v\gamma_v\beta_v\alpha_v + C_v$。

在演化博弈中局部渐进稳定的策略成为演化均衡，对于两个参与方两个策略集的演化博弈，演化均衡等价于演化稳定策略，即得到复制动态方程的渐进稳定点即可得到外包合作演化博弈稳定策略，此外包合作演化博弈有五个局部均衡点：（0，0）、

$(1，0)$、$(0，1)$、$(1，1)$、$(x^*，y^*)$。根据 Friedman 提出的方法，其均衡点的稳定性可由系统的雅克比矩阵的局部稳定性分析得出。

$$J = \begin{bmatrix} \partial F(x)/\partial x & \partial F(x)/\partial y \\ \partial F(y)/\partial x & \partial F(y)/\partial y \end{bmatrix} = \begin{bmatrix} a & b \\ c & d \end{bmatrix} \tag{5}$$

J 的行列式的值为 $\det J = ad - cd$，J 的值为 $\text{tr} J = a + d$，当 $\det J > 0$ 且 $\text{tr} J < 0$ 时，均衡点是演化稳定策略；当 $\det J > 0$ 且 $\text{tr} J > 0$ 时，均衡点是不稳定点；当 $\det J < 0$ 时，均衡点为鞍点。

（1）$(\vartheta_c + \mu_c)\gamma_v\beta_v\alpha_v + (\varphi - \rho_c)\gamma_c\beta_c\alpha_c - C_c > \pi_c\gamma_v\beta_v\alpha_v - \omega_c$ 且 $(\vartheta_v + \mu_v)\gamma_c\beta_c\alpha_c + (\varphi - \rho_v)\gamma_v\beta_v\alpha_v - C_v > \pi_v\gamma_c\beta_c\alpha_c - \omega_v$，可得雅克比矩阵的局部稳定性分析结果如表 2 所示。

表 2　情况 1 的雅克比矩阵局部稳定分析结果

均衡点	J 的行列式符号	J 的迹符号	结果
$x = 0$，$y = 0$	+	−	ESS
$x = 1$，$y = 0$	+	+	不稳定
$x = 0$，$y = 1$	+	+	不稳定
$x = 1$，$y = 1$	+	−	ESS
$x = x^*$，$y = y^*$	−	0	鞍点

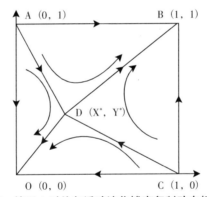

图 1　情况 1 时外包活动演化博弈复制动态相位图

如图 1 所示，该演化博弈的稳定策略是 $x^* = 0$，$y^* = 0$ 和 $x^* = 1$，$y^* = 1$。这种情况的发生是因为博弈双方的共享信息量较少，并且双方对信息的吸收能力和转换较弱，外包合作反而会降低博弈双方现有的水平，所以制作企业会选择不外包策略。此时博弈双方最终趋向于：制造企业选择外包策略，3LP 选择合作策略；或者制造企业选择不外包策略，3LP 选择不合作策略。提高双方信息吸收能力，选择帕累托上策均衡，即制造企业选择外包策略，3LP 选择合作策略。

（2）$(\vartheta_c + \mu_c)\gamma_v\beta_v\alpha_v + (\varphi - \rho_c)\gamma_c\beta_c\alpha_c - C_c < \pi_c\gamma_v\beta_v\alpha_v - \omega_c$ 且 $(\vartheta_v + \mu_v)\gamma_c\beta_c\alpha_c + (\varphi - \rho_v)\gamma_v\beta_v\alpha_v - C_v < \pi_v\gamma_c\beta_c\alpha_c - \omega_v$，此时的雅克比矩阵的局部稳定性分析结果如表 3 所示。

表 3　情况 2 的雅克比矩阵局部稳定分析结果

均衡点	J 的行列式符号	J 的迹符号	结果
x = 0，y = 0	+	−	ESS
x = 1，y = 0	−	不确定	鞍点
x = 0，y = 1	−	不确定	鞍点
x = 1，y = 1	+	+	不稳定

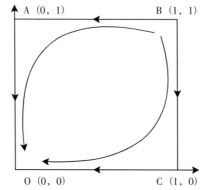

图 2　情况 2 时外包活动演化博弈复制动态图

如图 2 所示，该演化博弈的稳定策略是 $x^* = 0$，$y^* = 0$。情况 2 的初始博弈状态是制造企业选择外包策略，3LP 选择合作策略，但是在长期的博弈过程中，博弈双方发现在对方选择合作策略时，自身选择不合作策略时的收益大于选择合作时的收益，最终导致博弈双方都选择不合作策略，即最后的均衡结果为制造企业选择不外包策略，3LP 选择不合作策略。这种情况的发生是因为博弈双方共享的信息对对方企业有很大的益处，对方企业可获得较高的额外收益，即降低双方额外收益值。

（3）$(\vartheta_c + \mu_c)\gamma_v\beta_v\alpha_v + (\varphi - \rho_c)\gamma_c\beta_c\alpha_c - C_c > \pi_c\gamma_v\beta_v\alpha_v - \omega_c$ 且 $(\vartheta_v + \mu_v)\gamma_c\beta_c\alpha_c + (\varphi - \rho_v)\gamma_v\beta_v\alpha_v - C_v < \pi_v\gamma_c\beta_c\alpha_c - \omega_v$，雅克比矩阵的局部稳定性分析结果如表 4 所示。

表 4　情况 3 的雅克比矩阵局部稳定分析结果

均衡点	J 的行列式符号	J 的迹符号	结果
x = 0，y = 0	+	−	ESS
x = 1，y = 0	−	不确定	鞍点
x = 0，y = 1	+	+	不稳定
x = 1，y = 1	−	不确定	鞍点

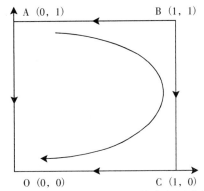

图 3　情况 3 时外包活动演化博弈复制动态图

如图 3 所示，该演化博弈的稳定策略是 $x^* = 0$，$y^* = 0$。情况 3 中，该原始状态 3LP 选择合作策略，在博弈过程中，3LP 研究发现选择不合作策略时的收益比选择合作策略时的收益大，即 3LP 逐渐选择不外包策略；同时制造企业研究学习发现，企业选择不外包策略时的收益大于选择外包策略时的收益，制造企业逐渐选择不外包策略。即双方进行合作时提高双方的信任水平，选择长期合作的高收益。

（4）$(\vartheta_c + \mu_c)\gamma_v\beta_v\alpha_v + (\varphi - \rho_c)\gamma_c\beta_c\alpha_c - C_c < \pi_c\gamma_v\beta_v\alpha_v - \omega_c$ 且 $(\vartheta_v + \mu_v)\gamma_c\beta_c\alpha_c + (\varphi - \rho_v)\gamma_v\beta_v\alpha_v - C_v > \pi_v\gamma_c\beta_c\alpha_c - \omega_v$，雅克比矩阵的局部稳定性分析结果如表 5 所示。

表 5　情况 4 的雅克比矩阵局部稳定分析结果

均衡点	J 的行列式符号	J 的迹符号	结果
$x = 0$，$y = 0$	+	−	ESS
$x = 1$，$y = 0$	+	+	不稳定
$x = 0$，$y = 1$	−	不确定	鞍点
$x = 1$，$y = 1$	−	不确定	鞍点

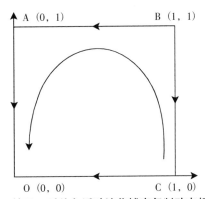

图 4　情况 4 时外包活动演化博弈复制动态相位图

如图 4 所示，该演化博弈的稳定策略是 $x^* = 0$，$y^* = 0$。情况 4 中，初始时制造企业选择外包策略，在博弈过程中，制造企业研究发现选择不合作策略时的收益比选择合作策略时的收益大，即制造企业逐渐选择合作策略；同时 3LP 研究学习发现，企业选择不合作策略时的收益大于选择合作策略时的收益，即 3LP 逐渐选择不合作策略。在合作过程中，双方降低额外收益值，并提高双方之间的信任水平，理性采取策略。

3 制造企业与 3LP 外包策略分析

综合 4 种情况稳定性分析，情况 1 的稳定策略比其他 3 种情况更切合实际，因此本文围绕情况 1 进行策略分析。在情况 1 中，博弈演化的长期均衡结果可能是两企业都采取合作策略，或者都采取不合作策略，博弈的演化均衡状态与初始状态和临界点 D (x^*, y^*) 相关，而临界点大小取决于博弈模型的参数及其变化。

在博弈模型中，制造企业与 3LP 在可共享的信息量 α_i、业务匹配度 β_i 和信任水平 γ_i 越高，相对应的 x^* 值和 y^* 值越小，区域 ABCD 面积变大，博弈收敛于点 B $(1, 1)$ 的概率增大；并且在其他参数不变的情况下，企业对信息的吸收能力即信息的收益系数 ϑ_i 和协同收益系数 μ_i 越大，临界点 D (x^*, y^*) 越接近点 O $(0, 0)$；当额外收益系数 π_i、风险系数 ρ_i 和成本 C_i 减少时，临界点 D (x^*, y^*) 的值就越小，演化博弈最终有可能收敛于点 B $(1, 1)$，因此制造企业与 3LP 采取合作的概率越高。当激励合作系数 φ 合理增大时，体现在外包合作中的收益也就越多，企业更加倾向于外包合作，有效的激励机制可以促使外包合作行为的发生；当惩罚 ω_i 在合理范围之内增加时，企业采取不合作策略时的收益越小，迫使企业采取合作策略。

综上所述，制造企业与 3LP 在物流外包活动中，双方提高可共享的信息量 α_i，并对其采取有效的保护措施，更要提升对信息的吸收和转换能力，获取对本企业有效的信息量，同时也要提高双方在业务上的匹配度 β_i 和双方的信任水平 γ_i。在外包合作过程中，风险 ρ_i 是不可避免的，完善的风险措施有利于博弈双方的合作。制造企业与 3LP 在有效的激励机理 φ 的鼓励下，可以达到帕累托上策均衡，对博弈双方都有益，同时在外包过程中，降低双方的额外收益 π_i 和成本 C_i，在惩罚 ω_i 力度上加大，降低双方选择不合作策略时的收益，进而促使博弈双方进行物流外包合作，使双方在合作过程中达到"双赢"。

4 结束语

面对我国制造业面临的处境，本文首先阐述了物流外包能够为制造企业应对不断变化的市场需求找出新出路；其次，制造企业与 3LP 在物流外包合作过程中，由于双方各自的利益不同，必然发生博弈行为，本文主要构建制造企业与 3LP 在物流外包过程中的博弈模型，系统分析该演化博弈支付矩阵及复制动态方程，求解方程得出演化稳定点，从而分析出在该演化博弈过程中博弈双方可采取的最优策略，使博弈双方实现利益最大化；最后根据模型结果，对双方自身存在的问题提出建议，并对制造企业与 3LP 提出有效的激励政策，提高博弈双方外包合作的积极性，促进制造企业与 3LP 共同发展。

参考文献

［1］杨波，升华. 虚拟企业知识转移激励机理的演化博弈分析［J］. 情报理论与实践，2010，10（33）：50-54.

［2］刘戌峰，时钟. IT 外包知识共享行为的演化博弈分析［J］. 运筹与管理，2014（2）：50.

［3］刘军，中华，廉水. 中国制造业发展：现状、困境和趋势［J］. 阅江学刊，2010，15（4）：15-21.

［4］段一群，杨玲，鲁倩. 基于信息不对称的制造企业与第三方服务商合作博弈分析［J］. 物流技术，2014，33（11）：232-235.

［5］赵双双. 基于梯度效应的第四方物流外包激励契约研究［D］. 秦皇岛市：燕山大学，2015.

［6］邹筱，顾春龙. 信息非对称条件下物流外包激励模型研究［J］. 中南财经政法大学学报，2013（5）：130-135.

［7］涂粤强，严广乐. 制造企业选择 3LP 合作激励的博弈分析［J］. 科技与管理，2015（17）：70-74.

［8］Chyan Yang. Jen-Bor Huang. A Decision Model for IS Outsourcing［J］. International Journal of Information Management，2000（20）：225-239.

［9］Min H., Joo S. J. Benchmarking the Operational Efficiency of Third Party Logistic Providers Using Data Envelopment Analysis［J］. Supply Chain Management：An International Journal，2006，11（3）：259-265.

［10］Johnson J., Schneider K. Outsourcing in Distribution：the Growing Importance of Transportation Brokers［J］. Business Horizons，1995，38（6）：40-49.

盈利能力与资本结构关系分析
——基于煤炭行业上市公司的实证

周茂春　　祝丽娜

(辽宁工程技术大学工商管理学院, 辽宁葫芦岛　125105)

【摘　要】盈利能力是企业财务分析的重要内容之一, 而企业资本结构合理与否直接关系到盈利能力的高低。本文以我国 25 家煤炭上市公司 2014~2016 年的财务数据为样本, 运用因子分析法对煤炭企业总资产周转率、每股收益、总资产报酬率等 8 个财务指标提取出 3 个主因子, 并计算盈利能力综合得分。通过多元线性回归分析, 实证检验盈利能力与资本结构的关系。结果表明煤炭上市公司的盈利能力与资产负债率显著正相关; 产权比率、长期负债率与盈利能力显著负相关。该实证结果对于提高煤炭企业利润, 实现企业价值最大化有一定促进作用。

【关键词】盈利能力; 资本结构; 因子分析; 煤炭行业

0　引　言

　　我国是以煤炭为主要能源的国家, 而盈利能力是企业赚取利润综合能力的体现, 煤炭企业的盈利能力则关乎国家 GDP 是否能够长期保持稳定。资本结构广义上是指企业全部资本价值的构成及其比例关系, 狭义上则是指企业各种长期资本的构成及其比例, 尤其是长期债务资本与股权资本的关系。资本结构很大程度上决定着企业偿债与融资能力, 其是否合理关乎企业经营业绩与长远发展。2016 年 1 月 26 日中央财经领导小组第十二次会议, 习近平总书记强调供给侧改革, 其旨在调整经济结构、优化投融资结构、提高社会生产力水平。在此背景下, 正确了解煤炭企业盈利能力与资本结构关系, 调整融资渠道, 优化煤炭企业资本结构能加快"三去一降一补"五大任务的进程, 提高煤炭企业的利润, 实现企业价值最大化。

1 文献综述

随着资本结构理论的成熟，越来越多的学者把资本结构与盈利能力之间的关系作为研究重点，且研究结果是仁者见仁，智者见智。

Titman 和 Wessels[1]（1988）从影响资本结构的决定因素角度出发，采用因素分析法建立线性结构方程模型，以 1972~1982 年 469 家美国制造业上市公司为研究对象，最终得出盈利能力与资本结构显著负相关。Jordan、Lowe 和 Taylor[2]（1998）采用定量定性相结合的方式，以 1959~1993 年间 275 家英国私人中小型公司为样本进行研究，其结果表明公司盈利能力与资本结构显著正相关。

杨远霞[3]（2013）采用多元回归分析法，以 2010 年创业板上市公司财务报表数据为样本，得出盈利能力与资本结构呈二次元曲线关系，即企业的资产负债率与盈利能力先呈正相关关系，当资产负债率高于一定程度以后转为负相关关系。许玲丽和张复杰[4]（2015）以 2004~2012 年房地产上市公司为对象，采用动态面板分位数据工具变量（QRPIV）方法，发现盈利能力与资本结构存在异质性，即在高分位点处存在 U 型关系，而其他分位点处具有倒 U 型关系。

王静和张悦[5]（2015）以 2010~2012 年我国 120 家房地产上市公司为研究对象，采用因子分析法计算盈利能力综合得分，并对资本结构与盈利能力进行回归分析，结果表明我国房地产上市公司盈利能力随资本结构的增加而降低。王长江和林晨[6]（2011）；莫生红[7]（2009）分别以 158 家江苏省上市公司 2009 年的年报数据和 24 家家电行业上市公司 2007 年财务数据为样本，采用主成分分析法，都得出盈利能力与资本结构负相关。蔡寿松和顾晓敏[8]（2015）以 2009~2013 年我国 15 家商业银行为研究对象，采用定量分析法分析得出第一大股东国有性质对银行盈利能力影响最大且呈正相关关系。

综上，国内外众多学者对不同行业样本数据建立不同的分析模型，针对盈利能力与资本结构两者关系研究得出的结果也存在很大差异。本文以 2014~2016 年 25 家煤炭上市公司财务数据为样本，采用因子分析与回归分析相结合的方法，探索资本结构与盈利能力关系，希望煤炭企业能借此实证分析结果找出一条适合优化自身资本结构的道路。

2 模型与数据分析

2.1 数据来源

本文选取深沪两市证券交易所注册的 25 家 A 股煤炭类上市公司，以 2014~2016 年为研究期间，剔除数据不全以及被 ST 处理的公司，只选取以洗选开采煤炭为主营业务的上市公司，最终得到 75 个样本数据。本文所用数据均来自国泰安 CSMAR 数据库，数据处理采用 EXCEL 与 SPSS 21.0 软件完成。

2.2 变量选取

2.2.1 资本结构指标的选取

不同学者对资本结构的定义有所不同。Titman 和 Wessels[1] 把长短期债务和可转债与股东权益的比值作为资本结构的衡量指标。杨远霞[3] 则仅将企业长期负债与股东权益比作为资本结构衡量指标。王长江[6] 着眼于公司流动负债，因此选用了流动比率、流动负债占总负债比例来衡量资本结构。本文结合煤炭公司特征，选用资产负债率（Y_1）、产权比率（Y_2）和长期负债比（Y_3）3 个指标来衡量资本结构。

2.2.2 盈利能力的度量

本文以三大财务报表数据为基础，通过表内各指标逻辑关系，按照科学、全面及可比原则，选取了总资产报酬率（X_1）、每股收益（X_2）、销售毛利率（X_3）、资产报酬率（X_4）、净资产收益率（X_5）、投入资本回报率（X_6）、营业利润率（X_7）、销售期间费用率（X_8）8 个财务指标来反映盈利能力。由于这些指标之间相关性比较强，先用因子分析对这 8 个指标提取出 3 个相互独立且涵盖大部分有效信息的主因子，再对其进行综合评分，最终得到综合盈利能力。

3　实证分析

3.1　因子分析

3.1.1　因子分析基本思想

因子分析就是用少数的几个因子来替代多个指标因素，用较少几个解释变量反映原始数据大部分信息的统计分析法。具体地说是一项从变量群中提取公因子的统计技术，其基本思想是将具有相同本质的变量归入一个因子，在许多变量 X_1, X_2, $\cdots$, X_n 中找出隐藏的几个具有代表性的因子 F_1, F_2, $\cdots$, F_m，以较少的几个因子反映原始数据大部分的信息，且提取出来的这几个公因子之间是相互独立的，能有效避免多重共线性问题，使复杂问题简单化。

3.1.2　相关性分析

对本文选取的多个盈利能力评价指标做相关性分析，由表 1 可知，资产报酬率与投入资本回报率、净资产收益率与资产报酬率之间相关性很大，相关系数达 0.9 以上；每股收益与资产报酬率等指标之间相关性系数也在 0.7 以上。以矩阵的对角线为界，有 50% 的相关系数大于 0.3，说明各变量间相关性较强，但是否适合做因子分析不太确定。

表1 相关系数矩阵

		总资产周转率 X_1	每股收益 X_2	销售毛利率 X_3	资产报酬率 X_4	净资产收益率 X_5	投入资本回报率 X_6	营业利润率 X_7	销售期间费用率 X_8
相关系数	总资产周转率 X_1	1.000	0.097	−0.118	0.164	0.172	0.215	−0.273	−0.382
	每股收益 X_2	0.097	1.000	0.502	0.723	0.742	0.731	0.001	−0.030
	销售毛利率 X_3	−0.118	0.502	1.000	0.342	0.402	0.336	−0.090	−0.066
	资产报酬率 X_4	0.164	0.723	0.342	1.000	0.924	0.994	0.336	0.271
	净资产收益率 X_5	0.172	0.742	0.402	0.924	1.000	0.932	0.250	0.208
	投入资本回报率 X_6	0.215	0.731	0.336	0.994	0.932	1.000	0.319	0.233
	营业利润率 X_7	−0.273	0.001	−0.090	0.336	0.250	0.319	1.000	0.870
	销售期间费用率 X_8	−0.382	−0.030	−0.066	0.271	0.208	0.233	0.870	1.000

3.1.3 KMO 和巴特利特球形检验

巴特利特球形检验的统计量是根据相关系数矩阵的行列式得到的，其目的是检验相关系数矩阵是否为单位阵。由表2可知，Bartlett 检验的概率值 Sig. = 0.000 < 0.05，拒绝原假设，认为相关系数矩阵不可能是单位阵，即原始变量之间存在相关性，适合作因子分析。KMO 统计值的取值范围在 0~1 之间，若 KMO < 0.5，说明变量极不适合做因子分析；若 0.7 < KMO < 0.8，表明变量适合做因子分析；若 KMO > 0.9，说明变量非常适合做因子分析。由表2可知 KMO 值为 0.738 > 0.7，同样证明各指标适合做因子分析。

表2 KMO 和巴特利特检验

KMO 取样		0.738
Bartlett 球形度检验	上次读取的卡方	705.351
	自由度	28
	显著性	0.000

3.1.4 主成分分析

本文采用主成分分析法（PCA）进行因子分析，即将多个变量通过特殊的线性变换筛选出少数几个重要变量的多元统计分析法，所得到的各主成分之间相互独立。根据特征值大于1的条件筛选出三个主成分因子，其中第一个主成分的特征值为 3.904，累计方差贡献率为 48.802%，以此类推。且这三个因子的累计方差贡献率为 88.44%，超过了 85%，说明所提取的 3 个主因子涵盖了原来 8 个指标 88.44% 的信息量，能够很好地反映公司的综合盈利情况。

3.1.5 盈利能力综合得分

根据表4、表5计算出三个主成分因子的得分：

表 3　总方差解释

组件	初始特征值			提取载荷平方和			旋转载荷平方和		
	总计	方差 百分比	累积%	总计	方差 百分比	累积%	总计	方差 百分比	累积%
1	3.904	48.802	48.802	3.904	48.802	48.802	3.796	47.447	47.447
2	2.066	25.821	74.623	2.066	25.821	74.623	2.136	26.703	74.150
3	1.106	13.819	88.442	1.106	13.819	88.442	1.143	14.292	88.442
4	0.459	5.742	94.184						
5	0.251	3.133	97.317						
6	0.125	1.567	98.884						
7	0.085	1.065	99.948						
8	0.004	0.052	100.000						

注：提取方法为主成分分析。

$$F_1 = 0.136X_1 + 0.223X_2 + 0.103X_3 + 0.251X_4 + 0.251X_5 + 0.257X_6 + 0.005X_7 - 0.019X_8$$
$$F_2 = -0.179X_1 - 0.123X_2 - 0.180X_3 + 0.064X_4 + 0.02X_5 + 0.045X_6 + 0.443X_7 + 0.445X_8$$
$$F_3 = -0.657X_1 + 0.185X_2 + 0.627X_3 - 0.095X_4 - 0.042X_5 - 0.123X_6 - 0.082X_7 + 0.019X_8$$

以主成分因子的方差贡献率为权数，计算得出煤炭上市公司盈利能力综合因子得分：

$$F = (48.802\% \times F_1 + 25.821 \times F_2 + 13.819 \times F_3)/88.442\%$$

表 4　旋转后的成分矩阵 a

	组件		
	1	2	3
总资产周转率 X_1	0.292	-0.437	-0.748
每股收益 X_2	0.844	-0.149	0.246
销售毛利率 X_3	0.473	-0.244	0.713
资产报酬率 X_4	0.953	0.217	-0.038
净资产收益率 X_5	0.949	0.130	0.015
投入资本回报率 X_6	0.964	0.175	-0.072
营业利润率 X_7	0.165	0.935	-0.021
销售期间费用率 X_8	0.099	0.946	0.089

注：提取方法为主成分分析。
旋转方法为 Kaiser 标准化最大方差法。
a. 旋转在 7 次迭代后已收敛。

表 5　成分得分系数矩阵

	组件		
	1	2	3
总资产周转率 X_1	0.136	-0.179	-0.657
每股收益 X_2	0.223	-0.123	0.185

续表

	组件		
	1	2	3
销售毛利率 X_3	0.103	−0.180	0.627
资产报酬率 X_4	0.251	0.064	−0.095
净资产收益率 X_5	0.251	0.020	−0.042
投入资本回报率 X_6	0.257	0.045	−0.123
营业利润率 X_7	0.005	0.443	−0.082
销售期间费用率 X_8	−0.019	0.445	0.019

注：提取方法为主成分分析。
旋转方法为 Kaiser 标准化最大方差法。
组件评分。

3.2 多元回归分析

本文采用多元线性回归分析法，以盈利能力的综合得分 F 为被解释变量，以资产负债率 Y_1、产权比率 Y_2、长期负债比率 Y_3 为解释变量，建立如下模型：

$$F = \alpha + \beta_1 Y_1 + \beta_2 Y_2 + \beta_3 Y_3 + \varepsilon$$

其中，α 为常数项，β 为回归系数，ε 为随机变量。为避免多重共线性问题，先对数据进行一阶差分处理，然后根据此模型，用 SPSS 21.0 软件对 25 家煤炭上市公司 2014~2016 年的数据进行多元线性回归分析，回归结果如下：

表 6　模型汇总

模型	R	R^2	调整后的 R^2	标准估算的错误
1	0.664[a]	0.418	0.389	0.770072662

注：a. 预测变量：(常量)，DIFF（Z 长期负债比率，1），DIFF（Z 产权比率，1），DIFF（Z 资产负债率，1）。

根据表 6 可知（这里的 DIFF 是各个变量一阶差分后的值，且由原来的 75 个样本变为 74 个），自变量和因变量的相关系数 R 为 0.664，表明自变量与因变量是正相关关系。整体模型的判定系数 R^2 为 0.418，调整 R^2 为 0.389，R^2 值在 0~1 之间，表明模型对样本的拟合度较为理想，进一步说明长期负债率、产权比率、资产负债率对盈利能力有一定影响。

由表 7 可知，该回归结果的均方为 6.456，残差为 0.593，F 值为 10.887，对应的概率 P = 0.000 < 0.01，拒绝原假设，即在误差允许 1% 的情况下，有 99% 的把握认为该线性回归方程是显著的。

表 7 ANOVAª

模型		平方和	自由度	均方	F	显著性
1	回归	19.369	3	6.456	10.887	0.000ᵇ
	残差	41.511	70	0.593		
	总计	60.880	73			

注：a. 因变量：DIFF（盈利能力综合得分，1）；b. 预测变量：（常量），DIFF（Z 长期负债比率，1），DIFF（Z 产权比率，1），DIFF（Z 资产负债率，1）。

表 8 系数ª

模型		非标准化系数		标准系数	t	显著性
		B	标准错误	β		
1	（常量）	−0.091	0.090		−0.103	0.000
	DIFF（Z 资产负债率，1）	0.122	0.132	0.119	0.924	0.016
	DIFF（Z 产权比率，1）	−0.504	0.101	−0.625	−4.974	0.000
	DIFF（Z 长期负债比率，1）	−0.070	0.116	−0.061	−0.602	0.045

注：a. 因变量：DIFF（综合得分，1）。

由表 8 可得回归具体模型：

$$F = -0.091 + 0.122Y_1 - 0.504Y_2 - 0.07Y_3$$

由表 8 可知，在显著性水平为 0.05 的情况下，该模型解释变量与常数项系数都是显著的，且都通过了 t 检验，说明该模型回归效果很好，得出的结论具有较强的科学性。其中，资产负债率与盈利能力显著正相关，产权比率与盈利能力显著负相关，长期负债比率与盈利能力也呈负相关，只是相关性不太显著。

4 结 论

本文在已有研究基础上，结合我国煤炭行业自身特征，选取了 25 家深沪两市证券交易所注册的煤炭类上市公司，利用其 2014~2016 年的面板数据进行实证研究，将因子分析与多元回归相结合，提取盈利能力主成分并计算其综合得分，验证综合盈利能力与资本结构关系，结果发现煤炭类上市公司的资产负债率与盈利能力呈正相关关系；长期负债率和产权比率均与盈利能力呈一定负相关关系。结论表明，我国煤炭上市公司资本结构对盈利能力有一定影响，因此对实现煤炭企业价值最大化提出以下几点建议：

首先，企业要适度举债，优化其自身资本结构。煤炭类上市公司的资产负债率与盈利能力呈正相关关系，即较高的资产负债率会增加企业利润，但这在一定区间内是可行的，毕竟借款越多企业的破产成本也越高。企业应避免过度借款风险，拓宽企业融资渠道，优化企业资金结构。

其次，调整企业长短期借款比例。长期负债比率与盈利能力呈负相关关系，即说明长期负债越多，企业盈利能力越低。长期负债与流动负债相比具有期限长、利息高的特点，企业必须高效率地利用长短期负债，才能为其创造出更多的获利机会。

最后，提高企业管理水平，注重企业文化塑造。企业管理水平直接制约着企业的盈利能力，健全的监管机制能够有效调动企业经营者和所有者的工作积极性，促使他们将公司利益放在首位，并有效防止内部人控制现象的发生。此外良好的企业文化有助于强化员工的团体意识，形成良好的工作作风，鼓励员工朝着企业价值最大化方向努力。

参考文献

[1] Sheridan Titman and Roberto Wessels. The Determinants of Capital Structure Choice [J]. The Journal of Finance，1988（1）：332-338.

[2] Jordan，Lowe and Taylor. Strategy and Financial Policy in UK Small Firms [J]. Journal of Business Finance and Accounting，1998（7）：256-260.

[3] 杨远霞. 我国创业板上市公司资本结构与盈利能力相关性研究 [J]. 统计与决策，2013（3）：171-173.

[4] 许玲丽，张复杰. 房地产上市企业盈利能力与资本结构的异质性关系研究——基于动态面板分位数回归视角 [J]. 上海经济研究，2015（5）：119-127.

[5] 王静，张悦. 资本结构与盈利能力的关系分析——基于房地产行业上市公司的实证 [J]. 东岳论丛，2015（2）：140-146.

[6] 王长江，林晨. 公司盈利能力与资本结构的相关性研究——基于江苏省上市公司的因子分析 [J]. 东南大学学报（哲学社会科学版），2011（6）：15-18，126.

[7] 莫生红. 上市公司盈利能力与资本结构关系研究——以家电行业为例 [J]. 财会通讯，2009（15）：26-28.

[8] 蔡寿松，顾晓敏. 商业银行资本结构对盈利能力的影响研究——基于中国15家上市银行面板数据的分析 [J]. 管理现代化，2015（1）：7-8，15.

即食食品的食物里程及对物流配送的启示
——以蛋糕新语为例

赵宝福　王悦虹

（辽宁工程技术大学，辽宁葫芦岛　123000）

【摘　要】 随着我国人民生活水平的提高和现代化进程的加快，城市居民不再满足于普通的单一日常饮食，对蛋糕、西餐、咖啡等引进食品的需求越来越大。本文以同一地区内统一管辖的蛋糕新语多个分店为研究对象，利用百度地图为测量工具，通过实地调查四个分店的货物往来数据，运用运筹学中运输问题的模型进行计算分析讨论四个分店运送货物的最佳方案。最后从规划的角度提出减少资源浪费及其对环境影响的建议。

【关键词】 食物里程；网络计划；货物配送

0 引 言

随着生产力的日益发展，人们生活水平的不断提高，人们除了追求温饱之外，已经开始逐步创新食物的种类和样式。食物运输不仅仅是一个交通问题，还涉及众多的环境及其他问题，如环境污染、食品安全和能源消耗等。对食物运输及其环境问题的日益关注导致了"食物里程"概念的产生。食物里程有狭义和广义之分。所谓的"食物里程"，狭义上是指食物的总运输距离。而广义概念的食物里程则包含了食物远距离运输带来的众多环境问题，本文研究的食物里程指的是广义的食物里程，特指商品及半成品从各产地运往各消费地的距离以及所耗费的能源。

由于房租成本、日益上涨的能源价格和食品原料价格以及激烈的竞争环境，蛋糕新语随着新的分店的建立，由一个原来的一家店铺生产所有种类的产品，耗费大量的工时，需要多种设备的投入，同时需要更多的人力资源成本，转变为一家分店专门制作一类糕点，用车辆在各个连锁店中循环运送货物，如此可以节约设备和人力的成本，同时节约了店铺空间。专做一种产品还能够提高面点师和裱画师的制作水平，同时有利于对产品的味道和外观进行改进，并且可以有精力研发新的蛋糕产品，有利于调动员工的创新积极性。因此，从规划的角度研究食物里程，减少食物里程并降低环境的负面影响也是本文重点研究的对象。

1　国内外研究现状

学者通常认为减少食物里程可以减轻城市环境方面的压力，但也有很多学者提出了不同的看法。巴林格和温彻斯特认为消费本地食品不一定比消费外地食品产生的碳排放量少。韦伯和马修斯的研究表明，在美国，运输环节温室气体排放量占比远小于生产环节。

而在国内，关于食物里程的研究基本都是从贸易角度出发的。例如曲如晓和李凯杰讨论了我国农产品出口中，由于食物里程可能带来的贸易壁垒。帅传敏研究了食物里程和碳标签对世界农产品贸易的影响。

2　研究方法

2.1　实例选择

本文所选取的实例是辽宁省省内连锁店铺蛋糕新语，分别于辽宁多地开有分店，每个地区分别由各地区负责人进行管理，同一地区的各蛋糕分店相互之间每日都存在货物往来。因此选择蛋糕新语作为即食性食品食物里程的研究实例具有典型性。

2.1.1　研究对象的选择

本次研究对象是辽宁省葫芦岛市的四家相互之间存在密切货物往来的蛋糕新语店铺，分别为隆泰店、一高中店、大润发店、翠海店。

2.1.2　数据采样

本次货物往来数据和每日销售数据全部来源于实际考察。经过一个月的实地考察，了解并详细记录了四家分店部分产品的日均销售量以及每日各分店各类产品的日产量。

2.1.3　食物运输距离的计算

运输距离的计算是通过百度地图的距离量测工具，通过精确定位每一家店铺，得出每两家分店间的具体距离。

2.2　食物里程的计算

本文研究的食物里程指的是广义的食物里程，不局限于食物从产地运输到达消费者餐桌的总运输距离，而是包括食物在运送过程中所消耗的成本，不一定是从产地到达最终的餐桌的总距离，也可以指某一个环节的距离。分类食物里程的计算如式（1）

所示，其中，S_A 为食物 A 的食物里程；S_{ij} 为店铺 i 到店铺 j 的运输距离：

$$S_A = \sum_{i=1}^{n} S_{ij} \qquad (1)$$

2.3 网络计划的特点及应用

网络计划的主要思想是任务的分解和合成，其基本内容包括：网络图、时间参数、关键路线、网络优化四个方面。一般网络计划技术的应用遵循以下六个步骤：确定目标、分解工程项目，列出作业明细表、绘制网络图，进行结点编号、计算网络时间，确定关键路线，进行网络计划方案优化，贯彻执行。网络计划的优点是能全面明确地反映出各工作之间的相互制约和相互依赖关系，它可以在活动繁多、错综复杂的计划中找出影响工程项目进度的关键工作，还可以利用网络计划反映出来的时差，更好地配备各种资源。

在企业管理中，用于制订管理计划或者设备购置计划。网络计划的优化是在满足既定约束条件下，按某一目标，通过不断改进网络计划寻求满意方案，从而编制可供实施的网络计划的过程，优化的目标，包括工期、资源和成本费用，通过网络计划优化，可以做到用最小的消耗取得最大的经济效益。

3 基于图与网络思维的食物里程分析

3.1 各分店间距离的数据测量

首先用百度地图精确定位蛋糕新语各分店的具体位置，并且运用百度地图测量各分店之间车行所需的最短路程。图 1 为每个分店间的最短车行距离。

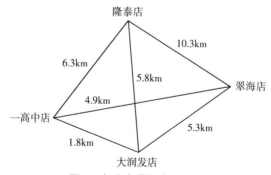

图 1 各分店最短车行间距

同时使用百度地图的导航工程，测算连接每两个分店间最短路程所需的平均行车时间，即两分店间的最短平均行车时间（见图 2）。

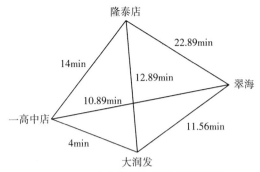

图 2　两分店间最短平均行车时间

3.2　各类商品供求量

经过 3 个月的实地考察，对每个分店各类糕点商品的日均销量记录如表 1 所示。

表 1　各产品的日均销量

糕点类型	糕点名称	店铺名称				总需求量
销地		隆泰店	一高中店	大润发店	翠海店	
小糕点	玫瑰饼	30	80	20	45	175
	榴莲酥	19	45	8	21	93
	老婆饼	44	105	40	56	245
大糕点	芝士蛋糕	3	10	2	6	21
	新西兰鲜奶蛋糕	3	12	3	5	23
	好滋味鲜奶蛋糕	2	8	1	5	16
中间产品	生日蛋糕披萨	8	10	6	7	31

同时经统计，各类产品的日均产量如表 2 所示。

表 2　各产品的日均产量

糕点类型	糕点名称	生产店铺名称	一锅产量	生产次数	日均产量
小糕点	玫瑰饼	隆泰店	120	2	240
	榴莲酥	翠海店	54	2	108
	老婆饼	隆泰店	120	2	240
大糕点	芝士蛋糕	翠海店	5	4	20
	新西兰鲜奶蛋糕	隆泰店	6	4	24
	好滋味鲜奶蛋糕	大润发店	5	4	20
中间产品	生日蛋糕披萨	隆泰店	4	8	32

3.3 利用图与网络建模

在蛋糕新语店铺实际情况中，负责生产各类糕点的分店分别为隆泰店、翠海店、大润发店三家分店；四家店铺都同时负责销售上述几类产品。

每个分店早上都分别有一辆货车停在门口待命，车辆可以承载每日需要销售的全部货物。每日产地的员工将货物装车，车辆将货物运往其他三个分店，保证全部分店都可以获得当日所需的全部商品，并且使所有货车运行的总路径最短。

建立数学模型：

分别用 A、B、C、D 代表隆泰店、翠海店、大润发店、一高中店。

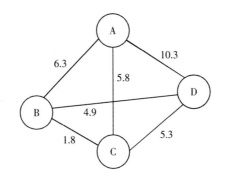

目标函数为：

$minZ = S_1 + S_2 + S_3$

用穷举法列出由 S_1 出发的所有情况以及所需经过的路程为：

A–B–C–D：12.5km

A–C–D–B：16km

A–B–C–D：13.4km

A–B–D–C：20.5km

A–D–C–B：17.4km

A–D–B–C：17.1km

则最短路径为 A–B–C–D，最短路径的路程为：12.5km。

同理，由 S_2 出发最短路径为 B–A–C–D，最短路径的路程为 17.4km；由 S_3 出发的最短路径为 C–A–B–D，最短路径的路程为 17km。

最终 $minZ = minS_1 + minS_2 + minS_3 = 12.5 + 17.4 + 17 = 46.9km$。

3.4 结果

3.4.1 食物里程区间分布分析

计算结果表明，蛋糕新语各分店的日均食物里程为 46.9km。其中由 A 地（隆泰店）出发运往其他三个分店的玫瑰饼、老婆饼、新西兰鲜奶蛋糕和生日蛋糕披萨四种产品的日均里程为 12.5km，占总食物里程的 26.65%；由 B 地（翠海店）运往其他三个分店的榴莲酥和芝士蛋糕两种产品的日均食物里程为 17.4km，占总食物里程的 37.10%；由 C 地（大润发店）运往其他三个分店的好滋味鲜奶蛋糕产品的食物里程为 17km，占总食物里程的 36.24%；由 D 地（一高中店）出发运货量为 0，则食物里程也为 0，占总食物里程的份额为零。

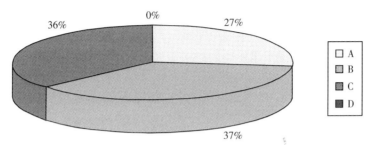

图3　各分店食物里程所占比例饼状图

3.4.2　规模效应的成本问题分析

考虑没有规模效应的情况，每个独立店面制作自己的全部销售的产品，为满足每个店铺顾客的需求量，首先，需要增加设备的投入，增加各类产品的制作每种产品的烤箱、原料等设备。其次是每次生产产品的数量不确定可以等于需求量，为满足需求，则每个店铺都需要生产多余的产品，合计起来对资源的浪费是相当大的。

存在规模效应的情况下，以上全部的浪费以及设备的重复购买都是不存在的，只需要每日将货物送达其他分店，这样大大地提高了利润，减小了成本，而且有效地防止了资源的浪费。

4　结　论

食物里程区间分布分析区域范围内，对选址规划的启示和建议如下：

4.1　从区域角度统筹食物生产的合理分工

每一个分店都生产现有设备适于生产的产品，通过车辆行驶最短的路程运送到各个分店。充分利用规模生产带来的效益。

4.2　合理规划店铺选址

四家分店其中的两个店铺中，一高中店和大润发店两个店铺的距离过近，一高中店的利润是私家店铺中最高的，但是大润发店相对来说则利润较低。一是由于一高中店距离学校较近，在众多消费者聚集的地方；而大润发店在居民区内，但是潜在消费者较少。二是由于一高中店开店在前，消费者对其熟知，大润发店开店在后，知名度较一高中店低。

对于将要再开分店的蛋糕新语企业，选择合适的位置至关重要，可以开在人流量较大的鸿运百货附近，营业额可以相对提高，在食物里程不增加过多的情况下增加销售额，不但增大了企业利润，同时也方便了消费者。

参考文献

[1] 曲如晓，李凯杰. 国际贸易中的"食物里程" [J]. 国际经济合作，2011 (8).

[2] 帅传敏，吕婕，陈艳. 食物里程和碳标签对世界农产品贸易影响的初探 [J]. 对外经贸实务，2011 (2).

[3] 耿涌，董会娟，郗凤明，刘竹. 应对气候变化的碳足迹研究综述 [J]. 中国人口·资源与环境，2010 (10).

[4] 周培勤. 欧美饮食新文化："食物里程" [J]. 环境保护，2010 (7).

[5] 洪钢. 生命周期分析法——环境评估的有效工具 [J]. 能源工程，1999 (3).

[6] 关玉海. 基于物流网络的内涵分析 [J]. 商场现代化，2015 (30).

[7] 许仁楷，张雯蕊，施勇. 探索安徽省混合轴辐式物流网络 [J]. 物流工程与管理，2016 (3).

[8] 廖先琴. 基于形态结构特性的物流网络鲁棒性检测模型 [J]. 物流技术，2014 (3).

[9] 佟士祺，张晋. 基于轴辐理论的群岛海运物流网络构建及节点选择 [J]. 水运工程，2014 (3).

[10] 李凤廷，侯云先. 轴辐式粮食物流网络的横向协同：一个整合的概念框架 [J]. 农业经济问题，2014 (3).

基于科学知识图谱的眼动追踪技术研究前沿及其演进分析[*]

叶许红 [1,2]　刘廷雨 [1]

(1. 浙江工业大学经贸管理学院，浙江杭州　310023；

2. 浙江工业大学神经管理科学研究院，浙江杭州　310023)

【摘　要】 眼动追踪技术在人文社科应用研究中越来越备受关注。本文运用科学知识图谱研究工具 CiteSpace Ⅱ，对 Web of Science 数据库中的眼动追踪技术和应用相关文献的引文数据进行了可视化分析。本文采用文献年代分析、机构分析、文献被引分析、词频分析、聚类分析等方法，以知识图谱可视化方式分析了眼动追踪技术相关研究的热点、前沿以及发展趋势等内容。本文结果可帮助研究人员更好地了解和关注眼动追踪技术的相关热点和前沿研究。

【关键词】 眼动追踪；信息可视化；知识图谱；被引分析

0　引　言

早在 19 世纪，眼动技术已运用于心理学研究，观察人在描绘图形和阅读文字时的眼球运动轨迹以及和视觉信息加工之间的联系 (白雪，2011)。如今眼动追踪技术可应用于诸多方面，譬如在教育方面使用眼动追踪技术，建立科教融合的教学体系，促进教学效果和推进教学改革 (田媚，2015)；在就业方面，通过眼动追踪技术记录眼动注视点，探讨应聘者在测验中的反应过程 (徐建平，2015)；在决策方面，使用眼动数据，了解决策者的信息搜索方式，洞察决策过程的动态变化 (周清杰，2014)；在软件界面可用性测试中，建立眼动追踪评价指标，发现软件界面设计的缺陷与弊端，实现软件界面可用性水平评价 (朱伟、何威，2013)。眼动追踪技术还广泛应用于军事领域，如预警、火控、制导等方面 (刘涛，2011)。眼动追踪技术在诸多人文社科领域中

---

*　[基金项目] 本文得到浙江省哲学社会科学重点研究基地浙江省信息化与经济社会发展研究中心项目 (14JDXX05YB) 和国家自然科学基金项目 (71302122) 的资助。

得到了深入的拓展应用和研究。

科学知识图谱是应用数学、计算机科学、科学学、信息科学等学科理论和方法与科学计量学引文分析、共现分析、社会网络分析等方法的结合，用可视化的图谱形象地揭示科学发展进程和结构关系的一种研究方法，属于科学计量学的范畴（杨国立等，2010）。CiteSpace 是科学知识图谱的典型软件工具，由陈超美博士（Chen，2006）开发，能够帮助分析者对科学领域进行定量定性研究。

本文运用 CiteSpace 软件对眼动追踪领域的现有文献进行科学知识的可视化分析，通过 CiteSpace 中引文分析、词频分析、膨胀词探测分析眼动追踪领域的研究热点和演进过程。本文能够帮助相关研究人员了解眼动追踪技术的现状、研究前沿和未来的研究方向。

1 基于科学知识图谱的眼动追踪技术分析

1.1 数据来源与方法

从 Web of Science 参考数据库（SCI-EXPANDED，SSCI，CPCI-S，CPCI-SSH），以"Eye Tracking"或"Eyetracking"字段为主题检索 2000~2016 年发表的文献，共 5446 条记录。对检索出的全部引文记录导出，成为本文所分析的数据源。数据下载时间为 2016 年 4 月 22 日。研究使用的分析工具是 CiteSpace Ⅱ，版本为 4.0.R5，通过对文献信息的可视化，能够较为直观地识别学科前沿的演进路径及学科领域的经典基础文献（陈超美，2006）。

1.2 基本情况分析

（1）文献年代分布情况。

将文献按年份进行分类，得到 2000~2015 年每年发表的眼动追踪领域的文献数量，如表 1 所示。文献发表数量逐年增加，眼动追踪领域的研究热度不断提升。

表 1 每年文献发表数量

单位：个

发表年份	数量	发表年份	数量	发表年份	数量
2000	54	2006	176	2012	581
2001	56	2007	238	2013	673
2002	90	2008	318	2014	821
2003	122	2009	351	2015	861
2004	120	2010	331		
2005	133	2011	443		

（2）各国研究实力分析。

将网络节点设置为国家（Country）运行 CiteSpace，得到关于国家信息的知识图谱，如图 1 所示。

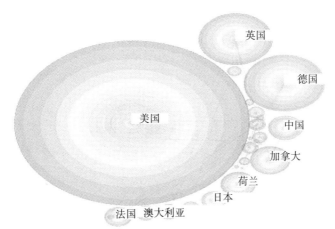

图 1　国家研究实力网络知识图谱

表 2　国家（地区）在眼动追踪领域研究实力分布表（前 16）

序号	国家（地区）	频次	序号	国家（地区）	频次
1	美国	1736	9	澳大利亚	169
2	德国	603	10	意大利	164
3	英国	545	11	瑞典	140
4	加拿大	311	12	西班牙	137
5	荷兰	277	13	韩国	130
6	中国	266	14	苏格兰	127
7	法国	216	15	瑞士	125
8	日本	195	16	中国台湾	117

从表 2 可以看出美国在眼动追踪领域研究中的领先地位，发表 1736 篇论文，之后依次是德国、英国、加拿大、荷兰以及中国，发表论文的数量依次是 603 篇、545 篇、311 篇、277 篇、266 篇。在国际研究过程中，可加强与美国、德国、英国等研究学者之间的合作与交流，提升我国眼动研究的竞争力。

（3）研究机构分析。

将网络节点选择为机构（Insititution），得到研究机构的文献发表数及各机构间联系，如图 2、表 3 所示。

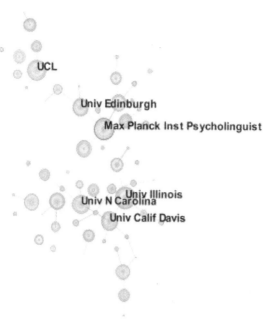

图 2　机构网络知识图谱

表 3　眼动追踪研究机构分布列表（前 16）

序号	研究机构	频次	序号	研究机构	频次
1	Univ Illinois（美）	65	9	Harvard Univ（美）	47
2	UCL（英）	57	10	Univ Maryland（美）	47
3	Max Planck Inst Psycholinguist（德）	54	11	Radboud Univ Nijmegen（荷兰）	46
4	Univ Calif Davis（美）	53	12	Northwestern Univ（美）	43
5	Univ Edinburgh（英）	51	13	Univ Utrecht（荷兰）	41
6	Univ N Carolina（美）	51	14	Stanford Univ（美）	39
7	Univ Massachusetts（美）	50	15	Univ Posdam（德）	39
8	Uppsala Univ（瑞典）	49	16	NYU（美）	39

表 3 列举了发表论文数前 16 位的研究机构。从图 2 和表 3 中发现前 16 位的研究机构中有 9 个来自美国，可以看出美国在眼动追踪领域的研究实力强大。大学机构是眼动追踪领域研究的主力军。我国眼动追踪相关研究机构和国外研究机构相比实力较弱。

1.3　引文分析

本文通过引文分析和词频分析来探究眼动追踪技术的研究热点，将文献引文数据导入 CiteSpace 软件中。选择节点类型（Node Type）为参考文献（Cited Reference），将 2000~2016 年这 17 年按每年一个分区分成 17 个时间分区。运行软件后得到眼动追踪的共引网络知识图谱，如图 3 所示。

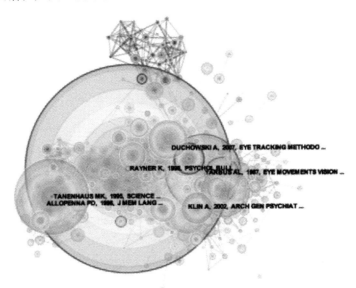

图 3　共引网络知识图谱

在图谱中，网络图中的节点越大表示该文献被引的频次越高，节点中有不同颜色的宽度，说明该文献在不同年份的被引次数。我们选取了被引频次前 10 位的文献，可以帮助我们认识眼动追踪领域的研究经典文献，如表 4 所示。

表 4　被引频次前 10 文献信息

序号	作者	发表期刊/书名	出版时间	被引频次
1	Rayner K.	PSYCHOL BULL	1998	425
2	Tanenhaus M.K.	SCIENCE	1995	166
3	Yarbus A.L.	EYE MOVEMENTS VISION	1967	159
4	Allopenna P.D.	J MEM LANG	1998	127
5	Klin A.	ARCH GEN PSYCHIAT	2002	113
6	Duchowski A.	EYE TRACKING METHODO	2007	111
7	Itti L.	IEEE T PATTERN ANAL	1998	108
8	Just M.A.	PSYCHOL REV	1980	99
9	Cooper R.M.	COGNITIVE PSYCHOL	1974	87
10	Duchowski A.T.	EYE TRACKING METHODO	2003	86

表 4 中，被引频次最高的是 Rayner K.在 1998 年发表的 "*Eye Movements in Reading and Information Processing：20 Years of Research*"，文章主要讨论了眼球运动的特点、知觉广度、眼睛扫视集成的信息、眼动控制以及个体差异研究等。被引频次排第二的是 Tanenhaus M. K.的论文，该研究测试了相关的视觉环境对伴随口语理解的快速心理

过程的影响，当使用者根据指令操作真实物体时，使用头戴式眼动追踪系统记录了眼球的运动，研究结果说明视觉环境能够影响口语的识别和介词的句法处理。排名第三的是 Yarbus A. L.出版的书籍，主要介绍了由 Yarbus 开发用来研究稳定的感知视网膜图像的方法，以及介绍了浏览一系列主题内容的眼动研究。排名第四的是 Allopenna P. D.的论文，该论文研究口语识别时的眼动跟踪数据，证明连续映射模型。排名第五的是 Klin A.的研究，该文献在自然的社交场合中观察研究了自闭症个体对社会视觉的异常模式，研究和预测了个体的社交能力水平。排名第六的是 Duchowski A.撰写的《眼动追踪方法：理论和实践》，主要描述了新的眼动追踪技术，介绍了对眼动追踪的实验设计以及指导如何开发或实施一个眼动追踪系统。排名第七的是 Itti L.等学者发表的论文，该研究介绍了视觉注意力系统，设计了基于显著性的视觉注意模型并用于快速场景分析，设计高效的计算方式。排名第八的是 Just M. A.发表的论文，通过对眼跳研究得出阅读理论。排名第九的是 Cooper R. M.发表的论文 "*The Control of Eye Fixation by the Meaning of Spoken Language：A New Methodology for the Real-time Investigation of Speech Perception，Memory，and Language Processing*"，该论文也是对眼跳的研究，研究了一种对语言感知、记忆和语言处理实时调查的新方法。排名第十的是 Duchowski A.T. 2003 年出版的 "*Eye Tracking Methodology：Theory & Practice*"，介绍了人类视觉系统以及视觉感知和眼动的关键问题；介绍了眼球追踪设备，并详细分析了安装系统的技术要求和开发应用程序；以及提供了一些有趣和具有挑战性的应用，如应用于虚拟现实、协作系统、市场营销和广告等领域。

1.4　词频分析

词频分析法是利用能够揭示或表达文献核心内容的关键词或主题词在某一研究领域文献中出现的频次高低来确定该领域研究热点和发展动向的文献计量方法（马费成、张勤，2006）。关键词是笔者对于文章核心的概括和精练，是一篇文章的精髓，因此对文章的关键词进行分析，频次较高的关键词常被用来确定一个研究领域的热点问题（刘玉博，2013）。我们选取关键词（Keyword）作为网络节点，得到关键词的知识图谱，如图 4 所示。

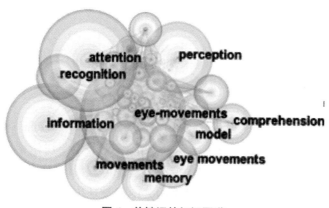

图 4　关键词的知识图谱

通过生成的关键词图谱，我们根据节点圆圈的大小可以看出哪些关键词出现的频次较高，从中选取了出现频次最多的前 20 个关键词，如表 5 所示。这些频次出现较高的关键词可以帮助我们确定眼动追踪领域的研究热点。

表 5　眼动追踪关键词列表（频次前 20）

序号	关键词	出现频次	序号	关键词	出现频次
1	Eye-movements	651	11	Children	148
2	Attention	402	12	Performance	140
3	Information	338	13	Time-course	138
4	Perception	292	14	Autism	121
5	Visual-attention	262	15	Gaze	116
6	Movements	259	16	Schizophrenia	114
7	Model/models	205	17	Search	107
8	Memory	187	18	Tracking	97
9	Recognition	187	19	Working-memory	95
10	Comprehension	170	20	Selective attention	91

从表 5 中我们可以看出关键词出现次数最多的是 Eye-movements，达到 651 次，可看出对眼球运动的研究是近年来十分热门的研究点。"Attention""Information""Perception""Visual-attention"这些关键词出现频次分别位列第 2 位到第 5 位，可看出对注意力、信息和感知的研究也是研究热点。表中关键词可反映出眼动追踪领域的研究热点，我们总结出眼动追踪领域的研究大致分为两部分：一是对人的研究，包括眼球的运动、人的注意力与感知以及被试人员的表现等；二是对眼动追踪设备的研究，包括对模型的研究，识别和追踪的研究等。

1.5　关键词变迁

关键词变迁和膨胀词探测可以探究眼动追踪技术热点演进过程。出现次数较高的关键词可以确定一个研究热点，而这些关键词的变化则可以说明研究热点是如何随着时间变迁的。我们选取关键词作为网络节点，将关键词图谱以时区视图的方式展现出来，如图 5 所示。

从关键词的时区视图可知眼动追踪的热点的演进过程。许多热点在 2000 年左右就形成了，出现频次高的关键词包括眼球运动、注意力、信息和感知等研究热点。在时区视图中的时间段中期，出现了关于眼跳、自闭症、婴儿的眼动研究。近几年，出现了一些新兴的研究，如对面部表情及显著性的研究等。

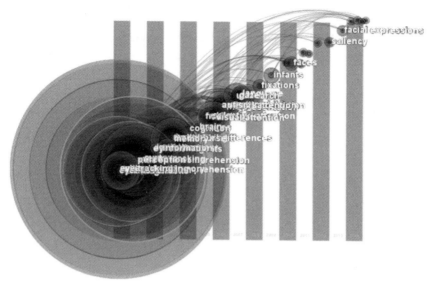

图 5　关键词时区视图

1.6　膨胀词探测

使用 CiteSpace 软件的膨胀词探测功能可以探测到某一时间段里文献主题词的激增，而这些主题词代表了那段时间里的研究热点，根据词频变动而不是仅仅依据词频的高低来确定热点及其演进。我们将 Term Type 选择 "Burst Terms"，点击 "Detect Bursts"，选择名词短语（Noun Phrases），探测出共有 63 个膨胀词，节点类型选择 "Term" 然后运行软件，其时区视图如图 6 所示。

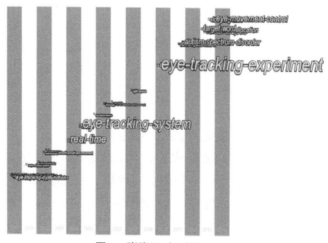

图 6　膨胀词时区视图

次数最多的突变词是 Eye-tracking-experiment，达到 22 次，说明眼动追踪实验是近年来眼动领域最热门的研究话题；其次是 Eye-tracking-system，有 17 次，可以看出对眼动追踪系统的研究也是热点。分析历年来研究热点的变化，从 2000~2007 年，主要研究热点为对精神病患者和功能障碍的研究；2003 年和 2004 年分别出现了对眼动追踪系统和实时性研究的热点；2009 年，眼动追踪实验的研究突然爆发成为研究热点；到 2011 年又出现大量热点主要对自闭症、视觉浏览等研究；2012 年和 2013 年出现眼动控制、目标词、注视时间等方面的研究热点。通过图表数据分析，在眼动研究领域中，眼动控制、目标单词、自闭症、注视时间、偏好影响注意力等都有可能成为未来的研究热点。

2　研究结论

我们通过 Web of Science（WOS）数据库中下载得到的数据进行引文分析、聚类分析及词频分析，通过这三种分析方式，我们总结出近年来眼动追踪领域的研究热点，有如下三个方面：

（1）心理疾病研究。使用眼动追踪技术对心理疾病进行的研究是一个热点领域，使用眼动追踪技术可总结出具有某个心理疾病患者的特性，帮助治疗和发现心理疾病。

（2）识别与感知研究。该热点领域主要研究在外界特定情境中，使用眼动追踪技术来探究人们对信息识别与感知是否产生影响，以及这些影响的结果是什么样的。

（3）眼跳和视觉注意力研究。在眼跳过程中，眼睛是无法获取外界信息的，而通过视觉注意力的结合研究可以分析人们对信息的关注点。在该热点领域中主要结合用户的浏览决策和行为进行研究。

参考文献

［1］Allopenna P. D., Magnuson J. S., Tanenhaus M. K. Tracking the Time Course of Spoken Word Recognition Using Eye Movements：Evidence for Continuous Mapping Models［J］. Journal of Memory & Language，1998，38（4）：419-439.

［2］Chen C. CiteSpace Ⅱ：Detecting and Visualizing Emerging Trends and Transient Patterns in Scientific Literature［J］. Journal of the American Society for Information Science and Technology，2006，57（3）：359-377.

［3］Cooper R. M. The Control of Eye Fixation by the Meaning of Spoken Language：A New Methodology for the Real-time Investigation of Speech Perception，Memory，and Language Processing［J］. Cognitive Psychology，1974，6（1）：84-107.

［4］Duchowski A. T. Eye Tracking Methodology：Theory and Practice［M］. Eye Tracking Methodology-Theory and Practice，2003.

［5］Duchowsky A. T. Eye Tracking Methodology. Second Edition［M］. London：Springer Press，2007.

［6］Itti L., Koch C., Niebur E. A Model of Saliency-Based Visual Attention for Rapid Scene Analysis ［J］. IEEE Transactions on Pattern Analysis & Machine Intelligence, 1998, 20（11）: 1254-1259.

［7］Just M. A., Carpenter P. A. A Theory of Reading: From Eye Fixations to Comprehension ［J］. Psychol Rev, 1980, 87（4）: 329-354.

［8］Klin A., Jones W., Schultz R., et al. Visual Fixation Patterns During Viewing of Naturalistic Social Situations as Predictors of Social Competence in Individuals with Autism ［J］. Archives of General Psychiatry, 2002, 59（9）: 809-816.

［9］Rayner K. Eye Movements in Reading and Information Processing: 20 Years of Research ［J］. Psychological Bulletin, 1998, 124（5）: 372-422.

［10］Tanenhaus, et al. Integration of Visual and Linguistic Information in Spoken Language Comprehension ［J］. Science, 1995, 268: 1632-1634.

［11］Yarbus A. L. Eye Movements During Perception of Complex Objects ［M］. Eye Movements and Vision. Springer US, 1967: 171-211.

［12］白雪. 眼动技术在广告研究中的应用 ［J］. 商场现代化, 2011（6）: 47-48.

［13］刘涛. 眼动追踪技术研究 ［D］. 西安: 西安电子科技大学, 2011.

［14］刘玉博. 基于 CiteSpace II 的植物科学知识图谱可视化分析 ［J］. 情报搜索, 2013（11）: 17-21.

［15］马费成, 张勤. 国内外知识管理研究热点——基于词频的统计分析 ［J］. 情报学报, 2006（2）: 163-171.

［16］田媚. 基于眼动追踪技术的研究型教学体系建设 ［J］. 计算机教育, 2015（3）: 37-40.

［17］徐建平, 陈基越, 张伟, 李文雅, 盛毓. 应聘者在人格测验中作假的反应过程: 基于工作赞许性的眼动证据 ［J］. 心理学报, 2015（47）: 1395-1404.

［18］杨国立, 李品, 刘竟. 科学知识图谱——科学计量学的新领域 ［J］. 科普研究, 2010（5）: 28-34.

［19］周清杰. 眼动追踪技术在决策研究中的应用 ［A］//第十七届全国心理学学术会议论文摘要集 ［C］. 2014.

［20］朱伟, 何威. 基于眼动追踪技术的软件界面评价方法 ［J］. 电子机械工程, 2013（4）: 62-64.

基于生态环境的城市交通效率及其影响因素分析

郑兵云　杨　晃

（安徽财经大学管理科学与工程学院，安徽蚌埠　233030）

【摘　要】城市交通迅速发展带来的拥堵、环境污染等问题成为研究关注的热点，从生态环境约束治理角度，构建 SBM-DEA 非期望产出模型测度中国 30 个城市 2006~2015 年生态交通效率和节能减排潜力，并基于空间面板计量模型，对城市生态交通效率的主要影响因素进行分析。研究结果表明：2006~2015 年，中国城市交通效率未达到生态交通标准，大多数城市的生态交通效率在 0.5 左右且存在区域差异，具有较大的节能减排潜力；人均 GDP、城市公共交通车辆以及城市绿地面积三因素正向影响城市生态交通效率，城镇化率、出租车数量以及私人小汽车数量三因素负向影响城市生态交通效率。最后，本文提出改进我国城市生态交通效率的若干措施。

【关键词】生态环境；城市交通效率；影响因素；SBM-DEA 模型；空间计量模型

0　引　言

"2016 年中国城市交通规划年会"于 2016 年 4 月 15~16 日在深圳召开，会议内容紧密结合我国经济社会发展的新常态，践行"创新、协调、绿色、开发、共享"的发展理念，深入研讨新型城镇化、"互联网+"背景下城市交通面临的新问题、新变化和新趋势，进一步推动理论、技术、政策的融合创新与综合应用，促进城市交通人本、智慧、多元、生态发展。至 2015 年，我国的城镇化率高达 56.1%，2016 年有可能达到 58%，随着城镇化的加快，城市人口呈迅速增长态势，人口的大幅增加给城市交通带来巨大的压力，同时伴随着交通资源存在浪费、交通拥堵以及交通污染严重等问题制约着城市交通的发展，在如此的背景下，如何提高城市生态交通效率显得尤为重要。

1 文献述评

目前对城市生态交通效率的研究还比较少，国外研究主要集中在城市公共交通效率以及城市智能交通的发展。例如，Suguiy T.等[1]利用坎皮纳斯的竞争力指标（ICC）作为参考，以巴西城市公共交通评价为例，采用数据包络分析（DEA）方法对三种不同对象即基础设施效率、公共交通效率和城市效率的得分进行评价。Roháčová V.[2]运用 DEA 模型对斯洛伐克城市公共交通效率进行两阶段研究。Stathopoulos A.等[3]引进了智能交通系统（ITS）技术，利用核心城区环路检测器数据建立灵活、明确的多变量时间序列状态空间模型，可使城市拥堵问题得到明显改善。Fujdiak R.等[4]提出智能城市作为未来城市的发展趋势，城市交通也会朝着智能交通发展，并介绍了遗传算法在城市交通管理中的应用。

国内研究主要集中在城市公共交通效率以及城市群公路交通效率，沈小军等[5]从城市公共交通系统的投入产出角度出发建立基于 DEA 的效率评价模型，以南京市 2000~2006 年的城市公共交通系统输入输出状况为例进行研究和分析，从而为提高南京市公共交通效率提出合理建议。邵飞等[6]通过层次分析法确定了政府、公交企业和出行者的指标权重，结合灰色关联度方法分析了银川市的公共交通效率，并从公交规划交通解释了效率问题。章玉等[7]基于三阶段 DEA 模型，从成本效率和服务效果两方面测算全国 35 个中心城市的公共交通效率，结果发现：超大城市和东部地区的平均成本效率最高，特大城市和西部地区的平均服务效果较好。王卫东等[8]基于 GIS 技术和可拓学评价模型，对长株潭、长三角和珠三角城市群公路交通效率进行比较研究，找出长株潭与长三角、珠三角公路交通效率的差距。

以往学者的研究主要集中在城市公共交通效率以及城市群公路交通效率，忽略了生态环境对城市交通效率的影响，在计算交通效率时大多采用的是径向 DEA 模型，没有考虑非径向 DEA 模型，另外，也少见对城市交通效率的影响因素进行系统的分析。本文从生态环境约束治理角度，构建 SBM-DEA 非期望产出模型测度中国 30 个城市 2006~2015 年生态交通效率和节能减排潜力，基于空间面板计量模型，对城市生态交通效率的主要影响因素进行分析，并根据研究结果，提出改进城市生态交通效率的对策。

2 城市生态交通效率实证研究

2.1 非期望产出模型构建

传统 DEA 模型只能计算正常产出的效率值，不能计算考虑非期望产出之后的效率

值。因此，本文引入生态环境这一非期望，构建 SBM–DEA 非期望产出模型来测度城市交通效率。该模型假设有 3 个投入产出向量，即投入 $(x \in R^m)$，产出 $(y \in R^{s_1})$，非期望产出 $(c \in R^{s_2})$，定义矩阵 X、Y、C 如下：$X = [x_1, \cdots, x_n] \in R^{m \times n}$，$Y = [y_1, \cdots, y_n] \in R^{s_1 \times n}$，$C = [c_1, \cdots, c_n] \in R^{s_2 \times n}$，其中，X、Y、C 均大于零，不变规模报酬下的生产可能集 $P = \{(x, y, c) | x \geq X\lambda, y \leq Y\lambda, c \geq C\lambda\}$，因此，非期望产出 SBM 模型以及将此模型进行变形，结果如下：

$$
\left|
\begin{array}{l}
P = \dfrac{\min\left(1 - \dfrac{1}{m}\sum_1^m \dfrac{s_{i0}^-}{x_{i0}}\right)}{1 + \dfrac{1}{s_1 + s_2}\left[\sum_1^{s_1} \dfrac{s_{r0}^y}{y_{r0}} + \sum_1^{s_2} \dfrac{s_{r0}^c}{c_{r0}}\right]} \\
\text{s.t. } x_0 = X\lambda + s^- \\
y_0 = Y\lambda - s_0^y \\
c_0 = C\lambda + s_0^c \\
s^- \geq 0, \ s_0^y \geq 0, \ s_0^c \geq 0, \ \lambda \geq 0
\end{array}
\right.
\tag{1}
$$

$$
\left|
\begin{array}{l}
\min p = t - \dfrac{1}{m}\sum_1^m \dfrac{s_{i0}^-}{x_{i0}} \\
1 = t + \dfrac{1}{s_1 + s_2}\left(\sum_1^{s_1} \dfrac{s_{r0}^y}{y_{r0}} + \sum_1^{s_2} \dfrac{s_{r0}^c}{c_{r0}}\right) \\
\text{s.t. } x_0 t = X_\varphi + S_0^- \\
y_0 t = Y_\varphi - S_0^y \\
c_0 t = C_\varphi + S_0^c \\
S_0^- \geq 0, \ S_0^y \geq 0, \ S_0^c \geq 0, \ t \geq 0, \ \varphi \geq 0
\end{array}
\right.
\tag{2}
$$

其中，φ 表示非期望产出模型中的效率值，s 表示投入产出的松弛变量，λ 是权重向量，该模型与之前两种模型相比，将松弛变量引入目标函数中，直接测量了变量松弛性所带来的最佳生产前沿相比较的无效率问题，解决了传统模型中投入与产出的松弛性问题，同时也解决了非期望产出下的效率评价问题。

2.2 城市生态交通效率测度结果分析

2.2.1 投入产出指标选择与数据来源

本文共选取 30 个城市以及直辖市 2006~2015 年近十年的数据（拉萨因部分数据缺失不包括在内）。本文选取的数据来自《中国统计年鉴》《中国能源统计年鉴》《中国城市统计年鉴》以及《中国交通运输统计年鉴》。

根据交通效率含义及生态环境约束条件，本文选取 9 个指标测度交通效率。其中，城市 GDP、人口密度、就业人数、车辆数、人均道路面积、能源消耗量为投入指标；客运量和货运量为期望产出；二氧化碳排放量为非期望产出。指标含义及数据处理方法略[9-11]。

本文二氧化碳排放量是根据郭炳南[12] 提及的 IPCC 提出的公式计算出来的，公式如下：二氧化碳排放量 $= \sum_{1}^{n} A \times CCF_i \times HE_i \times COF_i \times (44/12)$，其中 A 表示燃料的使用量、CCF 表示碳含量因子、HE 表示热力值、COF 表示碳氧化因子，$CCF_i \times HE_i \times COF_i$ 表示碳排放系数，44/12 表示二氧化碳排放系数与碳排放的系数，每种燃料的 CCF、HE 以及 COF，如表 1 所示。

表 1 主要燃料的碳排放因子

	碳	汽油	煤油	柴油	燃料油	天然气
CCF	27.28	18.90	19.60	20.17	21.09	15.32
HE	192.14	448	447.50	433.30	401.90	0.38
COF （%）	92.30	98	98.60	98.20	98.50	99

由以上公式可以计算出各城市的二氧化碳排放量，计算结果如图 1 所示。

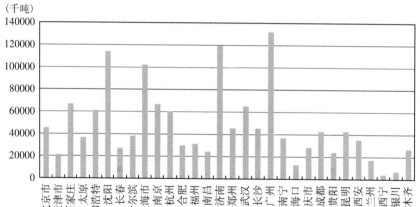

图 1   2006~2015 年我国 30 个城市二氧化碳排放总量

由图 1 可知：沈阳、上海、济南和广州这四个城市的二氧化碳排放量位居前列，是其他城市二氧化碳排放量的近两倍，原因在于大量地使用燃料，释放出更多的二氧化碳；相比之下，海口、兰州、西宁和银川的二氧化碳的排放量较低，这些城市除了海口，其余三个城市都是西部城市，资源匮乏，使用的燃料较少，海口采取有效的环保措施，使二氧化碳的排放量大大减少。

2.2.2 实证研究结果

（1）城市生态交通效率分析。根据以上处理数据，本文利用 MaxDEA 软件进行计算，获得 2006~2015 年我国 30 个城市生态交通效率值，具体计算结果如表 2 所示。

表2 非期望产出模型测度结果

城市	2006年	2007年	2008年	2009年	2010年	2011年	2012年	2013年	2014年	2015年	均值
北京	0.5911	0.6782	0.3631	0.6054	0.5218	0.5035	0.4247	0.4528	0.4392	0.3925	0.4972
天津	0.7453	0.7016	0.7254	0.6627	0.6661	0.5535	0.5227	0.5826	0.5056	0.4379	0.6103
石家庄	0.3894	0.4414	0.5313	0.4740	0.4789	0.5298	0.5762	0.5512	0.7405	0.6132	0.5326
太原	1.0000	0.8017	0.8269	0.7841	0.7534	0.7229	0.6897	0.7044	0.7388	0.7021	0.7724
呼和浩特	0.5711	0.5996	0.6746	0.6452	0.4505	0.4814	0.4603	0.5579	0.5117	0.5215	0.5474
沈阳	0.5019	0.4326	0.4054	0.4146	0.3678	0.3423	0.3325	0.3428	0.3939	0.4114	0.3945
长春	0.7654	0.7105	0.6825	0.6549	0.6264	0.6015	0.5536	0.5094	0.5707	0.5473	0.6222
哈尔滨	0.7387	0.7589	0.6652	0.6589	0.5997	0.5404	0.4526	0.3388	0.4079	0.4166	0.5578
上海	0.7172	0.6737	0.6038	0.5199	0.5011	0.4374	0.4017	0.3971	0.4106	0.3505	0.5013
南京	0.3884	0.4781	0.4628	0.6119	0.5305	0.5465	0.5069	0.5018	0.5331	0.4716	0.5032
杭州	0.5193	0.6060	0.5887	0.6297	0.6004	0.5945	0.5888	0.6864	0.7312	0.5865	0.6132
合肥	0.3713	0.4384	0.4660	0.5131	0.5129	0.4986	0.5135	0.6633	0.6435	0.6128	0.5234
福州	0.4378	0.5153	0.5298	0.6388	0.5702	0.5674	0.5211	0.4954	0.6109	0.5498	0.5437
南昌	0.2556	0.2794	0.2622	0.2573	0.3434	0.3172	0.3024	0.3039	0.3309	0.3103	0.2963
济南	0.4024	0.3687	0.3329	0.3270	0.3731	0.3068	0.3042	0.2938	0.2806	0.3265	0.3316
郑州	0.6563	0.5817	0.5432	0.6333	0.5936	0.4848	0.5057	0.6192	0.6539	0.6885	0.5960
武汉	0.6021	0.6260	0.5914	0.6153	0.6524	0.6207	0.6245	0.6336	0.6274	0.5902	0.6184
长沙	0.5427	0.6259	0.6141	0.5253	0.6048	0.6245	0.6026	0.5610	0.5508	0.5214	0.5773
广州	0.5545	0.5119	0.5007	0.4898	0.4295	0.4544	0.4017	0.3574	0.3328	0.3369	0.4370
南宁	0.5774	0.5665	0.6500	0.6417	0.6237	0.6144	0.6328	0.6520	0.5732	0.6053	0.6137
海口	1.0000	1.0000	1.0000	0.9832	0.9525	0.9142	0.8526	0.8615	0.8054	0.7529	0.9122
重庆	1.0000	1.0000	0.9567	0.8858	0.8982	0.8511	0.8729	0.8476	0.7725	0.7574	0.8842
成都	0.6035	0.6896	0.6482	0.7273	1.0000	1.0000	0.6280	0.6466	0.5045	0.3735	0.6821
贵阳	1.0000	1.0000	0.9159	0.8725	0.8951	0.8643	0.8153	0.8529	0.7181	0.7511	0.8685
昆明	0.7591	0.6902	0.7375	0.6507	0.6619	0.6453	0.7409	0.6937	0.6606	0.7510	0.6991
西安	0.5013	0.5194	0.5529	0.4654	0.8488	0.7869	0.8404	0.8382	0.8094	0.8482	0.7011
兰州	0.5661	0.6127	0.6230	0.6183	0.5946	0.5731	0.5664	0.5501	0.6050	0.6308	0.5940
西宁	0.8017	0.3447	0.5054	0.5102	0.5003	0.4725	0.4451	0.4030	0.4002	0.3921	0.4775
银川	1.0000	0.6978	0.6475	0.5484	1.0000	1.0000	1.0000	1.0000	1.0000	1.0000	0.8894
乌鲁木齐	1.0000	1.0000	1.0000	0.7937	0.8035	0.8572	0.7581	0.7818	0.8631	0.6304	0.8488

由表2可知，全国大部分城市的绿色城市交通效率值在0.3~0.6，西部少数城市的绿色城市交通效率值在0.75~0.85，全国大多数城市均未达到生态城市交通这一标准。沈阳、上海、济南、广州这些城市的绿色城市交通效率值分布在0.3~0.5这一区间，相

比其他城市，效率值偏低，这与其高二氧化碳排放量是密切相关的。中部城市的绿色城市交通效率值主要集中在 0.5~0.6，处于中等水平，说明这些城市使用的燃料量相比于东部城市而言有所减少，但环保措施实施的效果不理想，导致这些城市的交通效率离绿色城市交通效率这一标准还有一定的差距。西部城市的绿色城市交通效率值在0.6~1，少数城市实现了 DEA 有效，例如，2006 年，太原、海口、重庆、贵阳、银川和乌鲁木齐的效率值为 1，达到了绿色城市交通效率的标准，与此同时，效率值为 1 的城市个数是逐年减少的。就全国而言，全国的绿色城市交通效率值为 0.6082，共有 16个城市的效率值低于全国平均水平，超过一半的城市数，表明全国大部分城市的绿色交通效率是无效的，而且在这 16 个城市中主要都是东、中部城市，说明东、中部城市的节能减排措施的执行是刻不容缓的，需尽快提高东、中部城市的绿色城市交通效率从而提高全国绿色城市交通效率水平。

为进一步了解城市生态交通效率的差异情况，本文计算了 30 个城市 2006~2015 年的生态交通效率变异系数，并用图 2 显示。

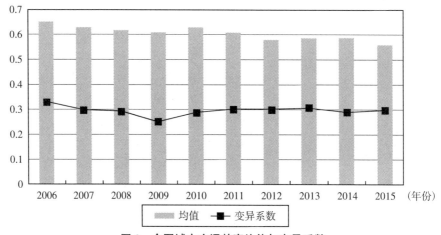

图 2　全国城市交通效率均值与变异系数

由图 2 可知，就全国而言，生态城市交通效率整体存在略微差异，整体呈下降趋势，符合目前城市交通"高污染"这一状况。近十年的生态城市交通效率变异系数在0.25~0.32，均值为 0.29，呈先下降，然后上升，保持稳定的趋势，2009 年全国生态交通效率变异系数最小，表明 2009 年全国各城市生态交通效率保持稳定，无明显差异。

进一步地，为直观反映城市生态交通效率在全国空间的表现情况，本文画出全国城市生态交通效率值分布图，结果如图 3 所示。图 3 中，圆圈面积代表城市生态交通效率值的大小，东、中部较低，西部较高，生态城市交通效率区域之间存在明显差异，西部地区是能源生产地，东、中部是消耗地，造就了区域差异。

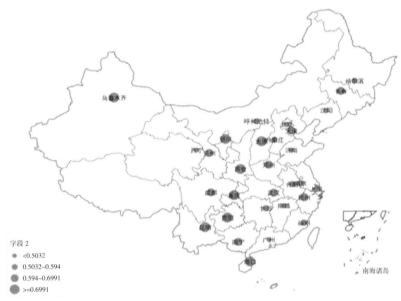

图 3　全国城市生态交通效率值分布

（2）城市节能减排潜力分析。在城市生态交通效率测度中，同时可以计算出投入的冗余量（即松弛量），这样可以计算出各城市的节能减排潜力。节能潜力和减排潜力的计算公式分别是：节能潜力＝能源投入的松弛量/能源投入量、减排潜力=非期望产出的松弛量/非期望产出，本文的减排潜力＝二氧化碳的松弛量/二氧化碳排放量，具体计算结果如表 3 所示。

表 3　各城市的节能潜力与减排潜力

地区	节能潜力	减排潜力	地区	节能潜力	减排潜力	地区	节能潜力	减排潜力
北京	0.26	0.65	杭州	0.03	0.28	海口	0.02	0.17
天津	0.14	0.22	合肥	0.01	0.27	重庆	0.05	0.13
石家庄	0.21	0.27	福州	0.08	0.11	成都	0.03	0.16
太原	0.11	0.18	南昌	0.11	0.25	贵阳	0.00	0.00
呼和浩特	0.15	0.20	济南	0.13	0.52	昆明	0.01	0.10
沈阳	0.19	0.40	郑州	0.25	0.34	西安	0.06	0.20
长春	0.12	0.28	武汉	0.04	0.21	兰州	0.01	0.15
哈尔滨	0.09	0.15	长沙	0.03	0.19	西宁	0.00	0.00
上海	0.35	0.52	广州	0.19	0.53	银川	0.00	0.00
南京	0.12	0.39	南宁	0.08	0.18	乌鲁木齐	0.00	0.00

由表 3 可知：节能潜力较大的城市有北京、石家庄、沈阳、郑州和广州，这些城市的节能潜力达到了 20% 左右，说明这些城市在能源投入方面存在一定的浪费，可以

通过提高能源利用率从而节约能源。贵阳、西宁、银川和乌鲁木齐的节能潜力为 0，表明这些城市的能源投入不存在无效投入，已经达到最优化。从区域分布来看，东部城市节能潜力最大，中部城市节能潜力较小，西部城市节能潜力最小，节能潜力在区域分布上有一定的差异，这与能源的投入量、环境以及技术水平有一定的联系，因此，需高度重视高节能潜力的城市，对中等节能潜力的城市给予一定的关注，从而提高全国的节能潜力。

另外，除贵阳、西宁、银川和乌鲁木齐的减排潜力为 0 外，其余城市都有着一定的减排能力，北京、上海和广州的减排潜力超过了 50%，这与高二氧化碳的排放量是密切相关的，其他城市的减排潜力在 20%~30%，处于中等水平。总之，各城市需要充分利用减排潜力，加大减排力度，制定更加合理有效的措施，减少各城市二氧化碳的排放，实现绿色城市交通。

3 城市生态交通效率影响因素分析

3.1 空间计量模型构建

城市交通的快速发展，给人们带来便利的同时也带了能源浪费、环境污染等一系列问题，使得全国大部分城市的生态城市交通效率未达到标准，这对城市交通的可持续发展是十分不利的，解决问题的根本途径就是提高城市生态交通效率，因此，有必要就城市生态交通效率与其影响因素进行动态分析，从而为提高城市生态交通效率提出有效、合理的建议。

空间计量经济学理论认为一个地区空间单位上的某种经济地理现象或某一属性值与邻近地区空间单元上的同一现象或属性值是相关的，几乎所有的空间数据都具有空间依赖或空间自相关的特征，这使得一般的计量方法变得不适用。根据空间计量经济学的原理，其分析的思路如下：首先进行空间自相关检验，利用 Moran I's 指数，如果存在空间自相关就可以进行建模、估计和检验[13-15]。

3.2 空间计量结果分析

本文选取的数据为中国 30 个城市及直辖市 2006~2015 年近十年的有关指标数据，数据源自《中国城市统计年鉴》以及各城市的统计年鉴。本文考察的是城市生态交通效率影响因素的空间滞后和空间误差，所以本文选取的因变量为城市生态交通效率，自变量有人均 GDP、总人口、城镇化率以及各类车辆等，人均 GDP 代表城市经济发展水平、城镇化率代表城市化水平、各类车辆数代表城市交通结构等。本文运用 Matlab 编程，对自变量以及因变量进行空间相关性检验以及建立空间滞后和空间误差模型，结果如下。

（1）模型检验。由结果可知，Moran I's指数为0.5823，且P值为0.05（表示变量在5%的显著性水平下通过检验），说明存在空间自相关这一问题，一般的计量模型不适用对城市生态交通效率以及其影响因素进行分析，否则会产出偏差。另外，空间滞后模型和空间误差模型也稍有差别，空间滞后模型在1%的显著性水平下通过了检验，空间误差模型在5%的显著性水平下通过了检验。

（2）模型回归结果分析。将SLM与SEM放在一起以进行比较分析。具体计算结果如表4和表5所示。由模型估计结果可知，空间滞后模型和空间误差模型的LogL值分别为41.006、35.376，且该数值越大越好；同时，两种模型下AIC、SC的值分别

表4　空间滞后模型结果

变量	系数	T统计值	P值
常数	0.8291	11.071	0.000
人均GDP	1.5201	2.017	0.044
总人口	0.044	1.551	0.122
城镇化率	−0.324	−1.628	0.1
城市公共交通车辆	1.039	3.479	0.000
出租车数量	−0.177	−2.489	0.013
私人小汽车数量	−0.5947	−2.285	0.023
城市绿地面积	0.017	1.886	0.000
R²		0.8481	
LogL		41.006	
AIC		−29.494	
SC		−13.442	

表5　空间误差模型结果

变量	系数	T统计值	P值
常数	0.8291	11.071	0.000
人均GDP	1.5201	2.017	0.044
总人口	0.044	1.551	0.122
城镇化率	−0.324	−1.628	0.1
城市公共交通车辆	1.039	3.479	0.000
出租车数量	−0.177	−2.489	0.013
私人小汽车数量	−0.5947	−2.285	0.023
城市绿地面积	0.017	1.886	0.000
R²		0.7962	
LogL		35.376	
AIC		−20.253	
SC		−4.636	

为-29.494、-20.253 和-13.442、-4.636，这两个参数数值越小代表模型模拟度越高，由此可知，空间滞后模型更优于空间误差模型，因此，本文主要以空间滞后模型中的有关变量参数进行分析说明。

第一，人均 GDP 对城市生态交通效率呈正相关，且通过 5%的显著性水平检验，人均 GDP 的系数为 1.7302，这说明人均 GDP 对城市生态交通效率的影响是显著的，经济发展水平相似的地区导致城市生态交通效率趋同的现象。第二，城镇化率对城市生态交通效率呈负相关，且通过 10%的显著性水平检验，人均 GDP 的系数为-0.3240，城镇化率水平由高向低排列依次为东中、西部城市，相反，城市生态交通效率由高向低排列依次为西、东中部城市。因此，东中部城市应合理控制城市化进程，大量人口涌入城市会给城市各方面造成不利的影响。第三，城市公共交通车辆与城市生态交通效率呈正相关，且通过 1%的显著性水平检验，城市公共交通车辆的系数为 1.4150，大力发展公共交通，有利于提高城市生态交通效率。另外，淘汰污染高、技术落后的公共交通，引进电气一体的公共交通工具，做到环保出行，绿色出行。第四，出租车数量、私人小汽车数量与城市生态交通效率呈负相关，且通过 5%的显著性检验，其系数分别为-0.2330、-0.5947，这两种类型的车辆尾气排放较高，容易造成空气污染，例如，近些年出现的"雾霾现象"越发严重，大部分原因还是和人们选择这两种出行工具有关，尤其是私人小汽车数量的迅速增长，不仅带来了城市交通污染，同时也带来了城市交通拥堵等一系列问题。城市应合理规划城市机动车辆的增长比例，出台限行规则等措施，减轻环境污染程度。第五，城市绿地面积与城市生态交通效率呈正相关，且通过 1%的显著性水平检验，其系数为 0.0180，城市绿地植被有利于吸收汽车排放的尾气，减轻汽车尾气污染的程度。城市应注重城市绿化的建设，尤其是上海、北京、广州等城市，加大绿化建设投入，扩大城市绿化面积，尽可能减轻汽车污染造成的不利影响。第六，城市总人口与城市交通效率呈正相关，但并不显著，说明城市总人口对城市生态交通效率有一定的影响，但不是主要的影响因素，城市人口规模的大小在一定程度上会影响城市交通工具的选择，从而间接地对城市生态交通效率产生影响。

综上所述，人均 GDP 对城市生态交通效率的影响是首要的，其次是城市公共交通车辆，再次是私人小汽车数量、出租车数量以及城市绿地面积，最后是城市总人口。因此，在提高城市生态交通效率的过程中，要重视主要因素，给予次要因素一定的关注，从而使城市交通实现绿色和可持续发展。

4 提高城市生态交通效率措施

当今社会，绿色发展已经成为主旋律，各行各业都将绿色发展视为目标，在如此的背景下，城市交通实现可持续发展显得迫在眉睫，如何提高各城市的生态城市交通效率是各城市的首要任务，根据实证研究结果，本文提出以下几点建议：①坚持经济发展与环境友好并举的发展道路。②加强绿色交通工具的研发和使用。③大力倡导公共交通发展。④加强交通车辆的管理，引进先进的智能交通系统。⑤加强城市基础设施建设。

参考文献

［1］Suguiy T., Carvalho M. F., Silva D. L. N. E. Efficiency of Urban Public Transport：Case Study of Brazilian Cities［J］. IFAC Proceedings Volumes，2013，46（24）：379-384.

［2］Roháčová V. A DEA Based Approach for Optimization of Urban Public Transport System［J］. Central European Journal of Operations Research，2015，23（1）：215-233.

［3］Stathopoulos A., Karlaftis M. G. A Multivariate State Space Approach for Urban Traffic Flow Modeling and Prediction［J］. Transportation Research Part C Emerging Technologies，2003，11（2）：121-135.

［4］Fujdiak R., Masek P., Mlynek P., et al. Advanced Optimization Method for Improving the Urban Traffic Management［J］. Journal of the Operational Research Society，1995，47（10）：962.

［5］沈小军等. 基于 DEA 模型的城市公路交通效率评价［J］. 现代交通技术，2008（5）：77-79.

［6］邵飞等. 基于 AHP 灰色理论的大城市公交系统综合评价方法［J］. 解放军理工大学学报，2009（6）：536-541.

［7］章玉，黄承锋，许茂增. 中国城市公共交通的效率研究——基于三阶段 DEA 模型的分析［J］. 交通运输系统工程与信息，2016（16）：33-37.

［8］王卫东等. 长株潭城市群公路交通效率比研究［J］. 铁路工程学报，2014（3）：25-32.

［9］李磊，姚璇宇. 城市化进程中公共交通效率影响因素研究［J］. 现代城市研究，2015（1）：77-83.

［10］孙斌栋，潘鑫. 城市交通出行影响因素的计量检验［J］. 城市问题，2008（7）：10-15.

［11］苏涛永等. 城市交通碳排放影响因素实证研究——来自京津沪渝面板数据的证据［J］. 工业工程与管理，2011，16（5）：134-138.

［12］郭炳南，林基. 基于非期望产出 SBM 模型的长三角地区碳排放效率评价研究［J］. 工业技术经济，2017（1）：108-115.

［13］许淑婷. 中国能源生态效率的时空演变及影响因素研究［D］. 大连：辽宁师范大学，2016.

［14］张胜利，俞海山. 中国工业碳排放效率及其影响因素的空间计量分析［J］. 科技与经济，2015（28）：106-110.

［15］王珏，宋文飞. 中国地区农业全要素生产率及其影响因素的空间计量分析［J］. 中国农村经济，2010（8）：24-35.

随机需求条件下基于供应链金融的零售商订货策略研究[*]

李毅鹏　辛　卓

(中南财经政法大学，湖北武汉　430073)

【摘　要】针对由一个核心供应商与零售商所组成的二级供应链中，将供应链金融中的融资问题融入报童模型，考虑连续需求随机条件下零售商存在资金约束时的最优订货策略问题。首先分析在分散决策和集中决策下零售商无融资情况的订单决策及期望利润，然后构建零售商在资金约束下的订货模型，同时考虑零售商对自有资金进行投资的情况，将融资利息、投资收益、担保费用等现金管理要素引入模型。通过数学建模求解，结合数值算例分析，对零售商的订货策略进行深入探讨，探索供应链上的融资决策优化问题，得出一系列有益的结论。同时所研究的模型与结论也为中小企业提供了一种资金获取方法及订货策略思路。

【关键词】供应链金融；资金约束；投资收益；订货策略

0　引　言

中小企业是我国国民经济发展的重要环节，据相关数据统计，目前我国中小企业的数量已占全国企业总数99%以上，其创造的最终产品和服务价值约占国内GDP总量的60%（祁虹，2016）[1]。然而，由于中小企业的发展规模较小、担保资产少、信用等级低、监管成本高、资金风险大等原因，融资难一直成为制约其发展的桎梏。Beck等（2006）[2]通过对发展中国家的中小企业融资现状进行总结，指出资金短缺是限制其对经济增长做出贡献的直接原因。因此，在经济新常态下，如何解决中小企业的资金约束成为重要课题。而供应链金融作为一种新的融资模式，可以为突破中小企业资

---

　　* ［基金项目］国家自然科学基金项目（71401180）、湖北省高校省级教学改革研究项目（供给侧与需求侧双重不确定下供应链模型仿真平台研究）、中央高校基本科研业务费专项资金（互联网+概率产品销售价值链策略优化研究）、中南财经政法大学研究生科研创新项目（2017Y1409）。

金困境提供有效的方案。

据《2017 中国供应链金融调研报告》[3] 显示，供应链金融服务商主要面对中小企业，其总应收账款规模已超过 6 万亿元，且企业的供应链金融需求仍在不断增长。供应链金融中的一种重要模式是银行等金融机构将供应链看作一个整体，通过供应链中核心企业的商业信用认证为各级成员提供资金支持，解决其资金约束问题。例如，世界上最大的连锁零售商沃尔玛通过"1+N"模式的供应链金融方案为其上下游供应商与经销商解决资金瓶颈，工商银行以 1 个核心企业（沃尔玛）的优质信用为依托，对其供应链上的 N 个中小企业进行融资，从而使得供应链整体良性循环发展，实现共赢。可见，企业之间的竞争已不再是各级成员之间的单独竞争，而是供应链与供应链之间的竞争，供应链核心企业与上下游企业唇齿相依，中小企业的财务压力将对整个供应链的运作产生严重影响，进而影响核心企业业务的发展。本文将以中小企业中资金短缺的零售商为视角，探讨基于供应链金融融资后的订货策略。

传统的供应链管理研究中大多是基于企业资金充足的情况去考虑生产运作、订货决策和库存管理等。然而，在实践中，资金约束的问题是不容忽视的。近年来，随着供应链金融的发展，已经有专家学者开始研究企业运营管理与金融服务相协调的问题。Buzacott 和 Zhang（2004）[4] 首次将融资决策与供应链管理相结合，证明了企业在进行决策过程中考虑融资的重要性。Xu 和 Birge（2004）[5] 在需求不确定和市场不完善的情况下建模，结合数值仿真研究企业生产决策如何受资金约束的影响，并得出企业可以通过融资改善财务状况，提高业绩的结论。Lamoureux（2007）[6] 在以往的研究基础上重新定义供应链金融，他认为在融资过程中核心企业应该起主导作用。Kouvelis 和 Zhao（2012）[7] 使用供应商提前支付折扣计划作为决策框架，分析不同商业信用条件下供应商和零售商的收益情况，并对供应商融资和银行融资两种融资方式进行了对比。而国内在此方面的研究虽起步较晚但成果颇丰，任建标和陈庆伟（2009）[8] 在 Stackelberg 模型中考虑供应商允许零售商延迟付款时对供应链成员决策以及供应链利润的影响，并设计契约以实现供应链效率的协调。徐贤浩等（2011）[9] 将供应链金融中的融资问题融入库存管理模型中，在允许延迟支付的前提下，求解出了通用的零售商的最优策略计算公式。占济舟和卢锐（2016）[10] 建立了商业信用和存货质押两种融资方式的决策模型，探讨零售商自有资金对融资决策选择的影响，进而分析对供应链收益的影响。

由此可见，当供应链成员存在资金约束时，多数研究是通过允许零售商延迟付款、提前支付折扣等供应商融资方案解决问题，对于供应链金融融资的研究较少；基于供应链金融的融资方式需要核心企业进行担保，以往研究中较少考虑核心企业的担保责任；而且现有研究中也忽略了企业可能对自有初始资金进行投资收益以弥补贷款所引起的额外开销等情况。因此，本文的研究贡献在于：①以供应链成员的零售商为研究对象，从供应链金融的融资角度探讨零售商的运作决策；②考虑零售商自有资金的短缺情况，分析连续随机需求条件下的订货策略；③考虑零售商对自有资金投资的收益情况，将融资利息、投资收益、担保费用等现金管理要素引入模型；④为中小企业提供一种资金获取方法及订货策略思路。

1 模型假设与符号描述

考虑由单个核心供应商和单个零售商所组成的二级供应链系统，零售商可以在核心供应商处订购商品以满足未来需求的不确定性。与文献 ［8］、［11］ 和 ［12］ 假设类似：供应链中只销售一种短周期商品且研究单周期情况；供应链中的核心供应商与零售商均属于风险中性，且两者信息对称；核心供应商充分了解零售商的经营能力，并愿意为零售商进行担保以供其在银行等金融机构进行供应链融资；零售商可以根据实际经营情况选择对其自有初始资金进行投资以获得额外收益，假设投资周期与销售周期相同；零售商不存在违约风险，并且在销售期末，零售商具有还款能力；这里忽略了供应商的交付能力；商品的市场需求 X 是随机的，其概率密度函数设为 $f(x)(x>0)$，$f(x)$ 是连续的且 $f(0)>0$，其概率分布函数为 $F(x)$，$F^{-1}(x)$ 为逆函数，$F(\beta)=\int_0^\beta f(x)$ dx，$F(0)=0$，$\overline{F}(x)=1-F(x)$，设 $F(x)$ 可微且严格递增，并且需求函数的分布服从 IGFR 分布，即具有递增广义失败率，$\frac{xf(x)}{F(x)}$ 在其定义域内严格递增。模型中 B_0 为零售商初始资金；p 为单位商品售价；ω 为单位商品批发价格（$\omega<p$）；c 为单位商品成产成本（$c<\omega<p$）；X 为销售期间，商品的市场随机需求量；Q 为销售期初，零售商的订货量；h 为销售期末，单位剩余商品的净残值；π 为零售商单位商品缺货的损失值；$\prod^r$ 为销售期末，零售商的利润函数；$\prod^s$ 为供应商的利润函数；$\prod^c$ 为供应链全局的利润函数。

2 模型建立及最优解证明

2.1 无融资情况的零售商订货模型

本文先构建零售商无资金融资时的基本订货模型，即零售商初始自有资金 B_0 充足，可直接向核心供应商订购或者 B_0 不足但却不融资的情况，分别讨论采用分散决策和供应链集中决策的零售商订货策略。

2.1.1 分散决策

当零售商自有资金 B_0 充足时，即 $B_0 \geq \omega Q$ 时，零售商的利润为：

$$\prod_1^r = p\min(Q, X) - \omega Q + h(Q-X)^+ - \pi(X-Q)^+ \tag{1}$$

其中，上标 r 表示零售商；式（1）的第一项为零售商的销售总收入，$\min(Q, X)$ 为零售商的实际销售量；第二项为零售商的购买成本；第三项为零售商剩余商品的总残值；第四项为零售商的缺货损失成本。

零售商的目标函数为：

$$\max(E(\textstyle\prod_1^r)) \tag{2}$$

其决策变量为 Q。

此时，供应商利润为：

$$\textstyle\prod_1^s = \omega Q - cQ \tag{3}$$

定理 1 在无融资且零售商自有资金充足的订货模型中，当满足一定参数条件时，零售商的期望利润是关于订货量 Q 的凸（Convex）函数；且存在最优订货量 Q_{r1}^*，使得 $E(\textstyle\prod_1^r)$ 最大。

证明此模型为典型的 Newsvendor 模型，先将式（1）的期望按积分展开，得到：

$$E(\textstyle\prod_1^r) = p\left[\int_0^Q xf(x)dx + \int_Q^{+\infty} Qf(x)dx\right] - \omega Q + h\int_0^Q (Q-x)f(x)dx - \pi \int_Q^{+\infty}(x-Q)$$

$$f(x)dx = (p - \omega + \pi)Q + (h - p - \pi)\int_0^Q F(x)dx - \pi\int_Q^{+\infty} xf(x)dx \tag{4}$$

把式（4）对 Q 求一阶偏导和二阶偏导，得到：

$$\frac{\partial E(\textstyle\prod_1^r)}{\partial Q} = (p - \omega + \pi) + (h - p - \pi)F(x) \tag{5}$$

$$\frac{\partial E^2(\textstyle\prod_1^r)}{\partial Q^2} = (h - p - \pi)f(x) \tag{6}$$

因为 $h < p$ 且 $f(x) > 0$，所以 $\dfrac{\partial E^2(\textstyle\prod_1^r)}{\partial Q^2} < 0$，即零售商的期望利润函数为凸（Convex）

函数，当一阶导数为零时，存在最优订货量 $Q_{r1}^* = F^{-1}\left(\dfrac{p - \omega + \pi}{p + \pi - h}\right)$，证毕。

2.1.2 集中决策

在集中决策情况下，供应链上的各级成员将以系统整体利润最大化为目标进行决策，因此，供应链全局的利润为：

$$\textstyle\prod_1^G = p\min(Q, X) - cQ + h(Q - X)^+ - \pi(X - Q)^+ \tag{7}$$

其中，上标 G 表示供应链全局；式（7）的第一项为零售商的销售总收入，$\min(Q, X)$ 为零售商的实际销售量；第二项为商品成本；第三项为零售商剩余商品的总残值；第四项为零售商的缺货损失成本。

供应链全局的目标函数为：$\max(E(\textstyle\prod_1^G))$ $\tag{8}$

其决策变量为 Q。

定理 2 当供应链采用集中决策订购时，供应链全局的期望利润是关于订货量 Q 的凸（Convex）函数，即存在最优的订货量 Q_1^*，使得 $E(\textstyle\prod_1^G)$ 最大，且优于分散决策，

即 $Q_1^* > Q_{r1}^*$。

证明 将式（7）的期望按照积分展开后对 Q 分别求一阶偏导和二阶偏导，与定理 1 证明过程同理，可知其二阶偏导小于 0，且存在最优订货量 $Q_1^* = F^{-1}(\frac{p-c+\pi}{P+\pi-h})$。由于 $c < \omega$ 且 $F(x)$ 单调递增，故有 $Q_1^* > Q_{r1}^*$。

性质 1 无融资时，其他参数一定时，零售商初始自有资金 B_0 对其订货策略的影响为：

当 $B_0 \geq \omega Q$，即初始自有资金充足时，零售商的最优订货量为 $F^{-1}(\frac{p-\omega+\pi}{P+\pi-h})$；

当 $B_0 < \omega Q$，即存在资金约束却无融资时，零售商的最优订货量为 $\frac{B_0}{\omega}$。

通过定理 1、定理 2 以及性质 1 可以看到，当零售商初始自有资金充足时，存在最优订货量使得其期望利润达到最大值，但是在实际环境中，中小型零售企业往往会面临资金约束的问题，此时零售商的最优订货量与初始自有资金 B_0 成正比，且小于资金充足时的最优订货量，也小于集中决策时的最优订货量。

可见存在资金约束的零售商会导致订单量大幅减少，期望利润降低，因此，零售商会寻求各种融资途径以期能够解决资金短缺问题。同时，核心供应商的销售量也将随之减少，这将缩小其市场份额，不利于扩大经营，因此供应商也有动机为解决零售商资金短缺提供支持。

2.2 资金约束情况的零售商订货模型

当零售商存在资金约束时，零售商可以通过供应链金融的方式请求核心供应商以其商业信誉作为担保向银行等金融机构贷款来解决资金短缺问题。但是，与此同时，为了弥补贷款成本等费用，零售商可以选择将自有初始资金 B_0 进行投资而获得额外收益等。假设零售商将 αB_0（$0 \leq \alpha \leq 1$）的资金用于投资，投资收益为 $r_0 \alpha B_0$，其中 α 为自有初始资金投资比例，r_0 为投资收益回报率。因此，零售商向银行贷款金额为 $\omega Q - (1-\alpha)B_0$，银行贷款利率为 r_1，销售期末，零售商需要偿还银行等金融机构本息 $(1+r_1)[\omega Q-(1-\alpha)B_0]$；同时，供应商会有担保责任和风险，所以还会收取担保费用 $r_2[\omega Q-(1-\alpha)B_0]$，其中 r_2 为融资担保费率。特殊情况下，当 $\alpha=0$ 时，零售商不对 B_0 进行投资；当 $\alpha=1$ 时，零售商将全部 B_0 进行投资，所有订货资金均融资获取。

2.2.1 分散决策

当采用供应链金融的方式进行融资时，零售商的利润为：

$$\prod_2^r = p\min(Q, X) - \omega Q + h(Q-X)^+ - \pi(X-Q)^+ - (r_1+r_2)\times[\omega Q-(1-\alpha)B_0] + r_0\alpha B_0$$

（9）

其中，第五项为零售商需要支付银行等金融机构的利息与核心供应商的担保费用；第六项为零售商部分自有初始资金进行投资的收益，其余各项含义与式（1）相同。

零售商的目标函数为:

$$\max(E(\textstyle\prod_2^r)) \tag{10}$$

其决策变量为 Q。

则供应商利润为:

$$\textstyle\prod_2^s = \omega Q - cQ + r_2 [\omega Q - (1-\alpha)B_0] \tag{11}$$

定理 3 在资金约束情况下的零售商订货模型中,当各参数满足一定条件时,零售商的期望利润是关于订货量 Q 的凸(Convex)函数;存在最优的订货量 Q_{r2}^*,使得 $E(\textstyle\prod_2^r)$ 最大;且零售商最优订货量 Q_{r2}^* 与投资金额比例 α、投资回报收益率 r_0 无关。

证明 将式(9)的期望按积分展开,得到:

$$E(\textstyle\prod_2^r) = p\left[\int_0^Q xf(x)dx + \int_Q^{+\infty} Qf(x)dx\right] - \omega Q + h\int_0^Q (Q-x)f(x)dx - \pi\int_Q^{+\infty} (x-Q)$$

$$f(x)dx - (r_1 + r_2)[\omega Q - (1-\alpha)B_0] + r_0\alpha B_0 = [p + \pi - (1 + r_1 + r_2)\omega]Q +$$

$$[h - p - \pi]\int_0^Q F(x)dx - \pi\int_0^{+\infty} xf(x)dx + (r_1 + r_2)B_0 + (r_0 - r_1 - r_2)\alpha B_0 \tag{12}$$

将式(12)对 Q 求一阶偏导和二阶偏导,得到:

$$\frac{\partial E(\textstyle\prod_2^r)}{\partial Q} = [p + \pi - (1 + r_1 + r_2)\omega] + (h - p - \pi)F(x) \tag{13}$$

$$\frac{\partial E^2(\textstyle\prod_2^r)}{\partial Q^2} = (h - p - \pi) \tag{14}$$

因为 $h < p$ 且 $f(x) > 0$,所以 $\dfrac{\partial E^2(\textstyle\prod_2^r)}{\partial Q^2} < 0$,零售商的期望利润为凸函数,存在最优订货量 Q_{r2}^*,令 $\dfrac{\partial E(\textstyle\prod_2^r)}{\partial Q} = 0$,可解得 $Q_{r2}^* = F^{-1}\left(\dfrac{p + \pi - (1 + r_1 + r_2)\omega}{p + \pi - h}\right)$,由此可以看出零售商的最优订货量与 α、r_0 无关,但却与 r_1 和 r_2 有关,证毕。

2.2.2 集中决策

当以供应链系统整体利润最大化为原则时,供应链全局的利润为:

$$\textstyle\prod_2^c = p\min(Q, X) - cQ + h(Q - X)^+ - \pi(X - Q)^+ - r_1[\omega Q - (1-\alpha)B_0] + r_0\alpha B_0 \tag{15}$$

其中,第五项为零售商需要支付银行的利息;第六项为零售商部分自有资金进行投资的收益,其余各项含义与式(7)相同。

供应链全局的目标函数为:

$$\max(E(\textstyle\prod_2^c)) \tag{16}$$

其决策变量为 Q。

定理 4 当零售商存在资金约束时,集中决策策略的全局期望利润是关于订货量 Q 的凸函数,即存在最优的订货量 Q_2^*,得 $E(\textstyle\prod_2^c)$ 最大,且优于分散决策,即 $Q_2^* > Q_{r2}^*$。

证明 将式(15)的期望按照积分展开后对 Q 分别求一阶偏导和二阶偏导,与定理 3 同理可证明，存在最优订货量 $Q_2^* = F^{-1}\left(\dfrac{p-c+\pi-r_1\omega}{P+\pi-h}\right)$。由于 $p+\pi-(1+r_1+r_2)$ $\omega < p-c+\pi-r_1\omega$ 且 $F(x)$ 单调递增，故有 $Q_2^* > Q_{r2}^*$。

性质 2 其他参数一定时，零售商自有初始资金投资比例 α 对分散决策和集中决策中期望利润的影响：

当 $r_1 > r_0$ 时，供应链全局最优期望利润减少，零售商最优期望利润降低；

当 $r_1 < r_0 < r_1+r_2$ 时，供应链全局最优期望利润增加，零售商最优期望利润降低；

当 $r_0 > r_1+r_2$ 时，供应链全局最优期望利润增加，零售商最优期望利润升高。

由定理 3 可知，当 $E(\prod_2^r)$ 最大时，零售商的最优订货量为 Q_{r2}^*，将其代入式（12）可得到零售商的期望利润如下：

$$E[\prod_2^r(Q_{r2}^*)] = [p+\pi-(1+r_1+r_2)\omega]Q_{r2}^* + [h-p-\pi]\int_0^Q F(x)dx - \pi\int_0^{+\infty}$$
$$xf(x)dx + (r_1+r_2)B_0 + [r_0-(r_1+r_2)]B_0\alpha \tag{17}$$

把式（17）对 α 求导，令 $g(\alpha) = \dfrac{dE[\prod_2^r(Q_{r2}^*)]}{d\alpha} = [r_0-(r_1+r_2)]B_0$，因为 $B_0 > 0$，故当 $r_0 > r_1+r_2$ 时，$g(\alpha) > 0$，$E[\prod_2^r(Q_{r2}^*)]$ 是关于 α 的增函数；当 $r_0 \le r_1+r_2$ 时，$g(\alpha) \le 0$，$E[\prod_2^r(Q_{r2}^*)]$ 是关于 α 的减函数。同理将 Q_2^* 代入式（15）并对 α 求导可推出，当 $r_0 > r_1$ 时，$E[\prod_2^c(Q_2^*)]$ 是关于 α 的增函数；当 $r_0 \le r_1$ 时，$E[\prod_2^c(Q_2^*)]$ 是关于 α 的减函数。

3 数值仿真与算例分析

本文借鉴某零售商产品的销售情况，通过 Monte Carlo 仿真的方法来模拟商品的市场随机需求的动态变化，采用 Excel 的 VBA 编写模拟程序，设定随机变量 $X \sim N(800, 20^2)$，根据其分布生成 10000 组随机数进行算例分析。其他数据如下：设定零售商具有的初始资金 $B_0 = 8000$ 元，单位商品的零售价格 $p = 120$ 元，单位商品的批发价格 $\omega = 100$ 元，单位商品的订购成本 $c = 85$ 元，单位商品的残值 $h = 10$ 元，零售商的单位缺货损失 $\pi = 20$ 元。

3.1 无融资情况

根据 2.1 节所构建的零售商订货模型，设定零售商的订货量 Q 从 70 到 106 以 2 为步长逐渐增加，考虑初始资金充足的情况，在分散决策下，由图 1 可以看出，零售商的期望利润是关于订货量的凸函数，即期望利润随着订货量的增加先增后减，当 Q = 90 时，零售商的期望最大 $\max(E(\prod_1^r)) = 1074.66$，从而验证了定理 1。当采用集中决策时，不同订货量下的供应链全局期望利润如表 1 所示，当 Q = 96 时，供应链的全局期

望利润最大 $\max(E(\prod_1^C)) = 2469.28$，且最优订货量大于分散决策时的最优订货量（96 > 90），满足定理 2。

在实际情况中，零售商往往存在资金约束，即 $B_0 < \omega Q$，根据性质 1，此时零售商的最大订货量为 $\frac{B_0}{\omega} = 80$，代入式（1）可知零售商的期望利润为 980.09，小于资金充足时的最大期望利润，所以零售商将有动机通过融资来提高收益。

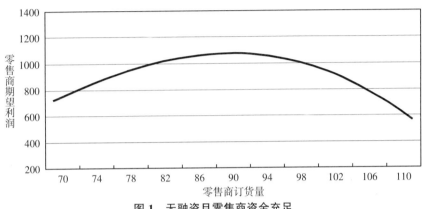

图 1　无融资且零售商资金充足

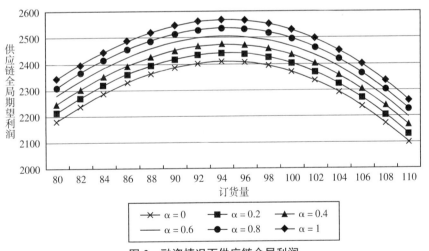

图 2　融资情况下供应链全局利润

3.2　供应链金融融资情况

当零售商存在资金约束时，将采用供应链金融方式进行融资，并对自有资金进行投资以获取额外收益，假设投资收益率 $r_0 = 6\%$，银行等金融机构贷款利率 $r_1 = 4\%$，核心供应商担保费率 $r_2 = 0.3\%$。根据 2.2 节所构建资金约束下的订货模型，设定零售商的订货量 Q 从 80 到 116 以 2 为步长逐渐增加，自有资金投资比例系数 α 从 0 开始以 0.2 为步长增加到 1。

表 1　无融资下期望利润

订货量	零售商期望利润	供应链全局期望利润
70	724.33	1774.33
72	784.87	1864.87
74	841.74	1951.74
76	893.71	2033.71
78	939.87	2109.87
80	980.09	2180.09
82	1013.69	2243.69
84	1040.51	2300.51
86	1060.13	2350.13
88	1071.80	2391.80
90	1074.66	2424.66
92	1068.77	2448.77
94	1053.85	2463.85
96	1029.28	2469.28
98	994.15	2464.15
100	948.90	2448.90
102	892.97	2422.97
104	826.72	2386.72
106	750.26	2340.26

表 2　不同 α 的零售商期望利润（分散决策）

订货量	零售商期望利润					
	$\alpha = 0$	$\alpha = 0.2$	$\alpha = 0.4$	$\alpha = 0.6$	$\alpha = 0.8$	$\alpha = 1$
80	980.09	1007.29	1034.49	1061.69	1088.89	1116.09
82	1005.09	1032.29	1059.49	1086.69	1113.89	1141.09
84	1023.31	1050.51	1077.71	1104.91	1132.11	1159.31
86	1034.33	1061.53	1088.73	1115.93	1143.13	1170.33
88	1037.40	1064.60	1091.80	1119.00	1146.20	1173.40
90	1031.66	1058.86	1086.06	1113.26	1140.46	1167.66
92	1017.17	1044.36	1071.57	1098.77	1125.96	1153.17
94	993.65	1020.85	1048.05	1075.25	1102.45	1129.65

订货量	零售商期望利润					
	$\alpha = 0$	$\alpha = 0.2$	$\alpha = 0.4$	$\alpha = 0.6$	$\alpha = 0.8$	$\alpha = 1$
96	960.48	987.68	1014.88	1042.08	1069.28	1096.48
98	916.75	943.95	971.15	998.35	1025.55	1052.75
100	862.90	890.10	917.30	944.50	971.70	998.90
102	798.37	825.57	852.77	879.97	907.17	934.37
104	723.52	750.72	777.92	805.12	832.32	859.52
106	638.46	665.66	692.86	720.06	747.26	774.46
108	543.59	570.79	597.99	625.19	652.39	679.59
110	438.83	466.03	493.23	520.43	547.63	574.83
112	324.45	351.65	378.85	406.05	433.25	460.45
114	201.60	228.80	256.00	283.20	310.40	337.60
116	71.24	98.44	125.64	152.84	180.04	207.24

如表 2 所示，以 $\alpha = 0.2$ 为例，当 Q = 88 时，零售商的期望利润最大 $\max(E(\prod_2^r)) = 1064.60$，且无论 α 取何值，零售商的最优订货量均为 88，即零售商最优订货量与投资比例系数、融资金额等无关，从而验证了定理 3。由于 6% > 4% + 0.3%，由表 2 可知，当 α 逐渐增大时，零售商的最大期望利润逐渐增加，与性质 2 一致，特殊情况：当 $\alpha = 1$ 时，零售商全部订货资金均来源于供应金融融资；同理，当 $r_0 \leqslant r_1 + r_2$ 时，零售商的期望利润与 α 呈负相关，由于篇幅有限，不一一列举算例分析数据。

由 3.1 节可知，当零售商存在资金约束且无融资时，其最大期望利润为 980.09，而当零售商选择供应链金融进行融资时，其最大期望利润为 1037.40（$\alpha = 0$），可见，供应链金融融资可提高零售商的期望利润，同时在本算例中，当自有资金投资比例越高，零售商所获得的期望利润也随即增加。

此外，图 2 表明在集中决策时，不同 α 下的供应链全局期望利润是关于订货量的凸函数，以 $\alpha = 0.6$ 为例，当 Q = 94 时，供应链的全局期望利润最大 $\max(E(\prod_2^G)) = 2503.85$，且最优订货量高于分散决策（94 > 88），与定理 4 一致。而且此时，算例中 $r_0 > r_1 + r_2$，随着 α 的增大，供应链的全局最优期望利润和零售商的最优期望利润均增加，与性质 2 相同。

4　结　论

资金约束是中小企业面临的普遍问题，随着供应链金融的快速发展，以供应链中核心企业的商业信用作担保可以为其提供有效的资金解决方案。本文以供应链中的零售商为研究对象，构建了由核心供应商和零售商所组成的供应链系统，在市场需求连续随机的条件下，首先建立无融资时的基本 Newsvendor 模型，分析零售商的最优订货量及期望利润；进一步提出存在资金约束时，通过供应链金融进行融资的订货模型，且将零售商自有资金投资收益、融资利息以及担保费用等现金管理因素引入订货模型中，综合分析零售商在集中策略与分散策略下的最优决策，与无融资情况的基本模型作对比，通过数学模型和数值仿真得到如下结论：①当零售商存在资金约束且无融资时，零售商的最优订货数量与初始自有资金成正比，而且远小于资金充足时的最优订货数量，也小于集中决策下的最优订货数量；②当零售商初始资金短缺时，采用供应链金融融资后的订货量和期望收益较无融资时明显提高，所以供应链金融服务可以为资金不足的供应链创造价值；③由于存在资金约束的零售商订单量大幅减小，进而导致核心供应商的销售量降低，间接缩小其市场份额，因此供应商有动机为零售商融资提供支持；④在融资情况下，零售商的最优订货量与初始资金数额、自有资金投资比例、投资收益率、融资金额等无关，但却受贷款利率和担保费率的影响，且投资收益率、贷款利率和担保费率之间的大小关系对零售商利润和供应链全局利润均有影响。

本文初步研究了供应链金融服务对受资金约束供应链的影响，分析了零售商的订货策略、最优利润等相关问题，以期能够为中小企业提供一种资金获取方法及订货思路。从研究中可以看到，采取供应链金融融资后，供应链中的双边际效应仍然存在，这容易导致供应链失调。在未来的研究工作中，可以通过引入供应链契约机制来实现供应链协调。同时，也可以对一些假设条件，如供应链中成员企业信息对称、只考虑单周期情况等放宽限制，使模型更加接近真实情况。

参考文献

[1] 祁虹. 新常态下中小企业人才引进策略研究 [J]. 现代经济信息，2016（5）：20–23.

[2] Beck T., Demirguc-Kunt A. Small and Medium-size Enterprises: Access to Finance as a Growth Constraint [J]. Journal of Banking & Finance, 2006, 30 (11): 2931–2943.

[3] 2017 中国供应链金融调研报告 [R]. 万联供应链金融研究院，华夏邓白氏，人民大学中国供应链战略管理研究中心，2017.

[4] Buzacott J. A., Zhang R. Q. Inventory Management with Asset-Based Financing [J]. Management Science, 2004, 50 (9): 1274–1292.

[5] Xiaodong Xu, Birge J. R. Joint Production and Financing Decisions: Modeling and Analysis [J]. Ssrn Electronic Journal, 2004, 2 (20): 1–20.

[6] Lamoureux M. A Supply Chain Finance Prime [J]. Supply Chain Finance, 2007, 4 (5): 34–48.

[7] Kouvelis P., Zhao W. Financing the Newsvendor: Supplier vs. Bank, and the Structure of Optimal Trade Credit Contracts [J]. Operations Research, 2012, 60 (3): 566–580.

[8] 任建标，陈庆伟. 考虑零售商延期付款的供应链协调机制研究 [J]. 工业工程与管理，2009，14（2）：10–15.

[9] 徐贤浩，邓晨，彭红霞. 基于供应链金融的随机需求条件下的订货策略 [J]. 中国管理科学，

2011, 19（2）：63-70.

　　［10］占济舟，卢锐. 零售商采购资金约束下供应链融资方式的选择策略研究［J］. 管理工程学报，2016, 30（3）：106-113.

　　［11］薛敏. 基于供应链融资的零售商订货策略研究 ［D］. 南京：南京理工大学，2016.

　　［12］钟远光，周永务，李柏勋，等. 供应链融资模式下零售商的订货与定价研究［J］. 管理科学学报，2011, 14（6）：57-67.

基于 D-optimal 设计和 Mixed Logit 模型的地铁乘客出行时间选择行为研究*

李　宪[1,2]　李海鹰[1]　许心越[1]

(1. 北京交通大学 轨道交通控制与安全国家重点实验室，北京　100044；

2. 北京交通大学 交通运输学院，北京　100044)

【摘　要】高峰时段大客流会产生地铁车站客流拥挤及安全隐患等问题，减少高峰时段的乘客出行需求是减缓这一问题的重要手段。基于此，本文利用 D-optimal 设计和 Mixed Logit（ML）模型研究地铁乘客出行时间选择行为。采用 D-optimal 方法设计调研问卷，依据指标得到最优的调研场景组合；在此基础上开展 SP 调查收集乘客出行时间偏好数据，对乘客的出行时间行为进行 ML 建模和相关参数标定；并通过实际地铁车站的案例分析来说明相关方法的有效性。案例结果表明：D-optimal 设计在模型拟合度和参数估计精度等方面都比传统的正交设计方法好。最后，本文基于各影响因素的 WTP 值变化进一步分析高峰时段客流组织策略的生成方法，提出在尖峰时段前 15~25 分钟采取八折的票价调整策略可引导乘客错峰出行、进而缓解地铁站早高峰的拥堵状况。

【关键词】地铁站拥堵；出行时间选择；D-optimal 设计；Mixed Logit（ML）；WTP（Willingness to Pay）

0　引　言

北京地铁早高峰常态化的客流拥堵现象日益显著，日常的车站运营面临越来越严重的安全隐患。当前，我国地铁车站的设施能力改造非常困难，设施布局优化已经达到极限。因此，改变乘客出行时间以实现乘客的错峰出行已成为解决高峰拥堵的必由之路。

目前既有研究多采用期望效用理论和离散选择模型对出行时间选择行为进行建模

* ［基金项目］国家"十三五"重点研发计划任务"城市轨道系统安全保障技术"（课题编号：2016YFB1200402）。

和分析[1-4]。诸葛承祥等[2] 基于 Nested Logit（NL）模型分析通勤者的出发时间和出行方式选择问题，给出通勤者会先考虑出行时间、再考虑合适的出行方式的结论；杨励雅等[3] 基于 Cross Nested Logit（CNL）模型分析了出行者的居住地、出行时间和出发方式联合选择问题；Thorhauge 等[4] 基于计划行为理论分析影响出行时间选择的心理因素，发现态度、主观规范和知觉行为控制三种心理因素对固定时间工作者的出行时间选择影响最大。上述文献中采用的 NL、CNL 以及 DOGEV 模型尽管考虑了选项间的关联性，有效避免了 IIA 问题，但是未考虑由于地铁乘客的异质性特性而引起的模型拟合度下降的问题。因此，本文拟采用 ML 模型对乘客出行时间行为进行建模分析，为进行精细化客流控制提供方法依据。

1 SP 问卷设计及数据调研

1.1 识别关键属性

结合既有文献，本文预调研乘客出行选择行为的影响因素，并采用 TOPSIS 方法[5] 识别关键因素。预调研问卷采用李克特量表（Likert Scale）打分记录乘客对地铁票价、出行距离、车站拥挤度、上班或上学时间约束、时间节省度、出行目的和出行时间改变量重要度的偏好。分数采用 7 等级制，其中：分数 7 代表影响最大，1 代表影响最小。预调研问卷在早高峰时段北京地铁西直门站现场发放，共收回 134 份问卷，属性重要度排序结果如表 1 所示。

表 1 因素重要度排序

影响因素	C_i^*	重要度排序	影响因素	C_i^*	重要度排序
地铁票价	0.6265	3	时间节省度	0.8278	1
出行距离	0.2153	5	出行目的	0.1911	7
车站拥挤度	0.8176	2	出行时间改变量	0.6099	4
上班或上学等时间约束	0.2026	6			

1.2 属性水平划分及分配

结合实际客流调查结果及文献资料，属性水平划分如表 2 所示。

进一步确定各属性的水平值分配。由于多数地铁乘客偏向于高峰时段或是临近高峰出行，可认为乘客按原时间（计划）出行情景（高峰时段）下拥堵较严重且没有票价优惠；在提前或延迟出行情景下，车站拥挤度会有一定程度的减缓，乘客的旅行时间也会因为没有限流策略的影响而有一定的节省，票价也可给予一定的优惠[6]。因此，两种出行时间选项下的属性水平值分配如表 3 所示。

表 2　属性水平划分

属性	水平值（级别）	属性	水平值（级别）			
地铁票价	原价（Ⅰ）	车站拥挤度	不拥挤（Ⅰ）		较拥挤（Ⅲ）	
	减少 0.5 元（Ⅱ）					
	减少 1 元（Ⅲ）					
	减少 1.5 元（Ⅳ）					
时间节省度	0%（Ⅰ）		拥挤（Ⅱ）		很拥挤（Ⅳ）	
	10%（Ⅱ）					
	15%（Ⅲ）					
	20%（Ⅳ）					
出行时间改变量	0 分钟（Ⅰ）					
	15 分钟（Ⅱ）					
	20 分钟（Ⅲ）					
	25 分钟（Ⅳ）					

表 3　属性水平值分配

出行时间选项	场景属性	属性水平值分配	出行时间选项	场景属性	属性水平值分配
原时间出行	车站拥挤度	a）Ⅱ	提前或延迟出行	车站拥挤度	a）Ⅰ
		b）Ⅲ			b）Ⅱ
		c）Ⅳ		出行时间改变量	a）Ⅱ
	出行时间改变量	a）Ⅰ			b）Ⅲ
	地铁票价	a）Ⅰ			c）Ⅳ
	时间节省度	a）Ⅰ		地铁票价	a）Ⅰ
					b）Ⅱ
					c）Ⅲ
				时间节省度	a）Ⅱ
					b）Ⅲ
					c）Ⅳ

1.3　最优调研场景组合的 D-optimal 设计

为减少试验次数并提高模型标定的精度，本文采用 D-optimal 设计优化调研场景组合[7-8]。采用 D-optimal 设计需要根据属性个数及水平值划分确定场景属性组合矩阵的维数，具体步骤如下：

Step1： 采用正交编码对属性水平值进行编码，生成初始属性组合矩阵，根据历史数据经验及文献设定属性对应的先验系数。

Step2：优化属性组合矩阵的效率。

Step2.1：计算属性组合矩阵的 z_{njt}：

$$z_{njt} = x_{njt} - \sum_{i=1}^{J_t} x_{nit} p_{njt} \quad \forall j \in J_t \tag{1}$$

式中，J_t 为 t 场景（选择集）下出行时间选项个数；x_{njt} 为乘客 n 在场景 t 下选择出行时间 j 的 $1 \times K$ 维属性向量，K 为场景属性的个数；p_{njt} 为乘客 n 在场景 t 下选择出行时间 j 的概率，具体计算方法见 2.2 节。

Step2.2：计算属性组合矩阵的费希尔信息矩阵 Ω_P^{-1}，

$$\Omega_P^{-1} = (Z'PZ)^{-1} = \Big[\sum_{t=1}^{T} \sum_{j=1}^{J_t} z'_{njt} p_{njt} z_{njt} \Big]^{-1} \tag{2}$$

式中，Z 为由元素 z_{njt} 组成的 $M \times K$ 矩阵；P 为由元素 p_{njt} 组成的 $M \times M$ 对角概率矩阵；$M = \sum_{t=1}^{T} J_t$，T 为选择场景总数。

Step2.3：计算属性组合矩阵的指标 Dp_error：

$$Dp\_error = (\det \Omega_P^{-1})^{1/K} \tag{3}$$

Step2.4：随机选择当前属性组合矩阵的任意一列，在所选列中交换任意相同类型出行时间选项的两个属性值。重复 Step2.1~Step2.3，如果 Dp_error 减小，则保留矩阵变化，更新属性组合矩阵；否则，退回矩阵变化前的状态。

Step3：当迭代次数满足给定最大迭代次数时（默认为 100000），或者 Dp_error 变化率小于 0.1% 时，则结束计算，即认为属性组合矩阵的效率已经最大；否则，继续执行 Step2.4。

问卷中的一个典型的场景设计组合如图 1 所示。此外，为进一步对比正交设计和 D-optimal 设计的效果，本节还采用 SPSS 19.0 进行场景组合的正交设计。

出行计划选择	原时间出行	提前 25 分钟出行	延迟 25 分钟出行
地铁票价	原价	减少 0.5 元	减少 1 元
总时间节省	0%	10%	15%
车站拥挤情况			
(√)	□	□	□

图 1　问卷场景选择集示例

2　地铁乘客出行时间选择行为建模及参数标定

2.1　数据调研基本情况

通过开展两周的相关现场调研，共计收回 D-optimal 方法设计的问卷 522 份，总样本数为 1044；收回正交设计的问卷 504 份，总样本数为 1008。通过性别、年龄与第六次人口普查数据对比发现：两种调研数据与人口普查数据分布具有一定的相似性，说明调研样本数据全面，具有一定的代表性和合理性，分布情况如图 2 所示。

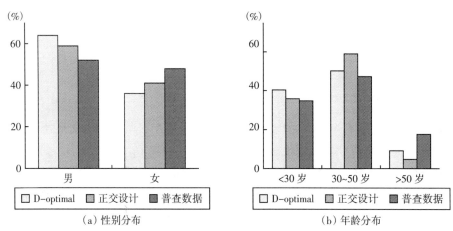

（a）性别分布　　　　　　　　（b）年龄分布

图 2　调研性别数据对比

2.2　ML 模型构建

模型中的变量主要包括两类：影响出行时间选择的场景属性、乘客个人的社会经济和出行属性，变量定义如表 4 所示。

表 4　模型变量定义

变量类型	变量	变量名	变量说明			
乘客个人社会经济和出行属性	性别	GENDER	1：男性	0：女性		
	年龄	AGE	1：30 岁	2：30~50 岁	3：>50 岁	
	旅行时间	TT	1：<15 分钟	2：15~30 分钟	3：30~50 分钟	4：>50 分钟
	出行目的	TP	1：工作	0：其他		
	上班或上学时间约束	ATC	1：是	0：否		
	地铁出行频率	TR	1：0~2 次/周	2：3~5 次/周	3：6~8 次/周	4：>8 次/周
	月收入	INC	1：<5000 元	2：5000~10000 元	3：10000~20000 元	4：>20000 元

变量类型	变量	变量名	变量说明			
场景属性	时间节省度	TTS	1：0%	2：10%	3：15%	4：20%
	车站拥挤度	CROWD	1：不拥挤	2：拥挤	3：较拥挤	4：很拥挤
	地铁票价	FARE	1：原价	2：减少0.5元	3：减少1元	4：减少1.5元
	出行时间改变量	DTC	1：0分钟	2：15分钟	3：20分钟	4：25分钟

对于乘客 n 在场景 t 下选择出行时间 j 的效用函数为：

$$U_{njt} = \beta_n'x_{njt} + \varepsilon_{njt} = \beta_{TTS} \cdot TTS + \beta_{CROWD} \cdot CROWD + \beta_{DTC} \cdot DTC + \beta_{FARE} \cdot FARE + \varepsilon_{njt} \quad (4)$$

式中，β_{TTS}，β_{CROWD}，β_{DTC}，β_{FARE} 为与属性时间节省度、车站拥挤度、出行时间改变量和地铁票价对应的待估计系数；ε_{njt} 为效用随机项，服从 Gumbel 分布。

$$\beta_n = (\beta + \Delta z_n + \eta_n) \quad (5)$$

式中，β 为待估系数均值，$\beta_n \in \{\beta_{TTS}, \beta_{CROWD}, \beta_{DTC}, \beta_{FARE}\}$；$z_n$ 为乘客 n 的社会经济和出行属性信息；η_n 为服从特定分布的偏差项。

基于期望效用理论，乘客 n 在场景 t 下选择出行时间 i 的概率可表示为：

$$p_{nit} = \frac{\exp(\beta_n'x_{nit} + \varepsilon_{nit})}{\sum_{j=1}^{J_t} \exp(\beta_n'x_{njt} + \varepsilon_{njt})} \quad (6)$$

2.3 参数标定及分析

借助软件 NLOGIT 5.0 标定模型参数，相应的标定结果如表 5 所示，显然：两种调研设计标定的参数符号与既有研究的结果[1-4]一致，其中，时间节省度呈正相关，车站拥挤度、地铁票价和出行时间改变量呈负相关；并且显著性都较高，表明 ML 模型能够刻画乘客出行时间选择行为。

进一步分析 D-optimal 设计的有效性。首先，采用 D-optimal 设计得到的模型拟合度为 0.6186，正交设计得到的模型拟合度为 0.2889；其次，由正交设计方法得到的系数（除了系数 β_{DTC}）的估计误差均比 D-optimal 设计的大。因此，D-optimal 设计比正交设计更适合进行乘客出行时间选择行为的场景设计和数据收集。

对比分析表 5 中的异质性系数还可发现：D-optimal 设计更有利于 ML 模型捕捉出行目的对 β_{TTS}、月收入对 β_{CROWD}、地铁出行频率对 β_{CROWD} 和 β_{TTS} 的异质性影响，揭示不同群体乘客的选择偏好，但正交设计并未得出明显的异质性结果。

依据表 5 的相关数据，进一步探讨乘客出行时间行为影响因素间的内在关系，包括：①乘客对于时间节省度的敏感度最大，原因可能在于大部分乘客乘坐地铁的旅行时间较长，希望旅行时间可以缩短，减少路程时间的消耗；②地铁票价和出行时间改变量对出行时间选择有着近似的效用，这体现了乘客既想节省票价，又不愿改变出行时间的心理；③乘客对于拥挤度的敏感度不如预期显著，这可能是由于大部分乘客为通勤上班族且长期处于早高峰异常拥堵的状态，已经对车站的拥堵状态较为习惯。

表 5 模型标定结果

场景属性系数	D-optimal 设计		正交设计	
	参数估计（T-test）	系数估计误差	参数估计（T-test）	系数估计误差
β_{TTS}	6.0509* (14.11)	7.09%	0.1353* (2.45)	40.80%
β_{CROWD}	−0.7589* (−2.82)	35.41%	−0.1400* (−1.99)	50.17%
β_{DTC}	−4.6748 (−8.50)	11.77%	−1.2496 (−19.40)	5.16%
β_{FARE}	−4.9070 (−8.56)	11.68%	−0.5578 (−6.20)	16.14%
异质性系数				
TTS：TP	−3.5721 (−3.78)	26.45%	—	—
TTS：TR	−0.9117 (−4.01)	24.96%	—	—
TTS：INC	−0.3482 (−2.00)	49.93%	—	—
CROWD：TR	−0.8333 (−3.06)	32.68%	—	—
正态分布偏差				
NS：TTS	3.0254 (14.11)		0.0676 (14.11)	
NS：CROWD	0.3794 (2.82)		0.0700 (1.99)	
样本数	1044		1008	
似然函数值	−419.3818		−769.4755	
拟合度 ρ^2	0.6186		0.2889	

注：* 为服从正态分布的随机系数。

2.4 基于 WTP 值的客流组织策略分析

WTP 被广泛应用于环境、经济等领域来揭示个人对一定收益所愿意支付的费用[9]。本节基于 WTP 值定量分析时间节省、出行时间改变量和车站拥挤度属性变化对乘客出行意愿的影响，具体计算如下：

$$WTP_{TTS} = \frac{\beta_{TTS}}{\beta_{FARE}} = \frac{6.0509}{-4.9070} = -1.2331 \tag{7}$$

$$WTP_{CROWD} = \frac{\beta_{CROWD}}{\beta_{FARE}} = \frac{-0.7589}{-4.9070} = 0.1547 \tag{8}$$

$$WTP_{DTC} = \frac{\beta_{DTC}}{\beta_{FARE}} = \frac{-4.6748}{-4.9070} = 0.9527 \tag{9}$$

上述计算结果表明：①如果旅行时间节省提升一个水平，乘客愿意花费 1.2331 元；②如果车站拥挤程度降低一个水平，乘客愿意花费 0.1547 元；③如果出行时间改变量降低一个水平，乘客愿意花费 0.9527 元。综上所述，在大部分乘客多选择提前出行的基础上，提出如下票价调整策略：在尖峰时段前 15~25 分钟内实行八折票价优惠〔票价优惠计算：$(4.4 - 0.9257)/4.4 \approx 0.8$〕，将会有近 2/3 的出行者倾向于提前出行，进而减缓高峰时段的车站拥堵。

3　结论

本文基于 D-optimal 设计和 ML 模型研究了地铁乘客的出行时间选择行为的建模及其参数的标定方法；结合 WTP 方法定量分析时间节省度、出行时间改变量和车站拥挤度对乘客出行时间选择意愿的影响，并最终给出在尖峰时段前 15~25 分钟内采取八折票价优惠的客流组织策略。

案例分析研究表明：①D-optimal 设计在模型拟合度和模型系数估计的精度上优于正交设计；②乘客对时间节省度的敏感度较大，其次是地铁票价和出行时间改变量，但是对车站拥挤度的敏感度不如预期显著；③基于 WTP 值的票价调整策略有利于改变部分乘客特别是低收入人群和非工作出行人群的出行时间，进而改善车站的整体拥堵状况。

本文成果可作为进一步研究地铁乘客出行时间选择行为的理论基础，为进一步研究地铁乘客的其他出行行为（包括路径选择行为等）提供方法借鉴，为合理制定高峰时段的客流组织策略提供决策支撑。

参考文献

[1] Jou R. C. Modeling the Impact of Pre-trip Information on Commuter Departure Time and Route Choice [J]. Transportation Research Part B Methodological，2001，35（10）：887-902.

[2] 诸葛承祥，邵春福，李霞，孟梦. 通勤者出行时间与出行方式选择行为研究 [J]. 交通运输系统工程与信息，2012，12（2）：126-131.

[3] 杨励雅，李霞，邵春福. 居住地、出行方式与出发时间联合选择的交叉巢式 Logit 模型 [J]. 同济大学学报（自然科学版），2012，40（11）：1647-1653.

[4] Thorhauge M.，Haustein S.，Cherchi E. Accounting for the Theory of Planned Behaviour in Departure Time Choice [J]. Transportation Research Part F Traffic Psychology & Behaviour，2016，38：94-105.

[5] İrfan Ertuğru，Nilsen Karakaşoğlu. Performance Evaluation of Turkish Cement Firms with Fuzzy Analytic Hierarchy Process and TOPSIS Methods. Exp Sys Appl [J]. Expert Systems with Applications，2009，36（1）：702-715.

［6］Saleh W., Farrell S. Implications of Congestion Charging for Departure Time Choice: Work and Non-work Schedule Flexibility ［J］. Transportation Research Part A Policy & Practice, 2005, 39 (7–9): 773–791.

［7］Rose J. M., Bliemer M. C. J., Hensher D. A., et al. Designing Efficient Stated Choice Experiments in the Presence of Reference Alternatives ［J］. Transportation Research Part B Methodological, 2008, 42 (4): 395–406.

［8］Huber J., Zwerina K. The Importance of Utility Balance in Efficient Choice Designs ［J］. Journal of Marketing Research, 1996, 33 (3): 307–317.

［9］Hensher D. A., Rose J. M., Greene W. H. Applied Choice Analysis: A Primer ［M］. Cambridge University Press, 2005.

工业化建筑的碳排放监测信息物理融合系统（CPS）框架设计

刘贵文　谢芳芸　毛　超

（重庆大学建设管理与房地产学院，重庆市　400044）

【摘　要】为了能够精确测量工业化建筑碳排放，了解工业化建造各阶段、各环节的碳排放量，需建立一套能够实时掌握工业化建筑建造碳排放的监测信息物理融合系统（CPS）。首先，对工业化建筑的碳排放监测信息物理融合系统的重要性及必要性进行分析；其次，搭建工业化建筑碳排放监测 CPS 系统整体框架，并分析了系统的层次以及各层次间的关联；最后，从系统关键基础技术的应用以及运算逻辑方面对工业化建筑的碳排放监测 CPS 系统进行详细的介绍。

【关键词】工业化建筑；碳排放；信息物理融合系统

0　引　言

对于我国建筑行业低效率、高污染、高能耗的行业现状，政府部门以及行业相关单位一直都在致力于发现解决方案，其中，工业化建造作为一种新的生产方式便是解决传统建筑业问题的方法之一。工业化建造简单来说可以分为工厂化预制和机械化施工，即在将建筑的部分构件移至工厂中进行生产，而后运输到现场进行吊装和装配[1]。这种生产方式有效地减少了现场湿作业，同时工厂中的精细化生产有利于节约建筑材料和建筑垃圾。有研究表明，工业化的建筑建造方式能够减少 11.612 艾焦的能源以及 19.34%的水资源，降低 20%~30%的能耗，从而减少对环境的碳排放[2]。工业化建造方式能够减少建筑建造过程中的碳排放已经得到广泛的认同，但是关于其究竟能够减少多少碳排放，它的各个阶段、各个工序的碳排放是多少依旧比较模糊。张高校通过观察实践过程中工业化建造的消耗能源计算出了上海某工业化项目的碳排放[3]，毛超通过将工业化建造与传统施工方式进行详细的对比，通过理论模型及案例分析计算出了工业化建筑的碳排放[4]。前人的研究主要集中在静态分析和测量工业化建筑的碳排放，而关于动态实时监测工业化建筑的碳排放研究还可以深入。

工业化建筑标准化、流程化的生产方式以及其较高的机械化操作为其进行实时的碳排放监测提供了可能，而近年来愈渐成熟的信息物理融合系统（以下简称 CPS 系统）也为其提供了一种切实可行的方式。因而，搭建工业化建筑建造碳排放监测 CPS 系统是实践的需要，方法上可行，且能够准确及时地确定工业化建筑各个阶段的碳排放量，有利于推动我国建筑工业化的发展，有助于为我国碳税及碳排放交易政策的制定提供一定的参考，具有理论和实践的双重价值。

1 研究背景及相关文献综述

1.1 节能减排要求下传统建筑业向工业化转型需求

节能减排一直是世界各国关注的重点话题。随着社会经济发展不断加速，城镇化进程加快，我国资源与能源的消耗也在不断加剧。Zekehausfather 的一份统计报告中指出从 1990 年起至今，中国碳排放生产量增加了 430%，而碳排放的消耗量仅增加了 400% [5]。即使世界银行研究表明，近 20 年来，中国在全球总节能量中占了一半以上，成为世界第一节能大国。但是，由于庞大的能耗基数，中国在节能减排上依旧道阻且长。一直以来，我国对于节能减排的问题都给予了高度的重视，继第十一个五年计划明确提出节能减排目标之后，"十二五""十三五"依然将节能减排问题作为规划的重点目标。2016 年，第十三个五年计划指出：虽然我国经济步入新常态，促进了行业的转型升级加速，但是由于能源资源的需求刚性增加，节能减排问题依然非常严峻。

众所周知，建筑行业是造成能耗及碳排放的重点行业之一 [6]，针对建筑行业征收一定的碳排放税具有较大的可能。每年建造活动会消耗 40% 的能源，并产生约 30% 的温室气体排放。《2014~2015 年节能减排低碳发展行动方案》中在狠抓重点领域节能降碳中便强调推进建筑节能。根据我国的调查结果显示，建筑行业二氧化碳的排放量接近全国二氧化碳排放量的 45% [7]。每年我国建造消耗的原材料，水泥占 70%，钢材占 25%，木材占 40%，而生产这些材料消耗的各种矿产资源及能源有 70 多亿吨，成为温室效应的罪魁祸首之一。相较于其他行业，传统建筑业落后的、粗放的生产方式造成了大量的资源能源的浪费，资源能源的利用率低，也就造成了大量不必要的碳排放。美国有研究表明，建筑业无效工作高达 57%，比制造业高出了 31% [8]。传统建筑行业必须向精细化、机械化、标准化的方向转型，向制造业学习。因而，传统建筑行业走建筑工业化道路是环境倒逼下的一种必然趋势，也是建筑业走向高效集约的重要契机。促进传统建筑业向工业化生产方式转型，有利于提高建筑生产效率，减少建筑材料的使用和建筑垃圾的排放，做到资源与能源的集约利用，减少温室气体的排放，为建筑业实现智能化、信息化奠定了基础。

1.2 CPS 系统的应用及发展

美国最早于 2006 年便提出了 CPS 系统，并在《美国竞争力计划》中将其列为重点项目。德国在 2013 年发布的《工业 4.0 实施建议》中也将 CPS 系统作为核心技术。我国自 2002 年提出"工业化"与"信息化"深度融合的概念之后，也一直在关注怎样运用信息化技术提高工业化水平。《中国制造 2025》中也提出要加强信息物理融合系统的应用[9]。CPS 系统是集计算机技术、通信技术、传感器技术以及 PLC 自动控制系统于一体的互联互通的系统，目的是对大面积的物理世界进行实时的感知、仿真、分析和控制。与物联网系统不一样的是，CPS 系统更强调 3C 理念，即计算（Computation）、通信（Communication）以及控制（Control），尤其是控制是 CPS 系统对现实世界的及时反馈。CPS 系统可以分为三个层次：物理层、网络层以及决策层，其中物理层主要是通过各种传感设备对物理世界的真实情况进行感知，网络层则是通过庞大的互联网络进行数据的传输，而决策层则是通过一个个决策单位，制定相应的计算规则，搭建虚拟世界，并通过虚拟世界的仿真模拟指导现实物理世界的活动。

自 CPS 系统被提出之后，就被广泛运用到各个领域。刘汉宇将 CPS 系统引入微电网领域，建立了微电网的 CPS 系统，用于挖掘 CPS 的电气终端设备节点中所蕴含的各种可利用的潜在资源等[10]。CPS 系统还可以运用到交通领域，能够对城市交通系统进行实时的监测，对车辆路径进行实时规划等[11]。除此之外，医疗、机械制造、智能楼宇等领域也都将 CPS 系统理念进行落实，建筑业也不例外。如运用 CPS 系统整合虚拟模型和现实建筑，并做到实时的监测，同时提高建筑的交付进度[12]，以及运用 CPS 系统监测临时建筑用房中脚手架的拆搭问题[13]。但是由于建筑行业的局限性，CPS 系统的运用十分有限，用于研究建筑业碳排放的问题更是寥寥无几。其中一个主要的原因是传统的建造方式手工湿作业多，机械化程度低，很难与 CPS 系统进行良好的结合，导致 CPS 系统在建筑领域一直未取得较大的突破。传统建筑方式向工业化建筑方式转型为 CPS 系统的推广、为建筑业信息化改革奠定了一定的基础。从工业化建筑建造碳排放出发，将 CPS 系统运用到建筑领域，作为建筑信息化建造的一个切入点，具有一定的现实意义。

2 工业化建筑建造碳排放监测 CPS 系统框架

工业化建筑建造碳排放监测 CPS 系统与交通领域、医疗领域的 CPS 系统在基本构成逻辑上具有一定的相似性，主要的差异在于各个层次内部单元的选择需要与行业进行一定的匹配和适应。从图 1 中可以看出，工业化建筑建造碳排放监测 CPS 系统主要分为：物理层、通信层、计算与认知层以及应用层。其中物理层主要是为了识别工业化建筑建造过程中的各项碳源，以及为了能够实时地进行碳排放的监测，还需要对建造活动进行识别；通信层主要是基于无线传输技术、无线通信技术、互联网等技术进行数据的实时接收和传送；计算与认知层主要是为了通过建立相应的数据库和计算规则，对传输过来的数据进行整理、提取、分析，得出所需要的结论；应用层也即执行层，主要是将计算与认知层的计算结果进行可视化呈现，在控制终端上进行实时的监控和协调，并将结果及时地反馈至现场操作及施工工程中，用以指导施工等。在四个层次中，物理层和通信层主要是设备的匹配和使用，关键核心在于计算与认知层的数据管理逻辑及运算处理逻辑，对于工业化建筑建造过程碳排放设定相应的阈值，才能够真正对控制建造过程的碳排放起到指导作用。

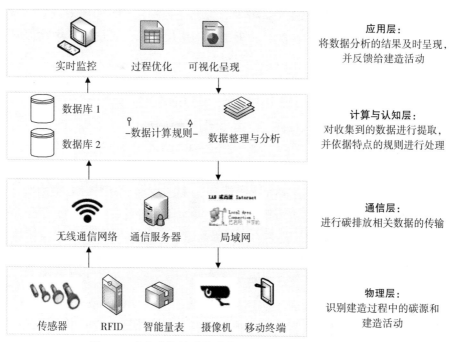

图 1　工业化建筑的碳排放监测信息物理融合系统框架

2.1　工业化建筑建造碳排放监测 CPS 系统物理世界感知及关键技术应用

工业化建筑建造碳排放监测 CPS 系统的物理层主要采用了传感器、RFID、智能电表以及摄像机等设备，主要是对工业化建筑建造过程中建筑材料的内涵碳排放以及实时建造产生的碳排放进行识别。无论是哪种设备，均无法直接测量工业化建造的碳排放，需先识别各种材料、各个工序的碳源及其消耗量，再通过碳排放因子转化为碳排放量。工业化建筑建造过程的碳源识别主要分为三个阶段：工厂建造阶段、运输阶段以及现场施工阶段。

其中，工厂建造阶段，需要对构件建造过程中的碳源和建造过程进行识别，包括：构件生产材料的种类及用量，生产构件的机械设备以及其工作时间和消耗的能源。工厂中预制构件的制造常常采用流水线法进行，机械固定、台模随着工序进行移动，因而可以采用位移传感器通过测定台模的位移及准确的定位来确定另一工序是否开始。位移传感器可以选用 MTS 磁致伸缩位移传感器，这种传感器不会受电源中断的影响，能够在较长时间内保持稳定，其主要是利用两个磁场相交时的应变脉冲信号，然后计算信号被探测的时间周期来换算出位置。将位移传感器安装至台模上，活动磁铁安装在固定位置，只要台模运动到固定位置与磁铁产生感应，便能够说明某一固定工序的开始，即位置=工序。而传感器中的数据读取则采用单片 FPGA 来实现传感器数据的实时传送。

RFID 技术相对比较成熟，在交通路网上应用广泛。将 RFID 技术应用到工厂生产预构件中，首先，在预制构件的模板上装上 RFID 芯片，由于一种预制构件对应一套模板，即可以通过识别模板上的 RFID 芯片来预判此次流水生产的预制构件的类型、尺寸、各种材料的用量、配筋率等（材料用量及配筋率在进行构件设计时就已经给出，由于目前在工厂中实测钢筋的消耗具有较大的难度，即采用设计数据）。RFID 芯片所携带的信息是需要前置的，通过 RFID 读卡器进行读写与传送。同时，还需要在预制构件上埋设 RFID 芯片，为后续现场施工阶段预制构件工序的识别提供基础。

智能量表主要包括智能水表、智能油表以及智能电表。智能量表于我们而言并不陌生，家庭的资源能源也渐渐采用智能量表测量。将智能量表运用在工厂中，目的是测量各个时间节点、各个终端所使用的资源及能源的量，并将这些量传输给 PC 控制端进行数据的统计与分析。

构件运输阶段主要采用车载导航系统，能够精确地对车辆进行定位，并计算车辆行程，通过车辆的额定耗油量便能够计算出运输过程中消耗的能源量。

较为复杂的是工业化建筑的现场施工阶段，工业化建筑现场施工的工业化程度依旧比较低，现在还存在较多的人工手工操作，难以实现全面的机械化与自动化，因而现场施工过程的能耗及建造过程的识别相对较为复杂，精确度难达到工厂施工的水平。现场施工过程中依旧需要对原材料的使用、机械的使用及建造工序进行识别。原材料的使用主要采用对每个工序进行识别，匹配工序中需要采用的原材料的量。同时在施工现场同样需要架设智能量表来统计各个终端的能源、资源耗量。而在现场对各个工序进行识别的技术，可以依靠具有无线传输功能的摄像机，首先在进行工序识别之前，需对各个工序的特征进行图像采集，在进行实时识别时，采用图像识别技术将摄像机中的图像与现有数据库中的图像进行比对，从而确定某一工序的开始。对于预制构件的施工过程的识别，可以通过读取预制构件上的 RFID 芯片来识别预制构件目前的状态，安装在某一位置的 RFID 读写器，当读取到预制构件信息时，则表明该预制构件开始进行吊装。

2.2　工业化建筑建造碳排放监测 CPS 系统虚拟世界运行逻辑

（1）工业化建筑建造碳排放监测 CPS 系统数据库。从图 2 中可以看到工业化建筑建造碳排放监测 CPS 系统的虚拟世界主要由多个数据库构成，数据库之间存在一定的

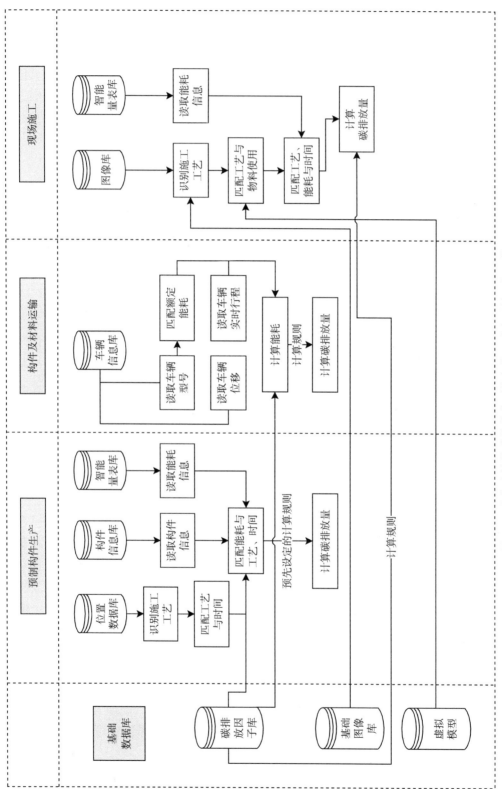

图 2 工业化建筑的碳排放监测信息物理融合系统运行逻辑

关联性。按照数据库数据收集的时间可以分为基础数据库和实时数据库，其中基础数据库包括碳排放因子数据库、基础图像库以及虚拟模型。

碳排放因子库是指已经测量出的各个碳源单位质量的碳排放量。目前，比较通行的碳排放计算指南有联合国气候变化专门委员会 IPCC 发布的碳排放计算指南。美国以及欧盟等欧洲国家的研究机构也都研究了碳排放的计算清单。Bath University（巴斯大学）的 Hammond 等，通过对文献资料的总结与归类，形成了近 200 种材料的基础能耗及碳排放量清单，并在此基础上，对 14 栋新建民居的能耗及碳排放强度进行了研究[14]。国内，北方工业大学、清华大学以及四川大学建立了建筑材料的碳排放清单，并运用全寿命周期的办法对建筑的能源、资源消耗、污染物进行全寿命周期评价[15]。在工业化建筑建造碳排放监测 CPS 系统中，可以采用一个或多个适合的碳排放清单数据库作为计算的基础。基础图像库主要是现场施工过程中，对各个工序的施工特征采集，选择特征图像将其与施工工艺相匹配。虚拟模型库包含了建筑的虚拟模型以及各个节点的施工图纸和施工工艺，主要是规范化的各个工序需要消耗的原材料、配件的量，通过直接读取量来进行碳排放的测量和计算。

实时数据库包含预制构件生产阶段的位置数据库、构件信息库以及智能量表库；构件及原材料运输阶段的车辆信息库；现场施工阶段的图像采集库和智能量表库。位置数据库是通过位移传感器读取的，主要记录的是某一时间点的位移坐标，由于得到的位移坐标是绝对值，将位移坐标与时间、建造活动关联后，能够得到某一工序的开始完成和结束时间。智能量表数据库主要是收集工业化建筑预制构件生产过程中每个时间、每个终端消耗的资源与能源的量。车辆信息库则是通过车载导航仪和 GPS 系统调取构件或材料运输车辆的信息，包括车辆的型号、额定能耗、载重量以及车辆行驶的路程等。实时图像库是摄像头持续采集的图像数据，这些图像数据用于与基础数据库中的图像进行比对，从而获得某一时刻的现场施工工艺活动。

（2）工业化建筑建造碳排放监测 CPS 系统运算逻辑。同样地，从图 2 中可以看到工业化建筑建造碳排放监测 CPS 系统的虚拟端除了各类数据库，还包含了数据库之间数据的提取、计算和呈现规则，这些规则需要电脑程序和强大的服务器去实现。

预制构件生产阶段的碳排放量计算规则为：在开源的计算软件如 Matlab 设定程序读取位置数据库中的实时位置信息 L，并将其赋值为特定的施工工序 P，即 P = L，从而能够获得每个时间点的 $P_t = L_t$；同时在智能量表数据库中，通过提取某一时间的各个机械设备终端的能耗用量，将其与位置数据库中的某一时间的工序相匹配，即能够得到 t 时间 P 工序上 M 机械的 Q_E 电耗、Q_0 油耗等以及其他能源消耗量；在预制构件生产过程中，预制构件的信息库，主要是在识别到 RFID 信息后，在识别到钢筋绑扎、布料机布料等工序后，计算出该时间钢材、水泥、砂、石等材料的用量 Q_S、Q_C、Q_{Sa}、Q_{St}。最后，调取碳排放因子数据库，统计各项资源与能源的消耗，并乘以相应的碳排放因子 r，便可以得到 t 时刻 P 工序的碳排放量 GHG_{tP}：

$$GHG_{tP} = Q_E \times r_E + Q_0 \times r_0 + Q_S \times r_S + Q_C \times r_C + Q_{Sa} \times r_{Sa} + Q_{St} \times r_{St} + \cdots \tag{1}$$

构件及材料运输阶段的碳排放量计算规则为：通过特定的程序，读取车辆信息库中车辆的基本信息，即车辆的型号，通过车辆型号确定车辆的额定能耗 Q_0/km。自 2010 年起，我国工信部网站上就已经对轻型汽车的实际耗油量进行了公示，同时要求车企必须在汽车出厂之前在车身上粘贴不同工况下的油耗标识，因而，能够获取到每种型号运输车辆的真实油耗数据。同时，通过车载导航系统和 GPS 定位系统联动，可以获取运输车辆在某一时间 t 的行驶路程 L，统计同一时间各个运输车辆的能耗，乘以相应能源的碳排放因子 r，便可以得到 t 时刻所有运输车辆的碳排放 GHGtruck。假设同时进行运输的车辆为 n 辆，即：

$$GHG_{truck} = \sum_1^n Q_o/km \times r_o \times L \qquad (2)$$

工业化建筑现场施工阶段碳排放量计算规则为：通过图像识别技术比对特定时间 t 时刻各个摄像机采集到的图像与基础图像数据库中的图像，从而确定当下时刻的施工工序 P_i。并将施工工序与 PC 端虚拟模型进行匹配，对应提取该工序中所包含的材料种类及其用量 Q_M、机械设备类型、能源等信息。同时通过提取智能量表中各个终端、各种能耗的消耗量 Q_{source}，来统计各个工序中各个机械消耗的各类能源的量。最后，从碳排放因子库中提取相应的碳排放因子，便可以得到 t 时刻现场施工阶段所有工序的碳排放量 GHG_{tPi}。假设同时进行的工序有 i 种，每一种工序对应的机械有 n 种，对应的材料有 m 种，对应的能源有 z 种，即：

$$GHG_{tPi} = \sum_1^i \left(\sum_1^m Q_M \times r_M + \sum_1^n Q_{source} \times r_{source} \right) \qquad (3)$$

因而，整个工业化建筑建造碳排放每个时刻的碳排放总量 GHG 为：

$$GHG = GHG_{tP} + GHG_{truck} + GHG_{tPi} \qquad (4)$$

（3）工业化建筑建造碳排放监测 CPS 系统执行逻辑。在通过相应的传感器、RFID 等设备进行物理世界的感知收集相应的数据，以及通过数据库进行数据的提取和运算之后，需要在执行层面对数据进行一定的运用，从而能够指导和应对物理世界的变化。

首先，是数据可视化。将处理后的数据进行数据可视化处理，使其呈现在电脑上，能够直观地观察到每个时间点工业化建筑建造的碳排放总量、每个工序的碳排放量以及机械或者各类材料消耗的碳排放量。从而能够进一步识别整个工业化建筑建造过程中碳排放量最多的阶段，以及分析造成该阶段碳排放量的主要原因，通过及时地分析原因，进而减少二氧化碳的排放。

其次，是对工业化建筑进行宏观的掌控与反馈。工业化建筑建造过程的碳排放是通过二次计算得来的，因而其计算的基础是各种资源能源的消耗量，所以在整个电脑上对于每个时刻资源与能源的消耗量也能够进行相应的统计和分析。通过设定每个阶段或时刻碳排放的限值，当观测到该节点的碳排放即将超过限值之后，系统会进行预警；一旦超过限值，系统将给出警告，将系统结果反馈给现场施工人员，对现场的活动进行检查，找出造成碳排放量超限的原因，及时更正。系统内资源与能源的消耗量统计有助于项目成本与进度控制，以及项目工序的优化，为未来碳排放税的征收和执行提供一定的参考基础。

3　结论与建议

信息化与工业化的深度融合是未来各行各业发展的重点方向，建筑业也不例外。建筑业从传统粗放的生产方式向精细化发展的进程中，提高建筑业的工业化水平，并思考如何运用信息技术提高建筑效率、质量，减少劳动力成本以及环境污染十分重要且必要。

工业化建筑的碳排放监测 CPS 系统能够实现对工业化建筑的碳排放进行实时的监测与观察，并能够及时发现各个阶段、各个工序的碳排放异常，从而判断造成碳排放增加的原因，实现工业化建筑的精益建造，减少资源能源的消耗。同时，为我国后续思考制定碳排放碳税政策以及碳交易制度做铺垫。工业化建筑的碳排放监测 CPS 系统框架设计能够为系统的实践提供一套完整的方案，能够明确系统中各个层次的设计及其相互之间的关联。通过分析工业化建筑的各项碳排放来源，提供物理层中各种碳源的识别技术方案，并建立物理层到虚拟层的运算逻辑关系，最后进行可视化的呈现和监测。

但是工业化建筑的碳排放监测信息物理融合系统的框架设计还停留在理论分析的层面，未真正运用到实践中去，因为技术的应用更多的是在理论层面，在更长远的研究中还需要进行实地试验和试运行，才能够发现理论分析中存在的问题和不足以进行修正，作为工业化建筑的碳排放监测 CPS 系统概念与思想的提出，希望能够更进一步地推进建筑业工业化与信息化的结合。

参考文献

[1] Mehrdad Arashpour RNBT. Autonomous Production Tracking for Augmenting Outputin Off-site Construction [J]. Automationin Construction，2015（53）：13-21.

[2] Aillon L.，Poon C. S. The Evolution of Prefabricated Residential Building Systems in HongKong：Areview of the Public and the Private Sector [J]. Automationin Construction，2009（18）：239-248.

[3] 张高校. 上海某工业化建筑施工过程碳排放分析与研究 [J]. 建筑节能，2016，44（9）：125-128.

[4] Mao C.，Shen Q.，Shen L.，et al. Comparative Study of Green House Gas Emissions between Off-site Prefabrication and Conventional Construction Methods：Two Case Studies of Residential Projects [J]. Energy & Buildings，2013，66（5）：165-176.

[5] https：//www.carbonbrief.org/mapped-worlds-largest-co2-importers-exporters.

[6] Inter Governmental Panelon Climate Change（IPCC），IPCC Fourth Assessment Report：Climate Change 2007（AR4），Working Group I：The Physical Science Basis，2007.

［7］倪韬. 建筑材料与能源消耗［J］. 中国房地产业，2011（7）.

［8］陈延敏，李锦华. 国内外建筑信息模型 BIM 理论与实践研究综述［J］. 城市，2013（10）：72-76.

［9］黎作鹏，张天驰，张菁. 信息物理融合系统（CPS）研究综述［J］. 计算机科学，2011，38（9）：25-32.

［10］刘汉宇，邱赟，牟龙华. 微电网 CPS 物理端融合模型设计［J］. 电力自动化设备，2014，34（10）：27-32.

［11］龚龚，李苏剑. 基于 CPS 理论的城市交通控制与诱导融合框架［J］. 公路交通科技，2012，29（5）：114-120.

［12］Anumba C. J.，Akanmu A.，Messner J. Towards a Cyber-Physical Systems Approach to Construction［C］//Construction Research Congress，2010：528-538.

［13］Yuan X.，Parfitt M. K.，Anumba C. J. The Use of Cyber-Physical Systems in Temporary Structures-An Exploratory Study［C］//Computingin Civil and Building Engineering，2014：1707-1714.

［14］Hammondgp，Jonesci. Embodied Energy and Carbon in Construction Materials［J］. Proceedings of the Institution of Civil Engineers，Energy，2008，161：87-98.

［15］刘昭，邓云峰，王晓涛. 国内外建筑生命周期碳排放评价研究进展［J］. 气候变化研究快报，2013（2）：121-127.

基于库存损耗的生鲜食品供应链库存成本优化研究

纪成君　刘金玲

(辽宁工程技术大学工商管理学院 辽宁葫芦岛　125105)

【摘　要】生鲜农产品具有易腐蚀的特性，同时供应链库存保鲜成本又较高。在生鲜农产品的流通损耗的基础上，建立了由生产商、分销商和零售商组成的三级供应链生鲜农产品库存系统模型。研究表明，生产商的损耗成本占供应链成本的比重较大，而协同决策能有效控制供应链的库存成本。在考虑生鲜农产品损耗率的基础上，以四种不同角度建立了相应的协调策略，且当优先考虑集成式一体化策略时，系统成本达到最优，实现生鲜食品供应链成本优化。最后通过实际算例分析了四种不同策略研究对供应链库存决策的影响。

【关键词】库存损耗；生鲜农产品；多级供应链；协同优化

0　引　言

如今，随着国民生活水平的提高，人们对生鲜食品的需求量也逐渐增大，然而我国在生鲜食品的流通过程中的保鲜措施并不完善，导致食品的腐烂率达到20%左右，每年都会带来巨大的损失[1]。另外，由于我国的冷链物流起步较晚，低效率的流通和高成本的库存已成为所有冷链物流企业直接面临的难题。因此，通过降低损耗率和库存成本，探寻基于供应链合作为目的的多级供应链各节点企业间的合作，进而获得利润效益的显著增加，已成为越来越多的学者开始研究的重要问题。

供应链管理的关键是链上各企业的协调与合作，而库存协调是供应链协调与合作的重要组成部分，企业在进行库存优化控制时，必须考虑自身库存与其他供应链成员企业间的交互影响与协调。而供应链各成员企业都是追求自身利益的最大化，因此，对企业间的协调实现整个供应链的成本优化已成为当前供应链管理研究的热点。在传统的库存决策中，基于单个企业绩效的局部优化，造成链上企业间的运作相互抵触，物流不畅，导致供应链的库存成本增加。所以如何通过库存协调确定一个面向供应链的整体优化库存策略是供应链管理的重要课题。著名管理学家 Lee 认为，提高库存管理绩效应着重关注以下三个方面：企业之间的决策协调、供应与需求的不确定性和供应链绩效的评价[2]。Lee 把库存决策协调作为降低库存成本的关键。在供应链的随机库存模型研究中，过去学术界把注意力集中于随机的顾客需求，不考虑供应的不确定性。李怡娜[3]则研究了一个供应商和一群同质零售商下的供应链库存的协调控制问题，而 Munson 等[4]将二级供应链扩展到包括供应商、制造商和零售商的三级供应链系统。但由于生鲜产品在流通的过程中会造成腐烂，残值为零，并且损耗率随着时间的增加而增加，导致供应链上各节点的库存量具有不确定性。因此关于生鲜农产品的保鲜对企业库存决策和供应链协调策略影响的研究还应该考虑生鲜农产品的损耗率和新鲜度因子。

另外，由于生鲜农产品属于易腐品，因此对于生鲜农产品的保鲜问题受到学者们的关注。首先是基于存储系统变质率的研究。Ghare 和 Schrader 对易腐品的库存进行了研究，并推导出一种指数衰减的 EOQ 经典模型[5]。近几年来，也有部分学者采用数学模型刻画保鲜技术对于生鲜农产品变质速率的影响，从供应链管理的角度来研究保鲜成本对于企业的影响，如 Hsu 等考虑零售商通过保鲜技术投入减缓生鲜农产品的变质率[6]；Dye 和 Hsieh 建立了基于时间变化的变质率和部分短缺量延后的库存模型，研究了企业的最优保鲜技术投入决策和最优补货计划[7]；Lee 和 Dye 则假设需求受库存水平影响，且零售商通过保鲜技术投入减缓生鲜农产品的变质率，在此基础上研究了零售商的补货计划和最优保鲜技术投入[8]。以上学者均考虑的是单个企业的保鲜和优化决策，但没有涉及生鲜农产品供应链的问题。对此，还有一些学者针对基于保鲜的生鲜农产品供应链协调问题进行了研究，如 Cai 等假设分销商在运输途中对生鲜农产品的保鲜努力会同时影响生鲜农产品的质量（新鲜度）和数量，设计激励机制促使分销商提高保鲜努力水平，并使供应链实现协调[9]；陈军和但斌针对生鲜农产品在流通渠道中的实体损耗问题，研究了基于生鲜农产品实体损耗和保鲜的生鲜农产品供应链协调问题[10]。但都没有提及关于生鲜农产品的损耗对多级供应链的库存成本协调策略的影响。

综上所述，本文针对生鲜农产品在物流过程中，因在不同阶段受到不同的外力作用与环境变化，加之自身特性，导致生鲜农产品损耗率随时间而呈现不同的变化，拟建立一个概括的损耗函数，通过建立多级供应链库存优化模型，在此基础上研究生鲜农产品变损耗下的最优存储策略。旨在通过研究生鲜农产品供应链各成员间的联合库存策略，来减少供应链总成本，并能够建立各个节点企业的供应链战略联盟。

1 问题的提出与假设

本文研究由生产商、分销商与零售商三级供应链组成的供应链。基于库存研究中经典库存理论模型（参见 Jeuland 和Shugan[11]、Lal 和 Staelin[12]、Lee 和 Rosenblatt[13]）。设需求率是常数 D；零售商根据 EOQ 模型来确定订货策略；分销商与供应商信息对称，即零售商的需求、定购成本和存储成本等信息。此外，其他假设定义如下：

（1）销售单品种生鲜农产品情形。

（2）需求率已知且为定值。

（3）产品的保险率随时间的改变而改变。

（4）当零售商的库存降为零时，分销商瞬间补货，不会出现缺货情形。

1.1 构造损耗模型

当前学术界用损耗因子来刻画生鲜农产品的新鲜度。但斌等[14]在不同情况下定义了不同形式的生鲜农产品新鲜度因子表达式来刻画生鲜农产品的质量。假设未采取保鲜措施时生鲜农产品的损耗函数为 $\theta(t) = \alpha - \beta\chi t^{x-1}$，$t \in [0, T]$，其中 α 代表生鲜农产品的初始值，该式具有以下性质：$\theta'(t) < 0$，即在一个流通周期内生鲜农产品的新鲜度随着时间的流逝而逐渐减小；$\theta''(t) > 0$，即新鲜度值随时间流逝加速递减。由于该式与常见的变质速率指数形式[15]具有相同的变化性质，因此同样能够有效刻画生鲜农产品损耗率的特性。而供应链上下游企业对产品进行存储的过程中，存储的损耗率是随着时间的改变而改变的，设定生产商、分销商和零售商的损耗率分别为：

$$\begin{cases} \theta_s(t) = \alpha_s + \beta_s\chi_s t^{x_s-1} \\ \theta_f(t) = \alpha_f + \beta_f\chi_f t^{x_f-1} \\ \theta_l(t) = \alpha_l + \beta_l\chi_l t^{x_l-1} \end{cases} \tag{1}$$

α 是损耗率函数常数部分，不依赖于时间，β 和 χ 是协同因素。这样的损耗函数适用于许多复杂的变质率与时间相关的模型。

1.2 相关符号的定义

相关符号定义如下：

$\theta_s(t)$：生产商存储的损耗率；$\theta_f(t)$：分销商存储的损耗率；$\theta_l(t)$：零售商存储的损耗率；n：在单位时间内从分销商到零售商的订货次数；t_s：生产商的供应周期；t_f：分销商的补货周期（等于 t_l）；t_l：零售商的补货周期；q：零售商的订货量；Q_f^1：分销商最初的存储水平（分销商在第一个周期里的存储水平）；Q_s：生产商的产量；$TC(n, t_l)$：在单位时间 t_f 内从分销商到零售商的货物量为 n 时供应链所花费的总费用；S：生产商的每一个阶段所花费的费用；C_f：分销商每一个订单所花费的成本；C_l：零售商每一个订单所花费的成本；h_s：生产商每单位时间单位货物的存储费用；h_f：分销商每单位时间单位货物的存储费用；h_l：零售商每单位时间单位货物的存储费用；K_s：生产商每单位时间单位货物的损耗费用；K_f：分销商每单位时间单位货物的损耗费用；K_l：零售商每单位时间单位货物的损耗费用；D：零售商的需求率；P：生产商的生产率。

2 模型的建立

2.1 零售商的成本结构

q 是零售商在每个补货周期 t_l 中对分销商下订单的订货量。在时间 t_f 里从分销商到零售商手中的货物量是 n，因此，零售商在周期 t_l 里的补货量等于 t_f/n。零售商的损耗率 $\theta_l(t)$ 是零售商在无穷小的时间 dt 内的存储水平变化，市场需求率为 D，存储水平为 $I_l(t)$，零售商的库存存储水平模型为：

$$\frac{dI_l(t)}{dt} = D - \theta_l(t)I_l(t) = D - \alpha_l I_l(t) - \beta_l \chi_l t^{\chi_l - 1} I_l(t), \ 0 \leq t \leq t_l \tag{2}$$

$$I_l(0) = q, \ I_l(t_l) = 0 \tag{3}$$

解微分方程可得：

$$I_l(t) = -D(t - t_l + \frac{\alpha_l(t^2 - t_l^2)}{2} + \frac{(t^{\chi_l + 1} - t_l^{\chi_l + 1})\beta_l}{\chi_l + 1}) \times (1 - \alpha_l t - \beta_l t^{\chi_l}), \ 0 \leq t \leq t_l \tag{4}$$

联立式（3）和式（4）可以得出零售商的订货量及存储成本分别为：

$$q = I_l(0) = D(t_l + \frac{\alpha_l t_l^2}{2} + \frac{t_l^{\chi_l + 1} \beta_l}{\chi_l + 1}) \tag{5}$$

$$HC_l = \int_0^{t_l} h_l I_l(t) dt = \frac{h_l P(e^{\theta_l(t)t_l} - \theta_l(t)t_l - 1)}{\theta_l^2(t)t_l}$$

$$= \frac{Dh_l t_l^2}{2}(1 + \frac{\alpha_l t_l}{3} - \frac{\alpha_l^2 t_l^3}{4} + \frac{2\chi_l \beta_l t_l^{\chi_l}}{(\chi_l + 1)(\chi_l + 2)} - \frac{\alpha_l \beta_l t_l^{\chi_l + 1}}{(\chi_l + 1)} - \frac{\beta_l^2 t_l^{2\chi_l + 1}}{(\chi_l + 1)^2}) \tag{6}$$

零售商的损耗率为：

$$DC_l = \int_0^{t_l} k_l \theta_l(t) I_l(t) dt \tag{7}$$

对零售商的购货成本、存储成本和损耗费用进行求和可知零售商在单位时间内的总成本为：

$$TC_l(t_l) = \frac{C_l}{t_l} + \frac{HC_l}{t_l} + \frac{DC_l}{t_l}$$

$$= DC_l(e^{\theta_l(t)t_l} - 1)/\theta_l(t)t_l + \frac{h_l P(e^{\theta_l(t)t_l} - \theta_l(t)t_l - 1)}{\theta_l^2(t)t_l} + \int_0^{t_l} k_l \theta_l(t) I_l(t) dt/t_l \tag{8}$$

本文按照与 Hwang[16] 和 Hark[17] 等相同的处理方法，应用指数函数的近似算法，即当 θ 足够小时，把泰勒展开式的前三项：

$$e^{\theta_l(t)t_l} = 1 + \theta_l(t)t_l + \frac{1}{2} \times \theta^2 t^2 \tag{9}$$

代入到式（8）当中得：

$$TC_l(t_l) = DC_l + \frac{1}{2}Dt_l(\theta_l(t)C_l + h_l) + \int_0^{t_l} k_l\theta_l(t)I_l(t)dt/t_l \tag{10}$$

对式（10）关于 t_l 求二阶导数 $\frac{\partial^2 TC_l(t_l)}{\partial t_l^2} = \frac{2k_l}{t_l^3} > 0$，则当 $\frac{\partial TC_l(t_l)}{\partial t_l} = 0$ 时，$TC_l(t_l)$ 存在最小值，此时：

$$t^* = \sqrt{\frac{2k_l}{D(\theta_l(t)C_l + h_l)}} \tag{11}$$

$$\min TC_l(t_l) = DC_f + \sqrt{2D(\theta_l(t)C_f + h_l)} \tag{12}$$

$$q^* = \frac{D}{\theta_l(t)}(e^{\theta_l(t)t^*} - 1) \tag{13}$$

2.2 分销商的成本结构

根据 Monahan 和 Hau 的处理方法，设分销商每次购货批量都为零售商订货批量的 n_l 倍，其中 $n_l \geqslant 1$，且为整数。由于分销商的库存表现为分段函数，如图 1 所示，设分销商各阶段的库存水平为 $I_f^j(t)$（$j = 1, \cdots, n$），$\theta_f(t)$ 是分销商存储的损耗率，$I_f^j(t)$ 是存储水平，则分销商的库存水平模型为：

$$\frac{dI_f^j(t)}{dt} = -\theta_f(t)I_f(t) = -\alpha_f I_f(t) - \beta_f \chi_f t^{\chi_f - 1} I_f(t), \quad 0 \leqslant t \leqslant \frac{t_f}{n}, \quad j = 1, \cdots, n \tag{14}$$

$$I_f^j(t) = Q_f^j, \quad j = 1, \cdots, n \tag{15}$$

解微分方程可得：

$$I_f^j(t) = (Q_f^j)\exp(-\alpha_f t - \beta_f t^\chi), \quad 0 \leqslant t \leqslant t_f/n, \quad j = 1, \cdots, n \tag{16}$$

分销商各阶段库存水平如下：当 $j = 1$ 时，

$$I_f(t) = Q_f^1 = q\left[\exp(\alpha_f \frac{t_f}{n} + \beta_f(\frac{t_f^\chi}{n})) + \cdots + \exp(\alpha_f \frac{t_f}{n} + \beta_f(\frac{t_f^\chi}{n}))^{n-1}\right] \tag{17}$$

假设分销商初始阶段的存储量为 A_1，则第一阶段的损耗量如下：

$$M = A_1\theta_f(t_f) = Q_f^1 - Q_f^1\exp(-\alpha_f \frac{t_f}{n} + \beta_f(\frac{t_f^\chi}{n})) \tag{18}$$

则在 t_d 时间内，零售商向分销商订货 n 次的总损耗量为：

$$M_z = \sum_{j=1}^{n-1} A_1\theta_f(t_f) = Q_f^1 - (n-2)q - Q_d^1\exp(-(n-1)(\alpha_f \frac{t_f}{n} + \beta_f(\frac{t_f^\chi}{n})))$$

$$+ q\exp(\alpha_f \frac{t_f}{n} + \beta_f(\frac{t_f^\chi}{n}))\frac{1 - \exp(-(n-2)\alpha_f \frac{t_f}{n} + \beta_f(\frac{t_f^\chi}{n}))}{1 - \exp(\alpha_f \frac{t_f}{n} + \beta_f(\frac{t_f^\chi}{n}))}) \tag{19}$$

$$存储成本 = h_f \Big[\int_0^{t^*} I_1(t)dt + \cdots + \int_{(n_1-1)t^*}^{n_1 t^*} I_{n_1}(t)dt \Big] / n_1 t^* \tag{20}$$

对分销商的购货成本、损耗费用和存储成本进行求和，可知分销商在单位时间内的总成本为：

$$TC_f = \frac{C_f I_0}{n_1 t^*} + h_f \Big[\int_0^{t^*} I_1(t)dt + \cdots + \int_{(n_1-1)t^*}^{n_1 t^*} I_{n_1}(t)dt \Big] / n_1 t^* \tag{21}$$

2.3 生产商的成本结构

生产商的产量为 Q_s，供应周期为 t_s，存储水平为 $I_s(t)$，根据 Ghare 和 Schrader 提出的具有指数衰减率的库存模型[5]，生产商的存储水平在一个无穷小的时间 d_t 内变化，$\theta_s(t)$ 是生产商存储的损耗率，P 是生产商的生产率，$I_s(t)$ 是存储水平，则生产商的库存水平模型：

$$\frac{dI_s(t)}{dt} = P - \theta_s(t)I_s(t) = P - \alpha_s I_s(t) - \beta_s \chi_s t^{\chi_s - 1} I_s(t), \ 0 \le t \le t_s \tag{22}$$

$$I_s(0) = 0, \ I_s(t_s) = Q_s \tag{23}$$

其中：

$$I_s(t) = \frac{P}{\theta_s(t)} \Big[e^{\theta_s(t)(t_s - 1)} - 1 \Big]$$

$$= P\Big(t - \frac{\alpha_s t^2}{2} - \frac{\alpha_s^2 t^3}{2} - \frac{\chi_s \chi_s t^{\chi_s + 1}}{\chi_s + 1} - \frac{(\chi_s + 4)\alpha_s \beta_s t^{\chi_s + 2}}{2(\chi_s + 2)} - \frac{\beta_s^2 t^{2\chi_s + 1}}{\chi_s + 1} \Big), \ 0 \le t \le t_s \tag{24}$$

结合式（23）和式（24）得：

$$I_s(t) = Q_s = P\Big(t_s - \frac{\alpha_s t_s^2}{2} - \frac{\alpha_s^2 t_s^3}{2} - \frac{\chi_s \chi_s t_s^{\chi_s + 1}}{\chi_s + 1} - \frac{(\chi_s + 4)\alpha_s \beta_s t_s^{\chi_s + 2}}{2(\chi_s + 2)} - \frac{\beta_s^2 t_s^{2\chi_s + 1}}{\chi_s + 1} \Big), \ 0 \le t \le t_s \tag{25}$$

生产商的存储成本为：

$$HC_p = \int_0^{t_s} h_s I_s(t)dt = \frac{Ph_s(e^{\theta_s(t)t} - \theta_s(t)t_s - 1)}{\theta_s^2(t)}$$

$$Ph_s t_s^2 \Big(\frac{1}{2} - \frac{\alpha_s t_s}{2} - \frac{\alpha_s^2 t_s^3}{8} - \frac{\chi_s \beta_s t_s^{\chi_s}}{(\chi_s + 1)(\chi_s + 2)} - \frac{(\chi_s + 4)\alpha_s \beta_s t_s^{\chi_s + 1}}{2(\chi_s + 2)(\chi_s + 3)} - \frac{\beta_s^2 t_s^{2\chi_s}}{2(\chi_s + 1)^2} \Big) \tag{26}$$

生产商的损耗率为：

$$DC_s = \int_0^{t_s} k_s \theta_s(t) I_s(t)dt \tag{27}$$

通过对存储成本、损耗费用和每次下订单的费用进行求和，可得到生产商中单位时间内的成本：

$$TC_s(t_s) = \frac{S}{t_s} + \frac{HC_s}{t_s} + \frac{DC_s}{t_s} \tag{28}$$

3 模型的分析

3.1 构建策略模型

供应链库存成本的协同决策可以从供应链各节点的角度提出战略分析。

方案一是根据各节点利益最大化，即库存成本最小考虑。将生产商、分销商和零售商的库存成本分别降到最小，但由于分销商在供应链的中游，因此它的最优化费用 $Q_f^1 = Q_s^* - q^*$ 并不能保证。方案二是从零售商的角度进行考虑，得出最优订货周期与订货量。分销商再根据这个最优订货量与上游进行订货决策，给出具体的订货量和库存成本。最后再由生产商满足这个条件。方案三是从生产商的角度，与上述同理，方案四则采用集成式一体化政策。具体如表 1 所示。

表 1 不同策略的优化存储方案

方案节点	方案一 从各自角度分析	方案二 零售商角度	方案三 生产商角度	方案四 集成式一体化
生产商	MinTC_s 生产商计算出 t_s^*， s.t.：$t_s^* \geq 0$ Q_s^* 满足成本最小化	生产商满足分销商的条件 $Q_s = Q_f^1 + q^*$	MinTC_s 生产商计算出 t_s^*，Q_s^* 满足成本最小化 s.t.：$t_s^* \geq 0$	$\text{MinTC} = TC_s + TC_f + TC_l$ s.t.：$n \in N$，$t_s^* \geq 0$， $t_f^* \geq 0$，$t_l^* \geq 0$
分销商	分销商在供应链的中游，它的最优化费用 $Q_f^1 = Q_s^* - q^*$ 并不能保证	$t_f^* = n^* \times t_l^*$ $Q_f^1 = Q_f^1(t_f^*) = Q_f^1(n^*, t_l^*)$	$Q_f^1 = Q_s^* - q^*$ $t_f^* = n^* \times t_l^*$ $Q_f^1 = n^* \times q - \sum_{j=1}^{n-1} A_j \theta_f t_f^*$	
零售商	MinTC_l 零售商计算出的 t_l^*，Q_l^* 来满足成本最小化 s.t.：$t_l^* \geq 0$	MinTC_l 零售商计算出 t_l^*，Q_l^* 来满足成本的最小化 s.t.：$t_l^* \geq 0$	零售商需要满足分销商的条件 n, p	

由于企业追求自身利益最大值，往往忽略了供应链中其他成员的影响，因此分散式决策是建立在局部库存最优化的基础上，更没有考虑到损耗率会随着时间的推移造成损耗成本的大幅度上升。而集成式一体化决策将供应链作为一个整体考虑，可解决这类问题。

在集成式一体化决策下，将生产商、分销商和零售商看作整体，单位时间内的总存储费用 TC 是 TC_s、TC_f、TC_l 的总和，集成式一体化库存策略的表达式为：

$$\text{MinTC} = TC_s + TC_f + TC_l$$

$$\text{s.t.：} n \in N, \ t_s^* \geq 0, \ t_f^* \geq 0, \ t_l^* \geq 0 \tag{29}$$

$$Q_f^1 = Q_s - q, \quad t_l = \frac{t_s}{n} \tag{30}$$

3.2 数值算例与结果分析

以某超市生鲜农产品销售市场为例，首先设生产商、分销商和零售商的库存损耗率分别为：$\alpha_s = 0.01$，$\beta_s = 0.04$，$\chi_s = 1.3$；$\alpha_f = 0.03$，$\beta_f = 0.06$，$\chi_f = 1.5$；$\alpha_l = 0.05$，$\beta_l = 0.08$，$\chi_l = 1.7$。并以某超市实地调研了解到该超市苹果的市场需求量 $D = 500$ 千克/每天，每一个订单所花费的单位成本是 $C_l = 100$ 元/次，每单位时间货物的存储费用为 $h_l = 300$ 元/天，零售商每单位时间单位货物的损耗费用为 $K_l = 100$ 元/天。分销商每一个订单所花费的成本为 $C_f = 500$ 元，存储费用为 $h_f = 150$/天，且每单位时间货物的损耗费用为 $k_f = 100$ 元/天，最后，生产商的生产率为 100 千克/天，生产商每一阶段所花费的费用为 $C_f = 2000$ 元/次，存储费用为 $h_s = 50$ 元/天，每单位时间货物的损耗费用为 $k_s = 30$ 元/天。

步骤一：首先用试算法，先选取一个整数 n，n ≥ 1。

步骤二：根据式（10）求出 TC 对 t 的偏导数 $\frac{\partial TC_l(t_l)}{\partial t_l} = 0$。

步骤三：得出 t 后，代入到式（12）得出 q。

步骤四：然后将 t 和 q 代入到式（19）中，求出 Q_f^1。

步骤五：将 $Q_f^1 + q$ 代入到式（22）、式（29）中，求出 t_s 和 $TC(n^*, t_l)$。

步骤六：把 n 取为不同的整数代入，依次重复上述步骤，如果 $TC(n^* - 1, t_l(n^* - 1)) \geq TC_{min}(n^*, t_l^*)$，$TC(n^* + 1, t_l(n^* + 1)) \geq TC_{min}(n^*, t_l^*)$，这个值就是集成式一体化策略的最优解。同理可求出其他方案的最优解，将方案四具体的数值代入，则总成本的最小值 TC = 25730.38，最优值 n^*、t^*、q^* 分别为 4、3.93、630.28，具体数值如表 2 所示。

表 2　不同订货次数下的最优解

n	t_s	t_f	t_l	Q_s	Q_f^1	q	TC_s	TC_f	TC_l	TC
1	8.030	9.940	9.940	1601.330	0	1601.330	13722.610	3018.110	14953.190	31693.910
2	10.235	12.650	6.325	2038.810	1022.710	1016.090	11448.320	5509.830	10382.630	27340.780
3	11.650	14.385	4.795	2319.180	1549.720	769.460	10531.110	6557.290	9007.960	26096.360
4	12.740	15.720	3.930	2535.110	1904.820	630.280	10007.730	7182.830	8539.820	25730.380
5	13.645	16.825	3.365	2713.960	2174.490	539.470	10665.310	7669.170	8963.220	27297.700
6	14.385	17.588	3.899	2636.100	2478.470	665.300	11243.620	7765.330	8873.400	27882.350
7	14.865	16.587	4.004	2873.700	2286.400	773.500	13247.540	7989.630	9367.200	30604.370

由表 2 可知，库存系统的最优订货次数为 4，总成本最优值为 25730.380。从表 2 也可以看出，当订货次数不断增大时，库存系统的总费用不断减少，当订货次数继续增大时，库存系统的总费用不断增加。另外，分销商总是很难达到最优成本，这是由于分销商处于流通阶段，是生产商和零售商的中游衔接，若生产商在运输能力一定的情况下，可适当省略到分销商的过程，直接到达零售商，这样即尽可能降低了成本，达到了优化。

在考虑亏损率的情况下，大部分参数对在单位时间内从分销商到零售商的订货次数和在单位时间内从分销商到零售商的订货次数时供应链所花的总费用都有显著影响。

由表 3 和图 1 至图 4 可知，在考虑损耗率之后的供应链库存系统模型，采用集成式一体化策略时，最终的总成本是最低的，因此，在对供应链库存存储系统进行决策时应优先考虑集成式一体化。若在实际流通当中，各供应链节点不能达到一体化时，应优先考虑方案三，即从生产商角度考虑，优化生产商的库存，并从生产商开始就对生鲜农产品进行保鲜处理，能够从供应链上游最大化地减小库存损耗率。再对零售商的库存进行优化，可大大降低供应链成本。而方案一的供应链优化效果最差，即在各自的角度考虑自身企业的成本，而忽略了其他企业的利益和整个供应链成本。另外，分销商总是很难达到最优成本，这是由于分销商处于流通阶段，是生产商和零售商的中游衔接，若生产商在运输能力一定的情况下，可适当省略到分销商的过程，直接到达零售商，这样即尽可能降低了成本，达到了优化。

由图 3 可知，在供应链上中下游中，生产商的库存成本总是明显高于分销商与零售商的库存成本，产品在生产商间流通的过程属于供应链库存系统的滞点所在。因此生产商的损耗率变化对最后的结果也有很大的影响。

表 3　各方案的最优值

参数＼方案	方案一	方案二	方案三	方案四
t_s	5.33	7.67	10.88	12.74
t_f	10.11	12.78	15.61	15.72
t_l	2.99	3.11	2.98	3.93
t_{all}	18.43	23.56	29.47	32.39
Q_s	2438.81	2019.18	2713.96	2535.11
Q_f^l	1022.71	1549.72	2174.49	1904.82
q	1016.09	969.46	839.47	630.28
Q_{all}	4477.61	4538.36	5727.92	5070
W_s	609.7	403.836	624.2108	380.2665
W_f	235.22	356.4356	478.3878	304.7712
W_l	203.218	213.2812	134.3152	94.542

续表

参数 \ 方案	方案一	方案二	方案三	方案四
W_{all}	1048.138	973.5528	1236.9138	399.3132
TC_s	15448.32	15531.11	10665.31	10007.73
TC_f	8609.83	9557.29	7623.14	7182.83
TC_l	11382.63	11007.96	8945.38	8539.82
TC	36340.78	36096.36	27233.83	25730.38

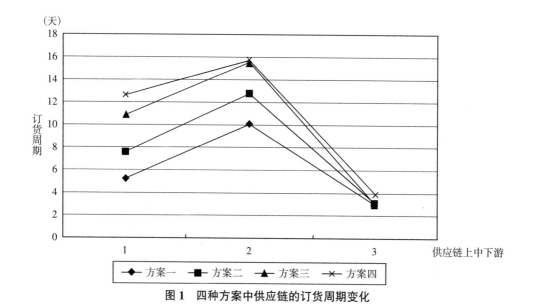

图 1　四种方案中供应链的订货周期变化

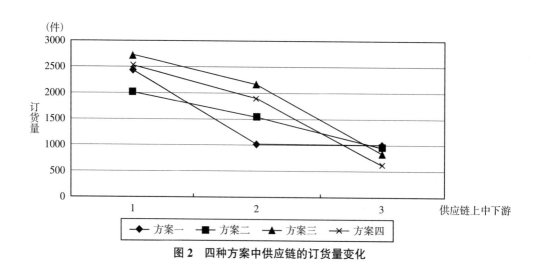

图 2　四种方案中供应链的订货量变化

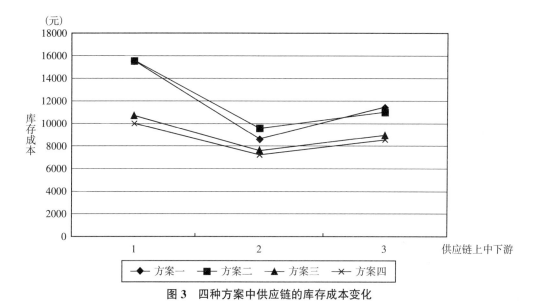

图 3　四种方案中供应链的库存成本变化

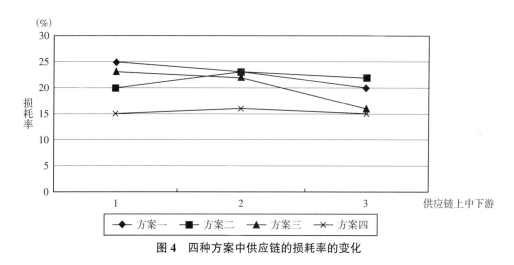

图 4　四种方案中供应链的损耗率的变化

4　结　论

　　生鲜产品在流通过程中的库存损耗在现阶段一直是供应链系统成本结构的重点问题。本文针对生鲜农产品的损耗效应建立了损耗函数，并构建了由生产商、分销商、供应商组成的三级供应链模型。分别通过生产商、分销商、零售商各自的角度和集成式一体化角度进行分析，研究发现如下结论：

　　（1）在考虑亏损率的情况下，大部分参数对在单位时间内从分销商到零售商的订货次数和在单位时间 t_f 内从分销商到零售商的订货次数 n 时供应链所花的总费用 TC 都有显著影响。

（2）在考虑损耗率之后的供应链库存系统模型，采用集成式一体化策略时，最终的总成本最低，得出库存成本最优化策略，大大降低了供应链的成本，确定了最优的库存量和订货量。

（3）若企业无法达到最优化，也提出了次优策略，以提高供应链的整体利润率。

（4）在后续研究中可根据各企业的损耗率来建立相应的补偿策略，使各企业能共同分担损耗成本，这样便能更加系统地对供应链库存体系进行优化。

参考文献

[1] 高峻峻，王迎君. 供应链管理模型的分类和研究进展 [J]. 中国管理科学，2005，13（5）.

[2] Lee H. L. Billington Supply Chain Management：Pitfalls and Opportunities [J]. Sloan Management Review，1992，33：65-73.

[3] 李怡娜，徐学军. 信息不对称条件下可控提前期供应链协调机制研究 [J]. 管理工程学报，2011，25（3）：109-122.

[4] C. L. Munson，M. J. Rosenblatt. Coordinating a Three-level Supply Chain with Quantity Discounts [J]. II Transactions，2001，33：371-384.

[5] Ghare P. N.，Schrader G. F. A Model for Exponentially Inventories [J]. Journal of Industrial Engineering，1963（15）：238.

[6] Hsu P. H.，Wee H. M.，Teng H. M. Preservation Technology Investment for Deteriorating Inventory [J]. International Journal of Production Economics，2010，124（2）：388-394.

[7] Dye C. Y.，Hsieh T. P. An Optimal Replenishment Policy for Deteriorating Items with Effective Investment in Preservation Technology [J]. European Journal of Operational Research，2012，218（1）：106-112.

[8] Lee Y. P.，Dye C. Y. An Inventory Model for Deteriorating Items under Stock-dependent Demand and Controllable Deterioration Rate [J]. Compute & Industrial Engineering，2012，63（2）：474-482.

[9] Cai X. Q.，Chen J.，Xiao Y. B.，et al. Optimization and Coordination of Fresh Product Supply Chains with Freshness-keeping Effort [J]. Production and Operations Management，2010，19（3）：261-278.

[10] 陈军，但斌. 基于实体损耗控制的生鲜农产品供应链协调 [J]. 系统工程理论与实践，2009，29（3）：54-62.

[11] Jeuland A. P.，S. M. Shugan. Managing Channel Profits [J]. Marketing Science，1983，2：239-272.

[12] Lal R.，R. Staelin. An Approach for Developing an Optimal Discount Pricing Policy [J]. Management Science，1984，30（12）：1524-1539.

[13] Lee H.，J. Rosenblatt. A Generalized Quantity Discount Pricing Model to Increase Suppliers Profits [J]. Management Science，1986，33（9）：1167-1185.

[14] 但斌，王磊，李宇雨. 考虑消费者效用与保鲜的生鲜农产品 EOQ 模型 [J]. 中国管理科学，2011，19（1）：100-107.

[15] Law S. T.，Wee H. M. An Integrated Production-inventory Model for Ameliorating and Deteriorating Items Taking Account of Time Discounting [J]. Mathematical and Computer Modelling，2006，43（5-6）：

673-685.

［16］Hwang H., Shinn S. W. Retailer Spricing and Lot Sizing Policy for Exponentially Deteriorating Products under the Condition of Permissible Delay in Payments ［J］. Computers & Operations Research, 1997, 24: 539-547.

［17］Hark Hwang, Seong What Shinn .Retailer's Pricing and Lot Sizing Policy for Exponentially Deteriorating Products under the Condition of Permisible Delay in Payments ［J］. Computers Operations Research, 1997, 24 (6): 539-547.

［18］Z. K. Weng. Channel Coordination and Quantity Discount ［J］. Management Science, 1995, 41 (9): 1509-1522.

基于多维灰色模型的我国煤炭价格影响因素分析

唐艺军　苏　旭

(辽宁工程技术大学工商管理学院，辽宁葫芦岛　125105)

【摘　要】煤炭是我国重要的基础能源，而煤炭价格波动会影响到煤炭行业自身乃至国民经济发展和社会稳定。本文对我国煤炭价格影响因素进行具体分析，通过灰色关联度分析因子之间的关联程度。以煤炭价格为系统特征变量，以煤炭生产成本、煤炭产能、煤炭消费量、宏观经济景气指数等为因素变量，构建多维灰色模型 GM(1，N)，分析影响因子对煤炭价格的影响性质与程度。结果表明，煤炭价格变动受煤炭生产成本、煤炭产能、煤炭消费量的影响程度大且双方同向变动。

【关键词】煤炭价格；灰色关联度；多维灰色模型

0　引　言

煤炭作为主导我国能源结构的主要能源，其价格变动不仅会影响煤炭行业自身的发展，更会影响相关行业、国民经济发展乃至社会的稳定。在"去产能"的国家政策背景下，分析我国煤炭价格变动的影响因素目的是为了对影响煤炭的价格因素进行深入分析，为行业建设及相关部门决策科学性提供一定的依据。国内外学者对煤炭价格的研究取得了一定成绩，具体总结如下：

张建英（2016）通过 VAR 模型分析得出我国煤炭价格不仅受自身价格变动的影响，还受到大宗商品价格、宏观经济景气指数和煤炭产量的影响；王文、李国栋（2016）从微观、宏观、行业、国际市场四个层面分析煤炭价格的影响因素，强调微观层面的煤炭成本因子对煤炭价格波动的影响。这一部分学者偏重对煤炭价格的影响因子进行分析，但缺乏对因子的权重测算。

郭建利、程蕾等（2016）经过对照实验，提出按照时间序列与煤炭自身特性，加之 ARIMA-SVM 模型能够更精确地预测煤炭价格走势；李朋林、梁露露（2015）以 BP 神经网络较高精度地预测煤炭价格趋势。这一部分学者的研究侧重预测煤炭价格走势，缺乏对影响因子的分析以及模型的构建。

本文选取 1990~2015 年的数据，利用灰色关联度分析对影响煤炭价格的因素进行选择，构建多维灰色模型 GM(1，N) 来分析煤炭价格变动的影响程度与性质，进行实证研究，力求为行业发展提供一些科学依据。

1　研究方法

1.1　灰色关联度分析

灰色关联度分析是对多因素指标统计分析的方法，用灰色关联度来描述各个因子之间的强弱、大小和次序。灰色关联度分析法对数据的连续性、规律性、代表性均没有严格要求，能保证量化结果与定性分析结果的一致性。具体步骤如下：

（1）分析数列的确定。灰色关联度分析的进行需要确定参考序列，反映系统特征的数据列，还需要确定比较数据序列，是影响系统变化的数据序列。设为：

$$x_0 = (x_0(1)，x_0(2)，\cdots，x_0(n))，x_i = (x_i(1)，x_i(2)，\cdots，x_i(n)) \tag{1}$$

（2）数据标准化。为统一指标，需进行数据标准化（无量纲化）处理，运用均值法做处理，进行标准化处理。

$$x_i(k) = \frac{x_i(k)}{x_i(1)}，k = 1，2，\cdots，n；i = 0，1，2，\cdots，m \tag{2}$$

其中 $x_i(1)$ 的选择可以为均值、初始值或最大值。

（3）求序列绝对差。对标准化后的参考序列与比较序列进行差值运算并取绝对值，计算得出每列数列的最大差与最小差。

$$x_i(k) = |x_0(k) - x_i(k)|，\Delta_i(k) = (\Delta_i(1)，\Delta_i(2)，\cdots，\Delta_i(n))$$
$$M = \max_i \max_k \Delta_i(k)，m = \min_i \min_k \Delta_i(k) \tag{3}$$

（4）计算关联系数 $\gamma_{0i}(k)$。

$$\gamma_{0i}(k) = \frac{m + \varepsilon M}{\Delta_i(k) + \varepsilon M} \tag{4}$$

$\gamma_{0i}(k)$ 表示参考序列与比较序列第 i 个序列在某时刻的关联程度；$\varepsilon \in \{0，1\}$ 为分辨系数，其数值越小，分辨能力越大，按照一般算法，该数值取 0.5。

（5）计算灰色关联度。灰色关联度是对灰色关联系数做均值运算，将参考序列与比较序列在各个时刻所体现的关联度数值转变为两序列间的关联度数值，以 λ 代表灰色关联度，则计算公式表示为：

$$\lambda_{0i} = \frac{1}{n} \sum_i^n \gamma_{0i}(k)，k = 1，2，\cdots，m \tag{5}$$

（6）关联度排序。依据 λ_{0i} 的大小，对参考序列和比较序列关联程度进行排序，实现变量的选择。

1.2 多维灰色模型 GM(1，N) 建模原理

多维灰色模型 GM(1，N) 是一阶 N 个变量的多维灰色模型，是行为因素 x_1 由 N − 1 个作用因子 x_i 造成的影响。

设系统中有 N 个变量的 n 组原始数据序列 $X^{(0)}$ 为：

$$X^{(0)} = \begin{bmatrix} x_1^0(k) \\ x_2^0(k) \\ x_3^0(k) \\ x_4^0(k) \end{bmatrix}, \quad k = 1, 2, \cdots, n \tag{6}$$

其中，$x_1^{(0)} = \{x_1^{(0)}(1), x_1^{(0)}(2), \cdots, x_1^{(0)}(n)\}$ 为系统数据序列；$x_2^{(0)}(k) \sim x_N^{(0)}(k)$ 为相关因素序列。

模型方程形式为：

$$\frac{dx_1^{(1)}}{dt} + ax_1^{(1)} = b_2x_2^{(1)} + b_3^{(1)} + \cdots + b_nx_n^{(1)} \tag{7}$$

具体建模步骤如下：

（1）生成累加序列。将原始数据做一次累加，生成累加序列：

$$x_i^{(0)} = (x_i^{(0)}(1), x_2^{(0)}(2), \cdots, x_i^{(0)}(n)) \quad i = 1, 2, \cdots, n \tag{8}$$

对 $x_i^{(0)}$ 做累加生成，得到生成数列：

$$x_i^{(1)} = (x_i^{(1)}(1), x_i^{(1)}(1) + x_i^{(1)}(2), \cdots, x_i^{(1)}(1) + x_i^{(1)}(2) + \cdots + x_i^{(1)}(n)) \quad i = 1, 2, \cdots, n \tag{9}$$

（2）建立响应函数。将数列 $x_i^{(1)}$ 时刻 k = 1, 2, $\cdots$, n 看作连续的变量 t，而将数列 $x_i^{(1)}$ 看成时间 t 的函数，$x_i^{(1)} = x_i^{(1)}(t)$，可以建立白化式微分方程。

依照公式 $x^{(1)} = \frac{1}{2}[x_1^{(1)}(k+1) + x_1^{(1)}(k)]$ 求得序列第一个变量的第 k 时刻与 k + 1 时刻的平均值；将 $x^{(1)}$ 代入微分方程中，得到：

$$x_1^{(0)}(k+1) + a\left\{\frac{1}{2}[x_1^{(1)}(k+1) + x_1^{(1)}(k)]\right\} = b_1x_2^{(1)}(k+1) + \cdots + b_{n-1}x_n^1(k+1) \tag{10}$$

将上式转变为 Y = B × β，其中 Y = $[x_1^{(0)}(2), x_1^{(0)}(3), \cdots, x_1^{(0)}(n)]$，

$$B = \begin{bmatrix} -\frac{1}{2}(x_1^{(1)}(1) + x_1^{(1)}(2)) & x_2^{(1)}(2) & \cdots & x_N^{(1)}(2) \\ -\frac{1}{2}(x_1^{(1)}(2) + x_1^{(1)}(3)) & x_2^{(1)}(3) & \cdots & x_N^{(1)}(3) \\ \vdots & \vdots & & \vdots \\ -\frac{1}{2}(x_1^{(1)}(n-1) + x_1^{(1)}(n)) & x_2^{(1)}(n) & \cdots & x_N^{(1)}(n) \end{bmatrix} \tag{11}$$

依据最小二乘法求近似解，公式为 $\hat{\beta} = (B^TB)^{-1}B^TY$。

将所求得的近似解 $\hat{\beta} = [a，b_2，b_3，\cdots，b_N]$ 代入原微分方程中，得到响应函数：

$$\hat{x}_1^{(1)}(k) = \left[x_1^{(0)}(1) - \sum_{i-2}^{N}\frac{b_i}{a}x_i^{(1)}(k)\right]e^{-a(k-1)} + \sum_{i-2}^{N}\frac{b_i}{a}x_i^{(1)}(k)，\quad (k = 2，3，\cdots，n) \tag{12}$$

（3）累减还原。GM（1，N）累减还原式为：

$$\hat{x}_1^{(0)}(k) = \hat{x}_1^{(1)}(k) - \hat{x}_1^{(1)}(k-1)，\quad (k = 2，3，\cdots，n) \tag{13}$$

（4）精度检验。

绝对误差：$q(k) = x_1(k) - \hat{x}_1(k)$ \hfill (14)

相对误差：$e(k) = \dfrac{q(k)}{\hat{x}_1(k)}，\quad (k = 2，3，\cdots，n)$ \hfill (15)

2　实证分析

煤炭价格的影响因素不仅受到煤炭产量、煤炭进出口量的影响，还受到煤炭生产成本以及国际大宗商量价格等因素的影响，因此选取 1990~2015 年（间隔 5 年）的煤炭价格作为系统数据序列 x_i；选取煤炭产量、煤炭进口量、煤炭出口量、年初年末库存差额、煤炭消费量、国际石油价格、宏观经济景气指数、煤炭生产成本八个指标序列作为自变量，计为 $x_i(i = 2，3，\cdots，9)$。煤炭价格影响因子及相关数据如表 1 所示。

表 1　煤炭价格影响因子说明

指标	1990 年	1995 年	2000 年	2005 年	2010 年	2015 年
煤炭价格（美元/吨）	88	82	60	109	112	83
煤炭产量（万吨）	107988.3	136073.1	138418.5	236514.6	342844.7	387391.9
煤炭进口量（万吨）	200.3	163.5	217.9	2621.6	18306.9	29122
煤炭出口量（万吨）	1729	2861.7	5506.5	7173.1	1910.6	574.2
年初年末库存差额（万吨）	−4238.5	86.8	−1235.3	3544.6	−3663.4	−4106.2
煤炭消费量（万吨）	105523	137676.5	135689.7	243375.4	349008.3	411613.5
国际石油价格（美元）	32.68	32.93	37.09	66.09	86.31	98.95
宏观经济景气指数（一致指数）	100	98	95	102	102	98
煤炭生产成本（元/吨）	129.34	134.5	142.45	167.16	273.34	482.625

2.1　灰色关联度分析

（1）数据标准化。对表 1 中的指标数据进行标准化即无量纲处理，得到标准化数据，如表 2 所示。

表 2   指标数据的标准化

指标	1990 年	1995 年	2000 年	2005 年	2010 年	2015 年
煤炭价格（美元/吨）	1.00	0.93	0.68	1.24	1.27	0.94
煤炭产量（万吨）	1.00	1.26	1.28	2.19	3.17	3.59
煤炭进口量（万吨）	1.00	0.82	1.09	13.09	91.40	145.39
煤炭出口量（万吨）	1.00	1.66	3.18	4.15	1.11	0.33
年初年末库存差额（万吨）	1.00	−0.02	0.29	−0.84	0.86	0.97
煤炭消费量（万吨）	1.00	1.30	1.29	2.31	3.31	3.90
国际石油价格（美元）	1.00	1.01	1.04	2.02	2.64	3.03
宏观经济景气指数（一致指数）	1.00	0.98	0.95	1.02	1.02	0.98
煤炭生产成本（元/吨）	1.00	1.04	1.01	1.29	2.11	3.75

（2）计算关联度。依据灰色关联度分析方法，以煤炭价格作为参考数据序列，以煤炭产量、煤炭进口量、煤炭出口量、年初年末库存差额、煤炭消费量、国际石油价格、宏观经济景气指数和煤炭生产成本为比较数据序列，进行灰色关联度分析计算结果，如表 3 所示。

表 3   关联度计算结果

关联性	煤炭产量	煤炭进口量	煤炭出口量	年初年末库存差	煤炭消费量	国际石油价格	宏观经济景气指数	煤炭生产成本
大小排序	0.9826	0.7261	0.7520	0.8612	0.9810	0.8512	0.9998	0.9888
	3	7	8	5	4	6	1	2

根据表 3 所得的计算结果可知，宏观经济景气指数与煤炭价格的关联性最大，$r_7 = 0.9998$，也就是说宏观经济的状况对煤炭价格的影响程度最大。煤炭的生产成本与煤炭的产量与煤炭价格的影响分别居于第二位和第三位。$r_8 = 0.9888$，$r_1 = 0.9826$，其关联程度小于宏观经济景气指数。说明煤炭的生产成本与煤炭的产量对煤炭价格变动的影响小于宏观经济景气指数对煤炭价格变动的影响。煤炭产量、年初年末库存差额、煤炭消费量、国际石油价格、宏观经济景气指数和煤炭生产成本的指标关联度均大于 0.9，表明这六个因子对我国煤炭价格的影响程度较大。煤炭的进口量关联度最小为 $r_2 = 0.7261$，与其他因子关联度相差较大，表明煤炭进口量对我国煤炭价格的影响程度最低。

鉴于以上数据及分析，国家、政府或煤炭企业在制定政策、规定规则或采取某种措施时，应该有所侧重，分清主次影响因子，应该给予对我国煤炭价格影响程度较大的因子以重点关注，有针对性地采取措施及手段，更加准确地把握我国煤炭价格变化，更加高效地促进社会与企业经济健康发展。

2.2 建立多维灰色模型 GM(1，N)

选取 3~8 个自变量因子指标建立多维灰色模型 GM（1，N），计算相应的相对误差和拟合优度，如表 4 所示。

表 4 不同变量数下相对误差表

年份	变量数					
	3	4	5	6	7	8
1990	0.000	0.000	0.000	0.000	0.000	0.000
1995	0.362	−0.063	0.234	0.314	−1.270	0.116
2000	−0.346	−0.154	−0.267	−0.316	−0.746	−0.289
2005	−0.247	−0.095	−0.154	−0.218	−0.542	−0.203
2010	−0.157	−0.032	−0.106	−0.157	−0.321	−0.108
2015	−0.128	−0.106	−0.047	−0.056	−0.249	−0.005
相对误差绝对平均值	0.176	0.058	0.143	0.134	1.023	0.146
拟合优度	0.974	0.986	0.983	0.992	0.984	0.984
调整后的拟合优度	0.970	0.981	0.976	0.986	0.978	0.978

注：拟合优度受模型中自变量指标数量变化的影响，在因变量不变的情况下，拟合优度会随着因变量数量的增多而增大，需要对拟合优度进行调整。

依据表 4 的计算结果，依据相对误差绝对平均值，可以看出当选取排名前 4 的自变量来建立多维灰色模型，此时的相对误差绝对平均值最小，为 0.058，说明选取前 4 的因子与自变量与煤炭价格影响建立的多维灰色模型为 GM（1，N）最优选择；从计算结果还可以看出选取 3~8 个自变量建立的多维灰色模型的拟合优度都比较高。因此综合两个方面的考虑，在研究煤炭可以建立以宏观经济景气指数、煤炭生产成本、煤炭生产量、煤炭消费量为自变量的多维灰色模型 GM（1，N）。由多维灰色模型的建模原理可得：

$\hat{a} = [a, b_8, b_9, b_2, b_6] = [0.98324, 0.12879, 0.94238, 0.34278, 0.42782]$

将上述数据代入公式得出 GM（1，5）的模型微分方程形式为：

$$\frac{dx_1^{(1)}}{dt} + 0.98324x_1^{(1)} = 0.12879x_8^{(1)} + 0.94238x_9^{(1)} + 0.34278x_2^{(1)} + 0.42782x_6^{(1)}$$

得出 GM（1，5）的响应函数为：

$$\hat{x}_1^{(1)}(k) = [1 - 0.152342x_8^{(1)}(k) - 0.953247x_9^{(1)}(k) - 0.532417x_2^{(1)}(k)$$
$$- 0.532427x_6^{(1)}(k)]e^{0.98324(k-1)} + 0.152342x_8^{(1)}(k) + 0.953247x_9^{(1)}(k)$$
$$+ 0.532417x_2^{(1)}(k) + 0.532427x_6^{(1)}(k)$$

3　结论分析

依据实证研究中所求得的多维灰色模型 GM(1，N) 的响应函数，可知：a = 0.94831 数值较大，说明在整体系统上，各影响因子的共同作用会对煤炭价格的变动产生较大的影响；$b_8 = 0.12879$，$b_9 = 0.94238$，$b_2 = 0.34278$，$b_6 = 0.42782$ 四者数值的差异表明各因子对煤炭价格的影响程度不同，煤炭生产成本对煤炭价格的影响程度最大。因此，政府和煤炭企业在针对煤炭方面采取任何措施之前，都需要侧重考虑煤炭生产成本对煤炭价格的影响，以求最大限度地实现预期效果。

从最后得出的多维灰色模型响应函数可得：宏观经济景气指数、煤炭生产成本、煤炭产能、煤炭消费量的参数在函数中的系数符号为正，说明四者对煤炭价格变动的影响是积极、同向的，即煤炭价格会随着四个影响因子的变动而同向变动，其中受到煤炭生产成本的影响最大。

参考文献

[1] 张建英. 我国煤炭价格影响因素的 VAR 模型分析 [J]. 经济问题，2016（1）：108-112.

[2] 王文，李国栋. 基于层次分析法的我国煤炭价格影响因素研究 [J]. 经营与管理，2016（12）：87-90.

[3] 郭建利，程蕾，孙博超，颜瑞. 基于 ARIMA-SVM 的煤炭价格预测及实证研究 [J]. 煤炭经济研究，2016（2）：6-10.

[4] 李朋林，梁露露. 基于 BP 神经网络的煤炭价格影响因素及预测研究 [J]. 数学的实践与认识，2015（17）：113-126.

[5] Zhen-yu Zhao, Jiang Zhu, Bo Xia. Multi-fractal Fluctuation Features of Thermal Power Coal Price in China [J]. Energy，2016（117）.

[6] Herui Cui, Pengbang Wei. Analysis of Thermal Coal Pricing and the Coal Price Distortion in China from the Perspective of Market Forces [J]. Energy Policy，2017（106）.

[7] Anonymous. European Coal House of the Year [J]. Energy Risk，2011.

[8] 赵红英. 我国不同所有制工业企业综合效率的水平差异——基于 2001~2014 年面板数据的熵权分析 [J]. 改革与战略，2017（6）：181-185.

[9] 李远远，刘光前. 基于 AHP-熵权法的煤矿生产物流安全评价 [J]. 安全与环境学报，2015（3）：29-33.

[10] 田民，刘思峰，卜志坤. 灰色关联度算法模型的研究综述 [J]. 统计与决策，2008（1）：24-27.

[11] 刘娜，丁日佳. 我国煤炭消耗灰色关联度分析与预测研究 [J]. 煤炭技术，2015（1）：347-348.

[12] 王汉洲. 我国煤炭出口影响因素灰色关联分析 [J]. 合作经济与科技，2015（17）：68-71.

[13] 曹飞. 基于灰色残差 GM(1，1) 模型的中国铁路货运量预测 [J]. 北方经贸，2012（7）：107-109.

[14] 左小雨，黄先军. 基于灰色预测模型对我国铁路货运量的预测 [J]. 物流科技，2016（8）：82–84.

[15] 田景梅，孙志静，刘君. 基于多维灰色模型的高校图书馆建设对学科发展的影响分析 [A]. 中国管理科学与工程学会.管理科学与工程学会 2016 年年会论文集 [C]. 中国管理科学与工程学会，2016.

第二类代理成本、股权制衡度与 R&D 投入 *

郑　毅[1]　段士菲[2]　蓝　英[1]　应丽莹[1]

(1. 辽宁工程技术大学工商管理学院，辽宁葫芦岛　125100；

2. 辽宁工程技术大学研究生学院，辽宁葫芦岛　125100)

【摘　要】选取 2014~2016 年沪市 A 股上市公司的 1454 个观测样本，以研究第二类代理成本及股权制衡度如何影响 R&D 投入为目标进行实证研究。将研究样本以实际控制人类型、两权偏离程度、股权制衡程度三种标准分组，深入探讨第二类代理成本、股权制衡度与 R&D 投入的关系。结果表明：第二类代理成本与 R&D 投入呈负向关系，股权制衡程度与 R&D 投入呈正向关系。以上结论丰富了第二类代理成本和股权制衡方面的文献，为公司提高治理效果提供了参考。

【关键词】第二类代理成本；股权制衡度；R&D 投入；公司治理

0　引　言

科技创新是国家和企业发展的驱动力，是将因素与环境带入制造系统的"新组合"（熊彼特，2015 [1]），近些年，中国的 R&D（科学研究与试验发展，Research and Development，R&D）投入持续增加，2015 年企业投入研发经费与使用研发经费的比重分别为 76.6%、74.6%（数据来源于国家统计局网站），可见企业是创新体系中最具实力的执行者。企业通过 R&D 会有如下益处：①研发可以有效控制公司产品的人工、材料成本；②研发活动产生的新产品和服务可以被公司用来满足顾客需求，进而扩大市场规模。公司得以良性运行，靠的是一套良好的制度蓝图，即公司治理，O'Sullivan M. (2000) [2]、鲁桐和党印（2014）[3] 认为公司治理是公司进行技术创新的制度基础。创新具有风险高、时间长、收益不确定等特性，所以进行创新的成本很高（孔祥浩和许

---

*　[基金项目] 2017 年度阜新市社会科学研究立项课题 2017FXLLX011；辽宁省大学生创新项目（201610147000069、201710147000308）。

赞，2012 [4]）。一套优秀的公司治理制度能够减轻 R&D 活动中的信息不对称程度和代理成本，减弱其负面影响（任海云，2011 [5]）。所以，公司治理是公司可持续发展的重要保障。现代公司治理的基本研究模式以股权分散体系下由所有权与经营权分离引出的第一类代理关系为基础（La Porta, et al., 1999 [6]），但大量研究表明在中国普遍存在股权集中现象，第二类代理问题（大股东与中小股东的代理问题）才是焦点。

1　理论分析与提出

所有权与控制权的分离引出了一系列关于第一类代理问题的经典研究，但学者们研究发现，公司股权环境并不完全高度分散；相反，股权集中的现象普遍存在，尤其是新兴市场国家普遍存在股权集中现象，除高度分散的股权结构外，还有一种更常见的股权结构——股权集中。股权结构对代理问题的调节有显著成效，中国上市公司前五大股东的股权集中度明显高于国际水平。在所有权集中的环境里，大股东拥有管理公司的能力，能够减少"搭便车"活动，但因为控制权与现金流权偏离，大股东在手持较高话语权的情况下，很大程度上会令中小股东承担风险，通过变动经营投资方向来获取控制性资源和进行利益输送，使得外部小股东们和终极控制人发生利益斗争。当控制权与现金流权分散时，尤其是分散程度较高时，终极控制人就有积极性挖掘控制权的私人利益，企业引入股权制衡机制可以减轻内部人控制，遏制"隧道行为"，降低第二类代理成本对研发的挤出效应。

1.1　第二类代理成本与公司 R&D 投入

大股东充分掌握了公司的控制权，中小股东被削弱了董事会发言权，不能实际参与到公司的治理过程中，大股东利用其权力做出资产转移、财务低价出售、抵押担保这些侵害中小股东们权益的行为，进而产生"第二类代理成本"问题。学者们基于对以"一股独大"为特点的中国企业的数据分析发现，这些企业存在突出的"隧道挖掘"行动，主要形式是实际控制人侵占公司的应收款和其他应收款。第一大股东挪用公司资源、掠夺中小股东权益的侧重点是其他应收款，监督管理公司治理架构的过程中，对照账簿科目的余额，遏制大股东对上市公司的财产挪取行为，维护中小投资者的利益是关键目标。La Porta 等利用 27 个公司数据追踪了企业的终极控制人，提出了终极控制人理论。企业价值与控制权和现金流权的分散程度呈负向关系，这种负相关被解释为终极控制人侵占中小股东利益的证明。利用链条级集团控制结构、企业间相互参股等间接方式，终极控股股东对上市公司进行实际控制，导致了控制权和现金流权的分离。在金字塔结构持股形式下，终极控制人通过关联方之间的内幕交易方式，侵害了中小股东的利益。很大一部分中国公司存在金字塔结构，股权结构的集中形态很明显。公司系族的存在导致实际控制人的现金流权与控制权分离，从而形成控股股东剥削其他股东的局面。中国针对终极控制人的大多数实证研究基于民营企业，集中探讨两权偏离对公司绩效、价值的作用。两权偏离对企业自主创新有显著的侵占效应，能明显改变创新效率，当两权偏离过大时，这种侵占效应会导致自主创新呈现负效率。第二类代理问题越严重，上市公司研发投入越低，企业会缺少进行高效创新投入的动力。因此，提出假设 1：

H₁：第二类代理成本与公司 R&D 投入负相关。

1.2 股权制衡度与公司 R&D 投入

近年来学者们讨论的焦点话题之一即如何将大股东的机会主义行为发生的概率降低，一个重要方法是股权制衡。股权制衡是指多位大股东共同持有公司所有权并相互制约与监督，造成某一位或几位大股东不能完全操纵企业活动。股权制衡度越高，大股东越能有效地督导管理者，同时也能防止大股东进行利益侵占，这对 R&D 投资行为是有正向作用的。当股权制衡度增大时，前几大股东持股比率差距减小，他们争取公司的控制权和阻碍 R&D 投资的行为受到妨碍。股权制衡可以改善股东层面的治理，减少利益攫取行为。企业通过股权制衡机制，能够解决代理问题给经营和研发带来的问题，提高公司治理效率。手持一定股权份额的制衡股东，更有积极性监管、督促经理人的管理。股权制衡使"隧道行为"的侵占成本大幅增长，进而降低这种行为发生频率，将大量资源留在企业内部，减轻融资约束带来的压力，使得企业有更多资金进行研发。上市公司存在多个大股东时会制约实际控制人的掠夺行径，其余大股东也会受到相应约束。同时，受到监督的控股股东会将注意力集中于公司的长久发展，在公司的健康成长中获取正当利益，公司的代理成本得以降低，进而促进公司研发决策。因此，提出假设 2：

H₂：股权制衡程度与公司 R&D 投入正相关。

2 数据来源与研究设计

2.1 样本选取

运用 2014~2016 年上海证券交易所的 A 股上市公司为研究样本，并进行筛选：①剔除金融类、房地产类公司；②扣除连续亏损的企业，如 ST、PT 公司；③剔除数据不全的公司。数据来自国泰安（CSMAR）数据库和 WIND 数据库，并结合企业网站对企业年报等数据进行补充和验证，整理后为 1454 个样本观测值，数据处理采用 Stata12.0。

2.2 模型构建

为检验假设 H_1 和 H_2，构建如下研究模型。为检验第二类代理成本对研发投入的影响，引入两个变量测量第二类代理成本，分别为其他应收款占比（accrt）、两权偏离度（separation）。

$$\text{Model1}: \text{rd} = \alpha_0 + \alpha_1 \times \text{accrt} + \alpha_2 \times \text{seperation} + \alpha_3 \times \text{dr10} + \sum \alpha_4 \times \text{control} + \varepsilon \quad (1)$$

$$\text{Model2}: \text{rd} = \alpha_0 + \alpha_1 \times \text{accrt} + \alpha_2 \times \text{dr10} + \sum \alpha_3 \times \text{control} + \varepsilon \quad (2)$$

$$\text{Model3}: \text{rd} = \alpha_0 + \alpha_1 \times \text{seperation} + \alpha_2 \times \text{dr10} + \sum \alpha_3 \times \text{control} + \varepsilon \quad (3)$$

2.3 变量设计

被解释变量、解释变量、控制变量如表 1 所示。

表 1　变量设计

变量类型	变量名称	符号	计算方法
被解释变量	研发强度	rd	研发费用/总资产
解释变量	其他应收款占比	accrt	其他应收款/总资产
	两权偏离度	separation	控制权–现金流权
	股权制衡度	dr10	第二大股东到第十大股东持股比例之和/第一大股东持股比例
控制变量	上市时间	time	公司上市的天数
	资产负债率	lev	总负债账面值/总资产账面值
	管理层薪酬	pay	管理层薪酬的自然对数
	托宾 Q	tobinq	市值/总资产
	实际控制人类型	state	虚拟变量："国有"为 0，"非国有"为 1

3　实证检验

3.1 描述性统计

回归之前考察了模型中变量间的多重共线性问题，发现模型中的被解释变量与解释变量及控制变量间的方差膨胀因子（VIF 值）均小于 2，表明模型不具有多重共线性，对回归结果没有显著影响。主要变量的描述性统计结果如表 2 所示，分析如下：被解释变量方面，研发强度（rd）的均值、中位数分别为 0.0165、0.0118，都不足 0.03，说明创新强度有待提高；研发强度的最大值为 0.2624，是均值的 15 倍，且标准差为 2.1581，说明研发强度分布分散，公司间研发投入区别大。解释变量方面，其他应收款占比（accrt）的均值达到 0.0181，两权偏离度（separation）的均值为 5.7748，样本公司的两权偏离情形比较严峻。两权偏离的最大值为 43.34，大大高于均值，揭示出某些公司为谋求控制权私有利益而采用隐匿手段的事实。股权制衡度（dr10）的均值为 0.632，明显小于 1，代表样本公司中第一大股东持股数量占比较大，股权分散甚至制衡的环境在中国仍不常见。控制变量方面，实际控制人类型（state）的均值为 0.3755，中位数为 0，说明国有控股公司占整个样本上市公司的 62.45%，拥有主体地位。

表 2　描述性统计分析

变量	均值	标准差	中位数	最大值	最小值	样本量
创新强度	0.0165	2.1581	0.0118	0.2624	0.000001	1454
其他应收款占比	0.0181	0.0369	0.01	0.82	0	1454
两权偏离度	5.7748	8.3556	0	43.34	0	1454
股权制衡度	0.632	0.6334	0.4316	4.6712	0.0077	1454
上市时间	5408.81	1952.84	5482	9143	688	1454
资产负债率	0.5519	1.676	0.5065	63.971	0.035	1454
管理层薪酬	14.263	0.6904	14.254	17.352	11.695	1454
托宾 Q	1.7817	2.1431	1.3415	54.284	0.091	1454
实际控制人类型	0.3755	0.4844	0	1	0	1454

3.2　全样本回归

全样本回归结果如表 3 所示，被解释变量 R&D 投入（rd）与衡量第二类代理成本的其他应收款占比（accrt）、两权偏离度（separation）负相关，其中，R&D 投入与其他应收款占比（accrt）在 1% 的水平上呈显著负向关系，验证了假设 1，说明控制性大股东对上市公司的掏空越严重，第二类代理成本越高，公司 R&D 投入越少；R&D 投入与股权制衡度（dr10）在 1% 的水平上呈显著正向关系，说明股权越制衡，R&D 投入越多，验证了假设 2。模型（2）M2 中，被解释变量 R&D 投入（rd）与其他应收款占比（accrt）在 1% 的水平上显著负相关，与股权制衡度（dr10）在 1% 的水平上显著正相关。模型（3）M3 中，被解释变量 R&D 投入（rd）与两权偏离度（separation）负相关，关系并不显著，说明两权偏离度越大，现金流权越小，终极控制人转移资源所承担的代价越小，掠夺动机越明显，即第二类代理成本越明显，投入公司研发活动越困难。被解释变量 R&D 投入（rd）与股权制衡度（dr10）在 1% 的水平上呈显著正向关系，股权制衡结构使得决策者更加关心公司的长久发展，从而对风险较高且见效慢但成效大的 R&D 投资有一定的促进作用。

表 3　全样本回归

变量	M1	M2	M3
accrt	−0.076*** (−3.06)	−0.075*** (−3.05)	
separation	−0.007 (−0.26)		−0.002 (−0.07)
dr10	0.092*** (3.08)	0.093*** (3.17)	0.093*** (3.12)
time	−0.065** (−2.48)	−0.065** (−2.53)	−0.073*** (−2.80)
lev	−0.234*** (−7.57)	−0.234*** (−7.59)	−0.231*** (−7.47)
pay	0.167*** (6.67)	0.167*** (6.67)	0.174*** (6.94)
tobinq	0.372*** (11.76)	0.372*** (11.81)	0.368*** (11.60)
state	0.041 (1.49)	0.039 (1.47)	0.037 (1.32)
常数项	0.000 (0.00)	0.000 (0.00)	0.000 (0.00)
r^2	0.143	0.142	0.137
r^2_a	0.137	0.138	0.132
N	1454	1454	1454
F	26.670	30.015	28.666

注：***、**、* 分别表示在 1%、5%、10%水平下显著. 括号内为 t 值。

4　稳健性检验

进行稳健性检验的方法是采取替代变量，以"超额控制权"替代"两权偏离度"，计算公式为（控制权—现金流权）/控制权，回归结果如表 4 所示。终极控制人的超额控制权和其与投资者的代理问题呈正向关系，控制权越大，终极控制人掠取超额控制权私人收益的可能性越大，从而影响公司 R&D 投入。回归结果大体符合主回归，证明研究结论具有稳健性。

表 4 稳健性检验

	M1	M3
sep1	−0.006 (−0.23)	−0.005 (−0.19)
accrt	−0.075*** (−3.05)	
dr10	0.092*** (3.14)	0.093*** (3.15)
控制	控制	控制
r^2	0.143	0.137
r^2_a	0.137	0.132
N	1454	1454
F	26.668	28.671

注：***、**、* 分别表示在 1%、5%、10% 水平下显著. 括号内为 t 值。

5 结论与启示

严重的第二类代理问题是影响 R&D 投入的原因之一，减轻第二类代理成本对公司 R&D 投入的负面影响，要大力推进混合所有制改革，或者可以通过减少企业与企业间的相互参股数量，优化上市公司的多链条、多层级集团控制结构，减少实际控制人的控制层数和减少实际控制人占用其他应收款形式的资金。公司需拥有某些有能力抗衡大股东的"二号""三号"等股东，使得这些股东的制衡能力得到深层次的体现，改变中国固有的大小股东"两极分化"型股权结构，使股权结构变得多元、分散、合理。为保证 R&D 活动的质量得到进一步提升，中国公司要维持住控制权、现金流权的适度分离，过高的股权集中度在当下来看弊大于利。另外，在确保非国有法人持股为主体的前提下，使国家、法人、个人股三股结合，形成多样性质的股东互相制衡的局面。

参考文献

[1] 约瑟夫·熊彼特. 经济发展理论 [M]. 北京：华夏出版社，2015.

[2] O'Sullivan M. The Innovative Enterprise and Corporate Governance [J]. Cambridge Journal of Economics，2000，24（4）：393–416.

[3] 鲁桐，党印. 公司治理与技术创新：分行业比较 [J]. 经济研究，2014（6）：115–128.

[4] 孔祥浩，许赞，苏州. 政产学研协同创新"四轮驱动"结构与机制研究 [J]. 科技进步与对策，2012（22）：15–18.

[5] 任海云. R&D 投入与企业绩效关系的调节变量综述 [J]. 科技进步与对策，2011（3）：155–160.

[6] La Porta. R.，et al. Corporate ownership around the world [J]. Journal of Finance，1999，54（2）：471–517.

井下受限空间矿工安全注意力影响因素及权重分析

尹忠恺　施凤冉

(辽宁工程技术大学工商管理学院, 辽宁葫芦岛　125000)

【摘　要】为探析井下受限空间矿工安全注意力的影响因素及权重, 运用文献综述法, 结合矿工安全注意力的自然属性特征和行为属性特征, 从矿工个体空间、工作特征空间等6个空间, 总结归纳出27个子因素。基于矿工安全注意力调查问卷, 采用因子分析方法, 构建井下受限空间矿工安全注意力影响因素指标体系, 并确定3个层级指标的权重, 对各影响因素重要程度进行分析。结果表明: 安全意识对矿工安全注意力的影响力最大; 行为习惯、安全监管和自我控制力等对其有显著性影响。本文的研究以期为煤矿企业矿工安全动机培训提供理论依据, 从而减少小伤亡煤矿事故的发生。

【关键词】井下受限空间; 矿工; 安全注意力; 影响因素; 因子分析; 权重

0　引　言

据国家煤矿安全总局统计, 我国2011~2015年非重特大伤亡事故 (10人以下) 发生数降到33起, 但是人因失误占事故总量的比重仍高居不下[1]。学者们开始从人因失误的致因机理、防控监管等方面对安全注意力的研究已经取得一定的成果。Jaap Munneke 等[2] 认为奖励机制的刺激与注意力专注之间存在正相关关系。在交通领域, 成英等[3] 从注意力分配模式、策略视角揭示驾驶员驾驶过程中外界环境及外部动机的显著影响。在教育学领域, 邬衡燕[4] 通过实证分析, 确定了影响学生注意力的因素有学习自主意识状态、教学因素和外界环境因素。从资源分配的角度, M. I. Sahan 和 T. Verguts 等[5] 得出, 在相对简单的环境空间, 人们的注意力分配更加集中, 而在复杂的环境空间, 分配更加分散; 蔡田[6] 通过生理实验证实了生理疲劳与劳动者注意力的削弱程度之间存在正相关关系。

综上所述, 对安全注意力的影响因素进行了分析, 并建立了交互记忆系统、SEEV模型和多因素模型等注意力配置模型。但从安全注意力运行的系统空间角度, 现有研究在井下受限空间矿工安全注意力影响因素及权重值的确定方向存在不足。本文结合现有的研究成果[3,4,7-8]，基于安全注意力运行的 6 个空间，提取影响矿工安全注意力的指标因素，从"纵向过程观"角度，构建矿工安全注意力影响因素指标体系，利用因子分析法确定各影响因素指标权重，对各影响因素的重要程度进行排序，以期为煤矿企业的安全培训提供依据。

1 井下受限空间矿工安全注意力影响因素提取

1.1 井下受限空间矿工安全注意力影响因素

Endsley[9] 将情景意识分为知觉情境中的元素、理解它们的含义以及预测它们随后的状态三个层级，李乃文等[10] 基于此从情境认知的视角对安全注意力进行探析。随后吴旭等[11] 基于空间映射的视角，构建视觉注意力分配预测模型。本文在此基础上引入矿工安全注意力控制空间、安全信息分配空间和安全行为结果空间，其中控制空间又可分为矿工个体、工作特征、工作情境以及外界信息刺激 4 个子空间。运用文献综述法和问卷调查法，结合傅贵等[12] 所提出的行为安全"2-4"模型和相关文献[13-14]，从 6 个不同空间总结得出影响矿工安全注意力的 27 个因素指标，如表 1 所示。

表 1 井下受限空间矿工安全注意力影响因素指标

空间	指标因素
矿工个体空间	安全意识 V_1，自我控制力 V_2，行为习惯 V_3，生理机能 V_4，心理状态 V_5，安全认知 V_6，安全生产经验 V_7
工作特征空间	工作强度 V_8，工作复杂性 V_9，工作环境 V_{10}，所需专业知识 V_{11}
工作情境空间	行为纠正 V_{12}，安全宣传 V_{13}，教育培训 V_{14}，管理方式 V_{15}，安全监管 V_{16}
外界信息刺激空间	信息重要性 V_{17}，信息凸显性 V_{18}，信息出现概率 V_{19}，信息可理解性 V_{20}
信息分配空间	不常出现但高度相关 V_{21}，常出现但不相关 V_{22}，不常出现且不相关 V_{23}，常出现且高度相关 V_{24}
行为结果空间	风险感知力 V_{25}，风险理解力 V_{26}，风险应对力 V_{27}

1.2 问卷设计和样本概况

在实地调研和开放式访谈的基础上，根据矿工安全注意力行为属性，按照心理测量要求编制矿工安全注意力调查问卷，全部题项采用李克特 5 级计分，1 代表非常不符合，5 代表非常符合，得分越高表示安全注意力水平越高。

本次问卷调查首先将选定的矿工按照工种进行分类，再根据简单随机原则对调查对象进行问卷前测。初测发放问卷 50 份，回收有效问卷 38 份，有效率约为 76%，据此进行调查问卷部分题项的修正，形成正式调查问卷。正式发放问卷 250 份，回收有效问卷 179 份，有效率约为 89.5%。

采用 SPSS 17.0 软件对调查问卷所获取的数据进行相关性和验证性统计分析，其中，$\chi^2/df = 3.017$，CFI = 0.921，GFI = 0.909，IFI = 0.947，NFI = 0.933，RMSEA = 0.078，模型拟合较好，说明问卷具有较高的信效度。

2　井下受限空间矿工安全注意力影响因素指标体系构建

2.1　井下受限空间矿工安全注意力影响因素的因子分析

采用 SPSS 17.0 软件对问卷数据进行因子分析，检测问卷的 KMO 值（0.729，建议值为 > 0.7）、Bartlett 球形度（Sig.值为 0.000，小于 0.01 的显著性水平），结果表明因子分析适当性适中，且对应的相伴概率值小于常规的显著性水平，表明适合进行因子分析。利用主成分分析法（Principal Components Analysis，PCA），以 Kaiser 标准（特征值大于 1）作为提取因子的依据，提取 6 个因子作为原有 27 个变量的主因子，各主因子的 Cronbach's α 值及变量因素的复合值如表 2 所示。

表 2　变量的信效度指标值

测量指标	F1	F2	F3	F4	F5	F6	Cronbach's α
V_1	0.845						
V_2	0.731						
V_3	0.652						
V_4	0.630						0.852
V_5	0.608						
V_6	0.627						
V_7	0.668						
V_8		0.876					
V_9		0.767					
V_{10}		0.735					0.679
V_{11}		0.631					
V_{12}			0.717				
V_{13}			0.652				
V_{14}			0.621				0.767
V_{15}			0.620				
V_{16}			0.614				

测量指标	F1	F2	F3	F4	F5	F6	Cronbach's α
V$_{17}$				0.716			
V$_{18}$				0.664			0.703
V$_{19}$				0.673			
V$_{20}$				0.668			
V$_{21}$					0.768		
V$_{22}$					0.743		0.657
V$_{23}$					0.671		
V$_{24}$					0.697		
V$_{25}$						0.782	
V$_{26}$						0.731	0.865
V$_{27}$						0.659	

采用 SPSS 17.0 对问卷的内部一致性进行检验，采用 PCA 对问卷的构建信度进行分析，结果如表 2 所示，问卷的总变量统计值系数 （Cronbach's α） 为 87.6%，各变量的系数均在 0.6 以上，说明问卷具有良好的构建信度。所提取的 6 个主因子的累计贡献率为 74.869%，各自贡献率分别为 11.137%、10.892%、9.653%、7.937%、7.023% 和 28.227%，且各测量指标的因素载荷值均大于 0.5，表明问卷具有较高的构建效度。

根据每个主成分所包含的变量含义，结合矿工安全注意力的 4 个自身属性特征[10]，以及矿工安全注意力的 5 个行为属性特征[13]，对 6 个主因子进行命名。主因子 F1：主观能动水平，是针对矿工个体空间的矿工主体的自我调控；主因子 F2：环境诱发力，是井下受限空间的工作特征空间对矿工安全注意力的特殊性影响；主因子 F3：监管度，是煤矿企业管理者为提升矿工安全注意力水平所采取的干预措施；主因子 F4：刺激度，是针对外界信息刺激空间中安全风险信息对矿工安全注意力的刺激；主因子 F5：动态配置度，是针对矿工安全注意力在作业安全信息上的衰减和矿工安全注意力在关注作业安全信息上的专注；主因子 F6：干扰抑制力，是针对行为结果空间的矿工突发事件的应对力。

2.2 井下受限空间矿工安全注意力影响因素指标体系构建

鉴于此，本文所构建的井下受限空间矿工安全注意力影响因素指标体系如图 1 所示。

由图 1 可知，井下受限空间矿工安全注意力影响因素指标体系包含 6 个研究空间和 3 个指标等级。6 个研究空间总体反映的是矿工安全注意力在整个作业空间流程中对风险信息的获取—理解—应对的全过程；3 个指标等级代表安全注意力不同的指标表现。

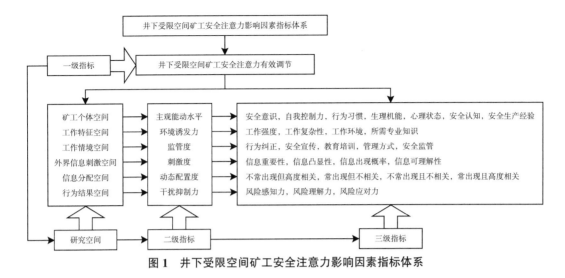

图 1　井下受限空间矿工安全注意力影响因素指标体系

3　井下受限空间矿工安全注意力影响因素指标权重确定

3.1　基于因子分析法的不同层次指标权重的确定

在验证所提取指标科学性的研究上，田水承等[14-16]采用因子分析法，建立指标体系并确定各层级指标的权重，进一步分析各指标因素的重要程度。因此，本文在确定井下受限空间矿工安全注意力影响因素指标的权重时，采用因子分析法，计算二级指标在一级指标上的权重、三级指标在二级指标上的权重以及三级指标在一级指标上的权重，不同层级指标权重的确定方法为：

（1）二级指标在一级指标上权重的确定。在井下受限空间矿工安全注意力影响因素指标体系建立的过程中，确定 6 个主因子的贡献率，对 6 个主因子的贡献率进行归一化处理得到权重 A_i，具体计算结果如表 3 所示。

（2）三级指标在二级指标上权重的确定。在因子分析过程中得到因子得分系数矩阵 a_j，即因子得分系数。相对应的系数变量 a_j 是将二级指标表示为所包含三级指标的线性组合。因此，对因子得分系数矩阵 a_j 进行归一化处理得到权重 A_j，具体计算结果如表 3 所示。

（3）三级指标在一级指标上权重的确定。权重 A_i 与权重 A_j 的乘积得到权重值 A_{ij}，即三级指标在一级指标上的权重值，计算结果如表 3 所示。

3.2　结果分析

由表 3 各级别指标及其在不同层级指标中的权重结果分析得出：

（1）6 个二级指标重要程度排序为：干扰抑制力 > 主观能动水平 > 环境诱发力 > 监

表 3　各级别指标及其在不同层级指标中的权重

一级指标	二级指标	二级指标在一级指标上的权重值 (A_i)	三级指标	因子的得分系数 (a_{ij})	三级指标在二级指标上的权重值 (A_j)	三级指标在一级指标上的权重值 (A_{ij})
井下受限空间矿工安全注意力有效调节	因子 1（主观能动水平）	0.217	V_1（安全意识）	0.497	0.358	0.0777
			V_2（自我控制力）	0.381	0.302	0.0656
			V_3（行为习惯）	0.465	0.339	0.0736
			V_4（生理机能）	0.303	0.237	0.0658
			V_5（心理状态）	0.172	0.065	0.0141
			V_6（安全认知）	0.219	0.178	0.0386
			V_7（安全生产经验）	0.347	0.218	0.0473
	因子 2（环境诱发力）	0.165	V_8（工作强度）	0.379	0.291	0.0480
			V_9（工作复杂性）	0.213	0.082	0.0135
			V_{10}（工作环境）	0.265	0.109	0.0180
			V_{11}（所需专业知识）	0.107	0.054	0.0090
	因子 3（监管度）	0.106	V_{12}（行为纠正）	0.339	0.215	0.0228
			V_{13}（安全宣传）	0.112	0.087	0.0092
			V_{14}（教育培训）	0.188	0.135	0.0199
			V_{15}（管理方式）	0.219	0.174	0.0184
			V_{16}（安全监管）	0.407	0.352	0.0373
	因子 4（刺激度）	0.085	V_{17}（信息重要性）	0.163	0.134	0.0113
			V_{18}（信息凸显性）	0.170	0.106	0.0090
			V_{19}（信息出现概率）	0.327	0.219	0.0186
			V_{20}（信息可理解性）	0.351	0.237	0.0201
	因子 5（动态配置度）	0.080	V_{21}（不常出现但高度相关）	0.103	0.056	0.0045
			V_{22}（常出现但不相关）	0.147	0.108	0.0086
			V_{23}（不常出现且不相关）	0.116	0.078	0.0062
			V_{24}（常出现且高度相关）	0.297	0.113	0.0090
	因子 6（干扰抑制力）	0.347	V_{25}（风险感知力）	0.368	0.325	0.1128
			V_{26}（风险理解力）	0.264	0.196	0.0680
			V_{27}（风险应对力）	0.219	0.157	0.0545

管度 > 刺激度 > 动态配置度。

（2）根据三级指标对二级指标的权重值可得：在影响二级指标"主观能动水平"的三级指标中，指标"安全意识"的权重大于其他 6 个指标权重，说明矿工个体在作业阶段主要通过自身的安全意识调节安全注意力的专注或衰减。在影响二级指标"环境诱发力"的三级指标中，指标"工作强度"的权重大于其他 3 个指标权重，说明工作强度所带来的矿工身体以及心理倦怠程度对矿工安全注意力的影响较大。在影响二级指标"监管度"的三级指标中，指标"安全监管"的权重大于其他4个指标权重，说明安全监察员的安全巡逻所产生的特殊情境对调节矿工安全注意力有显著性影响。在影响二级指标"刺激度"的三级指标中，指标"信息可理解性"的权重大于其他4个指标权重。在影响二级指标"动态配置度"的三级指标中，指标"常出现且高度相关"的权重大于其他3个指标权重，所以矿工在作业阶段会有意注意经常常出现且和作业状态高度相关的信息，对安全注意力的影响性较为显著。在影响二级指标"干扰抑制力"的三级指标中，指标"风险感知力"的权重大于其他2个指标权重，所以在人为感知—判断—行为响应的规律中，人为感知是最基础也是最重要的。

（3）根据三级指标对一级指标的权重值可知，在所有的影响因素指标变量中，对井下受限空间矿工安全注意力影响相对明显的前10个因素依次为：安全意识、行为习惯、安全监管、自我控制力、工作强度、风险感知力、信息可理解性、安全生产经验、行为纠正、信息出现频率。

4 结 论

基于上述分析，本文构建了井下受限空间矿工安全注意力影响因素的指标体系，并确定出3个层级指标的权重。由于客观因素、调查范围受限，虽然是根据科学的研究方法所得出的数据，但仍存在一定的局限性和实践检验性，后续将更加深入研究各影响因素对安全注意力的作用机理，以期对矿工安全生产培训起到指导性作用，不单纯从技能层面，更要从矿工的生理和心理角度进行培训，以此降低不安全行为发生的概率。

参考文献

[1] 全国煤矿百万吨死亡率直降74.8%[EB/OL]. [2015-02-05].

[2] Munneke J., Belopolsky A. V., Theeuwes J. Distractors Associated with Reward Break Through the Focus of Attention [J]. Attention, Perception & Psychophysics, 2016: 1–13.

[3] 成英, 高利, 高鲜萍. 城市快速路驾驶人注意力分配特征变化 [J]. 中国安全科学学报, 2014, 24 (10): 72–74.

[4] 邬衡燕. 大学本科生课堂学习质量的注意力因素探讨 [J]. 长沙铁道师范学院学报（社会科学版）, 2005, 6 (2): 136–137.

[5] Sahan M. I., Verguts T., Boehler C. N., et al. Paying Attention to Working Memory: Similarities in the Spatial Distribution of Attention in Mental and Physical Space [J]. Psychonomic Bulletin & Review, 2015: 1–8.

[6] 蔡田. 生理疲劳对劳动者注意力的削弱作用研究 [J]. 企业导报, 2013 (17): 183–184.

[7] 王超, 于超博, 王敏. 基于注意力分配的管制员调配飞行冲突认知过程研究 [J]. 安全与环境学

报，2016，16（4）：205-209.

[8] 牛莉霞，刘谋兴，李乃文等. 工作倦怠、安全注意力与习惯性违章行为的关系 [J]. 中国安全科学学报，2016，26（6）：19-24.

[9] 刘双，完颜笑如，庄达民等. 基于注意资源分配的情境意识模型 [J]. 北京航空航天大学学报，2014，40（8）：1066-1072.

[10] 李乃文，金洪礼. 基于情境认知的安全注意力研究 [J]. 中国安全科学学报，2013，23（9）：59-62.

[11] 吴旭，完颜笑如，庄达民. 基于空间映射的视觉注意力分配预测模型 [J]. 北京航空航天大学学报，2014，40（12）：1713-1718.

[12] 傅贵，杨春，殷文韬等. 行为安全"2-4"模型的扩充版 [J]. 煤炭学报，2014，39（6）：994-999.

[13] 吴旭，完颜笑如，庄达民. 多因素条件下注意力分配建模 [J]. 北京航空航天大学学报，2013，39（8）：1086-1090.

[14] 田水承，薛明月，李广利等. 基于因子分析法的矿工不安全行为影响因素权重确定 [J]. 矿业安全与环保，2013，40（5）：113-116+123.

[15] 耿金花，高齐圣，张嗣瀛. 基于层次分析法和因子分析的社区满意度评价体系 [J]. 系统管理学报，2007.

[16] 田水承，陈盈，邹元，李广利. 煤矿安全标志有效性影响因素分析 [J]. 中国安全科学学报，2016，26（2）：146-151.

基于随机 Petri 网的踩踏事件演化模型研究

温廷新[1]　于凤娥[1, 2]　刘天宇[2]

(1. 辽宁工程技术大学系统工程研究所，辽宁葫芦岛　125105；

2. 辽宁工程技术大学工商管理学院，辽宁葫芦岛　125105)

【摘　要】公共场所人群高度聚集、流动性大，拥挤踩踏事故时常发生，造成大量人员伤亡和恶劣的社会影响。为清晰模拟踩踏事件的演化过程，分析踩踏事件演化系统的均衡状态及其变动规律，采用案例分析方法提取踩踏事件的属性，并对其进行结构化描述。利用随机 Petri 网的建模分析方法，根据随机 Petri 网和马尔科夫链的同构关系，建立基于随机 Petri 网的踩踏事件演化模型。以上海踩踏事故为例，利用马尔科夫链及模糊数学方法，结合 MATLAB 软件进行仿真模拟对 SPN 模型进行系统性能分析，结果表明：人群拥挤踩踏事件是各种潜伏危机积累在导火索事件诱发下爆发的，其中加强人群信息交流、掌握舆论信息主导权可以有效地控制人群密度与速度，对于避免人群拥挤踩踏事件的发生具有重要作用。

【关键词】踩踏事件；事件演化；随机 Petri 网；马尔科夫链

0　引　言

随着社会的发展和人民物质文化生活水平的提高以及城市公共聚集场所建设的不断完善，公共场所人群高度聚集，人群流动的频度和密度大幅度增长，因而拥挤踩踏事故发生的风险也显著提高。如 2004 年 2 月 5 日，北京市密云县密虹公园踩踏事件造成 37 人死亡；2005 年 1 月 25 日，印度马哈拉施特拉邦一个宗教集会场所发生踩踏事件，造成 300 多人死亡；2005 年 8 月 31 日，伊拉克首府巴格达发生踩踏事故，共造成 965 人死亡，465 人受伤；2014 年 12 月 31 日，上海外滩陈毅广场发生群众拥挤踩踏事故，造成 36 人死亡，49 人受伤。该类事故造成严重的人员伤亡和巨大的经济损失，对社会造成恶劣的负面影响。因此，科学认识拥挤踩踏事故的发展演化过程，发现踩踏事件发生的潜伏危机及诱发因素，从而制定及时有效的应急策略，预防和控制拥挤踩踏事件的发生，对于保障人员安全和促进社会发展具有重大意义。

目前，国内外学者对人群拥挤踩踏事故从不同角度进行研究，国外 Lee 和 Hughes 采用连续行人流模型，通过实例对人群拥挤和踩踏分别进行定量分析[1-2]；Helbing 等[3-4] 对人群恐慌进行详细分析，并提出"社会力"模型；Henein 等[5] 基于多智能体技术的计算机模拟对疏散过程中的人群行为进行分析；Teknomo[6] 在 Helbing 提出的"社会力"模型的基础上对个体之间相互作用力中的"排斥力"构建相关的微观模拟模型。国内张培红等[7-8] 吸取"社会力"模型中行人运动受到社会力支配的思想，建立群集流动的微观动力学模型和自适应二维元胞自动机模型；佟瑞鹏[9] 等基于拥挤踩踏事故风险概率及损失严重程度的定量表达方式，建立拥挤踩踏事故风险定量评价模型；刘艳等[10] 依据 DEA 理论确定地铁车站人群拥挤踩踏事故风险输入输出向量，并考虑输出向量权重限制问题，建立改进的地铁车站拥挤踩踏事故风险评价模型；马剑等[11] 结合大型活动行人路径选择行为特征，基于交通分配模型和非线性行人路阻函数，计算行人网络流量增加条件下人群在各路段行走时间变化率，依据排序结果提出路段结构重要度的行人网络瓶颈路段识别方法。

上述学者关于人群拥挤踩踏事件的研究对事件的预防和应急救援具有重大的现实指导作用，但针对踩踏事件这一复杂系统未能通过图形清晰地描述事件的系统内部状态之间的转化和转化前后系统所处的状态，而 Petri 网正是一种非常适合复杂系统仿真建模与分析的图形化工具。鉴于此，笔者运用随机 Petri 网来研究拥挤踩踏事件演化系统，可以清晰模拟出系统的变化过程及其当前所处的状态，分析拥挤踩踏事件演化系统的均衡状态及其变动规律，为科学预防和控制拥挤踩踏事件提供科学有效的应急对策建议。

1　上海踩踏事件结构化描述

1.1　突发事件结构化描述

突发事件作为一个由多属性构成的集合，可以通过具体的案例进行分析、梳理，将多属性集合分为五个结构块，分别为事件类型、关键属性、从属属性、环境属性和危害评估属性。具体的结构框架为[12]：

ET = {事件类型（Event Type，ET}}，突发事件的固有属性，分为渐变型和激变型。

KA = {关键属性（Key Attributes，KA)}，突发事件的内部属性，对于事件的严重程度具有决定性作用。

SA = {从属属性（Secondary Attributes，SA)}，仅次于关键属性的内部属性，影响突发事件的发展、演化和危害。

EA = {环境属性（Environment Attributes，EA)}，突发事件的外部属性，可以观测

事件的发展演化和度量事件后果的严重程度。

HA = {危害评估属性（Hazard Assessment Attributes，HA)}，与事件类型关联程度最小的外部属性，可以对突发事件的危害进行评估。

1.2 上海踩踏事件梳理及结构化描述

根据突发事件结构化框架描述，笔者对 2014 年上海外滩踩踏突发事件案例进行分析梳理，对事件进行介绍、梳理以及结构化描述，最后得出踩踏事件一般结构化描述。

（1）事件介绍。2014 年 12 月 31 日 20 时许，外滩人流开始陆续增多，到 20 时 30 分已接近 2013 年跨年时灯光秀活动的人流规模，公安等部门第一时间又紧急抽调数百名警力赶往现场，至 23 时 30 分前后，陈毅广场和清水平台的人流产生对冲，有人摔倒，造成踩踏事件发生。

（2）事件梳理。上海外滩踩踏事件是一起对群众性活动预防准备不足、现场管理不力、应对处置不当而引发的拥挤踩踏并造成重大伤亡和严重后果的公共安全责任事件。

（3）事件结构化描述。2014 年上海外滩踩踏事件 {{渐变型}，{群体组织结构（利益相关者、情绪感染者、不法分子），人群信息交流不畅，组织管理不力，应对处置不当}，{性能优化设计（不合理），人群素质（自救意识薄弱），人群密度（不受控制），人群管理（不科学)}，{疏散渠道（不畅），应急救援（不及时)}，{人员伤亡，扰乱社会秩序，公共安全破坏}}。

对以上案例进行分析梳理，得出群众拥挤踩踏事件一般结构化描述为拥挤踩踏事件 W {{渐变型}，{群体组织结构，人群信息交流不畅，组织管理不力，应对处置不当}，{性能优化设计，人群素质，人群密度，人群管理}，{疏散渠道，组织救援}，{人员伤亡，扰乱社会秩序，公共安全破坏}}。

根据上述群众拥挤踩踏事件的结构化描述，结合 Turner[13] 提出的灾害演化生命周期模型，将踩踏事件分为潜伏阶段、诱发阶段、发展阶段、爆发阶段、消亡阶段五个阶段。基于此，得到拥挤踩踏事件演化过程系统图，如图 1 所示。

2 群众拥挤踩踏事件演化随机 Petri 网模型

2.1 Petri 网的基本理论

Carl Adam Petri 的博士学位论文里首次提出 Petri 网，Petri 网是托肯（Token）的流动模拟系统的动态与活动行为。随机 Petri 网（SPN）就是在 Petri 网的基础上对每个变迁与一个实施速率相关联[14]。

随机 Petri 网是由 6 个元素组成的有向图，即 PN =（P，T，F，W，M，λ），其中：

（1）P = {P_1，P_2，…，P_n} 表示库所，是一个有限集合，n 为库所的个数，其中 n > 0。

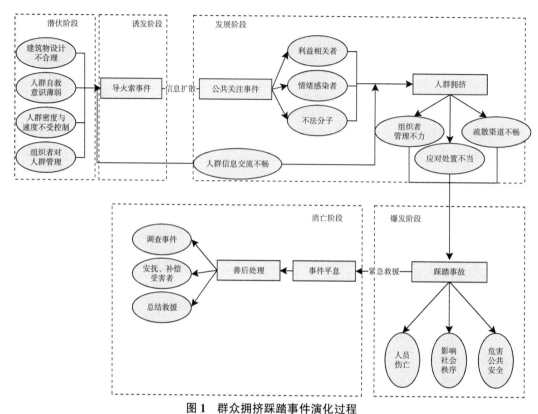

图 1　群众拥挤踩踏事件演化过程

（2）$T = \{t_1, t_2, \cdots, t_m\}$ 表示变迁，是一个有限集合，m 为变迁的个数，其中 m > 0，并且满足 $P \cap T = \Phi$ 和 $P \cup T = \Phi$。

（3）$F \subseteq I \cup O$ 表示有向弧集，其中，变迁的输入弧的集合 $I \subseteq P \times T$；变迁的输出弧的集合 $O \subseteq T \times P$。

（4）$W : F \to N^+$ 表示弧函数，其中 $N^+ = (1, 2, 3, \cdots, n)$。

（5）向量 $M : P \to N$ 表示 Petri 网的标识，向量中第 i 个元素代表第 i 个库所中的托肯数量，初标识 M_0 表示系统初始状态。

（6）$\lambda = \{\lambda_1, \lambda_2, \cdots, \lambda_m\}$ 表示平均点火速率，λ 与时间变迁相关联。

2.2　突发事件演化建模方法

建立基于 SPN 的突发事件演化模型，具体步骤如下 [15]：

Step1：根据突发事件演化过程的特点结合 Petri 网的基本理论，建立 SPN 模型。

Step2：根据 SPN 模型构建可达图，每条弧都给定所对应的变迁的激发率，构建马尔科夫链。

Step3：根据马尔科夫链平稳分布的相关定理和切普曼—柯尔莫哥洛夫方程得到下列线性矩阵方程：

$$\begin{cases} P\Gamma = 0 \\ \displaystyle\sum_{i=1}^{n} P(m_i) = 1 \end{cases} \tag{1}$$

其中，变迁的激发率矩阵 $\Gamma = (\xi_{ij})_{n \times n}$，$i = 1, 2, \cdots, n$；$j = 1, 2, \cdots, n$。根据马尔科夫链的状态图得到矩阵 Γ 中非对角线上的元素 ξ_{ij} $(i \ne j)$，当图中从标识 m_i 到标识 m_j 之间存在有向弧时，ξ_{ij} 为弧上的变迁激发率之和；当没有弧时，ξ_{ij} 为零。矩阵 Γ 中对角线上的元素 $\xi_{ij}(i = j)$ 满足 $\xi_{ij} = -\displaystyle\sum_{i \ne j} \xi_{ij}$。求解上述矩阵得到稳态概率 $P = (P(M_1), P(M_2), \cdots, P(M_n))$。

Step4： 根据求得稳定概率 $P = (P(M_1), P(M_2), \cdots, P(M_n))$ 对基于 SPN 的突发事件演化系统性能进行评估和改进。

2.3 群众拥挤踩踏事件演化的 SPN 模型

根据图 1 描述的群众拥挤踩踏事件演化过程，按照上述突发事件演化建模方法，建立相应的踩踏事件演化 SPN 模型，如图 2 所示。

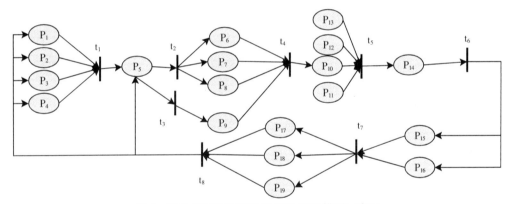

图 2 群众拥挤踩踏事件演化的 SPN 模型示意图

如图 2 所示群众拥挤踩踏事件演化的 SPN 模型共有 19 个库所和 8 个变迁，每个库所和变迁的具体含义为：

（1）库所的有限集 P。P_1：性能优化设计；P_2：人群素质；P_3：人群密度与速度；P_4：人群管理控制水平；P_5：导火索事件；P_6：利益相关者；P_7：情绪感染者；P_8：不法分子；P_9：人群信息交流不畅；P_{10}：人群拥挤；P_{11}：组织者管理不当；P_{12}：应对处理不力；P_{13}：疏散渠道不畅；P_{14}：踩踏事件；P_{15}：人员救治；P_{16}：现场控制；P_{17}：展开调查；P_{18}：受害者家属安抚与补偿；P_{19}：救援工作总结。

（2）变迁的有限集 t。t_1：各种潜伏危机积累；t_2：安全评估不到位；t_3：信息交流不畅；t_4：各种因素相结合；t_5：预警；t_6：应急救援；t_7：应急后期处理；t_8：事件平息。

随机 Petri 网的初始标识为 $M_1 = (1, 1, 1, 1, 0, 0, 0, 0, 0, 0, 0, 0, 0, 0,$

0，0，0，0，0）表示 P_1，P_2，P_3，P_4 中各有一个托肯，由此得到不同的变迁所得到的可达集，因而可以得到如下的标识集：

$M_1 = (1, 1, 1, 1, 0, 0, 0, 0, 0, 0, 0, 0, 0, 0, 0, 0, 0, 0, 0)$；$M_2 = (0, 0, 0, 0, 1, 0, 0, 0, 0, 0, 0, 0, 0, 0, 0, 0, 0, 0, 0)$；

$M_3 = (0, 0, 0, 0, 0, 1, 1, 1, 0, 0, 0, 0, 0, 0, 0, 0, 0, 0, 0)$；$M_4 = (0, 0, 0, 0, 0, 0, 0, 0, 1, 0, 0, 0, 0, 0, 0, 0, 0, 0, 0)$；

$M_5 = (0, 0, 0, 0, 0, 0, 0, 0, 0, 1, 1, 1, 1, 0, 0, 0, 0, 0, 0)$；$M_6 = (0, 0, 0, 0, 0, 0, 0, 0, 0, 0, 0, 0, 0, 1, 0, 0, 0, 0, 0)$；

$M_7 = (0, 0, 0, 0, 0, 0, 0, 0, 0, 0, 0, 0, 0, 0, 1, 1, 0, 0, 0)$；$M_8 = (0, 0, 0, 0, 0, 0, 0, 0, 0, 0, 0, 0, 0, 0, 0, 0, 1, 1, 1)$

根据随机 Petri 网与马尔科夫链的同构关系，其中变迁 t 作为一个连续随机变量 x_i，其中 $x_i > 0$，服从一个指数分布函数：

$$F_t(x) = P\{x_t \leqslant x\} \tag{2}$$

$$\forall t \in T : F_t = 1 - e^{-\lambda_t x} \tag{3}$$

其中，λ_t 是变迁 t 的平均实施速率。

根据人群拥挤踩踏事件演化过程的随机 Petri 网模型的 8 个状态 M_1，M_2，…，M_8 与变迁 t_1，t_2，…，t_8 对应的平均实施速率 λ_1，λ_2，…，λ_8，可得到其同构的人群拥挤踩踏事件演化模型马尔科夫链，如图 3 所示。

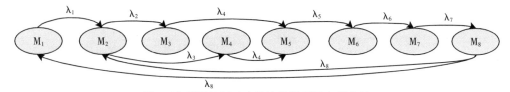

图 3　人群拥挤踩踏事件演化模型马尔科夫链

根据马尔科夫过程对模型进行有效性分析，结论如下：

1）整个踩踏事件演化过程中标记的传送是流畅的，未发生阻塞，表明踩踏事件演化过程中所有任务在一定时间内都能完成，各任务之间都有顺序关联性。

2）模型是安全有界的，在整个踩踏事件演化过程库所中只有一个托肯。

3）模型具有活性，所有状态 M_i 都有变迁可达，不存在无法执行变迁和死锁现象。

因此，该模型满足可达性、活性、安全性及有界性，图 2 的 SPN 模型是合理可行的。

2.4　基于模糊随机方法的 SPN 性能分析

由式（1）可以得到相应的转移概率矩阵 Γ：

$$\Gamma = \begin{bmatrix} -\lambda_1 & \lambda_1 & 0 & 0 & 0 & 0 & 0 & 0 \\ 0 & -\lambda_2-\lambda_3 & \lambda_2 & \lambda_3 & 0 & 0 & 0 & 0 \\ 0 & 0 & -\lambda_4 & 0 & \lambda_4 & 0 & 0 & 0 \\ 0 & 0 & 0 & -\lambda_4 & \lambda_4 & 0 & 0 & 0 \\ 0 & 0 & 0 & 0 & -\lambda_5 & \lambda_5 & 0 & 0 \\ 0 & 0 & 0 & 0 & 0 & -\lambda_6 & \lambda_6 & 0 \\ 0 & 0 & 0 & 0 & 0 & 0 & -\lambda_7 & \lambda_7 \\ \lambda_8 & \lambda_8 & 0 & 0 & 0 & 0 & 0 & -2\lambda_8 \end{bmatrix} \tag{4}$$

根据模型的稳定状态 M_i 对应的稳定概率 $P(M_i)(i = 1, 2, \cdots, 8)$ 与转移概率矩阵 Γ 得到状态间的关系式为:

$$\begin{cases} \lambda_1 P(M_1) = \lambda_8 P(M_8) \\ \lambda_2 P(M_2) + \lambda_3 P(M_2) = \lambda_8 P(M_8) + \lambda_1 P(M_1) \\ \lambda_4 P(M_3) = \lambda_2 P(M_2) \\ \lambda_4 P(M_4) = \lambda_3 P(M_2) \\ \lambda_5 P(M_5) = \lambda_4 P(M_4) + \lambda_4 P(M_3) \\ \lambda_6 P(M_6) = \lambda_5 P(M_5) \\ \lambda_7 P(M_7) = \lambda_6 P(M_6) \\ \lambda_8 P(M_8) + \lambda_8 P(M_8) = \lambda_7 P(M_7) \\ \sum_{i=1}^{8} P(M_i) = 1 \end{cases} \tag{5}$$

通过对上述线性方程组求解,可以得到踩踏事件演化系统的状态稳定概率 $P = (P(M_1), P(M_2), \cdots, P(M_8))$。

由于救援时间的不确定性和救援流程的复杂性,采用模糊数学原理[16-17]解稳定状态概率方程。以上海踩踏突发事件应急救援实际完成工作情况为依据,基于模糊数学的相关理论对方程中的 λ_i 进行模糊化处理,其中,$\lambda_1 = 8$,$\lambda_2 = 3$,$\lambda_3 = 2$,$\lambda_4 = 4$,$\lambda_5 = 1$,$\lambda_6 = 1$,$\lambda_7 = 6$,$\lambda_8 = 4$。λ_1 采用 5%,λ_7 采用 10%,λ_2、λ_3、λ_4、λ_8 采用 15%,λ_5、λ_6 采用 20% 的模糊化程度作为其上下限,稳定概率之和为模糊数 (0.9, 1, 1.1),将方程转化为模糊稳定状态概率方程。利用三角隶属函数表示模糊数,其中,$A^{(\alpha)} = [a_1^{(\alpha)}, a_3^{(\alpha)}]$ 为三角模糊数 (a_1, a_2, a_3) 的 α 截集,$A^{(\alpha)} = [a_1 + (a_2 - a_1)\alpha, a_3 - (a_3 - a_2)\alpha]$ 表示三角模糊数的一个信任区间。令 α 为 0~1,步长为 0.1,则可以计算出稳定概率,计算结果如表 1 所示。

表 1 稳定概率的信任区间

s	$P(M_1)$		$P(M_2)$		...	$P(M_7)$		$P(M_8)$	
0	0.0191	0.025034	0.06865	0.073143		0.054030	0.06372	0.04290	0.04571
0.1	0.0195	0.024759	0.06891	0.072961		0.054571	0.06329	0.04307	0.04560

续表

s	P(M₁)		P(M₂)		⋯	P(M₇)		P(M₈)	
0.2	0.0198	0.024485	0.06918	0.072779		0.055111	0.06286	0.04324	0.04548
0.3	0.0201	0.024210	0.06945	0.072597		0.055652	0.06243	0.04340	0.04537
0.4	0.0204	0.023936	0.06971	0.072415		0.056192	0.06200	0.04357	0.04525
0.5	0.0207	0.023661	0.06998	0.072233		0.056733	0.06157	0.04374	0.04514
0.6	0.0210	0.023386	0.07025	0.072050		0.057273	0.06115	0.04390	0.04503
0.7	0.0213	0.023112	0.07052	0.071868		0.057814	0.06072	0.04407	0.04491
0.8	0.0216	0.022837	0.07078	0.071686		0.058354	0.06029	0.04424	0.04480
0.9	0.0219	0.022563	0.07105	0.071504		0.058895	0.05986	0.04441	0.04469
1	0.0222	0.022288	0.07132	0.071322		0.059435	0.05943	0.04457	0.04457

由式（5）所得的稳定概率为模糊数，采用区域中心法进行去模糊化处理得到稳定概率的准确值如下：

$P[M_1] = 0.022172$，$P[M_2] = 0.071038$，$P[M_3] = 0.053279$，$P[M_4] = 0.035519$，$P[M_5] = P[M_6] = 0.357264$，$P[M_7] = 0.059063$，$P[M_8] = 0.044399$。

根据求得的稳定概率可以计算出系统性能指标，其中库所繁忙的概率即指踩踏事件应急救援实体非空闲状态的概率、系统变迁的利用率即指将变迁转变为使能变迁的所有标识的稳定概率之和，计算结果分别如表 2、表 3 所示。

表 2　库所的繁忙概率

库所	繁忙概率	库所	繁忙概率	库所	繁忙概率	库所	繁忙概率
$P[M(p_1)=1]$	0.022172	$P[M(p_6)=1]$	0.053279	$P[M(p_{11})=1]$	0.357264	$P[M(p_{16})=1]$	0.059063
$P[M(p_2)=1]$	0.022172	$P[M(p_7)=1]$	0.053279	$P[M(p_{12})=1]$	0.357264	$P[M(p_{17})=1]$	0.044399
$P[M(p_3)=1]$	0.022172	$P[M(p_8)=1]$	0.053279	$P[M(p_{13})=1]$	0.357264	$P[M(p_{18})=1]$	0.044399
$P[M(p_4)=1]$	0.022172	$P[M(p_9)=1]$	0.035519	$P[M(p_{14})=1]$	0.357264	$P[M(p_{19})=1]$	0.044399
$P[M(p_5)=1]$	0.071038	$P[M(p_{10})=1]$	0.357264	$P[M(p_{15})=1]$	0.059063		

表 3　变迁的利用率

变迁	U(t₁)	U(t₂)	U(t₃)	U(t₄)	U(t₅)	U(t₆)	U(t₇)	U(t₈)
利用率	0.088688	0.071038	0.071038	0.195356	0.429056	0.357264	0.118126	0.133197

根据表 2 各库所繁忙的概率分析可以得到：库所 P_{10}、P_{11}、P_{12}、P_{13}、P_{14} 的繁忙概率相对较大，即人群中不断堆积错误信息，组织者缺乏随机应变管理能力，不能及时采取应对措施，疏散通道不合理最终导致踩踏事件的爆发。因为在踩踏突发事件演化过程中，信息传递与反馈以及事件爆发后的应急管理和及时的救援是避免事故的关键。

因此，应将相应的环节作为突发事件演化系统的重点优化对象。

根据表 3 变迁的利用率分析可以得到：变迁 t_5、t_6 利用率相对较高，即预警阶段错误信息快速传播以及事件爆发后的应急救援阶段耗时较长，这些环节涉及多职能部门间的协调以及各种应急救援资源的调配。因此，踩踏事件中信息的传递至关重要，要优化改进信息传递环节提升踩踏突发事件的应急处置效能，应急救援阶段需要在踩踏应急组织结构设计方面注重常态和应急的动态切换。

3　拥挤踩踏事件演化仿真分析

根据以上求得稳定概率分析拥挤踩踏事件演化过程中不同的演化状态，参照上海外滩踩踏事故对变迁平均实施速率 λ_1，λ_2，$\cdots$，λ_8 进行参数设定，其中 $\lambda_1 = 8$，$\lambda_2 = 3$，$\lambda_3 = 2$，$\lambda_4 = 4$，$\lambda_5 = 1$，$\lambda_6 = 1$，$\lambda_7 = 6$，$\lambda_8 = 4$。通过变动变迁平均实施速率 λ_1，λ_2，$\cdots$，λ_8 进行仿真模拟，来提高整个系统运行效率，对于避免踩踏事件发生具有重要的现实意义。

（1）性能优化设计不合理、人群自救意识薄弱、人群密度不受控制、人群管理不科学等潜伏危机积累程度（变迁 λ_1）的变动。假定 λ_2，$\cdots$，λ_8 不变，λ_1 从 1 变到 20 可以得到演变的情况如图 4 所示。

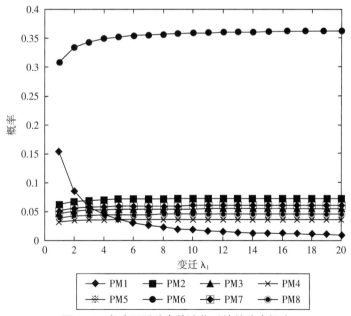

图 4　λ_1 变动下踩踏事件演化系统的稳态概率

当 λ_1 从 1 变到 20 时，即性能优化设计不合理、人群自救意识薄弱、人群密度不受控制、人群管理不科学等潜伏危机不断积累，整个系统处于空闲状态的概率迅速下降，而人群拥挤踩踏事件爆发的概率 $P(M_6)$ 明显上升，即在各种潜伏危机不断积累的情况下，很容易造成踩踏事件的发生。因此，为避免潜伏危机爆发导致踩踏事故，公共场所建筑物设计时应更加注重逃生通道、加强群众的自救意识以及组织和控制人群密度与速度的管理，降低各种危机相结合造成踩踏事故发生的概率。

（2）人群信息交流不畅（变迁 λ_3）的变动。人群信息交流对踩踏事件发生起到了重要的作用，假定 λ_1，λ_2，λ_4，$\cdots$，λ_8 不变，λ_3 发生变动可以得到图 5。

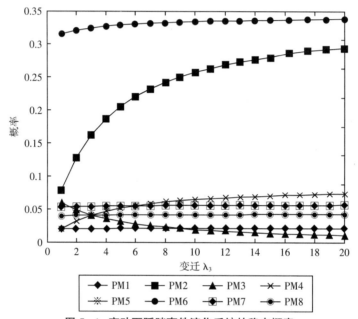

图 5　λ_3 变动下踩踏事件演化系统的稳态概率

从图 5 中可以看出，当变迁 λ_3 从 1 变到 20 时，即人群信息交流不畅加剧，则由信息交流不畅等引起的导火索事件发生的概率 $P(M_2)$ 和人群拥挤踩踏事件发生的概率 $P(M_6)$ 明显上升，这表明信息交流在踩踏事件中起到重要的作用。谣言具有"蝴蝶效应"，即一个微小的谣言传闻在人群中扩散，如果人群中信息交流不畅不能及时地澄清引导，谣言在人群中不断传播，最终导致人群拥挤踩踏事件发生，会影响社会秩序、危害公共安全。应对信息交流不畅，管理者需及时公布真实信息，掌握舆论信息主导权，快速有效地截断谣言将会有效控制踩踏事件的发生。

4　结　论

（1）通过对上海外滩踩踏事件的结构化描述分析，运用随机 Petri 网来研究踩踏事件演化过程，模拟出系统的变化过程及其当前所处的状态，基于 SPN 模型和等价马尔科夫链模型构建踩踏事件演化模型。所建模型可以清晰地对踩踏事件演化过程进行静态特征和动态行为分析，有利于提高踩踏事件整体应急管理水平。另外，针对上海外滩踩踏事件特定情景进行仿真模拟，可提高踩踏应急指挥系统的快速反应和环境应变能力，因此，SPN 建模技术适用于踩踏事件演化过程的建模要求。

（2）通过马尔科夫过程转移速率矩阵和模糊数学的相关理论对上海外滩踩踏事件进行系统性能分析，结果表明：人群拥挤踩踏事件是各种潜伏危机积累超过一定阈值时，在导火索事件诱发下事件爆发的过程；加强人群信息交流、及时公布真实信息、掌握舆论信息主导权可以有效地控制人群的密度与速度，对于避免人群拥挤踩踏事件发生具有重要作用。

（3）本文通过改变变迁平均实施速率 λ 进行仿真模拟来提高整个系统运行效率，而模型中变迁的平均实施速率 λ 根据不同的踩踏事件演化系统会产生不同的值，因此实际中需根据收集的信息来确定变迁速率。

参考文献

［1］Lee R. C., Hughes R. L. Exploring Trampling and Crushing in a Crowd［J］. Journal of Transportation Engineering, 2005, 131（8）: 575–582.

［2］Lee R. C., Hughes R. L. Prediction of Human Crowd Pressures［J］. Accident Analysis & Prevention, 2006, 38: 712–722.

［3］Helbing D. Traffic and Related Self–driven Many–particle Systems［J］. Reviews of Modern Physics, 2001, 73: 1067–1141.

［4］Helbing D. Farkas I. Vicsek. T. Simulating Dynamical Features of Escape Panic［J］. Nature, 2000, 407: 487–490.

［5］Henein C. M., White T. Macroscopic Effects of Microscopic Forces between Agents in Crowd Models［J］. Physical A: Statistical Mechanics and its Applications, 2007, 373: 694–712.

［6］Teknomo K.Microscopic Pedestrian Flow Characteristics: Development of an Image Processing Data Collection and Simulation Model［D］. Sendai: Tohoku University, 2002.

［7］张培红，黄晓燕，万欢欢等. 基于智能体技术的人员群集流动动力学模型［J］. 沈阳建筑大学学报（自然科学版），2005，21（4）：358–362.

［8］张培红，黄晓燕，万欢欢等. 人员群集流动自适应元胞自动机模型研究［J］. 沈阳建筑大学学报（自然科学版），2006，22（2）：289–293.

［9］佟瑞鹏，李春旭，郑毛景等. 拥挤踩踏事故风险定量评价模型及其优化分析［J］. 中国安全科学学报，2013，23（12）：90–94.

［10］刘艳，汪彤，丁辉等. 地铁车站拥挤踩踏事故风险评价 DEA 模型研究［J］. 中国安全科学学报，2013，23（10）：100–104.

［11］马剑，许素梅，范文博等. 大规模人群网络流瓶颈识别方法研究［J］. 系统工程理论与实践，2016，36（1）：164–173.

［12］李勇建，乔晓娇，孙晓晨. 突发事件结构化描述框架研究［J］. 电子科技大学学报（社科版），2013，15（1）：28–33.

［13］Turner B. A. The Organization and Inter Organization Development of Disasters［J］. Administrative

Science Quarterly，1976，21（3）：378.

　　[14] 王循庆. 基于随机 Petri 网的震后次生灾害预测与应急决策研究 [J]. 中国管理科学，2014，22（S1）：158-165.

　　[15] 温廷新，王冉，杨红玉等. 煤矿应急处置流程的 SPN-MC 模型及性能分析 [J]. 中国安全科学学报，2016，26（1）：148-154.

　　[16] 张振良. 应用模糊数学 [M]. 重庆：重庆大学出版社，1988.

　　[17] 杨伦标，高英仪. 模糊数学原理及应用 [M]. 广州：华南理工大学出版社，1992.

基于因子分析与 IPSO-BP 算法的回采工作面瓦斯涌出量预测

邵良杉　周　玉

(辽宁工程技术大学系统工程研究所，辽宁葫芦岛　125000)

【摘　要】针对煤矿回采工作面瓦斯涌出量预测问题，采用因子分析与非线性权重粒子群优化 BP 神经网络 (IPSO-BP) 算法，选取原始瓦斯含量、埋藏深度、煤层厚度、煤层倾角、工作面长度、推进速度、采出率、临近煤层瓦斯含量、临近煤层厚度、临近煤层间距、层间岩性、开采深度 12 个主要影响因素，引入相关性分析，在因子分析过程中，对相关性高的指标进行降维，将提取的 2 个主要因子与煤层倾角、工作面长度、临近层厚度、临近层间距作为输入数据，采用"试错法"确定 BP 神经网络隐层节点个数，并利用改进的粒子群算法 (IPSO) 对 BP 神经网络权值、阈值参数进行优化，构建回采工作面瓦斯涌出量 FA-IPSO-BP 预测模型。选取实测的 15 组数据作为模型训练样本，用另外 3 组数据作为测试样本进行预测。结果表明：该模型处理高维数据时具有预测精度高、泛化能力强等特点，可有效用于回采工作面瓦斯涌出量的预测。

【关键词】回采工作面；瓦斯涌出量；因子分析；非线性权重粒子群算法；BP (误差反向传播) 神经网络

0　引　言

矿井瓦斯是危及煤矿安全生产的主要隐患之一，在我国由其引起的安全问题占煤矿安全事故的 80% 以上 [1]。基于监测结果实施的预测不仅是矿井通风设计、瓦斯防治管理的重要依据，而且可以为安全生产保障措施的落实提供充裕的应对时间。因此，准确预测回采工作面瓦斯涌出量对保证矿井安全生产有着重要的现实意义。近年来，我国许多学者针对瓦斯涌出量的预测研究提出了一系列的模型和方法。吕伏等采用主成分分析进行多步线性回归来预测回采工作面瓦斯涌出量 [2]；付华等通过对粒子群和 Elman 神经网络的权值、阈值寻优，建立绝对瓦斯涌出量预测系统模型 [3]；万仁宝等将灰色系统与神经网络相结合实现在小信息量的情况下作出准确预测 [4]；施式亮等通过分解瓦斯实时涌出数据，对多个本征模函数的 PSO-SVM 模型预测结果进行累加获得预测值[5]。

虽然各位学者在各自的领域都作出了深入的探索，但各种方法也存在自己的不足。如人工神经网络作为一种局部搜索的优化方法，在求解复杂非线性函数的全局极值时可能陷入局部极值，支持向量机依赖于核函数和惩罚函数的选择等，此外，煤与瓦斯突出受井下地质条件、外界条件等因素以及这些因素之间的相关性影响，传统的预测方法在预测结果上可能与实际情况存在一定的出入，煤与瓦斯突出预测的准确率仍需要进一步提高。基于以上研究，笔者利用因子分析去除数据相关性并浓缩数据的优点，结合非线性权重粒子群（IPSO）优化 BP 神经网络算法，最终构建了回采工作面瓦斯涌出量的预测模型，并对模型进行检验，验证了模型的有效性，能够对瓦斯涌出量进行准确、有效的预测。

1 因子分析及 IPSO-BP 理论

1.1 因子分析基本原理

因子分析是一种多元统计方法，通过研究众多变量之间的内部依赖关系，把一些信息重叠、具有错综复杂关系的变量归结为少数几个不相关的综合因子。根据计算过程出发点的不同，因子分析可分为基于相关系数矩阵的 R 型因子分析和基于相似系数矩阵的 Q 型因子分析两类[6]，本文采取 R 型因子分析。

设 p 个变量 $X_i(i = 1, 2, \cdots, p)$，采用 $m(m < k)$ 个两两正交的公共因子 $F_i(i = 1, 2, \cdots, m)$ 来表示待观测变量，其数学模型可表示为：

$$\begin{bmatrix} X_1 \\ X_2 \\ \vdots \\ X_p \end{bmatrix} = \begin{bmatrix} \mu_1 \\ \mu_2 \\ \vdots \\ \mu_p \end{bmatrix} + \begin{bmatrix} \alpha_{11} & \alpha_{12} & \cdots & \alpha_{1m} \\ \alpha_{21} & \alpha_{22} & & \alpha_{2m} \\ \vdots & \vdots & & \alpha_{3m} \\ \alpha_{p1} & \alpha_{24} & \vdots & \alpha_{4m} \end{bmatrix} \begin{bmatrix} F_1 \\ F_2 \\ \vdots \\ F_m \end{bmatrix} + \begin{bmatrix} \varepsilon_1 \\ \varepsilon_2 \\ \vdots \\ \varepsilon_p \end{bmatrix} \quad (1)$$

其中每个变量都是均值为 0，标准差为 1 的标准化变量，ε_i 是特殊因子，满足 $E(\varepsilon) = 0$，且作用于其对应的 X_i 变量；α_{ij} 为第 i 个变量在第 j 个因子上的负载，其绝对值越大表示公共因子 F_j 和原有变量 X_i 的关系越强。模型的矩阵形式表示为：

$$X = \mu + \Lambda F + \varepsilon \quad (2)$$

矩阵 Λ 为公共因子的负载矩阵，利用因子载荷矩阵找出公共因子，其求解过程可以转化为：

$$\begin{cases} \max & \alpha_{11}^2 + \alpha_{21}^2 + \cdots + \alpha_{k1}^2 \\ s.t. & \Lambda\Lambda^T = R(X)^* \end{cases} \quad (3)$$

其中，$R(X)^* = cov(X) - cov(\varepsilon)$，若 ε 未知，可用 $R(X)$ 代替 $R(X)^*$。可证明，$a_1 =$

$\sqrt{\lambda_1 b_1}$ 就是一个解，其中 b_1 是对应 $R(X)^*$ 的最大特征跟 λ_1 的任意一个模为 1 的特征向量，计 $R_1^* = cov(X - f_1 a_1)$；则可证 $a_2 = \sqrt{\lambda_2 b_2}$ 也是所求，同理可求 $a_3, \cdots, a_m$。进一步求解因子值，设标准化数据 X 的相关系数矩阵为 R，令 $\beta_j = R^{-1}\alpha_j$，通过 $F_i = X\beta_j$ 计算得到公共因子值。

1.2 改进非线性粒子群算法

粒子群算法（PSO）是一种有效的全局寻优算法，具有进化计算和群体智能的特点，其主要思想是通过种群个体之间的协作和信息共享寻找最优解[7]。标准的 PSO 算法首先在可行空间中随机初始化 m 粒子组成种群 $Z = \{Z_1, Z_2, \cdots, Z_m\}$，其中每个粒子所处的位 $Z_i = \{z_{i1}, z_{i2}, \cdots, z_{in}\}$ 都表示问题的一个解，并且根据目标函数来计算每个粒子的适应度值。每个粒子在解空间中迭代搜索，通过调整自己的位置来搜索新解，在每一次迭代中，粒子将跟踪两个"极值"来更新自己，一个是粒子本身搜索到的最好解 p_{id}，另一个是整个种群目前搜索到的最优解 p_{gd}，即全局极值。每个粒子都有一个速度 $V_i = \{v_{i1}, v_{i2}, \cdots, v_{in}\}$，当找到两个最优解后，粒子根据个体极值和全局极值来更新自己的速度和位置，具体公式为：

$$v_{id} = \omega(t)v_{id}(t) + \eta_1 rand()[p_{id} - z_{id}(t)] + \eta_2 rand()[p_{gd} - z_{id}(t)]$$
$$z_{id}(t+1) = z_{id}(t) + v_{id}(t+1) \tag{4}$$

式中，t 为迭代次数；$v_{id}(t+1)$ 表示第 i 个粒子在 t+1 次迭代中第 d 维上的速度；$\omega(t)$ 为惯性权重，η_1、η_2 为学习因子，rand() 为 0~1 之间的随机数。惯性权重 ω 作为影响 PSO 性能的重要参数，能有效控制算法的收敛和探索能力。较大的 ω 将使粒子具有较大的速度，有利于提高算法的全局搜索能力，但减缓了算法的收敛速度；而较小的 ω 会增强对算法局部搜索能力的提高，有利于算法收敛性的控制[8]，但全局搜索能力下降，多样性减弱易陷入局部最优。本文采用一种非线性权重 PSO 方法（IPSO）来改善标准 PSO 算法的不足[9]，算法可描述为：

$$\omega = \omega_{max} - (\omega_{max} - \omega_{min}) \times \tan[(\pi/4) \times (t/t_{max})] \tag{5}$$

当 t 较小时，ω 接近于 ω_{max}，保证了算法的全局搜索能力；随着 t 的增大，ω 以非线性递减，保证了算法的局部搜索能力，从而使算法能灵活地调整全局搜索与局部搜索能力之间的平衡。另外，为了使 PSO 算法在迭代过程中能拓展不断缩小的种群搜索空间，使粒子能够跳出到先前搜索到的最优位置，在更大的空间进行搜索，保持种群的多样性。借鉴遗传变异算法的变异思想，在 PSO 算法中引入变异操作，即在粒子每次更新之后，以一定的概率初始化粒子[10]。

1.3 基于 IPSO 的 BP 神经网络流程

本文中的 IPSO-BP 算法采用非线性权重 PSO 算法优化 BP 神经网络中的权值、阈值，以训练个体对应的 BP 预测均方差作为个体的适应度值，算法结束时能够寻找到全局的最优点，并基于最优点作为 BP 的最优权值、阈值进行训练，直至达到网络的训练目标，基于 IPOS 优化 BP 神经网络的过程可描述如下：

（1）初始化 BP 神经网络，设定网络的输入层、隐含层、输出层的神经元个数，设置网络参数，初始化网络连接权值和阈值。

（2）初始化粒子群数，包括种群的规模（N）、每个粒子的位置（Z_i）和速度（V_i）、惯性权重（ω）、允许最大迭代次数（t）、适应度（Fit[i]）、学习因子（η_1，η_2）、粒子群维度 D，其中 n_i 为输入层神经元个数、n_h 为隐含层神经元个数、n_o 为输出层神经元个数。

（3）根据适应度函数计算每个粒子的适应度函数值，本文选用 BP 神经网络的均方差（Mean Square Errror）作为适应度函数。

$$E = \frac{1}{M}(\sum_{K=1}^{M} \sum_{j=1}^{n_o} (y_{kj} - \bar{y}_{kj}))^2 \qquad (6)$$

式中，y_{kj} 是样本 k 网络的理论输出，$\bar{y}_{kj}$ 是对于样本 k 网络的实际输出，M 为网络样本的数目。

（4）利用 IPOS 算法优化 BP 神经网络的权值，并将优化后的权值、阈值作为 BP 算法的初始连接权值和阈值代入网络进行训练，根据 BP 算法的训练进行调节权值和阈值，如果达到预定的误差要求（MSE）< e，则停止迭代，输出神经网络的最终连接权值和阈值。IPSO-BP 算法的具体实现流程图如图 1 所示。

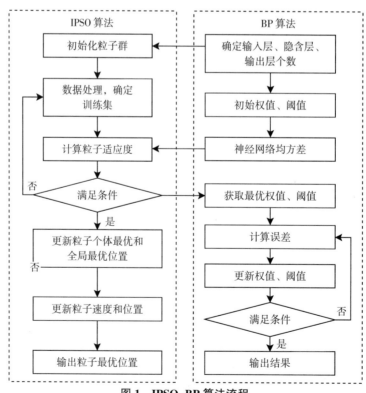

图 1　IPSO-BP 算法流程

2 回采工作面瓦斯涌出量预测模型应用

2.1 参数选取及相关性分析

回采工作面瓦斯涌出量的影响因素很多，经过实际现场调研及参考相关资料，选择 13 个因素作为回采工作面瓦斯涌出量的主要影响因素[11]：煤层原始瓦斯含量（X_1）、煤层埋藏深度（X_2）、煤层厚度（X_3）、煤层倾角（X_4）、工作面长度（X_5）、推进速度（X_6）、采出率（X_7）、临近层瓦斯含量（X_8）、临近厚度（X_9）、临近层间距（X_{10}）、层间岩性（X_{11}）、开采深度（X_{12}）、顶板控制方式（X_{13}）。尽管顶板控制方式对瓦斯涌出量有较大影响，但由于所考虑的回采工作面顶板控制方式是相同的，故在建模时未考虑该参数。

程加堂等（2016）[12] 提供的某矿 18 个回采工作面瓦斯涌出量数据，利用 SPSS 19.0 软件对上述 12 个变量进行 Pearson 相关分析，由计算得到的 Pearson Correlation 及 Sig.（2-tailed）检验结果可知：煤层倾角、工作面长度、临近厚度、临近层间距与其他 8 个指标之间的 t 统计量的值的显著性概率 p > 0.05，相关系数不异于 0，相关性较弱。煤层原始瓦斯含量、煤层埋藏深度、煤层厚度、推进速度、采出率、临近层瓦斯含量、层间岩性、开采深度相互之间的 t 统计量的值的显著性概率 p < 0.05，相关系数显著大于 0，因此，彼此之间存在较强的相关关系，变量可以降维。

2.2 预测模型建立

将 12 个影响因素中的 8 个相关程度较高的指标做因子分析，提取少数公共因子，实现对回采工作面瓦斯涌出量的影响因素降维。为保证指标选取的可靠性，对相关程度较高的 8 个指标进行 KMO 检验和 Bartlett 球形度检验。结果显示：样本 KMO 值为 0.795 > 0.6，在可接受的范围内；Barrlett 球形度检验近似卡方统计值为 164.193，显著性水平 P 值为 0.000 < 0.05。综合 KMO 检验法和 Barrlett 球形度检验法分析结果，表明各指标数据间有一定的相关性并适合做因子分析。

将实测数据中煤层原始瓦斯含量、煤层埋藏深度、煤层厚度、推进速度、采出率、临近层瓦斯含量、层间岩性、开采深度 8 个指标作为因子分析的变量，运行 SPSS19.0 软件，采用主成分的提取方法，得出公共因子碎石图如图 2 所示，可以看出前 2 个成分的特征值变化比较明显，从第 3 个成分以后，特征值变化平缓，由碎石准则可知[13]提取前 2 个公共因子对原变量方差的解释显著。

由总方差解释表可知前两个公共因子的累计方差贡献率为 91.137%，包含了总数据的大部分信息。因此，提取 2 个公共因子 f_1，f_2。参数空间的维数由原来的 8 维降至 2 维后，消除了冗余，算法的泛化能力得以增强。

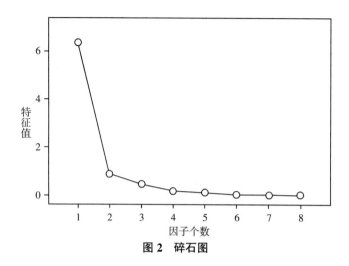

图 2　碎石图

又由于初始因子的综合性太强，需要进行正交旋转降低因子的综合性，由旋转成分矩阵可得，公共因子 f_1 由原始瓦斯含量、埋藏深度、煤层厚度、推进速度、采出率、开采深度构成，公共因子 f_2 由临近层瓦斯含量、层间岩性构成。采用回归方法对因子值进行计算得到因子得分矩阵如表 1 所示，由此求得因子值。

表 1　总方差解释

成分	初始特征值			提取平方和载入			旋转平方和载入		
	合计	方差%	累积%	合计	方差%	累积%	合计	方差%	累积%
1	6.518	81.476	81.476	6.518	81.476	81.476	5.102	63.770	63.770
2	0.773	9.661	91.137	0.773	9.661	91.137	2.189	27.367	91.137
3	0.382	4.770	95.906						
4	0.152	1.898	97.805						
5	0.122	1.530	99.334						
6	0.026	0.324	99.659						
7	0.016	0.201	99.859						
8	0.011	0.141	100.00						

表 2　旋转成分矩阵

变量	f_1	f_2
原始瓦斯含量	0.903	0.349
煤层埋藏深度	0.860	0.411
煤层厚度	0.936	0.297
推进速度	−0.819	−0.462
采出率	−0.912	−0.296

变量	f_1	f_2
临近层瓦斯含量	0.490	0.734
层间岩性	−0.238	−0.931
开采深度	0.925	0.322

表3　成分得分系数矩阵

变量	f_1	f_2
原始瓦斯含量	0.221	−0.090
煤层埋藏深度	0.172	−0.006
煤层厚度	0.261	−0.160
推进速度	−0.129	−0.066
采出率	−0.255	0.153
临近层瓦斯含量	0.148	0.503
层间岩性	−0.354	−0.826
开采深度	0.244	−0.129

2.3　实验数据处理

由于煤层倾角（X_4）、工作面长度（X_5）、临近厚度（X_9）及临近层间距（X_{10}）与另外8个变量之间的相关性较弱，因此将煤层倾角、工作面长度、临近厚度及临近层间距及2个公共因子作为IPSO-BP神经网络的特征因子。为数据处理方便，防止净输入绝对值过大而引起神经元输出饱和，加快训练网络的收敛性，需对数据进行归一化处理[14]，SPSS中对公共因子的处理采用默认的Z-score方法，故本文采用Z-score归一化方法对其他指标数据进行处理，部分数据如表4所示。

表4　回采工作面瓦斯涌出量相关数据

序号	X_4	X_5	X_9	X_{10}	f_1	f_2	涌出量
1	−0.4948	−0.9395	−0.7484	1.2367	−0.59068	−1.72413	0.3925
2	−1.3431	−2.2078	−2.3828	1.8637	−0.96173	−0.71428	0.3490
3	−0.0707	0.7516	−0.0720	0.9232	−1.3351	0.48236	0.4183
⋮	⋮	⋮	⋮	⋮	⋮	⋮	⋮
16	0.3534	−0.5167	0.3789	−0.0174	−0.68493	−0.80297	0.4771
17	−0.0707	−0.0939	0.9425	−0.9580	0.05094	−0.98503	0.5781
18	0.7776	0.3288	−0.1284	0.9232	1.24209	0.69946	0.9448

2.4 FA–IPSO–BP 神经网络预测

2.4.1 参数设置

BP 神经网络隐含层节点数对预测结果的精度有较大的影响，节点数目不足会导致网络训练次数增加，训练精度下降；反之，节点数目过大会导致网络训练时间增加，易导致网络过拟合化。为解决这类问题，往往需要设计者进行反复实验和自身经验的来确定。本文借鉴"试错法"的思想，由经验公式（式（7）、式（8））和 Kolmogorov 定理 9（式（9））确定不同的隐含层节点数，试验系统的训练结果，进而寻得较优的 BP 网络拓扑结构。

$$m = \sqrt{1 + n} + \alpha \tag{7}$$

$$m = \sqrt{nl} \tag{8}$$

$$m = 2n + 1 \tag{9}$$

其中，m 为隐含层节点数，n 为输入层节点数，l 为输出层节点数，α 为 1~10 之间的调节参数。结合本文实验数据情况，本文选取 BP 网络隐含层节点数目区间为 [3，13]，测试隐含层节点从 3 到 13 不同情况下 BP 神经网络的仿真误差，对其拟合情况进行对比，实验结果如表 5 所示。当参数设置为 13 时，系统仿真误差在 3 次重复实验中较优于其他情况，最终确定本次预测模型隐含层节点数为 13。

表 5　隐含层节点数目测试结果比较

隐节点数	3	4	5	6	7	8	9	10	11	12	13
测试第 1 次训练误差	0.0058	0.0122	0.0027	0.0020	0.0036	0.0036	0.0004	0.0001	0.0006	0.0107	0.0005
测试第 2 次训练误差	0.0120	0.0014	0.0099	0.0029	0.0004	0.0020	0.0025	0.0010	0.0003	0.0002	0.0001
测试第 3 次训练误差	0.0116	0.0107	0.0003	0.0116	0.0054	0.0080	0.0009	0.0015	0.0021	0.0068	0.0001

选取前 15 组数据作为网络训练样本，后 3 组数据作为测试样本，在 Matlab2010 环境下建立基于 FA– IPOS–BP 算法的瓦斯涌出量预测模型，BP 神经网络拓扑结构为 6–13–1，即网络包含 6 个输入节点（分别代表煤层倾角、工作面长度、临近厚度、临近层间距和两个公共因子）、13 个隐含层节点和 1 个输出层节点（瓦斯涌出量），传递函数为 {'logsig', 'purelin'}（神经元函数分别为 logsigmoid 型函数、线性函数 purelin）。训练算法采用标准梯度算法 {trainlm}，训练目标为 0.00001，学习速率为 0.3，训练次数为 5000。IPSO 每个粒子的维数为 $105(6 \times 13 + 13 \times 1 + 13 + 1)$，其余参数设置：粒子群的粒子数为 20，最大允许迭代次数为 1000，学习因子 $c_1 = c_2 = 2.05$，最大惯性权值 $w_{max} = 0.9$，最小惯性权值 $w_{min} = 0.4$，最大限制速度 $V_{max} = 1$，迭代次数为 1000 次。

对训练样本进行训练，IPSO 算法适应度达到 3.83×10^{-6}，使其收敛并具有较高的精度，其进化过程表现出对 BP 神经网络良好的训练效果，得到一套适合回采工作面瓦斯涌出量预测的最优权值和阈值的特点，避免了传统瓦斯涌出量预测需要大量统计资料和众多复杂指标的弊端，仿真实验结果表明该方法对回采工作面瓦斯浓度的预测具有一定的可行性。如表 6 所示。

表 6　由 IPSO 算法得到的最优权值和阈值

	输入 1 权值	输入 2 权值	输入 3 权值	输入 4 权值	输入 5 权值	输入 6 权值	隐层节点阈值	隐层节点阈值	输出节点阈值
隐含层 1	−1.7954	−0.2562	0.7009	−0.8189	−0.3415	−1.0383	−2.0391	−0.3944	−0.3077
隐含层 2	−1.0177	−1.9307	−2.1364	−0.9636	0.7551	−2.6453	−2.7188	−1.0052	
隐含层 3	−1.9673	0.8779	−2.9960	−2.0129	−0.8597	−1.9966	−1.7998	−1.8620	
隐含层 4	−0.0686	−2.2649	0.6264	−2.8184	−1.4062	−1.2098	0.2542	0.3222	
隐含层 5	−2.5330	−1.8002	−0.2798	0.3669	−0.3182	−0.4482	−2.6932	0.2734	
隐含层 6	−0.0158	−1.3553	−0.9402	−2.8070	−1.2379	−0.1622	−1.5821	0.7527	
隐含层 7	0.2392	−2.0540	−0.9117	−1.7347	−2.4685	0.9705	−2.4720	−2.9987	
隐含层 8	−0.0191	−2.2198	−2.5883	0.1337	−1.2432	0.7288	−2.3673	−0.4384	
隐含层 9	−1.6514	−0.1785	0.9875	0.8896	−0.8094	−2.6311	−2.7514	−2.9706	
隐含层 10	−0.6627	−2.2778	−1.5641	−0.6541	−1.4195	0.8142	−0.1926	−2.5743	
隐含层 11	−1.1242	−0.9107	−0.4990	0.1122	−1.4069	−2.3488	−2.6541	−2.5728	
隐含层 12	−2.6509	−1.8153	−1.4265	−0.0892	0.0054	0.8818	−0.5329	−1.5316	
隐含层 13	0.3149	−1.1489	−2.9694	−0.3961	−0.9106	−0.6120	−2.3049	−2.0416	

2.4.2　预测结果分析

采用回代估计方法得到训练样本瓦斯涌出量的预测值和实测值比较如图 3 所示，其相对误差如图 4 所示，由图 4 可以看出，该模型训练样本集的相对误差均小于 5%，表明该模型的模拟精度较好。

图 5 给出了测试样本中预测值与实际值的对比，从模型对瓦斯涌出量的预测精度良好基于 FA-IPSO-BP 神经网络模型和 IPSO-BP 及 PSO-BP 神经网络模型回采工作面瓦斯涌出量的预测结果及相对误差可以看出，基于 FA-IPSO-BP 神经网络模型的预测结果更加切合实际，样本 16 的相对误差虽然高于 IPSO-BP 神经网络模型，但误差在可接受的范围内。FA-IPSO-BP 模型最大相对误差为 3.794%，平均误差为 2.945%，低于 IPSO-BP 模型的 3.338% 和 PSO-BP 模型的 5.007%。神经网络的泛化能力可采用平均相对变化量（ARV）来表示，网络泛化能力越强该值越小，其计算方法为 [15]：

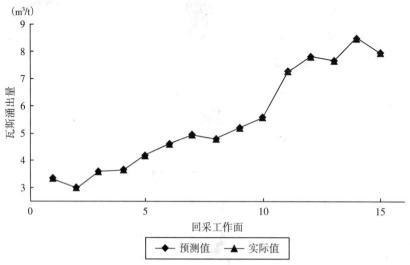

图 3 训练样本瓦斯涌出量测试值和实际值

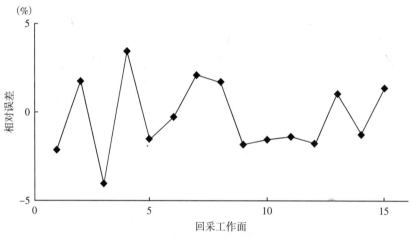

图 4 训练样本预测值相对误差

$$\mathrm{ARV} = \frac{\sum_{i=1}^{n} \left[Y(i) - y(i) \right]^2}{\sum_{i=1}^{n} \left[Y(i) - \overline{Y}(i) \right]^2} \quad (10)$$

其中 $Y(i)$、$y(i)$、$\bar{y}(i)$ 分别为实际值、预测值和平均值。通过计算得出 FA–IPSO–BP 神经网络模型的 ARV 值为 0.0137，低于 IPSO–BP 神经网络和 PSO–BP 神经网络的 0.0228 和 0.0405，表明该模型的泛化能力较强。

此外，由于方根误差对预测值中特大或特小误差的反应非常敏感，均方根误差能很好地反映测量的精度，均方根误差计算公式为：

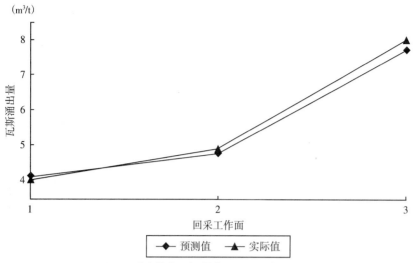

图 5　测试样本瓦斯涌出量预测值与实际值

$$RMSE = \sqrt{\frac{\sum\limits_{i=1}^{n}(Y(i) - y(i))^2}{n}} \tag{11}$$

式中 $Y(i)$ 表示实际值，$y(i)$ 表示预测值，n 表示预测值个数。利用均方根误差公式计算得出，FA-IPSO-BP 模型的预测均方根误差为 11.091%，而 IPSO-BP 模型和 PSO-BP 模型的预测均方根误差分别为 25.8% 和 34.442%，可知预测均方根误差也有了很大的改善，因此，基于 FA-IPSO-BP 神经网络模型的预测更加准确，更能满足矿井回采工作面瓦斯涌出量预测的工程需求。

表 7　测试样本预测结果及误差对比

样本序号	实测值	FA-IPSO-BP 模型		IPSO-BP 模型		PSO-BP 模型	
		预测值	相对误差	预测值	相对误差	预测值	相对误差
16	4.06	4.1496	2.206%	4.1803	2.963%	4.2023	3.504%
17	4.92	4.7804	2.837%	4.8307	1.815%	4.6739	5.002%
18	8.04	7.7349	3.794%	7.6190	5.236%	7.5160	6.517%
平均相对误差			2.945%		3.338%		5.007%
均方根误差 RMSE			11.091%		25.800%		34.442%

3 结 论

（1）将统计学习理论与机器学习算法应用于回采工作面瓦斯涌出量预测问题中，提出了基于因子分析和改进非线性权重粒子群优化 BP 神经网络的预测模型，选用影响因素中相关性较强的影响因素提取公共因子，与相关性较弱的影响因素结合作为原始数据输入。

（2）引入基于 IPSO-BP 的瓦斯涌出量预测模型，通过 IPSO 算法对 BP 神经网络的权值、阈值参数进行寻优，优化神经网络结构及算法全局收敛性。选用实测数据进行仿真预测对比试验，实验结果表明，FA-IPSO-BP 模型具有较高的预测精度和泛化能力，能够满足回采工作面瓦斯预测的工程需求。

（3）该模型所选工程数据较容易获得，利用因子分析对数据主要特征提取能力，与 BP 神经网络、粒子群算法结合增强 BP 网络泛化能力的特点，避免了传统瓦斯涌出量预测需要大量统计资料和众多复杂指标的弊端，仿真实验结果表明该方法对回采工作面瓦斯浓度的预测具有一定的可行性。

参考文献

[1] 刘俊娥，安凤平，林大超等. 采煤工作面瓦斯涌出量的固有模态 SVM 建模预测 [J]. 系统工程理论与实践，2013，33（2）：505-511.

[2] 吕伏，梁冰，孙维吉，王岩. 基于主成分回归分析法的回采工作面瓦斯涌出量预测 [J]. 煤炭学报，2012（1）：113-116.

[3] 付华，姜伟，单欣欣. 基于耦合算法的煤矿瓦斯涌出量预测模型研究 [J]. 煤炭学报，2012（4）：654-658.

[4] 万仁保，罗招贤. 基于灰色神经网络算法的煤矿瓦斯涌出量预测模型研究 [J]. 煤炭技术，2012（11）：54-56.

[5] 施式亮，李润求，罗文柯. 基于 EMD-PSO-SVM 的煤矿瓦斯涌出量预测方法及应用 [J]. 中国安全科学学报，2014（7）：43-49.

[6] 邵良杉，马寒，温廷新. 因子分析与支持向量机相结合的煤炭自燃预测 [J]. 辽宁工程技术大学学报（自然科学版），2014（4）：433-436.

[7] 潘昊，侯清兰. 基于粒子群算法的 BP 网络学习研究 [J]. 计算机工程与应用，2006，42（16）：41-42.

[8] 刘锦萍，郁金祥. 基于改进的粒子群算法的多元线性回归模型参数估计 [J]. 计算机工程与科学，2010，32（4）：101-105.

[9] 陶海龙，李小平，张胜召等. 基于 IPSO-BP 神经网络的铁路客运量预测 [J]. 铁道运输与经济，2011，33（9）：78-82.

[10] 陶海龙. 基于混合智能算法的铁路运量预测研究 [D]. 兰州：兰州交通大学，2012.

[11] 高科，刘剑，刘玉姣. 回采工作面瓦斯涌出量遗传投影寻踪回归预测 [J]. 中国安全科学学

报，2015，25（3）：96-101.

[12] 程加堂，艾莉，熊燕. 基于 IQPSO-BP 算法的煤矿瓦斯涌出量预测 [J]. 矿业安全与环保，2016（4）：38-41.

[13] 马庆国. 管理统计 [M]. 北京：科学出版社，2008.

[14] 李树忱，冯现大，李术才，李利平，袁超. 矿井顶板突水模型试验多场信息的归一化处理方法 [J]. 煤炭学报，2011（3）：447-451.

[15] 潘玉民，邓永红，张全柱等. 基于 QPSO-RBF 的瓦斯涌出量预测模型 [J]. 中国安全科学学报，2012，22（12）：29-34.

辽宁省高新技术产业技术创新能力
评价研究

唐艺军　戴志锋

(辽宁工程技术大学研究生学院，辽宁葫芦岛　125015)

【摘　要】高新技术产业的发展程度对提升综合竞争力具有重要的意义；根据辽宁省高新技术产业实况结合相关学者研究构建评价指标体系，首先选取 2014 年 27 省市相关数据采用因子分析和基于黄金分割法的聚类分析对辽宁省高新技术产业创新能力进行横向比较，结果表明辽宁省高新技术产业创新能力排名相对靠后；再选取 2009~2014 年辽宁省五大高新技术产业相关数据进行对比，对结果进行分析并从企业自身及政府层面出发提出相关对策建议。

【关键词】高新技术产业；创新能力；评价；对策建议

0　引　言

在当前经济形势下各国科技竞争中高新技术产业发挥着不可替代的作用，各国经济发展方式逐渐由粗放型经济向集约型经济模式转变，技术创新成为经济发展重要的助推器。而辽宁作为最大的东北老工业基地，面对复杂多变的经济环境，在振兴东北、实现经济快速发展的过程中高新技术显得尤为重要，具有重要的战略作用。近些年来，辽宁省高新技术产业有了较快发展，产业规模不断扩大，集聚效益明显，已拥有国家级高新技术产业开发区 8 个、省级高新区 7 个，国家级及省级高新技术产业开发区数量均居全国第 4 位。沈阳智能制造、大连软件、鞍山激光、本溪生物医药、阜新液压等一批新兴特色产业集群快速发展，逐渐由以要素驱动为主向创新驱动为主转变。全省已拥有国家级科技产业化基地 18 个、国家火炬计划特色产业基地 16 个、全省省级以上大学科技园达 15 家，2015 年实现产值与技工贸总收入 136.5 亿元。辽宁省已经将高新技术产业作为经济发展的一个战略支撑点，效果较为显著，但与其他发达省市相比仍有较大差距。本文将辽宁省高新技术产业作为研究对象，全面评价辽宁省高新技术产业的发展状况，并提出相关建议对策。

1 文献回顾

近年来，国内学者从不同的角度对高新技术产业创新进行了研究。戚宏亮、王翔宇（2013）构建了技术创新评价模型，运用因子分析方法对其进行评价，对结果分析并提出了建议对策[1]；程萍、赵玉林（2014）运用数据包络分析方法分时段对全国各省区进行评价，得出湖北省高新技术产业创新效率较低的结论[2]；牛勇平（2011）把长三角、珠三角、环渤海三大经济区域作为研究对象，建立综合评价指标体系，最终得出三大经济区域存在明显差异的结论[3]。叶柏青、韦伟（2015）运用最小二乘（PLS）回归法分析东北三省高新技术创新能力的影响因素，并对各影响因素的影响程度进行分析[4]；潘潇（2016）把东北三省作为研究对象，采用 DEA 分析方法，分析得出实施创新驱动是东北经济发展、老工业振兴的必要举措[5]。潘霞、鞠晓峰、陈军（2013）运用因子分析方法从内外两方面对我国 29 个地区高新技术产业竞争力进行评价，并进行聚类分析，将我国高新技术产业竞争力划分为三个水平[6]。

2 高新技术创新能力模型构建

2.1 指标体系构建

本文坚持科学性、全面性、可比性、代表性、可操作性原则，在查阅相关学者文献的基础上，构建技术创新投入能力、技术创新转化能力、技术创新产出能力三个一级指标，其中技术创新投入能力包含从业人员平均数、R&D 人员折合全时当量、R&D内部经费、新产品开发经费支出、有研发机构的企业数五个二级指标；技术创新转化能力包含技术引进经费、技术改造经费、消化吸收经费及购买国内技术经费四个二级指标；技术创新产出能力包含新产品开发项目数、专利申请数、拥有发明专利数、新产品销售收入四个二级指标（见表 1）。

表 1 创新能力指标体系

		从业人员平均数（X_1）
创新能力综合评价指标体系	技术创新投入能力	R&D 人员折合全时当量（X_2）
		R&D 内部经费（X_3）
		新产品开发经费支出（X_4）
		有研发机构的企业数（X_5）

创新能力综合评价指标体系	技术创新转化能力	技术引进经费（X_6）
		消化吸收经费（X_7）
		购买国内技术经费（X_8）
		技术改造经费（X_9）
	技术创新产出能力	新产品开发项目数（X_{10}）
		专利申请数（X_{11}）
		拥有发明专利数（X_{12}）
		新产品销售收入（X_{13}）

2.2 评价方法的选择

对高新技术产业创新能力的评价方法较多，主要有数据包络分析法（DEA）、因子分析法、灰色关联度法、主成分分析法等。数据包络分析法主要是通过确定投入和产出比较多个研究对象之间的效率水平；因子分析法主要是降维的思想，用较少的几个因子去解释全部的变量，起到化繁为简的作用；灰色关联度法是通过系统间的动态发展过程去分析因子之间的相互关联程度；主成分分析法和因子分析法相似，通过降维找出几个主要的变量，各个变量是由相关性较强的子变量组成的，使各个主要的变量之间相关程度较低。这些方法在技术创新评价层面都适用，结合评价指标体系构建，本文主要采用因子分析法，并结合黄金分割法进行聚类分析。

3 辽宁省高新技术产业创新能力横向比较分析

3.1 数据来源

高技术产业主要包括电子及通信设备制造业、航空航天器及设备制造业、计算机及办公设备制造业、医疗仪器设备及仪器仪表制造业、医药制造业。本文所采用的数据主要来源于《中国高技术统计年鉴》，为了将辽宁与其他 26 个省份（除西藏、青海、宁夏、甘肃外，其数据缺失较多）做一个横向对比，搜集了 27 个省市地区的相关数据，对数据进一步整理运用 SPSS 22.0（中文版）进行分析。

3.2 因子分析过程

（1）KMO 检验和 Bartlett 球形度检验。通常 KMO 值小于 0.5 不适合做因子分析，0.9 以上说明效果非常好；Bartlett 球形度检验中当显著水平小于 0.01 时说明所收集的数据具有相关性，适合做因子分析。本次检验中 KMO 值为 0.765，说明适合做因子分析；Bartlett 球形度检验中显著水平小于 0.01，证明数据是有相互关系的，这 12 个指标之间并不是完全独立的，有必要做因子分析。

（2）公共因子的提取与命名。通过相关系数矩阵得到特征值、方差贡献率及累积贡献率，根据特征值大于 1 的原则确定主因子的个数，选取了两个主因子，前两个主因子特征值都大于 1，分别为 9.857、1.712，累积贡献率达到 88.987%，说明两个主因子能全面解释辽宁省高技术产业的创新能力。

第一主因子 F_1 包括有效发明专利数（X_{12}）、专利申请数（X_{11}）、R&D 经费内部支出（X_3）、新产品开发经费支出（X_4）、R&D 人员折合全时当量（X_2）、从业人员年平均人数（X_1）、新产品销售收入（X_{13}）及新产品开发项目数（X_{10}），从不同方面反映了高技术产业技术创新研究开发能力；第二主因子 F_2 包含技术改造经费支出（X_9）、有研发机构的企业数（X_5）、消化吸收经费支出（X_7）、引进技术经费支出（X_6）及购买国内技术经费支出（X_8），这几方面反映了高技术创新转化能力。

3.3 综合评价

通过 SPSS 22.0（中文版）软件可以直接输出得分系数矩阵，根据系数确定 F_1 和 F_2 的线性方程，即：

$$F_1 = 0.128X_1 + 0.139X_2 + 0.164X_3 + 0.163X_4 - 0.11X_5 - 0.036X_6 - 0.146X_7 - 0.041X_8 - 0.148X_9 + 0.095X_{10} + 0.168X_{11} + 0.23X_{12} + 0.129X_{13}$$

$$F_2 = -0.012X_1 - 0.029X_2 - 0.068X_3 - 0.065X_4 + 0.303X_5 + 0.207X_6 + 0.326X_7 + 0.162X_8 + 0.339X_9 + 0.036X_{10} - 0.073X_{11} - 0.18X_{12} - 0.014X_{13}$$

根据计算的两个因子数值，利用各个主因子的方差贡献率占累计方差率为权重加权求和可以算出 27 个省区域的高技术产业技术创新能力评价结果，并进行排序。27 个省区域的综合评价指标算法为：

$$F = \frac{\lambda_1}{\lambda_1 + \lambda_2}F_1 + \frac{\lambda_2}{\lambda_1 + \lambda_2}F_2 = \frac{0.75821}{0.88987}F_1 + \frac{0.13166}{0.88987}F_2$$

利用该线性方程算出公因子及综合因子 F，并对各省综合得分进行排序，如表 2 所示。

表 2 综合得分及排名

省份	F_1	F_2	F	综合排序	省份	F_1	F_2	F	综合排序
广东	4.9025	−0.6114	4.0877	1	湖南	−0.3251	0.0479	−0.2700	15
江苏	0.3250	4.3363	0.9104	2	江西	−0.3390	0.0358	−0.2836	16
北京	0.3495	−0.3422	0.2478	3	河北	−0.3279	−0.2206	−0.3116	17
浙江	0.0220	1.1640	0.1888	4	贵州	−0.2749	−0.5580	−0.3157	18
山东	0.0014	0.9849	0.1451	5	辽宁	−0.3690	−0.0114	−0.3160	19
四川	0.0020	−0.0489	−0.0054	6	黑龙江	−0.2967	−0.5052	−0.3266	20

续表

省份	F₁	F₂	F	综合排序	省份	F₁	F₂	F	综合排序
上海	-0.1293	0.6629	-0.0133	7	吉林	-0.2993	-0.5762	-0.3392	21
天津	0.0039	-0.4101	-0.0566	8	广西	-0.3231	-0.5640	-0.3577	22
福建	-0.2046	0.5481	-0.0942	9	山西	-0.3444	-0.5444	-0.3729	23
河南	-0.0450	-0.3892	-0.0952	10	云南	-0.3426	-0.5707	-0.3753	24
安徽	-0.1440	-0.3284	-0.1706	11	海南	-0.3657	-0.5363	-0.3900	25
湖北	-0.2729	0.2257	-0.1995	12	新疆	-0.3656	-0.6203	-0.4021	26
陕西	-0.2303	-0.1164	-0.2133	13	内蒙古	-0.3741	-0.5730	-0.4025	27
重庆	-0.2328	-0.4792	-0.2683	14					

由上述分析可知，辽宁省高技术产业技术创新能力在全国 27 个省市中排在第 19 位，说明其技术创新能力在全国处于较低水平，应该立足实际，积极向东部地区学习经验，取长补短。其中 F_1 因子是反映技术创新投入能力，对技术创新能力综合评价代表性最强，是影响高技术产业技术创新能力最重要的因素，通过比较发现辽宁省在 F_1 因子得分上排名第 26 位，而 F_2 因子排名第 9 位，说明技术创新产出能力较强，所以辽宁省要加大对技术创新投入的力度。

3.4 基于黄金分割法的聚类分析

为了更清晰地揭示辽宁省高技术产业创新能力，采用黄金比例分割法对 27 个省市进行分层和聚类分析，将全国 27 个省市技术创新能力水平划分为五类：强、较强、一般、弱、非常弱。由于大部分省市的综合得分为负值，将综合得分整体上移（F + 1），再对其进行聚类分析，不改变各省之间的实际差距。按照综合得分上移降序排列，由高到低得分相加直至相加分占 27 省市总分的 61.8% 为止，共 12 个省份进入此列，再对12 个省市以此方法进行分割，前 5 个省份为强，后 7 个省份为较强。除去这 12 个省市再分割，9 个省市技术创新能力一般，剩下省份用此方法最后得到 4 个技术创新能力弱和 2 个技术创新能力非常弱的省市，如表 3 所示。

表 3 黄金分割的聚类结果

技术创新能力程度	省（市、区）
强	广东　江苏　北京　浙江　山东
较强	四川　上海　天津　福建　河南　安徽　湖北
一般	陕西　重庆　湖南　江西　河北　贵州　辽宁　黑龙江　吉林
弱	广西　山西　云南　海南
非常弱	新疆　内蒙古

对 27 个省市的技术创新能力综合得分采取黄金分割法进行聚类发现，与因子分析结果相同，辽宁省高技术创新能力在全国来说处于一般水平，且东北三省基本处于同一阶段，竞争力不够强。辽宁省在东北三省中技术创新能力最强，应该加快高技术产业和传统原料生产、装备制造等产业的深度融合，以省级高技术产业开发区为依托，促进相关产业基地的快速发展，提升技术创新效率。

4 辽宁省五大高技术产业技术创新能力纵向对比研究

为了更客观全面地分析辽宁省高新技术创新能力，在与各省对比的基础上，把辽宁省五大高技术产业作为研究对象，选取五大行业 2010~2014 年相关数据做因子分析。

4.1 因子分析过程

本次检验中 KMO 值为 0.599，Bartlett 球形度检验中显著水平小于 0.01，数据具有相关性，适合做因子分析。根据特征值大于 1 的原则确定四个主因子，分别为 5.878、2.714、1.617、1.014，累积贡献率达到 86.333%，这四个主因子足够解释辽宁省高技术产业创新能力。第一主因子 F_1 包含 R&D 经费内部支出（X_3）、新产品销售收入（X_{13}）、新产品开发经费支出（X_4）、技术改造经费支出（X_9）、R&D 人员折合全时当量（X_2），主要反映高技术创新投入能力，即为技术创新投入因子；第二主因子（F_2）包含有效发明专利数（X_{12}）、专利申请数（X_{11}）、新产品开发项目数（X_{10}），从不同侧面反映技术创新研发产出能力，即为技术创新产出因子；第三主因子 F_3 包含引进技术经费支出（X_6）、有研发机构的企业数（X_5）、从业人员平均人数（X_1），主要反映高技术产业技术创新研究开发能力，即为技术创新开发因子；第四主因子 F_4 包含购买国内技术经费支出（X_8）、消化吸收经费支出（X_7），可以命名为技术创新吸收因子。

通过 SPSS 22.0（中文版）软件输出得分系数矩阵确定四个主因子的线性方程，在求各因子得分时首先对各主成分样本单元整理，求出平均值再进行计算。

$F_1 = -0.138X_1 + 0.147X_2 + 0.296X_3 + 0.230X_4 - 0.011X_5 + 0.053X_6 + 0.066X_7 - 0.128X_8 + 0.244X_9 - 0.181X_{10} + 0.045X_{11} - 0.072X_{12} + 0.26X_{13}$

$F_2 = 0.194X_1 + 0.011X_2 - 0.045X_3 + 0.082X_4 - 0.006X_5 - 0.19X_6 - 0.15X_7 - 0.101X_8 - 0.175X_9 + 0.25X_{10} + 0.331X_{11} + 0.434X_{12} - 0.023X_{13}$

$F_3 = 0.313X_1 + 0.074X_2 - 0.018X_3 - 0.161X_4 + 0.365X_5 + 0.431X_6 + 0.038X_7 + 0.105X_8 - 0.008X_9 - 0.065X_{10} - 0.031X_{11} - 0.068X_{12} + 0.079X_{13}$

$F_4 = 0.164X_1 + 0.086X_2 - 0.163X_3 - 0.184X_4 + 0.015X_5 + 0.074X_6 + 0.376X_7 + 0.612X_8 + 0.02X_9 + 0.343X_{10} - 0.161X_{11} - 0.106X_{12} - 0.125X_{13}$

表 4　辽宁省高新技术创新能力因子得分及排名

	F₁	排名	F₂	排名	F₃	排名	F₄	排名
医药制造业	−0.81467	5	0.14467	3	0.48232	2	1.68647	1
医疗仪器设备及仪器仪表制造业	−0.55497	4	0.52847	2	−0.37956	3	−0.76757	5
计算机及办公设备制造业	−0.50867	3	−1.49069	5	−0.79872	5	−0.71305	3
航空、航天器及设备制造业	1.81487	1	−0.33012	4	−0.45986	4	0.55120	2
电子及通信设备制造业	0.06344	2	1.14767	1	1.15582	1	−0.75706	4

以因子对应方差贡献率为权重对五个行业因子加权，计算出最终得分和排名：

$$F = 0.5196F_1 + 0.2399F_2 + 0.1429F_3 + 0.0896F_4$$

表 5　综合得分及排名

行业	综合得分	排名
医药制造业	−0.16857	3
医疗仪器设备及仪器仪表制造业	−0.28459	4
计算机及办公设备制造业	−0.79995	5
航空、航天器及设备制造业	0.84749	1
电子及通信设备制造业	0.40562	2

4.2　评价结果分析

根据对辽宁省高技术产业技术创新能力进行因子分析得出的综合得分和排序结果如下分析：

（1）辽宁省高技术产业技术创新能力从强到弱排列是：航空、航天器及设备制造业、电子及通信设备制造业、医药制造业、医疗仪器设备及仪器仪表制造业、计算机及办公设备制造业。这一结果基本符合辽宁省高新技术产业的发展状况，其中航空、航天器及设备制造业、医疗仪器设备及仪器仪表制造业等产值一直在全国居前列，辽宁省是航天航空大省，是国家五个民用航空高技术产业基地之一。

（2）技术投入能力排在第一的是航空、航天器及设备制造业，新产品销售收入逐年增加，2014 年新产品销售收入达 1903847.3 万元，技术创新吸收力 F_4 排在第二，而技术创新研发产出能力 F_2 排在第四，说明技术创新转化成新产品的能力较弱，新产品开发项目数近年来有减少趋势，从 2009 年的 397 件下降到 2014 年的 234 件产品，产学研要深度融合，要加强和科研院所的联系合作。

（3）电子及通信设备制造业综合得分排名第二，该行业在 F_2、F_3 上排名第一，说明技术创新研究开发产出能力较强，但技术创新吸收能力较弱，相比其他四大行业来看，电子及通信设备制造业在购买国内技术经费及消化吸收经费方面支出较少。

（4）医药制造业综合得分排名第三，F_1 高技术创新投入能力不足，排名最后，在新产品开发经费、技术改造等方面的经费投入不足，新产品销售收入增长不明显；但技术创新吸收能力较强，技术创新研究及开发水平处于中等水平，仍有很大的发展空间。

（5）医疗仪器设备及仪器仪表制造业综合得分排名第四，F_1、F_4 排名靠后，该行业在辽宁省的基础较薄弱，F_2、F_3 排名较前，在发明专利及研究开发力量上有一定的优势，该行业需要得到更多的经费和研究开发人员的支持。

5 结论与建议

辽宁省高新技术产业创新能力在全国范围内处于中等水平，但与广东、北京、上海等地仍有较大差距，从业人员达不到全国平均人数且队伍素质技能参差不齐，有研发机构的企业数比重小，2014 年辽宁有研发机构企业数仅为 72 个，远远低于全国 280 家的平均水平，在很大程度上制约了原始的创新能力，与此同时引进吸收再创新的能力不足，每年在引进改造及消化吸收费用上的支出不足，各项技术还保持在加工改造的阶段，技术竞争力不强，产品附加值较低。人才的流失也使辽宁省高技术产业技术创新能力低于其他中东部省市，完善的基础设施、社会服务、长效的激励机制等使大批科学研究人员流向发达城市。针对辽宁省高新技术产业创新能力不强的现状，我们应当采取相关措施：

（1）高新技术企业应该制定明确的发展方向和目标，小规模企业以模仿创新为主，而大中型高技术企业应该追求自主创新、原始创新为主导，充分利用辽宁省利好的相关政策支持，形成有知识产权的创新技术。

（2）企业应该加大技术创新投入，主要是人力、物力、财力方面的投入。充分利用高校、科研院所等资源，产学研要深度结合，与相关高校合作，有针对性地培养对口技术人员；建立合理的规章制度引进人才，在激励机制、社会服务、长期发展等方面给予科研人员支持和照顾，给科研人员提供交流和深造的平台，增强科研人员的认同感和归属感，保证人才不外流，服务于本省的高技术产业创新；同时各个企业应该设立独立的研究开发机构，可以通过吸纳国内外资金、风险投资、相关创新基金设立等方式来增加研发方面的投入。

（3）政府对高技术企业在财税、金融政策等方面上要给予大力支持。具体来说，对相关高技术企业采取财税减免政策，对相关的技术创新活动给予财政政策；金融机构对高技术企业贷款提供绿色通道，降低贷款利率，完善风险投资相关制度。对于知识产权方面要有完善的保护政策，建立更及时有效的信息平台，增强企业保护知识产权的意识。

（4）完善科技中介服务体系。高技术产业集群发展过程中科技中介服务机构发挥着重要的作用，重视其在企业技术成果转化、技术支持、提供建议等方面的作用[8]，扩展中介服务机构的服务范围，不仅与科研院所联系，也要与大学科研院所联系，吸纳高素质的人才到中介服务机构工作，完善工作人员福利政策。政府同时出台对科技中介服务机构的规章制度，做到有据可查、有章可循。

参考文献

［1］戚宏亮，王翔宇.黑龙江高技术产业技术创新效率评价［J］.科技管理研究，2013（3）：51-54.

［2］程萍，赵玉林.湖北省高技术产业创新效率实证分析［J］.中南财经政法大学学报，2014（4）：32-37.

［3］牛勇平.基于因子分析的高技术产业创新能力比较——以沿海三大经济区域为例［J］.山东经济，2011（6）：78-82.

［4］叶柏青，韦伟.基于 PLS 的东北三省高技术产业技术创新能力影响因素研究［J］.哈尔滨商业大学学报（社会科学版），2015（3）：122-128.

［5］潘潇.基于 DEA 模型的东北三省国有高技术企业创新效率分析［J］.商场现代化，2016（23）：210-211.

［6］潘霞，鞠晓峰，陈军.基于因子分析的我国 29 个地区高新技术产业竞争力评价研究［J］.经济问题探索，2013（4）：65-69.

［7］张经强.区域技术创新能力评价：基于因子分析法的实证研究［J］.科技管理研究，2010（5）：16-18.

［8］李宇，李安民.高技术产业集群的模式演化及发展研究——以辽宁省为例［J］.东北财经大学学报，2015（6）：34-40.

管理层权力与资本结构动态调整

周茂春　　陈姣姣

(辽宁工程技术大学工商管理学院，辽宁葫芦岛　　125105)

【摘　要】本文选用 2008~2014 年中国沪深 A 股上市公司为数据来源，运用混合 OLS 回归分析企业在不同的负债水平下，即资本结构面临不同方向的调整时，管理层权力的大小是否对资本结构的调整速度产生影响。研究发现：从不同的负债水平分析公司的调整倾向，当实际资本结构低于当年目标资本结构（即负债不足）时，管理层权力会限制资本结构的调整速度，而当实际资本结构高于其目标值（即负债过度）时，管理层权力正相关于资本结构调整的速度。因此实证表明，企业管理层拥有适当权力是减少逆向选择，促进企业资本结构良性调整，提升企业价值的重要因素之一。

【关键词】管理层权力；资本结构；调整速度

0　引　言

资本结构是一个公司财务政策尤为关注的一个部分，影响着一个公司的价值与未来发展。因此，在现代企业财务研究中成为核心部分被学者追捧[1]。从 MM 理论在一连串完美假说下认为企业价值和选择何种资本结构没有关联[2]，到学者不断基于现实生活中存在的企业税收、代理成本、财务困境成本以及信息不对称等因素进行的资本结构研究，理论和实务证明企业存在目标资本结构[3][4]，再到学者考虑企业所处宏观环境因素的变化使得资本结构呈现动态性的研究，表明企业资本结构具有显著的均值回归效应[5]。经验证明公司可以通过对其资本结构的调整使其达到或趋近自身最优的资本结构，从而提升企业价值和发展空间[6]。因此，研究影响资本结构实际值偏离目标值的因素以及如何提高其调整速度的问题，成为学者们的研究热点。

管理层权力是依其管理层自身意愿执行决策的能力[7]，对企业的日常经营决策有重大影响。这种权力是剩余控制权的扩张，一般在企业的内部治理存在缺陷或缺乏外部制度约束时，管理层显现出来的超出自身控制权的能力[8]。我国的改革历程为管理层权力不断扩大创造了条件，国有企业放权让利，控股股东"缺位"导致"内部人控制"现象。非国有企业，特别是民营企业，总经理与控股股东同为一人的情况更为严重，或者控股股东委托其亲属参与企业日常经营。因此，民营企业的管理层同样拥有较强的"话语权"[9][10]。公司的治理机制以及相应的立法、监管机制是制约管理层权力的关键，而由于这些制度机制在未与管理层权力同步的情况下滋生的信息不对称，导致管理层的自我利益行为情绪升温而极易人为地脱离公司治理的范围，损害股东利益而获取自身利益。为了减少股东和管理层之间的代理成本和信息不对称，股东倾向于通过外部的债务契约约束来减少自身的风险和监督管理层的成本，并且客观合理的资本结构可以增加企业价值，降低公司破产成本，使股东价值增加[11]。因此，管理层权力对资本结构的作用机制不应予以忽视，并且对资本结构动态调整可能也存在某种影响。

本文把管理层权力与资本结构两者结合起来，在已有研究公司特征、产品市场竞争、制度环境等因素外，将管理层权力因素引入考察其与资本结构非对称调整的关系，为动态调整理论提供补充，为研究资本结构动态调整展现一个新的选择角度。同时，很少有学者考虑不同调整方向（即负债过度或负债不足）的调整速度的差别。部分学者的研究表明：有着不同水平负债的企业，其资本结构调整速度存在较大差异，过度负债（向下调整）企业的调整速度要快于负债不足（向上调整）的企业[4]，因此，本文实证检验管理层权力对不同负债水平的资本结构调整速度的影响，丰富现有的相关文献。

1 理论分析与研究假设

产权理论认为，上市公司只存在唯一的所有者，那就是股东。理论上管理层拥有特定控制权，而董事会行使剩余控制权。但因为现实契约不能达到完美的效果，使得管理层可能取得董事会的剩余控制权。由于委托代理、信息不对称以及监督成本的存在，股东对管理层的经营决策不能全面监督，管理层逆向选择的可能性增大。而总经理与董事长两职合一、股权分散的程度等使管理层拥有更多的决策能力[9]。企业股东为了更加有效地监督管理层的行为，降低管理层的权力，减少管理层的道德风险，可以选择外部债务契约约束监督管理层，合理的融资结构不仅可以增加股东财富，还可以减少代理成本[12]。

管理层权力理论认为，管理层与股东存在委托代理关系，董事会也和股东存在代理问题。管理层可能与董事会相互关联和协调，董事会成员也可能出于自身利益倾向于管理层，与其合谋，以此扩大自身的利益。当管理层的教育水平越高，或是某一专业的专家，抑或是成为企业的实际控制人时，管理层的权力越大，并且越有可能影响和控制董事会成员，扩大自己的管理决策权力，获取个人利益。债务契约理论的激励理论认为，合理的融资结构对管理层形成债务约束，实际上降低了企业破产风险和监督成本等代理成本，增加企业价值，实现股东财富增加。综观管理层权力的相关文献，学者从管理层权力对管理层行为和决策选择诱因分析，发现管理层在企业的融资和投资决策的选择上有不同的动机。管理层权力越大，公司银行债务规模水平越低[12]。从资本结构静态（单期）角度来看，管理层会因代理成本而对资本结构产生偏好。而从动态角度（多期）来看，管理层对资本结构的选择动机也会对其调整速度产生某种效应。对于实际资本结构高于目标资本结构的公司，此时合理的调整应该是向下调整（即资产负债率应降低），而管理层偏向于低负债，将促进资本结构实际值更快地向目标值调整；同理，对于负债不足的企业，此时股东偏好高负债，管理层权力越大，资本结构的调整将受到阻碍。因此，本文提出如下假设：

假设 1：对于资本结构向上调整的公司，管理层权力越大，调整速度越慢。

假设 2：对于资本结构向下调整的公司，管理层权力越大，调整速度越快。

2 实证模型设计

2.1 实证模型与变量

2.1.1 样本选择与数据来源

本文研究沪、深两市 2008~2014 年的 A 股上市公司数据，数据来源于 CSMAR 和 RESSET 数据库。为了消除异常值对回归结果的影响，我们剔除了金融、保险业、ST、PT 和相关变量数据存在缺失的公司。由于实证模型为动态模型，故选择了持续三年以上有完整数据的样本，并为了避免极端值的影响，对处于 0~1% 和 99%~100% 的数据采取 Winsorize 处理，共获得 2008~2014 年的 5617 个数据。本文的数据处理采用 STA-TA14.0 完成。

2.1.2 变量选择及定义

肖作平等认为公司治理对企业的资本结构存在正向的效应。公司治理较好的企业因管理层等内部人的自利行为受限，股权融资偏好被抑制，进而企业更多地追求负债，负债水平提高[13]。根据已有文献的做法，本文选取是否两职合一（W_1）、股权分散度（W_2）、管理层教育背景（W_3）以及管理层持股（W_4）指标综合构建管理层权力积分变量（$Power = W_1 + W_2 + W_3 + W_4$）。相关变量定义如表 1 所示。

2.1.3 实证模型

为实证检验本文的研究假设，根据资本结构部分调整模型建立扩展的部分调整模型，并通过对负债水平、管理层权力大小进行分组，验证管理层权力与资本结构调整速度的关系。借鉴已有文献，本文采用模型（1）来衡量公司的目标资本结构 $Lev^*_{i,t}$：

表 1 变量定义

变量类型	变量名称	符号	变量释义
被解释变量	有息资产负债率	Lev	(短期负债+长期负债) /总资产
解释变量	两职合一	W_1	若总经理兼任董事长, 取 1, 否则取 0
	股权分散度	W_2	若第二至第十大股东持股比例除以第一大股东持股比例大于 1, 则取值 1, 否则取 0
	管理层教育背景	W_3	管理层教育水平为硕士研究生及以上的取值为 1, 否则取值为 0
	管理层持股	W_4	总经理拥有公司股权取值为 1, 否则为 0
	管理层权力积分变量	Power	$W_1 + W_2 + W_3 + W_4$
控制变量	企业规模	Size	期末总资产的自然对数
	盈利能力	ROA	资产收益率: 净利润/总资产
	企业成长性	Growth	主营业收入增长率
	有形资产水平	Tang	(固定资产+存货) /总资产
	非债务税盾	Dep	累计折旧/总资产
	时间虚拟变量	Year	时间虚拟变量, 取值为 0 或 1
	行业虚拟变量	Ind	行业虚拟变量, 取 0 或 1

$$Lev^*_{i,t} = C + \partial X_{i,t-1} + \rho year + \gamma Ind + \omega_{i,t}$$
$$= C + \partial_1 Size_{i,t-1} + \partial_2 ROA_{i,t-1} + \partial_3 Growth_{i,t-1} + \partial_4 Tang_{i,t-1} + \partial_5 Dep_{i,t-1} + \rho Year$$
$$+ \gamma Ind + \omega_{i,t} \tag{1}$$

其中, C 为常数, $Lev^*_{i,t}$ 为 i 公司的第 t 年的目标资本结构, $X_{i,t-1}$ 代表影响 i 公司资本结构目标值的企业特征因素。

通过模型 (1) 求解出在目标资本结构 $Lev^*_{i,t}$ 的基础上, 借鉴 Byoun (2008)、Cook 和 Tang (2010) 等的经验做法, 建立部分调整速度模型来估计企业 i 资本结构的调整速度:

$$Lev_{i,t} - Lev_{i,t-1} = \beta(Lev^*_{i,t} - Lev_{i,t-1}) + \rho Year + \gamma Ind + \varepsilon_{i,t} \tag{2}$$

其中, $Lev_{i,t} - Lev_{i,t-1}$ 为企业 i 第 t 年度的资本结构的实际调整量, $Lev^*_{i,t} - Lev_{i,t-1}$ 为企业 i 在第 t 年的资本结构的目标调整量, 因此 β 值的大小代表了实际调整程度占目标调整程度的比重, 即我们所关注的企业资本结构调整速度。

在模型 (2) 的基础上引入管理层权力变量作为回归模型的解释变量和与资本结构的交互项, 建立扩展的部分调整模型:

$$Lev_{i,t} = (1 - \beta)Lev_{i,t-1} + \mu Power + \lambda Power \times Lev_{i,t-1} + \partial\beta X_{i,t-1} + \rho Year + \gamma Ind + \omega_{i,t} + \varepsilon_{i,t}$$
$$= \{1 - (\beta - \lambda \times Power)\}Lev_{i,t-1} + \mu Power + \partial\beta X_{i,t-1} + \rho Year + \gamma Ind + \omega_{i,t} + \varepsilon_{i,t} \tag{3}$$

此时模型 (3) 的资本结构调整速度变成 $\beta_1 = \beta - \lambda \times power$, 管理层权力积分变量 Power 为非负, 如果 λ 为正, 则资本结构的调整速度会因管理层权力的提高而降低, 而如果 λ 为负, 则说明随着管理层权力的提高, 资本结构从实际值调整到目标值的调整速度会显著加快。

2.2 不同负债水平下管理层权力对资本结构调整速度的影响

由于不同的负债水平，资本结构的调整方向存在相反的差异，企业进行调整的动机就不一致。本文进一步研究管理层权力在负债过度和负债不足情况下对资本结构调整速度的效应。本文借鉴姜付秀（2011）的做法，用 $Lev_{i,t-1}$（即公司 i 第 t 年期初资本结构实际数值）与 $Lev_{i,t}$（公司 i 第 t 年的资本结构目标数值）之差来衡量企业负债水平。当第 t 年初资本结构大于同期目标资本结构时，我们认为该企业为负债过度，反之则认为企业负债不足。

2.3 数据描述性统计

从表 2 的统计结果可以看出：资本结构 Lev 的均值为 0.411，中位数为 0.397，表明该样本中公司的资本结构水平整体上是合理的。而其最小值为 0.046，最大值为 0.908，标准差为 0.217，说明各企业之间的资本结构有较大差别。管理层权力 Power 的均值为 1.841，标准差为 1.115，表明其在样本之间差异较大，并且最小值为 0，最大值为 4。

表 2　主要变量的描述性统计

变量	观测值	均值	标准差	最小值	中位数	最大值
Lev	5617.000	0.411	0.217	0.046	0.397	0.908
Power	5617.000	1.841	1.115	0.000	2.000	4.000
Size	5617.000	21.599	1.042	19.293	21.453	25.028
ROA	5617.000	0.042	0.048	−0.126	0.040	0.163
Dep	5617.000	0.020	0.015	0.000	0.017	0.072
Tang	5617.000	0.463	0.027	0.084	0.565	0.852
Growth	5617.000	0.313	0.756	−0.751	0.107	3.578

为了检验参数的有效性，防止测度变量之间存在多重共线性，本文针对各变量进一步分析了它们之间的相关性，结果如表 3 所示。自变量之间或各控制变量之间的相关系数均没有超过 0.3，所以可以认为变量之间不需要考虑多重共线性的影响。

表 3　各变量相关系数

变量	Lev	Power	Size	ROA	Dep	Tang	Growth
Lev	1.000						
Power	−0.290***	1.000					
Size	0.530***	−0.182***	1.000				

变量	Lev	Power	Size	ROA	Dep	Tang	Growth
ROA	−0.412***	0.157***	−0.034***	1.000			
Dep	0.114***	−0.206***	0.009	−0.166***	1.000		
Tang	0.082***	0.004	0.191***	0.025*	−0.128***	1.000	
Growth	0.024*	−0.043***	0.005	0.011	−0.037***	0.004	1.000

注：***、**、* 分别表示相关系数在 1%、5% 和 10% 水平下显著，下同。

3   实证检验结果分析

本文将管理层权力积分变量 Power 等于 1 的公司定义为管理层权力小的组，将 Power 等于 3 的公司定义为管理层权力大的组，进而分别分析不同负债程度下的管理层权力大小对资本结构调整速度的影响。为了进一步验证本文的假设，本文继续对负债不足组和负债过度组通过模型（4）进行回归分析。本文采用混合 OLS 模型估计方法进行回归，回归结果如表 4、表 5 所示。

表 4   负债不足情况下管理层权力对调整速度的影响

	负债不足组		
	管理层权力小 （1）	管理层权力大 （2）	全样本 （3）
L.lev	0.7532*** (11.77)	0.8076*** (15.15)	0.6261*** (54.55)
Power			−0.0527*** (−21.47)
Pow−Lev			0.1375*** (26.75)
Size	0.0119** (2.21)	0.0455*** (3.78)	0.0111*** (6.49)
ROA	−0.4828*** (−4.30)	−0.5008*** (−2.76)	−0.3802*** (−11.82)
Tang	−0.0316** (−0.18)	0.2088* (0.87)	−0.0141 (−0.28)
Dep	−0.9339*** (−2.71)	−1.0478 (−1.57)	−0.2879*** (−2.76)
Growth	0.0052 (0.89)	−0.0046 (−0.53)	0.0029* (1.72)
_cons	−0.2372 (−1.16)	−1.0017*** (−2.91)	−0.0398 (−0.69)

续表

	负债不足组		
	管理层权力小 （1）	管理层权力大 （2）	全样本 （3）
Ind	控制	控制	控制
Year	控制	控制	控制
N	922	762	3433
Adj R-squared （P-Value）	0.3813 （0.0000）	0.2926 （0.0000）	0.3421 （0.0000）

从表 4 的分组回归结果显示：第（1）列负债不足与管理层权力小组合回归中，资本结构的回归系数为 0.7532，第（2）列负债不足与管理层权力大组合中资本结构的回归系数为 0.8076，均在 1%水平上显著，表明在负债不足（即向上调整）的情况下，管理层权力小的调整速度为 0.2468（1－0.7532），而管理层权力大的调整速度为 0.1924（1－0.8076），由此可以看出在负债不足的情况下，管理层权力大的公司，其资本结构向上调整的速度越慢，假设 1 得到验证。从第（3）列可知，在负债不足样本中，管理层权力与负债率的交乘项（pow_lev）的回归系数在 1%水平上正向显著，故资本结构调整速度 $\beta_1 = \beta - \lambda \times power$ 变小，表明调整速度会因管理层权力的提高而降低，假设 1 进一步得到验证。

表 5　负债过度情况下管理层权力对资本结构调整速度的影响

	负债过度组		
	管理层权力小 （4）	管理层权力大 （5）	全样本 （6）
L.lev	0.8067*** （24.53）	0.7034*** （10.49）	0.6332*** （45.32）
Power			0.0539*** （17.49）
Pow_lev			−0.1344*** （−21.13）
Size	0.0257*** （4.74）	0.0377*** （3.28）	0.0138*** （7.08）
ROA	−0.6796*** （−5.58）	−0.9891*** （−4.17）	−0.3924*** （−9.86）
Tang	−1.7966* （−1.84）	−4.0412*** （−3.18）	0.0539 （0.83）
Dep	−0.2480 （−0.57）	−1.4293 （−1.42）	−0.5736*** （−4.09）
Growth	0.0019 （0.30）	0.0051 （0.35）	0.0010 （0.46）

续表

	负债过度组		
	管理层权力小 （4）	管理层权力大 （5）	全样本 （6）
_cons	−0.1944 (−0.96)	−0.3959 (−0.90)	−0.1729** (−2.48)
Ind	控制	控制	控制
Year	控制	控制	控制
N	655	461	2184
Adj R−squared (P−Value)	0.3656 (0.0000)	0.4421 (0.0000)	0.3809 (0.0000)

表 5 中的第（4）列和第（5）列显示，当负债过度时，管理层权力小的公司资本结构调整速度为 0.1933（1 − 0.8067），而管理层权力大的公司相应的调整速度为 0.2966（1 − 0.7034）。表明当企业过度负债（即应向下调整）时，管理层权力越大，资本结构的调整速度越快，初步证明了假设 2。从第（6）列中可知，管理层权力与负债率的交乘项(pow_lev)的回归系数在 1% 水平上为负向的显著关系，资本结构调整速度 $\beta_1 = \beta - \lambda \times power$ 变大，表明负债过度的情况下，管理层的权力越大，资本结构的调整速度越快，假设 2 进一步得到验证。综合看出负债过度组的调整速度相应于负债不足组的调整速度存在差异，资本结构呈现非对称调整。

4　稳健性检验

（1）除了采用第 t − 1 年的变量来衡量目标资本结构之外，本文将 t − 1 年的特征变量替换成第 t 年的特征变量，再进行回归分析，研究结论保持一致。

（2）不同的回归方法的前提假设和原理不尽相同，基于结论稳健性的考虑，本文对样本数据利用系统广义矩估计（GMM）方法重新进行回归分析，研究结论保持一致。

5　结语

本文以 2008~2014 年的中国沪深 A 股上市公司数据为对象，采用混合 OLS 模型实证分析了管理层权力与资本结构动态调整的效应关系。研究发现，从不同的负债水平分析公司的调整倾向，当负债不足时，管理层权力会限制资本结构的调整速度，而当负债过度时，管理层权力越大，资本结构的调整速度越快。

参考文献

［1］盛明泉，张敏，马黎珺等.国有产权、预算软约束与资本结构动态调整［J］.管理世界，2012（3）：151-157.

［2］Modigliani F.，Miller M. The Cost of Capital，Corporation Finance and the Theory of Investment［J］. American Economic Review，1958，48（2）：261-297.

［3］李悦，熊德华，张峥等.公司财务理论与公司财务行为——来自167家中国上市公司的证据［J］.管理世界，2007（11）：108-118.

［4］Byoun S. How and When Do Firms Adjust Their Capital Structures toward Targets？［J］. The Journal of Finance，2008，63（6）：3069-3096.

［5］丁培嵘，郭鹏飞.基于行业均值的公司资本结构动态调整［J］.系统工程理论方法应用，2005，14（5）：454-457.

［6］姜付秀，黄继承.市场化进程与资本结构动态调整［J］.管理世界，2011（3）：124-134.

［7］Finkelstein S. Power in Top Management Teams：Dimensions，Measurement，and Validation［J］. Academy of Management Journal Academy of Management，1992，35（3）：505-538.

［8］权小锋，吴世农，文芳.管理层权力、私有收益与薪酬操纵［J］.经济研究，2010（11）：73-87.

［9］王茂林，何玉润，林慧婷.管理层权力、现金股利与企业投资效率［J］.南开管理评论，2014，17（2）：13-22.

［10］杨兴全，张丽平，吴昊旻.市场化进程、管理层权力与公司现金持有［J］.南开管理评论，2014，17（2）：34-45.

［11］D'Mello R.，Mirandam. Long-term Debt and Overinvestment Agency Problem［J］. Journal of Banking & Finance，2010（34）：324-335.

［12］徐伟，叶陈刚.公司管理层权力与银行信贷融资决策［J］.南京审计学院学报，2016，13（5）：57-65.

［13］汪强，吴世农.公司治理是如何影响资本结构的——基于我国上市公司的实证研究［J］.经济管理，2007（12）：4-13.

大五人格特质对科研人员创新行为的影响研究

张惠琴　曹　知　殷　俊

（成都理工大学管理科学学院，四川成都　610059）

【摘　要】基于勒温的行为模型以及学者们在人格特质、个体创新行为和知识分享领域的研究成果，选取科研人员为研究对象，以"大五人格特质"为自变量，"个体创新行为"为因变量，"知识分享"为中介变量，构建概念模型，提出相应的研究假设，采用结构方程模型探讨科研人员大五人格特质对创新行为的内在作用机理。研究结果表明：大五人格特质通过知识分享的部分中介作用对科研人员创新行为产生影响。

【关键词】科研人员；大五人格特质；知识分享；个体创新行为

0　引　言

近年来，中央财政对科技创新扶持的力度不断加大。根据国家统计局数据初步统计显示，2005 年至 2014 年，我国 31 个省（市、自治区）的科研经费总支出从 2450 亿元增加到 13016 亿元，2015 年全国研发经费投入总量为 1.4 万亿元，其中企业研发经费逾 1.1 万亿元，政府属科研院所、高等学校研发经费约为 3000 亿元。国家在加大对科技创新支持力度的同时，对科研经费的管理力度也在不断加强，"科研经费使用难""人工智力成本偏低"等问题成为科研人员抉择是否积极进行科学研究中的一道障碍。科研人员是提升整个国家的科技创新能力的生力军，如何挑选并培育一批真正具有创新行为的科研人员是各科研院所亟待解决的问题。根据勒温的行为模型 B = f(E，P)，个体的行为受到个体特质和其所处环境因素的共同作用，在科研经费使用难的背景下，个体特质成为筛选更具创新行为的科研人员的重要条件，那么个体特质对科研人员创新行为有何影响呢？在已有研究的基础上，本研究将知识分享作为人格特质与创新行为之间的中介变量，初步探讨人格特质对科研人员创新行为影响的内在机理。研究的结果一方面为我国科研院所甄选人才提供新的思路和方法，另一方面为科研院所的人员配置提供建议，以期最大限度地激发科研人员的创新行为。

1　文献回顾与研究假设

"大五"人格特质模型是 Goldberg 在总结前人相关研究的基础上于 1983 年正式提出的，McCrae 和 Costa（1987）对大五人格特质进行了进一步的研究，并把五因素分别命名为外倾性、开放性、宜人性、神经质和尽责性[1]。大五人格模型是当代心理学用来描述人格方面最成功的模型。[2-3] 知识分享是知识不断传递、转化的过程，是指个体通过在组织中与其他人交流互动从而使自己的知识为组织中其他成员所认同、接受，同时接受来自他人的知识[4-7]。关于个体创新行为的内涵，具有代表性的观点是 Scott 和 Bruce（1994）对个体创新行为的定义，该定义将个体创新行为分成三个连续的部分：首先是发现问题，思考得出解决办法；然后是在组织中寻找有共鸣的个体，获取对自身想法的支持；最后是执行创新想法并最终实现的过程[8]。本研究认为科研人员是指具备某一学科专业知识并进行科学研究的高级知识分子，将科研人员创新行为定义为科研人员在进行科学研究的过程中产生新的观点或想法，并将其应用于理论研究或者科研实践中。

1.1　大五人格特质与个体创新行为的关系

个体是完成创新行为的主体，人格特质影响行为的产生，因此个体的人格特质对创新行为起着至关重要的影响。由勒温的群体动力理论可知，个体的行为同时受到环境和个体特质的影响。神经质个体易产生消极情绪，对组织的信任度低，不注重组织承诺，只关注自身利益，因此拥有神经质人格的个体更趋于默守成规，回避创新想法的产生和实施。外倾性人格对个体组织认同的显著影响得到了大量研究的证明，高外倾性的个体勇于寻求和接受挑战，以发挥自己的潜力，同时会希望得到外界的支持，在组织中获得一定成就和实现自我价值；开放性人格思维空间广阔，观念延展性强，在应对变化的状况时，往往比较沉着冷静且会尝试制定各种解决策略[9]。Jennifer 和 Zhai（2001）认为开放性人格正向影响创新行为的发生[10]，而尽责性人格则会起反作用[11]。但也有学者研究发现尽责性人格对创新行为的产生具有促进作用，神经质和宜人性人格不利于个体创新行为的产生[12]。拥有宜人性人格的个体往往表现为积极合作、为人谦和以及顺从的人格特点[13]，他们在工作中可能会为了避免冲突而不会主动去尝试探索新方法或新技术并实施。

基于以上分析，本研究提出了如下假设：

H1a：神经质对个体创新行为有显著负向影响；

H1b：外倾性对个体创新行为有显著正向影响；

H1c：开放性对个体创新行为有显著正向影响；

H1d：宜人性对个体创新行为有显著负向影响；

H1e：尽责性对个体创新行为有显著正向影响。

1.2　大五人格与知识分享的关系

在分享知识（特别是垄断性知识）的决策中，最优先的考虑因素是分享知识后自身的地位和利益是否会受到减损。对多样性事物的偏爱，对未知事物的求知欲、想象力，审美的敏感度特质与知识分享具有高度相关性[9]。高宜人性的个体更容易在人机互动中与他人产生共鸣，渴望帮助他人[14]。尽责性能够对任务绩效起到良好的预测作用，高尽责的个体追求成就导向且具有责任感，他们往往有意愿和动机帮助他人以达成整体任务目标，进而延伸到从事本职工作内容之外的组织公民行为[15]。

基于以上分析，本研究提出了如下假设：

H2a：神经质对知识分享有显著负向影响；

H2b：外倾性对知识分享有显著正向影响；

H2c：开放性对知识分享有显著正向影响；

H2d：宜人性对知识分享有显著正向影响；

H2e：尽责性对知识分享有显著正向影响。

1.3　知识分享与个体创新行为的关系

Nonaka（1994）认为个体间的知识分享有利于创新行为的产生[16]，Du Plessis（2007）认为对知识进行整合可以增进个体知识的积累进而有助于个体的学习和创新，通过交流、合作而获得知识的增加和技能的增进，因此可以有效地实现创新[17]。Hu等（2009）也认为组织中知识的转移是促进个体创新行为产生的重要因素[18]。很多学者的研究表明，知识分享可以带动创新能力以及创新水平的提高。科研人员作为高级知识分子，其知识分享的水平对创新行为的促进作用将会更加明显。

基于以上分析，本研究提出了如下假设：

H3：知识分享对个体创新行为有显著正向影响。

1.4　知识分享的中介作用

在文献的分析梳理中，笔者发现大五人格特质模型的各维度对知识分享意愿都有显著影响[19]。同时，知识是个体创新的基础，个体间的知识分享有利于个体获得多元化的信息、想法，丰富自身的知识储备，提升创新行为产生的内在动力。综上所述，本研究以知识分享作为中介变量，研究其在大五人格特质对个体创新行为影响中的中介作用，并提出了如下假设：

H4a：知识分享在神经质对个体创新行为影响过程中起中介作用；

H4b：知识分享在外倾性对个体创新行为影响过程中起中介作用；

H4c：知识分享在开放性对个体创新行为影响过程中起中介作用；

H4d：知识分享在宜人性对个体创新行为影响过程中起中介作用；

H4e：知识分享在尽责性对个体创新行为影响过程中起中介作用。

基于以上分析，构建本研究的概念模型如图 1 所示。

图 1　概念模型

2　研究设计

2.1　变量测量

本研究采用李克特 5 点量表，数字 1~5 分别表示非常不符合到非常符合。人格特质量表是基于王孟成等（2011）编制的中国大五人格问卷简式版（CBF–PI–B）[20]，进行改编后得到的 20 个题目的版本 [21]。知识分享采用 Lu 等（2006）设计的量表对研究对象进行测量 [22]。创新行为量表基于 Scott 和 Bruce（1994）[8] 编制的企业员工创新行为测量量表，根据科研人员的特点对量表的条目进行了符合情境的修正后得到。

2.2　数据收集

本研究的样本数据均来源于问卷调查。通过纸质问卷对成都市各科研院所的科研人员进行调查，同时采用电子问卷的形式对其他各省（市、自治区）科研院所的科研人员进行调查，问卷共发放 400 份，收回 350 份，其中有效问卷 309 份，有效回收率达 77.25%。本研究主要采用 SPSS 21.0 和 AMOS 22.0 软件对样本数据进行分析。调研样本的人口统计特征显示：性别方面，男性占 51.5%，女性占 48.5%；学历方面，硕士学历占 75.1%，博士及以上学历占 24.9%；年龄方面，20~25 岁占 42.4%，26~30 岁占 35.2%，30 岁以上占 22.4%。

3 数据分析与假设检验

3.1 信度与效度分析

本研究采用 Cronbach's α 系数来评价数据的信度，运用 SPSS 21.0 对各量表进行内部一致性检验。结果显示整体内部一致性信度系数 Cronbach's α 为 0.830，各变量/维度的 Cronbach's α 值均大于 0.750，属可接受范围内，说明调研数据的可靠性比较高，分量表和总量表具有良好的信度。

本研究采用的是成熟量表，内容效度和效标效度均能达到要求，需要对量表的区分效度进行检验。运用 AMOS 22.0 软件对各变量的测量模型进行验证性因子分析，除了知识分享卡方自由度比为 3.602，大于 3.00，若按照较宽松的标准 5，在可接受范围内。其余各测量模型的拟合指标值均在可接受范围内，说明测量量表区分效度良好。

3.2 假设检验

3.2.1 直接效应检验

为探索并验证科研人员人格特质对知识分享以及个体创新行为的影响，运用 AMOS 20.0 绘制了包含"大五人格特质""知识分享""个体创新行为"潜在变量以及各自观测变量的 PA–LV 模型，运行结果如图 2 所示。绘制模型整体适配度的卡方值为 362.472，模型自由度为 364，显著性概率值 P=0.513>0.05，未达到显著性水平，接受虚无假设，即本研究构建的科研人员人格特质对个体创新行为的影响模型与实际问卷调查的数据相适配，路径分析假设模型可以得到支持。

本研究采用极大似然法来估计路径系数值，得到的结果如表 1 所示。结果表明：大五人格中的"神经质""宜人性"对科研人员创新行为有直接的负向影响，"尽责性"对科研人员创新行为有直接的正向影响，因此 H1a、H1d、H1e 通过了检验；"外倾性"和"开放性"对科研人员创新行为的影响不显著，H1b、H1c 未能通过检验。"神经质"对知识分享有直接的负向影响效果，"宜人性""开放性""外倾性""尽责性"对"知识分享"有直接的正向影响效果，因此 H2a、H2b、H2c、H2d、H2e 通过了检验。"知识分享"对"个体创新行为"有直接的正向影响效果，因此假设 H3 通过了检验。

3.2.2 知识分享的中介效应检验

要对知识分享在人格特质对个体创新行为的影响中的中介效应进行检验，前提条件是变量之间存在显著的相关关系，根据之前检验的结果，神经质、宜人性与个体创新行为负相关，尽责性与个体创新行为正相关，可以进行中介效应的检验。由表 2 的检验结果可知，模型一、模型二、模型三中 a 与 b 分别为：−0.669 和 0.576、−0.520 和 0.812、0.562 和 0.630，说明知识分享在三个模型中存在显著中介效应；下一步直接检

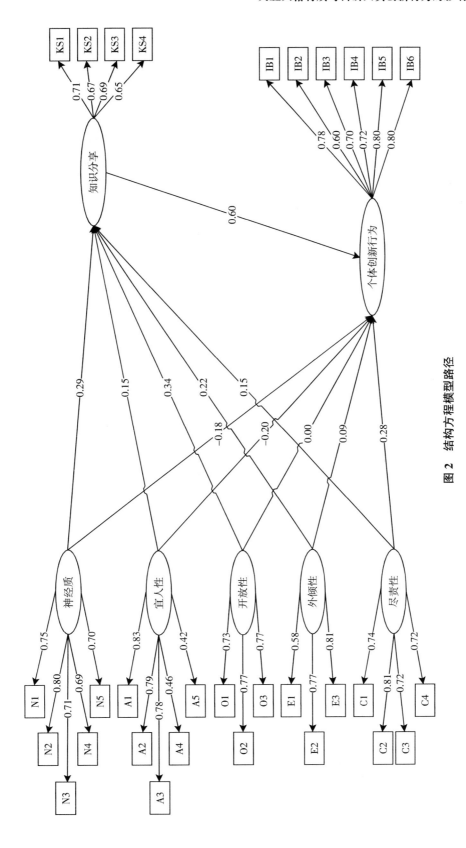

图 2　结构方程模型路径

表 1 知识分享中介效应的路径系数与显著性水平

			Estimate	S.E.	C.R.	P
神经质	--->	知识分享	−0.262	0.073	−3.612	***
宜人性	--->	知识分享	0.120	0.061	1.961	*
开放性	--->	知识分享	0.328	0.081	4.031	***
外倾性	--->	知识分享	0.287	0.100	2.881	**
尽责性	--->	知识分享	0.142	0.075	2.064	*
神经质	--->	个体创新行为	−0.116	0.054	−2.147	*
宜人性	--->	个体创新行为	−0.122	0.044	−2.795	**
开放性	--->	个体创新行为	0.003	0.061	0.050	0.960
外倾性	--->	个体创新行为	0.086	0.071	1.210	0.226
尽责性	--->	个体创新行为	0.200	0.060	3.340	***
知识分享	--->	个体创新行为	0.444	0.125	3.552	***

注：* 代表 $P<0.05$；** 代表 $P<0.01$；*** 代表 $P<0.001$。

验 c′ 值显著性，模型一、模型二、模型三中 c 值为−0.324、−0.026、0.302，c′ 值显著性均小于 0.001，因此可知知识分享在"神经质""宜人性""尽责性"对"个体创新行为"的影响中起不完全中介作用。H4a、H4d、H4e 通过了检验。

表 2 知识分享中介效应的检验结果

模型	c	a	Sa	b	Sb	c′
模型一	−0.712	−0.669	0.052	0.576	0.081	−0.324
模型二	−0.401	−0.520	0.067	0.812	0.060	−0.026
模型三	0.659	0.562	0.070	0.630	0.072	0.302

注：模型一、模型二、模型三分别为神经质、宜人性、尽责性以知识分享为中介对个体创新行为产生影响的模型。其中，c 代表自变量对因变量的标准化回归系数；a 代表自变量对中介变量的标准化回归系数；b 代表中介变量对因变量的标准化回归系数；c′代表包含自变量和中介变量在内的全模型中，自变量对因变量的标准化回归系数。

4 结论与讨论

4.1 研究结论

本研究将科研人员人格特质、知识分享和个体创新行为构建于一个概念模型中，探讨了科研人员的人格特质如何通过知识分享对其个体创新行为产生影响。研究结论显示，科研人员的人格特质对个体创新行为具有影响。其中，"神经质""宜人性"对个体创新行为有显著负向影响，"尽责性"对个体创新行为有显著正向影响。"开放性"和"外倾性"对个体创新行为的正向影响不显著。另外，人格特质对知识分享也存在显著影响。其中，"神经质"对知识分享存在显著负向影响、"外倾性""开放性""宜人性""尽责性"对知识分享存在显著正向影响。实证结果表明知识分享对个体创新行为有显著的正向影响，知识分享在人格特质对个体创新行为的影响中起部分中介作用。

4.2 管理启示

知识作为个体创新的源泉，特别是对于高学历群体，个体间的知识分享推动彼此的互动和交流，不同想法和观念的交换能够让彼此的知识储备得到更新，进而促进个体创新行为的产生。对于科研人员来说，宜人性、尽责性、开放性和外倾性个体都有助于提高团队中的知识分享水平，但往往尽责性人格特质的个体更容易付诸行动从而产生创新行为。对科研院所来说，要提高科研团队的创新能力，相当大的程度上依赖于个体的知识创造和分享。研究院所可以从以下几个方面着手对科研人员的挑选和培养采取措施：一是在选择科研人员组建科研团队的时候可以考虑引入大五人格测评工具，根据不同科研人员的人格特质，结合团队建设的需要，选择合适的人才配置成一个科研团队，从总体上把握人才类型的比例，从而更好地发挥团队成员的个体创新行为。例如神经质人格特质较明显的个体倾向于回避创新行为，所以此类个体在团队中更适合做常规性的事务，高宜人性的个体则适合做待人接物方面的工作。外倾性和开放性特质较明显的个体有利于提高团队中的知识分享水平，可以将他们和尽责性特质较明显的个体组成团队，为尽责性个体的创新行为实施搭建平台。二是在培育科研人员的过程中，应根据科研人员的基本特质和表现出的行为特征予以引导。例如开放性和外倾性人格特质较明显的科研人员，虽然创新行为表现不强，但是他们内心具有创新思维，所以科研院所的领导如果能够正确引导，也有可能产生较高的创新行为。

参考文献

[1] McCrae R. R., Jr Costa P. Validation of the Five-factor Model of Personality Across Instruments and Observers [J]. Journal of Personality & Social Psychology, 1987, 52 (1): 81-90.

[2] Kumar K., Bakhshi A.. The Five-factor Model of Personality and Organizational Commitment: Is There Any Relationship? [J]. Humanity and Social Sciences Journal, 2010, 5 (1): 25-34.

[3] Francois B., Jean P. S.. Influence of FFM/NEO PI-R Personality Traits on the Rational Process of Autonomous Agents [J]. Web Intelligence and Agent Systems: An International Journal, 2013 (11): 203-220.

[4] Mowery D. C., Oxley J. E., Silverman B. S.. Strategic Alliances and Interfirm Knowledge Transfer [J]. Strategic Management Journal, 1996, 17 (S2): 77-91.

[5] Gupta A. K., Govindarajan V. Knowledge Flows within Multinational Corporations [J]. Strategic Management Journal, 2000, 21 (4): 473-496.

[6] Senge P.. Sharing Knowledge [J]. Executive Excellence, 1999 (7): 6-7.

［7］Abhishek S., Kathryn M. B., Edwin A. L. Empowering Leadership in Management Teams：Effects on Knowledge Sharing, Efficacy, and Performance ［J］. Academy of Management Journal, 2006, 49 (6)：1239-1251.

［8］Scott S. G., Bruce R. Determinants of Innovative Behavior：A Path Model of Individual Innovation in the Workplace ［J］. Academy of Management Journal, 1994 (37)：580-607.

［9］Costa P. T., McCrae R. R.. Revised NEO Personality Inventory (NEO PI-RTM) and NEO Five-factor Inventory (NEOFFI)：Professional Manual ［M］. Odessa：Psychological Assessment Resources, 1992.

［10］Jennifer M. G, Zhai J.. When Openness to Experience and Conscientious are Related to Creative Behavior：An Interactional Approach ［J］. Journal of Applied Phycology, 2001, 86 (3)：513-524.

［11］Feist G. J.. A Meta-analysis of Personality in Scientific and Artistic Creativity ［J］. Personality and Social Psychology Review, 1998, 2 (4)：290.

［12］田相庆. 大五人格对工作满意度及个体创新行为影响研究 ［D］. 上海：上海交通大学硕士学位论文, 2010.

［13］Raja U., Johns G., Ntalianis F.. The Impact of Personality on Psychological Contracts ［J］. Academy of Management Journal, 2004, 47 (3)：350-367.

［14］Kogut B., Zander U.. Knowledge of the Firm, Combinative Capabilities, and the Replication of Technology ［J］. Organization Science, 1992, 3 (3)：383-397.

［15］Barrick M. R., Mount M. K.. Autonomy as a Moderator of the Relationships between the Big Five Personality Dimensions and Job Performance ［J］. Journal of Applied Psychology, 1993, 78 (1)：111-118.

［16］Liao H., Chuang A.. A Multilevel Investigation of Factors Influencing Employee Service Performance and Customer Outcomes ［J］. Academy of Management Journal, 2004, 47 (1)：41-58.

［17］林子芬, 孙锐. 内部社会资本对员工创新行为的影响研究——基于知识共享的中介作用分析 ［J］. 华东经济管理, 2013 (12)：55-58.

［18］Hu M. L. M., Horng J. S., Sun Y. H. C.. Hospitality Teams：Knowledge Sharing and Service Innovation Performance ［J］. Tourism Management, 2009, 30 (1)：41-50.

［19］Kurt Matzler, Birgit Renzl, Todd Mooradian, et al.. Personality Traits, Affective Commitment, Documentation of Knowledge, and Knowledge Sharing ［J］. The International Journal of Human Resource Management, 2011, 2 (2)：296-310.

［20］王孟成, 戴晓阳, 姚树桥. 中国大五人格问卷的初步编制Ⅲ：简式版的制定及信效度检验 ［J］. 中国临床心理学杂志, 2011, 19 (4)：454-457.

［21］张亭. 商业银行员工大五人格对工作倦怠的影响——领悟社会支持为中介变量 ［D］. 成都：西南财经大学, 2013.

［22］Lu L., Leung K., Koch P. T.. Managerial Knowledge Sharing：The Role of Individual, Interpersonal, and Organizational Factors ［J］. Management and Organization Review, 2006, 2 (1)：15-41.

基于 TQS 均衡的区域物流运行监测指标研究*

徐 剑 殷艳娜 温 馨 毕 猛 于福娟

(沈阳工业大学管理学院，辽宁沈阳　110870)

【摘　要】针对区域物流体系运行状态的形成机理与评判依据问题，综合物流需求时间（T）、物流需求数量（Q）、物流需求分布结构（S）三个维度，研究提出区域物流运行的均衡状态与属性特征，并据此构建区域物流运行的监测指标体系，最后通过调研实际案例验证提出的指标体系的可靠性与有效性。本文的研究既是对物流均衡理论的进一步应用与发展，同时又是为区域物流运行的监管部门提出技术性的支持与决策依据。

【关键词】物流均衡；区域物流；运行机理；监测指标体系

0　引　言

随着大数据和云计算等新兴技术在物流行业中的拓展应用，具有区域特征的物流体系构建及运营具备了较为充足的技术性基础。从宏观的监测与调控的角度来看，较大程度地满足区域内制造业发展的物流需求，促使物流业与制造业及相关产业的联动，对区域物流体系的运行提出了较高的要求。因此，研究与探索区域物流体系运行的内部机理，并从宏观监督与调控的角度，构建能够反映出区域物流体系运行特征的属性及标准，是区域物流管理领域亟待解决的首要问题。

关于区域物流体系运行机理及监测方面的研究，国内外学者从不同的角度提出不同的研究观点和成果，主要集中在以下三个方面：①关于区域物流的物流空间布局和网络优化的研究[1-4]，主要是从物流节点设施的层次结构提出区域物流运行需要的物理布局规划，以及通过设立重要节点求解区域物流布局的最优。②从功能结构角度出

---

* ［基金项目］国家自然科学基金（71402104）；沈阳市科技局项目（F16-233-5-13）；辽宁社科联项目（2017lslktyb-132）；辽宁社会科学规划基金项目（L16BJY036）。

发，研究区域物流的产业布局和系统优化等，主要是研究提出了针对现有区域物流布局的水平评估，以及区域物流体系结构中构成变量的因果关系[5-6]；或是借助其他学科的理论和计算机辅助技术，研究区域物流体系的部分结构的有效性问题[7-8]；或是提出了区域物流运行应具备的功能和遵循的理论依据等[9-13]。③从诊断评价视角出发，研究区域物流运行的内部状态，主要有关于指标体系构建、评价方法和模拟仿真算法等[14-17]。

综观国内外相关研究，国外对区域物流的研究呈现上升的趋势，其关注的焦点主要集中在对区域物流体系的研究、区域物流与区域经济的关系、区域物流绩效和能力的评估、区域物流系统的规划设计等方面。国内学者对区域物流运行的研究还包括区域物流的相关机理、评估、规划、优化等多各方面，对于区域物流运行的研究倾向于局部以及微观要素的研究。这些研究成果对区域物流的宏观和微观管理都有较好的指导意义。但在实践中，区域物流的发展并没有取得实质性的飞跃，多数还处于为制造业服务，至多是与制造业联动发展的阶段，尚未形成具有核心竞争力的相对独立的运行体系。关于这方面的理论研究，徐剑教授于 2015 年提出了物流均衡理论，认为区域物流体系运行在时间（T）、数量（Q）、结构（S）几个方面表现出均衡的态势。这对于分析区域物流体系机理，以及对区域物流监测等方面的研究开拓了全新的研究视角，本文应用物流均衡理论（TQS 均衡）对区域物流体系及运行进行分析，目的是寻找出影响区域物流均衡的关键要素，提出区域物流体系运行的监测指标及标准，为研究区域物流的宏观调控政策与管理手段提供依据，同时为相关行业及政府有关部门提供可借鉴及具有可操作性的依据与参考。

1 基于 TQS 均衡的区域物流体系运行机理分析

1.1 区域物流体系运行过程的描述

区域物流体系的建立是为了支持区域经济的可持续发展，是区域经济发展的基础，具有适应区域环境的特征，能够为区域提供完整的物流功能，能够满足区域发展的需要。区域物流具有合理空间结构和物流服务规模，能够实现有效的组织和管理的物流活动体系。区域物流体系主要包括物流基础要素、支撑体系和运作体系三个部分，如图 1 所示。三个部分相互支撑、相互协作，以实现与物流需求方的匹配，在恰好的地方以恰当的方式提供恰好的物流服务，即准时化物流。

由图 1 可知，区域物流只有实际流动起来，才能实现其物流功能，从而使区域内资源流动，达到资源的优化配置的目的。但是，区域物流运行一方面需要基础资源，包括原材料物品、物流设备、人力；另一方面更多地依靠区域物流体系的各个构成要素在内部的协调配合以及与外界环境之间的相互作用。换言之，区域物流运

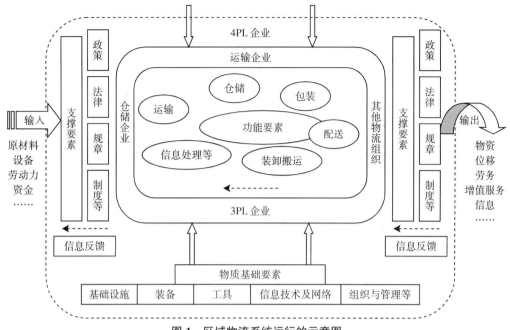

图 1 区域物流系统运行的示意图

行的本质是指在区域物流体系中，构成区域物流体系的各要素结合自身所处的地位及扮演的角色，各要素之间、各要素与外部环境之间相互共同作用以实现区域资源的优化配置。

具体地说，区域物流体系运行过程可分为三个层次：一是区域物流系统内部各要素之间的相互作用，是区域物流系统运行的初级形式；二是区域物流子系统各要素之间的相互作用、相互关系（主要体现在区域物流系统的结构上），是区域物流系统运行的高级形式；三是整个区域物流系统与外部环境之间的相互作用关系（主要体现在区域物流系统的功能上），是系统运行的最高级形式。具体来讲区域物流运行是指区域物流系统主体在一定支撑要素的保障和制约下，借助一定的物质基础要素完成对系统的输入在功能要素上的处理，从而最终获得区域物流系统输出的过程。

1.2 区域物流体系运行的 TQS 均衡状态分析

由上文可知，与一般系统相同，区域物流系统的运行过程包括输入、转换、输出三个环节，这里的输入是由物流需求商的要求转化而来的。一般地说，单一物流需求商的要求包括时间（T）与数量（Q）两个方面的要求，而多个物流需求同时存在是区域内普遍存在的现象，因而从宏观上看，考虑成本、效率和效果的条件下区域内的物流运行提供则有了时间（T）、数量（Q）、结构（S）的要求，且这些要求要保持在均衡状态，如图 2 所示。

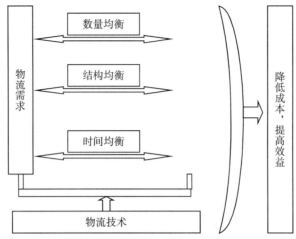

图 2　区域物流运行静态均衡结构

具体分析如下：

1.2.1　区域物流运行的时间（T）均衡状态

一般情况下，对物流服务的要求主要包括物流到达时间是否满足顾客的需求，即物流的准时性和效率性。按照物流学理论观点，在时间上要求物流运行所经过的各环节之间能够准时正确衔接，各环节的资源能力大体相等，不存在"瓶颈"环节，从而实现降低物流成本、提高物流效益的目标。因此，区域物流运行的时间（T）均衡状态可以用式（1）表示：

$$\sum t_d = \sum t_s + t_\sigma \tag{1}$$

其中，t_d 表示区域内某节点物流服务需求的时间，t_s 表示对应物流需求点物流服务完成需要的时间，t_σ 表示物流需求与物流服务的时间差，$\lim|t_\sigma| = 0$。

1.2.2　区域物流运行的数量（Q）均衡状态

按照经济学观点，总供给与总需求相等，则可以认为区域物流运行在数量上达到了均衡状态，如式（2）所示。因此，区域物流数量均衡是指在区域物流运行中物流供给与物流需求在数量上的均衡，物流的供给量能满足物流的需求量。区域物流数量不均衡有两种表现情形：一是在区域中，物流供给不能满足物流需求；二是物流的供给能力过剩，物流需求不足。

$$\sum q_d = k \sum q_s \tag{2}$$

其中，k 为物流服务供应的批次，$\lim k = 1$。

1.2.3　区域物流运行的结构（S）均衡状态

具体而言，区域物流体系的结构主要通过交通网络和商品供应链两个方面来体现。从物流服务对象——产业结构上看，区域物流运行的结构均衡是指区域内物流结构与产业结构相匹配。在同类型的产业或同类型的均衡层次下，物流需求主体的需求比例与能提供该类型物流服务的供给主体的供给比例是一种均衡的状态。

1.3 区域物流运行的动态性 TQS 均衡分析

如不考虑时间的因素，在某一特定时期的物流技术水平下，物流需求和物流供给在数量、结构和时间上能够达到一种相对稳定的均衡状态。在区域物流运行过程中，达到物流均衡状态时，构成区域物流运行的各要素之间的相互作用达到最优，区域物流资源配置达到最优。但物流均衡不能仅仅追求短期的、暂时的均衡，需要在相对较长的时间区域内，追求物流的动态均衡，即在时间和其他影响因素变动的情况下使物流系统达到均衡，如图 3 所示。

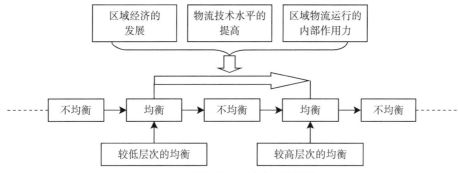

图 3　区域物流运行动态均衡结构

区域物流运行的动态 TQS 均衡条件：

（1）在区域物流运行中，如果物流供给量小于物流需求量，则说明在这个区域中现有需求得不到满足，从而在一定程度上抑制了物流需求的增长，阻碍区域经济的发展。这时需要加大物流供给方面的投资，完善物流设施装备和物流信息水平，提高物流标准化程度，提高物流供给能力，使二者达到均衡。当区域中能提供的物流供给量大于区域物流总需求量时，会出现一部分物流资源闲置的情况，这时需要制定相关政策规定，促进需求方的需求量，同时减少对物流供给能力提高的投入，促进区域物流向均衡的方向发展。综上，区域物流运行是按照"不均衡—均衡—不均衡—均衡……"的趋势不断循环发展的。

为了实现物流均衡，当供给大于需求时，需要鼓励各类企业加大投资，不断发展壮大，提高地区内的收入水平和消费水平；当需求大于供给时，需要协调整合物流产业资源，提高物流装备技术水平。技术水平是影响物流均衡层次的关键因素，不同的装备技术水平，均衡的层次不同，随着装备技术水平的提高，物流总是由低层次的均衡不断向高层次的均衡发展。

（2）为了有效地分析区域物流运行的动态均衡，研究区域物流运行如何偏离均衡位置，又沿着怎样的时间路径恢复均衡，以及均衡的稳定性问题，在数量均衡方面需要及时掌握供给量和需求量的动态变化；在结构均衡方面需要及时掌握区域内物流结构与第一、第二、第三产业结构的匹配性；在时间均衡方面需要及时掌握区域物流运行的及时率和准确率。均衡是相对的，不均衡是绝对的，物流技术水平方面主要考虑区域物流基础设施装备情况，区域物流信息化程度和区域物流标准化程度。对于区域物流运行所追求的效益目标主要从经济效益、社会效益和环境效益三方面来衡量。

综上，区域物流运行的动态 TQS 均衡有如下特点：

（1）区域物流运行的均衡是相对的，不均衡是绝对的，区域物流运行总是由不均衡—均衡—不均衡—均衡循环发展着的。

（2）不同的技术水平（包括科学技术和管理技术）下，区域物流均衡的层次不同。随着技术水平的提高，区域物流总是从低层次的均衡向高层次的均衡发展。

（3）物流均衡在一定程度上代表了区域物流运行的特征，是区域物流运行的属性。

（4）区域物流是产业链的支撑基础，区域物流运行是否均衡影响着产业链结构，不同的均衡是产业结构调整的基础。

2 基于 TQS 均衡的区域物流运行监测指标体系构建

基于上文区域物流运行 TQS 均衡机理及特点可知，对区域物流运行状态的获得，还需深入研究在 TQS 均衡状态下区域物流运行的属性指标。这对于评价区域物流运行的效果，以及为区域物流的宏观调控提供了基础数据和决策依据，有着重要的技术性意义。

2.1 基于 TQS 均衡的区域物流运行属性指标的功能要求

在区域物流运行过程中需要物流信息的及时准确传递、有效的处理，以便控制物流进程，合理协调区域物流各环节，从而有效地计划和组织物品的流通。为实现这一作用，物流运行监测指标体系主要有以下功能：

（1）监测区域物流总体运行状态。为区域物流指明战略方向，满足区域物流发展策划的需要；对区域物流进行有效的控制，正确预测区域物流运行的未来状态。

（2）监测区域物流各个环节的运行状态。对物流运行环节进行动态管理与优化，提高区域物流经营绩效水平。

（3）诊断功能。发现物流运行过程中的问题并反馈，及时改进。

此外，大量的监测数据还可以弥补区域物流管理者知识和能力的不足，并且本文设计的区域物流运行监测指标体系以运用物流装备技术，达到数量上、结构上、时间上三个方面的平衡，进而实现物流均衡的物流均衡理论为理论依据，构建了区域物流运行监测指标体系。为区域物流的发展留下宝贵的经验，保证国民经济持续、稳定、协调发展。

2.2 基于 TQS 均衡的区域物流运行监测指标体系总体框架

以物流均衡理论为基础，同时考虑物流数据信息的可获得性，设计的区域物流运行监测评价指标框架如图 4 所示。

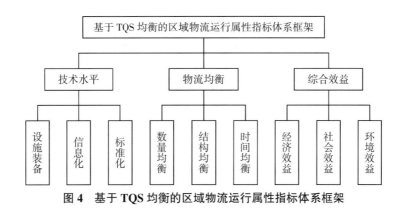

图 4　基于 TQS 均衡的区域物流运行属性指标体系框架

2.3　基于 TQS 均衡的区域物流运行监测具体指标解构

由图 4 可知，基于 TQS 均衡的区域物流运行属性包括技术水平、物流均衡和综合效益三个方面，具体分析如下：

2.3.1　区域物流均衡监测评价指标

本部分分为物流数量上的均衡、物流结构上的均衡、物流时间上的均衡三方面共七个监测点，其中区域内的供需比例、供给量增长率与需求量增长率之比为区间型指标，其他为效益型指标。具体的监测评价指标含义和计算公式如表 1 所示。

表 1　区域物流运行监测评价体系物流均衡指标

二级监测指标	三级监测指标	四级监测指标	含义	计算公式
物流均衡	数量	区域内的供需比例	反映了区域内的物流供给量与需求量之间的差距	供给量/需求量
		供给量增长率与需求量增长率之比	反映了区域内物流供需增长平衡情况	供给量增长率/需求量增长率
	结构	物流业与产业的匹配程度	反映了物流业结构与产业结构的匹配程度	物流业增加值增速/地区生产总值增速
		物流业与服务业的匹配程度	反映了物流业结构与服务业结构的匹配程度	物流业增加值增速/服务业增加值增速
		物流业占生产性服务业比重	反映了物流业结构与生产性服务业结构的匹配程度	物流业增加值增速/生产性服务业增加值增速
	时间	物流延误减少率	物流到达时间与顾客要求的时间的相符程度	(本年度的物流延迟量-前一年的物流延迟量)/前一年的物流延迟量
		产业链周期减少率	物品在产业链流通过程中从始端到末端所花费的时间	(某一产业链的周期-前一周期)/前一产业链周期

区域物流数量均衡是区域物流供给量和区域物流需求量的平衡状况。区域物流供给量是指一定时间内，这个区域内各物流环节能提供的最大产品总量；区域物流需求量是指在一定时间内，这个区域各物流环节需求的产品总量。

区域物流结构均衡是指区域物流结构与区域产业结构的匹配情况。所谓区域产业结构是指区域内各产业的构成，以及各产业之间的相互关系及构成比例；区域物流结构有两方面的含义：一方面是指区域内物流节点的布局构成，另一方面是指区域物流运行各个环节的组合情况。

对于区域物流时间均衡，本文从物流准时性和产业链周期两个角度分析。物流准时性是指物流到达时间与客户要求的时间是否相符；产业链周期是指物品在产业链流通过程中从始端到末端所花费的全部时间。

2.3.2 区域物流技术水平监测指标

本部分分为区域物流设施装备水平、区域物流信息化程度、区域物流标准化程度三个方面共六个监测点，都是效益型指标。具体的监测评价指标含义和计算公式如表 2 所示。

表 2　区域物流系统运行监测评价体系物流技术水平指标

二级监测指标	三级监测指标	四级监测指标	含义	计算公式
技术水平	物流设施装备	物流业固定资产投资增长率	反映了区域内的物流固定资产的更新状况	(本年度固定资产投资−上年度固定资产投资)/上年度固定资产投资
		物流技术装备增长率	反映了物流技术装备在区域内的使用情况	(本年度技术装备量−上年度技术装备量)/上年度技术装备量
	物流信息化	最新信息技术使用率	反映了最新信息技术在区域内的使用情况	应用最新信息技术的物流企业数/物流企业总数
		信息平台利用率	反映了信息平台的使用情况	应用信息平台的物流企业数/物流企业总数
	物流标准化	标准化完善率	反映了区域内物流的标准化完善程度	区域内物流标准化范围/物流业标准化范围
		标准化应用率	反映了区域物流标准化应用程度	A 级物流企业数/物流企业总数

区域物流设施装备从物流业固定资产投资增长率和物流技术装备增长率这两个方面监测，主要监测区域物流的基础设施装备的投入使用、更新情况。

区域物流信息化水平包括区域物流最新信息技术使用率和信息平台利用率两个监测点。最新信息技术使用率用来监测区域物流在信息技术更新方面的情况；信息平台使用率用来监测区域内物流信息的共享情况。

区域物流标准化水平包括区域物流标准化完善率和区域物流标准化应用率两个监测点。物流标准化完善率是指区域内物流标准化政策的出台制定情况；物流标准化应用率是指区域内物流企业对于标准化政策的执行情况。

2.3.3 区域物流运行效益监测评价指标

本部分主要监测区域物流的运行效益。包括经济效益、社会效益和环境效益三个方面共五个监测点。

区域物流运行经济效益监测评价指标主要从区域内物流企业营业收入增长率和区域内物流业增加值占社会总增加值比重两个角度监测。区域内物流企业营业收入增长率反映了区域物流运行的收益情况；区域内物流业增加值占社会总增加值比重，是从区域整体经济效益的角度分析物流效益的变化情况。

区域物流运行社会效益指标主要用来监测区域内物流企业为整个社会所做的贡献情况，本文主要通过物流行业提供的就业岗位情况来监测。

区域物流运行环境效益指标包括能源转换率增长率和污染排放减少率两个监测点。能源转换率增长率反映的是能源的有效利用情况；污染排放减少率反映了区域内物流活动对环境的影响和保护情况，这五个监测评价指标都为效益型指标。

具体的监测评价指标含义和计算公式如表 3 所示。

表 3　区域物流系统运行监测评价体系物流效益指标

二级监测指标	三级监测指标	四级监测指标	含义	计算公式
效益	经济效益	物流企业营业收入增长率	反映了区域内物流收益情况	（本年度物流企业营业收入–上年度物流企业营业收入）/上年度物流企业营业收入
		物流业增加值占社会总增加值比重	反映了区域内物流效益变化情况	物流增加值/社会总增加值
	社会效益	物流行业就业率	反映了物流业提供就业机会的情况	物流行业就业人数/区域内就业总人数
	环境效益	能源转换率增长率	反映了区域内的能源利用情况及节约程度	（本年度能源转换率–上年度能源转换率）/上年度能源转换率
		污染排放减少率	反映了区域内物流发展对环境的影响情况及对环境的保护	（上年度污染排放量–本年度污染排放量）/上年度污染排放量

3　例证分析：沈阳区域物流体系 TQS 均衡状态分析

为检验所构建指标体系的可靠性与有效性，本文选取了沈阳区域物流数据作为测试对象，对其物流体系 TQS 均衡状态进行分析。

3.1　数据获取与处理

在指标数据获取方面，本文主要借助了以下载体工具：①国家、省、市、相关行业、物流行业的相关年鉴，如《统计年鉴》《调查年鉴》《物流年鉴》《发展年鉴》等；②国家政府正式颁布实施的物流发展规划纲要、发布制定的相关标准政策、相关行业规章制度等；③已经发布的相关国民经济和社会发展统计公报、统计月报等；④国家、相关省、市的政府官方网站、统计局网站等；⑤物流相关网站：中国物流学会官网、物流采购与联合会官网、中国物流信息中心官网等。

在数据处理方面，本文主要通过监测评价指标的无量纲化，也就是对监测评价指标数据进行标准化、规范化处理。由于获得的监测评价指标数据的量纲不同，可能存在数量级间的差距，会对监测评价结果造成一定的误差影响，因此，需要通过数学变换来消除原始指标量纲的影响。其公式如式（3）和式（4）所示：

$$y'_{ij} = \frac{y_{ij}}{\overline{y_j}} \qquad (3)$$

$$r_{ij} = \frac{y'_{ij}}{\sqrt{\sum_{i=1}^{m} y'^2_{ij}}} \qquad (4)$$

其中，$\overline{y_j}$ 为一致化处理后第 j 个监测评价指标的平均值，y'_{ij} 为均值化后的数值，r_{ij} 为无量纲化后的监测评价指标值。

3.2 沈阳区域物流体系数据获取及预处理

本文以沈阳为实证研究对象，以 2012~2014 年数据为样本，对区域物流运行监测评价体系加以应用，说明体系设计的可行性，分析沈阳物流运行的均衡并预警。按照前文的数据获取方式可得到 2012~2014 年沈阳物流运行监测评价指标原始数据如表 4 所示。应用式（3）或式（4）对原始数据进行标准化处理，处理后的数据如表 5 所示。

表 4　监测评价指标原始数据

二级监测指标	三级监测指标	四级监测指标	2012 年	2013 年	2014 年
物流均衡（E）	数量（E_1）	区域内的供需比例（E_{11}）	0.894	0.882	0.877
		供给量增长率与需求量增长率之比（E_{12}）	0.811	0.960	0.981
	结构（E_2）	物流业与产业的匹配程度（E_{21}）	0.874	0.943	0.951
		物流业与服务业的匹配程度（E_{22}）	0.735	0.791	0.824
		物流业与生产性服务业的匹配程度（E_{23}）	0.900	0.912	0.918
	时间（E_3）	物流延误减少率（E_{31}）	0.021	0.026	0.027
		产业链周期减少率（E_{32}）	0.104	0.131	0.189
技术水平（T）	物流设施装备（T_1）	物流业固定资产投资增长率（T_{11}）	0.318	0.322	0.345
		物流技术装备增长率（T_{12}）	0.375	0.387	0.425
	物流信息化（T_2）	最新信息技术使用率（T_{21}）	0.159	0.204	0.322
		信息平台利用率（T_{22}）	0.670	0.750	0.806

二级监测指标	三级监测指标	四级监测指标	2012 年	2013 年	2014 年
技术水平（T）	物流标准化（T₃）	标准化完善率（T_{31}）	0.630	0.757	0.820
		标准化应用率（T_{32}）	0.540	0.563	0.580
效益（B）	经济效益（B₁）	物流企业营业收入增长率（B_{11}）	0.102	0.115	0.129
		物流业增加值占社会总增加值比重（B_{12}）	0.024	0.041	0.056
	社会效益（B₂）	物流行业就业率（B_{21}）	0.045	0.047	0.048
	环境效益（B₃）	能源转换率增长率（B_{31}）	0.046	0.058	0.072
		污染排放减少率（B_{32}）	0.280	0.240	0.270

表 5　监测评价指标标准化数据

二级监测指标	三级监测指标	四级监测指标	2012 年	2013 年	2014 年
物流均衡（E）	数量（E₁）	区域内的供需比例（E_{11}）	0.626	0.563	0.540
		供给量增长率与需求量增长率之比（E_{12}）	0.270	0.414	0.869
	结构（E₂）	物流业与产业的匹配程度（E_{21}）	0.283	0.625	0.727
		物流业与服务业的匹配程度（E_{22}）	0.453	0.574	0.682
		物流业与生产性服务业的匹配程度（E_{23}）	0.514	0.584	0.628
	时间（E₃）	物流延误减少率（E_{31}）	0.489	0.605	0.628
		产业链周期减少率（E_{32}）	0.412	0.519	0.749
技术水平（T）	物流设施装备（T₁）	物流业固定资产投资增长率（T_{11}）	0.559	0.566	0.606
		物流技术装备增长率（T_{12}）	0.546	0.564	0.619
	物流信息化（T₂）	最新信息技术使用率（T_{21}）	0.385	0.494	0.780
		信息平台利用率（T_{22}）	0.520	0.582	0.625
	物流标准化（T₃）	标准化完善率（T_{31}）	0.492	0.591	0.640
		标准化应用率（T_{32}）	0.556	0.579	0.597
效益（B）	经济效益（B₁）	物流企业营业收入增长率（B_{11}）	0.508	0.573	0.643
		物流业增加值占社会总增加值比重（B_{12}）	0.327	0.558	0.763
	社会效益（B₂）	物流行业就业率（B_{21}）	0.557	0.581	0.594
	环境效益（B₃）	能源转换率增长率（B_{31}）	0.445	0.562	0.697
		污染排放减少率（B_{32}）	0.613	0.525	0.591

3.3　沈阳区域物流体系 TQS 均衡状态分析

根据表 5，可以初步判断出沈阳区域物流运行过程中，在时间（T）、数量（Q）和结构（S）三项均衡指标上与其他指标的相关关系，具体如下：

3.3.1 时间（T）均衡分析

从三年指标值上看，沈阳区域物流运行在时间均衡两项指标上呈现出递增趋势，表明在这三年间沈阳区域物流运行中，物资到达时间与顾客要求的时间的相符程度越来越好；物品在产业链流通过程中从始端到末端所花费的时间增大表明沈阳区域物流体系逐渐扩张，链条在增长。这通过物流技术水平和物流经济效益数值的增加可判断出沈阳区域物流在时间（T）均衡指标上是符合要求和发展趋势的。

3.3.2 数量（Q）均衡分析

从三年指标值上看，沈阳区域物流运行在数量均衡两项指标上呈现出不同趋势，区域内的供需比例呈现下降趋势，反映了区域内的物流供给量与需求量之间的差距在缩小；供给量增长率与需求量增长率之比呈现上升趋势，反映了区域内物流供需增长较为平衡。结合物流技术水平和物流经济效益数值的增加可判断出沈阳区域物流运行状态趋于平稳，发展态势趋于高级水平。

3.3.3 结构（S）均衡分析

从三年指标值上看，沈阳区域物流运行在结构均衡三项指标上呈现上升趋势，反映了沈阳区域物流业结构与产业结构的匹配性逐渐增强、物流业结构与服务业结构的匹配性逐渐增强、物流业结构与生产性服务业结构的匹配性逐渐增强。结合其他指标，沈阳区域物流体系结构呈现出匹配性增强的趋势与特征。

综上分析，沈阳区域物流运行状态处于均衡状态，且均衡度良好，从三年指标来看，不能单就 TQS 均衡指标分析沈阳区域物流运行状态和水平，也不能仅就物流技术水平和经济效益评判某一区域物流运行效果。因此，TQS 指标在监测和分析区域物流运行状态水平中是重要组成部分。

4 结 论

本文给出了物流均衡的内涵与特征，通过对区域物流运行过程的描述，总结了区域物流运行中物流均衡的特征。提出的物流均衡是追求区域物流运行在数量、结构、时间上达到静态均衡，并随着各要素的不断变化，逐步实现从较低层级的均衡发展为较高层级的均衡这一动态均衡的目标，并在此基础上构建区域物流运行的监测指标体系，为物流行业及有关政府部门提供决策支持，从而实现区域物流运行的高效运转、降低成本、提高效益，更好地为区域经济发展服务。

参考文献

[1] 吴清一. 物流系统工程（第二版）[M]. 北京：中国物资出版社，2006.

[2] Antuela A. Tako, Stewart Robinson. The Application of Discrete Event Simulation and System Dynamics in the Logistics and Supply Chain Context [J]. Decision Support Systems，2012，52（4）：802-815.

［3］Vittorio A，Torbianelli Marco Mazzarino. Optimal Logistics Networks：the Case of Italian Exports to Russia［J］. Transit Stud Rev，2010（16）：918-935.

［4］董昆及，董洁霜，韩印等. 基于区位优势的区域物流体系布局规划研究 ［J］. 物流科技，2010 （1）：37-40.

［5］戴禾，杨东援，李群峰. 物流基础设施布局模型［J］. 交通运输学报，2002，2（2）：102-105.

［6］尤安军，庄玉良. 系统动力学在物流系统分析中的应用研究［J］. 物流技术，2002（4）：19-20.

［7］周恒，季晓亮. 区域物流信息系统和平台及关键技术分析［J］. 交通标准化，2003（7）：50-53.

［8］桂寿平，朱强，陆丽芳等. 区域物流系统动力学模型及其算法分析 ［J］. 华南理工大学学报 （自然科学版），2003，31（10）：36-40.

［9］吴坚，史忠科. 区域物流系统的优化模型 ［J］. 华南理工大学学报 （自然科学版），2004，32 （8）：68-71.

［10］I. E. Zevgolis，A. A. Mavrikos，D. C. Kaliampakos. Construction，Storage Capacity and Economics of an Underground Warehousing-logistics Center in Athens，Greece ［J］. Tunneling and Underground Space Technology，2004，19（2）：165-173.

［11］J. Javanmardi，Kh. Nasrifar，S.H. Najibi，et al. Economic Evaluation of Natural Gas Hydrate as an Alternative for Natural Gas Transportation ［J］. Applied Thermal Engineering，2005，25（11-12）：1708-1723.

［12］刘建文. 区域物流规划的理论基础与评价体系研究［J］. 管理世界，2009（8）：178-179.

［13］李全喜，金凤花，孙磐石. 区域物流引力和地位模型的构建及应用研究 ［J］. 经济地理，2010，30（10）：1619-1624.

［14］胡钱平. 区域物流网络构建与评价研究 ［D］. 大连：大连海事大学硕士学位论文，2010.

［15］余超. 区域物流网络的控制指标体系和控制模型研究 ［D］. 北京：北京化工大学硕士学位论文，2011.

［16］Jiansheng Zhang，Wei Tan. Research on the Performance Evaluation of Logistics Enterprise Based on the Analytic Hierarchy Process ［J］. Energy Procedia，2012（14）：1618-1623.

［17］Chin-Chia Jane. Performance Evaluation of Logistics Systems under Cost and Reliability Considerations ［J］. Transportation Research Part E：Logistics and Transportation Review，2011，47（2）：130-137.

自主型安全注意力与被迫型安全注意力的差异性研究*

邢宝君　　唐水清

（辽宁工程技术大学工商管理学院，辽宁葫芦岛　125105）

【摘　要】为提高井下受限空间矿工的安全注意力水平，通过随机抽样问卷调查，以 482 位矿工为研究样本，借助结构方程模型（SEM），分别建立自主型安全注意力模型和被迫型安全注意力模型，研究这两种安全注意力受安全监管、安全心理以及对安全行为的影响差异。研究结果表明：自主型安全注意力模型和被迫型安全注意力模型具有良好的拟合度；安全监管和安全心理对这两种安全注意力的影响具有显著的差异，其中，安全监管对矿工被迫型安全注意力的影响更明显，安全心理对自主型安全注意力的影响更明显；自主型安全注意力与被迫型安全注意力对安全行为的影响没有显著差异。

【关键词】自主型安全注意力；被迫型安全注意力；安全监管；安全心理；安全行为；结构方程模型（SEM）

0　引　言

目前，人因失误已成为煤矿安全管理的研究重点。由于安全注意力下降导致的不安全行为是人因失误的主要内容。已有学者将安全注意力的表现形式分为自主注意型与被迫注意型[1]，自主注意型安全注意力指员工在生产过程中自主、主动重视潜在的安全问题，表现为"我要安全"；被迫注意型安全注意力指员工需在安全信息刺激（噪声、安全法律法规、违章行为处罚等）下才能将焦点转换到安全问题上，表现为"要我安全"。目前对安全注意力的研究主要关注安全心理、安全监管、安全行为的线性关系，但缺乏对自主型安全注意力与被迫型安全注意力的差异性研究。

---

*［基金项目］国家自然科学青年基金资助（51504126，51404125）；辽宁省教育厅项目（LJYR007）。

鉴于此，笔者将采用结构方程模型（Structural Equa-tion Modeling，SEM）分别建立自主型安全注意力模型和被迫型安全注意力模型，通过实证分析这两种类型的安全注意力受安全心理、安全监管的表现形式以及对安全行为的影响差异，研究井下受限空间矿工的自主型和被迫型安全注意力在安全行为中的作用。

1　模型与假设

根据牛莉霞[2]等构建的"工作倦怠—安全注意力—安全行为"的安全注意力模型，李乃文[3]等构建了"工作倦怠—不安全心理—不安全行为"的结构模型，并结合李乃文[4]提出的工作倦怠影响因素模型提取影响较大的两个因素安全监管和安全心理。由此提出"安全监管、安全心理—安全注意力—安全行为"的结构模型，根据安全注意力的自主型和被迫型两种表现形式，将安全注意力模型分离为自主型安全注意力模型和被迫型安全注意力模型。在比较自主型安全注意力模型和被迫型安全注意力模型之间的差异时，在 SEM 分析中将会形成两个不同的协方差矩阵[5]，为了使构建的安全注意力模型能够与样本数据进行拟合度的评估，需要建立如下两个假设：

H_{1a}：自主型安全注意力模型总体协方差矩阵与样本协方差矩阵没有差异。

H_{1b}：被迫型安全注意力模型总体协方差矩阵与样本协方差矩阵没有差异。

安全监管和安全心理是影响井下受限空间矿工安全注意力的重要变量[6]。尹忠凯[7]等通过构建 SEM 认为安全监管对矿工安全注意力具有正向影响；戴立峰[8]提出建立检查监控体系有利于提高和吸纳员工的安全注意力；李乃文[9]等基于情境认知理论提出加强安全教育和监管有助于强化员工的安全注意力；在心理学视角下，娄燕[10]等依据驾驶员心理学理论，提出虚拟驾驶员的注意力行为模型；范道芝[11]等研究了运动员心理与注意力特征之间的关系。但很少有学者研究安全监管、安全心理对自主型安全注意力和被迫型安全注意力的影响有无差异。因此，提出假设 2 和假设 3：

H_2：安全监管对自主型安全注意力和被迫型安全注意力的影响没有差异。

H_3：安全心理对自主型安全注意力和被迫型安全注意力的影响没有差异。

安全行为是我国煤矿安全管理的重要研究内容，人因失误是造成员工不安全行为的重要因素[12]，而人因失误大多是由于注意力衰减引起的。对于安全注意力与安全行为之间的作用关系，已被许多学者研究。例如，牛莉霞[2]等提出安全注意力是影响矿工习惯性违章行为的重要原因。曹庆仁[13]等认为，员工的安全注意力对不安全行为有显著影响。但目前还没有学者研究自主型安全注意力和被迫型安全注意力对安全行为之间的影响是否存在差异，因此，提出假设 4：

H_4：自主型安全注意力和被迫型安全注意力对安全行为的影响没有差异。

2 数据分析

2.1 样本与数据

研究样本来源于阜新煤矿、大同煤矿、红阳三矿等煤矿企业的员工，被试对象为矿井的一线工作人员，选择该样本的原因是一线矿工的工作任务艰巨、不可预见危险概率大、工作环境恶劣等。对矿工进行随机抽样调查，共发放问卷 700 份，回收问卷 564 份，其中有效问卷为 482 份（N = 482），有效率为 80.57%，表明问卷的有效率大于 70%，因此，该研究样本具有良好的代表性。在整理、统计数据中，涉及以下人口统计学变量：性别、年龄、工作岗位、工龄和受教育程度等。样本中男性员工居多，占 83.91%，78.04%的员工年龄集中在 26~45 岁，69.27%以上的员工工龄为 10 年以上（含 10 年），70.05%的员工受教育程度较低，学历集中在高中或以下。

2.2 量表设计

调查问卷量表如表 1 所示。一共 5 个变量，涉及 15 个指标。量表计分采用 Likert 5 点计分法，逐级递增，即 1 代表非常不符合，2 代表不符合，3 代表一般，4 代表比较不符合，5 代表非常符合。其中 A_2、A_3 这两个指标的衡量尺度为次数，经过专家访谈和调研，对初始量表进行修改，将次数确定阈值后再划分 5 个等级，即 1 代表少（≤2 次/月），2 代表较少（3~4 次/月）、3 代表一般（5~6 次/月）、4 代表较多（7~8 次/月）、5 代表多（9~10 次/月）。

表 1 问卷量表

变量	指标	题项	量表来源
安全监管	A_1	企业制定了相关的工作安全规范和制度	程恋军 [14] 等的研究
	A_2	管理人员到工作场所的巡查次数	
	A_3	管理人员对不安全行为的矫正次数	
安全心理	B_1	我认为保持良好心态可以保证作业安全	刘星期 [15] 等的研究
	B_2	我觉得在作业过程中保证人身安全有必要	
	B_3	我打算投入努力提高自身安全	
自主型安全注意力	C_1	我可以主动保持安全警惕	殷恒婵 [16] 等的研究
	C_2	我可以主动关注安全隐患	
	C_3	我可以主动寻找聚焦注意力的方法	
被迫型安全注意力	D_1	违章处罚使我重视安全问题	
	D_2	标志性提示使我提高安全警惕	
	D_3	安全规章制度使我关注安全问题	

变量	指标	题项	量表来源
安全行为	E_1	我会按照安全法律法规进行作业	Neal [17] 等的研究
	E_2	我会积极主动做好额外的安全防范工作	
	E_3	我会确认作业环境安全后才开始作业	

3 结 果

3.1 收敛效度检验

首先，对 SEM 中的测量模型进行验证性因子分析。SEM 中变量的 15 个指标的标准化因素负荷量的阈值为 0.662~0.872，均大于 0.6，表明指标均达到明显水平；安全监管、安全心理、自主型安全注意力、被迫型安全注意力、安全行为 5 个变量组成信度的阈值为 0.784~0.857，均大于 0.7；安全监管、安全心理、自主型安全注意力、被迫型安全注意力、安全行为 5 个变量的 AVE 阈值为 0.565~0.621，均大于 0.5。三个数据均满足 Fornell 和 Hair 等提出的验证性因子分析要求。因此，安全监管、安全心理、自主型安全注意力、被迫型安全注意力、安全行为 5 个变量均具有良好的收敛效度。

3.2 区别效度检验

区别效度检验的实质就是将 2 个变量的 AVE 值与其相关系数的平方（r^2）相比较，若 AVE 均大于 r^2，则表明这 2 个变量的区别效度良好。例如，安全监管的 AVE 为 0.589，安全心理的 AVE 为 0.591，安全监管与安全心理的相关系数 r 为 0.341，r^2 为 0.116，经比较 0.589、0.591 均大于 0.116，即安全监管与安全心理的区别效度良好。通过对变量之间的两两比较，其他变量均通过验证，表明安全监管、安全心理、自主型安全注意力、被迫型安全注意力 5 个变量均具有良好的区别效度。

3.3 拟合度检验

根据结构方程理论，拟合度可以检验模型矩阵与样本矩阵是否存在差异。结合文献研究，选取以下指标对模型拟合度进行检验：卡方值（χ^2）、自由度（DF）、χ^2/DF，拟合优度指数（GFI）、调整后的拟合优度指数（AGFI）、平均近似误差均方根（RMSEA）、标准化残差均方和平方根（SRMR）、比较适配度指标（CFI）。自主型安全注意力模型与被迫型安全注意力模型分别如图1、图2所示。模型拟合度结果：拟合指标 χ^2、χ^2/DF 已经足够小，GFI、AFFI 和 CFI 均大于 0.9，RMSEA 和 SRMR 均小于 0.05，自主型安全注意力模型与被迫型安全注意力模型的各类拟合度指标均达到一般 SEM 研究的标准，表明自主型安全注意力模型与被迫型安全注意力模型具有良好的拟合度，自主型安全注意力模型与被迫型安全注意力模型与样本矩阵无差异，因此，假设 1 成立。

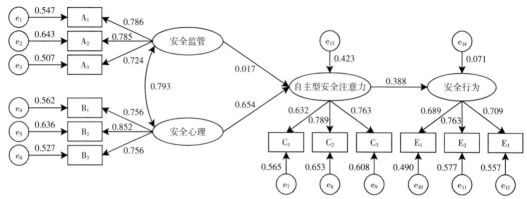

图 1　自主型安全注意力模型

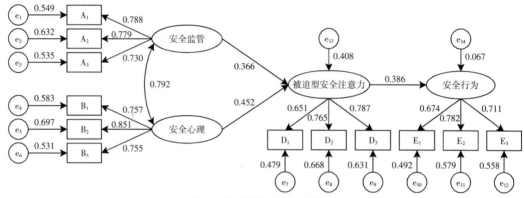

图 2　被迫型安全注意力模型

3.4　模型路径系数及差异比较

利用 AMOS 21.0 软件对 SEM 进行路径回归分析，在自主型安全注意力模型与被迫型安全注意力模型中，除了安全监管对自主型安全注意力的路径回归系数不明显，其他变量两两之间均存在明显影响，详细的路径回归系数如表 2 所示。

表 2　路径回归系数

路径	标准化估计值	非标准化估计值	标准误差	t 值	P 值
安全监管—自主型安全注意力	0.017	0.018	0.098	0.168	0.763
安全心理—自主型安全注意力	0.654	0.675	0.108	6.646	***
自主型安全注意力—安全行为	0.388	0.385	0.099	4.673	***
安全监管—被迫型安全注意力	0.366	0.368	0.082	4.287	***

路径	标准化估计值	非标准化估计值	标准误差	t 值	P 值
安全心理—被迫型安全注意力	0.452	0.456	0.086	4.649	***
被迫型安全注意力—安全行为	0.386	0.389	0.092	4.961	***

注：*** 表示 P＜0.001。

经过上文研究可知，自主型安全注意力模型与被迫型安全注意力模型已通过信效度检验以及拟合度检验。在此基础上，可以对自主型安全注意力模型与被迫型安全注意力模型进行差异性检验。根据 Duncan[18] 的建议，检验公式如下：

$$Z = \frac{b_1 - b_2}{\sqrt{s_{b_1}^2 + s_{b_2}^2}} \tag{1}$$

其中，b 为非标准化回归系数；s 为标准误差；Z 为群组间的差异性。

表 3　差异比较

	自主型安全注意力		被迫型安全注意力		Z 值
	非标准化回归系数	标准误差	非标准化回归系数	标准误差	
安全监管	0.024	0.098	0.346	0.082	2.47
安全心理	0.675	0.108	0.456	0.086	2.85
安全行为	0.385	0.099	0.389	0.092	0.53

由表 3 数据可知，安全监管对被迫型安全注意力的影响（0.346）大于对自主型安全注意力的影响（0.024）；根据 Z = 2.47＞1.96，可知安全监管对自主型安全注意力和被迫型安全注意力的影响存在明显差异，因此，假设 2 不成立。安全心理对自主型安全注意力的影响（0.675）大于对被迫型安全注意力的影响（0.456）；根据 Z = 2.85＞1.96，可知安全心理对自主型安全注意力和被迫型安全注意力的影响存在明显差异，因此，假设 3 不成立。根据 Z = 0.53＜1.96，可知自主型安全注意力和被迫型安全注意力对安全行为的影响无明显差异，因此，假设 4 成立。

3.5　结果分析

根据假设检验的结果可知，假设 1 和假设 4 得到了验证，而假设 2 和假设 3 没有得到验证。根据实证结果分析如下：

（1）全监管对被迫型安全注意力有明显的正向影响，对自主型安全注意力的影响并不明显，且安全监管对自主型安全注意力和被迫型安全注意力的影响具有明显的差异性。安全监管对被迫型安全注意力有明显的影响，表明企业或管理人员加强对井下受限空间矿工的监管力度，能从侧面有效提高矿工对安全问题的关注度，在安全信息刺激的压力下，矿工能被迫提高对工作环境以及作业的安全注意力。而安全监管对自主型安全注意力的影响并不明显的原因主要是矿工习惯性地在管理者的监管下工作，认为管理者会主动提醒大家注意安全，从而忽略了自身主动地去关注安全问题。

（2）安全心理对自主型安全注意力和被迫型安全注意力具有明显的正向影响，且安全心理对自主型安全注意力和被迫型安全注意力的影响具有明显的差异性。安全心理对自主型安全注意力的影响更为明显，表明具有良好安全心理的矿工会主动关注作业中的安全问题，谨慎对待工作，并且会主动提醒同事注意作业安全。而安全心理对被动型安全注意力的影响不明显的原因主要是由于被动型矿工的自身属性决定的，这类矿工的安全意识薄弱，安全知识储备量不足，不具备很好的安全心理。

（3）自主型安全注意力与被迫型安全注意力都是安全注意力的组成部分，虽然两者之间存在差异，但对安全行为的影响却是一致的，无论缺失哪种类型的安全注意力，都有可能引发不安全行为。只有充分关注自主型安全注意力和被迫型安全注意力，共同把关，才能减少不安全行为的发生。然而，在企业实际安全生产中，往往更加注重被迫型安全注意力的提高，仅仅增加对矿工的安全监管是远远不够的，必须从矿工的安全心理出发，才能真正提高矿工的自主型安全注意力。因此，为了保证井下受限空间矿工的安全行为，企业应该对自主型安全注意力和被迫型安全注意力给予同样重要的关注度，共同提升矿工的两种安全注意力。

4 结 论

通过借助 SEM 方法，建立了自主型安全注意力模型和被迫型安全注意力模型，并对自主型安全注意力和被迫型安全注意力进行差异性分析，主要有如下结论：

（1）构建了自主型安全注意力模型和被迫型安全注意力模型，通过验证性因子分析，这两个模型的期望协方差矩阵与样本协方差矩阵没有差异，且模型具有良好的拟合度。

（2）安全监管和安全心理对自主型安全注意力和被迫型安全注意力具有明显的差异，安全监管对被迫型安全注意力的影响更明显，安全心理对自主型安全注意力的影响更明显，但安全监管对自主型安全注意力的影响不明显。

（3）自主型安全注意力和被迫型安全注意力对安全行为的影响没有明显差异，仅仅在时效性的作用上有差异，企业不仅要加强被迫型安全注意力的提高，还要抓好自主型安全注意力的培养，使矿工更加主动地关注安全问题。

参考文献

[1] 王春雪，吕淑然. 噪声对安全注意力影响实验研究 [J]. 中国安全生产科学技术，2016，12（3）：160-164.

[2] 牛莉霞，刘谋兴，李乃文等. 工作倦怠、安全注意力与习惯性违章行为的关系 [J]. 中国安全

科学学报，2016，26（6）：19-24.

　　[3] 李乃文，牛莉霞. 矿工工作倦怠、不安全心理与不安全行为的结构模型 [J]. 中国心理卫生杂志，2010，24（3）：236-240.

　　[4] 李乃文，牛莉霞，马跃. 高危岗位矿工工作倦怠影响因素的结构方程模型 [J]. 中国安全科学学报，2012，22（6）：27.

　　[5] Chin W. W. Issues and Opinion on Structural Equation Modeling [J]. Mis Quarterly，1998，22（1）：7-15.

　　[6] 曹庆仁，李爽，宋学锋. 煤矿员工的"知—能—行"不安全行为模式研究 [J]. 中国安全科学学报，2007，17（12）：19-25.

　　[7] 尹忠恺，施凤冉，李乃文，牛莉霞. 矿工安全注意力影响因素的 SEM 研究 [J]. 中国安全生产科学技术，2017（3）：113-118.

　　[8] 戴立峰. 安全注意力在安全管理中的作用 [J]. 电力安全技术，2006，8（9）：20-22.

　　[9] 李乃文，金洪礼. 基于情境认知的安全注意力研究 [J]. 中国安全科学学报，2013，23（9）：58.

　　[10] 娄燕，何汉武，卢永明. 虚拟驾驶员的注意力行为建模 [J]. 微计算机信息，2008，24（2-3）：274-276.

　　[11] 范道芝. 优秀定向越野运动员注意力特征的分析 [J]. 运动，2012（19）：42-43.

　　[12] 李乃文，冀永红，陈香宇. 高危岗位员工安全注意力影响机制仿真研究 [J]. 中国安全科学学报，2014，24（3）：16-21.

　　[13] 曹庆仁，李凯，李静林. 管理者行为对矿工不安全行为的影响关系研究 [J]. 管理科学，2011，24（6）：69-78.

　　[14] 程恋军，仲维清. 安全监管影响矿工不安全行为的机理研究 [J]. 中国安全科学学报，2015，25（1）：16-22.

　　[15] 刘星期，孟祥浩，范金刚. 井下矿工安全心理问卷的编制 [J]. 中国矿业，2011，20（8）：119-123.

　　[16] 殷恒婵，张锋周，宋湘勤等. 优秀运动员注意力测量与评价研究 [J]. 体育科学，2006，26（3）：58-63.

　　[17] Neal A.，Griffin M. A. A Study of the Lagged Relationships among Safety Climate，Safety Motivation，Safety Behavior，and Accidents at the Individual and Group Levels [J]. The Journal of Applied Psychology，2006，91（4）：946-953.

　　[18] Duncan O. D. Introduction to Structural Equation Models [M]. New York：Academic Press，1975.

煤矿物流安全资源 TITFNs-MADM 评价法及应用*

张 超[1]　贾宝山[2]　翟翠霞[1]

（1. 辽宁工程技术大学工商管理学院，辽宁葫芦岛　125105；

2. 辽宁工程技术大学安全科学与工程学院，辽宁阜新　123000）

【摘　要】为深入研究煤矿生产物流安全资源配置问题，同时有效保障煤矿物流系统安全，系统运用梯形直觉三角模糊数（TITFNs）以及多属性决策（MADM）等方法，构建用于评价煤矿生产物流安全资源配置的 TITFNs-MADM 方法。首先，提出 TITFNs、TITFNs 运算法则、TITFNs 精确得分函数计算式；其次，按时点信息运用梯形直觉三角模糊变权混合 Bonferroni（TITFVHWB）算子对 TITFNs 判断矩阵进行信息集结；再次，计算包含属性、专家、精确得分函数、隶属度函数等信息的各级因素的评价权重；最后，计算生产物流各类安全资源配置的评价权重，将 TITFNs-MADM 应用于某煤矿生产物流系统的安全资源配置评价。结果表明，影响煤矿生产物流安全资源配置的因素众多，TITFNs-MADM 能够系统考虑各类相关因素，实现安全资源配置的合理评价，同时有助于实现各项安全资源的优化配置。

【关键词】煤矿企业；生产物流；梯形直觉三角模糊数（TITFNs）；安全资源配置；多属性决策（MADM）

0　引　言

煤矿生产物流系统（以下简称煤矿物流）是对多种物流形态的组织及管理；煤矿物流涵盖管理资源、设备机器资源、环境资源等各类安全资源[1]。安全资源的科学合理配置对煤矿安全生产而言至关重要[1]；如何妥善调整安全资源配置，确保煤矿安全高效生产，进而持续提高煤企经济效益的问题，亟待煤企妥善解决[1]。

*［基金项目］国家自然科学基金资助（51404128）；国家"十二五"科技支撑计划项目（2011ZX05041-003）；辽宁省社会科学基金资助（L12DJY064）；国家科技支撑计划项目（2013BAH12F01）。

目前与煤矿物流有关的文献较多，如煤矿物流安全资源配置[1]、煤矿安全的隐患及监察[2-3]、煤矿安全投入[4-5] 等方面。如张超等[1] 系统运用动态多维交互投影（Dynamic and Multi-dimensional Interactive Projection，DMIP）并且结合煤矿物流评价安全资源配置情况；谭章禄等[2] 利用安全隐患数据记录，同时运用潜在狄利克雷分配（Lejeune Dirichlet Allocation，LDA）模型分析研究煤矿中普遍存在的安全隐患问题；黄定轩等[3] 运用系统动力学（System Dynamics，SD）及弱肉强食模型研究煤矿安全监察；赵宝福等[4-5] 系统运用模糊数学理论、多属性群决策理论等研究煤炭企业安全投入；MA Jiaqi[6] 等运用熵权法、多粒度非平衡语义处理等方法提出三阶段半定量法，并用其计算安全预警指标体系权重；YIN Wentao[7] 等基于相关数据，从三方面即事故现场、设备和安装、工作工艺研究瓦斯事故及其特征。

总体来看，前述文献[1-7] 较少研究煤矿物流安全资源配置。此外，以往文献[2-3,6-7] 中较多采用单值进行评价或研究，缺少在认知局限条件下及在复杂决策中所必要的对各类相关决策信息所存在的模糊、不完备等特征的详尽描述；与此同时，较少深入而又系统地考虑到信息粒度在各类抽象层次描述决策信息时，由众多因素如动态时变、专家、隶属度函数、变权、属性、得分函数、数据均衡度、关联性、精确度等所带来的复杂交互影响。鉴于前述分析，根据笔者对安全评价与决策方面的研究及经验[1,4-5]，同时基于多属性决策理论（Multiple Attribute Decision Making，MADM），提出并系统运用能够充分、合理、有效描述在各类实际决策环境中的模糊以及不确定信息的梯形直觉三角模糊数（Trapezoidal Intuitionistic Triangular Fuzzy Numbers，TITFNs）、TITFNs 运算法则、TITFNs 精确得分函数，并提出梯形直觉三角模糊变权混合 Bonferroni（TITFNs Variable Hybrid Weighted Bonferroni，TITFVHWB）算子、TITFNs 数据决策矩阵等，并且最终建立煤矿物流安全资源配置的 TITFNs-MADM 模型，以期有效提升煤矿物流安全水平。

1 TITFNs 及其相关定义

定义 1 设 $\tilde{a} = (a_{\tilde{a}}, b_{\tilde{a}}, c_{\tilde{a}}, d_{\tilde{a}})$，$(\tilde{m}_{\tilde{a}}, \tilde{n}_{\tilde{a}})$ 为实数集 R 上的梯形直觉三角模糊数（Trapezoidal Intuitionistic Triangular Fuzzy Numbers，TITFNs）；$\tilde{\mu}_{\tilde{a}}$、$\tilde{v}_{\tilde{a}}$ 均为三角模糊数，$\tilde{\mu}_{\tilde{a}} = [\tilde{\mu}_{\tilde{a}}^{1}, \tilde{\mu}_{\tilde{a}}^{2}, \tilde{\mu}_{\tilde{a}}^{3}]$，$\tilde{v}_{\tilde{a}} = [\tilde{v}_{\tilde{a}}^{1}, \tilde{v}_{\tilde{a}}^{2}, \tilde{v}_{\tilde{a}}^{3}]$，$0 \# \tilde{m}_{\tilde{a}}$ 1，$0 \# \tilde{u}_{\tilde{a}}$ 1，$\tilde{m}_{\tilde{a}} + \tilde{u}_{\tilde{a}}$ 1；$a_{\tilde{a}}$、$b_{\tilde{a}}$、$c_{\tilde{a}}$、$d_{\tilde{a}} \hat{I} R$，$\tilde{a}$ 的隶属度和非隶属度函数分别为 $\tilde{m}_{\tilde{a}}(x)$、$\tilde{u}_{\tilde{a}}(x)$：

$$\tilde{\mu}_{\tilde{a}}(x) = \begin{cases} \dfrac{x - a_{\tilde{a}}}{b_{\tilde{a}} - a_{\tilde{a}}} \tilde{\mu}_{\tilde{a}}, & a_{\tilde{a}} \le x \le b_{\tilde{a}}; \\[2mm] \tilde{\mu}_{\tilde{a}}, & b_{\tilde{a}} \le x \le c_{\tilde{a}}; \\[2mm] \dfrac{d_{\tilde{a}} - x}{d_{\tilde{a}} - c_{\tilde{a}}} \tilde{\mu}_{\tilde{a}}, & c_{\tilde{a}} \le x \le d_{\tilde{a}}; \\[2mm] 0, & \text{其他} \end{cases} \tag{1}$$

$$\tilde{\nu}_{\tilde{a}}(x) = \begin{cases} \dfrac{b_{\tilde{a}} - x + \tilde{\nu}_{\tilde{a}}(x - a_{\tilde{a}})}{b_{\tilde{a}} - a_{\tilde{a}}} \tilde{\mu}_{\tilde{a}}, & a_{\tilde{a}} \le x \le b_{\tilde{a}}; \\[2mm] \tilde{\nu}_{\tilde{a}}, & b_{\tilde{a}} \le x \le c_{\tilde{a}}; \\[2mm] \dfrac{x - c_{\tilde{a}} + \tilde{\nu}_{\tilde{a}}(d_{\tilde{a}} - x)}{d_{\tilde{a}} - c_{\tilde{a}}}, & c_{\tilde{a}} \le x \le d_{\tilde{a}}; \\[2mm] 0, & \text{其他} \end{cases} \tag{2}$$

定义 2 由文献 [8-9] 中的直觉梯形模糊数等定义所得到。称 $(a_{\tilde{a}}, b_{\tilde{a}}, c_{\tilde{a}}, d_{\tilde{a}})$ 为 TITFNs 的梯形部，称 $(\tilde{\mu}_{\tilde{a}}, \tilde{\nu}_{\tilde{a}})$ 为 TITFNs 的直觉三角模糊部，TITFNs 犹豫函数为 $\tilde{\pi}_{\tilde{a}}(x) = 1 - \tilde{\mu}_{\tilde{a}}(x) - \tilde{\nu}_{\tilde{a}}(x)$。

通过借鉴文献 [10-11] 中定义的运算法则及文献 [9] 中定义的三角模糊数期望值，可得 TITFNs 运算法则。

定义 3 设有任意两个 TITFNs：$\tilde{a}_1 = [(a_{\tilde{a}_1}, b_{\tilde{a}_1}, c_{\tilde{a}_1}, d_{\tilde{a}_1}), (\tilde{\mu}_{\tilde{a}_1}, \tilde{\nu}_{\tilde{a}_1})]$，$\tilde{a}_2 = [(a_{\tilde{a}_2}, b_{\tilde{a}_2}, c_{\tilde{a}_2}, d_{\tilde{a}_2}), (\tilde{\mu}_{\tilde{a}_2}, \tilde{\nu}_{\tilde{a}_2})]$，$\tilde{\mu}_{\tilde{a}_1} = [\tilde{\mu}_{\tilde{a}_1}^1, \tilde{\mu}_{\tilde{a}_1}^2, \tilde{\mu}_{\tilde{a}_1}^3]$，$\tilde{\nu}_{\tilde{a}_1} = [\tilde{\nu}_{\tilde{a}_1}^1, \tilde{\nu}_{\tilde{a}_1}^2, \tilde{\nu}_{\tilde{a}_1}^3]$，$\tilde{\mu}_{\tilde{a}_2} = [\tilde{\mu}_{\tilde{a}_2}^1, \tilde{\mu}_{\tilde{a}_2}^2, \tilde{\mu}_{\tilde{a}_2}^3]$，$\tilde{\nu}_{\tilde{a}_2} = [\tilde{\nu}_{\tilde{a}_2}^1, \tilde{\nu}_{\tilde{a}_2}^2, \tilde{\nu}_{\tilde{a}_2}^3]$ $\gamma \ge 0$，$a_{\tilde{a}_1} \ge 0$，$a_{\tilde{a}_2} \ge 0$，$E(\tilde{\mu}_{\tilde{a}_1}) = \dfrac{\tilde{\mu}_{\tilde{a}_1}^1 + 2\tilde{\mu}_{\tilde{a}_1}^2 + \tilde{\mu}_{\tilde{a}_1}^3}{4}$，$E(\tilde{\nu}_{\tilde{a}_1}) = \dfrac{\tilde{\nu}_{\tilde{a}_1}^1 + 2\tilde{\nu}_{\tilde{a}_1}^2 + \tilde{\nu}_{\tilde{a}_1}^3}{4}$，$E(\tilde{\mu}_{\tilde{a}_2}) = \dfrac{\tilde{\mu}_{\tilde{a}_2}^1 + 2\tilde{\mu}_{\tilde{a}_2}^2 + \tilde{\mu}_{\tilde{a}_2}^3}{4}$，$E(\tilde{\nu}_{\tilde{a}_2}) = \dfrac{\tilde{\nu}_{\tilde{a}_2}^1 + 2\tilde{\nu}_{\tilde{a}_2}^2 + \tilde{\nu}_{\tilde{a}_2}^3}{4}$，则可得 TITFNs 运算法则：

（1）$\tilde{a}_1 \oplus \tilde{a}_2 = [(a_{\tilde{a}_1} + a_{\tilde{a}_2}, b_{\tilde{a}_1} + b_{\tilde{a}_2}, c_{\tilde{a}_1} + c_{\tilde{a}_2}, d_{\tilde{a}_1} + d_{\tilde{a}_2}), E(\tilde{\mu}_{\tilde{a}_1}) + E(\tilde{\mu}_{\tilde{a}_2}) - E(\tilde{\mu}_{\tilde{a}_1})E(\tilde{\mu}_{\tilde{a}_2}), E(\tilde{\nu}_{\tilde{a}_1})E(\tilde{\nu}_{\tilde{a}_2})]$

（2）$\tilde{a}_1 \otimes \tilde{a}_2 = [(a_{\tilde{a}_1}a_{\tilde{a}_2}, b_{\tilde{a}_1}b_{\tilde{a}_2}, c_{\tilde{a}_1}c_{\tilde{a}_2}, d_{\tilde{a}_1}d_{\tilde{a}_2}), E(\tilde{\mu}_{\tilde{a}_1})E(\tilde{\mu}_{\tilde{a}_2}), E(\tilde{\nu}_{\tilde{a}_1}) + E(\tilde{\nu}_{\tilde{a}_2}) - E(\tilde{\nu}_{\tilde{a}_1})E(\tilde{\nu}_{\tilde{a}_2})]$；

（3）$\lambda \tilde{a}_1 = [(\lambda a_{\tilde{a}_1}, \lambda b_{\tilde{a}_1}, \lambda c_{\tilde{a}_1}, \lambda d_{\tilde{a}_1}), 1 - (1 - E(\tilde{\mu}_{\tilde{a}_1}))^\lambda, (E(\tilde{\nu}_{\tilde{a}_1}))^\lambda]$；

（4）$\tilde{a}_1^\lambda = [((a_{\tilde{a}_1})^\lambda, (b_{\tilde{a}_1})^\lambda, (c_{\tilde{a}_1})^\lambda, (d_{\tilde{a}_1})^\lambda), (E(\tilde{\mu}_{\tilde{a}_1}))^\lambda, 1 - (1 - E(\tilde{\nu}_{\tilde{a}_1}))^\lambda]$。

定义 4 设 $\tilde{a} = [(a_{\tilde{a}}, b_{\tilde{a}}, c_{\tilde{a}}, d_{\tilde{a}}), (\tilde{\mu}_{\tilde{a}}, \tilde{\nu}_{\tilde{a}})]$ 为 TITFNs，$\tilde{\mu}_{\tilde{a}} = [\tilde{\mu}_{\tilde{a}}^1, \tilde{\mu}_{\tilde{a}}^2, \tilde{\mu}_{\tilde{a}}^3]$，$\tilde{\nu}_{\tilde{a}} =$

$[\tilde{\nu}_{\tilde{a}}^1, \ \tilde{\nu}_{\tilde{a}}^2, \ \tilde{\nu}_{\tilde{a}}^3]$；则由梯形模糊数期望值的定义[12]及直觉三角模糊数期望值[9]的定义，可得到 TITFNs 精确得分函数 $S^H(\tilde{a})$：

$$S^H(\tilde{a}) = \frac{1}{2}\delta_1 I^\alpha(\tilde{A}_{\tilde{a}}) \frac{(1-q)(\tilde{\mu}_{\tilde{a}}^1 - \tilde{\nu}_{\tilde{a}}^1) + (\tilde{\mu}_{\tilde{a}}^2 - \tilde{\nu}_{\tilde{a}}^2) + q(\tilde{\mu}_{\tilde{a}}^3 - \tilde{\nu}_{\tilde{a}}^3)}{2}$$

$$+ \frac{1}{2}\delta_2 I^\alpha(\tilde{A}_{\tilde{a}}) \frac{(1-\theta)(\tilde{\mu}_{\tilde{a}}^1 + \tilde{\nu}_{\tilde{a}}^1) + (\tilde{\mu}_{\tilde{a}}^2 + \tilde{\nu}_{\tilde{a}}^2) + q(\tilde{\mu}_{\tilde{a}}^3 + \tilde{\nu}_{\tilde{a}}^3)}{2} \tag{3}$$

式中，$I^\alpha(\tilde{A}_{\tilde{a}})$ 为 $[a_{\tilde{a}}, b_{\tilde{a}}, c_{\tilde{a}}, d_{\tilde{a}}]$ 所对应的期望值，$\tilde{A}_{\tilde{a}} = [a_{\tilde{a}}, b_{\tilde{a}}, c_{\tilde{a}}, d_{\tilde{a}}]$；$\delta_1$ 及 δ_2 分别为 TITFNs 得分函数以及 TITFNs 精确函数的权重系数，$\delta_1 + \delta_2 = 1$，$\delta_1、\delta_2 \geq 0$。θ 为 $\tilde{\mu}_{\tilde{a}}$ 以及 $\tilde{\nu}_{\tilde{a}}$ 的乐观系数，一般 θ 取值可选为 0.5，表示决策者或评价者持中立态度；若 $\theta \in [0, 0.5]$，则表示决策者或评价者持悲观态度；若 $\theta \in [0.5, 1]$，则表示决策者或评价者持乐观态度。式（3）的前半部分可视为 $\tilde{a}$ 的得分函数，后半部分可视为 $\tilde{a}$ 的精确函数；由于 $\tilde{a}$ 的取值与 $\tilde{A}_{\tilde{a}}$ 相互对应，因此在式（3）中的前半部分通过将 $I^\alpha(\tilde{A}_{\tilde{a}})$ 乘以 $\tilde{A}_{\tilde{a}}$ 隶属度期望值以及 $\tilde{A}_{\tilde{a}}$ 非隶属度期望值的差的中间值来给出 $\tilde{a}$ 的得分函数；式（3）的后半部分通过将 $I^\alpha(\tilde{A}_{\tilde{a}})$ 乘以 $\tilde{A}_{\tilde{a}}$ 隶属度期望值以及 $\tilde{A}_{\tilde{a}}$ 非隶属度期望值的和的中间值来给出 $\tilde{a}$ 的精确函数，并最终通过系数 δ_1 及 δ_2 连接 $\tilde{a}$ 的得分函数及 $\tilde{a}$ 的精确函数；式（3）考虑到了 TITFNs 的取值域、乐观系数等因素，同时兼顾 TITFNs 的隶属及非隶属函数的特点。

2　构建 TITFVHWB 算子

基于变权理论及文献[13]中的有关算子，给出综合运用 TITFNs、TITFNs 运算法则、TITFNs 精确得分函数 $S^H(\tilde{a})$，与此同时考虑到了 TITFNs 内在关联性、TITFNs 自身及 TITFNs 所处位置重要程度等因素的 TITFVHWB 算子：

定义 5　设某函数 F，倘若：

$F^{p,q}(\tilde{a}_1, \ \tilde{a}_2, \ \cdots, \ \tilde{a}_n) =$

$$\frac{2}{n(n-1)} \mathop{\overset{n}{\underset{\substack{i,j=1 \\ i \neq j}}{\circ}}} \left(w_i(\tilde{S}_i^H)\tilde{S}^H(\tilde{a}_i) \right)^p \left(w_j(\tilde{S}_j^H)\tilde{S}^H(\tilde{a}_j) \right)^q + \left(w_j(\tilde{S}_j^H)\tilde{S}^H(\tilde{a}_j) \right)^p \left(w_i(\tilde{S}_i^H)\tilde{S}^H(\tilde{a}_i) \right)^q \right)^{\frac{1}{p+q}} \tag{4}$$

式中，$\tilde{a}_i (i = 1, 2, \cdots, n)$ 为 TITFNs，$p、q > 0$，$\tilde{S}_i^H = S^H(w_i v_{s(i)}, \ \tilde{a}_i)$；向量 w 以及向量 v 分别为权重向量以及位置向量，同时 $w = (w_1, \ w_2, \ w_n)^T$，$\varpi = (\varpi_1, \ \varpi_2, \ \varpi_n)^T$，$w_i、\varpi_i \in [0, 1]$，$i = 1, 2, \cdots, n$，$\overset{n}{\underset{i=1}{w}}_i = \overset{n}{\underset{i=1}{v}}_i = 1$，并且向量 ϖ 与函数 F 相关联；由

TITFNs 精确得分函数，即式（3）可算得排在 TITFNs 数组（$\tilde{c}_1$，…，$\tilde{c}_n$）（（$\tilde{c}_1$，…，$\tilde{c}_n$）由 TITFNs 数组（$\tilde{a}_1$，…，$\tilde{a}_n$）所组成）中第 $\sigma(i)$ 位的 $\tilde{c}_i$，其中 $\sigma:\{1, 2, …, n\} \rightarrow \{1, 2, …, n\}$ 是由 $\tilde{c}_i$ 及其所在 TITFNs 数组（$\tilde{c}_1$，…，$\tilde{c}_n$）所得到的按大小进行的排序，则 $v_{s(i)}$ 即为位置权重（相对应于 $\tilde{a}_i$）；$w_i(\tilde{S}_i^H)$ 为一个折中变权变量，且 s 为参考点，$w_i(\tilde{S}_i^H)$ $[0, 1]$，$\overset{n}{\underset{i=1}{a}} w_i(\tilde{S}_i^H)$ 1；于是可以称 F 为 n 维梯形直觉三角模糊变权混合 Bonferroni（Trapezoidal Intuition –istic Triangular Fuzzy Variable Hybrid Weighted Bonferroni，TITFVHWB）算子。

此外，可以由文献［14］确定 $w_i(\tilde{S}_i^H)$ 及其相关各定义；可以由文献［15］确定 ϖ；$\tilde{a}_i$ 的大小可以由定义 3 确定；在 TITFVHWB 算子中用到的各运算法则可以由定义 2 确定。

3 集结 TITFNs 评价信息以及最终评价

依据物流系统安全资源结构模型[1]，构建 TITFNs 矩阵 $\tilde{A}_k^{sh} = (\tilde{a}_{ij}^{sh}(k))_{m'n}$；$\tilde{a}_{ij}^{sh}(k)$ 为 TITFNs，表示专家 k（k = 1, 2, …, p）于时点 i（i = 1, 2, …, m）时，对于第 h（h = 1 时为项目层，h = 2 时为类别层，h = 3 时为因子层；分别从类别层和因子层计算）层第 j（j = 1, 2, …, n）个因素以及其所对应的第 h – 1 层第 s（s = 1, 2, …, q）个因素，所给出的 TITFNs 评价值。由 TITFVHWB 算子按 $\tilde{A}_k^{sh}$ 时点因素进行 TITFNs 集结可得到矩阵 $B^{sh} = (a_j^{sh}(k))_{p'n}$。

可以得到 B^{sh} 的 TITFNs 聚合公式（用于聚合各位专家的 TITFNs 决策信息）：

$$d_j^{sh}(k) = \frac{\vartheta_j^s \psi_j^s \tilde{\phi}_j^{sh} |a_j^{sh}(k) - (a_j^{sh}(k))^-|}{|a_j^{sh}(k) - (a_j^{sh}(k))^+| + |a_j^{sh}(k) - (a_j^{sh}(k))^-|} \tag{5}$$

式中，ϑ_j^s 为因素 j 对应上一层因素 s 的权重系数，同时 $\sum_{j=1}^n \vartheta_j^s = 1$，$\vartheta_j^s \geq 0$；$(a_j^{sh}(k))^+ = \underset{\substack{1 \leq k \leq p \\ 1 \leq j \leq n}}{max} (a_j^{sh}(k))$，$(a_j^{sh}(k))^- = \underset{\substack{1 \leq k \leq p \\ 1 \leq j \leq n}}{min} (a_j^{sh}(k))$；$\left(\frac{|a_j^{sh}(k) - (a_j^{sh}(k))^-|}{|a_j^{sh}(k) - (a_j^{sh}(k))^+| + |a_j^{sh}(k) - (a_j^{sh}(k))^-|} \right)$ 可以视作 $a_j^{sh}(k)$ 对 $(a_j^{sh}(k))^+$ 以及 $(a_j^{sh}(k))^-$ 的贴进度系数，如果对于 $a_j^{sh}(k)$ 的评价信息越高，$a_j^{sh}(k)$ 所对应的贴进度系数则会越大。可令 $\phi_j^{sh} = \sum_{k=1}^p \frac{\sum_{i=1}^m S^H(a_{ij}^{sh}(k))}{\sum_{j=1}^n \sum_{i=1}^m S^H(a_{ij}^{sh}(k))}$ 为精确度权重，

将 ϕ_j^{sh} 归一化即可得到 $\tilde{\phi}_j^{sh}$，并可令 $\tilde{\phi}^{sh} = (\tilde{\phi}_1^{sh}, \tilde{\phi}_2^{sh}, \cdots, \tilde{\phi}_n^{sh})$。由文献［16］对 B^{sh} 中的因素按列计算后归一化可得到各因素的 ψ_j^{sh}（即均衡度权重），令 $\psi^{sh} = (\psi_1^{sh}, \psi_2^{sh}, \cdots, \psi_n^{sh})$。将所有因素 $d_j^{sh}(k)$ 按第 k 位专家所对应的各个因素进行归一化后按第 j 个因素进行求和，可算得因素 j 的最终权重 $\tilde{d}_j^{sh}$；令 $\tilde{d}^{sh} = (\tilde{d}_1^{sh}, \tilde{d}_2^{sh}, \cdots, \tilde{d}_u^{sh})$，u 为因子层中的因素总数。$\tilde{d}_j^{sh}$ 表示在对各个时点的 TITFNs 评价信息进行集结的基础上由第 k 位专家对于上层（h−1 层）的因素 s 及本层（h 层）的因素 j 所得到的含有 TITFNs 评价信息、TITFNs 精确得分函数、精确度信息（即 $\tilde{\phi}_j^{sh}$）、均衡度信息（即 ψ^{sh}）等信息的综合评价信息。

通过计算 $\tilde{d}_j^{sh}$ 可以算得因子层因素的评价权重向量 $\tilde{d}^{s3}$（此时 s = 1，2，$\cdots$，5）以及类别层因素的评价权重 $\tilde{d}_j^{s2}$（此时 s = 1），并且可以得到最终的整体评价权重向量 $d^s = \tilde{d}_j^{s2}\tilde{d}^{s3} = [d_1^s, d_2^s, \cdots, d_u^s]$。根据 d^s 即可将各项煤矿物流安全资源配置项目按照重要度排序和分析。

4 实证分析

运用 TITFNs-MADM 方法，按重要度将某煤矿[1] 的煤矿物流安全资源配置的各个项目进行排序。经过征求有关专家的意见，首先构建对因子层中因素 C_{11}、C_{12}、C_{13}（对应于人员资源因素 C_1）进行评价的时点——因素型 TITFNs 决策矩阵 $\tilde{A}_1^{13}$ 及 $\tilde{A}_2^{13}$，矩阵中的各个元素如下所示：

$\tilde{a}_{11}^{13}(1) = (4, 5, 6, 7)$，$([0.7, 0.8, 0.9]$，$[0.1, 0.1, 0.1])$，$\tilde{a}_{12}^{13}(1) = (3, 4, 5, 8)$，$([0.6, 0.8, 0.8]$，$[0.1, 0.2, 0.2])$，

$\tilde{a}_{13}^{13}(1) = (5, 6, 7, 9)$，$([0.7, 0.7, 0.8]$，$[0.1, 0.1, 0.1])$，$\tilde{a}_{21}^{13}(1) = (3, 5, 6, 8)$，$([0.7, 0.8, 0.8]$，$[0.1, 0.1, 0.1])$，

$\tilde{a}_{22}^{13}(1) = (4, 4, 5, 7)$，$([0.6, 0.7, 0.7]$，$[0.1, 0.1, 0.2])$，$\tilde{a}_{23}^{13}(1) = (5, 6, 7, 9)$，$([0.6, 0.7, 0.7]$，$[0.1, 0.1, 0.1])$，

$\tilde{a}_{31}^{13}(1) = (4, 5, 6, 7)$，$([0.7, 0.8, 0.8]$，$[0.1, 0.2, 0.2])$，$\tilde{a}_{32}^{13}(1) = (3, 4, 5, 6)$，$([0.6, 0.8, 0.9]$，$[0.1, 0.1, 0.1])$，

$\tilde{a}_{33}^{13}(1) = (5, 6, 8, 8)$，$([0.7, 0.7, 0.8]$，$[0.1, 0.1, 0.2])$，$\tilde{a}_{11}^{13}(2) = (3, 5, 6, 6)$，$([0.7, 0.7, 0.8]$，$[0.1, 0.2, 0.2])$，

$\tilde{a}_{12}^{13}(2) = (3, 4, 5, 5)$，$([0.6, 0.8, 0.9]$，$[0.1, 0.1, 0.1])$，$\tilde{a}_{13}^{13}(2) = (5, 5, 6,$

9)，（[0.7，0.8，0.8]，[0.1，0.1，0.1]），

$\tilde{a}_{21}^{13}(2) = (5，5，6，9)$，（[0.7，0.7，0.8]，[0.1，0.1，0.1]），$\tilde{a}_{22}^{13}(2) = (3，4，6，6)$，（[0.6，0.8，0.8]，[0.1，0.2，0.2]），

$\tilde{a}_{23}^{13}(2) = (6，6，7，8)$，（[0.7，0.8，0.8]，[0.1，0.2，0.2]），$\tilde{a}_{31}^{13}(2) = (4，5，6，8)$，（[0.7，0.7，0.9]，[0.1，0.1，0.1]），

$\tilde{a}_{32}^{13}(2) = (3，4，6，7)$，（[0.6，0.8，0.8]，[0.1，0.1，0.1]），$\tilde{a}_{33}^{13}(2) = (4，6，8，9)$，（[0.7，0.8，0.8]，[0.1，0.1，0.1]）。

运用 TITFVHWB 算子分别对 $\tilde{A}_1^{13}$ 及 $\tilde{A}_2^{13}$ 按各时点因素进行评价信息集结从而可得

到 $B^{13} = \begin{Bmatrix} 4.3619 & 3.9811 & 5.3619 \\ 4.4108 & 4.0173 & 5.4043 \end{Bmatrix}$。由 B^{13} 可算得 $y^{13} = (0.3308，0.3199，0.3493)$，$\tilde{f}^{13} = (0.3167，0.3092，0.3741)$，并可算得 $\tilde{d}^{13} = (0.3563，0.2729，0.3708)$；同理可算得 $\tilde{d}^{23} = (0.3177，0.3443，0.338)$，$\tilde{d}^{33} = (0.4722，0.5278)$，$\tilde{d}^{43} = (0.3068，0.3249，0.3683)$，$\tilde{d}^{53} = (0.3232，0.4132，0.2636)$，$\tilde{d}^{12} = (0.1813，0.1676，0.2137，0.1745，0.2629)$；最终算得 $\delta_1 = (0.0646，0.0495，0.0672)$，$\delta_2 = (0.0532，0.0577，0.0566)$，$\delta_3 = (0.1009，0.1128)$，$\delta_4 = (0.0535，0.0567，0.0643)$，$\delta_5 = (0.085，0.1086，0.0693)$。

由结果可知，设备资源以及管理资源评价较低，易知是由于老旧设备众多，因此应更新或升级相关设备；安全教育与宣传仅为 0.0495，评价值最低，可知是缺少宣传力度及教育，应采取相应措施；煤矿工作环境为 0.1128，且评价值最高，可知是因为采取了相应措施。所得评价结果与煤矿实际情况以及文献［1］所得评价结果基本相符。根据计算结果和对计算结果的分析，能够确定对煤矿物流安全资源进行配置的先后顺序，并可找出煤矿物流安全资源配置中的缺陷并有针对性地采取完善措施，不断提高煤炭物流安全资源利用率。

此外可运用笔者所提出的若干方法［1,4,5］进行计算，易知 TITFNs-MADM 计算简便且更为精确。

5 结 论

基于 TITFNs 及 MADM 等理论提出 TITFNs-MADM，并将某煤矿物流中各类安全资源配置情况进行系统评价，所得结论如下：

（1）提出 TITFNs、TITFNs 运算法则及 TITFNs 精确得分函数等概念及计算式，并运用 TITFVHWB 算子集结 TITFNs 数据，系统运用多种信息进行综合分析。TITFNs-MADM 对于合理配置安全资源极具现实意义及理论意义。

（2）TITFNs-MADM 仅需专家及人员根据资料、经验以及相关数据给出各项安全资

源配置的 TITFNs 描述，具有较强的可操作性；而对 TITFNs、TITFNs 精确得分函数、TITFVHWB 算子等的运用以及对各类评价信息的系统分析更可有效提升评价的可靠性和合理性。

（3）TITFNs-MADM 为合理配置安全资源提供了新的方法及思路，并可应用于其他系统的分析、评价及决策。今后将加入前景理论和粗糙集理论，以深入研究煤矿物流安全资源评价问题。

参考文献

［1］张超，赵宝福，贾宝山等.煤矿生产物流系统安全资源 DMIP-MCDM 评价法［J］.中国安全科学学报，2017（4）：127-132.

［2］谭章禄，王泽，陈晓.基于 LDA 的煤矿安全隐患主题发现研究［J］.中国安全科学学报，2016，26（6）：123-128.

［3］黄定轩，吴永娇.考虑种群数量变化的煤矿安全监察演化模型［J］.中国安全科学学报，2016，26（10）：145-150.

［4］赵宝福，张超，贾宝山等.TIFNs-AHP 在煤炭企业安全投入中的应用［J］.中国安全科学学报，2016，26（3）：145-150.

［5］赵宝福，张超，贾宝山等.煤炭企业安全投入的 MDC-TIFLNs-AHP 方法及其应用［J］.中国安全科学学报，2016，26（9）：118-123.

［6］Ma Jiaqi, Dai Hong. A Methodology to Construct Warning Index System for Coal Mine Safety Based on Collaborative Management［J］. Safety Science, 2017, 93: 86-95.

［7］Yin Wentao, Fu Gui, Yang Chun, et al. Fatal Gas Explosion Accidents on Chinese coal Mines and the Characteristics of Unsafe Behaviors: 2000-2014［J］. Safety Science, 2017（92）: 173-179.

［8］李喜华，王傅强，陈晓红.基于证据理论的直觉梯形模糊 IOWA 算子及其应用［J］.系统工程理论与实践，2016，36（11）：2915-2923.

［9］高岩，周德群，刘晨琛等.基于关联的三角模糊数直觉模糊集成算子及其应用［J］.系统工程理论与实践，2012，32（9）：1964-1972.

［10］Atanassov K. Intuitionistic Fuzzy Sets［J］. Fuzzy Sets and Systems, 1986, 20（1）: 87-96.

［11］De S. K., Biswas R., Roy A. R. Some Operations on Intuitionistic Fuzzy Sets［J］. Fuzzy Sets and Systems, 2000, 114（3）: 477-484.

［12］刘文生，吴作启，崔铁军.基于梯形模糊数的采煤接续方案选择研究［J］.自然灾害学报，2016，25（2）：86-93.

［13］Zhu Bin, Xu Zeshui, Xia Meimei. Hesitant Fuzzy Geometric Bonferroni Means［J］. Information Sciences, 2012, 205: 72-85.

［14］余高锋，刘文奇，李登峰.基于折衷型变权向量的直觉语言决策方法［J］.控制与决策，2015，30（12）：2233-2240.

［15］Xu Zeshui. An Overview of Methods for Determining OWA Weights［J］. International Journal of Intelligent Systems, 2005, 20（8）: 843-865.

［16］周荣喜，范福云，何大义等.多属性群决策中基于数据稳定性与主观偏好的综合熵权法［J］.控制与决策，2012，27（8）：1169-1174.

异质债务对企业 R&D 投资模式影响的实证研究

谷晓光　蓝　英

（辽宁工程技术大学工商管理学院，辽宁葫芦岛　125105）

【摘　要】基于 2011~2015 年深市 A 股主板企业的数据，考虑债务与 R&D 的异质性，分析债务对 R&D 投资模式的影响。实证结果表明，以银行借款为主的关系型债务和以企业债券为主的交易型债务都与 R&D 投资显著负相关，但关系型债务对 R&D 投资的负向作用比交易型债务对 R&D 投资的负向作用更强，同时这一结论也适用于异质债务对技术创新产出的影响；根据发明专利、实用新型和外观设计专利对创新分组，关系型债务与突变式创新下的 R&D 投资显著负相关，交易型债务和突变式创新下的 R&D 投资无显著性关系；关系型债务、交易型债务都与渐进式创新下的 R&D 投资显著负相关。同时考虑债务和 R&D 的异质性，可以为创新企业选择债务融资提供参考。

【关键词】异质债务；关系型债务；交易型债务；突变式创新；渐进式创新

0　引　言

中国现处于经济结构需要调整的重要阶段，经济已经进入快速增长的阶段性回落时期。近年来，为维持经济增长的可持续性，转换经济增长方式，国家采取鼓励企业技术创新的办法。R&D 投资是衡量企业技术创新能力的主要指标，具有资产专用性、不确定性、弱排他占有性等特点。R&D 投资的这些特性使企业在收获利益的同时也承受着巨大的风险，其中资金来源是长期困扰企业 R&D 投资的重要问题。

Mayer（1990）研究了八个国家的企业资金来源，他最终得出结论：第一，内部的资金是企业运行所需资金的主要来源；第二，银行借款是外部资金中的主要来源；第三，即使是在金融市场十分发达的英国和美国，银行借款仍然是非金融行业外部融资的主要来源。[1] 因此，由债权人提供的资金成为现代企业融资的主要组成部分。随着经济发展，各大型银行都和企业签订合作协议，强化银行和企业的这种长期战略性关系，各大企业还采取在金融机构（如银行）实行参控股的办法，逐步强化企业与银行的产融关系。同时债券融资各项规定逐渐完善，发行规模逐渐增大。自 2005 年债券融资在社会融资总额中占比超过 5%后，整体趋于上升趋势，份额远远超过股票融资。在数量上如图 1 所示，数据来源于《中国统计年鉴》，2005 年企业发行债券量为 2047亿元，2007 年颁布新办法鼓励债券的发行，当年债券融资额达到 5059 亿元，2010 年至今企业债券融资额加速递增，2014 年企业发行债券量已经达到 51173 亿元。截至 2015年 11 月，我国债券市场已经到达 6.7 万亿美元，显然债券在企业融资中已经起到重要作用。

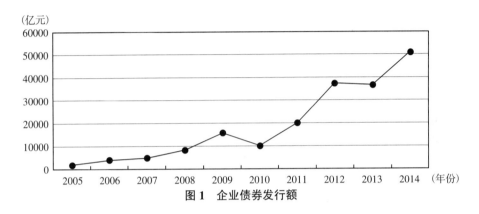

图 1 企业债券发行额

债务具有异质性，可分为多种类型的债务，如短期借款和长期借款、关系型负债和交易型负债、金融性负债与经营性负债等。基于以上情形，异质债务与企业 R&D 投资的关系值得探讨。本文在 David 等（2008）、温军等（2011）研究的基础上按照债务来源的不同，将债务分为以银行借款为代表的关系型债务和以企业债券为代表的交易型债务。[2-3] 分别研究异质债务与 R&D 投资的关系，并扩展到验证异质债务和技术创新产出的关系。不但债务具有异质性，R&D 投资也具有异质性，本文进一步将 R&D 投资分组，分为突变式创新组和渐进式创新组，并研究关系型债务和交易型债务对他们的影响。

1 文献综述与研究假设

1.1 债务异质性与 R&D 投资

在 Modigliani 和 Miller（2008）指出了 MM 理论后，外部债务融资的问题就成为被广泛关注的焦点，这是因为债务融资行为和债务融资方式的选择深刻影响公司治理。[4] Williamson（1988）认为企业的债务在本质上是相同的，可以不做区分，在这样的背景下，普遍赞同股权融资的治理效应好于债权融资的治理效应，能维持 R&D 投资。[5] 但随着后续研究发展，产生了不同的观点，认为债务是不同质的，Choi（2014）等认为，只持有一种类型的债务不是对企业最有利的，想要避免由展期风险而产生的投资扭曲行为，需要持有多种展期日债券的组合。[6] David 等（2008）认为债务从本质上看是异质的，像企业债券、商业票据等为代表的交易型债务的投资收益和契约期限明确且固定，像银行借款等为代表的关系型债务的投资收益和契约期限不明确也不固定。[2] 债务异质性体现在债务有多种来源结构、规模结构和期限结构。根据来源结构的不同，债务可以细化为银行借款、债券和商业信用等；根据规模结构不同，每个企业具有不一样的资产负债率；根据期限结构不同，债务又可细分成短期债务、中期债务和长期债务（胡建雄和茅宁，2015）。[7]

现有文献从多个角度考虑 R&D 投资的影响因素，如股权结构（Francis 和 Smith，1995）、分行业公司治理差异（鲁桐和党印，2014）等。[8-9] 债务治理对 R&D 投资的影响中，以企业债券为代表的交易型债务与以银行借款为代表的关系型债务在监督机制、适应性和争端解决方式上有显著的差异，温军等（2011）认为 R&D 投资与销售额之比越高，关系型债务占比就越高。[3] 但王宇峰和张娜（2014）认为对于银行来说，创新需要的无形资产投资与固定资产投资不同，它的可控性较低，银行随时可能遭受违约的风险，所以银行借款和企业研发投资是负相关关系。[10] 肖海莲等（2014）也认为银行借款和企业创新投资呈显著负相关。[11] 在债务融资中银行借款所占份额远远超过企业发行债券，成为企业主流的债务融资方式，并且关系型债务和交易型债务都受到债权人的强约束，迫于还本付息产生的压力，经理人不敢轻易把银行借款和债券用在风险大、缺少担保的技术创新项目上，因此本文提出如下假设：

假设 1：关系型债务、交易型债务都与 R&D 投资呈负相关。

交易型债权人与关系型债权人具有以下差异：第一，债券的期限固定，如果到期企业不能还本付息，以债券为主的交易型债权人通常会要求债务人破产清算，这会使前期 R&D 投资所积累的成果受到价值贬损（Helfat，1994）。[12] 而关系型债权人则不同，给企业提供 R&D 投资的银行与企业存在合作互利的关系，由于预算软约束问题，债权人一般不要求企业破产清算，保留前期贷款，使银行借款期限不固定，可以缓解企业压力。第二，交易型债权人为保护自己的投资，一般会要求企业详细披露他们的研发信息进而易被竞争者模仿，而关系型这种私人债务却不强求企业公开信息披露，从而在一定程度上保留了关键信息。对比可知，关系型债务比交易型债务更适合 R&D 投资，持续研发的可能性大，因此本文提出如下假设：

假设 2：关系型债务对 R&D 投资的负向作用小于交易型债务对 R&D 投资的影响。

1.2 债务异质性与 R&D 投资异质性

研发分为研究阶段与开发阶段，根据 Kamien 和 Schwartz（1978）的研究，研发划分成两种不同类型，突变式创新侧重于研究阶段进行的投入，成本较高、风险较大，容易生产新颖的、有创造力的产品；而渐进式创新侧重于开发阶段的投入，成本低、收益小，目的是稳固和改进已有的产品。[13] 在此基础上，Henderson 和 Clark（1990）

也认为企业 R&D 具有异质性，可分为渐进式创新与颠覆式创新两大类。[14]

关于债务异质性与 R&D 异质性国内外研究较少，肖海莲（2014）的研究中表明突变式创新投资受到负债融资约束，银行借款和突变式创新具有显著负相关关系，商业信用和突变式创新没有明显关系。[11] 刘博（2016）采用专利申请数衡量技术创新，用其中的发明专利变量代理企业创新，发现银行贷款等关系型债务比重与以发明为代表的创新之间呈负相关关系。[15] 由于突变式创新的风险高、持续性强，企业到期无法还本付息时，银行债权人由于预算软约束问题，不会要求企业立即破产，而会延长债务期限，企业虽然资金不足，研发力度受到干扰，但仍可以继续进行突变式创新。与银行债权人不同，在不能还本付息时债券的债权人会直接要求企业破产清算，因此在交易型债务中企业与债权人都要面临很大风险，研究所投资的经费不一定能够得到回报，为了防止企业破产，从事突变式创新的企业更容易选择企业内部资金支持 R&D 投资。因此提出假设：

假设 3：关系型债务与突变式创新企业的 R&D 投资显著负相关，交易型债务与突变式创新企业的 R&D 投资无显著性关系。

渐进式创新下企业破产压力小，需要外来资金支持以扩大实力，保证技术创新的连续性，肖海莲（2014）认为商业信用与渐进式创新投资正相关，但银行借款负向影响渐进式创新。[11] 渐进式创新是企业原有产品的组合改进，债权人可以了解到企业创新的更多信息，减少了创新的风险，因此企业进行渐进式创新的融资约束小于突变式创新，银行借款、债券等债务融资显著影响企业渐进式创新。通过借债进行渐进式创新要比使用内部资金产生的风险更大，企业将谨慎对待 R&D 投资，因此对本文提出假设：

假设 4：关系型债务、交易型债务与渐进式创新企业的 R&D 投资都呈显著负相关。

2 研究设计

2.1 数据来源

本文所用数据以 2011~2015 年我国深市 A 股主板上市公司为样本，剔除金融业、ST、PT 类的公司，剔除没有专利授权数的样本，剔除没有披露研发费用的样本，总共形成 593 个数据样本。文中企业财务数据主要来自国泰安（CSMAR）数据库和 Wind 数据库，采用 Stata 12.0 和 Excel 进行数据处理。

进一步分析中根据不同的 R&D 投资模式，把总体样本分为两组：一个是突变式创新组，另一个是渐进式创新组，分别研究突变式创新组和渐进式创新组下异质债务与 R&D 投资的关系。本文借鉴 Arndt 和 Sternberg（2000）、钟昌标等（2014）、李小静和孙柏（2015）采用方法，将专利中存在发明授权的定义为突变式创新，将其中存在实用新型授权和外观设计授权的定义为渐进式创新，因此渐进式创新组和突变式创新组具有交叉企业，这些企业既进行突变式创新也进行渐进式创新。[16-18]

2.2 模型设计

本文研究关系型债务、交易型债务与 R&D 投资的影响，并验证异质债务与创新技术产出的关系，在对 R&D 投资按突变式创新和渐进式创新分组后，进一步分析关系型债务、交易型债务对 R&D 投资的影响，本文利用以下模型进行实证研究。

（1）关系型债务、交易型债务与 R&D 投资（模型 1、模型 2）

$$Rd = \beta_0 + \beta_1 Red(Td) + \beta_2 Roa + \beta_3 Age + \beta_4 Cr + \beta_5 Sale + \beta_6 Size + \beta_7 Ods + \beta_8 TQ + \varepsilon \quad （1）$$

（2）关系型债务、交易型债务与技术创新产出（模型 3、模型 4）

$$Patent = \beta_0 + \beta_1 Red(Td) + \beta_2 Age + \beta_3 Cr + \beta_4 Sale + \beta_5 Size + \beta_6 Ods + \varepsilon \quad （2）$$

2.3 变量选择

本文被解释变量包括：①R&D 投资：研发费用除以营业收入，记为 Rd；②技术创新产出：用专利授权数量表示，记为 Patent。解释变量包括：①关系型债务：借鉴 David 等（2008）、温军等（2011）等学者的做法，用银行借款与总债务的比表示，记为 Red；②交易型债务：用应付债券与总债务的比表示，记为 Td。[2-3] 控制变量具体设计如表 1 所示。

表 1 变量设计

变量类型	变量名称	变量符号	变量可操作性定义
被解释变量	R&D 投资	Rd	研发费用/营业收入
	技术创新产出	Patent	专利授权数量
解释变量	关系型债务	Red	银行借款/总债务
	交易型债务	Td	应付债券/总债务
控制变量	盈利能力	Roa	总资产净利润率=净利润/总资产
	公司年龄	Age	公司上市年限
	股权集中度	Cr	第一大股东持股比例
	销售收入比重	Sale	主营业务收入/总资产
	企业规模	Size	企业总资产的对数
	独立董事比例	Ods	独立董事人数/董事会人数
	托宾 Q	TQ	（流通股市值+非流通净资产账面价值+负债账面价值）/总资产

3 实证分析

3.1 描述性统计

对样本进行描述性统计，R&D 投资的均值为 0.0288，最大值为 0.1918，最小值为 0.0001，各企业 R&D 投资存在较大差异，同时产出方面 Patent 的标准差是 178.3113，企业的专利授权数相差很大，说明很多企业不够重视技术创新，并且企业研发效果也有差异。关系型债务 Red 的均值是 0.3092，交易型债务 Td 的均值是 0.0452，企业的债务还是以银行借款为主，债券占据少量的部分。其中关系型债务的标准差为 0.2169，关系型债务的波动较大，说明企业对不同债务的选择存在偏好。交易型债务分布也不均匀，最大值是 0.6753，而 25% 和 50% 分位点的数值都是 0，交易型债务主要集中在 75% 分位点以后的部分。对主要变量做多重共线性检验，结果不存在多重共线性，可以进行回归分析。

3.2 样本回归

异质债务与 R&D 投资的实证结果如表 2 所示。表中关系型债务 Red 与 R&D 投资在 1% 的水平上显著负相关；交易型债务 Td 与 R&D 投资在 10% 的显著水平上负相关，因此假设 1 成立。关系型债务与 R&D 投资的相关系数是 -0.151，交易型债务与 R&D 投资的相关系数是 -0.072，关系型债务与 R&D 投资的相关系数更小，相比发行债券，关系性更强的银行借款所带来的负向作用更强，在债务中企业更愿意倾向债券等交易型债务，假设 2 不成立。这是"情理之中、意料之外"的，因为企业在实际发行债券的过程中，需要经过相关部门的严格审批，这道程序反映了企业的综合实力，较强的企业进行创新投资更容易收到回报，这在一定程度上减少 R&D 投资的风险，并且发行债券获得的资金金额大，企业对这部分资金的控制相对自由，企业容易将借债用在创新项目上。截至 2016 年 11 月我国已经有 54 只债券违约，由于法律不完善投资人难以起诉，企业发行债券的违约成本小，减轻了破产清算的压力；而银行对企业的监督作用反而抑制了企业的自由发展，债务人动用资金会受到银行债权人的干扰，因此不容易将借债用在风险较高的创新项目上。表中结果显示异质债务影响了独立董事比例与 R&D 投资的关系，虽然都是负相关，但在关系型债务的模型中独立董事比例与 R&D 投资无显著性关系，不同的借债将会导致企业其他指标也发生变化。

根据 Schmookler（1996）和 Wang 等（2012）的研究可知技术创新投资与技术创新产出存在正相关关系，R&D 投资在营业收入中占比越低企业技术创新产出就越少。[19-20] 关系型债务、交易型债务都与 R&D 投资负相关，因此关系型债务、交易型债务也负向作用于技术创新产出，且关系型债务的负向约束更强。本文表 2 中回归结果印证了这一结论，关系型债务、交易型债务都与技术创新产出在 5%的显著水平上负相关。

表 2　异质债务与异质 R&D 投资回归结果

变量	Rd		Patent		突变式创新下 Rd		渐进式创新下 Rd	
	模型 1	模型 2	模型 3	模型 4	模型 1	模型 2	模型 1	模型 2
Red	−0.151*** (−3.35)		−0.083** (−2.20)		−0.118* (−1.84)		−0.177*** (3.911)	
Td		−0.072* (−1.71)		−0.076** (−1.99)		−0.038 (−0.61)		−0.075* (−1.72)
Age	0.048 (1.15)	0.066 (1.58)	−0.114*** (−3.00)	−0.101*** (−2.69)	−0.011 (−0.18)	0.006 (0.09)	0.054 (1.23)	0.074* (1.69)
CR	−0.045 (−1.06)	−0.051 (−1.18)	−0.146*** (−3.75)	−0.149*** (−3.82)	−0.075 (−1.19)	−0.084 (−1.06)	−0.041 (−0.92)	−0.042 (−0.95)
Sale	−0.115*** (−2.79)	−0.123*** (−2.94)	−0.046 (−1.23)	−0.053 (−1.39)	−0.086 (−1.43)	−0.086 (−1.32)	−0.096** (−2.23)	−0.112** (−2.55)
Size	0.013 (0.28)	0.020 (0.42)	0.475*** (12.07)	0.480*** (12.02)	0.013 (0.20)	0.020 (−1.40)	−0.004 (−0.07)	−0.007 (−0.15)
Ods	−0.059 (−1.45)	−0.069* (−1.68)	0.062* (1.67)	0.057 (1.54)	−0.102* (−1.72)	−0.100* (0.28)	−0.051 (−1.20)	−0.060 (−1.42)
TQ	0.039 (0.82)	0.077 (1.65)			0.028 (0.40)	0.056 (−1.69)	0.028 (0.53)	0.053 (0.99)
ROA	−0.021 (−0.48)	0.015 (0.36)			−0.022 (−0.36)	0.003 (0.04)	−0.054 (−1.06)	0.006 (0.12)
cons	−0.000 (−0.00)	−0.000 (−0.00)	−0.000 (0.00)	0.000 (0.00)	0.000 (0.00)	0.000 (0.00)	−0.000 (−0.00)	−0.000 (−0.00)
R^2	0.054	0.041	0.207	0.206	0.043	0.033	0.055	0.036
R^2−a	0.041	0.028	0.199	0.198	0.016	0.005	0.041	0.021
N	593	593	593	593	290	290	549	549
F	4.178	3.099	25.487	25.305	1.574	1.186	3.911	2.499

注：*、**、*** 分别表示在 10%、1%和 5%水平下显著；括号内为 t 值。

3.3　进一步分析

进一步根据 R&D 投资的异质性，将总体样本分为渐进式创新组和突变式创新组。异质债务对 R&D 投资模式的影响如表 2 所示，在突变式创新下，关系型债务与 R&D 投资在 10%的显著水平下负相关，交易型债务与 R&D 投资没有显著性关系。因为突变式创新研发力度强，需要的周期长、风险高，企业在没有充足资金的情况下不愿意尝试突变式创新，而债券期限固定、收益明确，为了保证企业能够连续地营运不遭受破产，企业不会根据债券融资去考虑突变式创新的力度，突变式创新的 R&D 投资更倾向企业内部资金，假设 3 成立。渐进式创新下关系型债务 Red 与 R&D 投资在 1%显著水平下负相关，交易型债务 Td 与 R&D 投资在 10% 显著水平下负相关，假设 4 成立。对 R&D 分组后与总样本联合比较，无论是在突变式创新组还是渐进式创新组，交易型债务与 R&D 投资的相关系数都大于关系型债务与 R&D 投资的相关系数，所以比起银行借款，企业容易用债券来进行 R&D 投资。

根据表 2 的分组结果，渐进式创新下异质债务与 R&D 投资都显著负相关，而突变式创新下交易型债务与 R&D 投资没有明显相关性，并且关系型债务与 R&D 投资的显著性也较弱，这说明债务融资主要影响渐进式创新，企业在借债的时候，会降低渐进式创新的力度，减少外债给企业带来的压力，规避风险。由此考虑 R&D 异质性来做研究是十分重要的，这也和 Kamien 和 Schwartz（1978）等的思想相同。[13] 如果不区分 R&D 的异质性，债务融资与 R&D 投资的研究无论是在实证结果上还是在理论上都缺乏科学性，企业在实践中容易偏离预期的目标。

3.4 稳健性检验

为证实以上结论，对总样本和分组样本进行稳健性检验，选用研发费用与总资产的比值替代研发费用与营业收入的比值，去掉控制变量中的销售收入比重，并加入营业收入增长率，即用本年营业收入和上年营业收入的差除以上年营业收入表示。稳健性检验回归结果与前文结论一致，回归结果具有可靠性。

4 结 论

本文考察了异质债务对 R&D 投资模式的影响，分析了异质债务与异质 R&D 的交叉影响，研究结果表明：①根据债务来源不同区分债务，以银行借款为主的关系型债务和以债券为主的交易型债务都与 R&D 投资显著负相关，但银行的强监督作用与使用债券所得资金的自由性相比，银行借款的负向作用更强。并且异质债务与技术创新产出的关系和以上结论相同。②关系型债务与突变式创新下的 R&D 投资呈显著的负相关，交易型债务与突变式创新下的 R&D 投资无显著性关系。③关系型债务、交易型债务与渐进式创新下的 R&D 投资显著负相关，且交易型债务的负向影响小，渐进式创新企业选择交易型债务产生的压力小，创新容易产生短期效果，从而保证债权人与债务人之间的信任关系。

为保证可持续发展，企业需要公司治理这种完善的机制保障企业进行技术创新（O'Sullivan，2000；Belloc，2012），而企业要进行技术创新，资金是成功的关键。[21-22] 当内部资金不足以支撑企业创新时，银行借款、债券等债务融资也将影响债务人的决策。企业选择银行借款将明显抑制 R&D 投资，而发行债券可以减缓这种抑制行为，因此创新企业可以减少与银行的合作，加大债券的发行。虽然发行债券审批程序复杂，对企业要求较高，但近年来国家在各项政策上也在鼓励企业发行债券，促进经济增长。

同时银行应当完善管理制度，加快形式转变，通过适当的监督审核鼓励企业自主创新进而共同获利。债务对突变式创新作用不明显，突变式创新获得的收益大，是企业根本上创新的重要方法，后续研究应当继续寻找能促进突变式创新的因素，为企业选择不同的技术创新模式提供良好参考。

参考文献

［1］Mayer C. Financial Syatems，Corporate Finance and Economic Development ［M］. in G. Hubard (ed.)，Asymmetric Information，Corporate Finance and Investment，Chicago：The University of Chicago Press，1990.

［2］David P.，O'Brien J.，Yoskikawa T. The Implicatiopns of Debt Heterogeneity for R&D Investment and Firm Performance ［J］. Academy of Manafement Joumal，2008，51（1）：165-181.

［3］温军，冯根福，刘志勇. 异质债务、企业规模与 R&D 投入 ［J］. 金融研究，2011（1）：167-181.

［4］Modigliani F.，Miller M. The Cost of Capital，Corporation Finance，and the Theory of Investment ［J］. American Economic Review，1958（48）：21-297.

［5］Williamson O. E. Corporate Finance and Corporate Govenmence ［J］. Journal of Finance，1988（43）：567-591.

［6］Choi J.，Hackbarth D.，Zechner J. Granularity of Corporate Debt ［R］. University of Lllinois at Urbana，2014.

［7］胡建雄，茅宁. 债务来源异质性对企业投资扭曲行为影响的实证研究 ［J］. 管理科学，2015，28（1）：47-57.

［8］Francis J.，Smith A. Agency Costs and Innovation：some Empirical Evidence ［J］. Journal of Accounting and Economics，1995，19（2-3）：383-409.

［9］鲁桐，党印. 公司治理与技术创新：分行业比较 ［J］. 经济研究，2014（6）：115-128.

［10］王宇峰，张娜. 政治联系、债务融资与企业研发投入——来自中国上市公司的经验证据 ［J］. 财经理论与实践，2014，35（189）：60-64.

［11］肖海莲，唐清泉，周美华. 负债对企业创新投资模式的影响——基于 R&D 异质性的实证研究 ［J］. 科研管理，2014，35（10）：77-85.

［12］Helfat C. E. Firm-Specificity in Corporate Reserach and Development ［J］. Organization Science，1994（5）：173-184.

［13］Kamien M. I.，Schwartz N. L. Self-Financing of an R&D Project ［J］. American Economic Review，1978，68（3）：252-261.

［14］Henderson R. M.，Clark K. B. Architectural Innovation：The Reconfiguration of Existing Product Technologies and the Failure of Established Firms ［J］. Administrative Science Quarterly，1990，35（1）：9-30.

［15］刘博. 债务融资方式会影响企业创新吗？——来自 A 股上市公司的实证研究 ［J］. 金融发展研究，2016（2）：9-16.

［16］Arndt O.，Sternberg R. Do Manufacturing Firms Profit from Intraregional Inovation Linkages？An Empirical based Answe ［J］. European Planning Studies，2000，8（4）：465-485.

［17］钟昌标，黄远浙，刘伟. 新兴经济体海外研发对母公司创新影响的研究——基于渐进式创新和颠覆式创新视角 ［J］. 南开经济研究，2014（6）：91-104.

［18］ 李小静，孙柏. 政府干预对新兴企业技术创新的影响研究——基于负二项式模型 ［J］. 华东经济管理，2015，29（9）：159-164.

［19］ Schmookler J. Invention and Economic Growth ［M］. Cambridge，Mass：Harvard University Press，1966.

［20］ Wang C.，Hong J.，Kafouros M. What Drives Outward FDI of Chinese Firms? Testing the Explanatory Power of Three Theoretical Frameworks ［J］. International Business Review，2012，21（3）：425-438.

［21］ O'Sullivan M. The Innovative Enterprise and Corporate Governance ［J］. Cambridge Journal of Economics，2000，24（4）：393-416.

［22］ Belloc F. Corporate Governance and Innovation：A Survey ［J］. Journal of Economic Surveys，2012，26（5）：835-864.

Prediction of Gas Emission Based on PCA-Response Surface Methodology[*]

Mingming Gao   Liangshan Shao   Shuyang Cui

(School of Electronic and Information Engineering, Liaoning Technical University,
Huludao Liaoning   125105)

【Abstract】 In order to reveal the law of gas emission, accurate prediction of gas emission and improve the ability of prevention and control of gas disaster in coal mine, we come up with a method of the principal component analysis and the response surface methodology that can forecast the gas emission in this paper, First or all, in combination with various factors that may affect the gas occurrence regularity, this paper use principal component analysis to make A few of characteristic indexes affecting the law of gas occurrence instead of the original most of the indicators. According to a new index to determine the status of the sample points in space, fitting the response surface based on regression analysis, using principal component analysis and the response surface method to establish a working face gas emission forecast method. Research results show that using the principal component analysis with the response surface method to forecast the gas emission can realize the accurate prediction of gas emission, compared with other methods, the method of prediction accuracy is higher.

【Key words】 Prediction of Gas Emission; principal component analysis (PCA); response surface methodology; R soft

0   Introduction

In China, more than 70% of coal mine accidents are gas accidents, and the key to

* This work is supported by the Liaoning Provincial Department of Education Scientific Research General Project (L2015209), the National Natural Science Foundation of China (61372058), and the Liaoning Provincial Key Laboratory of Higher Education Project (LJZS007).

effectively prevent and control of gas disaster is to improve the accuracy of coal mine gas prediction. However, due to many factors affecting gas emission, the amount of gas emission prediction is complex, dynamic and nonlinear, accurate prediction of mine gas emission realization still needs further study.

At present, the commonly used methods for predicting the gas emission of coal mines include the mine statistical method, the gas content method, the gas geology mathematical model method, the analogy method, the neural network prediction method, the grey system prediction method and so on.Establishing a linear model of relationship between the amount of emission index and gas to analyze gas occurrence regularity of coal seam, has the advantages of simple and easy, but because of a great deal of information loss in the modeling process, which can not guarantee the accuracy of the prediction results, and using multiple regression model is traditional in the modeling process of comprehensive consider a variety of factors, but in the model of quickness and accuracy often does not receive the ideal effect. Considering all the factors that may affect the gas occurrence regularity, firstly, we make principal component analysis for data to construct the characteristic index of the few effects of gas occurrence regularity to replace most of the original index data, and based on the new index to determine sample point in the state space, the establishment of regression analysis based on the response surface, using the principal components analysis with the response surface method to establish a working face gas emission prediction method, finally test the prediction accuracy of this method with the measured data, the prediction and other three kinds of prediction model results in the comparison, we can see the proposed prediction method of the minimum relative error, prediction accuracy is significantly higher than other three methods. At the same time, the calculation method is less time consuming, more efficient solution.

1　Principal component analysis and response surface method

Principal component analysis is a linear combination constructed by original variables appropriately, can produce a series of information contained in the original variables and are not related to the new variable, a large number of original variables into a few new variables larger instead of the original variables to analyze and solve problems. In fact, principal component analysis (PCA) is a kind of dimensionality reduction technique which can construct several primitive variables into a few principal component variables. These principal components can reflect the main information of the original variables perfectly, and can simplify the complex problems.

　　Let $X_i = (X_{i1}, X_{i2}, \cdots, X_{iP})^t$, $i = 1, 2, \cdots$, n be a simple random sample with a capacity of n deriving from $X = (X_1, X_2, \cdots, X_P)^t$, using $S = (s_{ij})_{p \times p}$ and $R = (r_{ij})_{p \times p}$ to express respectively the covariance matrix and the sample correlation matrix of the sample. The eigenvalues of S are $\hat{\lambda}_1 \geqslant \hat{\lambda}_2 \geqslant \cdots \geqslant \hat{\lambda}_p \geqslant 0$, and the corresponding unit orthogonal feature vectors are $\hat{a}_1, \hat{a}_2, \cdots, \hat{a}_p$, so the ith sample principal component is $Y_i = \hat{a}_i'X = \hat{a}_{i1}X_1 + \hat{a}_{i2}X_2 + \cdots + \hat{a}_{ip}X_P$, $i = 1, 2, \cdots, p$, when you introduce n observations, $X_k = (X_{k1}, X_{k2}, \cdots, X_{kP})'(k = 1, 2, \cdots, n)$, to X, you will get the ith sample principal component Y, the n observations of Y are $Y_i = Y_{ki}(k = 1, 2, \cdots, n)$. Now the contribution rate of the ith Sample principal component is $\hat{\lambda}_i / \sum_{i=1}^{p} \hat{\lambda}_i$ $i = 1, 2, \cdots, p$, we define the accumulative contribution rate of the first m sample principal component $\sum_{i=1}^{m} \hat{\lambda}_i / \sum_{i=1}^{p} \hat{\lambda}_i$, we can according to the cumulative contribution rate to determine the final selection of the number of principal components. At the same time when the sample is not dimensionless variables will cause various differences in variable dispersion degree becomes larger, the principal component analysis may get unreasonable results, then we can influence the standardization of the sample in order to eliminate the dimen-sion of different possible. If $X_i^* = (\dfrac{X_{i1} - \overline{X}_1}{\sqrt{s_{11}}}, \dfrac{X_{i2} - \overline{X}_2}{\sqrt{s_{22}}}, \cdots, \dfrac{X_{ip} - \overline{X}_p}{\sqrt{s_{pp}}})'$, $i = 1, 2, \cdots, n$,

The covariance matrix of the standardized data sample is the sample correlation coefficient matrix of the original data. The principal components of the sample can be obtained by solving the unit orthogonal eigenvalue and eigenvector.

The concrete steps of principal component analysis are as follows:

(1) Select the relevant indicators to predict the analysis objectives.

(2) Get the actual test data for the relevant indicators.

(3) The principal component analysis was carried out after standardization of the samples.

(4) According to the cumulative contribution rate of each principal component and the gravel map of the cliff, the reasonable principal component scores are determined, which can reduce the dimension of the analysis data.

The response surface model [8] can be constructed by using the complete two polynomial, as shown in formula (1).

$$y = b_0 + \sum_{i=1}^{n} b_i x_i + \sum_{i=1}^{n} b_{ii} x_i^2 + \sum_{i=1, j=1, i \neq j}^{n} b_{ij} x_i x_j \tag{1}$$

In the formula, y is the response value, x_i is the independent variable, b_0 is the constant term, b_i is the first order coefficient, b_{ii} is the two order coefficient, b_{ij} is the interaction coefficient. After determining the form of the objective function expression, we can get a series of response points by calculating the values of the relevant parameters. Select enough points to calculate y $(x_1, x_2, \cdots, x_n)$ to fit response surface based on regression analysis.

(1) The undetermined coefficients can be calculated by the least square method. C = $(X^T X)^{-1} X^T y$.

(2) In formula, $X = \begin{bmatrix} 1 & x_{11} & x_{12} & \cdots & x_{1n} & x_{11}^2 & x_{12}^2 & \cdots & x_{1n}^2 \\ 1 & x_{21} & x_{22} & \cdots & x_{2n} & x_{21}^2 & x_{22}^2 & \cdots & x_{2n}^2 \\ \vdots & \vdots & \vdots & \ddots & \vdots & \vdots & \vdots & \ddots & \vdots \\ 1 & x_{k1} & x_{k2} & \cdots & x_{kn} & x_{k1}^2 & x_{k2}^2 & \cdots & x_{kn}^2 \end{bmatrix}$

$y = (y_1, y_2, \cdots, y_k)^T$

$C = (b_0, b_1, \cdots, b_n, b_{11}, \cdots, b_{1n})^T (k \geqslant n)$

the matching degree between the response surface and the sampling point can be determined by the formula (2) or formula (3), and the matching degree is better when the approach is close to 0 or approaching to 1.

$$SSE = \sum_{i=1}^{n} (y_1 - \hat{y}_i)^2 \tag{2}$$

$$R^2 = \frac{SSR}{SST} = \frac{\sum_{i=1}^{n} (\hat{y}_i - \bar{y})^2}{\sum_{i=1}^{n} (y_i - \bar{y})^2} \tag{3}$$

In formula $\bar{y} = \frac{1}{n} \sum_{i=1}^{n} y_i$, y_i is the output variable value at the ith sampling points, $\hat{y}_i$ is the response value calculated by the regression model at the ith sampling points, SSE is the square of the regression effect; SST is the total sum of squares.

2   The example of principal component analysis response surface method

2.1   The original data of example

The data presented in this paper are the gas monitoring data of the 18 groups of working face in the coal mining group of Kailuan Mining Group from May 2007 to December 2008. The following parameters: the coal seam buried depth (m), the original coal gas content (m3/t) (m), the thickness of coal seam, coal seam dip angle (DEG), length of working face (m), high (m), speed (m/min), adjacent layer gas content (m3/t), the recovery rate (%), near the layer thickness (m), near the level spacing (m), mining depth

Tab.1　Gas emission quantity and data on influence factors statistics in working face

Number	Buried depth of coal seam	Original gas content of coal seam	Coal seam inclination	Seam thickness	Working face length	mining height	Propulsion speed	Adjacent layer gas content	Recovery ratio	Adjacent layer thickness	Adjacent layer spacing	Mining depth	Interlayer lithology	Mining intensity	Gas emission
1	408	1.92	10	2.0	155	2.0	4.42	2.02	0.960	1.50	20	1825	5.03	1	3.34
2	411	2.15	8	2.0	140	2.0	4.16	2.10	0.950	1.21	22	1527	4.87	1	2.97
3	420	2.14	11	1.8	175	1.8	4.13	2.64	0.950	1.62	19	1751	4.75	1	3.56
4	432	2.58	10	10	145	2.3	4.67	2.40	0.950	1.48	17	2078	4.91	2	3.62
5	456	2.40	15	2.2	160	2.2	4.51	2.55	0.940	1.75	20	2104	4.63	2	4.17
6	516	3.22	13	2.8	180	2.8	3.45	2.21	0.930	1.72	12	2242	4.78	2	4.60
7	527	2.80	17	2.5	180	2.5	3.28	2.81	0.940	1.81	11	1979	4.51	1	4.92
8	531	3.35	9	2.9	165	2.9	3.68	1.88	0.930	1.42	13	2288	4.82	2	4.78
9	550	3.61	12	2.9	155	2.9	4.02	2.12	0.920	1.60	14	2325	4.83	2	5.23
10	563	3.68	11	3.0	175	3.0	3.53	3.11	0.940	1.46	12	2410	4.53	2	5.56
11	590	4.21	8	5.9	170	5.9	2.85	3.40	0.795	1.50	18	3139	4.77	3	7.24
12	604	4.03	9	6.2	180	6.2	2.64	3.15	0.812	1.80	16	3354	4.70	3	7.80
13	607	4.34	9	6.5	165	6.1	2.77	3.02	0.785	1.74	17	3087	4.62	3	7.68
14	634	4.80	12	6.5	175	6.5	2.92	2.98	0.773	1.92	15	3620	4.55	3	8.51
15	640	4.67	11	6.3	175	6.3	2.75	2.56	0.802	1.75	15	3412	4.60	3	7.95
16	450	2.43	12	2.7	160	2.2	4.32	2.00	0.950	1.70	16	1996	4.84	1	4.06
17	544	3.16	11	2.7	165	2.7	3.81	2.30	0.930	1.80	13	2207	4.90	2	4.92
18	629	4.62	13	6.4	170	6.4	2.80	3.35	0.803	1.61	19	3456	4.63	3	8.04

(m), inter layer lithology (m), mining intensity (t/d-1), a total of 14 parameters.

2.2 Data processing based on principal component analysis

This paper uses the powerful R data processing software for principal component analysis parameters of the stope face value, call the R command "x.pr left princomp (x, cor = TRUE)" principal component data obtained, and then call the R command "summary (x.pr, loadings=TRUE)" the contribution rate and the cumulative contribution rate as shown in Table 2 as shown in the command "loadings=TRUE" selected, can load data of each component.

Tab.2 principal component of data and contribution

principal component	standard deviation	Contribution rate/%	Cumulative contribution rate/%
First principal component	2.985204	63.6532	63.6532
Second principal component	1.558724	17.3544	81.0076
Third principal component	0.973316	6.7667	87.7743
Forth principal component	0.828252	4.9	92.6744
Fifth principal component	0.663984	3.1491	95.8235

The gravel map of the cliff reflects the variation rule of the characteristic value (variance) of the correlation matrix of each principal component. It can be found that the inflection point of the curve can be found at the bottom of the cliff, and the number of eigenvalues corresponding to the inflection point is small and very close to each other. Using the command "predict" (x.pr), it can calculate the results of the first five principal components of the original data of each working face.

2.3 establish a response surface methodology regression model

The response surface regression model is established by using the calculated data of the main components of the first 15 working surfaces in the table 4 and the corresponding test data of gas emission. The response surface is constructed by two order polynomial response surface model and use the least squares method to estimate the parameters, get the response surface regression model of gas emission parameters, using the model of response surface method to approximate the relationship between the design variables and the target, can predict the emission of coal mine gas under different conditions. Two as a general polynomial fitting function as in the previous example shown in equation 1, so the 5 factors two complete polynomial cross term in 1 constant, 5 linear terms, 15 quadratic terms, a total of 21 undetermined coefficients, using principal component regression model to calculate the value and response face the established method, using MATLAB programming to calculate the coefficients of the least squares solution is shown in table 3:

Tab.3 corresponding item coefficient table of quadratic polynomial response surface model

number	term	coefficient	number	term	coefficient
1	1	0.4877	12	x_1x_2	−0.0003
2	X_1	−0.010	13	x_1x_3	0.0232
3	X_2	−0.0285	14	x_1x_4	0.008
4	X_3	0.004	15	x_1x_5	0.0113
5	X_4	−0.0865	16	x_2x_3	0.0009
6	X_5	−0.003	17	x_2x_4	−0.0149
7	X_1^2	−0.0072	18	x_2x_5	0.0499
8	X_2^2	0.0118	19	x_3x_4	0.0064
9	X_3^2	0.4877	20	x_3x_5	−0.0139
10	X_4^2	−0.0015	21	x_4x_5	0.0005
11	X_5^2	0.0128			

$$\begin{aligned} y = {}& 0.04877 - 0.0101x_1 - 0.0285x_2 + 0.004x_3 - 0.0865x_4 - 0.003x_5 - 0.0003x_1x_2 \\ &+ 0.0232x_1x_3 + 0.008x_1x_4 + 0.0113x_1x_5 + 0.0009x_2x_3 - 0.0149x_2x_4 - 0.0072x_1^2 \\ &+ 0.0118x_2^2 + 0.4877x_3^2 - 0.0015x_4^2 + 0.0128x_5^2 + 0.0499x_2x_5 + 0.0064x_3x_4 \\ &- 0.0319x_3x_5 + 0.0005x_4x_5 \end{aligned} \tag{4}$$

It can be seen from table 5 that the response surface regression model is based on the calculated data of the main components of the first 15 working faces and the corresponding test data of gas emission.

By using the response surface regression model, we can predict the amount of gas emission in different situations. In this paper, the gas emission value of 16–18 working face is predicted.

2.4 Prediction result analysis

Tab.4 predicted value of test samples and error

number	actual value/MPa	predicted value/MPa	absolute error/MPa	relative error/%
16	4.06	3.805401	0.254599	6.270901
17	4.92	4.922709	0.002709	0.055059
18	8.04	7.898823	0.141177	1.755938

Note: the absolute value of the errors in the table.

Table 4 test samples for prediction and prediction error, we can see the maximum relative error of prediction value of the quantity of gas emission of the working face of 16–18 was 6.2709%, the average error of 3 samples in the prediction of only 2.69%, the approximate response surface model better in the global accuracy, using the method of visible emission prediction in coal face high.

In Table 5, the data shows that the relative error of the prediction algorithm is significantly lower than the other 3 algorithms, and the calculation speed is faster, the time-consuming in the case of a relatively small, has higher prediction accuracy.

Tab.5   predicted value of test samples and error

actual value	Elman Network prediction		BP Network prediction		principal component analysis		PSO–ENN Network prediction		Principal component analysis and response surface methodology	
	predicted value	relative error/%	predicted value	relative error/%	predicted value	relative error/%	predicted value	relative error/%	predicted value	relative error/%
4.06	5.0224	23.70	4.8264	18.70	4.01	1.2	4.3205	6.41	3.805401	6.2709
4.92	5.1051	3.76	4.5283	7.96	5.30	−7.7	4.5760	6.99	4.922709	0.0551
8.04	8.0580	0.22	8.1417	1.26	7.56	5.9	8.1600	1.49	7.898823	1.7559
Average relative error/%	9.23		9.31		4.96		4.96		2.69	
time consuming (s)	0.08		0.07		3		3		0.05	

3   Conclusion

(1) The 14 original parameters on the working face of the absolute gas emission after the principal component analysis, the cumulative contribution of the first 5 principal components, the rate can reach 95.8235%, so the choice of the first 5 principal components as analysis variables to establish prediction model. So in the original information as much as possible of the case, effectively reduces the number of variables in the modeling process, realize the dimensionality reduction problem analysis, and the principal component variables, the model has laid a good foundation for the response of gas emission prediction method.

(2) Calculation of principal component based on the obtained regression prediction model to fit the data by using response surface method, combined with the emission of coalface

gas data were predicted, the results show that the technology will face from the fusion of principal component analysis of coal mine gas emission prediction method and the stochastic response of gas emission prediction accuracy higher than other methods, and the calculation speed of the method is also ideal, can be more accurate and efficient prediction of mine gas emission quantity basis.

Reference

[1] Zhu Wenhao. Prediction of Coal and Gas Outburst by Fuzzy Mathematics [D]. Huazhong University of Science and Technology, 2011.

[2] Zhu Yu. Research on Artificial Immune Algorithm and Model for Gas Outburst Prediction [D]. China mine University of Technology, 2009.

[3] Lvfu, Liang Bing, Sun Weiji, et al. Prediction of coal mining face of the quantity of gas emission of the Principal Component Regression Analysis [J]. 2012, 37 (1): 113–116.

[4] Sun Lin, Yang Shiyuan. Prediction of Gas Emission in Coal Mining Face Based On LS [J]. Journal of Coal Science, 2008, 33 (12): 1377–1380.

[5] S. Raissi, R-Eslami Farsani.Statistical Process Optimization Through Multi-Response Surface Methodology [J]. World Academy of Science, 2009 (27): 267–271.

[6] Jiju Antony, Raj Bardhan Anand, Maneesh Kumar, M.K. Tiwari, Multiple Response Optimization Using Taguchi Methodology and Neurofuzzy Based Model [J]. Journal of Manufacturing Technology Management, 2006 (7): 908–925.

[7] Jiang Youbao, Feng Jian, Meng Qi. Reliability Analysis of Structural Systems Based on State Space Response Surface Methodology [J]. Engineering Mechanics, 2007, 24 (1): 21–32.

[8] Li Dianhai, Li Yuhong. Principal Component Analysis Method for Comprehensive Evaluation of Reclaimed Water Quality [J]. Water Supply Technology, 2009, 3 (2): 17–22.

[9] Zhang Jinchun, Hou Jinxiu. Analysis of the Effect of Coal Gasification Process Parameters Based on Response Surface Method [J]. Chinese Journal of Mechanical Engineering, 2011, 31 (10): 689–796.

[10] Fu Hua, Jiang Wei, single Showtime. Prediction Model of Coal Mine Gas Volume of Emission Based on Coupling Algorithm [J]. 2012, 37 (4): 654–658.

可持续发展视角的神华集团绿色财务评价体系研究

王宏新　丛　蓉

(辽宁工程技术大学工商管理学院，辽宁葫芦岛　125105)

【摘　要】 煤炭作为我国主要的化工原料、工业燃料和民用能源被大量使用于各个行业。一直以来企业只注重经济利益而无节制开采，导致许多地区尤其是东部地区的煤矿资源遭到破坏性开采、环境严重污染，可持续发展成为煤炭行业发展的关键。文章依托可持续发展理论、循环经济和利益相关者等理论，借鉴国内外学者对绿色财务评价的相关研究成果以及煤炭行业特色，以国内煤炭行业的龙头企业——神华集团为研究对象，通过网络层次分析法构建企业绿色评价体系并对神华集团的可持续发展进行评价。研究表明，企业的可持续发展需要各方面的协同发展，只单一着手经济或者生态都不能使企业实现可持续发展，与此同时，神华集团还应加大对生态环境和资源利用方面的关注，以保证企业更好、更稳定、更长久地发展。

【关键词】 可持续发展；神华集团；绿色财务评价体系

0　引　言

对于现代化工业而言，煤炭在各个领域都发挥着重要的作用，被誉为工业"真正的粮食"。其能源消费总量一直占国家总能源消耗的 70% 左右，并且这个比重还将继续保持，在国民经济发展中具有重要的战略地位[1]。然而煤炭作为不可再生资源，一直以来在资源开采和利用的过程中存在乱采滥挖、无节制消耗的现象。随着数年来无节制的开采以及各个行业的大量使用，矿产资源逐渐匮乏，大量煤矿枯竭，严重威胁到经济社会的可持续发展，同时也禁锢了煤炭企业的可持续发展。

一直以来，国内外众多学者就财务评价体系方面均进行了大量研究。国外学者的研究，从众所周知的仅对财务指标进行考量的以会计利润为基础的杜邦财务评价体系到对七项财务比率进行线性结合并进行比较的沃尔比重评分法；从增加非财务指标的落实组织战略的平衡计分卡到考虑权益性融资成本的经济增加值法（EVA）[2]。而我国国内对于财务评价体系的研究相对较晚，20 世纪末期我国建立了国有资产金绩效议价体系，以 32 项指标、功效系数法来对国有企业财务进行评价分析。此后通过修订由 32 项指标更改为 24 项，并且由从之前仅适用于国有企业变为适用于一般企业；随着社会各界对可持续发展的关注度日益增加，2006 年将平衡计分卡与经济增加值法相结合的企业可持续发展报告应运而生。但由于仅用 EVA 指标不足以衡量企业经营业绩并且难以区分企业当前和未来指标，因此该评价体系仍需改进。文章根据前人对企业财务评价体系构建的研究，结合神华集团自身的发展状况，建立绿色财务评价体系，从绿色财务角度对企业发展进行衡量，约束企业走可持续发展的道路[3]。郝晓辉（1998）对可持续发展进行研究时在经济、社会、资源环境方面分别选取重点指标。经前人研究发现，可持续发展能力与经济、社会、生态、技术等方面相联系。通过理论分析与实践，文章以这四方面指标为基础构建了煤炭企业的绿色财务评价体系。以煤炭行业的龙头企业——神华集团为研究对象，突破前人运用层次分析法（AHP）研究，选取网络层次分析法（ANP）对煤炭企业的可持续发展能力进行分析，探讨影响煤炭企业可持续发展的因素。

1 神华集团现行财务评价体系

1.1 神华集团概况

神华集团有限责任公司（以下简称神华集团）作为一家国有独资公司距今成立已有 20 余年。其业务较为广泛，主要以煤炭为根本，发展电力、热力、运输业、煤炭产运销等多种业务形式，是一家规模庞大的能源企业。多年以来，神华集团不仅在经济上为企业、为国家创造巨大的收益，在安全生产方面更是位居世界领先地位。响应国家各项政策，在解决产能过剩问题时，神华集团主动减产并关闭 10 余家落后煤矿，并大力推行煤炭清洁生产，始终将可持续发展付诸行动中。在 2014 年神华集团更是在全球 500 强企业中位居第 165 位[4]。

1.2 现行财务评价体系

神华集团现行的财务评价体系，以传统的财务评价指标为主，即修正后 24 项指标的国有资本金绩效议价体系。该体系主要是对企业财务效益、资产营运、偿债能力、发展能力状况的评价，着重于对企业经济财务方面的研究。由于这部分数据可以通过企业披露的年报获得，因此评价较为客观。但是随着企业发展，单单考虑经济方面的因素，对企业发展的评价不够准确全面。由于企业的发展离不开自然环境、政府、社会大众、公司内部的职员以及其他利益相关者，根据神华集团披露的社会责任报告，部分学者对神华集团的财务评价体系指标中，增加了社会因素和环境因素，更完善了财务评价体系[5]。然而我国就煤炭等不可再生资源可持续发展能力的财务评价体系的研究较少，财务评价指标不够健全，因此仍需补充和改进。

2 可持续发展理念下煤炭企业财务评价理论分析

一直以来，人们大力发展经济建设单纯追求经济增长而忽略了对自然环境的保护，从而导致水污染、大气污染、土壤污染、生物污染等一系列环境问题接踵而至，不仅影响了人们对资源的摄取，甚至影响了人们的日常生活。可持续发展观就是为了使人们摆脱这种困境，有节制利用环境资源应运而生的。其概念提出于 1972 年，旨在合理利用自然资源，以确保地球资源更长久地造福人类，符合科学发展观。而我国自身的发展状况也决定了我国必须走可持续发展道路，因此《中国 21 世纪议程》于 1994 年 3 月 25 日得以通过，次年我国党中央、国务院还把可持续发展作为我国基本战略，号召全国人民积极响应并参与到这一伟大实践中。可见目前我国乃至全世界对可持续发展的重视[6]。而煤炭作为不可再生资源，数千年的肆意开采，已经导致我国煤炭资源日渐枯竭。在"2004 煤炭经济论坛"上，有专家表明我国煤炭开采仅能维持百年；2013 年《BP 世界能源统计年鉴》发布报告显示，我国的储采比为 31 年，也就是说我国煤炭仅仅还可开采 31 年。虽然煤炭行业各层次专家对这个数据存在疑惑，但多种数据表明我国煤炭资源的前景确实不容乐观，此外多年来过度开采、加工和利用煤矿资源已经造成地表塌陷、地下水位下降、水源污染、粉尘污染等多项环境问题。截至 2012 年底，经中国煤炭学会披露煤矿损毁的土地面积每年在以 7 万公顷的速度飙升，其对水体和大气的污染也不容小觑。因此我国煤炭行业必须走可持续发展道路。财务评价作为衡量企业经济发展状况的有效途径，倘若单单选取财务数据进行分析，则评价体系具有片面性，同时财务指标容易因舞弊等现象造成评价结果的错误，因此采用适当的方法构建煤炭企业绿色财务评价体系对衡量和约束企业可持续发展至关重要。

3 神华集团绿色财务评价体系构建

3.1 构建评价体系方法的选择

网络层次分析法（ANP）是层次分析法（AHP）的进一步研究，是 1996 年 T.L. Saaty 教授使用的一种新型实用决策方法，适用于非独立递阶层次结构。ANP 系统中的元素呈网络结构，不同于 AHP 中上下递阶的层次结构形式，其结构更为复杂繁琐。一个元素或一个元素集用节点来表示，每个元素及元素集之间均有可能相互作用，而且元素之间相互依赖、彼此反馈，该方法对系统超矩阵和极限超矩阵进行更深入的研究，从而得到系统中各指标的权重[7]。在运用 ANP 进行计算时，首先要结合问题构造 ANP 层次结构，运用专家打分法即德尔菲法得出判断矩阵，根据两两判断矩阵得到超矩阵、加权超矩阵和极限超矩阵，从而比较网络层中元素及元素集之间的重要性[8]。

ANP 法计算步骤较为复杂，不依赖软件很难实现，目前 Expert Choice 公司已开发出相应的 ANP 计算软件（Super Decisions），极大地提高了 ANP 法的可操作性和实用性[9]。由于绿色财务评价体系指标选取数量较多，因此应采用多指标综合评价法确定各指标对企业影响的相对权重系数。目前，主要有两种确定权重系数的方法，一种是主观赋权法，主要是相关行业专家的判断打分，如 Delphi 法；另一种是客观赋权法，即将相关联的原始数据应用一定的数学方法确定权重，如主成分分析、离差及均方差法等。本文采用专家打分法对于确定权重系数，依赖专家经验，考虑较为全面[10]。

对于绿色财务评价体系的构建，大多数学者均选取 AHP 作为研究方法，而本文认为绿色财务评价体系的研究用 AHP 进行分析无法考虑其指标选择和赋权过程中存在的多种制约和反馈关系，因此本文采用 ANP 法弥补这个不足，充分考虑指标间的相互关系，主客观结合对绿色财务评价进行研究。

3.2 评价指标选取

本文数据来源于国泰安数据库，选取神华集团作为研究对象。目前在煤炭行业，公布可持续发展报告的上市公司并不多，并且存在数据不全等现象，而神华集团从 2008 年至今的数据相对全面，并且这些年神华集团在煤炭行业中一直名列前茅，在各个方面神华集团都起到了带头作用。因此，选取神华集团可持续发展报告中的数据作为研究，更具代表性。

一直以来，评价企业发展的指标多为财务指标，而忽略了企业在生态、社会等方面的投入和不足。绿色财务评价指标，则是在原有经济指标的基础上增加社会、生态和技术指标，从四个方面对企业发展进行评价。根据专家和学者的评价及对其他学者相关文献的研究整理，本文共选取了 15 个具体指标，并对指标间的相互关系进行了分析，如表 1 所示。具体指标划分如下：

经济性财务评价指标（A）：总资产报酬率（A1）、存货周转率（A2）、资产负债率（A3）、营业收入增长率（A4）；

社会性财务评价指标（B）：原煤百万吨死亡率（B1）、公益事业捐款（B2）、所得税综合税率（B3）、就业贡献率（B4）；

生态性财务评价指标（C）：工业"三废"综合处理率（C1）、环保投资占总资产比重（C2）、塌陷土地复垦率（C3）、万元产值能耗（C4）；

技术性财务评价指标（D）：科技人员比例（D1）、研发投入比例（D2）、产品创新比例（D3）。

表 1 神华集团可持续发展能力指标关联关系

		A				B				C				D		
		A1	A2	A3	A4	B1	B2	B3	B4	C1	C2	C3	C4	D1	D2	D3
A	A1	√	√	√	√			√				√		√	√	√
	A2	√	√	√	√										√	√
	A3	√	√	√	√		√	√			√		√			
	A4	√	√	√	√		√	√	√	√			√	√	√	√
B	B1					√										√
	B2			√	√		√	√								
	B3	√		√	√		√	√								
	B4	√						√								√
C	C1									√	√				√	√
	C2			√						√	√	√	√		√	√
	C3										√	√				
	C4	√		√	√						√		√		√	√
D	D1	√			√									√	√	√
	D2	√	√		√					√			√	√	√	√
	D3	√			√				√	√		√		√	√	√

3.3 评价模型构建

根据神华集团可持续发展战略，构建绿色财务评价体系首先对具体的评价指标进行划分，分为两个部分。第一部分是控制层，包括问题目标和决策准则，该体系中问题目标为"神华集团可持续发展能力"，第二部分是网络层，是由全部受控制层目标约束的相互影响的元素集组成，该体系中元素集共有四个，分别为经济、社会、生态和技术四方面财务评价指标。其结构模型如图 1 所示。

在图 1 中，弯形箭头代表同一元素集内各元素相互影响；双向箭头表示不同元素集中元素相互作用。

根据上述神华集团可持续发展财务评价体系，通过专家打分法获得各元素及元素集的两两矩阵，并全部进行且通过了判断矩阵的一致性检验。判断矩阵的评分标度如表 2 所示。

由于两两判断矩阵较多，例如每一个一级指标下的二级指标都要分别与 A、B、C、D 四个元素集中相互影响的指标构造判断矩阵，由于本文指标选取较多，在此仅分别对部分一级和二级指标的判断矩阵进行举例，如表 3 至表 7 所示。

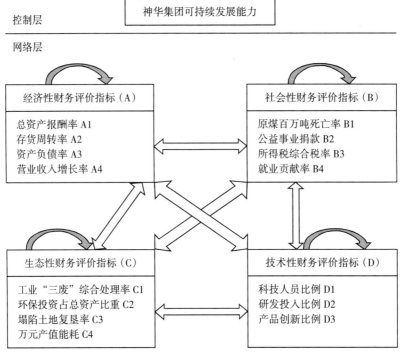

控制层

网络层

经济性财务评价指标（A）

总资产报酬率 A1
存货周转率 A2
资产负债率 A3
营业收入增长率 A4

社会性财务评价指标（B）

原煤百万吨死亡率 B1
公益事业捐款 B2
所得税综合税率 B3
就业贡献率 B4

生态性财务评价指标（C）

工业"三废"综合处理率 C1
环保投资占总资产比重 C2
塌陷土地复垦率 C3
万元产值能耗 C4

技术性财务评价指标（D）

科技人员比例 D1
研发投入比例 D2
产品创新比例 D3

神华集团可持续发展能力

图 1　神华集团绿色财务评价体系结构

表 2　网络层次分析法的评分标度及其含义

评分标度	具体含义
1	表示两个元素相比，具有同等重要性
3	表示两个元素相比，一个元素比另一个元素稍微重要
5	表示两个元素相比，一个元素比另一个元素明显重要
7	表示两个元素相比，一个元素比另一个元素强烈重要
9	表示两个元素相比，一个元素比另一个元素极端重要
2、4、6、8	为上述相邻判断的中值

表 3　一级指标对可持续发展目标的判断矩阵

目标	A	B	C	D
A	1	3	2	4
B	1/3	1	1/2	3
C	1/2	2	1	3
D	1/4	1/3	1/3	1

表4　A 的二级指标对 A 准则的判断矩阵

A	A1	A2	A3	A4
A1	1	2	3	4
A2	1/2	1	2	3
A3	1/3	1/2	1	3
A4	1/4	1/3	1/3	1

表5　B 的二级指标对 B 准则的判断矩阵

B	B1	B2	B3	B4
B1	1	4	2	1/3
B2	1/4	1	1/3	1/4
B3	1/2	3	1	1/2
B4	3	4	2	1

表6　C 的二级指标对 C 准则的判断矩阵

C	C1	C2	C3	C4
C1	1	3	2	3
C2	1/3	1	1/2	3
C3	1/2	2	1	4
C4	1/3	1/3	1/4	1

表7　D 的二级指标对 D 准则的判断矩阵

D	D1	D2	D3
D1	1	1/3	1/4
D2	3	1	1/2
D3	4	2	1

将全部 40 个两两判断矩阵分别输入 Super Decisions 软件，并通过一致性检验后，计算得到超矩阵 W、加权超矩阵 $\overline{w}$，然后计算得出极限超矩阵 W^∞，即为对 ϖ 进行的稳定性处理。此时，每行的非零值均相等，即可得出神华集团可持续发展绿色财务评价各项指标的权重：

W^∞ = (A1，A2，A3，A4，B1，B2，B3，B4，C1，C2，C3，C4，D1，D2，D3)^T

= (0.080，0.045，0.048，0.102，0.062，0.054，0.041，0.052，0.092，0.067，0.060，0.070，0.063，0.072，0.090)^T

通过网络层次分析法计算，构成神华集团可持续发展的绿色财务评价指标体系的四个一级指标——经济性财务评价指标、社会性财务评价指标、生态性财务评价指标、技术性财务评价指标的权重分别为 0.275、0.210、0.290、0.226。从二级指标的权重可以更具体地看出，对于煤炭企业可持续发展能力而言企业营业收入增长率（A4）、工业"三废"综合处理率（C1）、产品创新比例（D3）、总资产报酬率（A1）等指标的权重较大。这一定程度上说明，影响煤炭企业可持续发展的重要因素主要是企业自身的发展能力、盈利能力，对工业"三废"的处理情况以及对能源资源的消耗等。

4　结　论

本文依托可持续发展理论、循环经济理论、绿色会计理论和利益相关者理论[11]，以神华集团为研究对象，运用网络层次分析法，建立包含经济指标、社会指标、生态指标和技术指标的煤炭企业可持续发展的绿色财务评价体系。数据的分析发现，神华集团的可持续发展需要不能单纯依赖经济或者生态环境的发展，而是经济、社会、生态和技术等多视角、全方位协同运作方可奏效，从而为煤炭行业绿色财务评价提供借鉴。本文主要创新点在于运用 ANP 法创建可持续发展能力财务评价体系，充分考虑各指标之间的相关关系，突破其他学者运用 AHP 法构建的常规做法。同时本文在一些地方还存在不足，在本文的模型中，指标的选取和判断矩阵的确定这里采用专家打分法，这具有一定的主观性，有待进一步改善，这也是我们后续的研究内容。

参考文献

[1] 林伯强，魏巍贤，李丕东. 中国长期煤炭需求：影响与政策选择 [J]. 经济研究，2007（2）：48-58.

[2] 谷祺，于东智. EVA 财务管理系统的理论分析 [J]. 会计研究，2000（11）：31-33.

[3] Zhang Yupu. Sun Yongbo. Qin Jiangbo. Sustainable Development of Coal Cities in Heilongjiang Province Based on AHP Method [J]. International Journal of Mining Science and Technology，2012.

[4] 刘凌冰，韩向东，杨飞. 集团企业预算管理的演进与意义建构——基于神华集团 1998~2014 年的纵向案例研究 [J]. 会计研究，2015（7）：42-48.

[5] 颜剩勇. 上市公司社会责任的财务评价体系 [J]. 财经科学，2007（4）：66-72.

[6] 武晓龙，李妍锦. 以可持续发展为目标的企业绿色财务评价体系的构建 [J]. 管理世界，2016（9）：180-181.

[7] Saaty T. The Analytic Network Process：Decision Making with Dependence and Feedback [J]. International，2001，95（2）：129-157.

[8] 孙铭忆. 层次分析法（AHP）与网络层次分析法（ANP）的比较 [J]. 中外企业家，2014（4）：67-68.

[9] 钱明霞，金中坤，刘松. 基于网络层次分析法的文化产业竞争力评价体系研究 [J]. 科技管理

研究，2011，31（17）：71-74.

［10］ Saaty R W. Decision-Making in Complex Environments：The Analytic Hierarchy Process（AHP）for Decision-Making and The Analytic Network Process（ANP）for Decision-Making with Dependence and Feedback ［M］. Pittsburgh：RWS Publications，2003：73-138.

［11］ 李心合. 利益相关者财务论 ［J］. 会计研究，2003（10）：10-15.

企业研发投入与财务绩效关系实证研究
——基于电子业上市公司的分析

张姝豫

（辽宁工程技术大学工商管理学院，辽宁葫芦岛　125105）

【摘　要】基于计算机、通信和其他电子设备制造业（以下简称"电子业"）实际情况，以沪深两市上市的 130 家电子企业 2011~2015 年面板数据为依托，对研发投入与财务绩效关系进行实证检验，并将数据按照成长性和资本结构不同进行分组回归。结果表明：研发投入对当期财务绩效有显著正向影响，但持续性较短；企业成长性、资本结构不同会导致研发投入对财务绩效的影响不同。研究结果以期能够丰富研发投入与财务绩效关系的相关文献，并为企业研发决策提供借鉴思路。

【关键词】电子业；研发投入；财务绩效；成长性；资本结构

0　引　言

在经济全球化背景下，我国已将"实施创新驱动发展"上升到国家战略层次。企业是创新投入的载体，尤其对于电子企业来说，产品生命周期短，唯有不断进行技术创新，才能更具竞争力。而研发活动是技术创新的源泉。据财政部发布的《2014 年全国科技经费投入统计公报》显示，2014 年电子业研发投入总额高达 1392.5 亿元，位居各行业之首，但研发投入强度仅为 1.63%，排名第四。显然，电子业研发投入强度难以满足其快速发展的需要，仍需进一步加大投入力度。但由于研发活动具有风险性，技术快速升级和未来市场需求不确定导致研发投入带来的财务绩效难以确定，因而企业在投入时有所顾虑[1]。

研发投入与财务绩效的关系在理论界也尚未得出统一结论。王君彩、王淑芳[2]对电子信息百强企业中的 54 家上市公司相关数据进行实证分析，结果显示研发强度与当期绩效之间存在不显著的正相关关系，且研发强度对绩效的影响存在滞后效应；任海云、师萍[3]以沪市 71 家制造业上市公司为研究对象进行实证检验，结果表明研发投入与当期绩效显著正相关，并未表现出滞后性；赵喜仓、吴军香[4]以深交所中小板4个高新技术行业作为研究对象进行对比分析，结果显示电子业研发投入与企业绩效的相关性最强；李四海、邹萍[5]以高新技术上市公司为样本，对研发投入数据进行滞后两期的处理，得出研发绩效存在黏性特征这一结论。

总体而言，我国针对电子业进行研发投入与财务绩效关系的实证研究较少，且鲜有研究考虑到企业的成长性和资本结构不同，会导致研发投入对财务绩效的影响不同，得出的结论难免具有局限性。基于以上问题，本文以130家电子业上市公司为研究样本，选取2011~2015年的面板数据进行实证分析，研究研发投入与财务绩效的关系，并分组检验基于不同成长性和资本结构下研发投入对财务绩效的影响是否相同，以期得到更有说服力的结果。

1　理论分析与研究假设

研发活动对于提升电子业的财务绩效尤为重要。一方面，研发活动能提高电子产品的差异化程度，满足顾客个性化需求，进而扩大销量，占领市场；另一方面，研发活动可以提高企业生产效率，加强技术改进，降低现有产品的生产成本[6-7]。而研发投入结构在一定程度上会影响绩效产生的时间，试验发展投入比例越大，滞后期和持续性越短。根据中国科技统计数据显示，2013年我国企业的研发投入分布为：基础研究0.1%，应用研究2.7%，试验发展97.1%。由此可见，我国企业主要进行试验发展，即利用基础研究、应用研究所获得的产品和技术，稍加改进形成新的产品、材料和装置，建立新的工艺、系统和服务。因此，结合行业特点和发展趋势，本文提出如下假设：

假设1：电子业研发投入对当期财务绩效有显著的正向影响，且影响具有一定持续性。

Coad和Rao[8]认为，企业处于不同成长阶段，研发投入对绩效的影响有差异：处于高成长阶段的企业，研发投入对绩效的影响更显著，而处于低成长或负成长阶段的企业这种影响并不显著。因此，本文提出如下假设：

假设2：企业成长性不同会导致研发投入对当期财务绩效的影响不同。

李华[9]提到，在企业的资本结构中，负债比例过高会导致财务风险提升。若企业通过大量负债进行研发活动，则将研发风险转移给债权人，同时债权人也会要求更高的回报，从而对财务绩效产生不利影响。但他并未对数据分组进行实证检验。因此，本文希望能进一步证实这一观点，提出如下假设：

假设3：企业资本结构不同会导致研发投入对当期财务绩效的影响不同。

2 模型设计

2.1 数据来源

本文按照中国证监会行业分类标准，选择计算机、通信和其他电子设备制造业（C39，本文简称"电子业"）作为研究对象，收集了该行业 270 家上市公司 2011~2015 年的面板财务数据。为了使得到的结果更加可靠，对研究对象进行筛选：剔除 ST、上市时间在 2011 年之后以及数据缺失的公司，最终获得 5 年内连续进行研发投入的 130 家有效公司样本。本文数据来自 CSMAR、CCER 数据库，数据处理所用软件为 Excel 和 Stata12.0。

2.2 变量选取

2.2.1 解释变量

研发投入包括企业的资金、人员、设备等各方面投入，考虑到研发人员工资和研发设备摊销等均以资本化或费用化的形式计入了研发支出项目，故只需收集各企业披露的研发支出数据即可。为了便于比较，本文用研发强度（RDI）来衡量研发投入水平[10]。

2.2.2 被解释变量

以往文献中，常用来衡量财务绩效的指标有：托宾 Q、资产收益率和主营业务利润率。考虑到我国股市制度不够健全，用托宾 Q 来衡量财务绩效恐难得出有效的结论。另外，在计算资产收益率时，用到的净利润与其他业务收入、营业外收入等有关，而电子业研发活动带来的绩效主要体现在增加主营业务利润上。因此，本文参照国内学者梁莱歆和张焕凤[11]、程宏伟、张永海和常勇[12]、董静和苟燕楠[13] 的研究，选取主营业务利润率（ROS）作为财务绩效的指标。

2.2.3 控制变量

除了研发活动会影响财务绩效，企业规模、资本结构和成长性均会对绩效产生影响。企业规模（SIZE），企业的规模大，在一定程度上表明其具有较高的盈利能力和较好的发展趋势，因此本文假设该指标与财务绩效正相关。资本结构（LEV），合理的资本结构是企业正常运作的前提，较低的负债率有利于财务绩效的提升，本文假设该指标与绩效负相关。成长性（GROWTH），成长性好的企业会有更多的机会，因此本文假设成长性与财务绩效正相关。

表 1 变量定义表

变量类型	变量名称	变量标记	变量定义
解释变量	研发强度	RDI	研发支出/主营业务收入
被解释变量	主营业务利润率	ROS	主营业务利润/主营业务收入
控制变量	企业规模	SIZE	年末总资产的自然对数
	资本结构	LEV	期末负债总额/期末资产总额
	成长性	GROWTH	营业收入增加额/去年营业收入

2.3 模型构建

根据研究假设和变量选取，本文利用面板数据对研发投入与财务绩效的关系进行研究，构建多元回归模型如下：

$$ROS = \alpha_0 + \alpha_1 RDI + \alpha_2 LEV + \alpha_3 SIZE + \alpha_4 GROWTH + \varepsilon \tag{1}$$

$$ROS_t = \beta_0 + \sum_{0 \leqslant i \leqslant t} \gamma_{t-i} RDI_{t-i} + \beta_1 LEV_t + \beta_2 SIZE_t + \beta_3 GROWTH_t + \varepsilon \tag{2}$$

模型（1）用来检验研发投入对当期财务绩效的影响；模型（2）用来检验研发投入对财务绩效影响的滞后性，其中，t 代表滞后 t 期，t = 1，2，3。

3 实证研究结果分析

3.1 描述性统计

按照国际标准规定，研发强度达到 2% 能维持生存，达到 5% 则具备一定的竞争力[14]。从表 2 可以看出：2011 年研发强度在 2% 以下的企业为 26 家，2012 年减少到 12 家，以后基本维持不变，说明大多数样本企业的研发强度都达到了维持生存的水平；研发强度在 5% 以下的企业占比约为 50%，可见仍有近半数的样本企业并不具备一定的竞争力；研发强度均值基本呈上升趋势，说明样本企业对研发投入的重视度在逐渐提升。

表 2 各年研发强度统计

	2011 年	2012 年	2013 年	2014 年	2015 年
2% 以下	26	12	11	10	9
2%~5%	57	53	50	51	44
5% 以上	47	65	69	69	77
N	130	130	130	130	130
均值	0.0551	0.0700	0.0686	0.0753	0.0814

表 3　变量描述性统计

	ROS	RDI	GROWTH	SIZE	LEV
均值	0.2588	0.0701	0.1752	21.6601	0.3416
中位数	0.2365	0.0504	0.1276	21.6311	0.3245
最大值	0.7476	1.6943	3.6183	24.7639	0.9637
最小值	0.0035	0.0003	−0.6894	19.5411	0.0242
标准差	0.1423	0.0918	0.3602	0.8952	0.1930

从表 3 可知，近五年，样本企业的主营业务利润率均值为 25.88%，表明我国电子业财务绩效有待提高；研发强度最大值为 1.6943，最小值为 0.0003，波动较大，说明样本企业间研发投入有较大差异；成长性最小值为−0.6894，说明有些企业在发展中可能遇到"瓶颈"，导致成长性下降甚至倒退；企业规模取对数后，数值较为稳定；资本结构均值和中位数均未超过 50%，表明电子业的财务政策较为稳定，但从极值来看，个别企业仍存在负债率较高的问题。

3.2　回归分析

对电子业 2011~2015 年的面板数据进行回归，运用模型（1）检验研发投入与当期财务绩效的关系，得出回归结果如表 4 所示：R^2 为 0.252，模型整体的拟合度较好；研发投入与当期财务绩效在 1%的统计水平下显著正相关，企业的资本结构对财务绩效有显著负向影响，成长性对财务绩效有显著正向影响，企业规模对财务绩效的影响并不显著。

表 4　研发投入与当期财务绩效回归结果

	RDI	LEV	SIZE	GROWTH	R^2	F	N
当期	0.107*** (3.11)	−0.486*** (−12.44)	0.036 (0.93)	0.149*** (4.3)	0.252	54.315	650

注：括号内为 t 值，***、**、* 分别表示在 1%、5%、10%的统计水平上显著。

运用模型（2）检验研发投入对财务绩效影响的滞后性，得出结果如表 5 所示：滞后一期、两期、三期的研发强度系数分别为 0.126、0.141、0.061，显著性逐渐下降，到滞后三期不再显著。结合表 4 来看，研发投入对当期财务绩效的影响最为显著，但这种影响仅能持续到滞后两期。假设 1 成立。

表 5　研发投入对财务绩效影响滞后性检验

	滞后一期	滞后两期	滞后三期
RDI	0.126** (2.19)	0.141* (1.89)	0.061 (1.59)

续表

	滞后一期	滞后两期	滞后三期
R^2	0.234	0.382	0.085
N	520	390	260
F	19.452	19.279	15.051

注：括号内为 t 值，***、**、*分别表示在 1%、5%、10%的统计水平上显著。

将样本企业数据按照成长性正负分成两组，运用模型（1）对每组数据分别进行回归分析，得到结果如表 6 所示：在正成长组中研发投入与财务绩效在 1%的统计水平上显著正相关，研发强度的系数为 0.273，表明研发强度每增加一个百分点，当期财务绩效将增加 0.273 个百分点；而在负成长组中研发强度的系数为–0.003，但这种负相关并不显著。这说明当企业处于正成长时，加大研发投入力度可以显著地提升当期财务绩效，但当企业处于负成长时，加大研发投入力度并不能提升财务绩效，此时，应考虑调整发展战略。假设 2 成立。

表 6　研发投入与当期财务绩效回归结果（按成长性分组）

	正成长组	负成长组
RDI	0.273*** (6.67)	–0.003 (–0.05)
LEV	–0.394*** (–8.53)	–0.540*** (–7.59)
SIZE	0.011 (0.24)	0.016 (0.23)
GROWTH	0.061 (1.50)	0.193*** (3.14)
R^2	0.261	0.345
F	40.653	23.702
N	465	185

注：括号内为 t 值，***、**、*分别表示在 1%、5%、10%的统计水平上显著。

表 7　研发投入与当期财务绩效回归结果（按资本结构分组）

	低负债率组	高负债率组
RDI	0.476*** (11.16)	–0.189*** (–3.70)
LEV	–0.342*** (–7.57)	–0.371*** (–7.04)
SIZE	0.114*** (2.60)	–0.103* (–1.95)

续表

	低负债率组	高负债率组
GROWTH	0.152*** (3.65)	0.163*** (3.18)
R^2	0.428	0.241
F	64.640	23.377
N	350	300

注：括号内为 t 值，***、**、* 分别表示在 1%、5%、10% 的统计水平上显著。

将样本企业数据按照资本结构是否高于行业均值分组，高于行业均值设为高负债率组，低于行业均值设为低负债率组，回归结果如表 7 所示。在低负债率组中，研发投入与财务绩效在 1% 的统计水平上显著正相关，系数为 0.476，表明研发强度每增加一个百分点，财务绩效将上升 0.476 个百分点，此时企业应将主要的精力投入到研发活动中。而在高负债率组中，研发强度与财务绩效显著负相关，系数为 -0.189，说明企业通过较高的负债来进行研发投入反而会加大企业负担，导致财务绩效大大降低。假设 3 成立。

根据前文的分析结果，将分组进一步细化，分成正成长低负债率、正成长高负债率、负成长低负债率和负成长高负债率四组，回归结果如表 8 所示。在正成长低负债率组和负成长低负债率组中，研发投入对财务绩效有显著的正向影响，研发强度的系数为 0.516 和 0.419，此时稍加提高研发投入就会引起财务绩效大幅提升；正成长高负债率组研发强度与财务绩效的相关性并不显著，说明较高的负债结构限制了研发活动对财务绩效的影响，即使处于正成长期，研发投入也无法给企业带来积极影响；负成长高负债率组研发强度系数为 -0.257，说明加大研发力度对财务绩效会产生显著的负向影响，此时，应调整企业的资本结构，降低负债比率。

表 8　研发投入与当期财务绩效回归结果（按成长性和资本结构分组）

	正成长低负债率组	正成长高负债率组	负成长低负债率组	负成长高负债率组
RDI	0.516*** (10.34)	-0.059 (-0.91)	0.419*** (5.20)	-0.257*** (-3.04)
LEV	-0.313*** (-6.04)	-0.310*** (-4.63)	-0.425*** (-5.02)	-0.278*** (-2.89)
SIZE	0.067 (1.32)	-0.082 (-1.24)	0.198** (2.53)	-0.248*** (-2.69)
GROWTH	0.062 (1.28)	0.028 (0.43)	0.104 (1.38)	0.332*** (3.75)
R^2	0.434	0.117	0.486	0.461
F	46.339	7.045	23.139	16.484
N	247	218	103	82

注：括号内为 t 值，***、**、* 分别表示在 1%、5%、10% 的统计水平上显著。

4 结 论

本文运用实证研究法，以 130 家电子业上市公司 2011~2015 年面板数据为依托，对研发投入与财务绩效关系进行分析并得出以下结论：

（1）电子业研发投入对当期财务绩效有显著的正向影响，但这种影响仅能持续到滞后两期。目前，我国电子企业进行的研发活动主要为试验发展，因为其滞后期短，可以在短期内提升财务绩效。但究其根本，是由于大多数企业缺乏关键性的基础技术和应用技术，核心技术多从国外引进，而自身只进行模仿和改进，导致研发投入对财务绩效影响的持续性较短。因此，企业只有在基础研究和应用研究上加大研发投入力度，提高自主研发能力，才能对财务绩效有更深远的影响。

（2）企业成长性、资本结构不同会导致研发投入对财务绩效的影响不同。研究发现，成长性为正或资本结构中负债率较低的企业更容易受到研发投入的积极影响；成长性为负或负债率较高的企业，研发投入与财务绩效不相关甚至负相关。因此，企业不能盲目地加大研发投入，而需要根据自身成长性和资本结构，适当调整研发力度，最大限度地发挥研发投入对财务绩效的积极影响，做出合理的研发决策。

参考文献

［1］陈建丽，孟令杰，王琴. 上市公司研发投入与企业绩效的非线性关系［J］. 中国科技论坛，2015（5）：67-73.

［2］王君彩，王淑芳. 企业研发投入与业绩的相关性——基于电子信息行业的实证分析［J］. 中央财经大学学报，2008（12）：57-62.

［3］任海云，师萍. 公司 R&D 投入与绩效关系的实证研究——基于沪市 A 股制造业上市公司的数据分析［J］. 科技进步与对策，2009，26（24）：89-93.

［4］赵喜仓，吴军香. 中小板上市公司 R&D 投入与企业绩效关系的比较研究［J］. 科技管理研究，2013（12）：104-108.

［5］李四海，邹萍. 研发绩效粘性研究——来自高新技术上市公司的经验证据［J］. 科研管理，2016，37（2）：37-46.

［6］米雯静，任海云. 研发投入内部要素协同匹配对绩效的影响［J］. 科技管理研究，2015（12）：19-27.

［7］孙维峰. 研发支出对公司增长影响的实证研究——来自中国上市公司的经验证据［J］. 当代经济管理，2013，35（3）：30-37.

［8］Coad A.，Rao R. Innovation and Firm Growth in High-Tech Sectors：A Quantile Regression Approach［J］. Research Policy，2008（37）：633-648.

［9］李华. 创新驱动发展战略下研发支出资本化的实证研究［J］. 世界经济与政治论坛，2015（6）：126-140.

［10］陈一博. 研发投入对企业财务绩效的影响研究——基于 192 家上市公司面板数据的实证分析

[J]. 科技与经济，2013，26（2）：61-65.

[11] 梁莱歆，张焕凤. 高科技上市公司 R&D 投入绩效的实证研究 [J]. 中南大学学报（社会科学版），2005，11（2）：232-236.

[12] 程宏伟，张永海，常勇. 公司 R&D 投入与业绩相关性的实证研究 [J]. 科学管理研究，2006，24（6）：110-113.

[13] 董静，苟燕楠. 研发投入与上市公司业绩——基于机械设备业和生物制造业的研究 [J]. 科技进步与对策，2010，27（20）：56-60.

[14] Balkin D. B.，Markman G. D.，Gomez-Mejia L. R. Is CEO Pay in High-Technology Firms Related to Innovation? [J]. Academy of Management Journal，2000，43（6）：1118-1129.

葫芦岛市宜居型养老产业发展及指标体系构建

徐雨函　赵　玥

(辽宁工程技术大学工商管理学院，辽宁葫芦岛　125000)

【摘　要】本文结合国内外宜居城市、养老产业的研究，对我国"宜居型养老城市"这种城市发展理念进行诠释和界定。利用实地观察法、访谈调查法、文献调查法等方法，对葫芦岛市发展现状及养老产业现状进行调研，并对葫芦岛市发展宜居型养老产业进行可行性分析，认为葫芦岛适合发展宜居型养老产业，提出葫芦岛市宜居型养老产业的发展重点。同时为评估与促进葫芦岛市宜居型养老产业发展，从社会、经济、环境、资源、生活、公共六大方面构建指标体系。

【关键词】宜居型养老城市；可行性分析；指标体系；宜居型养老产业

0　引　言

按照联合国和世界银行的通常标准，如果一个国家 60 岁以上人口达到 10%，或者 65 岁以上人口达到 7%，就可视为进入老龄社会。民政部统计公报显示，截至 2015 年年底，我国 60 岁以上老年人口已经达到 2.22 亿，占总人口的 16.1%[1]。针对老龄化的国情，《中国老年人权益保障法》提到，"各级人民政府和有关部门应当开展多种形式的宜居型养老环境宣传教育，倡导全社会关心、支持、参与和监督宜居型养老环境建设"。因此，发展宜居型养老将是未来城市的一种发展方向。

以葫芦岛市为研究对象，探讨宜居型养老产业的发展，并响应《葫芦岛市人民政府关于"生态宜居美丽富庶滨城"调研工作方案的通知》文件要求。葫芦岛市位于渤海之滨，素有"关外第一市"的美称，是东北三省的西大门。依托独特的自然地理优势，葫芦岛市着力打造"生态宜居美丽富庶滨城"，致力于发展宜居型养老产业模式，辐射北京、天津、沈阳等周边大城市，吸引老年人集中到依山傍水、生态环境优美而经济相对不发达、适于居住、养老的葫芦岛市。基于葫芦岛市的发展背景，采用科学的理念和方法构建宜居型养老产业评价指标，探讨葫芦岛建设养老产业发展优势及建设重点，不仅对应对人口老龄化挑战具有重大战略意义，而且对促进葫芦岛市经济发展和城市建设有重要的现实意义。

1 宜居型养老城市的定位

1.1 国外宜居城市、养老产业研究现状

从 19 世纪伴随着国外对城市发展中出现的问题的关注，1963 年成立了世界人居环境学会[4]；1985 年建立的国际宜居城市研究组织（IMCL）通过促进宜居城市建设经验和想法的交流，将城市宜居性理论研究推向新的高度；1996 年联合国提出"人人享有适当的住房"和"城市化进程中人类住区可持续发展"理念，可持续发展理念逐渐成为城市宜居性理念的核心内容[4]。在养老服务模式方面，德国实行的是以社会保险形式，对民众进行长期照料模式；新加坡的养老模式则是一种政府干预型养老模式；美、日两个国家则对群体进行了细分，面向每一类群体有针对性的养老政策和措施。这些发达国家的养老社区模式已经突破了传统的家庭养老模式，逐步进入商业化性质的养老服务模式。

1.2 国内宜居城市、养老产业研究现状

国内对城市宜居性正式研究的起步较晚，考虑到城市经济实力和社会发展所处阶段，目前，国内关于城市宜居性的研究主要来源于对人居环境的研究。宜居城市的概念一经提出，国内研究学者纷纷就宜居城市的定义提出自己的看法。近年我国先后出现了度假基地连锁经营养老、分时度假养老、社区医院养老、会籍制养老俱乐部、以房养老、虚拟社区养老、候鸟式养老、季节性养老等不同的养老形式，这些模式丰富了我国养老产业的发展，为养老产业的实践研究提供了有力佐证。近年来国内也出现了一些典型的养老实践基地，如秦皇岛市计划建设"北京新城"承接北京养老产业等功能。各地开始尝试推行以充分利用信息化、智能化技术，如物联网、云计算和移动互联网等技术的智慧养老模式。

1.3 宜居型养老城市的定位

结合中国健康养老产业联盟与标准排名研究院的观点及中国城科会宜居城市课题组对宜居城市的定义，认为养老城市首先应该是宜居城市。同时根据《中国老年人权益保障法》中"国家采取措施推进宜居环境建设，为老年人日常生活和参与社会提供安全、便利和舒适的环境；各级人民政府应当根据人口老龄化发展趋势、老年人口分布和老年人的特点，统筹考虑适合老年人的公共基础设施、生活服务设施、医疗卫生设施和文化体育设施建设"。本文认为我国宜居型养老城市应该是：

（1）消费较低、医疗条件较好的城市。老年人偶尔生个小病实属正常，医疗条件不容忽视，退休人士的医疗服务需求较高，医疗水平是选择宜居养老城市的重要标准。同时，低廉的物价能够确保老人在收入水平偏低的情况下保持较高生活水准。

（2）景观优美、气候环境宜居的城市。当代社会雾霾严重影响了人们尤其是老年人的健康，因此，空气湿润、温度适中、景观优美怡人、良好的环境质量是选择宜居型养老城市的重要标准。

（3）有良好的交通条件的中小型城市。"父母在不远游"的传统早已消失，良好的交通条件既能方便老年人的出行，选择离中心城市不远的中小型城市也能增加子女看望老年人的便利性，中小型城市相比于北京、上海等大城市，生活节奏慢、竞争压力小，更适于宜居养老。

（4）有特色人文风貌的城市。当代养老更注重精神养老，重视老年人的精神诉求，使老人能够享受特色养生、医疗保健、旅游观光等系列服务。

2　葫芦岛市发展宜居型养老产业可行性分析及发展意见

对葫芦岛市"宜居""美丽"城市发展现状以及葫芦岛市养老产业现状进行了调查，走访了葫芦岛市政府、葫芦岛市规划局、葫芦岛市建委、葫芦岛市环保局、葫芦岛市民政局等10余个政府部门，在搜集和整理后得到了以下结果：

2.1　葫芦岛市及养老产业现状

（1）区域人口与经济：葫芦岛市辖连山区、龙港区、南票区、兴城市、绥中县和建昌县。至2015年末全市总户数98.5万户，总人口280.1万人。其中60周岁及以上老年人口占全市居民总数的19%。全年地区生产总值720.2亿元。其中，第一产业增加值104.5亿元，增长7.7%；第二产业增加值296.3亿元，下降4.4%；第三产业增加值319.4亿元，增长3.0%[4]。

（2）自然资源与气候环境：葫芦岛市土地面积103万公顷，多年平均水资源总量19.56亿立方米，人均水资源量728立方米。矿产资源丰富，已探明和发现矿种51种，总量10亿多吨。能源种类有煤炭、石油、天然气、核能铀矿、地热能和油页岩等。葫芦岛市属温带大陆性季风气候区，四季分明；葫芦岛光热资源充足，沿海地区风能资源丰富。

（3）历史文化：葫芦岛是个古老而又年轻的城市。一方面，璀璨的历史文化与现代文明留给葫芦岛大量宝贵的物质文化遗产，如市内有九门口长城、兴城古城、莲花山圣水寺、筑港开工纪念碑、塔山阻击战革命烈士塔等文物古迹。另一方面，由民俗文化为主体的非物质文化遗产极其丰富，比较有代表性的有辽西太平鼓、兴城满族秧歌、连山皮影等民间舞蹈戏曲、永安剪纸等[5]。

（4）基础设施与社会保障：截至 2015 年末，全年道路运输客运量 3682 万人，水运运输客运量 56.5 万人 [4]。全市公路里程达到 9095 公里。兴建高速公路建成通车，东戴河动车站、龙湾大街南延拓宽改造、海滨栈道等一批城建项目投入使用。葫兴一体化格局初步形成，全市城镇化率达到 50%。医疗卫生机构 2921 个。城镇职工基本养老保险参保人数 55.2 万人；城乡居民养老保险参保人数 77.1 万人 [8]。

（5）养老机构现状：葫芦岛市目前共有 43 家在运营的养老机构，其中，公办养老机构占 55%，其余为民办养老机构。60% 以上的养老机构占地面积达到 5 万平方米以上。在公办养老机构中 80% 都是对内对外经营。葫芦岛市老龄事业发展促进会快乐养老服务中心提出"快乐养老"理念。此外，居家养老"六个一"全新养老模式目前在龙港区先行试点的龙湾站、海飞站已投入使用 [6]。

2.2 葫芦岛市发展宜居型养老产业 SWOT 分析

将与葫芦岛市宜居型养老产业密切相关的各种主要内部优势、劣势和外部的机会和威胁等，通过对葫芦岛宜居城市发展现状、养老产业现状调查，结果如表 1 所示。

表 1 葫芦岛市养老产业 SWOT 分析

内部能力 / 外部因素	优势（Strength）	劣势（Weakness）
	水资源、电力资源有保障；北港工业园区为葫芦岛市经济发展的特区，带动地区经济发展；拥有国际泳装基地与电子商务中心，提供较多就业机会；建有大学城基地，能带来较大的流动人口；有"城、泉、山、海、岛"特色风景，吸引大量游客前来观光度假；环境气候宜人，很多企业选择在此兴建温泉疗养院；拥有 43 家养老机构	农村人口比重高，人均教育年限低，建成区人口少；已建成房产空置率高；GDP 总量排名不高，经济富裕程度相对不高；葫芦岛市是一个重工业城市，第三产业比重较低
机会（Opportunities）	SO	WO
葫芦岛打造东北地区对外开放的重要平台，"国际竞争力的临港产业带"；葫芦岛港是国家一类口岸，海上丝绸之路的大通道，借清洁能源融入"一带一路"；我国人口老龄化持续加剧，国家高度重视养老产业发展	发挥资源优势，发展泳装产业；以温泉疗养院为依托，大力发展养老事业；特色景观和舒适的疗养环境，适合发展养老产业；积极推动大学城附近产业发展和医疗设施完善，为养老产业发展提供基础经济支持	依靠养老产业及临港产业带，吸引就业，增加人民收入；以"一带一路"为契机，招募人才，满足养老产业发展需求；积极响应国家号召，重点发展养老产业，带动第三产业整体发展；已建成房产可以优惠提供给企业使用
风险（Threats）	ST	WT
新时期环渤海区域竞争加剧，城市面临边缘化风险；养老产业前期投入巨大，政府资金有限；辐射范围内老年人口养老模式仍以居家养老为主	政府灵活运用水、电优惠政策，招商引资；积极发展养老地产，并完善各种配套设施，以优质教育、卫生资源为依托，引导人口迁入	已建成空置房产优先优惠用于养老产业布局，尤其是养老院、疗养院等，以优惠的价格、高品质服务吸引民众来休闲疗养；着力发展第三产业，优化产业结构，摆脱边缘化风险

综上，本文认为葫芦岛适合进行宜居型养老产业发展。其具有相对优越的条件，地处温泉资源丰富地段，加上依山傍水、得天独厚的自然资源，是发展宜居型养老产业的一个重要优势。但当前葫芦岛市并没有充分利用温泉等特有资源，且经济发展状况相对闭塞，医疗水平有限，不能很好地解决医疗问题。因此通过克服不足、规避风险，葫芦岛市有可能成为辽宁省宜居型养老产业发展的基地和示范区。

3　葫芦岛市宜居型养老产业指标体系构建

根据上述对葫芦岛市发展宜居型养老产业的可行性分析，认为构建适合葫芦岛市的宜居型养老产业指标体系，不仅能够突出葫芦岛市的养老产业发展特色。此外，还能够对葫芦岛市的养老产业发展起到评价性作用，对葫芦岛市未来的养老产业发展起到指向性作用，从而促进葫芦岛城市的经济发展。

3.1　构建原则

葫芦岛市宜居型养老产业指标体系的构建坚持系统性、全面性、以人为本、可量化、动态性和地域性六项原则，从综合角度进行考虑，避免以偏概全。

（1）系统性原则：在宜居型养老城市定位基础上，结合对葫芦岛市的分析，发现问题，并为城市建设提供可靠的依据。以评促建、以评促改，遵循系统性原则，使评价发挥导向作用。

（2）全面性原则：城市宜居性、养老性涉及社会生活和心理的各个方面，在设计指标体系时，要全面充分地考虑城市内外部因素及其相互作用的情况，要能全面反映葫芦岛市宜居养老的目前水平。

（3）以人为本原则：宜居养老城市的核心是"适宜人居住"，人是城市的主体，是宜居、养老、休闲程度的感受者，必须以人的需求和根本利益作为出发点和归宿，建设宜居型养老城市的目的就是让人尤其是老人，在城市环境中能够安全舒适地居住和生活[7]。

（4）可量化的原则：由于宜居型养老城市本身所具有的复杂性，需要广泛参考国内外所普遍认同、有代表性的指标和计算方法，筛选出易于进行量化计算、可操作性强并且方便在公开资料中获得或在实践中能够找到具有代表值的指标，同时需要通过民意调查得到相关数据，做到全部量化[8]。

（5）动态性原则：宜居型养老城市建设是一个不断发展的、不断完善的、动态变化的过程。设计评价指标体系时，需要考虑到城市在一个时间周期内的动态发展过程。

（6）地域性原则：由于地域差异，无法建立一套适合于所有城市的宜居养老评价指标体系，在选取葫芦岛市宜居型养老性评价指标时应从葫芦岛的实际情况着手，充分考虑葫芦岛市的特点，突出地域特色。

3.2　指标的筛选与构建

在对葫芦岛市关于"生态宜居美丽富庶滨城"发展现状及养老产业现状的调研中，选择实地观察法、访谈调查法以及文献调查法的调查方法。并采取专家访谈及研讨会的方法，结合《宜居城市科学评价标准》、中国特色"美丽城市"评价指标体系、中国健康养老产业联盟与标准排名研究院对养老评价指标的研究[9]，从居住环境的社会文明度、经济富裕度、环境优美度、资源承载度、生活便宜度和公共安全度六方面初步构建了 6 大项、109 小项的葫芦岛市宜居型养老指标。在此基础上，参考国内外宜居标杆城市的评价指标体系及相关研究成果[11]，进行二次筛选和完善，征求相关政府部门专家意见。另外，考虑到老年人的生活特点，养老性指标重点考察除宜居指数外的空气指数、医疗指数、交通指数[12]。其中，空气指数主要指标来自每年度城市空气质量优良天数。医疗指数主要指标来自城市三级医院与常住人口的占比。交通指数主要指标来自当地机场吞吐量、铁路车次等数据所反映的便利程度[13]。最终，在综合考虑上述宜居性、养老性因素的基础上，结合葫芦岛市资源特色等实际情况，最后构建出适合葫芦岛市的宜居型养老产业指标体系，包括 6 大方面，66 小项，如表 2 所示。

表 2　宜居型养老产业指标体系

一级指标	二级指标	三级指标	一级指标	二级指标	三级指标
社会文明度	政治文明	政务公开	资源承载度		人均城市用地面积
		民主监督			食品供应安全性
	社会和谐	城镇居民基尼系数	生活便宜度	城市交通	居民对城市交通的满意率
		社会保障覆盖率			人均拥有道路面积
		社会援助			公共交通分担率
		刑事案件破案率			经本市的铁路、客运车次数量
	社区文明	社区管理			周边城市机场吞吐量
		物业管理			市域内城市公交线路数量
		社区服务		商业服务	居民对商业服务质量的满意度
	文化传承	纳入非物质文化遗产名录数量			人均商业设施面积
		传统节日群众性主题活动次数			居住区商业服务设施配套情况
经济富裕度		人均 GDP		市政设施	居民对市政服务质量的满意度
		城镇居民人均可支配收入			城市燃气普及率
		第三产业就业数占就业总人数比			有线电视网覆盖率
		城镇登记失业率			自来水正常供应情况

一级指标	二级指标	三级指标	一级指标	二级指标	三级指标
环境优美度	生态环境	空气质量	生活便宜度	市政设施	电力（包含热力）正常供应情况
		集中式饮用水源地水质达标率			数字城管覆盖率
		城市工业污水处理率			温泉水到户数
		城镇生活垃圾无害化处理率		教育文化体育设施	1000米内拥有学校的社区比例
		噪声达标区覆盖率			图书馆、文化馆、体育馆数量
		工业固体废物处置利用率			市民对教育文化体育设施的满意率
		人均公共绿地面积		绿色开敞空间	市民对绿色开敞空间布局满意度
		城市绿化覆盖率			距开放式公园500米的居住区比例
	人文风貌	文化遗产与保护情况		城市住房	人均住房建筑面积
		国家级风景名胜区数量			普通商品住房、廉租房、经济适用房占本市住宅总量的比例
		城市特色和可意向性			养老型住房面积占市住房面积比例
		古今建筑协调		公共卫生	市民对公共卫生服务体系满意度
		建筑与环境协调			社区卫生服务机构覆盖率
	城市景观	城市中心区景观			每万人拥有卫生技术人员数量
		社区景观			三级医院与常驻人口比例
		市容市貌			人均寿命指标
资源承载度		人均水资源占有量	公共安全度		政府预防、应对人为、自然灾难的机制和预案
		工业用水重复利用率			城市政府近三年来对公共安全事件的成功处理率

4 结 论

  根据对葫芦岛市进行宜居型养老城市发展的可行性分析，认为葫芦岛市适合发展宜居型养老产业，但距离宜居型养老城市仍有一定差距，并结合地域性特点构建出葫芦岛市宜居型养老产业指标。建议政府结合重点建设指标加强宏观调控，提升导向能力；完善宜居型养老城市政策，确保政策的贯彻实施。综上所述，建立和试行一套相对科学和实用的"宜居型养老产业指标体系"对葫芦岛市战略发展目标定位和发展路径选择具有重要的指导作用，且操作和实现难度并不大，无疑为促进葫芦岛市宜居型养老城市建设起到示范和推动作用，也可为全面实现科学发展观迈出坚实的一步！

参考文献

[1] 中华人民共和国民政部. 2015 年社会服务发展统计公报 [M]. 2016-02-29.

[2] 中华人民共和国建设部科技司. 宜居城市科学评价指标体系研究 [Z]. 2007-05-30.

[3] Patricia Annez. Livable Cities for the 21 Century [J]. Society，2012 (6)：45-50.

[4] 牛文元. 中国科学发展报告，2011 [M]. 北京：科学出版社，2011 (4)：135-138.

[5] 葫芦岛市规划局. 葫芦岛市城市总体规划（2013~2030 年）纲要 [M]. 2012-01.

[6] 葫芦岛市民政局. 实施"六个一"养老模式 让居家老年人快乐养老 [Z]. 2016-05-11.

[7] 葫芦岛市第五届人民代表大会第四次会议. 2016 年葫芦岛市政府工作报告 [R]. 2016-01-13.

[8] 冯佺光等. 养老产业开发与运营管理 [M]. 北京：人民出版社，2013.

[9] 发现城市之美——中国特色"美丽城市"最佳案例展评活动组委会. 中国特色"美丽城市"评价指标体系 [Z]. 2015-11-01.

[10] 葫芦岛市政府. 葫芦岛市人民政府关于"生态宜居美丽富庶滨城"调研工作方案的通知 [Z]. 2016-03-23.

[11] 葫芦岛市统计局. 葫芦岛市统计年鉴 [M]. 2009-2014.

[12] 葫芦岛市统计局. 2015 年葫芦岛市国民经济和社会发展统计公报 [M]. 2015.

[13] 辽宁省住房和城乡建设厅. 2014 年辽宁省城乡建设统计年报 [M]. 2014.

葫芦岛宜居城市评价指标设计与调查

冯东梅　武长静

(辽宁工程技术大学工商管理学院，辽宁葫芦岛　125105)

【摘　要】随着城市规模的迅速扩大、人们的生活质量不断提高，关注人居环境、构造宜居城市成为城市发展的趋势。以葫芦岛市为例，参照国内外学者提出的城市评价指标体系，结合葫芦岛环境特点，从社会文明度、经济富裕度、资源承载度、环境优美度、公共安全度和生活便宜度 6 大方面，建立葫芦岛市宜居城市评价指标体系。通过对政府相关部门提供的数据及问卷调查数据的分析，运用 AHP 法确定指标权重，计算葫芦岛当前宜居得分，得出城市宜居建设方面仍存在经济富裕水平不高、产业结构不合理、城市基础设施建设水平低等问题，根据葫芦岛当前发展现状，提出改进建议。

【关键词】葫芦岛；宜居城市；指标体系；层次分析法

0　引　言

宜居是城市发展工业化阶段的后期产物，是一个有宜人的空间环境、社会环境、自然环境和生态环境的地方[1]。在国际都市绿化论坛大会上，表明了"城市创造宜居环境"这一理念。在改革开放期间，提出"安居"，反映了人们寻求"居住为安"的最低生活需求[2-4]。随着改革开放深入，经济发展与人民生活水平不断提高，20 世纪末又提出"人居"[5-6] 概念，表达追求高档次生活的愿望。2005 年在建设部主持下，国务院首次提出了宜居的"北京城市总体筹划"的批复。从那时起，全国各地的数百个城市提出了"宜居城市"建设，研究如何将城市创建为宜居城市成为城市发展的目标，在全国掀起一阵热潮。宜居城市不仅是一个经济健康稳定发展，城市物质资源丰富，精神文化活动众多，居住舒适、方便、安全、和谐的城市，还是与大自然和谐相处的可持续和谐共赢的城市[7-8]。然而，葫芦岛市目前并没有一套衡量城市宜居性的指标体系，为了构建城市宜居指标体系，在宜居城市的概念的基础上，考虑宜居城市的内涵，深入调查研究，科学研讨论证，构建葫芦岛城市宜居指标体系，全面指导和推进富庶葫芦岛、创新葫芦岛、开放葫芦岛、文明葫芦岛、美丽葫芦岛建设，打造和谐宜居、绿色生态、富有活力、有特点的现代化城市，全面提升民生质量，加快城市建设步伐，增强综合实力。

1 葫芦岛市城市宜居指标体系构建

1.1 构建依据

选择宜居城市指标体系是按照判断不同空间尺度和准确的分析的城市水平的发展关键要素[9]。因此，在构建葫芦岛宜居城市指标体系的过程中不仅要坚持系统性、全面性和可量化的原则，还要充分考虑城市的发展特色和居民所关心的一些要素。根据《葫芦岛市人民政府关于"生态宜居美丽富庶滨城"调研工作方案的通知》[10]（葫政办发〔2016〕43 号）文件的要求，再结合葫芦岛市的实际发展情况，并参照国内外宜居标杆城市的评价指标体系和在 2007 年颁布的《宜居城市科学评价标准》[11]，该标准是由建设部技术司认可通过并实施。除此之外，在相关专家的指导和帮助下，构建了葫芦岛市宜居城市指标体系。

1.2 指标筛选

首先，参照《宜居城市科学评价标准》文件的标准，从居住环境的社会文明程度、经济发展水平、环境优美状况、资源使用现状、生活便宜程度和城市公共安全六方面，初步构建 87 小项葫芦岛城市宜居指标体系。结合葫芦岛市目前的发展状况及地域特点，在初步确定真正的指标体系上进行详细的筛选，以制定出突出葫芦岛地域特色，反映葫芦岛实际情况的指标体系。其次，在此基础上，参考国内外宜居相关的标杆城市的评价指标体系以及相关研究成果[12-13]，对原有中国宜居城市科学评价指标体系进行二次筛选和完善，在征求相关专家的意见后，最终建立 6 大项、68 小项的葫芦岛宜居城市指标体系，见表 1。

1.3 指标权重的确定

本文采用 AHP 法确定该指标体系各项指标的权重。首先，将宜居城市（A）作为模型的唯一目标置于构造的目标层，将社会文明度（B1）、经济富裕度（B2）、环境优美度（B3）、资源承载度（B4）、生活便宜度（B5）和公共安全度（B6）六部分作为模型准则层内容，将各项二级指标作为方案层，建立层次分析模型（见图 1）；其次，向从事宜居环境建设的相关专家咨询打分，参照元素两两对比重要性等级赋值表，通过各指标间的两两比较建立矩阵；最后，按照 AHP 的相关计算步骤计算出各指标的权重，参照类似的计算步骤，可计算各三级指标的权重。本文借助 yaahp 软件进行计算，层次结构框架如图 1 所示。

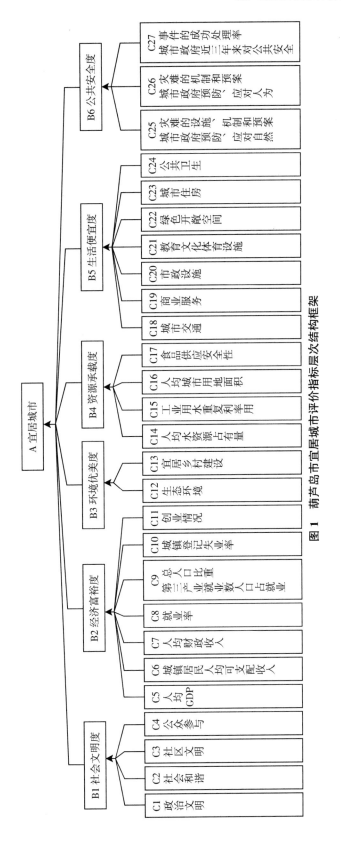

图 1　葫芦岛市宜居城市评价指标层次结构框架

2 宜居指标数据调研与定量评价

2.1 调研方式的选择及确定

本调研属于社会科学调研，通过查询资料，其研究的方法主要有问卷调查法、访谈法、观察法、文献法、询问法、专家调查等调查方法[15]。而葫芦岛市宜居城市指标体系中的指标主要分为两大类：一类可通过各类统计资源直接获得其当前数值，主要采用询问法、文献法，通过参考相关文献资料可以获取部分指标数据，未确定的指标需到相关管理部门获取。另一类则通常表示市民对某一个指标的满意程度或者主观感觉，其具体相关数据无法从相关年鉴资料上找到准确信息，需要间接获取，采用问卷调查法、访谈法两种调研方式。

2.2 数据的获取

宜居城市的评价指标比较多，关系到各个子系统，包括经济、社会、自然等各个系统。由于数据的获取来源及方式不同，主要分为两类：一类指标可以参考葫芦岛统计年鉴、统计公报、政府工作报告和政府网站发布的公开信息等资料获得数据，或是通过向有关部门调研获取[16-20]。另一类间接获取的指标主要是问卷调查及实地访谈获得数据，实地访谈或者实地观察主要针对葫芦岛市中城区规模较大，社区的服务相对比较完善的地方而展开的调查，尽可能多地覆盖各个层次的人员，确保调查结果达到客观合理。

2.3 定量评价

2.3.1 数据的无量纲化

将第 m 项三级指标的标准值记为 a_{m0}，将无量纲化的系数记为 β_i，当被测量的指标为具有正向影响的指标时采用式（1），否则采用式（2），若标准值 $a_{m0} = 0$，则采用式（3）。

$$\beta_m = a_m/a_{m0} \tag{1}$$

$$\beta_m = a_{m0}/a_m \tag{2}$$

$$\beta_m = 1 - a_m \tag{3}$$

定性评价指标评定结果为"很好""一般""较差"类似不同等级时，代表 $\beta_i = 1$，$\beta_i = 0.5$，$\beta_i = 0$。

2.3.2 建立综合评价模型

按照式（4）计算的第 m 项三级指标的实际得分为 Q_m，按照式（5）对葫芦岛市宜居综合环境进行评价，计算其评价值，即为葫芦岛市宜居指数 Q 得分。

$$Q_m = \alpha_n \beta_m S_i B_j \tag{4}$$

$$Q = \sum_{m=1}^{68} Q_m \qquad (5)$$

式中，α_n 为第 n 项一级指标的权重；S_i 第 n 项一级指标对应的第 i 项二级指标的权重；B_j 为第 i 项二级指标对应的第 j 项三级指标的权重，当没有三级指标时 $B_j = 1$。

2.3.3 宜居指数评价结果

按照上述公式计算，葫芦岛市当前宜居指数为 79.37。参照宜居城市评价等级分类，葫芦岛当前为"较宜居环境"。通过 2016 年的调研数据可以看出，葫芦岛市当前在部分指标方面的建设发展水平还存在不足，整体上与宜居城市的创建目标有一定距离。总体来说，葫芦岛市的宜居建设在社会文明度、城市环境、公共安全方面做得较好，但经济富裕程度不高，资源承载能力不够，距离国家现行的平均水平仍然有很大的差距。因此，葫芦岛在保持经济增长的同时，也应加强资源承载能力，提高城市生活的便宜程度。

3 与国际和国内先进城市对比

3.1 与国际宜居城市对比

根据英国的经济学人智库（Economist Intelligence Unit）公布的 2016 年度全球宜居城市排名中，东京、柏林、维也纳、哥本哈根、慕尼黑位居前五位[21-22]。这些城市都存在良好的基础设施、较低的谋杀率，并存在较好的卫生和教育条件，关系到生活水平的不利因素相对较少。在维也纳，例如，对社会稳定，文化与环境，医疗保健，教育，其他基础设施等建设指标的水平程度的城市有更高的分数。本文截取部分指标与葫芦岛进行对比，除失业率外，葫芦岛市与经济发达国家和地区相比较，仍然存在较大差距，具体内容如表 2 所示。

3.2 与国内宜居城市对比

参考中国社科院 2016 年度中国宜居城市竞争力排名（289 个城市中，葫芦岛市排名 212 位，处于中下游，排在沈阳、大连、辽阳、盘锦、丹东、抚顺之后）[23]。国内宜居城市中，选取与葫芦岛区位特征比较接近的青岛、大连、秦皇岛三市作为主要对比对象，通过以下 2015 年数据（见表 3），可以看出：

大连市、秦皇岛市、青岛市、葫芦岛市四个城市都属于海滨城市，具有一定的相似特点和可比性。表 3 显示，葫芦岛目前与秦皇岛差距较小，可以把秦皇岛设为葫芦岛近期的发展目标；葫芦岛市与大连、青岛数据相差更大，许多指标存在很大差距，可把青岛或者大连定为长期发展目标的对象。通过与相关宜居或者标杆城市对比，找出葫芦岛目前在发展过程中存在的问题，对于指导葫芦岛城市建设有着重

表 1 葫芦岛宜居城市评价指标体系评价结果

一级指标名称（权重）	二级指标名称（权重）	三级指标名称（权重）	标准值	2016 年调研值	得分
社会文明度 (0.10)	政治文明 (0.32)	科学民主决策 (0.30)	较好	较好	0.960
		政务公开 (0.20)	较好	较好	0.640
		民主监督 (0.20)	较好	较好	0.640
		行政效率 (0.30)	较好	一般	0.480
	社会和谐 (0.21)	城镇居民基尼系数 (0.2)	基尼系数大于 0.3 且小于 0.4 为较好	无数据	0.210
		社会保障覆盖率 (0.20)	100%	无数据	0.210
		社会援助 (0.15)	较好	较好	0.315
		刑事案件发案率 (0.15)	0%	无数据	0.158
		刑事案件破案率 (0.15)	100%	无数据	0.158
		流动人口就业服务 (0.15)	较好	较好	0.315
	社区文明 (0.19)	社区管理 (0.25)	100%	56.30%	0.266
		物业管理 (0.25)	100%	44.77%	0.214
		社区服务 (0.50)	100%	44.20%	0.418
	公众参与 (0.28)	阳光规划 (0.50)	较好	较好	1.400
		价格听证 (0.50)	较好	较好	1.400
经济富裕度 (0.11)	人均 GDP (0.15)		大城市 4.9 万元，中小城市 3.1 万元	2.78 万元	1.485
	城镇居民人均可支配收入 (0.21)		大城市 2.5 万元，中小城市 2 万元	2.63 万元	2.310
	人均财政收入 (0.10)		大城市 0.4 万元，中小城市 0.2 万元	0.21 万元	1.100

续表

一级指标名称（权重）	二级指标名称（权重）	三级指标名称（权重）	标准值	2016年调研值	得分
经济富裕度（0.11）	就业率（0.15）		96%	无数据	0.825
	第三产业就业人数人口占就业总人口比重（0.17）		70%	36.58%	0.972
	城镇登记失业率（0.10）		4.05%	4.70%	0.946
	创业情况（0.12）	创业小额贷款（0.40）	100000万元	3030万元	0.158
		创业带头人（0.60）	1000个	396个	0.317
环境优美度（0.29）	生态环境（0.75）	空气质量好于或等于二级标准的天数/年（0.20）	365天/年	264天/年	3.132
		集中式饮用水水源地水质达标率（0.2）	100%	93.80%	4.089
		城市工业污水处理率（0.1）	100%	93.88%	2.045
		城镇生活垃圾无害化处理率（0.10）	100%	92%	2.001
		噪声达标区覆盖率（0.15）	100%	100%	3.263
		工业固体废物处置利用率（0.10）	100%	75.14%	1.631
		人均公共绿地面积（0.05）	10m²（正相关）	15.66m²	1.088
		城市绿化覆盖率（0.10）	40%（正相关指标）	41.39%	2.175
	宜居乡村建设（0.25）	宜居示范乡镇数量（0.30）	10座	10座	2.175
		宜居示范村数量（0.30）	100座	100座	2.175
		宜居达标村数量（0.40）	1000座	778座	2.262
资源承载度（0.10）	人均水资源占有量（0.50）		1000m³	728m³	3.650
	工业用水重复利用率（0.11）		100%	92%	1.012
	人均城市用地面积（0.19）		大城市80m²，中小城市100m²	123m²	1.900
	食品供应安全性（0.20）		较好	一般	1.000

续表

一级指标名称（权重）	二级指标名称（权重）	三级指标名称（权重）	标准值	2016 年调研值	得分
生活便利度 (0.30)	城市交通 (0.20)	问卷调查：居民对城市交通的满意率 (0.2)	100%	33%	0.396
		人均拥有道路面积 (0.2)	15 平方米	11 平方米	0.876
		公共交通分担率 (0.2)	25%	19.00%	0.912
		问卷调查：居民工作平均通勤时间 (0.2)	30 分钟	25 分钟	0.996
		市主城区与乡镇、旅游景区城市公交线路通达度 (0.2)	100%	90%	1.080
	商业服务 (0.10)	问卷调查：居民对商业服务质量的满意度 (0.3)	100%	37.34%	0.333
		抽样调查：居民区商业服务设施配套情况 (0.4)	100%	74.05%	0.888
		抽样调查：1000 米范围内拥有超市的居住区比例 (0.3)	100%	77.89%	0.702
	市政设施 (0.19)	居民对市政服务质量的满意度 (0.2)	100%	72%	0.821
		城市燃气普及率 (0.15)	100%	100%	0.855
		有线电视网覆盖率 (0.15)	100%	98.10%	0.838
		互联网光缆到户率 (0.15)	100%	46.09%	0.393
		自来水正常供应情况 (0.2)	365 天/年	358 天/年	1.117
		电力（北方城市包含热力）正常供应情况 (0.15)	365 天/年	365 天/年	0.855
	教育文化体育设施 (0.11)	抽样调查：500 米范围内拥有小学的社区比例 (0.2)	100%	58.98%	0.389
		抽样调查：1000 米范围内拥有初中的社区比例 (0.2)	100%	70.10%	0.462
		每万人拥有图书馆、文化馆（群艺馆）、科技馆数量 (0.2)	0.3 个	0.15 个	0.330
		抽样调查：1000 米范围内拥有免费开放体育设施的居住区比例 (0.2)	100%	77.84%	0.515
		抽样调查：市民对教育文化体育设施的满意率 (0.2)	100%	40.75%	0.271
	绿色开敞空间 (0.11)	抽样调查：市民对城市绿色开敞空间布局满意度 (0.5)	100%	28.04%	0.462
		抽样调查：距离免费开放式公园 500 米的居住区比例 (0.5)	100%	44.67%	0.743

续表

一级指标名称（权重）	二级指标名称（权重）	三级指标名称（权重）	标准值	2016年调研值	得分
生活便宜度（0.30）	城市住房（0.19）	人均住房建筑面积（0.3）	35平方米	28平方米	1.368
		人均住房建筑面积10平方米以下的居民户比例（0.3）	0%	5%	0.086
		普通商品住房、廉租房、经济适用房占本市住宅总量的比例（0.4）	70%	61%	1.984
	公共卫生（0.10）	抽样调查：市民对公共卫生服务体系满意度（0.4）	100%	不详	0.600
		社区卫生服务机构覆盖率（0.4）	100%	100%	1.200
		人均寿命指标（0.2）	75岁	77.9岁	0.576
公共安全度（0.10）	城市政府预防、应对自然灾难的设施、机制和预案（0.33）		较好	较好	3.300
	城市政府预防、应对人为灾难的机制和预案（0.33）		较好	较好	3.300
	城市政府近三年来对公共安全事件的成功处理（0.34）		100%	95%	3.230

注：表中无数据的指标对计算结果无明显影响，故其计算得分均取平均值。

表 2 葫芦岛市与发达国家比较

序号	比较内容	发达国家标准	葫芦岛市实际情况
1	人均 GDP	12644 美元（2010，世界银行）	2.78 万元人民币
2	第三产业产值占 GDP 比重	70%	44.35%
3	城镇化率	85%	50%
4	人均城市道路面积	25 平方米	11 平方米
5	人均绿地面积	25 平方米	15.66 平方米
6	失业率	5%以内（合理的失业率）	4.70%（城镇登记失业率）
7	城镇居民人均可支配收入	35000 美元（美国）	2.63 万元人民币

表 3 国内主要城市对比

指标城市	大连	青岛	秦皇岛（标杆城市）	葫芦岛
人均 GDP（万元）	11.09	10.28	4.08	2.78
城镇居民可支配收入（元）	35889	40370	28158	2.48
空气质量好于或等于二级标准的天数/年（天）	282	293	352	249
人均公共绿地面积（平方米）	13.2	15	20	15.66
建成区绿化覆盖率（%）	44.85（2014）	44.7	47.7	41.39
人均拥有道路面积（平方米）	13（省平均）	23（2012 年数据）	无	11
人均住房面积（平方米）	68	30	30（河北省数据）	28

要而又深远的影响。

3.3 葫芦岛市宜居城市建设主要问题及建议

（1）通过对人均 GDP、城镇居民人均可支配收入和人均财政收入等指标调研，葫芦岛市经济发展水平基本处于辽宁省下游，在全省各地市中经济发展较慢，且近年来与全省平均水平有不断拉大的趋势。因此，依据《葫芦岛市城市总体规划纲要》相关意见，葫芦岛应转变发展方式，调整经济结构，走新型工业化道路，发展循环经济、实现绿色清洁生产，提升地区创新能力，积极吸引外资，引进国内外战略性企业。

（2）2016 年葫芦岛市城镇化率为 50%，低于全省 67.37%和全国 57.35%的平均水平。在 2000~2010 年十年期间城镇化率年均仅仅增长 0.89 个百分点，与全国年均增长 1.42 个百分点的平均水平仍存在一定的距离。城镇化增速进程逐步加快，但总体水平较低，城乡二元分割现象较为明显。对此，应加大财政收入，改善农村的基础设施，发展农村经济，保障农民权利，提高农村的管理和服务水平，促进城乡管理服务一体化。

（3）由城镇化率、人均道路面积等指标可以看出，葫芦岛市现阶段在基础设施的建设上水平不够，与发达国家建设平均水平有很大差距，以目前的发展实力和水平若想达到发达国家的进程，至少需要 20 年的时间。葫芦岛市应加大城市污水处理设施、城市生活垃圾处理、城市公厕等环保类和公共性基础设施建设，增加清洁能源的使用比例，尽快实行数字化城市管理。

（4）与周边的秦皇岛市、锦州市等旅游城市相比较，葫芦岛的旅游业起步较晚，优质的海岸线资源被早期发展的工业和军事用地大量占用，而诸如兴城古城、九门口长城等重要的历史特色旅游资源也未能得到有效的开发利用，造成旅游业发展缺乏精品景区和亮点项目，旅游品牌效应和区域影响力有待提升。因此，应着重整合区域旅游资源，将旅游业培育成核心支柱产业之一，并推动城市相关产业的联动发展，全面提升城市核心竞争力，将葫芦岛打造成为辽西地区的旅游综合服务中心。

4 结 论

（1）本文依据指标体系构建的基本原则，参照已有的评价标准并结合葫芦岛自身的特点，从社会文明度、经济富裕度、环境优美度、资源承载度、生活便宜度和公共安全度六大方面建立城市指标体系，参照葫芦岛市城市宜居指标体系，通过数据调研，计算葫芦岛市的宜居指数为 79.37，属于"较宜居环境"。

（2）指标体系应随当前城市的发展进行动态调整，部分指标的权重也会随当前城市的发展发生变化要做相应的变动调整，例如比较受关注的 PM2.5 指标，目前虽没有统一的标准，但也应逐渐被考虑到城市宜居的指标体系中。

参考文献

[1] 金吾伦. 吴良镛人居环境科学及其方法论 [J]. 城市与区域规划研究, 2011, 12（3）: 221–227.

[2] 吴良镛. 张謇的城市与区域规划思想及其现实意义 [J]. 南通大学学报, 2007, 23（1）: 4–5.

[3] 王茜茜. 银川市城市宜居性评价与研究 [D]. 宁夏: 宁夏大学人文地理系, 2014.

[4] 张拓宇, 周婧博. 基于灰色关联度分析的城市生态宜居水平研究——以 2003~2013 天津市样本数据为例 [J]. 未来与发展, 2016（4）: 107–112.

[5] Vanessa Timmer, Nola-Kate Seymour. The World Urban Forum [C]. Vancouver Working Group Discussion Paper: the livable city, 2006.

[6] R.P. Horiulanus. The Development of Urban Neighthoods and the Benefit of Indication Systems [J]. Social Indication Research, 2000, 50（2）: 209–224.

[7] 李光全. 中国宜居城市竞争力报告 [R]. 兰州: 中国城市经济学会生态宜居委员会, 2015.

[8] 胡伏湘. 长沙市宜居城市建设与城市生态系统耦合度研究 [D]. 湖南: 中南林业科技大学生命科学与技术学院, 2012.

[9] Patricia Annez. Livable Cities for the 21 Century [J]. Society, 2012（6）: 45–50.

[10] 葫芦岛市政府. 葫芦岛市人民政府关于"生态宜居美丽富庶滨城"调研工作方案的通知 [Z]. 2016–03–23.

［11］ GB06-R1-26-2007，宜居城市科学评价标准［S］．

［12］ 张文忠. 宜居城市的内涵及评价指标体系探讨［J］. 城市规划学刊，2007（3）：30-34.

［13］ 牛文元. 中国科学发展报告，2011［M］. 北京：科学出版社，2011（4）：135-138.

［14］ 徐煜辉、徐嘉、李旭. 宜居城市视角下中小城市总体规划实施评价体系构建——以重庆市万州区为例［J］. 城市发展研究，2010，17（2）：8-12.

［15］ Mohamad Kashef. Urban livability across disciplinary and professional boundaries［D］. United Arab Emirates：Alhosn University，2016.

［16］ 葫芦岛市统计局. 2016 年葫芦岛市国民经济和社会发展统计公报［Z］. 2016.

［17］ 辽宁省住房和城乡建设厅. 2015 年辽宁省城乡建设统计年报［Z］. 2015.

［18］ 葫芦岛市统计局. 葫芦岛市统计年鉴［Z］. 2009-2015.

［19］ 葫芦岛市规划局. 葫芦岛市城市总体规划（2013~2030 年）纲要［Z］. 2013.

［20］ 国家统计局. 中国城市统计年鉴［Z］. 2010-2015.

［21］ The Economist Intelligence Unit. A Summery of the Liveability Ranking and Overview［R］. 2016.

［22］ The Economist Intelligence Unit. Liveability Ranking and Overview［R］. 2008.

［23］ 中国社会科学院城市与竞争力研究中心中国城市竞争力课题组. 2016 中国宜居城市竞争力报告（附宜居城市竞争力 200 排名）［R］. 北京：中国社会科学院城市财经战略研究院，2016.

中国的 PPP：现状、问题与趋势

王　丹　宫晶晶

(辽宁工程技术大学工商管理学院，辽宁葫芦岛　125105)

【摘　要】PPP 模式在中国的建设领域发挥着越来越重要的作用，有必要对其领域内容进行梳理以更好地指导实践。应用 Citespace 可视化文献分析软件和统计软件，以 958 篇文献、12558 个项目和 228 个政策文件为依据，分别从理论研究、实践应用和政策法规三个层次对领域的现状和存在问题进行分析，并得到三个层次的发展趋势，为 PPP 模式在中国今后的研究与实践提供一定参考。

【关键词】PPP；研究现状；问题；发展趋势

0　引　言

自 17 世纪，英国就在建设项目中开始公私合作模式的实践[1]，并率先提出了"公私合作"的概念，期望通过公私合作的方式改善公共服务资金匮乏和基础设施水平低下的状态。而我国于 1984 年在深圳沙角 B 电厂中运用 BOT 模式，是基础设施内开始应用公私合作模式的标志[2]。之后，PPP 模式在我国的发展实践进入逐步推进阶段，学术界对 PPP 模式的关注度也显著提升，特别是在"一带一路"国际合作高峰论坛上，PPP 模式作为能够调动各类资金开展基础设施建设的模式受到业界人士的青睐。我国在 PPP 模式内涵及概念、各主体关系探讨[3]、风险分担[4]、问题对策[5] 等方面形成了大量的研究成果，但是对领域现状缺乏系统性定量评述，对领域存在问题和发展趋势分析不足。因此，通过分析我国 2005~2016 年的 958 篇文献情况、全国入库的 PPP 项目情况和相关政策法规的颁布情况，探索 PPP 模式研究现状、存在问题和发展趋势，以期对 PPP 模式合理化运行和健康发展提供指导意义。

1 PPP 现状分析

1.1 理论研究现状分析

以"PPP""公私合营""公私合作"为检索主题词，以 CNKI 为样本数据库，选择"SCI、EI、CSSCI"类别，检索年限为 2005~2016 年，剔除重复、勘误等无效样本，最终得到 958 条有效数据。利用 Citespace 可视化文献分析软件对 PPP 模式研究的时间分布、核心作者、核心机构和研究主题进行分析。

（1）时间分布。如图 1 所示，2005~2009 年为试行探索研究期，年发文量较低，呈稳定上升状态；2010~2014 年是领域研究的推广发展阶段，年发文量明显增加，呈平缓上升趋势；2015~2016 年是全面发展阶段，年发文量激增，领域研究进入繁荣期。PPP 领域的研究阶段划分与 PPP 自身发展历程中的试点、推广、全面实施相对应，科学研究立足于现实应用，并引领应用方向，表明 PPP 模式的理论和实践二者相辅相成，共同促成 PPP 领域良好的发展前景。

图 1　时间分布

（2）作者及机构分布。分析结果如表 1 所示。可见 PPP 领域研究核心作者主要有张小红、余芳东、李启明、袁竞峰、王守清等，核心作者主要来自武汉大学、国家统计局、东南大学、中国科学院、重庆大学等，核心机构为中国科学院、武汉大学、东南大学、中国人民大学、中南大学、重庆大学、国家统计局等，核心作者与核心机构间存在显著的对应关系。此外，核心作者间还存在多个稳定的合作团队，如郭斐、李盼、李星星等形成以张小红为首的研究团队；李启明和袁竞峰等引领着东南大学在 PPP 领域研究上的发展；欧吉坤、张宝成、袁运斌等形成的中国研究院内的 PPP 项目研究团队。

表 1　作者及机构统计

核心作者	频次	所属机构	核心机构	频次
张小红	22	武汉大学	中国科学院	72
余芳东	13	国家统计局	武汉大学	68
李启明	12	东南大学	东南大学	44
袁竞峰	12	东南大学	中国人民大学	34
欧吉坤	11	中国科学院	天津城建大学	27
郭斐	10	武汉大学	中南大学	14
叶晓甦	9	重庆大学	重庆大学	13
唐祥来	9	南京财经大学	国家统计局	13
李星星	8	武汉大学	南京大学	12
王守清	7	清华大学	西安交通大学	10

（3）主题词分析。领域研究集中于 PPP 模式分类、特征、PPP 项目、立法、应用领域等方面，如表 2 所示。PPP 的特许经营、外包和私有化均引起了学者的广泛关注；同时，合作伙伴关系、风险分担和利益共享三个特征也受到重视，在伙伴关系方面，政企的长期合作是 PPP 的基础，政企间的信任和友好关系对 PPP 项目至关重要；在风险分担方面，考虑到 PPP 项目运营时间长、参与方众多，不确定性大，风险贯穿于各个阶段当中，因此要保障各参与方相互配合，使风险最低化。为把握 PPP 在项目中的应用和进展情况，领域实证研究多以 PPP 项目为对象，探索项目实际情况、模式应用存在问题等内容；伴随 PPP 的发展，政府不断推出相关法律条文，为 PPP 的全面应用和发展提供保证；相关研究主要涉及基础设施、项目融资、城镇开发、轨道交通、医疗卫生等领域，紧跟时代的脚步，以国际先进经验为学习方向，追求新常态的发展。

表 2　关键词统计

名称	频次	名称	频次
PPP 模式	363	PPP 立法	11
基础设施	61	城镇开发	11
公共产品	57	国际比较	10
PPP 项目	40	外包	9
公私伙伴关系	39	轨道交通	7
风险分担	34	私有化	6
政府	29	新常态	5
社会资本	21	利益共享	5
项目融资	13	科技、农林业	4
特许经营	12	医疗卫生	4

1.2 实践领域现状分析

（1）项目数量和投资额分析。统计"财政部政府和社会资本合作中心"PPP 项目数据（截至 2017 年 4 月初，下同）[6]。全国 PPP 项目共有 12558 个，呈显著上升趋势，其中，已执行和移交的项目有 1729 个，占总数的 34.5%；作为国家示范的 PPP 项目共700 个，已执行和移交的项目有 464 个。全国 PPP 项目累计投资额已达 14.6 万亿元，其中已执行和移交项目投资额为 2.9 万亿元。

（2）项目区域分析。PPP 项目已覆盖全国 31 个省、自治区、直辖市以及新疆兵团，其中已执行和移交的项目已经存在于 29 个省、自治区、直辖市及新疆兵团当中。在12558 个入库项目中，不同地区的项目数量存在显著差异，如表 3 所示。华北、东北、华东、中南、西南、西北各地区的 PPP 项目领衔城市和项目入库数量分别为内蒙古（1180）、辽宁（425）、山东（1072）、河南（891）、贵州（1814）、新疆（1114）。总体上看，东北地区的 PPP 入库量显著少于其他地区，西南地区 PPP 模式的发展最为突出，华北、华东、中南和西北地区项目分布量相近。

表 3 项目地区分布

地区名	入库区域	入库项目数量
华北地区	北京、河北、天津、山西、内蒙古	1856
东北地区	辽宁、黑龙江、吉林	648
华东地区	上海、浙江、安徽、江苏、江西、福建、山东	2597
中南地区	湖北、广东、河南、湖南、海南、广西	2031
西南地区	四川、云南、重庆、贵州、西藏	3229
西北地区	甘肃、陕西、青海、新疆、宁夏	2197

（3）项目应用领域分析。PPP 现已被广泛应用于 19 个一级行业建设中，如表 4 所示。主要涉及公共基础设施、旅游、城镇综合开发、生态建设和环境保护、教育、医疗卫生、文化、养老、体育、能源等方面。PPP 模式在市政工程、交通运输、水利建设、政府基础建设等公共基础设施方面发展全面；同时，PPP 模式也广泛存在于旅游、城镇综合开发、教育、医疗卫生、文化等公共服务业的建设当中。

表 4 领域分布

领域名	项目数量	领域名	项目数量
市政工程	4479	文化	366
交通运输	1584	养老	302
旅游	781	体育	233
城镇综合开发	765	政府基础建设	228

续表

领域名	项目数量	领域名	项目数量
生态建设和环境保护	761	能源	207
教育	601	科技	148
水利建设	596	农业	125
保障性安居工程	542	社会保障	112
医疗卫生	536	林业	27

1.3 政策法规现状分析

2000 年以前，我国 PPP 领域政策法规颁布的数量少 [7]，而且比较零散，主要是国家部委发布的原则性规定，属于探索阶段。2001~2012 年，政策法规进入普及和初步深入阶段，颁布保障 PPP 应用于多领域的政策，至 2013 年，领域政策法规仍然处于数量偏低的状态。但自 2013 年十八届三中全会允许社会资本以合理方式参与城市基础设施的投资运营等工作后，PPP 相关政策法规步入深化发展阶段。为探索近期领域政策发展现状，整理 2014 年至今的 PPP 相关的法律法规、国务院规范性文件、部门规范性文件和地方规范性文件，如表 5 所示，其中 2014 年出台地方性规范文件 7 部，在地方性法规的指引下，2015 年出台相关政策法规共 108 部，2016 年出台 62 部，2017 年截至 6 月出台 51 部。

表 5　政策法规分布

年份	类型	数量	合计
2014	地方规范性文件	7	7
2015	法律法规	3	108
	国务院规范性文件	16	
	部门规范性文件	33	
	地方规范性文件	56	
2016	国务院规范性文件	10	62
	部门规范性文件	34	
	地方规范性文件	18	
2017	法律法规	1	51
	国务院规范性文件	23	
	部门规范性文件	25	
	地方规范性文件	2	

2　PPP 存在的问题分析

2.1　理论研究问题分析

（1）理论认识不足。在众多项目中 PPP 仅被视为解决政府财政问题的一种方式，而不是提高我国基础设施建设效率的机制，因此，需进一步深化对 PPP 相关理论的认识，把握 PPP 发展的正确方向。

（2）领域研究视角单一、深入度不足。领域研究重点集中于 PPP 内涵、应用研究、影响因素研究、管理理论、政府监管方面，对 PPP 实践过程研究较多，缺乏对领域发展历程、研究现状及实践经验的总结和评述，研究系统性不足，领域研究效率及深度有待提升。

2.2　实践领域问题分析

（1）项目吸引力和执行力不足。PPP 入库项目中大部分仍处于识别、准备阶段[8]；政府部门多将低收益高风险的项目推向市场，基于此，社会资本参与 PPP 项目、实行政企合作的意愿显著降低；同时，政府对项目过分管控干预、政策要求变换现象频发，导致项目实践中政府的可信性下降，项目可执行力欠缺。

（2）缺乏主管部门监管。我国至今仍没有专门的 PPP 运行主管机构，PPP 实践推广工作中缺乏必要的管控，各部门工作职责无法得到界定，部门间沟通协调不足，仅从自身利益出发制定涉及多个行业的 PPP 政策方针，严重影响项目的运行效率。

（3）公众监督机制不完善。现有的 PPP 监督体系虽然庞大，但主体均为政府内相关部门，如财政、安监部门，信息公开程度较低，社会公众无法实现对项目的监督，对公共项目的基本诉求和需要无法得到表达，致使满足社会公众的基本需求的目标实现不足。

2.3　政策法规问题分析

（1）政策体系不健全。由于政企合作是长期的，不确定性很强，实践过程中需要一系列政策法规保障，但 PPP 现有政策体系缺少上位法，权威性不足，导致现行法律层次较低，完善政策体系迫在眉睫。

（2）政策法规间存在矛盾。统一化、针对性的管控是 PPP 模式全面发展的基础，领域现有的政策法规主要由财政部和发改委发出，但由于出发点和利益驱动不同，在未经协商的情况下各自颁布的政策法规存在矛盾，导致下属部门面临着差异性领导、部分文件间存在矛盾、各地方政府各自为政的现象。

3 PPP 发展趋势

3.1 研究趋势

分析 958 篇样本文献，图 2 表明 PPP 研究内容处于动态变化中，研究主题逐渐由粗犷转向细化。2005~2007 年为整体化研究阶段，该阶段通过对公共产品、基础设施的研究为 PPP 模式构建了良好的环境；2008~2011 年为合作关系研究阶段，深入探讨模式中公私合作伙伴关系，明确模式应用过程中的风险分担，并以轨道交通领域为例开展实例研究；2012~2016 年为全面深化阶段，研究主题逐渐转向"新型城镇化、特许经营、政府信用、新常态、PPP 立法"等新兴内容。文献研究既是实践应用的总结，又指引着实践工作的发展方向，PPP 领域研究正在其应用基础环境逐渐完善的基础上开展与时俱进的个性化研究。

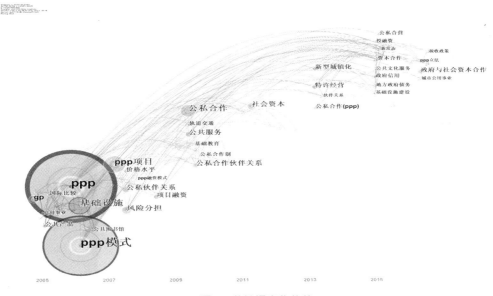

图 2　关键词变化趋势

3.2 实践发展趋势

（1）PPP 项目的需求进一步扩大。自 PPP 模式推广应用以来，PPP 项目全国入库量和投资额均呈显著的上升趋势，地方政府部门对 PPP 模式应用的倾向和需求处于持续加大的状态，PPP 项目需求形势十分可观。

（2）项目地域和行业分布高度集中。贵州、山东、新疆的入库 PPP 项目数居各区域中的前三名，占入库项目总数的 31.9%；在行业分布方面，入库项目在市政、交通运输和旅游三个行业中发展最好，占入库项目数的 53.7%。PPP 项目地域和行业分布越发走向集中化和规范化。

（3）项目执行和移交率提升。PPP 项目的全生命周期可划分为识别、准备、采购、执行和移交五个阶段，在国家示范项目中已执行移交的有 464 个，执行移交率达66.6%，领域正处于执行移交上升状态。

（4）加大政府资金和政府市场混合资金来源模式。全国入库 PPP 项目中资金来源于政府和政府市场混合模式所占比重近 70%，入库项目中政府资金来源项目 4053 个，占入库项目数的 33.0%；政府市场混合资金来源模式项目有 3401 个，占入库项目总数的 27.7%。

（5）重视绿色生态化发展。PPP 模式的应用促进了项目绿色生态化发展，全国入库绿色项目已达 7220 个，占入库项目数的 58.8%，其中已执行和移交的绿色项目有 1012个，占全国执行和移交项目数的 58.5%。PPP 在水利建设、林业、能源、旅游等多个行业中扮演着绿色生产的推进者，形成多个绿色建设项目。

3.3　政策发展趋势

构建成套的法律体系。PPP 政策体系已逐渐走上了构建国家层面上 PPP 法律和制度体系的道路[9]，为规范项目运行，应构建一套包含国家层面上的 PPP 政策体系，参考国外的法律体系状况，结合我国国情，充分考察社会公众意见，制定一套上位法齐全、下位法间相互协调的法律体系。

建立专门的监管机构。在机构建立方面，将参考其他国家的先进理念，在中央和省级设置专门的 PPP 监管机构，明确项目监管和财政工作的负责主体，完善各部门间协调沟通机制，也为提升项目执行移交效率提供了保障。

推行信用制度。加强政府的信用建设是实现 PPP 政企稳定合作关系的基础，为此，政府部门要积极推行信用法规和制度，明确项目各方职责；对于 PPP 项目中违约等不诚信事件要加大惩处力度，将不诚信行为扼杀在摇篮之中。

4　结　论

以 PPP 现状、存在问题和发展趋势为主线，明确领域研究进程、实践经验和发展方向。核心作者、机构组成了理论研究的主力军，并结合 PPP 实践不断细化主题；PPP发展存在理论认识不足、研究视角单一、项目吸引力和可执行力不足、监督管理不足、政策体系不健全等问题亟须解决；面对理论研究和实践应用中的问题，深化理论研究、大力推行 PPP 项目、提升项目执行和移交率、加大政府资金和政府市场混合资金来源模式、重视绿色生态化发展、构建完善的政策法规体系等成为 PPP 的发展方向。

参考文献

［1］叶晓甦，徐春梅. 我国公共项目公私合作（PPP）模式研究述评［J］. 软科学，2013（6）：6-9.

［2］陈玲，李丹. PPP 政策变迁与政策学习模式：1980 至 2015 年 PPP 中央政策文本分析［J］. 中国行政管理，2017（2）：102-107.

［3］钟云，丰景春，薛松，张可，吕周洋. PPP 项目利益相关者关系演化动力的实证研究［J］. 工程管理学报，2015（3）：94-99.

［4］张曾莲，郝佳赫. PPP 项目风险分担方法研究［J］. 价格理论与实践，2017（1）：137-140.

［5］贺青. 我国 PPP 项目推广的实践及对策分析［J］. 经营管理者，2016（14）：273-274.

［6］财政部. 全国 PPP 综合信息平台项目库季报第 6 期［EB/OL］. http：//jrs.Mof.Gov.cn/ppp/dcyjppp/201611/t20161103_2450051.html.

［7］王守清，王盈盈. 政企合作（PPP）王守青核心观点［M］. 北京：中国电力出版社，2017：40-41.

［8］陈志敏，张明，司丹. 中国的 PPP 实践：发展、模式、困境与出路［J］. 国际经济评论，2015（4）：68-84.

［9］周正祥，张秀芳，张平. 新常态下 PPP 模式应用存在的问题及对策［J］. 中国软科学，2015（9）：82-95.

房地产上市公司社会责任与财务绩效关系实证研究

任海芝　秦子雁

（辽宁工程技术大学工商管理学院，辽宁葫芦岛　125105）

【摘　要】随着经济的飞速发展，房地产上市公司在追求经济利益的同时往往忽视了社会责任问题。文章以沪深交易所 118 家房地产上市企业为研究对象，选取 2011~2015 年的财务数据进行面板数据回归分析，探究房地产上市企业社会责任与财务绩效的关系，发现：房地产上市公司承担对股东、员工、政府和供应商的社会责任对企业财务绩效有显著正向影响，而承担对债权人和消费者的社会责任对企业财务绩效有显著负向影响。

【关键词】房地产上市公司；社会责任；财务绩效

0　引　言

国外学术界对企业承担的社会责任与其财务绩效之间的关系研究仍然存在分歧，核心看法主要有三类：一是两者之间是正向相关关系，说明企业承担社会责任的积极性越高，其财务绩效水平就越高。如 O'Bannon 和 Preston（1997）以美国 60 多家上市公司为研究样本，选取上市公司 10 年的财务数据，研究其承担社会责任的情况与财务绩效之间的关系，结果表明两者是显著正向相关关系[1]。二是两者之间是反向相关关系，说明企业履行社会责任对其财务状况会产生反向作用。如 Gerwin Vander（2008）选用 KLD 指数作为衡量企业社会责任的指标，每股收益和总资产利润率作为财务绩效的衡量指标，同时考虑了企业规模、资本构成等因素，发现两者之间为负相关关系[2]。三是两者之间不存在任何相关关系，说明企业承担社会责任与否并不影响其财务绩效水平。如 Maria 等（2011）选用西班牙《经济日报》上公布的 124 家上市公司为研究对象，选用赋权打分法衡量社会责任，净资产收益率和总资产净利率衡量财务绩效，研究结果表明两者之间的关系不明显[3]。

与国外相比，国内对企业社会责任与财务绩效的研究开始较晚，大多数学者认为两者是正向相关关系。如张兆国、靳小翠和李庚琴（2013）以上海证券交易所 A 股上市公司为研究对象，选取公司 5 年的财务数据，发现当期的财务绩效会影响滞后一期的社会责任，两者之间是正向相关关系[4]。郑保洪（2016）认为，房地产企业承担社会责任与财务绩效有积极的正向关系，但是其对当期财务绩效的积极作用优于后期[5]。而赵莉（2013）选取 35 家金融企业 2009~2011 年的数据为研究样本，用 MCT 社会责任评估系统衡量企业社会责任，选择净资产收益率和体系风险标准作为企业财务绩效的衡量指标，发现企业承担社会责任与财务绩效并没有关系[6]。

国内外采用实证分析方法研究企业社会责任与财务绩效关系的文献大多以所有上市公司为研究对象，忽视了行业差异的影响。文章以我国沪深 118 家房地产上市公司为研究对象，选用 2011~2015 年面板数据进行实证研究，避免多数研究只采用截面数据的局限性，探究房地产行业承担对利益相关者的社会责任与财务绩效的关系。

1　理论分析与研究假设

本文以利益相关者理论为依据，将房地产行业社会责任利益相关者归纳为六大主体：股东、债权人、员工、供应商、消费者和政府，如图 1 所示。

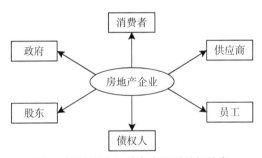

图 1　房地产企业社会责任利益相关者

1.1　对股东的社会责任

房地产企业的经营情况影响股东的投资收益，反过来，较高的投资回报刺激股东再投资，对企业的发展起积极作用。房地产企业积极承担对股东的社会责任，增加股东的信心，进而使股东增加对企业的投资资本，这对房地产企业规模的扩大、效益的提高、长期的发展都是非常有益的；反之则不然。基于此，提出假设 1：

H1：房地产企业对股东承担的社会责任与其财务绩效呈正向相关关系。

1.2　对债权人的社会责任

企业的发展除了需要股东的资本外，负债资金同样不可或缺，房地产行业更是如此。然而，房地产企业的高负债率，使其面临严重的融资问题，因此，房地产企业应当对债权人承担定期向债权人反映企业的经营状况和经营战略、听取债权人意见以及按时偿还本息的责任。基于此，提出假设 2：

H2：房地产企业对债权人承担的社会责任与其财务绩效呈正向相关关系。

1.3 对员工的社会责任

企业与员工是密不可分的鱼水关系，员工为企业提供辛勤的劳动，企业的长期发展离不开员工的努力，因此，房地产企业应当对员工承担提供良好的工作环境、保证员工的各项合法权益，以及保障员工的人身安全的责任。企业尊重自己的员工，对员工承担社会责任，才能提高员工工作积极性，从而降低人力成本，提高企业的财务业绩水平。基于此，提出假设 3：

H3：房地产企业对员工承担的社会责任与其财务绩效呈正向相关关系。

1.4 对供应商的社会责任

供应商是房地产企业不可或缺的合作伙伴，优秀的供应商可以减少企业的后顾之忧。房地产企业积极地对供应商履行社会责任，可以提高自身项目的质量、加快开发项目的进度。基于此，提出假设 4：

H4：房地产企业对供应商承担的社会责任与其财务绩效呈正向相关关系。

1.5 对消费者的社会责任

消费者是决定房地产企业财务绩效的重要因素。然而，由于信息不对称，消费者在交易中总是处于劣势，因此，房地产企业要对消费者承担真实宣传、提供高质量的产品和服务的责任。这样才能树立企业良好的社会品牌形象，赢取消费者的信任，提高销售量，进而提升企业的财务业绩。基于此，提出假设 5：

H5：房地产企业对消费者承担的社会责任与其财务绩效呈正向相关关系。

1.6 对政府的社会责任

房地产企业承担对政府的社会责任，能够为政府带来税收收入以及帮助政府解决就业、环境等问题，同时政府的支持和帮助，可以减轻企业发展的负担，进而提高财务绩效水平。基于此，提出假设 6：

H6：房地产企业对政府承担的社会责任与其财务绩效呈正向相关关系。

2 研究设计

2.1 样本选择与数据来源

本文选取 2011~2015 年在上海交易所和深圳交易所两市上市的 147 家房地产公司为研究对象，然后剔除掉 ST、*ST、数据缺失以及上市较晚的公司，最后整理得到 118 家房地产上市公司 2011~2015 年的面板财务数据，这些数据来源于国泰安数据库、巨潮资讯网、上海证券交易所和深圳证券交易所。本文数据处理采用 Excel、SPSS 17.0、Stata1 2.0 软件进行统计分析。

2.2 变量选取

2.2.1 解释变量

本文选取房地产行业股东、债权人、员工、消费者、政府和供应商六个利益相关者进行研究，从财务角度选取每股收益、利息保障倍数、员工福利率、主营业务成本率、资产税费率和应付账款周转率作为解释变量。

2.2.2 被解释变量和控制变量

学术界衡量企业财务绩效常用的指标是市场指标和财务指标，其中市场指标常用的是托宾 Q 值、市盈率；财务指标常用的是净资产报酬率（ROE）和总资产报酬率（ROA）。由于我国股票市场的不完善，大多数学者倾向于选取财务指标作为企业财务绩效的衡量指标，本文选取净资产收益率（ROE）来衡量企业的财务绩效。房地产企业的规模也会影响企业财务绩效，所以本文选择企业规模作为控制变量，即用总资产的自然对数（SIZE）表示（见表 1）。

表 1 变量定义

变量		指标名称	计算公式
企业财务绩效		净资产收益率（ROE）	净利润/平均净资产
企业社会责任	股东	每股收益（X_1）	（净利润—优先股股利）/流通在外普通股股数
	债权人	利息保障倍数（X_2）	（利润总额+利息费用）/利息费用
	员工	员工福利率（X_3）	支付给员工以及为员工支付的现金/主营业务收入
	消费者	主营业务成本率（X_4）	主营业务成本/主营业务收入
	政府	资产税费率（X_5）	所得税费用/资产平均总额
	供应商	应付账款周转率（X_6）	主营业务成本/应付账款平均额
控制变量		企业规模（SIZE）	总资产的自然对数

2.3　模型构建

基于研究假设和整理的数据的特征，本文构建如下模型：

$ROE = \beta_0 + \beta_1X_1 + \beta_2X_2 + \beta_3X_3 + \beta_4X_4 + \beta_5X_5 + \beta_6X_6 + \beta_7Size + \varepsilon$

其中，β_0 为截距项，β_1~β_7 为回归系数，ε 为随机误差项。

3　实证研究结果

3.1　变量描述性统计

变量描述性统计结果如表 2 所示，解释变量和控制变量中，每股收益的最小值是 0.0006，最大值是 2.8736，标准差为 0.5159，可以看出极端值差距较大，也说明了房地产上市公司对股东承担社会责任的程度是有差异的。利息保障倍数的最小值是-23024.69，最大值是 707.5546，均值是-421.6197，标准差为 2239.855，说明房地产上市公司之间的差异极为显著，特别是最大值和最小值之间的差距尤为惊人，反映了不同的房地产上市公司在偿债能力方面的巨大差异。员工福利率的最小值是 0.00004，最大值是 2.0543，均值为 0.1293，说明房地产上市公司的员工福利率差距很大。应付账款周转率的最小值是 0.0863，最大值是 8.4324，标准差为 1.3550，可以看出不同的房地产上市公司的应付账款周转率的差异程度很大，各个房地产上市公司在支付供应商货款的及时程度方面存在很大差异。公司规模的最小值是 18.5240，最大值是 27.1389，均值为 22.6849，标准差为 1.3275，反映出样本公司的整体规模相差不太大。

表 2　变量描述性统计

	N	Mean	Minimum	Maximum	Std.Deviation
净资产收益率（ROE）	590	0.1314	−0.3640	4.4166	0.2329
每股收益（X_1）	590	0.5439	0.0006	2.8736	0.5159
利息保障倍数（X_2）	590	−421.6197	−23024.69	707.5546	2239.855
员工福利率（X_3）	590	0.1293	0.00004	2.0543	0.2011
主营业务成本率（X_4）	590	0.5657	0.01379	1.6934	0.2532
资产税费率（X_5）	590	0.0306	0.0049	0.1747	0.0146
应付账款周转率（X_6）	590	2.5384	0.0863	8.4324	1.3550
企业规模（SIZE）	590	22.6849	18.5240	27.1389	1.3275

被解释变量净资产收益率的最小值是-0.3640，最大值为 4.4166，均值为 0.1314，标准差为 0.2329，可以看出各个房地产上市公司的盈利能力相差明显，标准差较小，

说明了选择净资产收益率作为衡量上市公司财务绩效的指标是合适的。

3.2 回归分析

本文选取房地产上市公司 2011~2015 年的面板数据，对反映其社会责任的 6 个指标进行了回归分析，得出回归分析模型汇总、方差分析结果以及回归分析结果如表 3、表 4 和表 5 所示。

表 3 模型汇总

模型	R	R^2	修正 R^2	标准估计的误差	Durbin–Watson
1	0.363^a	0.132	0.1213	0.218295240	2.017

表 4 方差分析结果

模型		平方和	df	均方差	F	Sig.
1	回归（SSE）	4.209	7	0.601	12.617	0.000^a
	残差（SSR）	27.734	582	0.048		
	总计	31.943	589			

从表 3、表 4 的分析结果可以看出，回归方程的 R 为 0.363，R^2 为 0.132，修正后的 R^2 为 0.1213，表明回归方程能够解释总离差平方和的 12.13%，回归拟合效果一般。F 检验值为 12.617，其所对应的 P 值为 0.000，说明被解释变量和解释变量之间的回归效果非常显著，回归模型构建也很好。

表 5 回归分析结果

模型		非标准化系数		标准系数	t	Sig.
		B	标准误差	Beta		
1	(Constant)	−0.023	0.166		−0.138	0.891
	X_1	0.122	0.018	0.270^{***}	6.731	0.000
	X_2	−8.159E−6	0.000	-0.078^{**}	−2.029	0.043
	X_3	0.143	0.045	0.124^{***}	3.173	0.002
	X_4	−0.083	0.036	-0.090^{**}	−2.316	0.021
	X_5	2.950	0.625	0.185^{***}	4.724	0.000
	X_6	0.015	0.007	0.085^{**}	2.165	0.031
	SIZE	0.000	0.007	−0.004	−0.089	0.929

注：***、**、* 分别表示在 1%、5%、10% 的置信水平上显著。

从表 5 可以得出：

（1）每股收益对净资产收益率的回归系数为正，同时 P 值为 0.000，表明每股收益在 1% 的置信水平上对被解释变量的影响是显著正相关关系，说明房地产上市公司积极履行对股东的社会责任，不仅可以满足股东的要求，而且能够促进企业的长远发展，即企业承担对股东的社会责任能够提高企业的财务绩效，与假设 1 的观点相符合。

（2）利息保障倍数对净资产收益率的回归系数为负，同时 P 值为 0.043，表明利息保障倍数在 5% 的置信水平上对被解释变量的影响是显著负相关关系，这与假设 2 的观点不相符合。这种情况与选取的研究时间段较短有关，短期内房地产企业占用的借款资金越多，获取的利润越低，企业周转的流动资金就越少，偿还债权人本息的能力就越弱，这就不能反映企业与债权人关系的长期优势。还可能与企业规模、性质等因素有关。

（3）员工福利率对净资产收益率的回归系数为正，同时 P 值为 0.002，表明员工福利率在 1% 的置信水平上对被解释变量的影响是显著正相关关系，说明房地产上市公司承担对员工的社会责任，除了可以最大限度地满足员工的利益要求，还可以提高企业的长期财务业绩水平，即企业承担对员工的社会责任能够提高企业的财务绩效，与假设 3 的观点相符合。

（4）主营业务成本率对净资产收益率的回归系数为负，同时 P 值为 0.021，表明主营业务成本率在 5% 的置信水平上对被解释变量的影响是显著的负相关关系，这与假设 4 的观点不相符合。这与房地产公司为消费者提供"物美价廉"的"产品"有关，"物美"会吸引更多消费者，但是"价廉"会增加房地产企业成本、降低毛利率。在短期内房地产企业为消费者提供越多的"价廉"产品，企业的成本就越高，利润越少，不能反映房地产企业与消费者之间长期"合作"的优势。

（5）资产税费率对净资产收益率的回归系数为正，同时 P 值为 0.000，表明资产税费率在 1% 的置信水平上对被解释变量的影响是显著正相关关系，说明房地产上市公司承担对政府的社会责任，不仅能够增加政府的税收收入，促进国家经济的发展，改善民生，而且可以提高企业的名声，进而使企业获得长足的发展，即企业承担对政府的社会责任能够提高企业的财务绩效，与假设 5 的观点相符合。

（6）应付账款周转率对净资产收益率的回归系数为正，同时 P 值为 0.031，表明应付账款周转率在 5% 的置信水平上对被解释变量的影响是显著正相关关系，说明房地产上市公司的应付账款周转率越高，对供应商货款的支付就会越及时，相应地供应商也会保证企业的利益，就会在很多方面为企业提供力所能及的优惠以及便利，进而提高了企业的财务绩效，即企业承担对供应商的社会责任能够提高企业的财务绩效，与假设 6 的观点相符合。

4　结　论

本文以 118 家房地产上市公司 2011~2015 年的面板数据为依托，借助回归分析方法，对我国房地产上市公司承担社会责任对企业财务绩效的关系进行实证分析，得出如下研究结论：

（1）总体来看，房地产企业履行社会责任能够提高其财务绩效，但对不同利益相关者履行社会责任对财务绩效的影响略有不同。

（2）房地产企业承担对股东、员工、政府和供应商的社会责任对其财务绩效有显著正向影响。说明房地产上市公司积极主动承担对股东、员工、政府和供应商的社会责任，有助于其降低经营过程中的交易成本，获得较高的声誉，树立企业良好的社会形象，进而增强企业在资本市场中的竞争力。

（3）房地产上市企业承担对债权人、消费者履行社会责任对其财务绩效呈反向相关关系。这在一定程度上验证了前面假设，说明房地产上市公司承担对债权人、消费者的社会责任与其财务绩效具有显著相关关系，而呈反向关系与选取的样本数量较少、选取的研究时间较短、房地产公司规模差异以及我国市场机制的不健全等因素有关，因此，在短期内出现这种情况是正常的。

参考文献

［1］Preston L.E.A Stakeholder Framework for Analyzing and Evaluating Corporate Social Performance ［J］. Academy of Management Review，1997，1：92-117.

［2］Gerwin V. Corporate Social and Financial Performance：An Extended Stakeholder Theory，and Empirical Test with Accounting Measure ［J］. Journal of Business Ethics，2008（79）：299-309.

［3］Maria E. Corporate Social Responsibility with in Spanish Companies ［J］. Advances in Economic Research，2011，15（2）：207-225.

［4］张兆国，靳小翠，李庚秦. 企业社会责任与财务绩效之间交互跨期影响实证研究 ［J］. 会计研究，2013（8）：32-39.

［5］郑保洪. 房地产上市公司社会责任对财务绩效影响的实证研究 ［D］. 东华理工大学，2016.

［6］赵莉. 金融企业社会责任与财务绩效相互关系研究 ［J］. 财会通讯，2013（24）：47-49.

构建辽宁省多层次社会养老保障体系的思考

范宝学　赵　娜

(辽宁工程技术大学工商管理学院，辽宁葫芦岛　125105)

【摘　要】 通过对辽宁社会养老保障制度现状调查研究，总结了辽宁在社会养老保障制度建设方面取得的成效并指出了存在的问题，提出了加强社会养老保障体制建设、完善社会养老保障制度建设、加大社保基金投入力度以及强化社会养老保障资金监管等改革与完善辽宁社会养老保障体系的政策建议。

【关键词】 辽宁；社会养老保障；养老保险基金；精算平衡

0　引　言

社会养老保障是保障人民生活、调节社会分配的一项基本制度。为建立与辽宁经济社会发展水平相适应，覆盖城乡居民，更加公平、可持续的社会养老保障制度，辽宁省委、省政府坚持以科学发展观为统领，把健全和完善社会养老保障体系作为保障和改善民生、促进和谐社会建设的一项重要内容，并已取得了一定的成效。然而，由于我国社会养老制度起步较晚，受经济发展水平和体制转换等多方面因素影响，当前的社会养老保险制度仍然处于不断建设并持续完善的阶段，一些体制性、机制性和制度性的缺陷与矛盾日益凸显，需要进行深入的研究并在实践中逐步加以解决。

1　辽宁省社会养老保障制度发展现状

1.1　制度建设情况

近几年来，辽宁积极推进适应市场经济运行和人口老龄化趋势的养老保障制度改革，以现有的社会保险制度为基点，对多轨制的社会养老保险体系进行整合，逐步完善社会养老保障制度。

一是合并城乡居民社会养老保险制度。2014年6月23日,辽宁省政府印发了《辽宁省人民政府关于建立统一的城乡居民基本养老保险制度的实施意见》(辽政发〔2014〕15号),决定整合新农保和城居保制度,建立统一的城乡居民基本养老保险制度。

二是积极推动机关事业单位养老保险改革工作。按照国家统一部署和总体要求,辽宁全面开展机关事业单位养老保险制度改革工作。为推动这一重大改革政策的落实,2015年11月,《辽宁省人民政府关于机关事业单位工作人员养老保险制度改革的实施意见》辽政发〔2015〕48号正式出台。按照这一方案,今后辽宁的机关事业单位工作人员将与企业一样实行社会统筹与个人账户相结合的基本养老保险制度。

三是转变城镇企业职工基本养老保险基金的筹资模式。2001年,辽宁率先在全国实行做实个人账户试点,个人账户基金由省统一管理,统筹基金不得占用,建立了社会统筹和个人账户相结合的部分积累制模式。2009年,由于省统筹基金巨额缺口无法弥补,国务院同意辽宁向个人账户基金借款以确保养老金发放,使城镇企业职工基本养老保险基金的筹资模式由部分积累制逐渐转向现收现付制。

1.2 参保人员情况

截至2014年末,全省参加城镇职工基本养老保险人数为1769.2万人,占常住人口的37.9%,比上年末增加39.7万人。其中,参保职工1167.3万人,占常住人口的24.9%,参保离退休人员601.9万人,占常住人口的13%,分别比上年末增加-4.4万人和44.1万人。年末参加企业基本养老保险在职职工1107.3万人,比上年末增加-2.2万人。年末纳入社区管理的企业退休人员共500.8万人,占企业退休人员总数的90.5%。城乡居民社会养老保险在全省各地全部展开,2014年末参保人数达到1032万人,其中享受待遇人数375.2万人。

2 辽宁省社会养老保障建设取得的主要成效

2.1 养老保障范围不断扩大,保障人群不断增加

自2014年以来,辽宁省政府积极开展企业职工基本养老保险扩面征缴工作,多次在全省范围内组织开展养老保险扩面征缴专项行动,以饮食服务、交通运输、建筑施工单位为重点,通过核查缴费基数,落实企业职工基本养老保险统筹保费征收任务,努力做到应保尽保。基本养老保险从最初的国营企业职工扩大到城镇所有企业职工、灵活就业人群和城乡居民。

2.2　养老保障标准不断提升，保障水平不断提高

近十年来，辽宁省政府积极落实国家养老金待遇调整政策，连续提高企业离退休人员养老金发放标准。2014 年，人均基本养老金提标 194 元，增长 10.55%。2015 年，按照国家和省委省政府的要求，企业退休人员月人均养老金提高 10%，这是自 2005 年以来，辽宁省企业退休人员养老金实现了"十一年连涨"，而且基本保持着每年 10%左右的涨幅，全省近 600 万企业退休人员享受了这一惠民政策。

2.3　加大财政资金投入，支持养老保险制度运行

为支持养老保险制度稳定运行，辽宁在确保以养老保险费收入为筹资主渠道的基础上，财政资金投入不断增大，资金规模不断增加。2012 年、2013 年和 2014 年三年分别投入财政资金 315.7 亿元、367.6 亿元和 436.3 亿元，确保全省城乡居民养老保险参保人员养老金，按时足额发放。

2.4　养老保障体制改革深入推进，制度体系日趋健全

近几年来，辽宁按照国家统一部署和总体要求，全面开展社会养老保险体制改革工作。机关事业单位养老保险改革顺利实施，不同性质单位基本制度安排的"双轨制"问题正在解决。新农保和城居保整合为城乡居民基本养老保险，城乡居民差异性待遇逐渐缩小。企业职工基本养老保险制度逐步完善，涵盖全民的社会养老保障制度体系基本形成。

3　辽宁社会养老保障体系建设存在的问题

虽然辽宁在社会养老保障体系建设中取得了一定的成效，但由于受到本省经济发展水平、财政收入状况、人民群众固有观念和社会养老保障体系顶层设计限制的影响，在社会养老保障体系建设中还存在一些困难和问题。

3.1　养老保障体系不够科学，运行体制有待完善

一是城乡社会养老保障制度仍然呈现二元分割的状态。由于受我国长期的城乡二元经济结构的影响，城乡社会养老保障制度也呈现二元分割的状态。虽然城乡居民社会养老保险制度形式实现了统一，但城乡居民在保障待遇、保障模式运行体制等方面都存在较大差异。

二是从社会养老保险待遇来看，不同群体待遇水平还有一定差距。首先，现在城镇职工、城镇居民和机关事业单位人员社会养老保险是三种制度运行，在保障水平以及覆盖范围等方面还有一定差距。其次，城市中的农民工社会保障水平还很有限，多

数农民工仍然被隔离在城镇社会保障制度之外。

三是社会补充养老保险参与度较低。企业年金只有少部分企业参与，参与个人储蓄性商业养老保险的人数不多，慈善事业发展缓慢，多层次保障体系建设仍有待加强。

3.2 养老保险制度设计存在缺陷，政策有待合理调整

（1）非正常提前退休，使养老金本已入不敷出的形势更为严峻。在现实生活中，有些人虽然没有达到法定退休年龄，却因为种种原因而提前退休并领取养老金。这种存在已久的"提前退休风"已严重冲击了我国养老金制度，使养老金本已入不敷出的形势更为严峻。通过调查分析，我们不难发现，有些提前退休的虽然符合政策规定，但从目前来看，多数政策已不适应社会经济发展现状需要调整。

（2）养老保险缴费率居高不下，加重企业负担。除了每年持续上调的缴费基数外，企业职工社会养老保险缴费率一直居高不下。这也意味着，企业的社会养老保险缴费负担越来越重。对企业而言，过于沉重的社保负担，会影响其提供更多就业岗位扩大社会就业。另外，辽宁企业养老保险缴费率长期保持在20%的水平，远高于广东、福建等沿海省份，现在辽宁正处在老工业基地全面振兴时期，因企业社保负担过重，使省内企业在与外省企业竞争中处于不利地位。

3.3 养老保险基金收不抵支，基金赤字持续扩大

近年来，随着辽宁省人口老龄化加剧以及企业离退休人员基本养老金水平快速提高，企业职工基本养老保险统筹基金赤字急剧加大。2014年，全省统筹基金收入1060亿元，支出1335.9亿元，当期赤字275.9亿元，当年向个人账户基金借款259.3亿元，年底累计赤字671.3亿元，累计向个人账户基金借款759.3亿元。目前，部分市向个人账户基金借款额已经超过其自身滚存结余。

3.4 基金收支管理规范性差，监管力度有待加强

一是在基金收入管理上，由于部分企业为了企业利益最大化，不愿给职工参保，不为职工养老保障买单；还有企业为降低用人成本，选择性为职工参保，使得企业漏保漏报、少保少缴，甚至不参保的现象屡见不鲜。这些因素导致社保基金征收难度增大，根本不能实现应保尽保、应收尽收。

二是在基金支出管理上，也存在挤占、挪用基金的现象，特别是纳入省重点困难补助的市县，地方政府认为企业养老保险有省级财政给予补助，缺口越大，省级补助越多，就把应由地方财政负担的，诸如事改企人员生活补贴等类型的费用，交由企业养老经办机构代发垫支，有的地区甚至要求直接从基金中列支，挤占基金，侵害了企业参保人员的利益。

三是基金投资运行管理效率低下。目前职工基本养老保险基金保值增值机制不健全，按照现行的政策，养老结余基金投资范围严格限定于银行存款和买国债，禁止投

入其他金融和经营性事业，大多存银行、买国债，投资渠道单一，收益率较低，没有真正建立起养老金保值、增值的有效机制。

4 辽宁社会养老保障建设中存在问题的原因分析

4.1 养老历史包袱重，巨大的转制成本需要消化

辽宁是老工业基地，国企比重较高，老工人队伍庞大。1997 年全国实行统一养老保险制度时，参保企业离退休人员已达 232 万人，这部分人没有缴费直接由当期征收的基金支付养老金。意味着不考虑财政补助，基金将赤字运行，这说明辽宁在建立制度初期即背上沉重的养老负担。截至 2015 年，这部分"老人"还有 130 多万人，本省已经累计为这部分群体支出养老金 4100 多亿元。而且未来年度还需支付一定数额的养老金。这部分历史欠账，按现行体制，大多数只能由本省自身消化解决。

4.2 养老金待遇水平逐步提高，政策性缺口不断加大

按照国家总体要求，不断提高企业离退休人员基本养老金，平衡不同群体的利益关系。自 2005 年起，辽宁和其他省市一样连续 11 年按照 10%的标准调整企业退休人员养老金水平，尽管中央对辽宁相对于其他省市给予了政策倾斜，每年按照提标 40%进行补助，但是其余提标的 60%仍然需要本省自行负担，仅就 11 年连续调高养老金标准，辽宁累计支付资金 2045 亿元。

4.3 基金筹资渠道较为单一，筹集渠道不畅

首先，现行制度把集体补助和社会捐助等作为社会养老保险基金筹资渠道，但由于地区集体经济不发达，地方财政收入和城乡居民收入不高，使这些筹资渠道流于形式。社会养老保险费收入作为社会养老保险基金的主渠道，筹资渠道较为单一。其次，随着经济结构调整，个体经营者、私营企业职工成了社会保险扩面重点，而这些企业受经济利益驱动，回避或拖延为职工办理社会保险。最后，由于受全省经济下行的影响，全省部分企业停产半停产或产品无销路，就业人数大幅减少。

4.4 财政投入相对不足，基金来源难以得到保障

一方面，中央财政增量补助比例固化，低于支出增幅。中央财政对社会养老保险资金的投入主要体现在政府补助。多年来，中央财政对辽宁增量补助资金主要为退休人员养老金调标补助，比例固定为增支额的 40%。2001~2014 年，中央财政补助由 50.9 亿元增加到 343.4 亿元，年均增长 15.8%，但低于 18.5%的养老金支出增幅。

另一方面，地方财政补助总量有限。2014 年，辽宁各级财政对养老保险补助 25.75

亿元，主要为财政支付的个人账户基金借款利息。虽然在全国排名靠前，但贡献有限，仅占 2014 年基金收入 1430.8 亿元的 1.8%。

5　构建辽宁多层次社会养老保障体系的政策建议

5.1　加强社会养老保障体制建设

一是尽快提高社会养老保障的统筹层次。提高社会保障的统筹层次，是增强社会保障资金抗风险能力，保障参保人员待遇水平，实现社会公平的有效途径。当前基础养老保险的国家统筹已经纳入国家"十三五"规划中，应加紧操作论证，合理设计制度，平衡地区利益，并对贫困地区在保障程度上给予倾斜，这也是国家统筹的优势所在。

二是打破城乡二元经济体制的障碍。社会保障是为全体社会成员提供生存和发展保障的国家制度，应根据参保人的具体情况提供适合的保障待遇。应打破城乡二元经济体制的障碍，对广大农村地区以及省内的辽西北贫困地区等经济欠发达地区，给予它们合理的政策倾向和资金保障，为其社会养老保障事业的发展提供必要的财政支持。

三是构建多层次的补充社会养老保障体系。要加快发展企业年金、职业年金和商业保险制度，鼓励企事业单位为职工建立年金制，鼓励社会力量参与社会养老保障体系建设，具有社会保障能力的机关、事业单位、社会团体、企业、慈善机构参加社会养老保障体系建设，不断扩大社会养老保障功能，构建多层次的社会养老保障体系。

5.2　完善社会养老保障制度

（1）进一步扩大社会养老保障制度覆盖面。以启动实施全民参加登记计划为契机，坚定不移地推进社会养老保险扩面工作，通过扩面增量，确保养老保险基金总量增长。要进一步加大依法强制参保工作力度，以非公有制经济组织从业人员、灵活就业人员、农民工等为重点，将符合条件的各类人群纳入社会养老保险制度覆盖范围。

（2）加快城乡社会养老保险制度一体化进程。城乡社会养老保险制度的一体化建设，对于破解现行社会保障体系的二元格局以及促进劳动力流动和增进社会公平等，都有着重要的意义。统筹城乡社会保险制度不仅要从形式上，更重要的是在实质上，城乡社会保险制度的一体化建设过程，就是一个逐步覆盖全民、不断提高统筹层次、逐渐缩小差异的过程。

（3）尽快调整提前退休政策，延迟退休年龄。在按照国家统一政策延迟法定退休年龄外，当务之急是政府要控制各种不规范的"提前退休"政策，调整缩小提前退休的特殊工种范围，延长可以提前退休的特殊工种岗位工作年限，建立特殊工种职工管理档案，严格审批等。要逐渐淡化退休年龄概念，将什么时候退休和领取养老金时间分开，国家只规定领取养老金的年龄，以解决提前退休所带来问题。

（4）适时适当降低社会养老保险费率，为补充保险留出发展空间。国家"十三五"规划中也明确要"适当降低社保缴费比例"。目前，也有个别省份已经降低社保缴费比例，辽宁应该考虑社会养老保险费率的适时调整。在完善职工退休年龄、做实缴费基数、提高统筹层次、财政支持到位等相关政策后，缴费率还是有一定的下降空间。降低社会养老保险费率，也为补充保险留出发展空间，有利于完善社会养老保障体系。

5.3 加大社会养老保险基金投入力度

一是进一步提高中央财政转移支付比例。近几年来，辽宁虽经过连续开展收入征缴专项行动，但本省养老保险费增收潜力已十分有限。因此，中央财政在养老保险全国统筹前，应进一步加大对辽宁企业养老保险转移支付力度。

二是尽快建立国家社会保险财政补偿制度。众所周知，养老保险缺口形成的一个重要原因是要还旧账，很多领取养老金的老人，之前并未足额缴纳养老金。为此，理应要由国家补偿来保证，如通过划拨国有资产、提高国企分红、加大财政补贴等方式偿还旧账，改变新人为旧人发放养老金的模式。

三是调整财政支出结构。为了缓解社会养老保险基金支出大于收入的矛盾，在国家财力逐年增强的情况下，应有计划地逐步增加对社会保障事业的投入，切实调整优化财政支出结构，压缩部分非必要支出，将有限的财政资金优先用于全省人民的基本生活保障需要。

5.4 强化社会养老保障资金监督管理

（1）加强基金投资管理，做实养老基金的保值增值工作。随着我国社会保险基金管理法规及我国资本市场的规范，社保基金必然会进入资本市场运营，届时其将成为筹集社会保险基金的重要渠道。要在国家政策允许的范围内，积极推进基金市场化、多元化、专业化投资运营，实现社会养老基金的保值增值。

（2）把基金征缴工作纳入法制化进程。企业和个人缴纳社会养老保险费是保险基金的主要来源，而目前社会养老保险基金征缴的政策措施缺乏刚性，致使部分单位和个人对保险费的缴纳不积极，有的甚至不缴或漏缴。因此，要加强基金征缴的法制建设，改进征缴手段，规范交费行为，加强社会保险稽查力度，保证基金及时足额征缴。

（3）建立和完善社会养老保险基金运行风险预警机制。社会养老保险基金是广大老年人的生活保障，容不得有丝毫的疏忽与闪失。所以，要建立基金运行风险预警机制，对社会养老保险基金运行进行全程的运行情况与风险分析。除了进行市场化运营前规定有关投资比例等预防风险的措施之外，也需要全程掌握运行动态并及时进行风险预警。

参考文献

［1］辽宁省人力资源和社会保障、辽宁省统计局. 2014 年度辽宁省人力资源和社会保障事业发展统计公报，http：//www.ln.hrss.gov.cn/2015-07-15.

［2］张媛. 辽宁省社会保障建设成效分析及对策建议 ［M］. 北京：社会科学文献出版社，2015.

［3］辽宁省统计局. 辽宁省统计年鉴（2014）［M］. 北京：中国统计出版社，2015.

［4］楼继伟. 建立更加公平更可持续的社会保障制度来源 ［N］. 人民日报，2015-12-17.

［5］黄文正，何亦名，李宏. 经济新常态下的社会保障体系建设问题研究 ［J］. 经济问题，2015 (11).

［6］朱勤. 今年辽宁省投 3.2 亿发展养老服务业 ［N］. 辽宁日报，2014-10-21.

基于体系工程理论的供应链资源均衡体系研究

吴国秋[1,2]　　徐　剑[1]

(1. 沈阳工业大学，辽宁沈阳　110870；

2.辽宁水利职业学院，辽宁沈阳　110122)

【摘　要】对于整条供应链来说，资源不均衡是造成供需双方存在差异的主要原因之一。在供应链中，各节点所掌握资源和所能分配的资源没有能形成协同关系。供应链的资源均衡要建立在以终端顾客需求为核心（需求侧）带动供应链整体形成协同机制，使每个节点形成共赢，即共生联盟。当前我们存在的供给侧问题的主要根源在于资源不均衡。随着经济全球化进程的加速，如何建立资源均衡型供应链体系，如何协调和管理覆盖全球的供应链网络，供应链中的每个节点企业如何在竞争中生存，形成共生联盟，都是理论界和实践界所要解释的复杂问题。这里，运用体系工程的研究方法需求供应链资源的均衡，形成方法与机制，实现共生联盟，建立供应链向资源均衡转型的体系工程转型模型。

【关键词】供应链；均衡理论；资源均衡体系；体系工程；转型模型

0　引　言

传统的供应链管理方式更加强调效率和效益，而对供应链资源优化方面的研究相对较少。供应链的资源存在于各个节点之中，服务于最终产品，以满足顾客需求最大化为核心[1-2]。在当前的互联网背景下，供应链资源整合趋势越来越明显，供应链资源的种类和所涉及的范围越来越广泛，供应链上的节点企业可能分布在全球各地，而且顾客对产品的个性化需求越来越明显，这些问题的出现导致我国很多行业出现供给侧和需求侧之间的矛盾[3-4]。归其原因，这是供应链的整体存在着资源不均衡的问题是重要原因之一[5]。

然而，长期以来，人们对供应链契约、网络分布、产业集群等在内的供应链效益优化做了大量研究，而对供应链资源均衡问题研究相对较少[6]。至今，围绕供应链资源均衡问题主要集中在闭环供应链的信息共享、供应链协调优化、供应链网络等方面，而关于供应链内各节点资源均衡以致形成供应链整体的共生共赢的研究成果还十分鲜见[7-8]，尤其是对供应链资源向均衡方向转型的过程中，利用体现工程的研究理论如何建立供应链资源均衡模型，将顾客需求价值放到核心位置，确定资源均衡要素体系，得到一种供应链上各节点的供给侧与需求侧的均衡，最终形成供应链资源均衡体系系统，还是一个亟待解决的问题[11]。本文面向互联网经济下，供应链整体向资源衡型供应链转型为研究目标，解决了供应链资源不均衡问题，降低供应链体系库存，从而为供给侧结构性改革提供方法，具有现实的理论意义和实践意义。

1　供应链资源均衡理论

对供应链资源均衡理论的研究涉及供给侧改革问题。2016年1月26日下午主持召开中央财经领导小组第十二次会议上，习近平总书记强调，供给侧结构性改革的根本目的是提高社会生产力水平，落实好以人民为中心的发展思想。要在适度扩大总需求的同时，去产能、去库存、去杠杆、降成本、补短板，从生产领域加速优质供给，减少无效供给，扩大有效供给，提高供给结构适应性和灵活性，提高全要素生产率，使供给体系更好地适应需求结构变化。在这种背景下，供给侧过剩已经成为困扰经济发展的重要原因之一，亟须以资源均衡的角度优化供应链的资源运行体系，进行结构性改革，去库存，降成本[19]，以建立供应链整体的资源均衡转型体系工程。

均衡理论最早源自于西方管理学界的动态均衡理论。新古典宏观经济学最早以一般均衡为研究理论基础，指在各种变量随着时间推移而变化时所处的均衡状态。供应链资源均衡是一种动态均衡，为了平衡供给侧与需求侧，供应链上各节点在时间、数量乃至效益等方面通过优化的均衡体系，形成整体结构均衡[11]。供应链资源均衡理论不以追求提升供应链上单个节点的效益为目标，而追求供应链上每个节点的效益最优乃至供应链整体的效益最优。但是供应链的资源处于流动状态，而且随时随着顾客需求的变化而发生变化，供应链资源均衡体系也是动态变化的，其目的是体系内的资源均衡保持不变的状态。

因此，供应链资源均衡体系也是动态的均衡，在体系外资源环境发生变化时，为了保持供应链整体资源均衡，供应链资源体系也适时调整变化，使供给侧与需求侧始终保持同一水平。

2　体系工程理论

体系是一种完整的框架，它需要决策者充分综合考虑相关的因素，不管这些因素随着时间的演变而呈现出何种状态。

体系工程源于系统，但它不同于系统工程，是不同领域问题的研究。系统工程旨在解决产品的开发与使用，而体系工程重在整体的规划与实施。换句话说，传统系统工程追求单一系统的最优化（比如某一产品），而体系工程是追求不同系统网络集成的最优化，集成这些系统以满足某一项目（即体系问题）的目标[14-15]。体系工程方法与过程使决策者能够理解选择不同方案的结果，并提供给决策者关于体系问题有效的体系结构框架。体系工程是这样一个过程：它确定体系对能力的需求；把这些能力分配至一组松散耦合的系统；并协调其研发、生产、维护以及其他整个生命周期的活动。

3　基于体系工程理论的供应链资源均衡体系模型分析

3.1　供应链资源均衡体系分析

在供应链中，各节点所掌握资源和所能分配的资源没有能形成协同关系。供应链的资源均衡要建立在以终端顾客需求为核心（需求侧）带动供应链整体形成协同机制，使每个节点形成共赢，即共生联盟[16]。

当前我们存在的供给侧问题的主要根源在于资源不均衡。随着经济全球化进程的加速，建立高效运行的供应链网络系统，如何协调和管理覆盖全球的供应链网络，供应链中的每个节点企业如何在竞争中生产，形成共生联盟，都是理论界和实践界所要解释的复杂问题。这里，运用体系工程的研究方法研究需求供应链资源的均衡，形成方法与机制，实现共生联盟[17-18]。建立供应链向资源均衡转型的体系工程转型模型。

供应链的运作要有各个结点的组织通力协作，尤其是在向资源均衡型供应链转型过程中不但需要调配现有资源，而且需要寻求更多有价值的资源，最终才能实现供应链的资源均衡。体系工程是能够解决这些问题的办法之一。对于供应链整体来说，寻求资源均衡可利用体系工程方法去确保体系内其组成单元在独立自主运作条件下能够提供确保满足体系功能与需求的能力，或者是执行体系使命与任务的能力，最终促进供应链整体的资源在数量、时间、效益等各方面形成一种均衡的状态。

3.2　资源均衡型供应链体系工程模型

向资源均衡型供应链体系转型，首先，要建立完善的转型体系工程；其次，寻求正确的转型路径；最后，调配各种转型过程中所需要的资源。

综合上述理论的核心论述，本文提出企业实现供应链资源均衡体系工程的基本逻辑：首先，对整体的供应链资源进行甄别优化，进行选择性利用和获取；其次，利用体系工程理论，建立逻辑模型及数学模型对其进行优化，进行转型。

供应链转型的基本逻辑：首先，企业需要针对既定的供应链资源进行选择性利用或获取；其次，企业需要通过对资源的利用形成供应链能力；最后，企业需要通过这种能力来实现供应链战略更新。这样，由供应链资源、能力和战略三个要素构成企业进行供应链转型的路径，实现从面向合作伙伴的供应链向面向顾客的供应链转型。转型框架如图 1 所示。

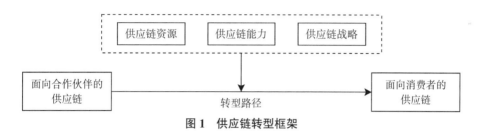

图 1　供应链转型框架

4　GE 集团风能发电事业部为核心的资源均衡型供应链体系工程模型设计

依据该公司及其供应商所组成的供应链，该供应链的核心企业与供应商均为传统制造业企业的供应链类型。选择该供应链能够深入分析互联网对传统供应链转型的影响，剖析企业供应链转型路径的设计。

4.1　转型体系整体逻辑模型及数学模型

4.1.1　逻辑模型

利用分阶段体系工程序列规划方法设计整体逻辑模型。首先，将以 GE 为核心的供应链转型过程划分阶段，对每个阶段进行分别优化；其次，在每一个阶段分别进行设计与分配工作；最后，分配问题进一步分解为子问题。将该供应链的分配问题分解为：资源、能力及战略子系统。

4.1.2　数学模型

先从整体的角度把三个子系统分配与设计糅合在一起，其转型的目标是全面满足顾客的需求。转型过程中每种进入体系内的要素有 y_q、AR_q、$\left(\dfrac{w}{s}\right)_q$ 和 $\left(\dfrac{t}{w}\right)_q$。分配变量为 $x_{j,i}^k$ 和 $x_{q,i}^k$。整体转型模型是三个子系统转型体系价值的总和，因此，可将整体转型结构模型描述如下：

$$
\begin{aligned}
\mathrm{Max} f_{AIO} = &\sum_{k=1}^{s}\sum_{i=1}^{n} c_{1,i}\left(y_1,\ AR_1,\ \left(\frac{W}{S}\right)_1,\ \left(\frac{T}{W}\right)_1\right) \times \\
&x_{1,i}^k + \cdots + \sum_{k=Q}^{s}\sum_{i=1}^{n} c_{Q,i}\left(y_Q,\ AR_Q,\ \left(\frac{w}{s}\right)_Q,\ \left(\frac{t}{w}\right)_Q\right) \times \\
&x_{Q,i}^k + \sum_{k=1}^{s}\sum_{i=1}^{n} c_{A,i} \times x_{Q,i}^k + \sum_{k=Q}^{s}\sum_{i=1}^{n} c_{B,i} \times x_{B,i}^k
\end{aligned}
$$

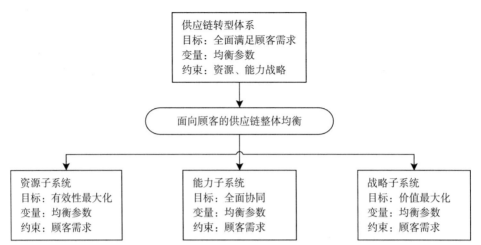

图 2　GE 公司资源均衡型供应链体系工程模型整体逻辑模型

其中，分配约束是每个子系统现有的要素 j 和新加入的要素 q 的容量约束和需求约束，表现形式如下：

$$\sum_{i=1}^{n} x_{j,i}^{k} \leqslant Cap_{j}^{k};$$

$$\sum_{i=1}^{n} x_{q,i}^{k} \leqslant Cap_{j}^{k};$$

$$(k = 1, 2, \cdots, s; \ j \in (A, B); \ q \in (1, 2, \cdots, Q))$$

4.2　转型分阶段逻辑模型及数学模型

4.2.1　逻辑模型

在整体模型下，每个阶段一旦完成一个阶段的均衡，则开始各个阶段的相互连接，形成均衡的阶段层次结构。以该供应链为例，分成资源整合阶段、能力拓展阶段和战略更新阶段。每个阶段相互连接，形成阶段性的体系工程。在向面向顾客的供应链转型中，资源、能力和战略子系统是层层递进关系，可分为资源整合、能力拓展和战略更新三个阶段（见图 3）。

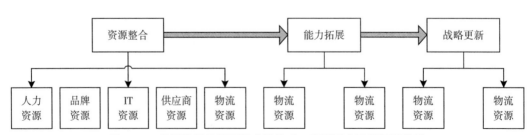

图 3　GE 公司资源均衡型供应链体系工程模型分阶段逻辑模型

4.2.2 数学模型

供应链转型体系工程由整体模型中的三个子系统工程，形成了三个阶段。每个阶段目标都是无限放大其价值，并能够顺利进入到下个阶段。因此，其目标模型可描述为：

$$P_K : Max f_{k,t} = \sum_{i=1}^{n} c_{q,i}(y_{q,t}, \ AR_q, \ (\frac{W}{S})_1, \ (\frac{T}{W})_q) \times$$

$$x_{q,i}^{k,t} + \sum_{k=Q}^{s}\sum_{i=1}^{n} c_{p,i} \times x_{p,i}^{k,t} + \sum_{j=1}^{A,B}\sum_{i=1}^{n} x_{j,i}^{k,t} - air_{t,j}^{k} + y_{q,t} - y_q^U$$

其中，其约束条件包括顾客约束和容量约束，描述如下：

$$D_0^k + \sum_{q=1}^{k} D_q^k \leqslant D_i^k$$

$$(i = 1, \ 2, \ \cdots, \ n)$$

容量约束来自整体体系层，描述如下：

$$\sum_{i=1}^{n} tr_{j,i}^k \leqslant Cap_j^k ;$$

$$\sum_{i=1}^{n} tr_{q,i}^k \leqslant Cap_j^k ;$$

$$(k = 1, \ 2, \ \cdots, \ s; \ j \in (A, \ B); \ q \in (1, \ 2, \ \cdots, \ Q))$$

5　结　论

现有供应链研究尽管探讨了资源的重要性和供应链共生协同关系，但缺乏供应链转型的体系工程设计。本文通过对 GE 供应链资源均衡体系工程的研究分析，探讨了转型的路径及模型设计，最终形成了转型的体系工程。

对于传统行业的企业而言，互联网环境下的转型除自身的转型外，供应链的转型构成其转型的重要一环。为应对消费者需求的个性化、快速变化、非连续性等特征，供应链的整体要共同通过获取新资源、形成能力重构来实现结构性突破，向资源均衡型供应链体系转型。

参考文献

[1] 冯长利，兰鹰，周剑. 中粮"全产业链"战略的价值创造路径研究 [J]. 管理案例研究与评论，2012（2）：135-145.

[2] 黄磊，刘则渊，姜照华. 技术转移视角下全产业链创新网络的行为模式：融合创新——以苹果公司网络为例 [J]. 科学学与科学技术管理，2014（11）：78-86.

[3] 程东全，顾锋，耿勇. 服务型制造中的价值链体系构造及运行机制研究 [J]. 管理世界，2011（12）：180-181.

［4］蔡三发，李珊珊. 基于灰色关联分析的制造业服务化水平评估体系研究［J］. 工业工程与管理，2016（6）：1–9.

［5］胡查平，汪涛，王辉. 制造业企业服务化绩效——战略一致性和社会技术能力的调节效应研究［J］. 科学学研究，2014（1）：84–91.

［6］张青山，吴国秋. 具有竞争优势期望的服务型制造业务流程优化研究［J］. 预测，2014（2）：59–65.

［7］Antuela A. Tako，Stewart Robinson. The Application of Discrete Event Simulation and System Dynamics in the Logistics and Supply Chain Context［J］. Decision Support Systems，2012，52（4）：802–815.

［8］Vittorio A，Torbianelli Marco Mazzarino. Optimal Logistics Networks：the Case of Italian Exports to Russia［J］. Transit Stud Rev，2010（16）：918–935.

［9］I. E. Zevgolis，A. A. Mavrikos，D. C.. Kaliampakos. Construction，Storage Capacity and Economics of an Underground Warehousing–logistics Center in Athens，Greece［J］. Tunneling and Underground Space Technology，2004，19（2）：165–173.

［10］J. Javanmardi，Kh. Nasrifar，S.H. Najibi，et al. Economic Evaluation of Natural Gas Hydrate as an Alternative for Natural Gas Transportation［J］. Applied Thermal Engineering，2005，25（11–12）：1708–1723.

［11］徐剑等. 物流均衡理论构建及应用研究［J］. 沈阳工业大学学报（社会科学版），2015（6）：535–538.

［12］黄英艺，金淳，荣莉莉. 考虑节点综合重要度的物流网络级联失效模型［J］. 运筹与管理，2014（6）：108–115.

［13］何波. 绿色物流网络系统建模与效率边界分析［J］. 中国管理科学，2012（3）：138–114.

［14］Yu Lean，Wang et al.. A Multiscale Neural Network Learning Paradigm for Financial Crisis Forecasting［J］. Neurocomputing，2010（73）：716–725.

［15］Chen Xiaohong，Wang et al. Credit Risk Measurement and Early Warning of SMEs：An Empirical Study of Listed SMEs in China［J］. Decision Support Systems，2010，49（3）：301–310.

［16］吴义爽，徐梦周. 制造企业"服务平台"战略、跨层面协同与产业间互动发展［J］. 中国工业经济，2011（11）：48–58.

［17］孔鹏举，周水银. 控制方式、环境不确定性与供应链协同的关系研究［J］. 工业工程与管理，2014（4）：22–38.

［18］刘云志，樊治平. 考虑损失规避与产品质量水平的供应链协调契约模型［J］. 中国管理科学，2017（1）：65–77.

［19］吴义爽，张传根. 平台市场的产业组织研究：一个跨学科文献述评［J］. 科技进步与对策，2015（6）：155–160.

［20］吴义爽. 平台企业主导的生产性服务业集聚发展研究［J］. 科研管理，2014（7）：20–26.

居民住房建筑缺陷调查分析
——以沈阳市为例

田　珅[1]　李　莉[1]　尹晓峰[2]

(1. 沈阳建筑大学管理学院，辽宁沈阳　110168；

2. 国网辽宁省电力有限公司，辽宁锦州　121000)

【摘　要】普通居民住宅建筑的三个基本要求为：安全性、适用性和耐久性。但是，经过实地走访，发现实际上居民住宅在入住之后的5~10年就会出现各种房屋实体质量缺陷和房屋功能质量缺陷问题。通过问卷调查的方式收集了沈阳市内各区砖混结构和剪力墙结构的居民住宅的质量情况，发现频发的四种建筑缺陷。治理建筑缺陷可以采用开发管理—监理—物业管理一体化全寿命管理运营系统，有利于建筑质量的保证和整个建筑市场的发展。

【关键词】建筑缺陷；市场调查；全寿命管理运营系统

0　引　言

我国普通居民住宅的设计使用年限为50年，即在50年内不需要经过大的修改就可以满足建筑的三个基本要求：安全性、适用性和耐久性。但是，经过对沈阳市的住房建筑的实地走访发现，实际上居民住宅在入住之后的5~10年就会出现各种房屋实体质量缺陷和房屋功能质量缺陷问题。建筑缺陷产生的根本原因是开发商管理、监理、物业管理的各自目标和任务不同，三者本质上没有利益冲突，但由于三者间是由三方公司各自管理，没有形成一个完整的全寿命系统管理体系，造成了彼此目标独立分离，没有形成一个共同的目标的后果，就会造成各自为追求己方的利益最大化而忽略了其他两方公司以及业主的利益。因此，开发商—监理—物业一体化全寿命管理运营系统有利于建筑质量的保证和整个建筑市场的发展。

1 居民住房建筑小缺陷的类型

1.1 房屋实体质量缺陷

房屋实体质量缺陷是指墙、梁、板、柱等主体结构和装修维护材料的强度、几何尺寸及外观缺陷。如房屋裂缝、漏水、潮湿、渗漏、墙皮鼓起脱落等问题。

房屋裂缝：从宏观角度分，裂缝包括墙体裂缝及楼板裂缝。裂缝分为强度裂缝、沉降裂缝、温度裂缝、变形裂缝。

漏水：房屋漏水分为两种形式：①建筑主体结构存在缺陷和漏洞，往往造成顶层漏水等现象；②上下管道水平垂直设置不合理或相关管道设施质量不过关造成的上下层之间漏水等现象。

渗漏：由于防水不完善，防水材料质量不过关等原因导致屋面渗漏，厨房、卫生间向外的水平渗漏，以及向楼下的垂直渗漏多见于楼板结合处。墙体的渗漏很大程度上影响了居民生活质量。

墙皮鼓起脱落：墙皮鼓起脱落主要有以下四种现象：墙面出现水泡一个个鼓起，还含有沙粒，易脱落，这种鼓起称为空鼓；墙面开始出现一条一条裂纹，容易连成一片，会导致墙面脱落，会在墙面起皮之前出现；墙体出现黑斑或是顶面、墙面有水渗漏的情况，甚至会发霉长毛；墙面泛碱。

1.2 房屋功能质量缺陷

房屋功能质量缺陷是实体质量缺陷不明显，尚未威胁到房屋安全或暖卫电气等缺陷造成无法完全满足设计要求。如墙面反潮、地漏返臭、门窗漏风等问题。

墙面反潮：在自然现象及规律方面，房屋不可避免地会出现部分潮湿的现象，只是潮湿力度的大小和认为感知的多少的问题。

下水道有异味：下水道有异味是指在管道设置以及污水排放方面存在的一些不合理导致的下水道返味现象，是困扰居民的一大问题。

门窗漏风：在房屋装修完毕交接后，由于门窗材料质量不好、木材干燥程度不够或加工粗糙等原因，会存在门窗在使用一段时间后出现裂缝、部分材质或整体变形的问题，严重影响居民的居住和正常生活。

建筑缺陷的分类如图 1 所示。

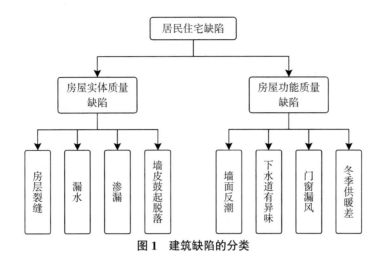

图 1　建筑缺陷的分类

2　开发商、监理、物业与消费者之间的关系

开发商：房产的开发及对房产品进行买卖；监理：受开发商委托对施工质量进行监理；物业：负责房产交付后的管理维护和服务。

具体关系如图 2 所示。

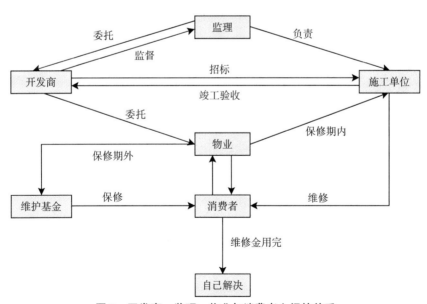

图 2　开发商、监理、物业与消费者之间的关系

在任何一处房产中，开发商公司会委托监理单位与物业单位共同参与小区的开发与维护，其中监理单位的作用不仅是监督施工单位在施工过程中有无偷工减料等违约

现象，还要监督开发商单位有无损害到消费者的利益。开发商往往会通过招投标的形式确定施工单位，并对该处房产进行竣工验收。

当居民的住房出现小缺陷等质量问题时，第一个想到的往往是物业公司，这时物业的解决方式分为两种：第一，当房屋尚在保修期内时，物业公司会直接联系施工单位，由施工单位对消费者的住房进行维修。第二，当购买时间已经超过保修期，物业公司会利用消费者的维修基金对房屋进行维修；当消费者的维修基金用完时，消费者只能通过自己解决的方式修理房屋的缺陷问题。

3　沈阳市居民住宅建筑缺陷问题的调查及原因分析

通过问卷调查的方式收集了沈阳市内各区砖混结构和剪力墙结构的居民住宅的质量情况。选定的调查范围为沈阳市内的老五区：铁西区、皇姑区、沈河区、和平区和大东区。然后分别在每个区内按照不同的建造年限、房价和建筑结构选定了六个住宅小区，共计调查 30 个住宅小区，每小区发放 20 份调查问卷，共计发放 600 份调查问卷，回收有效调查问卷 453 份，基本保证了调查对象的均匀分布和调查内容的全面性（见图 3）。

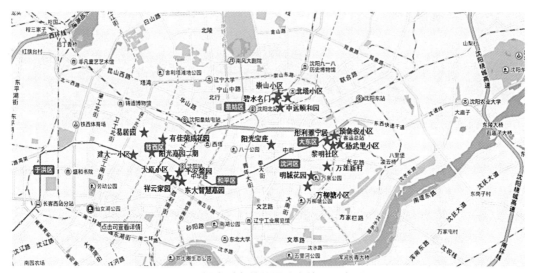

图 3　调查对象的位置分布情况示意图

3.1　调查结果

调查回收问卷显示基本情况：①此次被调查对象年龄有 60% 处在 30~50 岁，20% 在 50 岁以上，20% 在 30 岁以下；②被调查房屋集中于中低档小区，有 83% 的房屋价格低于 8000 元/平方米；③被调查房屋房龄主要集中在 5~10 年，其中 53% 的居民住房房龄达到 5~10 年，28% 的居民住房房龄在 5 年之内，19% 的居民住房房龄在 10 年以上。

调查回收问卷显示房屋缺陷主要问题：①顶层房屋漏水现象普遍，调查中共有 33 户居民住在顶层，有 27 户房屋出现漏水的情况，占 82.83%；②底层房屋潮湿现象普遍，调查中共有 72 户底层居民，其中有 54 户出现屋内潮湿现象，占 75%；③公共设施相对完善，被调查对象认为公共设施相对完善的居民有 285 位，占所调查总数的 63%；④中间楼层出现的常见问题：下水道有异味所占的比例为 37%，墙皮鼓起脱落占 34%，隔音差占 26%，冬季供暖差占 22%，管道设置不合理占 21%，门窗漏风占 20%，墙体渗漏占 14%，雨天漏水占 7%，房屋裂缝占 5%，其他占 3%。

调查回收问卷显示的解决途径和购房意向：①房屋有建筑缺陷第一时间想到物业的占 67%，想到开发商的占 19%，想到施工单位的占 10%，想到其他途径的占 10%；②初次购房时消费者考虑的各项因素为：81.18% 考虑周边环境和公共配套，60.14% 考虑建筑户型，54.12% 考虑物业与绿化，52.12% 会考虑建筑质量，40.7% 会考虑与常去地间的距离，17.2% 会考虑小区知名度；③二次购房时消费者考虑的各项因素的顺序调整为：物业与绿化、建筑质量、周边环境和公共配套，小区知名度、建筑户型、与常去地间的距离；④在 453 份有效调查问卷中，有 312 份选择了倾向于购买开发商物业一体化的住宅。居民普遍认为和开发商同属一家公司的小区物业的服务态度和服务水平远远高于独立的物业单位。

3.2 建筑小缺陷产生的原因

3.2.1 下水道有异味产生的原因

第一，下水道老旧，管壁积挂大量的附着物（饭菜渣等污垢、头发等），像这种情况还会影响排水的顺畅，经常性地导致排水不畅、堵塞，引起异味。

第二，地漏的水封做得不好以及下水道安装不合理造成的。主要原因在于材料问题和施工问题，洗手盆、洗菜盆的下水管没有反水弯，根据《建筑给排水设计规范》GB50015 第 4.2.6 条的要求，存水弯的水封深度不小于 50mm。我们对建材市场了解发现，水封深度较低的存水弯在价格上会远远低于合格的存水弯，就会有施工单位在施工时选择低质量的材料进行装修。排水管质量不过关，臭气就有可能会冲过存水弯，造成"泛臭"（见图 4）。

3.2.2 隔音差产生的原因

住宅隔音效果的好坏主要体现在两个部位：一是与左右邻相关的分户墙，二是与上下邻居相关的分户层间楼板。经过我们走访问卷调查统计，造成住宅隔音效果差的主要原因如下：

第一，分户墙体（见图 5）以及分户层间楼板的材质不过关：加气混凝土砖块还是煤矸石砖块垒砌墙体或者分户层间楼板的材质不同，虽然在承重程度上达到要求，但是隔音效果却因为材质的不同而减弱。

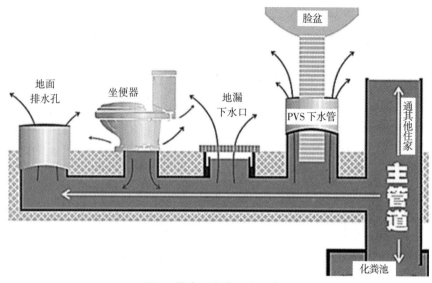

图 4　楼房下水道返味示意图

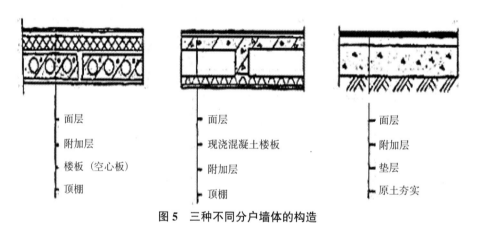

图 5　三种不同分户墙体的构造

　　第二，左右邻相关的分户墙的厚薄：保持承重以及相关硬度后，施工时常常通过压分户墙的厚薄来节省建造开销。

　　第三，施工工艺：走访市内多个工地，填充墙砌筑一般均采用轻骨料混凝土小型空心砌块。首先是砌块自身质量不佳，工地砌块缺棱掉角，上墙后有空洞。其次是填充墙与梁连接处采用顶砖斜砌工艺，工地屡有拿碎块填充的情况发生，同时顶砖斜砌处灌砂浆不饱满，容易传播声音。最后是空心砖块与电管、插座交接处容易造成损坏，利于传递声音。

　　第四，布线位置不当：为了布线方便，工人常常将插座设置在分户墙两侧的同一位置，这无疑使两个插座中间的墙变得更薄，这个部位的隔音降噪效果也随之降至最低。

3.2.3　墙皮鼓起脱落产生的原因

　　据调查显示，居民住宅出现墙皮鼓起脱落情况是墙面出现水泡一个个鼓起，还含有沙粒，易脱落，这种鼓起称为空鼓，空鼓会存在于水泥砂浆基层以及腻子层，其中在水泥砂浆基层形成的空鼓中会含有沙粒。

引起空鼓的原因有（见图6）：漆面完全干透之前，水分渗入漆内导致漆膜失去黏附性、涂刷墙面时未清理干净基层等，造成了外界材料与空鼓间压力增大，使墙面起皮脱落。

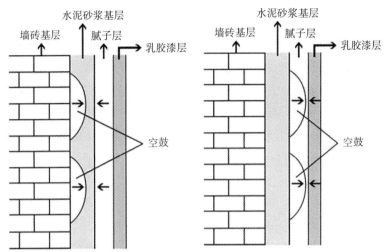

图6　墙皮鼓起原因的示意图

墙皮开裂的原因：腻子收缩，施工中前遍腻子未干透就刮下一遍腻子，第二遍腻子未干透就刷油漆，造成腻子干后面层开裂。

墙皮渗水现象及原因：墙体出现黑斑，或是顶面、墙面有水渗漏的情况，甚至会发霉长毛。冬季时，墙体外冷内热，有的楼房保温措施做得不到位，就会在内墙墙面形成冷凝水，导致墙体潮湿，而且是整面墙，就会留下霉斑；楼上地面防水没有做好，一旦地面有水时，就会缓慢地渗透到楼下的墙面形成霉斑（见图7）。

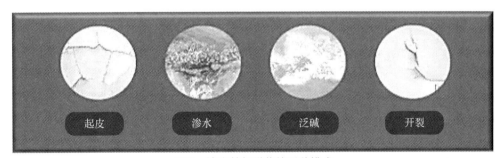

图7　墙皮鼓起脱落的四种模式

3.2.4　门窗漏风产生的原因

经过向有关人士询问及查阅资料，可以将门、窗户漏风的主要原因归结为以下三类：

第一，材质问题。门窗材质是影响其密封性的极其重要因素。现在的窗户材质以断桥隔热铝、塑钢窗为主流，铝合金门窗已经因其密封性能差逐步被淘汰。但即使是塑钢窗和断桥铝窗，也应该留意材质。"窗户是否漏风与材质的关系很大"。如果材质较差，窗户使用两三年就会发生变形，一旦变形之后，密封性能就差，就会发生漏风。

第二，安装工作问题。在窗户安装之时，需要打发泡胶填充窗框与墙之间的缝隙。待发泡胶固化后，再在窗框的周边均匀抹上密封胶，既防止雨水从窗和墙体的安装缝隙渗入室内，也防止漏风。而且需要在窗户内部和外部双面施胶，但有的施工公司由于管理不当，工人只在内部打胶，或者在内部的几个点打胶，密封不严。即使外部打了发泡胶，但一年或一年半左右就会粉化，夏季漏水、冬天漏风的情况就会出现。

第三，密封配件问题。窗户漏风的另一个重要原因就是密封配件出故障了。最常见的是密封条老化开裂，直接导致窗户密封性能变差。从图 8 中可以看出，由于合页位置没有胶条，室外侧雨水和风就会通过合页与扇型材间隙进入到室内，导致门窗渗漏。

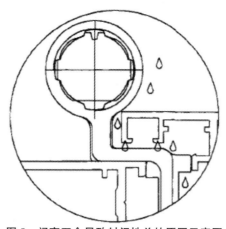

图 8　门窗五金导致封闭性差的原因示意图

4　构建开发管理—监理—物业管理一体化全寿命管理运营系统

建筑缺陷产生的根本原因是开发管理、监理、物业管理的各自目标和任务不同。三者间本质上没有利益冲突，但由于三者间是由三方公司各自管理，没有形成一个完整的全寿命系统管理体系，造成了彼此目标独立分离，就会造成这三方为追求自己的利益最大化而忽略了其他两方公司的利益。为尽可能减少建筑缺陷等问题对三者独立的管理系统进行集成，可以形成一个新的管理系统，即开发管理—监理—物业管理一体化全寿命管理运营系统。

开发管理：主要是项目定义和项目开发的总体方案的策划及项目前期的管理；监理：主要是在项目施工过程中进行工程进度和质量目标的控制；物业管理：主要进行项目的后期服务和运营维护管理。将三者一体化可以形成全寿命一体化管理系统，有效地保证了建筑质量，即：

全寿命一体化管理 = 开发管理 + 监理 + 物业管理

采用三者一体化全寿命管理模式可以将三个独立的管理过程合并为一个管理过程，由一家公司来执行三项管理，形成利益正相关。代表业主利益的开发商管理、监理和物业管理都属于为业主服务，当三者集成形成一体化后是由同一家集团三个子公司执行，它们的目标是统一的，即通过有效的管理使项目增值，为集团带来最好的口碑和最大的效益。

开发管理、监理、物业管理表面上看是三个独立的过程，经过一体化后，其工作任务就会变得密切相关，如果开发商公司项目的定义不完整不准确，或者是招投标过程中纯在暗中操作现象，监理就无法控制项目的目标；如果项目的建设不符合建筑规范，物业管理的工作就会有许多困难；但如果前者保证自己质量，后者会减少许多麻烦，保证了工作的高效性，后者作为回报也会保证自己质量为前者塑造口碑。通过以上的分析很容易理解开发管理、监理以及物业管理应该是整个项目的管理过程的各个子系统，全寿命一体化管理系统应该对这三个相互独立的系统进行集成，从而形成的一个新的管理系统。全寿命一体化管理系统中，通过项目全寿命管理，在保证建筑质量的同时，该集团的开发商、监理公司、物业公司以及整个社会都可以最大获益。

全寿命一体化管理后，将质量目标、经济目标和时间目标形成了统一（见图9），产生最大的正向合力，为实现全寿命一体化管理最高效化，总集团可以设立项目全寿命管理的经理应不仅从建设项目实施阶段的角度，还应从项目建成后的运营阶段及后期服务阶段的角度综合地考虑，分析项目全寿命一体化管理的目标的三个方面的因素；应寻求一个工程项目实施和运营的优化方案以满足法规的要求及满足开发商公司、监理公司、物业公司三个子公司以及最终用户的要求，并使此优化方案被设计单位和施工单位所接受，因此项目全寿命一体化管理的经理的工作涉及面相当宽而且综合性也很强。

可见，从根本上解决建筑缺陷问题，开发管理、监理、物业管理形成全寿命一体化管理是个良好的系统方法。全寿命一体化管理可理解为：为建设一个满足功能需求和经济上可行的项目，对其从项目前期策划直至项目拆除的项目全寿命的全过程进行策划、协调和控制，以使该项目在预定的建设期限内，在计划的投资范围内顺利完成建设任务并达到所要求的工程质量标准，满足项目的经营者以及消费者的需求，在项目运营期间进行物业的财务管理、空间管理、用户管理和运营维护管理以使该项目创造尽可能多的效益，形成"3+1"利益共赢局面，即开发商公司、监理公司、物业公司三个子公司的利益和业主的房屋建筑质量正相关，业主得到了质量好的房屋，三个子公司的总利益才能实现最大化。

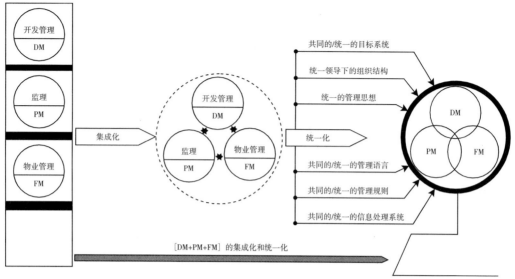

图 9　工程项目全生命管理系统

参考文献

［1］国家发展改革委，建设部.《住宅设计规范》GB 50096-2011. 北京：中国计划出版社，2015.

［2］GB50204-2002 混凝土结构工程施工质量验收规范［S］.北京：中国建筑工业出版社，2002.

［3］金亚飞. 提高建筑工程施工安全监理水平的有效措施探讨［J］. 城市建设理论研究（电子版），2014（36）.

［4］尹贻林，闫孝砚. 政府投资项目管理模式研究 ［M］. 天津：南开大学出版社，2002.

［5］康克龙. "代建制"理论与实务若干问题探讨［J］. 中国招标，2005（21）：20-24.